ZHONGGUO FAZHI ZHILU

QIDUOJUN FAXUE LUNWENJI

中国法治之路

漆多俊法学论文集

漆多俊　著

法律出版社
LAW PRESS·CHINA

前　言

这是我的“法学论文集”。顾名思义，它不包含我的非法学或主要不属于法学内容的论文。后者另有集子（包括已出版和未出版的）收录。

我于20世纪60年代初法律学本科毕业后，由于众所周知的原因，过了长达近20年以后，才“归队”从事律师和法学教育工作。本论文集所汇集的法学论文就是“归队”以后30多年中撰写和发表的。

20世纪80年代初开始我的法学教学研究主要专业方向是经济法学。在研究中，我始终秉持“钻进去，跳出来”的研究方法，即既“钻进”经济法，仔细地考察分析，又“跳出来”，“跳出”经济法看经济法，还“跳出”法学看法学。因此，30多年来，我的研究成果（著作和论文）主要和大量的是关于经济法的，但也包括其他多个部门法和法理学法哲学领域的内容，甚至还包括法学以外领域的东西。本论文集所收录的法学类文章，按照它们在法学体系中所属层级和问题类别分别设编。整个论文集共设12编。

本论文集各编所列入的各篇文章基本上按照文章写作或发表时间前后排列。各篇文章内容基本保持发表时原样,少数文章为了避免与其他相关文章内容上存在的重复,作了删节;也有少数几篇由于发表稿同原作有些出入,这次根据原稿作了订正。

本论文集各编分别设有“本编提示”,介绍各编所收录文章的主要内容,并说明那些文章当时的写作背景和某些用语后来的演变等情况。

本论文集并未将我几十年所撰写和发表的所有法学论文悉数全文收录,而只是收录了其中我认为较为重要、有代表性的部分文章,其余文章只在相关编的最后列出“本编未收录的相关文章目录”,作为资料,供感兴趣的读者查阅。不过,未全文收录而只在目录中列出题目的有些文章也并非不重要,而是考虑到文章有些内容和提法可能“不合时宜”,因而将其入了“另册”。

本论文集所收录的文章写作和发表的时间跨度长达30多年。有些稿子存有电子版,有些只能找到纸质版、打印稿甚或手抄本。汇编整理工作量不小。蒋言斌教授和我的在读博士生刘安民、硕士生唐林、叶秋芳、钟娜等,协助我做了大量工作,在此表示谢忱。还要感谢法律出版社社长和高山、汤子君等编辑在本书出版过程中给予的支持和所付出的辛勤劳动。

漆多俊

目　录

第五编　财产权、公司制与破产法

第六编　市场经济与现代企业制度

第七编　国际调节与国际经济法

第一编　经济法基础理论问题

第一编提示：经济法是19世纪末20世纪初出现和从原有法律体系中分立出来的一个新的法律部门。人们对它的本质特征的认识和准确把握需要一个过程，难免存在不同观点。在中国，对经济法的研究起步于20世纪70年代末80年代初。当初，由于体制原因，主流学者基本上接受苏联拉普捷夫为代表的“大经济法”观点：鉴于现实中国家对社会经济实行全面管理（统制），故认为经济法调整几乎各种（纵向、横向乃至企业内部的）经济关系。但由于中国当时正在启动经济体制改革，培育和发展市场机制，放宽和改善政府管制的呼声，不免影响到经济法学界。自20世纪80年代后期，学者们相应调整了各自的经济法观点，出现了“密切联系论”（将经济法调整对象压缩为只调整“同纵向关系密切联系的”横向经济关系，而不再是一切横向关系了）等主张。但他们仍未摆脱“大经济法”基本窠臼，“大经济法”观点在中国影响甚为久远。

作者自研究经济法伊始，即不同意当时中国经济法学界几乎“一边倒”的“大经济法”观点，认为它混淆了经济法同民商法、行政法的界限，而未能抓住经济法应有的本质属性。在1981年至1984年所著《国民经济的法律调整》一书（1986年4月由河南人民出版社出版）中，即表达了这种观点。该书认为，经济法既不调整平等主体之间的商品货币关系，也不调整普通（传统）行政关系，而只调整国家对经济的管理、调节关系。并指出经济法所规范的“国家经济管理”，不同于传统行政管理，它是国家“运用价值规律，运用经济杠杆对国民经济实行调节”。具体做法包括指导、干预和参与。也就是说，该书所谓经济法所调整的“国家经济管理关系”很早就已经限定为“国家经济调节”或“国家调节性管理”关系（见《国民经济的法律调整》第6~9页）。

这些观点也反映在当时和此后一段时间作者的论文之中。本论文集第一编所收录于1991年发表的《经济法调整对象及其他》一文即如此。该文的表述是：经济法调整“国家经济管理关系”，以保障社会经济“协调、稳定和发展”。立法主旨以“社会总体经济利益”为本位。可见这里所谓“国家经济管理”实际上指的是“国家经济调节”，是一种“调节性管理”。1993年出版了作者的专著《经济法基础理论》第一版(武汉大学出版社1993年版)。在对经济法定义、调整对象和基本功能与任务的表述中，都更加明确和直接地指出：经济法是“保障国家调节社会经济，促进其协调、稳定和发展的法律规范的总称”(见该书第27页)。1996年该书第二版(武汉大学出版社1996年版)，则全书紧密围绕“经济法是调节社会经济之法”(见该书第15页)这一中心命题，加深了对经济法各种基本理论的论述，特别是明确指出和论证现代国家调节经济所分别采用的强制干预、参与、促导(宏观调控)“三种基本方式”，以及相应的经济法体系所包含的“三个基本方面法律渊源”，即经济强制干预法(反垄断和限制竞争法)、国家经济参与法(国家投资经营法)、国家经济促导法(国家宏观经济调控法)(见该书第28～33页)。这表明后来被学界称为“国家调节说”或“三三理论”的经济法学科理论体系趋于完善。其后，该书第三版(武汉大学出版社2000年版)和第四版(法律出版社2008年版)，则是“国家调节说”(“三三理论”)经济法学科理论体系的进一步发展和深化。

从作者经济法思想发展过程来看，虽然自始至终一直强调了其“国家调节”特性，特别是1993年以后出版的《经济法基础理论》第一版至第二版，已经基本上完整地确立了“国家调节说”理论思想体系，但当初仍然采用和保留了“国家经济管理”这一提法。虽然将其限定为“国家调节性”(而非一般行政性)管理，但总觉得不甚妥当。所以在2000年该书的第三版修订时，作者下定决心废弃这一虽被当时人们熟悉和易于接受却也容易产生歧义的“国家经济管理”提法，而改采“国家经济调节”概念，使之名副其实。

以上关于作者的“国家调节说”(“三三理论”)经济法理论思想发展沿革，有些文章(如《“国家调节说”的形成和发展——我的经济法学术之路》等)已有所论及。在本论文集编辑时，认为有必要在此再作些提示，以便于读者在阅读不同时间发表的文章时，了解当时的写作背景，准确理解文章精神。

本编共汇集了20余篇有关经济法基础理论的文章。这里需要向读者特别提及其中《市场、调节机制与法律同步演变》一文。该文从政治经济学和法学等多学科交叉角度，提出和论证"市场、调节机制与法律同步演变"规律。它是作者对以往十几年经济法研究的逻辑进路所作的一次最清晰的总结，从深层次清楚揭示经济法产生的社会根源和本质属性，奠定了"国家调节说"（"三三理论"）的深厚理论基础。它同时也论及整个经济法体系的演变。其中包括按照作者逻辑进路，当市场进入国际市场阶段后，国际市场的调节机制三元化，出现"国际调节"，作为"规范国际调节之法"的国际经济法，其出现的历史必然性、本质特征和特有功能等，便一目了然。这是对国内外传统国际经济法理论体系的批判和重构。

经济法调整对象及其他*

一、关于经济法调整对象的大论争

经济法的兴起，是20世纪各国立法体系和法学领域发生的最重要的事件之一。我国对经济法的研究，至今大约10年时间。10年来，法学界围绕经济法基础理论问题开展了大论争。论争的中心问题是关于经济法的调整对象。因为它是经济法基础理论的首要问题，决定和影响着其他许多问题。

关于经济法调整对象，国外学派纷呈；国内各种主张和观点也颇繁多。为便于说明问题起见，我把10年来中国先后出现的各种意见姑且分为全、大、中、无四派。

所谓"全"，是指法学界有些同志主张经济法调整一切经济关系。他们说，"经济法就是国家为调整经济关系而制定的法律规范"；或者说，"经济法是调整国民经济关系的法律规范的总和"。

所谓"大"，是指许多同志认为，经济法应调整纵向、横向和内部经济关系。这又被称为"纵横关

---

* 本文原发表于《法学评论》1991年第2期；《人大复印资料·经济法学》1991年第2期。

系说”。所谓纵向,是指国家经济管理关系;横向,是指社会组织、公民相互之间的经济关系,或者仅指社会组织之间及社会组织与公民之间的经济关系,或者仅指社会主义组织之间的经济关系;内部关系,是指社会组织内部包括纵向与横向的经济关系。这一纵、一横,还加内部,也几乎包罗一切经济关系,调整对象的范围可谓大也,因而又被称为“大经济法”观点。

与上述观点相联系,后来又出现“紧密联系”论。即认为经济法调整的是纵向关系(或说经济管理关系)和与它紧密联系的横向关系(或说经济协作关系)以及经济组织内部的纵向关系(或说内部经济管理关系)。这种主张的调整对象范围比上述“大经济法观点”稍小,但我仍然认为过大,所以也将它并于“大”这一类之列。

所谓“中”,是指有人认为经济法只调整国家经济管理关系;或者说经济法调整经济管理关系,包括经济组织内部管理关系在内。这种意见我认为是正确或比较正确的,它恰如其分或比较准确地揭示了经济法应有的调整对象。

所谓“无”,是指有些同志认为经济法根本没有单独的调整对象。当前人们所谓的经济法调整对象,或者(指横向经济关系)属于民法调整;或者(指纵向关系或国家经济管理关系)属于行政法调整。因而他们认为,经济法不是一个独立的基本法律部门。它只是一个“综合性概念”,或最多也只能称为“综合经济法”;或者认为它只是行政法的一个分支,只能称为“经济行政法”。

上述各类观点的出现和流行,迄今大致可分两个阶段:1986 年以前,出现“全”派和“大经济法”观点。前者主要存在于 20 世纪 80 年代初,未流行;后者盛行于当时经济法学界。1986 年 4 月,国家颁布《民法通则》,规定“平等主体的公民之间、法人之间、公民和法人之间”的经济关系,归民法调整。这一规定是正确的、无可非议的。“大经济法”观点感到站不住脚了。在经过短时间沉默之后,“紧密联系”论出现并得到盛行,至今在国内经济法学界仍占主导地位。

“综合”论及“经济行政法”论,在 1986 年前后,一直存在,但从未占主导地位。

"国家经济管理关系"论,出现于20世纪80年代初,1986年以前只是极少数人持这种观点[①],一直未受到重视。最近,国内期刊又开始登载这方面的文章。[②]

回顾10年来各种观点论争的发展,我认为有一种基本趋向,这就是:人们对于经济法调整对象的认识,其范围由全、过大到稍大,逐渐缩小,最终,"国家经济管理关系"论必将得到越来越多的人赞同,其合理性、科学性必将逐步呈现。

二、国家经济管理关系的存在和发达,是经济法产生和独立的根源

法是调整一定的社会关系的。经济关系是最基本的社会关系。社会经济关系有不同的性质和种类,需要有不同性质的法律部门加以调整。

国家出现以后,社会经济关系可分为两种基本类型:

一类是民间各主体(个人和社会组织)之间发生的生产、交换、分配、消费关系。这类经济关系的基本特征是:(1)当事人以平等身份参与经济交换,任何一方均不以国家管理者身份出现,不是管理与被管理关系。(2)在交换内容上是互利、有偿或等价关系。(3)在形式上是自愿、协商关系。在商品经济社会,上述经济关系主要表现为商品货币关系。

另一类是国家对社会经济干预、管理和组织而发生的以国家(或其代表者)为一方主体与社会组织或公民个人之间的经济关系。这类经济关系的基本特征是:(1)它是在国家对社会经济干预、管理和组织

① 本人在1984年所著《国民经济的法律调整》一书中,对此视点作了系统论述。见河南人民出版社1986年版,该书第1~2章。

② 谢次昌:《论经济法的对象、地位及学科建设》,载《中国法学》1990年第6期。

过程中发生的。(2)它必以国家(或其代表者)为一方主体,与另一方主体之间是管理与被管理的关系,双方地位不平等。(3)不等价有偿。(4)不是或不完全是自愿协商,而具有一定国家强制性。

前一类经济关系,可称为民间经济关系,或按我国《民法通则》的提法,称为平等主体之间经济关系;后一类经济关系,可称为国家经济关系,或国家经济管理关系。

前类经济关系的特性决定,用以调整它们的法,其基本任务是保障民间主体(公民和社会组织)在平等的经济交往中的合法权益,立法主旨以个体权利为本位;其基本调整原则是平等、自由协商、有偿等价;其调整方法多采取任意性规范;其法律后果主要采取等价补偿的民事制裁方式。这种性质的法,便是民法。

后类经济关系的特性决定,用以调整它们的法,其基本任务是维护国家经济管理,保障社会经济协调、稳定和发展,立法主旨以国家和社会总体经济利益为本位;其基本调整原则是注重经济管理中的权、责、利、效相结合,即保障国家经济管理权利实施,明确经济管理中各主体的责任,兼顾各方面经济利益,促进社会总体经济效益;其调整方法采取强行性规范与提倡性规范并重;其法律后果主要采取经济制裁与奖励相结合方式。这种性质的法,便是经济法。它与其他部门法的特性显然不同。

民法显然不能调整国家经济管理关系。因此,有人主张“经济法”只不过是民法的一些特别法,民法则是“经济法”的基本法,是完全站不住脚的。

经济法也不能调整民间经济关系。因为经济法的基本任务与立法主旨、调整原则、调整方法等,同民间经济关系的性质是不相适应的。因此,那种坚持把应属民法调整对象的经济关系硬拉入经济法调整对象范畴的做法,是不可取的。

如前所述,自国家出现开始,国家便总要对社会经济生活进行这样那样的干预、管理,便发生一定的国家经济管理关系,便需要制定法律规范来调整这种关系,经济法这种性质的法便产生了。但在过去很长时期，经济法的规范只是融合在诸法合体之中，或散见于其他部门法之中，并未形成独立部门法。经济法形成独立部门法，必须具备两个条件：一是生产力高度发展，生产和经济生活社会化，需要国家大量干预、管理和组织社会经济，国家经济管理关系十分发达；二是该国的法制比较健全。两个条件缺一不可。特别是前一个条件，更是经济法独立最深刻的社会经济根源。为什么经济法从法的体系分立发生在19世纪末20世纪初以后？其原因也正在于此。

从经济法产生和独立的历史过程分析中，我们可以更为清楚地看出经济法的调整对象：正因为国家经济管理关系的存在，经济法才产生；又因为这种关系的发达，它才逐渐形成独立部门。经济法正是国家为调整国家经济管理关系而制定和逐渐使之发达、完备的。经济法是国家实现经济管理职能的法律。

三、经济法为什么不调整“横向”关系和各种经济组织的内部关系

社会组织之间、社会组织与公民之间，公民与公民之间的“横向”经济关系，即法人之间、法人与自然人之间以及自然人之间的关系，是一种平等主体之间的经济关系。这种经济关系的性质决定，只能由民法这种性质的部门法调整。它符合民法的基本任务和立法主旨，适用民法的调整原则和调整方法。它不符合经济法的基本任务和立法主旨，不适用经济法的调整原则和调整方法。这在本文前已作论述，本节着重讨论的是“紧密联系”论，因为这种观点在当前我国经济法学界，仍占据主导地位，影响颇大。③

其实，明眼人一看便知，所谓“与纵向关系紧密联系的横向关系”，毕竟是一种横向关系，即平等主体之间的关系。所谓“与经济管理关系紧密联系的经济协作关系”，毕竟是一种协作关系，协作关系也是一

---

③ 陶和谦等主编的高校法学教材《经济法学》（群众出版社1989年版）即持这种观点。

种横向关系。它们与其他横向经济关系在基本性质上是一致的,因此应归民法调整。有些同志把“经济协作”与“组织经济协作”这两个不同概念混淆了。经济协作,是平等主体之间的关系,需贯彻平等、协商、有偿或等价原则,适用民法的调整方法。国家为了实现对国民经济的宏观调控职能,需要组织、协调各有关地区、部门和单位经济协作,因而发生以国家(或其代表者)为一方主体同有关各方的经济管理关系。这便是国家组织经济协作关系。它只能由经济法调整。例如,国家依据指令性计划,组织甲、乙经济协作,国家与甲和国家与乙之间是组织协作关系,归经济法调整;而甲与乙之间是协作关系,应归民法调整。

许多同志认为社会经济组织内部经济关系(包括内部纵向、横向关系)应由经济法调整;更多同志主张经济法调整经济组织内部纵向即内部经济管理关系。我认为,这些意见也缺乏仔细分析。

经济组织分为全民所有制即国有经济与其他非国有经济。非国有经济组织的内部经济活动(包括内部经济管理和内部协作),国家一般不予、也不适宜干预和进行管理,应由这些组织依照国家制定的有关法律(主要是民法、劳动法等)自行管理,国家的经济管理一般只触及这些组织的整体。因此,这些经济组织内部经济关系,不属于经济法调整对象。对于国有经济组织而言,因为国家是所有者,国家需要对国有资产进行管理、投资和从事经营,所以,国家需要、也有权过问其内部经营管理活动。国有企业的内部经营管理,是国家经济管理活动的延伸和组成部分。原则上属于经济法调整对象之列。但是,国有企业通常不适宜由国家直接经营,而需要按照经营权与所有权适当分离原理,采取承包、租赁或其他经营形式。在实行承包、租赁的情况下,国家(它的有关主管部门)与承包、承租方的关系,以合同方式加以规定。国家要求承包或承租方按合同规定履行义务,完成各项指标,也需要、并有权对承包或承租方的经营活动进行必要监督,但不需要、也不应该过多干预其内部具体的经营管理活动。这些承包、承租企业的内部关系,一般也由承包、承租方依照国家有关法律自行管理,主要适用民法、劳动法等部门法的规定。因此也不能笼统地把国有企业的内部经济关系(包括内部纵向管理关系)一概纳入经济法调整对象。经济法对于国有企业内部经济关系一般只作原则性规定,或只规定对民法、劳动法等的某些适用条款。

在我国(其他一些公有制国家也如此,而在西方资本主义国家则较少有这种现象),为什么人们往往把应归民法调整的一些经济关系纳入经济法调整对象中来?其原因在于:第一,国家在过去很长一段时间实行高度集中的经济管理体制,对经济生活管得过宽过死,特别是对于在国民经济中占主导地位的国有企业,更简直把它们当作国家机关的附属物。这种情况影响着法学界,使人们把企业、特别是国有企业的经济活动,也看成国家经济管理活动的一部分,把企业之间与企业内部经济关系统统当作经济法的调整对象。第二,公有制国家的民法过去大都不甚发达,社会组织的许多经济活动,过去实际上未被纳入民法调整范围,经济法分立后,容易发生抢占民法地盘的现象。这时就需要我们认真分析社会经济关系的性质与种类,分别界定民法与经济法的调整对象范围。

四、关于经济法与行政法

以上论证了经济法调整,也只调整国家经济管理关系,它不调整应归民法调整的那些经济关系,也论证了国家经济管理关系不能由民法调整。下面还剩下一个问题,就是,国家经济管理关系可否由民法以外的其他部门法调整?这里主要是指行政法是否调整国家经济管理关系。国内外法学界一直有人认为,国家经济管理关系应由行政法调整,并以此否定经济法存在的必要;或者认为,经济法只不过是行政法的一个分支,应称为“经济行政法”。这种意见也是不能同意的。

国家经济管理活动,按其管理目的、管理方式和手段、管理领域,可以分为两种情况:其一,国家管理的主要、直接的目的,是满足国家为实现其职能而对于经济(财政)的需要,以及其他非经济目的(如维护政治、治安秩序等);管理方式和手段,主要采取行政命令直接管理;管理领域,一般不深入具体生产过程。其二,国家管理的主要、直接的目的,是维护和促进社会总体经济协调、稳定与发展;管理方式和手段,重在掌握客观经济规律,运用财政税收、金融信贷、物价、工资等经济杠杆,制订经济计划,进行宏观调控,也需要对公民和企业等经济活动单位实行必要的指令性直接管理,但这种指令性直接管理的主要目的,仍然是实现国家对社会总体经济的管理目标,要求从总体上符合经济发展的客观规律;管理的领域,涉及生产、流通、分配和消费各个方面。

早期社会,国家经济管理主要属于前一种情况,所以,那时的国家经济管理主要属于行政管理性质,那时也有些是属于第二种情况如经济管理活动,但不多,较偶然。

近代国家的经济管理逐步转为后一种情况。国家按照经济规律,运用经济杠杆,用"国家之手"对社会总体经济进行调控、引导,这与行政管理是不同的。当代各国,即使对于财政、税收、工商、市场等方面的管理,也服从于社会经济发展的总体目标,要求符合经济发展客观规律,与一般行政管理在目标、作用和内容上也有明显区别。当然,大量经济管理机关也是国家行政机关,其有关组织和行政执行、指挥活动也要受行政法调整。但行政法调整的只是这些行政管理关系,与经济法调整的经济管理关系虽有联系,毕竟不同。因此,以行政法取代经济法,或者把经济法降为行政法的一个分支,是不正确的。

综上所述,一方面,经济法调整,也只调整国家经济管理关系;另一方面,国家经济管理关系也只能由经济法调整:这就是经济法调整对象的单一性和独特性。

五、关于经济法体系

经济法的体系,是由它的调整对象即国家经济管理关系的内在体系决定的。不同类型或同一类型的不同国家,其经济管理的范围与程度有所不同，经济管理关系的围、内容与体系也不尽相同。但总的来说，现代国家的经济管理活动涉及国民经济各主要方面、部门和环节，涉及各种所有制经济形式。从这个意义上说，国民经济体系是经济法体系的客观基础。研究经济法体系，必须首先注重研究国民经济体系。

国民经济由许多方面和部门、环节和层次组成。国家对国民经济的管理及由此而发生的经济管理关系，也有各种不同情况。国家对国民经济的管理可以分为对各经济职能方面的管理与对各行业部门的管理，经济法因此可以分为各经济职能方面的经济法和各行业部门经济法。从国家对国民经济管理的环节上看，可以分为经济决策管理、经济组织管理、经济运行管理、经济监督与经济管理争议和违法犯罪的裁判等，经济法在这些管理环节上都需要制定相应规定。从国家对国民经济管理的方式和手段上看，可以分为对国民经济从总体上进行宏观调控与对企业等国民经济活动单位实行直接管理，因此，经济法又可分为宏观调控规范与微观直接管理规范……

经济法体系就是这样由国民经济管理的各个方面和部门、各个层次和环节的经济法群体所构成，其中，各个方面和部门互相关联，各个层次和环节互相衔接，并有着贯彻于其中的共同的基本指导原则和基本法律制度，形成一个有机的整体。

……

论经济法的调整方法*

一、什么是法的调整方法

法作为一种行为规范，同其他规范（道德规范、纪律规范）一样，其采取的基本方法是规定人们行为准则和人们违反或遵守准则所导致的后果。法的调整方法的特点在于：这种行为准则与后果是由国家制定或认可的，是由国家强制力保证实施的。

法对于行为准则的规定，包括：在什么条件下，法命令或禁止人们为或不为某种行为，此为强行性规范；在什么条件下，法允许人们为或不为某种行为，此为任意性规范；此外，法还规定在什么条件下，鼓励、提倡人们为或不为某种行为，此可称为提倡性规范。

法律中规定鼓励、提倡性规范的情形，古已有之，但为数不多；现代国家的立法中则颇为常见。这与国家对社会生活管理职能的逐步扩大相关。过去，国家主要注重现存秩序的消极维护，因此立法中以强行性规范为主；现代国家越来越注重积极促进、

---

* 本文原发表于《法律科学》1991 年第 5 期；《人大复印资料 · 经济学法》1991 年第 2 期。

组建新的秩序，因而立法中出现大量鼓励、提倡性规范。

法对于法律后果的规定，包括否定与肯定两个方面。当人们的行为违反强行性规范时，导致法律予以否定式的后果，否定式法律后果的表现形式通常是给予制裁，但法律也规定了不予或免予制裁的情形。当人们遵守强行性规范时，法律予以一般性肯定，不需要另外采取其他肯定形式。当人们违反或遵守任意性规范时，法律后果分别是否定式的或肯定式的，但都不需要另外采取具体的否定或肯定形式。当人们违反提倡性规范时，法律后果是否定式的，但不需要制裁；当人们遵守、特别是模范地、成绩显著地遵守提倡性规范时，则可能导致奖励这种肯定式法律后果。

奖励这种肯定式法律后果只包含在提倡性规范之中。每当社会变革时期，国家统治者为了推行某种新制度，确立某种新秩序，往往于立法中规定一些提倡性规范，因而有一些奖励的规定。如我国战国时期商鞅变法，实行“信赏必罚”，规定“壹赏”，奖励有功于农战和告奸的人，即为例证。现代国家立法，提倡性规范增多，因而奖励的规定较为普遍。有些法律文件对奖励作原则性规定，有些则设“奖励与惩罚”专章，有些更以“奖励”作为法律文件的标题。

综上所述，法律一方面规定人们行为准则，另一方面又规定法律后果，法律就是采取这种基本方法来调整社会关系，实现其使命的。

近年来，[illegible]、主要是经济法学界，经常谈论法的调整方法问题。但他们多把法[illegible]调整方法等同于法所规定的制裁方法。一提起法的调整方法，便仅指诸如民事制裁方法、行政制裁方法、刑事制裁方法等。他们忽视了法的基本调整方法首先是规定人们行为准则，其次才是规定法律后果，法律后果又包括否定式与肯定式两种，制裁只是否定式法律后果中的一种具体表现形式，否定式法律后果中还包括免予制裁或不予制裁的情形。把制裁方法当作法的全部调整方法，是十分片面的。不过，由于法律后果是法律规范得以实施的保障，又由于法的基本特征是强制性的，所以人们特别关心法的制裁方法，以致把法的调整方法狭义地指称为制裁方法。

二、经济法调整方法的特征

各种基本部门法在调整方法上既有最基本的共同点，又有各自特征。这些特征连同基本共同点，构成各部门特有的调整方法。

法的调整方法是由法的调整对象的种类和性质以及法的基本任务决定的。它也与法的调整原则有关，但调整原则也是由调整对象及法的基本任务决定的。经济法调整的是国家经济管理关系。国家经济管理关系是在国家对国民经济实行管理过程中发生的，不是在一般经济交往活动中发生的。它必以国家(其代表者)为一方主体，同另一方是管理与被管理关系，不是平等主体之间的关系。这种关系虽然需要注意兼顾各方经济利益，但绝不以有偿等价为原则，它不是或不完全是自愿协商的，而带有一定的国家强制性。经济法的基本任务在于，通过调整国家经济管理关系，保障国家经济管理职能实现，维护经济管理秩序，促进国民经济从总体上稳定、协调和发展。经济法的这种调整对象及基本任务，决定其调整方法的特征必须是：既采用必要的命令、禁止强行性规范，以保证国家经济管理实现，又采用大量提倡性规范，以引导、鼓励和促进国民经济健康发展；既规定经济制裁否定式法律后果，又规定包括奖励在内的肯定式法律后果，制裁和奖励都具有经济性内容，其目的是保障国家经济管理目标的实现。总之，经济法调整方法的特征在于：强行性规范与提倡性规范相结合，经济制裁与奖励相结合。

经济法的调整方法与其他部门法是不同的。刑法由于调整的是犯罪关系，其基本任务是惩罚犯罪，维护一定的国家统治关系或统治秩序，这决定刑法的调整方法基本上采取强行性规范，尤以禁止性规范为主。对于违反这些规范的，使之承受否定式法律后果，通常是给予刑事制裁。这种制裁是最严厉的，包括财产刑、自由刑甚至身体刑、生命刑等刑罚手段。

民法调整公民和法人平等主体之间的财产关系和人身关系，其任务是保障公民和法人的合法的民事权益，维护民事主体之间正常交往秩序，因此，其调整方法的特征在于，除了也规定一些强行性规范外，还规定大量任意性规范。对违反强行性规范的，其后果是采取等价补偿之类的民事制裁方式。对于遵守强行性规范和任意性规范，或者违反任意性规范的，其后果是法律予以一般性肯定或者否定，但都不需要另外采取其他具体的肯定或者否定形式。

行政法调整行政管理关系，其任务是保障国家行政机关的行政组织和行政执行活动顺利进行，维护行政管理秩序，因此，其调整方法以采取强行性规范为主，结合采取一些提倡性规范，其法律后果采用行政制裁与行政奖励相结合。行政制裁主要是一种人身或财产惩罚，但比刑事制裁轻，与民事制裁和经济制裁也不尽相同。行政奖励以授予荣誉等精神奖励为主。

经济法与上述各部门法的调整方法也有密切联系。并且，它们在调整方法总体(体系)上的不同，不排除在某些做法上有相近或相同之处。这是因为各种社会关系总是互相关联的，各种部门法的任务也是互相关联的。经济法与其他部门法的调整方法的关联性，表现在它们互相衔接、互相交叉和互相参用。例如，违反经济法强行性规范，导致经济制裁，如果严重违反国家经济管理的强行性规定，则触犯了刑律，按照刑法规定的法律后果给予刑罚制裁。这便是这两个部门法调整方法上的轻重衔接。经济法在调整国家经济管理关系时，有时需要适用民法的某些规范，例如调整国有财产关系时适用民法关于所有权的一般规定，调整国家与实行承包、租赁经营的国有企业管理关系时，适用民法关于合同的一般规定等。这时，在调整方法上，便也适用民法的某些调整方法。当上级经济管理机关由于不恰当的干预给企业或其他被管理主体造成损害时，也可适用返还、赔偿等民事制裁方式。这便是调整方法的互相参用。

经济法调整方法与行政法更为接近。这是因为这两个部门法所调整的都是属于国家管理关系。国家经济管理机关多数也是国家行政管理机关，经济管理机关的组织与活动同时也要受行政法调整。行政法的调整方法对它们也当然适用。并且,国家经济管理活动包括采取指令性直接管理这种方式,这种管理方式与一般行政管理更为相近或相同,所以在这方面经济法采用的调整方法与行政法难免有相近或相同之处,它们在法律后果形式的规定上必然会发生一些交叉或互相参用的现象。

但是,经济法的调整方法与行政法毕竟是不同的。行政法调整的是一般行政管理关系。从调整范围来看,它除了适用国家经济管理机关之外,还调整非国家经济管理主体的一般行政机关的组织与活动。从调整内容来看,即使对于经济管理机关,它一般也只注重调整它们的有关行政组织与行政执行活动,而不重在经济性内容。特别是国家经济管理机关按照经济规律,运用各种经济杠杆进行宏观调控,对各经济活动单位实行影响、引导等间接管理方式时,行政法是无能为力的。从调整目的来看,行政法是为了保障国家机关行政管理活动正常进行,维护政治、治安等社会秩序,经济法是为了促进社会经济总体稳定、协调与发展,即使它在采用指令性直接管理方式时,也注重使这些管理措施服从于社会经济发展的总体目标,使之符合客观经济规律。正是这些原因,使经济法的调整方法在规范行为模式和法律后果的方式和手段上,区别于行政法而具有自己的特征,需要建立自己特有的调整方法体系。

在我国,人们几乎普遍地否认经济法有自己特有的调整方法。反对经济法为一个独立部门法的人,在否认经济法有独特的调整对象和调整原则的同时,往往把调整方法问题也作为其中一项理由。而承认经济法为独立部门法的经济法学界,许多人也承认经济法没有自己特有的调整方法。他们只是争辩说,调整方法问题不是衡量是否为独立部门法的标志。人们对经济法调整方法的理解,大都认为它是综合运用民法、行政法和刑法的调整方法,要说有特色,也只在其“综合”性上。这些意见是不正确的,说明人们对于经济法调整方法问题缺乏深入研究。他们只看到经济法调整方法上与其他部门法互相衔接、交叉和参用的现象,而忽略了经济法在规范行为模式和法律后果的方式和手段上的特征和体系。还有一个原因,就是人们误解了一个法律文件往往同时规定经济的、行政的和刑事的制裁方式这一现象。有时,一个法律文件往往同时包含分属于几个不同部门法的规范。有些行为也往往同时触犯几个不同部门法的规范。这时,同一个法律文件中必然同时规定分属于不同部门法的调整方法。当法律文件中规定行为人除应接受经济法的制裁方式外,还需受到行政处罚或刑事制裁时,那是因为该行为同时违犯了经济法和行政法或刑法的规范,而并不说明经济法综合运用了多种部门法的调整方法。可以使我们看得更清楚的是,我国和其他多数国家在以经济法规范为主的法律文件中,对于严重违反国家经济管理规定而构成犯罪的行为,往往只规定适用刑法的某些条款,而不另作具体规定,这正说明这两个部门法在调整方法上的轻重衔接,而不是经济法综合运用了刑法的调整方法。

三、经济法的法律后果体系

如前所述,经济法的法律后果,包括否定式与肯定式两方面。一般地遵守强行性规范或提倡性规范,或一般地违反提倡性规范,导致的是一般性的肯定或否定后果,但都不需要采取其他具体的肯定或否定形式。但是,如果违反了经济法的强行性规范,将会导致制裁;如果模范地、成绩显著地遵守了经济法的提倡性规范,将可以导致奖励。经济制裁和奖励,是经济法法律后果的两种具体形式。下面主要分析经济法的制裁和奖励的体系。

各部门法的法律后果都应形成各自的体系。刑法以强行性规范为主,违反强行性规范的否定式法律后果是刑事制裁。各国刑法的刑事制裁都形成了较完备的一定体系。例如我国刑法规定的刑罚,分为主刑和附加刑。主刑的种类分为管制、拘役、有期徒刑、无期徒刑、死刑五种;附加刑包括罚金、剥夺政治权利、没收财产三种。各国民法的民事制裁也形成了较固定的体系。我国《民法通则》规定了返还财产、赔偿损失、支付违约金、赔礼道歉等10种制裁方式。此外,行政法等部门法的法律后果体系也大致形成。经济法的制裁和奖励也应形成自己的体系。

我国多年来的经济法方面的立法在总结实践经验的基础上,事实上也初步形成了制裁和奖励相结合的体系,但理论上缺乏系统研究,立法上存在散乱现象,至今没有一部法律文件集中、系统地规定经济法的制裁和奖励的种类。在制定各个单行法律文件时,往往根据需要临时规定一些制裁和奖励措施。各个法律文件规定的种类,其名称不甚统一,轻重不够衔接,有时出现把其他部门法的制裁方式不恰当地纳入经济法规范之中的现象。法的调整方法是实现法的任务的保证。建立经济法制裁和奖励体系,建立合理的制裁和奖励制度,对于保障经济法的实施,惩罚和预防违法行为,教育和鼓励人民自觉地模范地遵守法律,具有重要意义。

经济法制裁和奖励体系,应该符合下列要求:(1)种类完备,能够满足经济法的调整对象和任务对于制裁和奖励种类的需要;(2)轻重衔接,各种制裁和奖励方式应互相关联,在性质和程度上互相衔接;(3)性质纯一,这是指各种制裁和奖励方式应都是为经济法所必需的,属于经济法特有的法律后果形式。除了某些必要的交叉外,不能把其他部门法的法律后果形式拉入进来。对于几个部门法法律后果形式的交叉,可以考虑从名称和内容上加以区别。例如刑法上称罚金、没收财产,行政法上则称为行政性罚款与没收,以与经济法的罚款与没收相区别。

根据我国现行立法,经济法的制裁措施可以分为:

第一,对企业、事业单位、个体经营户和其他公民等基本经济活动主体(基本被管理主体)的制裁;

1. 货币制裁。包括:罚款,交滞纳金,减少、停止或提前收回贷款,追回被侵占、挪用资金,收缴应上交收入,没收非法所得等。

2. 财产制裁。包括:(1)强制转移所有权,如征购、征用、没收、减少或停止计划物资供应等;(2)强制转移使用权,如:强制许可使用等。

3.经济行为制裁。包括:强制整顿、强制停业、吊销生产许可证或营业执照、强制解散、宣告破产等。

4.经济信誉制裁。如通报批评、限制从事某些经济活动资格等。

第二,对国家经济管理机关(国家经济管理主体)的制裁。包括:责令调整原所下达的指令性指标,责令减免被管理主体原应上交的利费,撤销摊派等;对经济管理机关工作人员的制裁,还可适用行政法制裁方法。

经济法的奖励措施,包括:减免税、利,信贷优惠,价格优惠,物资供应优惠,财政补贴,颁发奖金,授予单位或其产品荣誉等;对国家经济管理机关工作人员和其他公民个人,还可适用行政法的其他奖励方法。

论国家经济体制转换对经济法与民商法的影响*

我国的经济体制正在发生重大转变,发展社会主义市场经济,对于我国的经济法和民商法将产生深刻影响。其主要表现在于:一是要求大力加强立法,经济法与民商法两个部门法都需要加强。认为实行市场经济只需要加强民商法,而经济法变得不重要、甚至可以取消了,是非常片面的。二是经济法与民商法调整对象的范围和立法内容将发生变化,民商法的适用范围将有所扩大,经济法重点在于加强国家宏观经济管理,并放宽和改善国家对微观经济的管理,"大经济法"观点的不合理性将更加显现。此外,市场经济要求建立和完善与之相适应的经济法和民商法体系。正确认识经济体制转换对经济法与民商法的影响,对于建立与市场经济相适应的法律保障体系,促进经济发展,具有十分重要的意义。

---

* 本文原发表于1993年武汉市法学会学术研讨会。

一、市场经济运行的两种法律保障机制

人类社会很早就出现了劳动产品交换。按照劳动产品价值量(以此为尺度)进行交换即为商品交换,商品是按价值量交换的劳动产品。因商品交换而使一定范围内的生产、分配、流通、消费诸部门、诸环节互相联系的总体,即为商品经济。资本主义社会以前,社会上已存在商品经济,但它在整个社会经济中不占主导地位。当时占主导地位的是为满足自身需要而进行的生产活动,所以,就整个社会经济性质而言是自然经济。封建社会后期,商品经济逐渐取代自然经济的主导地位,于是进入商品经济社会。

有商品交换,就需要有市场。从这个意义上说,商品经济就是市场经济。不过,一般所谓市场经济是就整个社会经济总体性质而言,因此它一般是指商品经济占主导地位后的社会经济。此外,商品经济是相对于自然经济、产品经济而言,它们是从生产目的是否在于交换以及按照何种尺度交换这个角度划分的;市场经济则相对于计划经济而言,是从社会经济运行的调节机制类型这个方面所作的区分。资本主义社会经济是发达的商品经济,也是一种完备的市场经济。

商品交换既然按价值量这一尺度进行,价值规律便成为支配和调节商品经济即市场经济运行的基本机制。价值规律对于社会经济的作用是通过市场关系体现的,因此,价值规律的作用又叫市场调节,市场调节是价值规律作用的外部表现。

价值规律的作用及其外部表现的市场调节,被人们称为调节社会经济的“无形之手”。

在资本主义自由竞争阶段及其以前社会,价值规律和市场调节机制足以有效地驱动和调节社会经济的正常运行,国家一般不加干预。产业革命以后,在各主要资本主义国家,生产高度社会化,并形成垄断。各垄断企业对利润的追逐,使得生产呈无限增长趋势,而社会购买力却

是有限的。垄断组织内部加强了组织性和计划性，而整个社会生产却是无政府、无计划的。垄断妨害自由竞争，但并未消除竞争，倒使竞争更加激烈。垄断组织间的竞争往往不仅两败俱伤，而且严重破坏着社会经济。价值规律的作用被垄断和不正当竞争严重扭曲，市场调节这只“无形之手”已不如从前灵验和万能。社会企盼着出现另外的调节机制、另外的“手”，来加以协助和配合，以有效地调节经济正常运行。于是，国家便当仁不让，出面介入经济生活，对社会经济进行干预管理，这便是所谓“国家之手”，这样，调节社会经济便有了两种机制，两只调节经济之“手”。

为保障对于社会经济的有效调节，促进经济有序运行，国家需要立法，加强经济法制。这里特别重要的是民商法与经济法。民商法是保障市场调节即“无形之手”有效运作的法律机制，经济法是保障国家调节即“国家之手”有效运作的法律机制。它们是市场经济健康运行不可或缺的两种法律保障机制。

民商法调整公民、法人这些社会上的平等主体之间的财产关系和人身关系，通过调整，维护公民、法人的合法权益。民商法的基本任务和立法主旨虽然着眼于个体权益，但是，它在调整公民、法人之间的财产关系（经济关系）维护各个体的合法权益的同时，也就维护了社会各经济活动主体的合法地位，保障他们独立自主地进行经济活动，平等自愿、等价有偿地发生各种经济关系，并在市场上自由竞争，优胜劣汰。这就为价值规律和市场调节的作用提供了合适的环境，保障其充分发挥对于社会经济的调节作用。

经济法调整在国家对社会经济实行管理过程中以国家（它的代表者）为一方主体同其他主体之间发生的国家经济管理关系，通过调整维护国家经济管理中有关各方权利义务，实现国家经济管理意志，保障国家对于社会经济的调节，以促进国民经济协调，稳定和发展。经济法的基本任务和立法主旨直接着眼于整个社会经济的运行发展和社会经济总体效益。所以，经济法是保障国家对于社会经济管理即国家调节或“国家之手”运作的法律机制。

自由资本主义阶段及其以前社会，由于国家一般不直接干预经济，社会经济运行基本上由价值规律和市场机制予以调节，当时民商法比较发达并成为独立部门法，而经济法不甚发达。进入垄断资本主义阶段以后，由于国家大量介入经济生活，国家经济管理成为调节社会经济运行又一种重要机制，经济法发达起来并独立为一个法律部门。

在市场经济条件下，在社会经济的两种调节机制中，价值规律作用和市场调节是最基本的，它是社会经济自身固有的内部调节机能，是驱动和制约社会经济运行的基础；国家调节（计划调节）相对而言是社会经济的一种外在力量和外部调节。外部调节不能排斥或取代内部调节。虽然对于现代社会经济而言，国家调节是十分必要的，有时甚至发挥着关键性作用，但它的作用应当遵循社会经济内在运行规律，并同内部调节机制很好地结合起来，才能取得预期效果。

与此相适应，在社会经济运行两种法律保障机制中，民商法的作用是最基本的，实行市场经济的各资本主义国家其民商法都十分发达。经济法的作用是十分必要的，有时甚至发挥着关键性作用，这就是实行市场经济的资本主义国家于20世纪以来，其经济法迅速发达的原因。

中国原来实行计划经济。计划经济是一种主要凭国家调节以驱动和支配社会经济运行的经济体制。由于国家调节社会经济的主要方式和手段是经济计划，因此国家调节即所谓计划调节。在实行计划经济过程中，人们忽视和排斥价值规律和市场调节的作用。国家和它制订的计划对社会经济一度采取包揽的做法，管得既宽又细又死，公民和法人的经济行动受到严格限制，企业缺乏充分的经营自主权。加之在所有制结构上是较单一的公有制，公民和法人之间的经济利益关系比较简单。这些情况决定民商法不可能发达。特别是在法制未受到足够重视的情况下尤其如此。中华人民共和国成立后，直到1986年制定一部总共只有156条的《民法通则》，即表明了这一点。另外，在实行计划经济条件下，国家经济管理关系十分发达，这本来是经济法发达的基础和前提,但当时由于对法制不很重视,国家的经济管理主要依靠长官意志和行政手段,所以,经济法也并不发达。

我国自20世纪70年代末开始经济体制改革,在原来计划经济体制基础上引进市场因素,在继续重视计划调节的同时,也逐渐重视发挥市场调节的作用。与此同时,国家重视了法制建设。这时,作为两种调节机制的法律保障——民商法与经济法,便迅速发展起来。但由于经济体制的局限,公民和法人的民事关系仍不够发达,国家对于经济的管理仍然过宽过细,企业、特别是在国民经济中占主导地位的国有企业作为独立商品生产经营者的地位,仍未真正确立,未能独立进入市场。在这种情况下,民商法仍不够发达;而经济法却得到更为迅速和较大规模的发展。但经济法的发展也存在不少问题,例如,(1)对于国家经济管理的某些重要方面,立法不完备,只好仍然主要依靠行政手段进行管理;(2)由于国家经济管理面仍然过宽,有些领域本应放开由社会上有关主体按照民商法、劳动法等自主进行活动的,而国家却直接介入,将其纳入经济法范畴予以调整,使经济法调整范围过宽;(3)由于国家经济管理方式较为单一,微观上的直接指令性管理较多,宏观上间接调控较为薄弱。所以,在经济法的内容和规范方式上,强行性规范较多而鼓励和提倡性规范较少,微观管理规定较多而宏观调控法律体系不够完善。

1992年开始,邓小平"南方谈话"后,中国加快改革步伐,决定实行社会主义市场经济,国家经济体制发生新的更为重大的转变。经济体制的转变,就是驱动和调节社会经济运行的机制类型的转变。实行市场经济,我国经济运行的调节机制将更加倚重价值规律的作用和市场调节,使其成为最基本的调节机制。与此相适应,作为市场调节法律保障的民商法必须大力加强。在我国原来民商法不甚发达的情况下,完善民商立法显得尤其重要和迫切。另外,现代社会经济运行必须重视国家管理因素,发挥计划调节作用。作为计划调节法律保障的经济法也需加强而不可忽视。有的同志认为实行市场经济,经济法不重要,甚至可以取消,这种意见之所以不正确,首先他们忽视了现代社会经济运行同时需要两种调节机制,需要民商法和经济法这样两种法律保障,现代西方国家实行市场经济,在他们那里,不仅民商法发达,而且经济法也受到高度重视,成为越来越发达的一个独立法律部门。为什么中国现在实行市场经济而经济法倒可以不予重视了呢?其次,这些同志也忽视了中国的实际情况:第一,中国是实行公有制的国家,国有经济是国民经济主导力量。国家对国有经济除了以政权身份外还以财产所有权人身份进行管理。国家经济管理的范围和内容,较资本主义国家广泛和丰富得多。这决定中国经济法较西方国家更为重要。第二,中国的经济体制和国家经济管理体制正处于转变之中,这是一个逐渐转变过程。国家经济管理的范围、程度和方式只能逐渐变化,经济法调整范围和内容也只能逐渐变化,而不可能骤然缩小其适用范围。第三,在经济体制转换过程中,国家经济管理的范围、程度和方式发生变化,经济法立法需要相适应地发生变化。原有立法有些不再适用,有些需作修订,并需制定许多新的立法。经济法的"废、改、立"任务十分繁重。而这是促进国家经济体制变革不可缺少的法律保障。所以,在经济体制转换时期,经济法尤其需要加强,而忽视不得。

二、实行市场经济对经济法与民商法调整范围和内容的影响

民法的调整对象是公民和法人以平等主体身份相互间发生的财产关系和人身关系。其中对于财产关系的调整包括两种方式:一是对于财产关系的一般原则和基本制度的规定,如关于所有权及其他物权、债权、知识产权等的一般性规定;二是对于公民和法人在从事生产经济活动中相互间发生的经济关系(财产关系)的规定。后面这部分规定遵循前一部分规定,并以其为基本法,它是前一部分规定在生产经营领域的具体化和特别化。在实行民、商分立的国家,前一部分为民法,后部分则称为商法。商法或相当于商法的那部分民法内容所规范的,是公民、法人从事生产经营活动的主体资格(取得主体资格的条件和程序)

以及他们的生产经营行为;或者概括地说,它是民间社会各主体的生产经营活动规则,或简称为民间经济活动规则。

经济法调整国家经济管理关系,可以说它是国家经济管理活动规则。国家经济管理活动不等于国家经济活动。后者除包括前者外,还包括国家(它的各级机关)以同民间社会的公民和法人平等的身份参加的经济活动,例如,他们以消费者身份参加的商品购销活动。这种活动规则适用民法规定。国家经济管理活动必须是国家以经济管理主体身份进行的。其活动内容包括三个方面:一是国家对社会经济从总体上进行宏观调控,包括宏观决策和规划、宏观结构的调控、社会经济总体运行的调控等;二是为实现宏观管理目标而对社会各经济活动主体的直接管理,包括对企业等基本经济活动单位的组织、协调、引导、鼓励、限制、禁止和监督等;三是国家投资直接参与的生产经营活动,包括确定国家直接投资的方向和规模、国有资产经营方式和经营制度、对国有企业的管理和对国家控股或持股公司行使股东权等。

经济法同民商法在调整对象范围和内容上既有明显分工和区别,又有密切联系和某些交叉之处。这里主要是指经济法同商法或相当于商法那部分民法内容的联系和交叉。从总体方面来说,经济法与民商法都是关于一定主体的经济活动规则,它们通过对各自特定调整对象的调整,保障社会经济两种调节机制有效地发挥作用,共同促进社会经济健康运行和发展。具体地说,它们的联系和交叉表现在以下几个方面:

第一,在对企业等法人和公民经济行为的规范方面。对其参加经济活动的主体资格,民法需要作出规定,经济法也需作出规定,因为国家(它的政府主管部门)要对其资格予以审查确认、登记注册和进行监督,从而发生国家管理关系。这是民法与经济法的一个交叉点。立法处理上,民法对此一般只作原则性规定,而另以特别法(如企业登记法)作详细规定。此类特别法在性质上即属于经济法(在民、商分立国家,人们多将其列入商法)。对于企业等法人和公民经济活动规则民商法与经济法都需加以规范。民商法规范其作为平等主体相互间进行的经济活动;而经济法则规范它们在经济活动中同国家之间发生的国家经济管理关系。这是两个部门法的互相配合关系。

第二,在国家直接投资参与生产经营活动方面。国家直接投资开办国有企业或国家控股、持股的公司,这是国家介入经济生活、对社会经济进行管理的一种方式和手段,其中发生的国家经济管理关系,原则上归经济法调整。但国家对于投资企业的管理可以采取民法的方法。因为国家作为一种投资主体,同民间社会的法人、公民那些投资主体有基本的共同之处,其投资经营活动也应遵循民法有关规定。这时国家可被视为一种特殊民事主体。当国有企业实行承包经营或租赁经营时,国家以所有权人身份对企业的管理关系主要是通过承包合同或租赁合同加以确定的,双方是一种民法中的合同关系。对于国家控股或持股的企业,国家的管理关系主要通过行使股权实现,而这也基本上适用民商法规定,经济法对于国家投资活动,凡可适用民商法而且民商法已有详细规定的,可只规定对于民商法有关部分的适用条款,而不需另作详细规定,对于不属于民商法范畴的,经济法才需作出具体规定。经济法中对于民商法有关规定的适用,这是两个部门法互相联系的又一种表现。

第三,在国家对社会经济宏观管理方面,这个领域本来完全属于经济法,民商法的直接立法主旨和调整对象都不涉及。但是,国家的许多宏观调控措施也往往可以并且宜于采取民商法的方法。例如,国家计划可以采取向企业和地方订货或合同定购等方式实现;国家对价格、市场的管理可以采取国家参与市场,收购或抛售商品,调节供求关系,平抑物价的方式(这时国家便作为市场中同民间社会法人和公民平等的市场主体,是一种特殊民事主体);国家发行政府债权等金融活动,其基本目的是调节金融,实现金融管理,但同时国家也成为一种债权关系主体,适用民法关于债的基本规定。可见在宏观经济管理领域,经济法与民商法也是有着密切联系的。

经济法与民商法在调整范围和内容上的区别和联系,因国家实行的经济体制和经济管理体制不同而有所不同。实行市场经济体制和以市场调节为主的经济管理体制的国家,国家管理(政府调节)往往被控制在十分必要的有限范围,管理方式也以指导性的间接调控为主,经济法适用范围受到局限,民商法适用范围较为广泛。而在实行计划经济体制和计划调节为主的经济管理体制的国家,国家对经济的管理范围较广,指令性的直接管理较多,经济法适用范围较广,强行性规范较多,民商法适用范围较窄。当前中国经济体制正在发生重大转变,实行市场经济,必然引起我国的经济法与民商法的调整范围和内容的变化。在对于企业等法人和公民的经济活动方面,国家将减少和放宽直接指令性的干预管理,进一步确立他们作为独立商品生产经营者的地位,维护其充分经营自主权。国家对他们的管理方式将主要是完善民商立法,制定他们从事商品经济活动、公平参与市场竞争的规则,保障价值规律和市场调节充分有效地发挥作用。经济法主要是围绕国家对各生产经营单位进行规划、协调、监督和服务这些方面作出规定。对于国家直接投资的各种企业,国家的管理主要是确定投资方向和规模、国有资产经营方式和经营制度以及对于企业经营活动的各种必要监督。经济法主要是在以上这些方面作出规定。国家投资活动及企业经营活动的许多方面可以适用民商法规定,经济法应该放手让民商法在这些领域发挥作用。此外,实行市场经济以后,国家投资的方向、重点和规模将逐渐有所变化。国家投资的目的将主要不是在于眼前国家的直接盈利,而重在调节经济结构,增强社会经济长期稳定发展的后劲。投资的重点将主要是对国计民生具有关键性意义的,或者国民经济中比较薄弱的,或者盈利率低或无盈利甚至亏损而国计民生需要或今后有很大发展前途、民间社会不愿投资的产业和公共事业。对于其他行业,民间主体愿意投资,国家不必参与竞争,可减少或不予投资,或者只作一般参股。国家独资和控股的企业比重将有所下降,而民间社会投资的各种企业的比重有所上升。这也使民商法适用范围扩大而经济法的适用受到局限。此外,国家经济体制变革以后,在国家宏观经济管理方面,国家的工作重点在于宏观决策和规划、组织和协调、监督和检查以及建立和完善宏观调控体系、培育和完善市场体系、建立和完善社会保障体系并提供各种社会服务等。经济法在这些方面必须加强。在国家宏观经济管理的具体实施过程中，国家指令性计划范围缩小，国家计划基本上是指导性的，商品的国家定价减少，价格基本上由市场调节；国家的强行性摊派和物资调拨减少，中央与地方、地方与地方、国家与企业、企业与企业等之间的经济往来，将主要按照平等协商、等价有偿原则进行。总之，国家将更多地采取民商法的方法来实现其宏观经济管理目标。这也是经济法和民商法适用范围和内容上变化的一个方面。

国家经济体制转变引起经济法和民商法适用范围和内容上的变化，对经济法学和民法学理论研究也将产生重要影响。在中国经济法学界，长期盛行"大经济法"观点，所谓"大经济法"，是指人们把经济法的调整对象的范围看得过大，把应由民商法调整的某些领域也纳入经济法范畴。例如，他们把企业等社会组织在经济活动中相互间发生的平等主体之间的经济关系（横向经济关系），或者把与国家经济管理关系"密切联系"的"横向经济关系"或"协作关系"，视为经济法的调整对象。按照经济法与民商法的性质和在功能、任务上的分工，平等主体间的经济关系是应由民商法调整的，"密切联系"的"横向经济关系"毕竟也是"横向"关系，"协作关系"也是"横向"关系。它们同国家经济管理关系纵有"密切联系"，但毕竟是两类不同性质的社会关系。它们适用民法原则，而不适用经济法原则。"大经济法"观点产生和流行的根源同国家经济体制和经济管理体制相关。各资本主义国家实行市场经济，法学界的"大经济法"现象极为少见。中国、苏联、东欧等公有制国家，过去长期实行计划经济和集中统一的计划管理体制，国家对经济的管理过宽过细过死，特别是对国有企业的经济活动，几乎一切包揽。中国20世纪70年代末开始改革，但改革初期，体制上弊端仍无重大改变，人们对于经济体制改革的发展趋势和目标模式也把握不准。现实生活素材反映到当时刚刚兴起的中国经济法学界，就难免产生"大经济法”观点。加之中国经济法研究热潮澎湃之时,民法尚不发达,许多应属民法调整的领域而民法并未予调整。经济法一起来,兼收并蓄,“抢占”了某些民法“领地”,这在当时也是可以理解的。但是,20 世纪 80 年代中期以后,国家经济体制改革方向逐渐明朗,民法也逐渐加强,“大经济法”观点逐渐显现其不合理性。1992 年以后,国家明确提出要实行社会主义市场经济,并在实际上加快了改革步伐。这使“大经济法”观点的不合理性进一步显现出来。当然,目前我们在认真反省“大经济法”观点的同时,也要防止另一个极端,即认为实行市场经济,经济法可以削弱或取消的观点。一般来说,在计划经济体制条件下容易产生“大经济法”观点,而在转而实行市场经济的时候,则容易产生轻视或否认经济法作用的思想倾向。

三、市场经济体制下经济法与民商法的立法体系

实行市场经济要求建立与之相适应的完备的经济法与民商法立法体系。中华人民共和国成立后长期未制定民法典,后来颁布的《民法通则》内容相当简略。发展市场经济,公民和法人之间的经济关系越来越复杂,需要完善现行立法,并在条件成熟时制定新民法典。由于社会经济生活的广泛性和复杂性,除需要一部完善的综合性的民事基本法外,还要制定或完善各种单项法作为特别法同基本法相补充、配套,对公民和法人在各个经济领域,特别是生产经营领域的各种经济行为进行具体规范。

在经济法方面,中国自改革开放以来,制定了大量法律和行政性法规,但立法体系也亟须完善。

从立法内容上看,当前迫切需要加强国家宏观经济管理方面的立法,包括:

（一）对经济活动主体宏观管理立法

这主要是指对一定时期社会上的各种经济活动主体的种类和法律形态结构及国家对他们的基本政策方面的规定。在计划经济体制下，一定时期社会上存在的所有制形式、企业种类结构，是由国家限定的，所有制结构较单一，企业种类按所有制划分。国家对不同所有制性质的企业实行不同的政策。实行市场经济以后，所有制结构趋于复杂，企业等经济活动主体种类增多，并且，所有制形式和经济活动主体形态应该适应市场经济需要并接受其选择，适者生存发展，不适者淘汰。这些都不能单凭国家意志决定，国家只能根据市场经济发展的要求因势利导，并根据市场竞争情况和国家一定时期的经济政策在某些方面作出必要的鼓励或限制。经济法应当确立以上原则，对以往立法限制过死的规定应予修正，对不同所有制和不同组织形态的经济活动主体，在税收和其他政策方面应当公平对待，使之平等地参与市场竞争。

（二）对宏观调控和行业管理方面的立法

在计划经济体制下，经济法在这方面的内容十分薄弱，国家的经济管理过于倚重指令性的直接管理。实行市场经济以后，国家应当建立和健全宏观调控体系，并以经济法保障这种调控体系的建立和有效运作。要制定体现指导性计划为主体、适合市场经济发展的计划法。完善现行税制，完善保障税收的经济调节机能得以充分发挥作用的税法体系。完善银行法，修改外汇管理法，保障利率、汇率等经济杠杆的调节作用。制定价格法，严格控制国家定价，给予生产经营单位充分的定价权，并加强国家对市场价格的监督管理，保障价格对经济的调节作用有效发挥。制定国家产业政策基本法，引导投资方向，实现资源合理配，建立和完善新的劳动人事工资制度和企业的财务、会计、成本、折旧、收益分配等制度，并完善相应立法。

（三）对培育和完善市场体系的立法

实行市场经济，国家主要通过市场实现对企业等经济活动主体经济行为的引导和监督和对整个国民经济运行的调控。市场是国家经济管理的中枢环节。在实行计划经济体制的时候,市场体系极不发达。当前,国家需要采取措施,打破地区、部门分割和封锁,建立和完善平等竞争、规则健全的全国统一市场,包括消费品市场、生产资料市场、金融证券市场、劳务市场、技术市场、房地产市场、企业产权转让市场、信息市场等。国家应加强市场管理,制止违法经营和不正当竞争。制定上述各种有关法规,调整国家对市场的各种管理关系,是经济法立法的重要任务之一。

(四)对建立和完善社会保障体系和为企业等经济活动主体提供社会服务的立法

国家应采取措施建立和完善养老保险、待业保险和医疗、工伤、生育保险等各种保险制度,制定和完善保险法,发展和完善有关的公共设施和公益事业,建立和发展各种社会服务,制定有关法规。为企业等各经济活动主体提供适宜的外部环境,促进经济发展。

在对企业等经济活动主体的微观管理方面,由于过去国家管理过多过死,实行市场经济以后,国家要改变管理方式和手段。做到管少管住管好,在微观上放开搞活。这方面的立法内容需要完善。

再从立法形式上看,迄今中国的经济法都是关于国民经济各个方面、部门和环节的单项法规,尚无一部综合性的经济法法典。在单项法规中,对于国民经济的有些方面立法较为完备,而有些方面则甚为薄弱,国家立法机关制定的法律较少,行政性法规和地方性法规较多。这些情况也需改善。

国民经济是由许多方面的部门、层次和环节组成的一个有机体系。国家对国民经济的管理是一项巨大的系统工程。经济法作为一个独立部门法有其特定的内在体系。为了从立法上揭示该部门法的内在体系,使关于国民经济管理的各种法律规范协调统一和系统化,并便于法的实施,很有必要在条件成熟时制定一部综合性的经济法法典。法典包括各种经济法规共同遵循的各种基本原则和法律制度

（是为法典的“总则”），以及按照一定次序编排的关于国民经济各个方面和部门的国家管理的主要规定（是为法典的“分则”）。一个部门法法典制定需要具备一定条件，最主要的是该部门法的法律规范发达并形成体系：数量多，门类齐全，涵盖该部门法所调整的特定社会关系各主要方面；并且，各种法律规范互相关联，形成了它们共同贯彻的基本原则和基本法律制度。经济法是个新兴的部门法。中国的经济法10余年来发展很快，已经初步形成体系。实行市场经济以后，经济法体系将更加完善。中国的经济法有为各种法律规范所共同遵循的一些基本原则和基本法律制度。它们虽尚未由某一个法律文件集中、明确地加以规定，但却散见于多种法律文件之中或常由党和国家一些重要政策性文件加以规定。实行市场经济以后，国家经济管理的指导思想、方针、原则将更加定型化。这些都将为制定经济法法典逐步创造条件，当前，国家经济体制还正处在转变过程之中，经济法体系尚有待进一步完善，制定经济法法典条件的成熟尚需一个过程。鉴于此，作为第一步可以考虑制定一个较为简要的“经济法纲要”这类的综合性法律。

在关于国民经济各个方面和部门的单项经济法立法方面，当前和今后一个时期的任务首先是要抓紧对尚较薄弱的部门和环节的立法，如公司法、证券法、反不正当竞争法、农业法等。其次要对某些现行单项法的内容进行修改完善，使之适应市场经济要求。凡国民经济的各基本方面和行业部门都应制定有总的综合性法律，在它之下再由许多单项法规对各个具体方面的问题作出规定。在国家制定经济法法典之前，需要大力加强国民经济各部门的单项立法，并使之形成各个方面和部门立法，各个层次和环节的立法互相关联、互相衔接的法规群体的有机体系。即使在经济法法典制定以后，由于法典不可能包含该部门法的全部具体规定，所以还会存在许多单项法规，以与法典相补充和配套。

经济法与民商法的立法体系，无论从内容或形式上看都是既互相区别又互相联系的。从内容上看,经济法调整国家对国民经济的管理关系,特别重在国家宏观经济管理,也包括必要的国家对微观经济的管理。民商法调整公民和法人各平等主体之间的经济关系(此外还调整他们间的人身关系),它主要是国家对于微观经济活动的规范。两个部门法的调整对象不同;但它们都对微观经济活动进行规范。从形式上看,两个部门法均由作为基本法的法典与若干单项法规组成。两个基本法在内容上各不相同。在两个部门法的各单项法中,有些法规其内容的区别十分明显。例如,关于国家宏观经济管理的法规(如计划法、财政法、税法等)内容基本上都属于经济法规范,关于婚姻家庭、继承、合同等法规基本上都属于民商法规范。这些单项法在立法时自然可以分别制定,而不发生两个部门法规范互相牵扯的问题。另外一些单项法则不同,对于以微观经济活动为规范对象的立法,经济法与民商法所规范的在实际上往往为同一对象,它们只是就该对象的不同方面分别进行不同的规范。例如企业法,法律所规范的对象是企业。由于企业在其组织与活动中往往发生多种社会关系,需受多种部门法调整:民商法调整它内部和对外的各平等主体间的关系,经济法调整它同国家之间的国家经济管理关系。该两个部门法都要对企业进行规范。但是,国家不能(不宜)同时分别制定两个企业法——一个属民商法的企业法,另一个属经济法的企业法,而只能制定一个企业法(实际上,国家立法者只是根据实际需要来制定某种法律规范性文件,立法时并不注重区分哪些规范属于哪个部门法)。于是就出现在同一个法律规范性文件中包含分属几个部门法的法律规范的情形。这是一种正常现象,也是一种普遍现象,凡以微观经济为规范对象的立法,都往往出现经济法与民商法等部门法的交叉,即既有经济法规范,又有民商法规范。即使经济法中的某些关于宏观经济管理的立法,由于在市场经济条件下国家常常采用某些民商法的方法实现其宏观管理目标,立法中也有对于民商法的适用条款。关于经济法与民商法立法体系的关系基本格局,如下图所示:

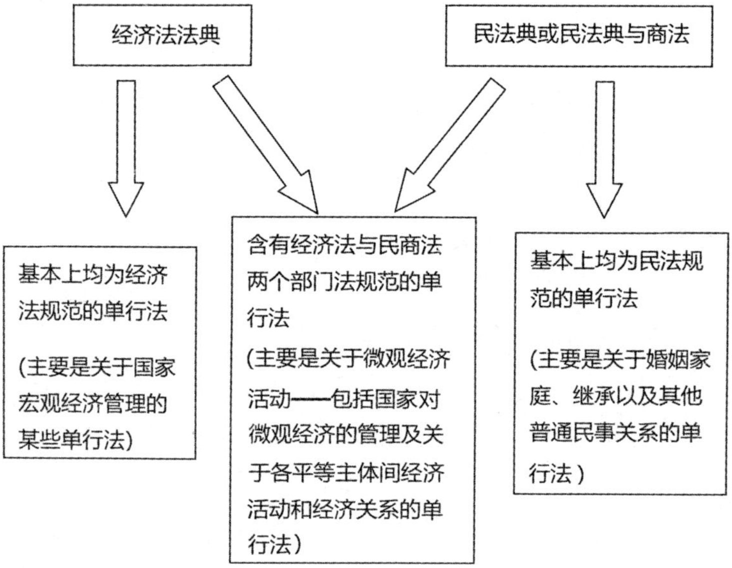
经济法法典
民法典或民法典与商法
基本上均为经济法规范的单行法
(主要是关于国家宏观经济管理的某些单行法)
含有经济法与民商法两个部门法规范的单行法
(主要是关于微观经济活动——包括国家对微观经济的管理及关于各平等主体间经济活动和经济关系的单行法)
基本上均为民法规范的单行法
(主要是关于婚姻家庭、继承以及其他普通民事关系的单行法)

“无形之手”“国家之手”与民商法、经济法*

价值规律的作用及其外部表现的市场调节，被人们称为调节社会经济的“无形之手”。在资本主义自由竞争阶段及其以前社会，价值规律和市场调节机制，足以有效驱动和调节社会经济的正常运行，国家一般不加干预。

20 世纪先后出现一批社会主义国家。革命成功后面临生产社会化的艰巨任务。这里实行生产资料公有制，国有经济更占主导地位。社会主义国家担负着组织管理经济的重要职能。“国家之手”对经济的作用被提到十分重要的地位。

社会主义国家对经济的组织管理，主要方式和手段是经济计划。即使在资本主义国家，也重视计划经济的作用。因此，国家对经济的管理和调节，也被称为计划调节。

在商品经济占主导地位的情况下，社会经济的两种调节机制中，市场调节是社会经济自身固有的内部调节机能，是驱动和制约社会经济运行的基础。国家调节或计划调节，相对而言它是社会经济的一

* 本文原发表于《法制日报》1994 年 3 月 10 日。

种外在力量和外部调节。外部调节不能排斥或取代内部调节。虽然对于现代社会经济而言,它也是必要的、不可缺少的因素,有时甚至发挥着关键性作用;但它的作用应当遵循社会经济内在运行规律,并同内部调节机制很好结合起来,才能取得预期效果。

在市场调节情况下,社会各经济主体受价值规律支配,独立自主地进行各种经济活动,平等地参与各种经济关系,在市场上自由竞争,自负盈亏,优胜劣汰。国家在这方面的立法,其基本任务是保护各经济主体正当权益,维护公平交易和自由竞争秩序,保障和促进社会经济按照自身规律正常进行。调整对象是社会各平等主体间的经济关系。基本原则是平等、诚实信用、公平等价、自由协商等。这类法属于民商法。

在国家管理和计划调节情况下,国家以自己为一方主体,同其他经济活动主体之间发生经济管理关系,对其他经济活动主体的经济行为,进行宏观调控,并为实现宏观管理目标而进行必要的直接的微观管理。国家在这方面的立法,基本任务是保护国家经济管理中各种管理主体和被管理主体的正当权益,维护国家经济管理秩序,使社会经济在按其自身规律运行基础上,接受国家必要调节,以保障和促进社会经济顺利和更加有效地运行。调整对象是国家经济管理关系。基本原则是国家经济管理权责分明、利益兼顾、注重社会经济总体效益。这类法便是经济法。

民商法与经济法在基本任务、调整对象、基本原则等方面,互不相同,是两种不同性质的法。民商法是民间(社会平等主体)经济活动规则,是商品经济社会的一种基本规范;经济法是国家经济(管理)活动规则,由于现代社会国家经济管理职能作用的加强,它逐渐形成独立法律部门,也是保障现代社会经济运行不可缺少的重要法律规范。

民商法和经济法,由于都是规范社会经济运行的调节机制的,又由于两种调节机制在作用于社会经济时应该有机结合,所以,这两个部门法也应该互相配合,综合发挥对社会经济的调整功能。

经济法的本质、体系与核心*

经济法以独立的法律部门形式出现，从美国1890年颁布的《谢尔曼法》算起，至今整整一个世纪。法学界引起重视并积极开展研究，当首推20世纪二三十年代的德国。中国的经济法研究起步较晚，始于20世纪70年代末。经济法作为一个独立法律部门和作为一门学科，其形成和发展是20世纪各国立法和法学领域最重要的事件之一。它引起了法的体系和法律学科体系的变化，对国家法制、社会经济生活和法学研究，产生了深刻影响，受到社会各界普遍重视。由于经济法兴起时间不长，许多问题尚待进一步研究，经济法学科的理论体系尚待完善。国内外先后形成众多不同的经济法学派和理论观点。中国自20世纪90年代初期开始，随着国家经济体制的重大转变，经济法理论研究出现新的起色。学者们的观点逐渐接近，更加趋于对经济法本质属性的准确把握。但人们的研究深度和对经济法各种本质属性准确把握程度有所不同，分歧仍然存在。为推进经济法学科建设，并为国家立法提供更加科学的理论指导，经济法理论研究仍面临着艰巨的任

---

* 本文原发表于1996年4月全国第一次经济法基础理论研讨会。

务。本文拟围绕经济法的本质、体系和核心问题，阐述自己对经济法基础理论研究的一些心得和基本观点。

一、经济法——国家调节社会经济之法

什么是经济法？它的本质属性如何？我认为，这可以用一个简单句式来概括，即经济法是国家调节社会经济之法。

这里所谓国家调节，是相对于市场调节而言，指的是现代市场经济两种调节机制之一。市场调节被人们形象地称为“无形之手”，而国家调节即为“国家之手”。经济法是国家调节即“国家之手”运作的基本法律保障。国家调节是经济法各种基本属性的引发点和集中体现，也是研究经济法各种基本理论问题的“牛鼻子”，抓住了它，许多问题便迎刃而解。

考察法的产生背景和社会根源，经济法本来就是由于现代国家经济调节职能发达，为适应国家调节的需要而产生和成为独立法律部门的。

在人类社会早期自然经济条件下，国家基本上没有调节经济这种职能，只是在诸如王朝更替、社会制度变革、战争和战后经济恢复、重大自然灾害等情况下，国家也需要采取某些类似经济调节的措施，并颁布一些具有经济法性质的法令。那时现代意义上的经济法并不存在。

进入资本主义社会以后，市场经济体制确立。市场经济是以市场机制（价值规律作用）为社会结构和运行基本调节机制的一种社会经济关系。市场经济从其形成至今经历了两个基本阶段——自由市场经济阶段与现代市场经济阶段。在自由市场经济阶段，一方面，由于资产阶级政治革命成功，消除了封建割据，使当时已经发达起来的社会商品经济在一国范围内形成统一体系，即国民经济体系；另一方面，废除了封建等级特权制度，废止了封建国家对社会经济的粗暴干预和盘剥，资产阶级在政治上提出和实行自由、平等、民主和人权等口号的同时，在

经济上推行自由放任政策,提出“契约自由”“契约神圣”主张,提倡各经济主体自由竞争。加之当时社会各生产经营单位规模较小,其基本组织形式是个人独资和合伙,任何一个经济主体都缺乏对一个国家或某一较大地区范围的商品市场或价格实行垄断和限制竞争能力。在这种情况下,各经济主体可以自由出入市场,充分自由竞争,价值规律和市场机制自发地并且是充分地发挥着对于社会经济的调节作用。资产阶级古典政治经济学家亚当·斯密把这种市场调节机制形象地称为“无形之手”。

在自由市场经济阶段,国家对于社会经济的主要任务不是干预或参与经济活动,只需要以第三者身份为社会各经济主体制定自由和公平竞争规则。在当事人违反规则和发生纠纷时,也主要由民间社会自身调处,只有当民间社会(当事人双方或仲裁机构)不能最终解决,或者因当事人严重危害社会而触犯国家刑律时,国家才按司法程序处理。国家制定的这些经济活动规则,其法律形式主要为民(商)法。在自由市场经济条件下,民(商)法十分完备和健全。

19 世纪末,西方各主要资本主义国家相继完成产业革命。产业革命促进生产社会化和垄断的形成。垄断企业凭借其雄厚经济实力垄断市场和价格,获取垄断利润,排斥自由竞争,使价值规律严重扭曲。资本主义世界爆发了一次又一次经济危机。周期性的经济危机使资本主义经济不断出现大起大落,使社会生产力遭到严重破坏,整个社会生活也因此引起动荡和混乱。这种情况即使对各垄断企业来说也是不利的。人们开始认识到,过去对于调节社会经济曾经十分灵验和万能的那只“无形之手”,如今不那么灵验了,企盼能有另一只“手”出来配合运作,以有效调节社会经济:这便是“国家之手”,即国家调节。当社会经济结构和运行同时需要市场调节和社会调节两种调节机制、两只“手”配合作用,而仍以市场调节为最基本调节机制时,市场经济便进入第二个发展阶段,即现代市场经济阶段。

国家调节社会经济需要依法进行,需要法律保障。这种法就是经济法。继美国在 19 世纪与 20 世纪之交颁布一批反托拉斯法之后,第一次世界大战前后德国涌现大量国家干预和调节经济的法律。在20世纪30年代资本主义世界经济危机及随后爆发的第二次世界大战期间,国家对经济的干预达到无以复加的地步。“二战”以来,国家干预和调节经济的方式和手段更加全面、完善,并逐渐摆脱各种非经济性的因素和行政、军事指令性色彩,经济法的体系更加发达,经济调节性更加突出,经济法性质更加纯正。

经济法所调整的是在国家调节社会经济过程中发生的各种社会关系。这种社会关系发生在国家调节经济过程中,因国家调节经济而引起,它是以国家(它的代表机关)为一方主体同其他主体之间的关系,是一种国家经济调节管理关系。经济法的调整对象同民法不同,民法调整民间经济关系,这是自然人和法人这些平等主体之间在经济交往中的经济关系,主要是一种商品货币关系。经济法的调整对象也不同于行政法的调整对象。行政法调整国家行政管理关系,这是国家为实现政治、社会和治安等目的而进行行政管理过程中发生的关系。国家行政管理包括外交、国防、民政、文教、卫生等大量非经济领域,虽然也涉及财政、税收、工商行政等一些经济领域,但作为行政管理,对于这些领域的管理也主要重在规定这些国家行政机关的组织、职权、活动规则和程序,维护一般社会秩序。国家经济调节则不但属于经济领域,而且涉及经济领域深层次的问题,它要研究社会经济的总体状况和运行规律,研究国家直接影响社会经济结构和运行的措施。经济法所调整的国家经济调节管理关系同行政法所调整的国家行政管理关系显然是不同的。国内外许多学者其实也早已看出行政法对于经济领域深层次无能为力。例如,他们说:行政管理“只限于……关于经济管理机构的建立、它们活动的原则等一般问题而未深入到……经济领域中的关系”,“常常在它刚刚要真正展开时就中断了”,因而形成行政管理和行政法不能触及的“某些死角”。① 他们在这里所谓的“某些死角”,恰恰是经

① 苏联学者C.H.勃拉图西和C.C.阿列克谢夫提出的观点。参见苏联莫斯科大学和斯维德诺夫法学院合编:《经济法》,中国人民大学出版社1980年版,第15页。

济法所要予以调整的。

经济法的基本功能和任务，是保障国家调节，促进社会经济协调、稳定和发展。经济法是国家调节即"国家之手"有效运作的法律保障。经济法的基本功能和任务不同于民法和行政法。民法通过调整民间经济关系，保障自然人和法人这些经济活动个体的合法权益，维护各平等主体间的经济秩序。民法在客观上也影响社会经济运行。因为民法既然保障社会各主体平等、自愿、公平地参与经济活动，就为价值规律和市场调节机制充分发挥作用创造了条件。从这个意义上说，民法是市场调节即"无形之手"有效运作的法律保障。行政法的功能在于规范国家行政机关及其工作人员在行政管理活动中他们及他们的被管理者的行为，调整国家行政管理关系，保障各有关主体在国家行政管理活动中的正当权益，维护国家行政管理秩序。行政法一般并不注重影响社会经济的运行，不以特定的社会经济效益为其最终目的。这同经济法的作用是不相同的。

综合经济法的调整对象与基本功能，我们给经济法概念的定义是，经济法是调整在国家调节经济过程中发生的社会关系，保障国家调节，促进社会经济协调、稳定和发展的法律规范的总称。这一定义最核心的内容是国家调节。最简要的表述是，经济法是国家调节社会经济之法。

此外，经济法的其他各种基本问题，如经济法的调整原则、调整方法、责任制度以及经济法的体系等，无一不与国家经济调节这一经济法最本质的特征密切相关。由于国家调节社会经济的出发点和根本目的是促进社会经济协调、稳定和发展，是维护社会经济总体效益。经济效益产生经济利益，所以经济法的基本调整原则是注重维护社会经济总体效益和社会总体经济利益，并兼顾各方经济利益。由于国家调节经济需要采取禁止、命令、允许或提倡、鼓励等多种手段，所以经济法的基本调整方法是实行强行性规范同任意性规范、提倡性规范[②]相结合，制

---

② 本文作者在1991年发表的《论经济法调整方法》(《法律科学》1991年第5期)、《论奖励》(《法律与社会》1991年第5期)中，首先提出和论证了"提倡性规范"概念。

裁与奖励相结合。如此等等,说明研究经济法,必须牢牢把握国家调节经济这一最根本之点,从这里出发可以引出对于经济法的本质和各种基本特征的正确认识。

二、经济法体系的基本构成

经济法包括哪样一些法律?经济法体系有哪些基本构成?这也是国内外法学界众说纷纭的一个问题。在中国,人们往往把民商法或行政法的许多法律规范,纳入经济法体系,这是"大经济法观点",构成的"大经济法体系"。反对者又将这些法律规范或规范性文件一一排除。这样一来人们疑虑顿生:究竟哪些法律真正属于经济法?所谓经济法体系该不会只是一个空架吧?

经济法的渊源和体系,是一个十分重要的问题。这个问题不明确,经济法及其各种基本理论问题便是空谈,无的放矢。而如果明确了经济法的渊源和体系,便可以依据其各种具体的法律规范,分析研究其特性——包括它们同其他部门法规范的联系和特质,从而概括出它们作为一个新部门法的各种本质属性和共同规律。这是我们研究经济法基本理论一个最基本和可靠的方法。第一次世界大战前后的德国法学界,正是在分析当时德国政府颁布的许多经济法规范性文件基础上,发现和归纳出经济法的本质和特征的。

从分析研究经济法各具体法律规范入手把握经济法的本质属性,而把握了经济法的本质属性,又能更加全面和精确地识别经济法的渊源和体系。我们说经济法是国家调节社会经济之法,国家调节是认识经济法的本质和各种基本特征的关键,对于鉴别经济法的法律表现形式和探明经济法体系的构成,同样可以此为引发点。如果我们进一步研究国家调节社会经济是如何进行的,"国家之手",是如何着手运作的,则不难发现,自19世纪末20世纪初以来,国家调节经济大致运用了三种基本方式,或者说,"国家之手"有三种基本动作,而关于这三种国家调节基本方式的立法，则构成了现代经济法体系的三个基本构成。

（一）经济强制。此即国家强行禁止、限制或命令社会经济主体从事某些经济行为，以实现国家调节经济的意图。早期社会，国家对经济的干预主要采取这种方式。19世纪末以后，国家的这种做法主要表现为反对垄断和限制竞争。垄断妨害自由竞争，扭曲价值规律，制约了市场机制对于经济的调节作用，所以，国家出面介入经济首先要做的是反对垄断和限制竞争。这是“国家之手”着手的第一种基本动作。为此必须首先明确：垄断和限制竞争是怎样给社会经济造成危害的，哪样的垄断和限制竞争行为属于国家反对之列；应由哪些国家机关负责主管；如何处理有关垄断和限制竞争行为（其制裁方式和程序）等。这些需要国家制定法律，以法律强制力保障实施，这就是反垄断和限制竞争法。这是现代经济法最早出现的一种法律渊源，是现代国家经济法立法体系中重要的基本构成之一。

美国是反垄断法颁布最早的国家。早在1890年就颁布了《反对不法限制和垄断，保护交易和通商的法律》，即《谢尔曼法》。1914年又颁布《克莱顿法》和《联邦贸易委员会法》。这使反垄断法在美国最先形成较完备的体系。

德国早在第一次世界大战前后颁布了有关国家扶助或反对垄断的法律，[③]它们是当时在德国大量涌现的经济法中的最重要组成部分。继美国和德国之后，英国、日本、法国、加拿大等各主要资本主义国家以及韩国、印度等发展中国家，都先后颁布了各自的反垄断和限制竞争法。

反垄断和限制竞争法是典型的经济法性质的法律，它调整国家反垄断和限制竞争关系。由于反垄断和限制竞争是国家调节经济的一种重要手段和内容，所以这是一种在国家调节经济过程中发生的社会关

---

③ 德国1910年颁布《钾矿业法》，可算是德国最早的国家干预垄断的法律。1915年的《设立强制卡特尔法》、1919年的《卡特尔规章法》，其内容主要强化垄断。1923年《防止滥用经济立法令》，则是为了限制和削弱卡特尔对市场的支配力。德国现行反垄断法1957年颁布的《反限制竞争法》，它经过几次修订。

系,并是一种以国家(国家的垄断和竞争管理机构)为一方主体的国家经济调节管理关系。反垄断和限制竞争法的基本功能和任务,是保障国家通过强制措施排除对于自由竞争的妨害,使市场机制充分发挥作用,以促进社会经济的协调、稳定和发展。反垄断和限制竞争法是实现经济法的基本功能和任务的一个重要方面。如果说对于经济法的其他法律表现形式人们意见分歧颇大,但对于反垄断和限制竞争法的经济法性质,国内外学者的看法一致得多,④虽然在中国迄今尚未制定反垄断和限制竞争法,但人们认识到,随着市场经济的发育,我国必须制定这方面的法律。它将是我国经济法体系中的一个重要构成部分。

(二)经济参与。这是指国家直接参与某些经济活动,借以达到调节社会经济结构和运行的目的。其主要做法是国家直接投资开办国有企业,或参股到民营企业,参与这些企业的经营,或者参与其他商业和金融活动。国家直接参与某些经济活动,一般以特殊民事主体身份出现。它同其他有关经济主体发生的社会关系,具有一般民事关系特点,也就是平等、协商、互利的关系,因而基本上适用民(商)法的规定。但是,国家毕竟是政权体现者,它参与经济活动的主要目的在于(应当在于)调节社会经济,实现其经济调节管理职能。国家参与经济活动是国家调节社会经济的一种基本方式,所以,它不同于一般民事活动,不能完全适用民(商)法,国家还需制定许多特别规定。例如规定国家作为投资主体的特殊地位,国家投资的规模、方向和重点的确定原则,在某些行业国家投资经营的垄断性,国家投资形式和经营方式,投资程序和国有企业设立的特别程序,国有企业的特别权利和义务,国家投资和国有企业的收益分配等。这类关于国家参与经济活动的特别法律即为国家投资经营法,主要包括国家投资法和国有企业法。国家参与经济活动是现代国家调节社会经济结构和运行一种直接的、见效快的基本方式,是“国家之手”又一种基本动作,国家投资经营法是经济法体系

④ 参见[日]金泽良雄:《经济法概论》,甘肃人民出版社 1985 年版;[日]丹宗昭信等:《现代经济法入门》,群众出版社 1985 年版。

又一基本构成。

在西方资本主义国家,第一次世界大战前后,特别是1929年爆发经济危机以后,国家加强了对国民经济的总体性调节,因为当时任何局部性干预措施都显得无能为力。正是在这种情况下,国家直接投资和国有企业迅速发展起来,许多国家掀起了国有化浪潮。“二战”后,由于各国经济恢复和重建的需要,国际范围内民主主义思想的抬头,以及后来科技飞速发展引起生产进一步社会化,国家组织经济职能进一步发达,许多国家又几度掀起国有化高潮。国家投资和国有企业在国民经济中占了相当大的比重和十分重要的地位。

国家投资开办国有企业有着多重目的和用意,包括财政性目的、政治性目的和经济(调节)性目的。但现代国家投资开办国有企业应当主要是为了经济性目的,即通过国家直接投资于某些行业和产品的生产经营,以调节国民经济的结构和运行,同时通过对国有资产的控制和运营,增强国家调节的物质力量。国家投资开办国有企业的目的,决定着国家投资的规模、方向和重点。投资太少起不到国家调节社会经济的作用,过多则非但不必要,而且会造成许多弊端。一则国有企业在国民经济中比重过大,制约了市场机制对社会经济充分发挥调节作用;二则国有企业的经营效益往往较差,不如民间企业。这两个方面结合起来,牵制整个国民经济效益,而国家为了扶助国有企业,财政上背着沉重包袱,也牵制国家精力,妨碍国家运用其他措施对经济进行更为有效的调节。西方资本主义国家自20世纪80年代起先后掀起“私有化”浪潮,大量当削减和改革国有企业。私有化不要把国有企业全部取消,不是对于国家投资这种国家调节经济的基本方式的全部否定,实际上它只是对于国家投资和国有企业的一种大的政策性调整。必要限度的国家投资和国有企业还会继续保留,今后也是需要的。作为国家调节经济的一种基本方式,它始终有着重要的积极作用。

为保障国家投资经营活动,各国制定了大量的国家投资法和国有企业法,包括在私有化过程中颁布的各有关法令。这些法律是各国经济法立法体系中的重要组成部分。

在社会主义国家,从一开始就进行大量的国家投资,建立了强大的国有经济。这里的国家投资和国有企业长期居于国民经济的主体地位。国家颁布的这方面的法律法规更是他们经济法体系的一个十分重要的构成部分。

(三)经济促导。这是指国家为调节社会经济,使其协调、稳定和发展,而对社会经济各主体及其行为予以引导、促进、帮助和提供各种必要服务。这种国家经济调节方式同前面两种方式不同:国家经济强制是国家处于社会经济之上施加的作用,经济参与是国家跻身于社会经济生活之中亲自从事经济活动,而国家经济促导则是国家在前面引、后面促、旁边左右帮。现代国家经济促导的做法多种多样,并逐渐形成了一套科学的体系,即人们通常所称的国家宏观调控体系。它一般以"经济计划——经济政策——调节手段"为轴线进行。经济计划规定国家经济发展的目标和任务;经济政策体现和分解计划的各项基本要求,保障计划的实施;调节手段是贯彻经济政策并最终实现国家宏观经济计划的工具,它主要是指税率、利率、汇率等经济杠杆和其他财政、税收、金融信贷、价格、外汇等方面各种经济工具的运用,特别是以上各种杠杆和工具的综合运用。国家需要制定计划法、各种经济政策法和关于各种经济调节手段运用的法律。这些法律我们可以统称为国家宏观调控法。

国家采用某些措施促导社会经济活动,很早就有过。自经济法出现后,这方面的立法就是其中一个方面的内容。但它发达起来形成宏观调控体系,却是二次大战以后,特别是近一二十年来的事。当前,宏观调控法在各国经济法体系中的地位已越来越重要。中共中央在《关于制定"九五"计划和2010年远景目标的建议》中指出,"完善宏观调控体系的重点是,建立计划、金融、财政之间相互配合和制约,能够综合协调宏观经济政策和正确运用经济杠杆的机制"。我国的宏观调控立法将进一步完善。

综上所述,由于国家调节社会经济采取了经济强制、经济参与和经济促导三种基本方式,作为国家调节社会经济之法的经济法,其体系包含三个方面的基本构成，形成三个基本方面的法律渊源：(1)国家经济强制法——主要是反垄断和限制竞争法；(2)国家经济参与法——国家投资经营法；(3)国家经济促导法——国家宏观调控法。

由于国家对社会经济的调节管理活动还可以按照其他标准进行分类，所以，关于经济法体系的构成也可以划分为其他各种类型的法律规范。例如，同国家调节所侧重的对于社会经济运行方面的调节或对于经济结构方面的调节相对应，经济法体系包含经济运行调节法(如经济稳定增长法)与经济结构调节法(如产业结构政策法)；同国家经济调节管理的各不同环节相对应，经济法体系包含经济决策法、经济组织法、经济运行和经济活动法、经济纠纷和违法行为调处法；此外，经济法体系还可分为宏观经济调节法与微观经济管理法；国有经济调节管理法与非国有经济调节管理法；国内经济法与涉外经济法等。⑤

以上经济法各个方面的法律规范互相关联，互相衔接，结合成统一的有机整体。这就是经济法体系。

三、经济法体系的内部关系及其核心

这里主要是论述反垄断和限制竞争法、国家投资经营法同国家宏观调控法三者的相互关系。

这三个方面法律，都是国家调节社会经济之法，是国家分别在三个方面调节经济的法律保障。它们通过调整各自领域的国家经济调节管理关系，实现经济法统一的基本功能，完成经济法的基本任务。

这三个方面法律，在其调整领域和所担当的任务上分工有所不同：反垄断和限制竞争法，是在经济垄断和市场竞争领域，保障国家以强制方式排除垄断和限制竞争行为对于自由竞争的妨害，促进社会经济本身固有的调节机制即市场调节充分发挥作用。国家投资经营法，是在

⑤ 参见漆多俊：《经济法基础理论》(修订版)，武汉大学出版社1996年版，第250~255页。

国家投资经营领域，保障国家以财力直接投入运营，以调节社会经济结构和运行。这是一种国家主动和直接调节的立法。国家宏观调控法，涉及社会经济的宏观和总体，是在其宏观和总体的某些关键和必要部位国家实行调节的法律。宏观调控是一种更加自觉主动的调节，是现代国家高度主观能动性的体现。

这三个方面法律，是互相配合、综合运用的，国家经济调节需要综合运用多种方式。绝大多数国家都颁布实施了上述三个方面法律，使之相辅相成，共同执行调节经济的任务。它们在立法内容上并有所交叉。例如，在反垄断法中涉及某些国有企业垄断问题，应当予以禁止或限制，或者法律规定可以"适用除外"，或者规定实行某种国家垄断。这就同时属于国家投资经营领域。而国家投资经营法也包括某些反垄断和限制竞争问题，如关于企业兼并、股份收购等。无论在反垄断和限制竞争领域或者在国家投资经营领域，又都涉及计划、经济政策和各种经济杠杆及其调节手段的运用，即涉及国家宏观调控问题；国家宏观调控也必然涉及其他两个领域，并往往把其他两个领域纳入其统一体系予以统筹规划。这是现代国家发达的宏观调控体系所具有的特征。

这三个方面法律，在不同国家的不同时期由于立法状况和发达程度不同，在经济法立法体系中所处的地位不同。反垄断和限制竞争法是现代经济法最早出现的法律，在西方国家长期居于各国经济法体系的核心地位。而在社会主义国家，最为发达并长期处于核心和主导地位的则是国家投资经营法。后来，上述情况逐渐发生变化。如今无论西方国家或在中国，国家对经济的宏观调控体系正在日趋发展和完善，宏观调控法正逐渐上升为各国经济法体系的核心和主导地位。

所谓经济法的核心，是指经济法体系的核心，即在一定国家一定历史时期经济法立法体系中，何种法律处于最重要和主导的地位问题。由于经济法是国家调节社会经济之法，所以经济法的核心所涉及的是国家调节的重点和主要问题，是在社会经济运行的全局中起关键作用因而最需要国家予以调节的地方，这方面的法律便是经济法的核心。⑥

当19世纪末出现垄断并严重妨害自由竞争以后,因市场调节机制再不能像从前那样充分有效地发挥作用,使社会经济的结构和运行发生危机,由国家出面反对垄断和限制竞争便成了关系社会经济全局的关键和首要问题。反垄断和限制竞争法于是成了最早的经济法,并且在美国,当初它也是唯一的经济法,即是那里的经济法体系的唯一的构成。在其他国家和后来的美国,国家调节经济的方式不限于反垄断。如德国、日本等国,国家干预经济一开始就运用了国家投资参与生产经营这种方式,后来许多国家的国有企业十分发达。他们也重视运用经济政策和经济杠杆促导经济发展,有些国家还较早就制订了经济计划。因此这些国家的经济法不限于反垄断法和限制竞争法。但是,在所有这些西方国家的很长时期内,反对垄断和限制竞争毕竟居于国家经济调节的首要地位,这方面的法律一直是其经济法体系的核心。人们把这些法律称为“市场经济的大宪章”“经济的基石”。日本法学界不仅普遍承认反垄断法是经济法的核心,而且有的学者将经济法视为仅反垄断法而已。⑦

反垄断和限制竞争法之所以在西方资本主义国家最早和长期成为经济法的核心,主要是由他们所实行的市场经济体制和生产资料私有制决定的。在原来的自由市场经济阶段,社会经济全凭市场调节,国家不干预经济是一贯传统。当后来垄断发生而开始需要国家干预时,国家所要作的也仅为反垄断而已,国家不需要也不习惯于作更多的干预。美国的情况最能说明这点。美国是最典型的奉行自由放任经济政策的国家,为什么恰恰在这里最早发生国家干预,最早颁布反垄断法而开了经济法独立的先河?这一方面固然是当时美国经济发展,生产社会化和垄断形成的过程较早,另一方面也正是由于自由放任的经济传统,使

⑥ 参见漆多俊:《经济法基础理论》,武汉大学出版社1993年版,第121~126页。

⑦ 参见[日]金泽良雄:《经济法概论》,甘肃人民出版社1985年版;[日]丹宗昭信等:《现代经济法入门》,群众出版社1985年版。

人们对于垄断限制自由竞争特别敏感,促使国家出面干预。但美国的自由经济传统同时又限制国家除采取反垄断这种做法外,不再过多干预。这便是美国的经济法不仅在当时,而且在以后很长时间内均以反垄断法为主的原因所在。

另外,私有制的经济基础也不允许国家过多干预经济。反对垄断和限制竞争是不得已而为之,并符合私有经济的根本利益。而国家的其他干预措施,不到十分必要时,往往遭到各私有者的坚决抵制。后来在特定历史背景下(如经济危机、战争等),许多西方国家发展了国家投资和国有企业,一些国家几度掀起"国有化"高潮,但其规模和在整个国民经济中的地位始终受到局限。国家投资经营法始终未能成为各国经济法的核心。至于国家运用计划、经济政策和调节手段对社会经济实行的各种宏观调控措施,在私有制条件下,也举步维艰,长期难以发达。宏观调控法长期不能上升为经济法的核心。这也是反垄断和限制竞争法能够长期居于经济法核心地位的重要原因。

社会主义国家的情况则不同。从政权建立时候起,这里就实行公有制和计划经济体制。传统理论认为,社会主义经济基础要靠政权建立后重新组织和建设。因此,国家大量、全面介入经济生活。社会经济的结构和运行全凭"国家之手"调节,几乎完全排除市场调节机制的作用。国家组织和建设自己的经济基础最主要的途径和措施,是国有化,大量发展国家投资和国有企业。国有经济在整个国民经济中长期占据绝对优势,不仅是其主导力量,而且是其主体部分。与之相适应,这些国家颁布了大量国家投资和国有企业立法。这方面立法的数量和重要性不仅在经济法体系中,而且在国家的整个经济立法中,远居首位,为其核心。国家的其他经济调节方式和其他经济法立法,都主要围绕国家投资和国有企业进行。例如国家计划、经济政策和各种调节手段,首先和最主要的是针对国有经济和从有利于国有经济发展出发的。由于这里实行计划经济,本来就不提倡自由竞争,虽然不能说这里不存在垄断现象,但无论是否因垄断引起的限制竞争问题,并不被人们重视。这里的反垄断和限制竞争法长期缺位。因此,国家投资经营法在经济法体系中的核心地位长期未遇到挑战。这种情况在苏联、东欧国家一直延续到20世纪80、90年代之交国家体制变革。中国20世纪70年代末开始进行经济体制改革。改革的中心环节是国有企业改革。这期间关于国有企业的立法(包括关于改革的各种立法)仍占据着经济法的核心地位。1992年以后,国家加快改革步伐,决定实行社会主义市场经济,国有企业在国民经济中的比重和地位将逐渐发生变化,国家投资经营法在经济法体系中的地位今后也将有所变化。

经济法体系的核心是可以发展变化的。历史条件变化、特别是国家经济体制变化和国家调节经济的重点和方式变化,必然引起各有关立法的相互关系和地位的变化。无论在西方资本主义国家或在中国,近一二十年来这种变化逐渐明显。各自经济法的核心正在发生转移,宏观调控法在经济法体系中的地位正在上升。

当代各国越来越重视对社会经济实行宏观调控,其根本原因在于科学技术飞速发展引起生产更进一步社会化。国民经济更加融为一体,并更加国际化、全球化。突破疆界的国际工商企业把广泛的区域联系起来,形成新的世界经济体系。国家对本国经济的调节比以往任何时候更加需要有广远的视野,从全局和总体上把握经济运行的状况和特点,以进行必要和有效的调节。因此,制定和实现国家计划和各种经济政策,综合运用各种调节手段,并使之形成完善的国家宏观调控体系,就显得特别重要和迫切。

另外,企业、特别是大企业和跨国公司,由于借助现代科技,它们比以往任何时候都更加强大。资本、熟练劳动力和信息在世界范围内自由流动,跨国公司的资产和利润来源于许多国家和地区,任何一个国家,包括它名义上所属的那个国家,政府已不能对它像过去那样行使权力。跨国公司的强大力量及其流动性正在降低当地政府施政的效率,改变政府管理的方式。政府的作用仍是必需的,或者说在全球化趋势下,政府凭借它的权威,对全球资讯的了解和所拥有的政策工具及其他经济调节手段,甚至通过国际政治、外交活动,是能够和应当在经济上发挥重要作用的,但其作用方式应当改变,应当主要是对企业予以引导、促进、提供帮助和服务等。以上情况也促使国家不得不加强和完善其宏观调控体系及其立法。

20世纪80年代初从英国开始的全球私有化浪潮,使国家直接投资开办的国有企业急剧减少。国家投资经营这种国家调节经济的方式及这方面的立法,在国家调节三种基本方式及经济法立法体系中的比重和地位下降。原来的国有企业因私有化而脱离政府的控制。许多原国家垄断部门在私有化后即成为民间性质的大公司,政府实际上也不能再对它们发号施令。但对于它们经营特别是对它们开辟和争夺国际市场有所指导和帮助的政府适当的宏观调控却是必要的,企业乐于接受。

促使宏观调控法在西方国家经济法体系中地位的提高,还有一个原因,就是原居于核心地位的反垄断和限制竞争法本身也在发生变化。国家的垄断和竞争政策日益要求同国家经济发展总目标相协调,统一纳入国家宏观调控体系。国家出面反对垄断和限制竞争,主要在于为自由竞争和市场机制充分作用创造条件。作为国家调节经济的一种方式,其对于社会经济的作用具有某种间接性和被动性,作用有一定局限性,远不如宏观调控这种作用,方式更加积极主动、影响面大和效果显著。

宏观调控法在中国经济法体系中地位的提高,还有其他重要原因。这就是国家投资体制和国有企业改革的必然趋势,使国家投资经营这种调节方式和国家投资经营法在国家经济调节和经济法体系中的比重不断有所降低。

社会主义国家基于建立生产资料社会占有的共产主义社会的传统理论,一开始就赋予国有经济以"革命性目的",[⑧]所以建立和发展了十分强大的国有经济。苏联、东欧国家如今已经发生变革。在我国,人们也逐渐认识到,公有制有多种实现形式,坚持社会主义,并非把国有企业办得越多越好。我国要保持一定比重的国有经济,并使之在国民经

---

⑧ 参见漆多俊:《对国有企业几个基本问题的再认识》,载《经济学家》1996年第2期。

济中发挥主导作用,但不必使之成为国民经济的主体即主要组成部分。应当控制国家投资的总体规模,逐步降低国家投资和国有企业在整个社会投资和国民经济的比重,并调整投资结构。国有企业的绝大多数应改组为公司,并逐步减少国家控股。对于必须实行国家独资和由国家控股的企业,努力改善经营管理制度,转换经营机制。国有企业不加大改革力度,是很难适应市场经济正常运行要求的。随着这一改革进程不断推进,在我国的国家调节和经济法立法体系中,国家投资经营的核心地位将逐渐让位于国家宏观调控及宏观调控法。

此外,我国的反垄断和限制竞争法在经济法体系中迄今仍然缺位。虽然我们应立即着手制定这种法律,但它不会成为我国经济法的核心。这一则是由我国国情决定的,同时也是当今世界各国经济法体系发展变化的潮流使然。

综上所述,我们看到当今世界各国经济法的核心正在发生两股相向的变化趋势:在西方资本主义国家,其经济法体系的核心正在由反垄断和限制竞争法移向宏观调控法;在中国,则由国家投资经营法逐渐让位于宏观调控法。宏观调控法正在成为各国经济法的核心,这是 20 世纪与 21 世纪之交世界范围内经济法体系发展变化最显著的特征之一。当然,不同国家的宏观调控及其立法的具体内容和特点有所不同,这正如各国所实行的市场经济模式各有其特点一样。

在将来各国宏观调控法进一步发达并稳居经济法核心地位以后,反垄断和限制竞争以及国家投资经营这两种现代国家调节经济的基本方式仍将存在,并继续发挥其特有的作用。这两个方面的立法仍将是经济法体系的基本构成之一。虽然它们同宏观调控和宏观调控法密切相关并被纳入其统一体系,但由于其作用的领域及方式的特定性,仍不失为国家调节和经济法体系中相对独立的构成部分。

经济法与行政法的关系*

一、引言

经济法是国家调节经济之法，它调整在国家调节社会经济过程中以国家为一方主体发生的社会关系，保障国家调节，以促进社会经济协调、稳定和发展。

经济法是现代国家新兴的重要法律部门，国内外法学界对其许多基本理论问题尚存较大分歧。对于这方面的研究最重要的，一是要深入考察社会经济关系，特别是它一个多世纪以来的发展演变；二是要从整个法的体系角度考察各有关部门法的关系，认识经济法在其中的特有功能、作用与地位。经济法从其出现开始，就主要面临着它同民(商)法和行政法的关系问题。在我国，前一段时间"大经济法"观点流行，学术界争论焦点是经济法同民(商)法的关系，1993年以后，人们纷纷放弃和改变原来"大经济法"观点，经济法同民(商)法关系问题基本上得到解决。而经济法同行政法的关系，分歧虽然长期

---

* 本文原发表于1996年4月全国第一次经济法基础理论研讨会。

存在，但研究不够深入，这方面的问题今后将引起人们更多关注。应当承认，经济法同行政法这两个部门法的关系更为密切，也更难明确分辨。认识和处理好这两个部门法的关系，不是纯理论问题，它对于完善国家立法和法律实施有着重要意义。在我国，当前它关系到建立和健全同社会主义市场经济相适应的法律体系，和如何使经济法同行政法等部门法互相配合，综合发挥其保障国家经济调节的法律功能问题。

二、国家经济调节与经济领域的行政管理及经济法与行政法

国家自其出现开始，作为社会最高权力体现者，在对社会进行全面统治和管理的过程中，对社会经济也进行一定的管理。国家管理社会经济的基本方式，首先可分为如下两种：一是国家为社会各经济主体制定经济活动规则，各主体依照规则自由地进行经济活动，相互间发生平等、自愿和互利的经济关系，国家一般不介入这种经济活动，不以自己为一方主体直接发生权利义务关系。二是国家直接介入某些经济活动，以自己（其代表者）为一方主体发生以经济管理为内容的权利义务关系。前一种国家经济管理方式在法律上表现为民（商）法规范和民（商）法秩序。后种管理方式又分为两种情况：一种属于经济领域的国家行政管理，发生以国家为一方主体的国家行政管理关系，它由行政法调整；另一种属于国家经济调节，发生以国家为一方主体的国家经济调节管理关系，现代社会这种国家经济调节管理关系由经济法调整。

何为国家经济调节？国家经济调节简称国家调节，它相对于市场调节而言，是社会经济的结构和运行借以驱动和调节的一种力量和机制，是国家对于社会经济的干预、参与和引导约束，即“国家之手”的作用。

国家经济调节也是一种国家经济管理，并且是国家以自己为一方主体直接同其他主体发生权利义务关系的一种国家管理，在这一点上它同经济领域的国家行政管理是相同的。但它们在性质和特点上有许多不同的地方，这决定着经济法同行政法的区别。

(一)目的和任务不同。包括经济领域在内的国家行政管理,其目的在于维护政治、治安及其他社会秩序;行政法通过规范在国家行政管理活动中国家行政机关及其被管理主体的行为,保障国家行政管理活动正常进行,维护国家行政管理秩序。而国家经济调节,在于直接影响社会经济的结构和运行,促进其协调、稳定和发展。经济法通过调整在国家调节经济过程中发生的社会关系,保障国家调节,促进社会经济结构和运行按照国家所期望的方向和目标发展,经济法的立法主旨在于维护国家和社会总体经济效益和经济利益。

(二)内容和涉及经济领域的深度不同。国家行政管理除大量涉及非经济领域(如政治、治安、文教、卫生等)外,也广泛涉及经济领域,但经济领域的行政管理主要同一般的国家行政职能活动和维护有关社会秩序相关,而不深入经济领域的更深层次。国家经济调节则需要研究社会经济的总体状况和运行规律,研究各种经济总量关系及其变化,通过国家之手的作用直接影响社会经济的结构和运行。它需要深入生产、流通、分配、消费等国民经济的各方面和社会再生产的各环节,有些还要深入个别生产过程。与之相适应,行政法所规定的是在国家行政管理活动中有关各方当事人的权利义务,特别是国家各级行政机关的设置、组织、职权、活动规则和程序等。而经济法所规定的,则是国家采取何种方式和如何调节社会经济,规定在各种国家经济调节活动中有关各方主体的行为规则和权利义务。国外有些不赞成经济法为独立法律部门的学者,也现实地看到了现代社会行政管理和行政法的不足,承认即使涉及经济领域的行政管理也并不涉及深层次的经济问题,它"只限于……关于经济管理机构的建立,它们活动的原则等一般问题,而未深入到……经济领域中的关系","常常在它刚刚要真正展开时就中断了",因而形成行政管理和行政法不能触及的"某些死角"。[①]

---

① 苏联学者C.H.勃拉图西和C.C.阿列克谢耶夫在《关于国民经济管理的法律问题研究》中提出的观点;参见苏联莫斯科大学和斯维德诺夫法学院合编:《经济法》,中国人民大学出版社1980年版,第15页。

（三）基本原则不同。包括经济领域在内的国家行政管理，贯彻命令与服从原则，现代国家还在一定程度上贯彻着民主集中制原则，这些也是行政法的基本原则。国家经济调节和经济法则贯彻着促进社会经济总体效益和兼顾各方经济利益原则。国家各种调节措施和活动的出发点和目的都是为了维护和促进社会经济的协调、稳定和发展，即维护和促进社会经济总体效益。经济效益产生经济利益，社会总体经济效益产生社会总体经济利益。社会总体经济利益是国家调节和经济法所要维护的重点。但社会总体利益是由全社会所包括的各个体、各局部和各方面利益所组成，所以应当在注重社会总体利益前提下兼顾各方面利益。经济法所贯彻的这个基本原则，同行政法的原则是明显不同的。

（四）管理方式和手段及法的调整方法不同。国家行政管理主要采取行政措施和行政命令进行直接管理；行政法主要采用命令和禁止之类强行性规范，辅之以提倡性规范对有关主体行为予以鼓励和引导。国家经济调节则需要在掌握社会经济的结构和运行状况及其发展变化规律的基础上，采取适当的国家调节措施，配合"无形之手"作用于社会经济，以影响其结构和运行。现代国家调节经济的基本方式包括：国家对某些经济活动进行必要限制（如反对垄断和限制竞争）；国家亲自参与从事某些经济活动（如国家投资开办国有企业和从事其他经营活动）；国家对社会经济活动进行引导和促进（国家运用经济计划、经济政策和各种经济调节手段进行宏观调控）。国家调节的这些基本方式反映到经济法的立法上，表现为经济法大量采用提倡性法律规范，也采用必要的强行性规范和一些任意性规范，在法律后果上采用惩罚与奖励相结合的方法。

（五）法律适用机关和适用程序不同。行政法的适用主要由国家各级行政机关按照行政执法程序处理，或者按照行政诉讼程序由有关司法机关处理。经济法的适用机关有三种类型：（1）特别设立专门的经济法适用机关，如各国专司反垄断法实施的主管机关，专门负责国有资产管理和投资经营的主管机关等。以专设反垄断机关为例，美国有联邦贸易委员会,英国有公平贸易局、垄断与兼并委员会,德国有联邦卡特尔局等。这种机关不同于一般国家行政机关,它们往往具有某种准司法和准立法性质。例如德国联邦卡特尔局的处理决定,当事人不服可以直接向竞争上诉法院上诉。(2)某些国家行政机关,被特别赋予适用经济法的权利,如英国的国务大臣和各国政府,他们有权适用反垄断法。当这些机关执行经济法实施职能时,它们实际上是以经济法主体身份出现的,同时它们还行使一般国家行政管理职能,那时它们的身份则是行政法主体。在这里发生了经济法同行政法在管理主体上的交叉。(3)司法机关,包括专司经济法适用的司法机关(如英国限制行为法院、德国的竞争上诉法院等)和受理经济法案件的普通司法机关。经济法的适用程序除有些适用一般行政执法程序和司法程序相同外,还有许多特别程序规定,例如各国反垄断法对于适用程序都作了专门规定。

(六)立法体系及其所包含的基本法律规范不同。经济法立法体系由三个方面的基本法律规范构成,即反垄断和限制竞争法、国家投资经营法、国家宏观调控法。这同行政法是不同的,本文后面对此还要作具体论述。

三、现代国家经济调节职能的发达是经济法同行政法分立的根源

国家经济调节同经济领域的行政管理尽管在性质特征上有诸多明显不同,但毕竟有密切联系和基本共同点。最主要的它们都是经济领域的国家管理,都发生以国家为一方主体并具有一定经济性内容的管理关系。正由于这一点,所以有人提出:国家经济调节可否统一纳入或附属于国家行政管理?因国家经济调节而发生的各种社会关系可否统一纳入或附属于行政法调整范畴?经济法有无分立为独立法律部门的必要?

国内外一直存在一种“经济行政法”说。其中有的学者看到并承

认现代社会国家行政管理未能深入经济领域的深层次，留下了行政管理和行政法不能触及的“某些死角”，但他们的解决办法是主张在行政法体系内建立一个分支或亚部门法，即“经济行政法”。因此，承认国家经济调节与国家行政管理及经济法规范与行政法规范的区别，还并不必然导致经济法分立为独立部门法这一论点的成立，它只说明经济法分立的可能性，尚未表明其必然性。而要表明其必然性，还需从国家经济调节职能的演变，特别是它在现代社会的发达程度及其对于经济法分立的迫切需要入手进行论述。

早期社会在国家对经济领域进行的管理活动中，有些管理活动具有国家经济调节性质。例如，在经历战乱或其他社会动荡或严重自然灾害之后，国家采取某些经济政策和调节手段以恢复和促进社会生产和经济繁荣；利用税收政策以鼓励或抑制某种产业，调整经济结构；通过强制移民或其他手段促进地区经济发展等。但是，在过去很长时期，国家经济调节职能不发达。在自然经济条件下，社会经济未形成统一的有机体系，国家不可能对其进行有效调节。在资本主义自由竞争阶段，国家也不需要对社会经济进行全面调节，那时发生的某些国家调节活动，往往伴随国家行政手段，带有浓厚的行政管理色彩。所以，因国家经济调节而发生的有关社会关系不需要一个独立部门法调整。何况早期社会的立法本来就不区分各部门法，而是诸法合体。到资产阶级国家建立以后，行政法分立为独立法律部门，它在调整国家行政管理关系的同时，将数量不多且性质接近的国家经济调节管理关系也统一纳入自己的调整范围。

19 世纪末期以后，由于西方各主要资本主义国家产业革命相继完成引起的生产社会化和垄断的出现，产生了国家大量干预和调节经济的需要。垄断作为生产社会化的结果和体现，它的出现和存在有积极和进步意义，但它也产生限制自由竞争等许多消极作用。自由竞争是价值规律和市场调节机制充分发挥作用的前提。由于垄断，价值规律被扭曲，市场机制不能充分有效发挥对于社会经济的调节作用，为保障和促进社会经济协调、稳定和发展，需要国家出面干预，以“国家之手”

配合“无形之手”对经济进行调节。所以当时国家调节出现后的第一件事就是反对垄断和限制竞争,为此制定和实施反垄断法。以后,随着生产进一步社会化,国家调节经济职能进一步强化,国家调节的基本方式也不限于反垄断。国家还通过实行某些国家垄断和进行国家投资开办国有企业,直接参与某些经营活动,以调节社会经济结构和运行,并为此颁布许多国家投资经营法。国家并运用国家计划、各种经济政策和调节手段,对社会经济进行全面的引导和调控,并逐渐形成宏观调控体系,为此颁布各种宏观调控法。上述保障国家经济调节的法律所调整的,都是以国家为一方主体的国家调节管理关系,不是平等主体之间的关系,不同于民(商)法。它是在国家调节社会经济过程中发生的一种国家经济调节管理关系,其实质是保障国家调节,促进社会经济协调、稳定和发展,这不同于行政法。这是一种新型的法律,即经济法。这些法律随着国家经济调节职能的发达而大量涌现,数量多,涉及经济领域的面广、层次深。并且由于社会经济的有机整体性和国家经济调节措施的关联性,这些法律规范互相关联,形成有机体系。事实上在许多国家这些法律已经形成一个独立法律部门。

从前社会,国家也有一些经济调节活动,也有一些反映国家调节的法律规范,由于那时国家经济调节职能不发达,经济法不需要也不可能成为独立法律部门,经济法独立的深刻社会根源在于生产社会化和国家经济调节职能的发达。有人问:过去一些国家经济调节活动可以纳入或附属于国家行政管理范畴,经济法性质的一些法律规范可以纳入或属于行政法,那么如今为什么不可以归并于行政法或作为行政法的一个分支呢?其原因不仅在于该二者本来存在的许多差异,更重要的还在于国家经济调节职能的发达对于经济法独立的需要。当经济法规范如此发达,形成如此庞大的独立体系,怎么能够纳入或附属于另一个部门法或者作为其一个分支呢?

法的体系是随着社会关系的发展而演进的。早期社会诸法合一,后来由于生产力不断发展,社会关系越来越复杂,并陆续出现一些新的相对独立的领域,调整这些领域的法律规范也因此自成体系,法的体系中于是逐渐分立出一些法律部门。在经济法独立以前,刑法、民法、行政法等就是这样从法的体系中分立为部门法的。在经济法独立以后,一些新的部门法(如20世纪70年代环境法的分立)仍在继续出现。因此,经济法的分立是完全可以理解的,它符合法的体系演进规律。

四、从经济法的基本法律规范看经济法同行政法的联系和区别

现代国家调节社会经济采取了强制、国家参与和促导三种基本方式,相应的现代经济法体系包含反垄断和限制竞争法、国家投资经济法和国家宏观调控法三个基本构成。② 下面通过对经济法各种基本法律规范的具体分析,以进一步阐明经济法同行政法的联系和区别。

反垄断和限制竞争法所具有的国家经济调节性质十分明显,它所调整的是在国家调节社会经济过程中以国家为一方主体发生的社会关系,它的基本功能和任务是保障国家调节以促进社会经济协调、稳定和发展。这同行政法是不同的。它们之间也有一定的联系。首先,它所调整的毕竟也是一种国家管理关系,只是这种管理关系同国家行政管理关系有所不同,本文前面已作论述。此外,反垄断主管机关许多是由国家行政机关充任,反垄断主要采取国家强制方法,同一般行政管理手段类似,违法制裁方式也包括罚款、强令终止有关垄断和限制竞争行为或强令解散垄断企业等。但即使在这些方面,两个部门法的区别也是明显的,这在本文前面已有论述,兹不复述。

国家投资经营法主要包括国家投资法和国有企业法两个方面。国家运用国有资产以国家(它的代表者)为一方主体直接参与投资经营活动,是现代国家调节社会经济的一种重要的、见效快的基本方式。国家投资经营法是经济法体系中一个重要的基本构成。国家投资经营法同行政法的区别比较明显,即使在管理主体方面,当代许多国家也将国

② 参见漆多俊:《经济法基础理论》(修订版),武汉大学出版社1996年版,第三章。

有资产的所有权人和投资经营主体,同一般国家行政管理主体予以分开,特别设立或指定专门机构,代表国家负责国有资产投资经营事务。管理方式也越来越少采用行政手段。

下面着重论述在国家宏观调控领域经济法同行政法的联系和区别。

现代国家的宏观调控作法日趋完善和系统化,它通常以“经济计划—经济政策—调节手段”为轴线进行,经济计划规定国家经济发展的目标和任务;经济政策体现和分解计划的各项基本要求,保障计划的实施;调节手段是贯彻经济政策并最终实现国家宏观经济计划的工具。国家宏观调控法也因此由三个层次法律法规组成:(1)计划法;(2)经济政策法;(3)关于各种调节手段运用的法律。

现代各国大都重视运用国家计划以调节经济。计划法是经济法的重要组成部分。计划法按其内容包括两个方面立法:一是体现国家计划实体性内容的立法,二是关于计划管理体制和计划的编制、执行程序的规定。前者是关于社会经济结构和运行各种经济总量关系的安排和调整,其涉及经济领域的深度是行政法所不及的。后者则同行政法接近或交叉。西方国家的计划基本上属于指导性的,计划管理体制同一般行政管理也有所不同。社会主义国家过去的计划基本上是指令性的,计划机关属于国家行政机关,并基本上按照行政管理方式进行计划管理。计划法的行政法色彩很浓。经济体制改革、特别是改行市场经济体制以后,计划的内容和管理体制都发生了重大转变,计划法的经济法性质更加明显。

国家制定各项经济政策,以分解国家宏观经济计划的各种指标,保障其实现。国家各项基本经济政策往往被制定为法律,这即为各种经济政策法。如一些国家将经济稳定与促进政策制定为经济稳定与促进法,将产业政策制定为产业政策法,货币政策被上升为货币法,外贸政策上升为外贸法、进出口法等。这些经济政策法就其内容来看,经济法性质十分明显。但其实施机关通常为一般国家行政机关,立法形式上往往同其他一些行政法规范综合规定于同一法律文件之中,国家经济政策和经济计划最终需要通过对各种调节手段的运用来实现,调节手段最主要的是税率、利率、汇率等经济杠杆和其他财政、金融、价格、工资等政策工具。规定上述经济杠杆和其他政策工具的运用的立法,通常是财政法、税法、金融法、价格法、外汇法、外贸法等。这些法律规范性文件所包含的法律规范主要有两类:一是关于国家经济政策和各种调节手段运用的实体性内容,它们基本上属于经济法性质;二是关于有关的国家机关设置、组织、职权和活动一般规则的规定,它们基本上属于行政法规范,或者属于行政法同经济法性质的交叉。例如财政法,关于国家财政机关的组织、职权、一般性的组织财政收入与安排财政支出活动等,传统上属于行政法范畴。经济法出现后,这些也仍基本上具有行政法性质,或者说有些规定是行政法同经济法性质的交叉。而国家为了特定的调节社会经济的目的而实行财政投入、财政补贴等政策,这方面的法律规定则属于经济法性质。又如现代各国的税法,其中关于税务机关的组织与活动的一般规则,基本上属于行政法范畴,而关于税种、税目和税率等的设置和调整,则是行政法同经济法的交叉或融合。作为传统行政法的税法,它本来就应该有税种、税目和税率的设置。国家调节经济的职能发达以后,在设置税种、税目和税率时,融入了国家经济调节的用意,使之发挥经济杠杆作用。这时,关于这方面的法律规定,是行政法和经济法两个部门法性质的统一体现。如果国家为了调节经济的目的而对原有税种、税目和税率予以调整,则这种调整属于经济法性质。

国家财政税务机关一方面是国家行政机关,是行政法主体,但又被赋予实施经济法的职能,另一方面,它们又具有经济法主体身份。法律关系本是具体的。同一人或组织当其参与某种法律关系时,是该某种法律关系主体;而当其参与另一种法律关系时,则成为另一种法律关系主体,这是正常现象。同一国家机关既是行政法主体,又有时成为经济法主体,是完全可以理解的。

当然,这里我们只是在从理论上进行分析,现实生活中,各个国家机关它是一个统一整体,它执行的各种职能活动被统一纳入其职能范围，不需要去分何时在何种情况下它是行政法主体，是在实施行政法；何时在何种情况下它又作为经济法主体，在适用经济法。何况现实立法也是根据实际需要制定各种法律规范，并往往将各有关规范统一规定于同一法律规范性文件之中，而不去首先辨别哪些是何种部门法属性的法律规范。

以上就是在宏观调控立法领域经济法同行政法的联系和区别，这两个部门法关系最密切和最难区分的就在于这一立法领域。

五、几点结论

近一个世纪以来，随着国家经济调节活动从国家的社会（包括经济领域）管理职能中分离和不断发达，经济法从法的体系中逐渐分立形成独立部门。经济法独立过程主要是在同行政法的千丝万缕联系中逐渐分立的过程。在这个过程中，经济法曾一度保留强烈的行政法色彩，有时甚至两者交织为一体，例如在两次世界大战期间和严重经济危机时期即如此。因为国家经济调节毕竟也是一种国家管理活动，其经济调节手段往往是多种手段的综合运用，当初国家习惯于采取行政措施和行政手段。在社会主义国家，由于实行计划经济体制，经济调节同行政管理几无区别。后来，各国逐渐认识到经济调节同包括经济领域在内的国家行政管理，在性质、特点和规律性方面的差异，为有效调节经济，应当改变过多的行政性做法，经济法同行政法的区别越来越明显。我国当前经济体制正在转轨，国家经济调节需要大力改变过多依靠行政管理方式的局面，经济法要进一步完善自己的立法体系，并从立法内容和形式上淡化其行政法色彩。

鉴于经济法同行政法始终存在许多内在联系，因此在立法和实施中需要恰当处理。例如：

第一，在法律实施机关及其组织与活动现则上，凡是可以与行政法相同的，经济法可规定对于行政法的适用，不必另行详细规定，只是对于那些为了有效地保障国家经济调节而必须采取的同行政法不同的作法,经济法才另行规定。例如前面提及的国家财政、税务等机关,它们在执行经济法规定的经济调节任务时,其活动程序和作法同其执行行政法任务并无二致,经济法不必规定重新设立新的机构,也不必另行规定其组织和活动规则。而如反垄断法,则仅凭国家行政机关不足以有效保障法律的实施,所以许多国家都规定特别设立专门机关,并具体规定这些机关的组织和活动规则。反垄断法还规定某些行政机关也担负该法实施的某些职能,并对它们在实施该法时某些特别的活动程序和作法作出特别规定,但对于这些行政机关的一般性组织和活动规则不另作详细规定。

第二,在立法的实体性内容规定上,经济法应当充分考虑有关行政法的原有规定,并在此基础上根据国家经济调节要求,对行政法未曾深入涉及的经济领域深层次问题作出规定,或对原有规定作出调整。例如按照国家一定时期的财政政策制定某些财政政策法,按照国家经济调节对税收杠杆运用的要求,对原有税种、税目和税率作出调整。这就是说,经济法的立法应当充分考虑同行政法的衔接问题。

第三,在立法形式上,有两种基本做法:有些分属于经济法或行政法的内容(法律规范),可以分别制定为分属于经济法或行政法的法律规范性文件。如反垄断法、计划法和各种基本经济政策法等,便基本上属于经济法性质。有些经济法内容则需要同行政法规范综合规定于同一法律文件之中,如一些国家颁布的作为综合性基本法的财政法、金融法、外汇法、外贸法等。在这些法律中,基本属于行政法性质的关于有关国家机关的设置、职权、组织与活动一般规则的规定,具有相对稳定性;而属于经济法性质的内容由于同各个时期的经济形势和国家经济调节任务相关,所以相对来说变动性较大。在立法技术处理上,行政法性质的规定可以具体些,经济法性质的规定可稍为原则性一些,在该基本性法律之外,再颁布一些单行法规作出更为具体的规定。这些单行法规可以随时修改、补充。这样做,既保持了基本性法律文件的相对稳定,又能适应国家经济调节措施的变化。

现代市场经济需要国家调节。经济法是国家调节的主要法律保障。国家调节还需要其他多种部门法配合,行政法由于也大量涉及经济领域的国家管理,同经济法关系十分密切,对于国家调节发挥着重要的配合保障作用。经济法和行政法都是构成现成现代市场经济法律保障体系的重要法律部门,都面临着适应市场经济要求而不断完善各自立法,其中包括恰当处理两个部门法的分工、衔接与配合问题的任务。

市场、调节机制与法律的同步演变*

上篇 调节机制的二元化与法律体系的演变

一、全国统一市场的形成、市场调节与民商法秩序

市场本指商品交换的场所，也代表商品交换关系的总和。市场随着商品交换的产生、发展而产生、发展。有商品交换便存在市场。人类早期社会，商品交换关系简单，市场不发达，各个地方市场互相隔离，是为自然经济社会。封建社会末期，特别是资产阶级民主革命以后，商品交换迅速发达起来，商品经济上升为社会经济主导地位，从而进入商品经济社会。这时的市场相应地也日益发达。人们把这时候的商品经济又称为市场经济。①

在市场经济条件下，市场已成为人们各种经济

---

* 本文原收录于漆多俊主编：《经济法论丛》（第1卷），中国方正出版社1999年版。

① 商品经济相对于自然经济和"产品经济"而言，主要是从生产目的是否在于交换以及交换是否按价值尺度进行这一角度划分的；市场经济相对于计划经济而言，主要是从调节机制模式角度划分的。发达的即上升为社会经济主导地位的商品经济，即为市场经济。

活动的枢纽环节,连接着从生产到消费的社会再生产全过程。用以交换的商品种类不断增多,不仅原已存在的消费品和生产资料这些传统商品市场更加繁荣,还陆续出现了资本市场、劳动力市场、技术市场、信息市场等各种生产要素市场。并且,这各类市场互相关联,有机结合。从地域来说,在一国(或一大地区)范围内,打破了割裂封闭状态,各地方市场互相沟通交流,逐渐形成统一的全国(或大地区)大市场体系。各地方、各行业的生产经营者和消费者,可以自由出入这个统一的市场,进行各种商品交换,并开展自由竞争。这就是市场所具有的统一性和开放性。

在统一和开放的市场上,广大生产经营者自由和充分的竞争,使价值规律充分发挥作用,不仅从微观上调节各生产经营者个体间的利益关系,而且能够在社会经济的宏观和总体上调节资源配置和资本流向,调节社会经济的结构和运行。价值规律的这种调节作用,是市场经济本身具有的内在机制,因此又称为市场调节。所谓市场调节,其实就是指价值规律的宏观作用。在市场经济条件下,社会经济内部何以能够维持大致协调的各种结构比例关系,并能从总体上维持比较稳定的运行?原来正是市场调节这只"无形之手"在悄悄地发挥作用。当时人们认为,社会经济凭借市场这一种调节机制,足以有效地进行调节,因而认为它是万能的。

其实,市场调节要充分发挥作用必须具备一定条件,这就是市场必须允许和存在自由竞争。经营者可以自由出入市场,消费者可以自由选购商品,不存在市场出入障碍,不存在市场机制不能进入发挥作用的领域。经营者有充分的定价权,允许价格随供求关系自由波动。自封建社会末期特别是资产阶级政治革命完成后开始,直到 19 世纪末期,当时的市场确实具备这样的特征。当时社会生产力水平决定,经营者规模较小,谁都无法凭借强大经济实力限制他人竞争;而当时妨害竞争的封建特权和其他政治因素已基本清除,新建立的资产阶级政府奉行不干预经济的原则。这保障着市场能够实现较充分和公平的竞争,价格能够反映价值并随着供求变化而波动,调节着社会经济的结构和运行。

全国统一市场的形成以及市场调节的充分有效性，这是市场经济发展第一个阶段的情形。这个阶段，我们可以称为自由市场经济阶段。自由市场经济即相当于自由资本主义阶段。后者是以列宁为代表的马克思主义者在划分资本主义社会发展阶段时的提法，它同垄断资本主义阶段并列。该二者所反映的当时社会经济本质是一致的，只是分析角度有所不同。前者是从经济体制即经济调节机制模式方面说的，后者是从资本主义社会发展阶段所作的划分。自由市场经济最显著的特征，是其调节机制的一元化，即市场调节。

市场调节发挥作用的前提和基础是充分和公平的自由竞争。为保障竞争有序进行，必须有大家都遵守的竞争规则。另外，生产力和经济的发展，使以市场为中心的各种社会关系发达起来，需要完备各种行为规范予以调整。商业道德规范和一些行业组织自律性规则发达起来；但是，最有权威和普遍适用的莫过于国家的法律。在自由市场经济时期，资产阶级国家奉行不干预经济的原则，这是指当时国家一般不以自己为一方主体同其他社会经济主体直接发生权利义务关系（财政税收和其他如治安等行政管理关系除外），但并不意味着国家对社会经济完全放任不管。国家作为社会最高管理者，它需要为社会经济活动制定各种必要规则即法律，以规范各主体的经济行为，调整它们间的各种社会关系，维护公平的市场竞争秩序。这也是一种国家管理方式。不过这种管理，国家只是制定法律，让社会各主体遵行，国家一般不参与其中，不以自己为一方主体发生法律关系。这类法律有如游戏规则、竞赛规则，国家制定规则而不参与游戏和竞赛。竞赛中的争议一般也由民间社会自己解决（如协商、仲裁），到了十分必要时才由国家（它的司法机关）予以处理。这类法律就是民商法性质的法律。

调整民间社会各主体之间的经济关系（商品经济关系）的法律，在历史上很早就有了，古罗马法中已较为发达。但当时法的体系是诸法合体，民商法并未形成独立部门。资产阶级革命成功后，为适应市场和经济发展的需要，这类法律迅速发达起来。各国纷纷制定民法典，有些国家还另外制定了商法典。

民商法着眼于个体权益和微观经济领域，立法以维护个体权利为本位，贯彻着当事人地位平等、意思自治、诚实信用和互利等原则。法的调整方法以任意性规范为主，并适用等额补偿为主的制裁方式。民商法是否有意忽视社会总体利益和宏观经济领域呢？也不是。任何国家立法总要（且不说首先）考虑社会公共和总体利益，维护社会秩序；但根据当时情况，个体利益同社会利益、微观经济和宏观经济之间的矛盾并不突出，通过对各个体权益的维护，便能实现社会总体的和谐。资产阶级国家的民商法立法贯彻着资产阶级早期思想家的政治、哲学和经济学的基本理论观点，如“天赋人权论”“社会契约论”“自由放任主义”等。这些理论都认为，人生而自由，包括享有经济生活的自由和财产等权利，人们通过契约组成国家，虽放弃了自然权利却获得了约定的权利，因此仍然是自由和平等的。听任各个体追求个体利益，便能达到社会最大利益；听任资本主义自发力量发挥作用，便能使社会经济得到调节，保持均衡。从历史角度来看，上述理论相对于封建社会的特权制度和对个体的严重禁锢而言，无疑具有革命性和进步性。就经济生活而言，提倡自由和个性解放，维护个体权益，可以激活社会经济这个有机体的各个细胞，而大量细胞充满生机活力，整个有机体便得以健康成长。民商法虽然着眼于保护自然人和法人这些个体的自由和权益，但它通过对个体的维护使市场维持公平而充分的自由竞争，使价值规律充分发挥作用，因而使社会经济在总体和宏观上得到调节。这就是民商法在客观效果上的宏观作用。正是在这个意义上，我们说民商法是市场调节机制的法律保障。

由民商法对于个体和微观经济领域的直接作用，以及它对于社会总体和宏观领域的间接（自发的、客观效果上的）作用，这两方面相结合，形成一种完整而和谐的社会经济秩序，这就是民商法秩序。在市场经济第一阶段即自由市场经济阶段，同当时调节机制一元化（市场调节）相适应，在调整社会经济关系（民间私人经济领域）的法律体系中，也主要是民商法。那是一种较纯粹的民商法秩序。

二、市场的缺陷与国家调节的救济

市场调节机制充分有效发挥作用必须具备一定条件，过去的市场和社会能够满足这些条件，所以它能有效地进行调节，被人们认为是万能的。其实，市场机制也是有缺陷和局限性的，我们简称市场缺陷。这些缺陷在一定条件下并不显露；而在另外的条件下，则会显露出来，可以造成严重后果。这就是说市场调节并非万能，有时还会发生“市场失灵”现象。

市场的缺陷主要是由下列三种原因造成的：一是市场障碍，即市场上存在阻碍市场机制发挥作用的因素，使之不能进入某些经济领域施展其作用；二是市场机制的唯利性（近利性），它是一种非理性的调节，有些经济领域它不愿进入；三是市场调节的滞后性和被动性，它是一种事后调节。

所谓市场障碍，即市场调节机制作用的障碍，它主要是指竞争秩序问题。竞争本是市场不可缺少的因素，它同市场相伴生，并是市场机制发生作用的前提和基础。没有竞争就没有动力，资源配置和资本流动就会呆滞，价值规律和市场机制便不能启动。但市场竞争不可避免地存在两种不良倾向：一是限制竞争；二是不正当竞争。限制他人竞争，使自己谋取和维护对商品价格和市场的操纵地位，便能赚得超额利润；其他经营者则大批亏损。采取其他不正当方式和手段进行不正当竞争，也使他们获取非法利润。限制竞争导致竞争不足；不正当竞争则为竞争过当。两者都是竞争无序的表现。这些无序竞争的结果，使商品价格严重偏离价值，价值规律被扭曲。从微观上说，造成各经营者和消费者个体间利益关系不公平；从宏观经济角度来看，如果上述现象普遍和严重时，则妨害市场调节机制对整个社会经济作用的发挥，以致引发社会经济总体结构失衡，运行阻滞。可见限制竞争和不正当竞争可以构成市场机制正常运行的严重障碍。

能限制他人竞争，自己支配市场，获取超额利润，这是许多经营者梦寐以求的。但实现这一点谈何容易！除非拥有特权或凭仗强力，否则就只有靠自己拥有雄厚的经济实力和庞大的生产经营规模，凭借这一点在竞争中把别人挤垮或撵走。在自由资本主义时期，生产社会化程度不高，中小业主居多，再大一点的企业也不足以达到市场支配地位。因此市场竞争较为充分。但到19世纪末期以后，情况发生了重大变化。产业革命引起生产社会化，资本积聚和集中使企业规模不断扩大。而当时“契约自由”的法律原则允许各经营者自由联合或结盟。于是，某家企业独自或几家企业结盟以垄断市场，限制其他经营者竞争，获取高额垄断利润的情况，终于发生，并越来越严重。19世纪末期开始，资本主义国家先后发生一次又一次经济危机，说明市场机制对宏观经济的调节作用受到阻滞而失灵。

所谓市场机制的唯利性或近利性，是指投资经营者所关注的是经济利益，并往往重在眼前可实现的利益，对于当时盈利率低、无利可图甚至亏本的，或者投资周期长、风险大的行业部门和产品，他们往往不愿意投资。而这些领域中有些如公用和公益事业、新技术和新产品开发，及其他同国计民生关系密切或可能制约国民经济长远发展和总体效益的行业，即使不能盈利或亏损，也必须进行适度投资。而这显然难以指望市场机制发挥调节作用。也就是说，社会经济中存在一些市场机制难以进入（不愿进入）的领域。这就是市场的第二种缺陷。

在自由市场经济阶段，市场机制的上述缺陷也不产生严重后果。反而正是由于广大投资者对于眼前利益的追逐，从总体上调节着社会经济。但产业革命以后，科技和生产力快速发展，经济部门、行业和产品不断新旧更替，竞争更加激烈。许多行业所需投资规模大、周期长，有些需要进行较长时间的前期研究开发，短期内无盈利，甚至有失败和赔本的风险。私人投资者望而却步。而如果不作投资或投资不足，则一些未来很有前途的行业不能及时成长，还将制约其他行业或整个社会经济的发展；一些公用、公益事业将会窒息，不得发展，而随着经济发展和社会进步，要求公共设施和公用、公益事业投资不断有所扩大。私人投资者对眼前经济利益的追逐，往往很少顾及社会经济的可持续发展和其他社会效益，使自然资源和人类共同生活的环境遭到破坏，而不愿为保护环境资源和治理污染进行投资。如此等等，说明市场机制的唯利性日益暴露出其缺陷和严重后果。有许多领域无法指望它进行调节。

市场机制作用之所以具有滞后性和被动性，它之所以是一种事后调节，是因为从投资、生产运营到市场价格形成和信息反馈，需要经过一段时间。各个企业和个人掌握的信息不足和滞后，不能适时调整其投资经营决策，往往等到市场供求严重失调、产品大量滞销过剩时才作出反应。市场的这一缺陷原来主要影响各投资经营者个体效益，造成许多个体亏损和破产。当时经营者规模都较小，他们的亏损和破产并不影响社会全局。一批人破产了，另一批经营者又起来了，正所谓“病树前头万木春”。但生产高度社会化和垄断企业形成以后，一些企业亏损破产，就直接影响整个市场供求关系，又由于它们同其他企业有着千丝万缕联系，它们的兴衰会引起连锁反应，波及全社会。投资的膨胀或萎缩往往是在一个或多个行业部门同时发生，这样就导致全社会性的生产过剩或投资不足，一开始就引发宏观经济结构的失调和全社会性的经济危机。19 世纪末期，正是由于这些原因，在各资本主义国家引发了一次次周期性经济危机。1929 年至 1933 年更爆发震撼资本主义世界的大危机。每次危机发生后，虽然由于市场机制的作用，经济又会慢慢复苏和繁荣，但新一轮危机又在潜伏着。这使资源遭到巨大破坏，社会不断动荡。

综上三个方面所述，说明市场调节再不能像从前那样充分和有效地发挥作用了。由此造成社会经济结构和运行上的严重后果，迫使人们思考对策，寻求其他补救措施。有什么办法和力量能够排除市场障碍并弥补市场功能上的各种缺陷呢？人们想到了在社会上最具权威、最有力量的国家机器，只有国家堪当此任。但此前的国家是不怎么干预经济的，自由资本主义时期奉行自由放任经济原则；如今为了国家和社会总体利益，国家不能不介入社会经济。

国家介入社会经济是一种国家调节作用。它是针对市场的缺陷而采取的救济措施。由于市场缺陷包括市场障碍、市场唯利性及市场调节的滞后性和被动性三个方面,所以国家调节的主要任务和基本措施便是如下三种:(1)针对市场障碍,国家通过反对垄断和限制竞争及其他不正当竞争予以排除,以便让市场机制恢复其调节作用,这是一种国家经济强制方式。(2)针对市场机制作用的唯利性和作用领域的局限性,通过安排和调整国家直接投资,参与经营活动,以调节经济结构和运行,这是一种国家经济参与方式。(3)针对市场机制作用的滞后性和被动性,国家运用自己所掌握的情况和信息,并根据对宏观经济规律的认识,凭借手中所握有的政策手段,对社会经济实行总体规划、指导、鼓励、提供各种帮助和服务,引导和促进经济发展,这是一种国家经济促导方式。后面这种国家促导方式后来日益发达,形成了以国家计划——经济政策——调节手段为轴线的宏观调控体系。纵观一个世纪以来各国对于社会经济的国家调节,均不外采用以上三种基本方式和作法。

国家调节的出现及其作用是对市场缺陷的救济。市场经济的调节机制仍然以市场调节为基础,国家调节必须同市场调节密切配合。现代世界各国所实行的市场经济在特点和类型上有所不同,有的其国家调节的范围和力度稍大些,有的稍小些。但无论哪个国家,只要实行市场经济,便同时存在上述两种调节机制的作用,并且必以市场调节为基础。否则便不是现代市场经济。

国家调节的出现及其与市场调节并存,这是社会经济的调节机制的二元化。它标志着市场经济进入了第二个发展阶段。人们多称为“现代市场经济”;其实最好称为“社会市场经济”。因为当代的市场又在发生新的重大变化,新的调节机制正在形成和发达起来,调节机制正在三元化,这标志着如今市场经济正在步入又一个新的发展阶段。

三、经济法的出现与法律体系的演进

作为对市场缺陷一种救济的国家调节机制的发达，标志着国家职能发生重大变化，从此国家担负起调节社会经济的重要职能。在自由市场经济阶段及其以前，传统国家职能以政治统治为中心，包括对内镇压敌对阶级和政治势力的反抗和对外侵略或抵御侵略两个方面。虽然也必然要进行一些经济管理活动，但它们从属于前两方面职能，并且主要是民事或行政性质的管理。有时也发生某些其目的是直接影响社会经济结构和运行的管理活动，具有某种调节经济的意味，但不是现代意义上的国家调节。因为那种“调节”还不是经常性的国家职能活动。那时在一国范围内并未形成统一的国民经济体系，国家不需要也不可能对其实行统一调节。19 世纪末以后，由于生产社会化，在资本主义国家特别是垄断形成以后，国家调节机制应运而生，国家调节作为一种重要的国家职能日益发达起来。开始时，有些国家主要是通过反垄断和限制竞争以排除市场障碍，让市场机制恢复其有效的调节作用；以后，国家进而采取更多的调节方式和手段，扩大调节范围，包括国家直接参与投资经营以及国家宏观调控。

国家调节作为一种国家职能活动，需要法律加以规范和保障。国家毕竟不是专门的经济机构，过去长期远离经济生活，如今虽然需要它介入，但如果不按一定规则行事，难以收到有效调节的效果，还可能把事情搞得更糟。国家是权力中心，它介入经济生活如果不加约束，难免发生滥用和腐败。这就是说，也会发生“政府失灵”现象。另外，国家调节也需要法律保障；特别是对付一些大型垄断企业，没有法律的权威，政府的调节措施难以执行。资本主义国家本有法治传统，所以，为规范和保障国家调节活动，各国必须制定法律。19 世纪末 20 世纪初，美国率先颁布和实施了反托拉斯法。第一次世界大战前后，德国涌现大批关于国家干预、调节经济的立法，他们把这些法律称为“经济法”。

此后，经济法在各国（包括苏联等社会主义国家）迅速发达起来。不仅立法数量多，内容也越来越广泛，体系逐渐完备。

这类被称为经济法的法律，突破了历来自由放任的经济原则和国家不干预经济的传统，它确认国家对经济的干预和调节，调整在国家调节社会经济过程中以国家为一方主体的社会关系（国家经济调节管理关系）。其基本功能和任务是规范和保障国家调节，以促进社会经济总体上的协调、稳定和发展。它以社会总体经济效率和社会利益为其立法本位。其法律理念是鉴于经济和社会发展已使个体和微观的经济效益和利益，同社会总体和宏观的经济效益和利益，发生了不能由市场自发调节的矛盾和冲突，单纯强调个体自由和权益已不能造成社会总体的和谐和发展，因此需要国家协调两者关系。经济法着眼于社会总体和宏观，同民商法着眼于个体和微观两相结合，便能创造新的和谐的社会经济格局。因此，历史赋予经济法的法律价值是着重于维护社会总体效率、社会（实质）公平和建立在这样基础上的社会秩序。正因如此，所以经济法贯彻的基本原则是宏观经济效益和社会总体利益优先，兼顾个体和微观效益和利益，这同民商法贯彻的当事人平等、自由、自愿、互利等原则是明显不同的。

另外，经济法同行政法也有明显区别。行政法规范国家行政行为，调整行政管理关系，维护行政管理秩序。行政法一般并不影响或不注重影响社会经济结构和运行，不以特定的社会经济效益为其最终目的。行政法也涉及某些经济领域，但它仍然主要是关于这些领域的治安、社会或其他行政管理，而不涉及社会经济结构和运行这样深层次的经济问题。总之，经济法是同以往各种法律部门性质不同的新型的法律部门。它适应国家调节的需要而产生和发展，它是国家调节社会经济之法。

由于国家调节针对市场调节三个缺陷而分别采取三种基本调节方式（三种基本调节活动），这三种方式和活动都需要法律加以规范和保障，所以经济法体系也就包含三种基本法律规范（三个基本构成），即（1）为规范和保障国家以强制方式排除市场障碍，国家制定反垄断和限制竞争法、反不正当竞争法等。这些法律人们通常统称为竞争法或市场规制法。而按其作用实际上是在排除市场机制发生作用的障碍，因此可称之为市场障碍排除法。(2)为规范和保障国家以直接参与方式进行投资经营，国家制定国家投资经营法，包括国家投资法、国有企业(国有公司)法及其他有关国家直接投资经营的法律。由于现代国家直接投资经营虽然是针对市场唯利性缺陷而必须采取的一种调节方式，但国家投资经营规模过大，领域过宽，反而会妨害市场机制作用，此时，便需要国家对自己的直接投资经营活动(投资规模、方向和重点)作出调整和改革。当需要国家投资时国家资本适时适量进入投资；当需要减缩调整时则及时予以减缩或退出：这两手的交互运用，是国家参与投资经营这种调节方式的完整含义。因此，现代各国的国有化法令、私有化法令和其他关于国家投资与国有企业改革的立法，都属于国家投资经营法范畴。(3)为规范和保障国家以促导方式对社会经济实行宏观调控，国家制定宏观调控法，包括计划法、各种经济政策法和关于各种调节工具与手段运用的法律制度。

以上经济法体系三个基本方面法律在各国的发展和完备程度是不平衡的，它们在各国经济法体系中的地位也不相同。在资本主义国家，以反垄断法为主的竞争法长期居于经济法体系的核心地位；而在社会主义国家经济法中长期占据核心地位的则是国家投资经营法。但后来都在发生变化：20世纪末期，各国的宏观调控法迅速发展，正在逐渐上升为各国经济法体系的主导和核心地位。

经济法作为一种新型的法律规范和法律部门的出现和发展，引起了原有法体系的变化：法的体系大家庭中诞生了新成员，需要确立其地位，界定其功能和任务，需要明确它同其他部门法的关系，并引起其他部门法特别是民商法和行政法作出某些相应的调整，以同经济法相协调和配合。

民商法是市场经济秩序的基础性法律，是市场调节的法律保障。但是，它对于市场固有的各种缺陷，却往往无能为力。例如，对于垄断和限制竞争这种市场障碍，依据民法便难以排除；甚至垄断和限制竞争正是利用了民法的自由原则,披上了合法外衣而更加泛滥。因为垄断同盟、横向或纵向限制协议,是并不违背契约自由原则的。至于对市场机制作用的唯利性、被动性和滞后性,民法更完全无法解决。19 世纪末 20 世纪初以后,民法的局限性逐步暴露,于是自身作了一些调整,以适应生产社会化和社会公共利益的要求。例如在立法和司法实践中对契约神圣和契约自由原则作了修正,此外还对所有权的绝对性作了必要限制,增加了无过错责任原则等。这就是民法的现代化、社会化过程。但民法的所有这些自身调整,毕竟难以补救市场固有各种缺陷。

行政法对于市场缺陷虽然可以发挥一定作用,但仅凭行政措施毕竟不能解决深层次的经济问题。它还往往排斥市场机制作用,违背客观经济规律,制约社会经济主体的积极性、自主性和创造性,不利于经济的发展,有时甚至造成经济的畸形。中国和其他社会主义国家过去管理经济的方式及其后果,足以表明这一点。传统的国家行政管理和行政法适应着传统的国家职能的需要,国家担负调节经济的职能后,行政和行政法的任务也有所扩展,它们要从行政管理和行政立法、执法角度,配合国家调节职能的实现,配合经济法的立法和实施。例如国家财政税收,如今不再单纯为了保障国家活动经费的需要,而担负着以财政税收政策和财政补贴、税率等经济杠杆和政策工具,调节经济的任务。在这里发生着行政法与经济法的交叉。

经济法的出现和作为其出现的社会背景和根源的经济与社会的变革,所引起的法律部门的变化,不限于民商法和行政法,还包括刑法等各个部门法,甚至宪法原则也发生了变化。德国 1919 年魏玛宪法即确立了“社会化”和国家干预经济的原则,它明确规定授权政府实施有关调节措施。总之,19 世纪末 20 世纪初开始发生的是整个法律体系的变化。

法的体系本来也是发展变化的。人类社会活动和所发生的社会关系的领域和种类逐渐扩大,调整社会关系的法律也逐渐增多,法的体系越来越发达。人类早期社会的生产力水平低下,经济活动和其他社会生活比较单调,社会关系不甚复杂;加之那时候国家职能活动始终紧紧围绕维护政权这个中心,所以那时的法律体系也不甚发达,尚未区分各种不同的部门法,而是诸法合体,并以刑为主。资产阶级革命以后,法的体系才逐渐分立出各种不同的法律部门。以调整社会经济关系的法律而言,民法首先同刑法分离而独立。然后才是经济法的出现。可见经济法的产生和发展不仅具有深刻的社会经济根源,适应国家职能发展的要求,而且也符合法的体系演变规律。

下篇　全球化与调节机制及法律的变化新趋势

四、市场全球化与国际调节

本文以上论述的,是自 19 世纪末开始由于生产社会化,特别是垄断的形成和发展,使市场各种缺陷显露,经济的调节机制和法律体系发生了相应的重大变化,出现了国家调节和经济法。市场还在继续发展变化,调节机制和法律也在发展变化着。当前,市场的国际化趋势越来越明显,新的经济调节机制即国际调节正在形成和发展;相应地,保障经济调节的法律连同整个法的体系也正在出现新的发展趋势。

市场的国际化现象本由来已久。第二次世界大战以后,这一进程加快。世界贸易明显自由化,国际资本市场逐渐放开,越来越多的国家加入世界经济体系。但在过去几十年,总的情况仍是各国经济以本国为主的。只是近一二十年来,市场和经济的国际化、全球化趋势进一步加强了。其原因主要是高科技的迅猛发展和电子信息时代的到来,为全球化提供了坚实的基础和可能。而冷战的结束和各种管制的放松或取消,为国际联系和全球化创造了适宜的国际环境。跨国信息交流促进世界范围内生产、交换、分配和消费的联系。世界资本市场的一体化和资本流动性规模越来越大,数十万亿美元的国际流动资本在全世界范围内寻找可盈利的投资。跨国公司超越国境自由驰骋。各国都在创立开放的企业制度,从全世界吸引高级人才,利用别人的基础设施、资本和资源。除了传统的国际商品和劳务交易及一些早期自由化行业外,许多原来局限在比较封闭的国家经济中的本地行业,也纷纷转变到全球竞争一体化的全球市场体系。甚至各国农业也受到了全球化的猛烈冲击。如今全球化正在使那些具有超凡实力的生产者同20亿个靠手工劳作的农民处于竞争地位。② 又据统计,"在全球可竞争的"世界经济值——向产品市场、劳务市场和资本市场的全球竞争开放的世界经济值——将从1995年的大约4万亿美元增加到2000年的21万亿美元以上③。自1948年成立关税及贸易总协定以来,工业化国家的关税如今已降到平均4%以下的水平,只有最初的1/10。许多进口限额取消了。补贴受到严格的约束。半个世纪中,商品出口增加15倍,这种增长同外国直接投资增长一起,把国民经济更紧密地同全球网联系在一起④。

市场的国际化和全球化,要求有与之相适应的健全的经济调节机制;否则,国际市场便是无序的。剧烈的摩擦和争夺将妨害国际市场经济的协调、稳定和发展。国际市场仍然存在市场调节和(各国的)国家调节两种机制,它们仍然继续发挥着重要的调节作用;但仅凭这两种调节机制显然不够,还需要新的调节机制。并且,原有两种机制应当同该新的调节机制互相协调配合,形成一种全新的调节机制体系格局。

市场调节仍然是国际市场的基础性调节机制。但本文前面论述的市场的各种缺陷和局限性,对于国际市场依然存在,并可能引发更为严重的后果。首先,国际市场同样存在垄断和限制竞争以及不正当竞争,它们往往由于各相关国家的支持而更为严重。各国对于本国国内市场

---

② 法国学者马祖瓦耶和鲁达尔的分析,当前欧洲、美国等地农业人口的人均生产率同其他地区之间的差距已高达500:1。全球化将使世界上有一半的农民注定要破产、失业或迁居。(法国《新观察家》周刊1998年3月5日文章。转引自《参考消息》1998年3月"农业改革与粮食问题"系列报10)

③ 美国《团际先驱论坛报》1997年9月22日文章。转引自《参考消息》1997年10月12日报道。

④ 英国《金融时报》1998年5月18日文章。转引自《参考消息》1998年5月24日报道。

上的垄断和限制性行为一般是予以反对的，但对于本国企业在国际市场的竞争，却常常基于利己主义立场予以支持。在帮助本国企业的同时，国家还通过实行各种限制性政策（如关税和非关税壁垒），阻挠外国企业参与竞争。这些限制竞争和不正当竞争，给国际市场造成严重障碍。而这些障碍显然不能指望原有调节机制（无论是市场调节或国家调节）予以排除。其次，市场机制的唯利性和非理性这一缺陷，对于国际市场也造成严重后果。国际投资者对于利润的追逐，常常在全球范围内引发经济行业部门之间和地区之间的结构危机，造成国际性的比例失调和经济与社会的动荡。正如美国经济学博士戴维·科顿在一篇文章中指出的，“全球化资本主义只关注创造金钱的能力，而世界的真正财富在迅速遭到破坏”。[⑤] 针对1997年发生的亚洲金融危机，西方七国一致承认民间资本的风险，认为：“发达国家的民间资本大量流入新兴国家的企业和银行等民间部门，此后又迅速撤出，是引发这次危机的原因。”[⑥]此外，由于市场机制作用的滞后性和被动性，不能使国际经济结构和运行得到预先和及时调节，难免引起生产过剩或投资不足，引发世界性经济危机。

国际市场经济继续存在各国的国家调节。但国家调节能够直接作用的领域仅限于该国的涉外经济活动，而不能独自直接对整个国际市场实行调节。即使对于各国的涉外经济的调节，也要考虑对方国家的政策和法律，要遵守国家商业惯例和本国参加或承认的国际条约，接受有关国际组织对世界经济的调节。如果某个国家凭仗强权而实施“域外管辖权”，将本国的某些调节措施和法律，强制适用于他国或国际社会，或者对他国动辄以“制裁”相威胁，必将招致他国或国际社会的反对，因而最终也是行不通的。

综上所述，对于国际市场必须有新的调节机制。而事实上，自国际

---

⑤ 《全球化资本主义导致人类日益贫困》，原发表于日本《世界》月刊8月号。转引自《参考消息》1998年8月2日报道。

⑥ 转引自西方七国首脑1998年2月伦敦会议发表的公报。

市场形成以来也一直存在这样一种调节机制的作用。第二次世界大战后,以联合国成立为标志,这种调节机制正式成立。冷战结束后,它迅速发展,当前正日趋完备。这种调节机制,我们可以称为国际性调节。

所谓国际性调节,或称国际调节,是指两个以上国家、区域性或全球性的组织机构,通过协商或以国际条约形式或借助国际惯例,对国际市场经济的结构和运行实行调节,以维护和促进国际经济的协调、稳定和发展。它是同市场调节和国家调节不同的第三种调节机制。

国际调节按照调节主体形态,可分为双边或多边国家的调节、区域性组织的调节、全球性组织的调节三种。双边或多边国家调节,主要是协调两国或多国之间的经济贸易关系,但它对整个国际市场和国际经济关系有一定的影响,因此也属于国际性调节体系中的一个方面。区域性组织的调节,直接作用于本区域内的经济结构和运行。如今全球各种区域性经济组织越来越多,合纵连横,呈现大组合局面。它们各自对本区域的经济进行调节,并共同协调有关区域间的经济关系。因此区域性组织的调节对全球经济更直接产生重大影响。全球性组织的调节,主要是联合国及其有关专门机构如国际货币基金组织、世界银行、世界贸易组织等所实行的调节。这是当前国际调节的主要力量。并且,今后其调节力度和重要性会越来越加强。

国际调节按照其所针对的国际市场存在三方面缺陷所采取的基本调节方式,则可分为以下三种:

1. 国际反垄断和限制竞争以及反不正当竞争,排除国际市场障碍,让市场机制在国际经济中发挥调节作用。这是一种强制性的调节方式。国际市场竞争秩序单靠某个国家的力量和国内立法是不能解决问题的,必须依靠国际调节力量和国际立法。国际竞争立法其实早已起步。例如1947年联合国贸易和就业会议曾通过《哈瓦那宪章》,其第5章即对限制性商业惯例作了规定。1951年联合国经社理事会曾起草《国际反垄断法协议(草案)》,并为进行国际限制性商业行为的实际调查而设置了临时专门委员会。1980年联合国大会第35届会议又通过《一套多边协议的控制限制商业惯例的公平原则与规则》。不过,以上这些法律文件都未能实施。1993 年专家们起草了一份国际反垄断法典草案,希望成为世界贸易组织的一个多边贸易协议。虽然没有成功,但国际舆论普遍认为,制定全球竞争法将成为下一轮世贸组织谈判的一个重要问题。⑦

2. 国际机构的投资或由其发动的国际投资。这是参与(投资经营)式的调节方式,是调节国际社会经济结构和运行的一种直接的、见效快的方式。这种方式包括两种做法:一是由国际机构以其所支配的资本,投入某些国家、地区或某些部门;二是由国际机构引导或发动一些国家政府或跨国公司进行投资。如今全球不断扩大的市场促进国际投资迅猛增长。⑧ 国际机构在其中发挥的作用越来越大。特别是亚洲金融危机发生以后,人们普遍认为应当加强对国际投资的引导和管理。国际货币基金组织需要加强对金融部门的监督,并在处理危机方面发挥中心作用。⑨ 联合国亚太经济社会委员会呼吁加强对资本流动和货币交易的"全球管理",国际社会应当考虑建立管理货币贸易和资本流动的全球性机构。⑩

3. 通过向各国和国际性经济活动主体提供信息、指导、援助或其他帮助,引导和促进国际经济协调、稳定和发展。这是一种促导型的调节方式。当前国际调节虽然还不能像各国的国家调节那样,制订经济计划、经济政策并运用各种调节工具对经济实行宏观调控,但已有许多类似的作法。例如,某些国际机构经常对世界经济作出预测和展望,发布有关公报和报告,提出未来一段时期的经济和社会发展目标,并为实现

---

⑦ 美国华盛顿国际经济研究所客座研究员布赖恩·拉赛尔在 1997 年 7 月 31 日的美国《商业日报》发文,谈波音、麦道两家飞机公司合并的启示,认为制定全球竞争法应当成为世贸组织下一轮会议的首要议程。转引自《参考消息》1997 年 8 月 4 日报道。

⑧ 据联合国贸发会议 1997 年发布的《世界投资报告》称,外国直接投资流量 1995 年比上一年猛增 40%。1996 年又增长 10%,达 3490 亿美元,如果包括外国公司向海外附属机构的投资,外国投资总额达 1.4 万亿美元。该报告还分析了 1996 年国际投资的地区分布,美国、欧洲国家继续吸收了较大的投资额外,发展中国家投资增长较快,比前一年增长 34%,其中亚洲、拉丁美洲尤为突出。转引自《参考消息》1997 年 9 月 23 日报道。

⑨ 转引自《参考消息》1998 年 4 月 19 日报道。

⑩ 转引自《参考消息》1998 年 4 月 11 日报道。

目标而规定各种措施,运用各种经济手段,通过协商、协调予以实施。

国际调节是国际市场经济不可或缺的主要调节机制,但不是唯一的调节机制。对国际市场来说,我们应当明白,市场机制毕竟还是基础性的因素,各国的国家调节也仍然发挥着重要作用。这三种调节机制必须互相协调、接轨和配合。国际调节如果不尊重客观经济规律,不重视发挥市场调节的作用并以之为基础,就不能达到有效调节的目的,还会把国际经济搞得更糟。国际调节也需要尊重和听取各有关国家的意见,并将各国的国家调节导入国际调节的目标体系中来;反之,各国的国家调节也应当主动地同国际调节协调一致,这在本文前面已经论及。

市场和经济的国际化和全球化,国际调节机制的发达和日益重要,以及它同市场调节、国家调节的结合,标志着调节机制三元化格局的形成。市场经济从其出现至今,在经历了自由市场经济、社会市场经济之后,如今又步入了第三个发展阶段,我们可以称之为国际化市场经济阶段。

五、国际经济法的兴起与国际市场经济的法律保障体系

市场的国际化、全球化及其调节机制新格局的形成,引起法律体系又一次大变化。下面从国际经济法说起。

国际市场的国际调节需要法律加以规范和保障。这是一种国际性立法,它显然不能由各个国家单独制定。从制定主体和适用范围来看,关于国际调节的立法包括双边或多边条约、区域性或全球性条约。从国际调节涉及的经济领域和内容上看,包括国际贸易、国际投资和国际金融等。因此,国际调节立法便包括在以上各方面有关国际调节的规定。

从国际调节所采取的三种基本方式和措施看,立法包括下列三个基本方面的法律:(1)为规范和保障排除国际市场障碍,维护竞争秩序而制定的国际竞争法,包括国际反垄断法、国际反不正当竞争法及反倾

销、反补贴法等。(2)为规范和保障国际投资经营活动而制定的国际投资经营法,它规定有关国际投资政策、投资秩序和投资经营组织形式等内容。(3)规范和保障国际性的经济促导和调控活动的立法,包括有关国际经济资讯的统计和发布,经济发展的预测和展望,对各国或各地区经济发展、调整和改革的建议和政策,以及为促进国际经济结构和运行的协调、稳定和发展而采取其他重大举措的立法。这些可统称为国际性的促导或调控立法。

关于国际经济调节的立法,从法律部门属性分析,属于国际经济法。中外学者对国际经济法这一概念的理解有很多分歧,形成多种学说[11]。按照本文以上思路,应当认为,国际经济法乃是规范和保障国际经济调节之法。国际市场和国际经济需要国际调节,国际调节需要法律加以规范和保障,国际经济法于是产生并随着国际调节机能发展而发展起来。

国际经济法调整在国际调节过程中发生的有关社会关系,简称国际经济调节关系。这是在国际调节主体同被调节主体之间发生的关系,是一种调节与被调节关系。国内外的国际经济法学界普遍地认为国际经济法调整"国际经济关系"。所谓国际经济关系,是一个含义很广的概念,它除包括国际经济调节关系外,还包括大量在国际经济交往中的一般商品货币关系,即国际市场中各平等主体之间的一般经济交往关系。后者其实应当属于国际民商法调整的对象。

国际经济法同国际民商法是性质不同的两个法律部门。除了它们在调整对象上不同之外,在其产生和发展的根源、功能和任务、价值、法律理念及适用原则等方面也有所不同。国际经济法与国际民商法的产生和发展虽然都基于市场和经济的国际化和全球化这一共同背景,但前者是为适应国际调节的需要;后者是为适应国际商品货币关系的需要。前者的基本功能是保障国际调节,以维护和促进国际社会经济结构和运行协调、稳定和发展;后者的功能和任务则是规范在一般国际经

---

⑪ 参见曾华群:《国际经济法导论》,法律出版社 1997 年版。

济交往中各平等主体的经济行为,维护各主体(个体)的正当权益和正常交易秩序。前者的基本价值取向是国际经济社会总体的效率和公平;后者侧重于各经济活动个体的效率和公平。前者的立法理念是各个体的自由、效率和公平,已经不能当然地导致国际经济社会总体的和谐和发展,需要从国际社会共同和总体利益出发,对局部与全局、个体与总体之间的关系予以调节和协调,从而达到国际经济秩序的和谐;后者的立法理念则是,只有维护各个体的充分自由和权益,才能维护和促进国际经济和谐和发展。前者贯彻国际社会总体和共同利益优先,兼顾各方利益的基本原则;后者则贯彻平等、自愿、互利、诚实信用等原则。总之,如同本文作者过去在批评我国一度十分流行的"大经济法"观点时所论述的,国内经济法同民商法的联系和区别的情形一样,⑫国际经济法同国际民商法的关系也是既有联系又有明显区别的。把国际民商法调整的内容纳入国际经济法之中,也是一种"大国际经济法"思想,这即使对于国际经济法自身的发展和体系完善,其实也是不利的。

西方国家的学者多从法律关系主体的种类和性质这一角度来定义国际经济法,由此划分为狭义说与广义说。狭义说认为,国际经济法的主体限于国际法主体,即国家之间、国际组织之间和国家与国际组织之间的经济关系,才由国际经济法调整;而广义说则认为,还应包括私人(自然人和私法人),即国际经济法除调整国家、国际组织相互之间的经济关系外,还调整国家与他国私人之间、国际组织与私人之间以及不同国籍私人之间的经济关系。我认为,按照主体标准难以作出明确界定。国际调节主要是协调国家与国家、国际组织与国家或其他国际组织之间的关系,但也必然涉及私人(特别是跨国公司),如国际反垄断、反倾销等国际调节措施,就直接同该实施垄断或倾销行为的私人发生法律关系。可见私人也可以成为国际经济法主体。另外,广义说把不同国籍私人之间的经济关系(一般经济交往关系、商品货币关系)统统纳入国际经济法调整对象,显然范围过大,它把应属国际民商法范畴的

⑫ 漆多俊:《经济法基础理论》,武汉大学出版社1996年版,第128~133页。

部分也纳入国际经济法之中了。

我国的国际经济法学者也存在同以上类似的各种学术观点。例如,以姚梅镇先生为代表的广义说认为,国际经济法是国际社会中关于经济关系和经济组织的法律规范的总和。[13] 他们把包括私人与私人之间关系在内的各平等主体间的一般商品货币关系也涵盖在内了。而以李双元先生为代表的“大国际私法”说,则主张把国际经济贸易关系,包括涉外民事、商事关系,视为国际私法范畴。[14] 我认为后者实际上重视了按照社会关系的不同性质和种类来划分法律部门,因此更具合理性。

中外学者在论及国际经济法时还涉及如何看待各国涉外经济领域的问题。涉外经济本是涉及两国或两国以上因素的经济关系。从这个意义上说,它即为一种国际经济关系;不过,所谓涉外乃是从各本国立场出发的,涉外经济又属于本国经济范畴。各本国的法律当然要对它进行调整。其中,各国的经济法调整涉外经济领域的国家调节关系;民商法调整该领域的一般商品货币关系。由于各国法律对涉外领域的调整,必须考虑相关当事人所属国的国家政策和法律态度,必须遵守国际商业惯例和其他民商事规则以及接受国际调节,所以各国调整涉外领域的经济法和民商法等,需要同国际民商法和国际经济法等国际法相协调。另外,各国的涉外经济又构成整个国际经济的组成部分,因此,各种有关国际立法要对其予以调整。其中,国际民商法调整涉外领域的一般商品货币关系;国际经济法调整该领域的国际经济调节关系。可见把关于涉外经济的立法完全视为国内法或完全视为国际立法,或者把它完全划归国际经济法或完全划归国际民商法,都是不恰当的。[15]

同市场的国际化、全球化和国际调节日益发达相适应,作为规范和保障国际调节的法律即国际经济法的兴起,是市场经济发展到第三阶

---

⑬ 参见姚梅镇主编:《国际经济法概论》,武汉大学出版社 1989 年版。

⑭ 参见李双元主编:《国际私法》,北京大学出版社 1991 年版。

⑮ 漆多俊主编:《经济法学》,武汉大学出版社 1998 年版,第 70 ~ 71、615 ~ 623 页。

段即国际市场经济在法律上的显著特点。国际经济法是国际市场经济的重要法律保障,但它不是唯一的。国际市场经济需要多种法律部门,它们互相配合,形成有机的法律保障体系。

首先,由于国际市场经济除国际调节外,还需要市场调节,并且后者是基础性的调节机制,为保障市场调节,必须维护自由竞争秩序,所以国际民商法非常重要。随着国际化、全球化进程的发展,国际民商法迅速发达起来。但由于国际的市场调节需要国际调节协助和配合,所以国际民商法的一些原则和规定也需要作出某些调整和修正。由于国际民事、商事活动增加,各国民商法规定的冲突增多,因此国际冲突法规范发达起来。狭义的国际私法正是指这些冲突法。鉴于国际民商法与冲突法都主要涉及私人经济领域,因此如我国有些学者所主张的那样,将该二者同归于国际私法范畴,也未尝不可。[16]

其次,由于国际市场经济同时仍存在各国的国家调节,因此各国的经济法也是国际市场经济法律体系中不可忽视的法律部门。但在市场国际化、全球化条件下,各国的国家调节对内必须以市场调节为基础,对外必须考虑国际因素——包括国际上的市场调节和国际调节,所以各国的经济法除对内应同本国民商法很好配合外,对外应同国际民商法和国际经济法接轨和协调。

除上述法律部门以外,国际市场经济法律体系还包括其他如国际公法、国际刑法、国际环境法等,也还需要各国的其他各种国内法,包括行政法、刑法、环境法、诉讼法等的配合。以国际公法为例,国际公法对于国家主权和各国之间政治关系的维护和调整,对保障国际市场经济正常运行显然是十分重要的。国家主权应当包括国家在政治上的独立自主和国家在经济、社会、文化等方面的独立自主。但过去在传统国际公法中,主要注重政治性内容,而经济因素往往被忽视。以 1974 年联合国通过的《各国经济权利义务宪章》为代表确立了"经济主权"概念,

---

⑯ 对于国际法体系的部门法划分,读者可参见作者的《国际调节与国际经济学科理论新视角》一文,载《当代法学》2004 年第 18 卷第 2 期。——编者注

这是对以《联合国宪章》为代表的传统主权概念的发展。随着市场和经济的全球化,国际公法如今日益重视各国和国际经济的发展和经济关系。这是国际公法一个重要的变化趋势。另外,在国际化和全球化形势下,国际公法的许多原则和制度还发生了其他一些变化,例如国家主权行使的绝对性如今受到一定限制。当今世界各国的主权既各自独立,又互相关联。任何一国主权的行使都不应妨害其他国家主权的正当行使,不能损害我们人类共同生活于其中的国际社会的共同和长远利益。它应当受到各国相互间的和国际性的一定制约。当然也应当警惕和反对另一种倾向,即借口全球化和“主权相对论”而不尊重他国主权,进行干涉侵犯,推行霸权主义。

国际社会由各个国家、地区和民族组成。各国的国内法对于本国境内各种社会关系的有效调整,有助于整个国际社会秩序包括国际经济秩序的维护。特别是各国的涉外经济领域,更同时又直接属于国际经济关系的范畴,调整涉外经济关系的各国有关国内法同维护国际市场经济秩序有密切关系。为适应全球化形势,各国的各种国内法也面临自我调整和变革的任务。在国内法中,特别是各国的民商法和经济法是调整涉外经济领域的两个最主要的法律部门。各国的民商法应当同国际民商法协调或接轨;各国的经济法应当同国际经济法协调或接轨——因为如今各国的国家调节必须考虑和接受必要的国际调节。这些都说明,各国国内法需要更新,需要面向国际一体化方向调整和演变。这应当说是个总的发展演变趋势。当今世纪之交,这种演变趋势已非常明显。可以断言,21 世纪将是人类社会法律进一步国际化、全球化的新世纪。

综上所述,随着市场全球化进程的加快,国际市场经济的法律保障体系正在建立和日益完备。这一体系以国际民商法和国际经济法为主,并配合其他国际法以及各国的经济法、民商法等多种国内法;以上各种法律并适应全球化进程各自不断完善和作出调整,由此组成一个动态的和谐的法律体系。

论经济法产生的社会根源*

20 世纪先后出现了一批社会主义国家,这些国家从其建立开始,即全面担负起社会管理职能,运用革命剥夺、改造和投资建设等方式,组建自己全新的经济基础,并进行全方位的管理。整个社会经济的结构和运行,都被置于国家控制之下。这不是一般所说的"国家调节",准确的说法乃是国家对经济的组建、管理和控制,或称为统制。因为一般所谓"调节",是对既存的社会经济施加作用,以影响和改变其结构和运行。社会主义国家按其指导思想即马克思主义理论,其经济基础不可能在旧社会母体内生成,革命成功后必须依靠政权力量重新组建自己的经济。这不是一般的"调节"而已,而是推倒重来,全面组建;组建以后,还需要使之不断加强和完善,实行全面管理和控制。

在市场经济条件下,国家调节只是同市场调节相配合的两种调节机制之一,国家调节不能取代市场调节的基础性地位。而在社会主义国家,当初整

* 本文原收录于杨紫烜主编:《经济法研究》(第 1 卷),北京大学出版社 2000 年版。鉴于本文部分内容同前篇《市场、调节机制与法律的同步演变》大致相同,此处只保留文章最后一个部分,而略去前面三个部分。——编者注

个社会经济都由国家控制管理,国家是制约经济结构和运行唯一的力量和机制,基本上排斥了市场机制的作用。这是同市场经济完全不同的一种经济体制。在这里,由于国家对经济的组织管理是以国家计划为中心进行的,所以称为计划经济体制;国家对经济的组织管理因而也被称为计划管理或“计划调节”。

在市场经济条件下,国家调节所采取的方式如前所述,最基本的是对市场的规制、国家参与投资经营和对社会经济予以引导促进,实行宏观调控。而社会主义国家对于经济则主要依靠革命措施、执政党和国家的政令、领袖及各级党政领导人的权威和指示以及大量的政府行政命令。例如中国过去几十年中,农业合作化、人民公社化、大跃进、大办钢铁、工业学大庆、农业学大寨,等等,都是以中央号召发动,大搞群众运动的方式进行的;即使平时对生产和经济的管理,也常常采取类似军事化的行政命令方式。某些时候,甚至连各地农村种植什么作物、何时割麦、插秧这些具体事情,也凭上级指示和命令,统一进行。那时候,同计划经济体制相适应,在经济管理体制上所实行的是高度集中统一的中央集权制。

应当说,社会主义国家经济管理职能是十分发达的,国家管得既宽、又多,既细、又死。但我们似乎并不能说,这些国家的经济调节职能发达。因为社会主义国家的经济管理在性质、功能和任务、作用方式等方面,同仅作为一种调节机制的国家调节相比,有较大差别。此外,实践表明,社会主义国家过去那种经济职能在实际上对社会经济结构和运行的作用和效果很不理想。

国家对社会经济调节(或说组织管理)的立法为经济法,或起码也可以说是具有经济法性质的法律。社会主义国家对经济的组织管理方式,由于主要依靠执政党和国家及其各级领导人的权威、指示、决议、政策文件和行政命令等,并不重视法律调整,法制不健全,因此经济法不健全。许多国家调节活动没有相应的法律。即使在某些方面制定过一些法律,但由于国家调节措施具有强烈的行政的或革命的、军事的性质,这些“经济法”在内容和性质上也具有浓厚的政治性或行政法的色彩。并且在实施中也常常受到党政及其各级负责人的干扰,有法不依,形同虚设。总之,实际上这些社会主义国家在过去长时间内,经济法是很不发达的。

后来,这些社会主义国家先后进行了经济改革。20 世纪 80 年代末 90 年代初,苏联、东欧国家社会制度发生剧变,改行市场经济体制,国家经济职能随之转变,经济法也发生了重大变化。中国在 20 世纪 70 年代末开始进行经济体制改革,逐渐引入市场调节机制。在这期间,经济法迅速发展起来,体系渐趋完备。

社会主义国家经济法产生的原因和发展道路,与资本主义国家有明显不同。西方国家实行市场经济体制,后来由于生产社会化和垄断形成,市场失灵,作为一种救济,国家调节机制和国家调节职能与经济法因而产生。社会主义国家的经济职能不是作为市场缺陷的补救措施产生的,这里一开始国家就全面介人经济生活,全面担负经济组织管理职能,实行计划经济体制,基本上排斥和取代市场的作用。经济法也不是为了弥补民法的不足——这里民商法原本就不发达。这里的经济法是伴随革命号令、党政政策指示和行政命令,为实现国家经济组织管理职能而出现的。作为法律它也很难同行政法相区别。后来的经济体制改革,至目前为止也只是在计划经济体制框架(“鸟笼”)内,逐渐“引入”一些市场因素。市场作用被严格限制着。所谓市场缺陷当然也就不成其为问题。这时的经济法对其调整范围也稍稍作了调整,同有所放宽的市场因素相适应,民法也得到了初步发展。只有到了这些社会主义国家后来完全改变计划经济体制,真正实行市场经济体制之后,市场机制才发达,最终将成长为社会经济的基础性调节机制。而到那时,对市场固有的各种缺陷的防范和化解,便会显得十分重要。也只有到那时,经济法的内容和体系才会完善和成熟。中国自 1992 年决定实行市场经济,两种体制的转轨需要一段过程,而现在我们最多还只能说正在初步形成市场经济体制的框架。因此,我国的经济法按照市场经济的要求,当前也只能说是正在迅速完善之中。

纵观两种不同社会制度国家经济法产生和发展的历程,我们看到两条不同的运动轨迹:一条是由国家放任市场作用到国家逐渐加强国家调节,由单一的民商法秩序到经济法产生和逐步发达。另一条是由国家包揽经济、市场几为空白,到逐渐“引入”市场因素,转变国家职能,并最终使市场机制成为基础性调节机制。与此同时,经济法才由同党政指令相伴生、同行政法为一体,并且它们共同排斥民商法作用,发展到经济法逐渐剔除异己因素而性质日趋纯正,立法日益发达,最后完全适应市场经济的要求。这两条道路最终还是异途同归。在当前市场经济条件下,世界各国的经济调节机制、国家经济职能和经济法(其他法律部门亦同)的情况,会日益趋同,大同小异。

经济法的价值、理念与原则*

一、经济法价值

法的价值，在国外是个古老的话题。美国法学家庞德（R. Pound）说："在法律史的各个经典时期，无论在古代或近代里，对价值准则的论证、批判或合乎逻辑的适用，都曾是法学家们的主要活动"。[①] 在中国它却是近些年来才引起人们的注意和讨论。而经济法的价值问题，则无论在国内或国外，都是一个新问题，值得认真研究。

如同商品和其他许多事物对人来说具有价值一样，法也有价值。不同事物因其客观存在的固有属性不同，而具有不同的价值。价值是事物客观上具有的一种属性，是可供人们利用的性能、功能。研究事物的价值，首先要认识该事物有什么价值（价值是什么）；其次要弄清（在事物具有多项价值时）该事物各项价值之间的关系，其中哪些是它主要的价

---

* 本文原收录于漆多俊主编：《经济法论丛》（第 2 卷），中国方正出版社 1999 年版。

① ［美］庞德：《通过法律的社会控制——法律的任务》，商务印书馆 1984 年版，第 55 页。

值;此外还要弄清按照该事物价值的特性,它适合人们怎样去发挥和利用(价值实现方式)。有人认为,价值问题还包括人们对价值的评价标准,这种意见有点似是而非。事物的价值是事物固有的特性,是一种客观存在,而人们对事物价值的评价则是主观的,它只同人们对该事物价值的利用有关,而不属于价值本身范畴。②

研究法的价值首先要明确法的价值是什么,即法有哪些价值。古今中外的学者对此各有各的说法,常见的认为法的价值有秩序、正义、公平、效率、利益、安全、自由等各项。上述各项的内涵怎样,所列各项价值之间是什么关系,也各有不同理解,有的干脆只逐项说明而不谈关系。本文研究经济法价值,却不能不从这些一般法价值问题谈起。

本文认为,法作为一种社会规范同其他如道德、宗教、纪律等一样,其基本价值都主要包括秩序、效率、公平、正义等项。在这诸种价值中,首先,和处于第一层次的是秩序。人类的社会性及其生存发展,要求秩序。法和其他社会规范通过规范人们行为,调整社会关系,维护人们所期望的某种社会秩序。秩序是它们的价值。其次,人类有发展、进取的天性,人们活动希望有效率,包括劳动生产效率、经营效率、政治统治效率、行政和社会管理效率、军事效率、文教卫生效率等。良好秩序才能产生较高效率,无秩序则无效率。人们期望秩序主要是为了期望效率,无效率的秩序是无意义的和人们所不希望的。效率往往是人们更为重视和关切的一种价值。法和其他社会规范通过维护秩序,可以保持和促进效率。效率也是它们的一种价值,而且是寓于秩序背后属于高一层次的价值。最后,当社会有了秩序,活动有了效率,人们还并不以此为满足,还要考量、计较这种秩序和效率是否公平和是否合乎正义。公平与正义也并非完全处于同一层次。相对来说,公平是正义的外部表现,是衡量是否正义的一种较直观的标志。在一般情况下,合乎正义的必是公平的;但公平并不一定即为正义。正义是更为崇高、更为理性化的价值。在某些人群(某个部落、宗族、社团,或某个民族、国家或国际

② 对事物价值的判断和评价,乃属于“理念”范畴,本文将要论及。

社会)和在某个历史时期,人们如果认为合乎正义,那便达到了最理想的境界。

以上各项价值及它们间的层次关系,无论对于法或对于其他社会规范,都是一致的,这是它们共同的价值体系(价值链)。但是,法的价值取向也有其特殊性。法由其特点决定,它的效力适用范围及于一国,所关注的是一国范围内的秩序、效率和公平、正义。它对于社会生活只规范那些重要的、国家立法者认为必须加以规范的事项和方面。法律秩序是较为粗线条的一种秩序框架、秩序网络,它还需要有其他社会规范如纪律、道德等去补充、完善。法律所要求的效率、公平、正义等也是如此,一般只涉及重要的大事。此外,在"秩序——效率——公平——正义"这个价值体系中,法最重要也最为重视的是效率与公平;而道德、宗教犹为重视的是公平与正义,纪律、权威则最关注秩序与效率。法当然高度重视正义,但正义首先应当公平。正义较为抽象,各民族、宗教、不同文化传统的人群,其正义观(正义标准)不一,法适用全国,一国之内不同人群可能有各种不同的正义观,法也难以照顾周全。但法可以"壹罚""壹赏",公平是其最基本的特征,也是最基本的价值。正义既然难求,国家于是退而求其次,且以法平服天下,并也只在各种大事情上制定法律,以实现公平。俗话说,"法,平如水",也表明法最基本的价值在于一个"平"字。

价值体系中各个层次的价值项都有丰富的内涵。秩序:从范围来看有某个社团、地区、民族、国家、国际社会的秩序;从社会生活领域和部门行业来看,有政治、军事、行政、经济、文教、卫生等方面的秩序。效率:有社会生活各领域、各行业效率;还有个体效率、团体效率和社会总体效率等。公平:除同一或不同生活领域间的公平外,按不同主体分有个体间公平、团体间公平、社会总体公平等;按社会再生产各环节分有机会公平、分配公平和结果公平;还有形式公平与实质公平等。正义:这更是一个内涵最为丰富也最为混乱,但又最为崇高的概念。有人认为它包括伦理上的正义、经济和政治制度上的正义、法律上人与人之间关系的正义和法律执行正义;[3]有人划分为分配正义与改正正义;[4]还有人分为社会正义与个人正义,实质正义与形式正义。[5]

法和其他社会规范的价值内涵是变化发展的,随着人类活动领域的广度和深度的开拓,社会规范的价值所涉及的方面和内容会日益丰富。

事物的价值虽然是客观存在的,但价值的实现需要人们去实际发挥和利用。为了使之充分发挥并供人们利用,首先涉及人们对事物固有价值的认识、判断和评价。不同人对同一事物价值的判断和评价标准不尽相同。但随着各地区、各民族、各国的民众联系交往增多,不同文化互相借鉴和渗透,价值标准渐趋接近。

事物的价值由事物特性决定,因此它是特定的。但不同的人可以按其需要加以利用。从人类社会历史发展来看,早期奴隶制、封建制国家,最重视的是利用法的价值实现其政治统治,建立和维护有利于巩固其政治统治的秩序,保障其统治效率,维持各阶级、各等级内部的公平。凡此种种有利于其政治统治的便号称正义。这种对于法的价值的基本取向,我们可以统称为"国家主义",这种立法可以说是"国家本位"。

近代资产阶级革命后建立的资产阶级国家,反对专制和特权,主张人生而自由、平权,认为法的本来价值就是维护和促进各个体自由、平权的秩序、效率、公平和正义。这种对法价值的基本取向,可称为"个人主义",其立法是"个体本位"。

现代国家日益重视社会公共和总体利益,国家职能由作为阶级统治工具而逐渐社会公共职能化。因此立法日益重视社会利益,并强调个体的社会责任。立法的基本价值取向也日益"社会本位"化。

自19世纪末以来,人们所谓社会化,主要是指一国范围内的社会;但当代各国社会正在日益融入国际社会。人们对法的价值取向也正在

---

③ 参见[美]庞德:《通过法律的社会控制——法律的任务》,商务印书馆1984年版。

④ 古希腊亚里士多德的主张,参见《尼可马可伦理学》(第5卷)。

⑤ 参见[美]罗尔斯:《正义论》,中国社会科学出版社1988年版,第73页。

发生新的变化，立法——无论是国际性立法或各国立法，都日益需要考虑国际的和全人类的共同利益。这一点，当前在环境法、经济法和国际经济立法等方面，表现十分明显。今后随着进一步国际化和全球化，人们对法的价值取向还会发生进一步转变。也许今天我们提法律的“人类本位”还为时尚早，但显然这是21世纪人类立法的必然趋势。

无论人们出于何种目的和理念而对法的价值进行利用，都必须以法所固有的基本价值为基础，否则根本无法加以利用。并且，法的价值发挥和利用最合适的方式也具有客观性，人们利用方式恰当，则法的价值便能得到充分发挥；否则，便不可能得到充分发挥，人们也不能充分加以利用。例如，民商法由于其特性决定，它的价值最适合用于维护个体自由和个体权利。从这个意义上说，民商法固有的基本价值取向（相对应于现实立法赋予的价值取向）是以个体为本位的。早期奴隶制和封建制国家实际赋予它的立法以国家为本位的价值取向，使民商法固有价值并未得到充分发挥。资产阶级国家赋予其民商法的价值取向，同民商法固有价值取向基本一致，所以民商法价值得到充分发挥，那是民商法历史上最辉煌的时代。19世纪末以后，民商法顺应社会化历史潮流，作出了自我限制，但它仍然主要是从个体角度，配合其他部门法以协调个体同社会的矛盾。又如经济法与环境法等部门法，它们同民商法不同，它们本是社会化的产物，它们固有的价值取向是以社会为本位的，现实立法的基本价值取向也是如此。特别是环境法和国际经济法等的固有价值取向，从其开始就更具有较强的国际性和全球性，这是当前各国现实立法所必须日益重视的问题。

现在我们可以进一步来分析经济法的价值了。经济法是法体系中的一个部门法，同一般法的价值一样，它也具有秩序、效率、公平、正义等价值；它的价值链的中心环节也是效率与公平；它固有的基本价值取向是社会本位，进入国际化、全球化以后，它还需要兼顾国际社会利益。

经济法价值的特殊性（特殊价值取向）是由经济法在法体系中的特殊本质属性决定的。经济法按其在法体系中同其他部门法在调整任务上的分工，它涉及经济领域和经济生活，其内容是经济性的，因此它的价值亦重在经济性，它与民商法不同，它关注的主要是社会经济的总体结构和运行，因此它的价值重在社会性。从时代发展来看，进入现代社会后，凡法（无论是什么法，连民商法亦如此）都在其力所能及范围内适应着社会性要求而不同程度地出现社会化趋向。经济法正是在19世纪末后生产和其他方面社会化的背景下产生的新法律部门，它是社会化时代的产物；而它又正是适应经济和市场社会化的迫切要求，为解决社会化引起的矛盾和冲突才应运而生的。所以经济法是社会性之法，经济法的价值最关注社会性。一个经济性，另一个社会性，此二者是经济法的显著特点，也是认识经济法价值取向特点的关键。

经济法价值之一——秩序：这是关于经济领域和经济生活的秩序；这是重在维护社会经济总体结构和运行的秩序。在经济法秩序下，个体虽然仍是自由的，享有充分的权利，但不得妨害和损害他人和其他公众的自由和权利，不得损害社会经济的运行和发展。个体自由和权利的行使受到社会必要限制。要协调个体与团体、与社会之间的矛盾冲突，社会尊重个体，个体服从社会。并且，经济法是侧重于从社会整体角度来协调和处理个体与社会的关系的。经济法秩序已不是民商法秩序（特别是“纯粹民商法秩序”），它们关注的重点（本位）不同；经济法秩序也不同于行政法秩序（特别是早期“国家主义”的专制秩序），它是超越统治者“国家利益”，而关注真正社会利益的秩序。

经济法价值之二——效率：这是指经济效率（经济效益），包括劳动生产效率、经营效率、资源利用效率、利润率等，并且这主要是指社会总体经济效率。社会总体经济效率虽然由个体和团体经济效率构成，为了总体效率，必须重视各个体和团体效率；但某些个体和团体效率也会妨害社会总体效率，因此为了总体效率，有时需要限制、牺牲某些个体和团体效率。社会总体既指静态，也含动态。社会总体效率包括社会经济总体的长远效率。长远始于眼前，为了长远效率，必须重视眼前效率，从眼前效率抓起；但两者也有矛盾冲突，有些眼前效率会妨害长远效率。这需要协调，要统筹兼顾，要重视社会经济可持续增长。经济法的效率虽然直接是指经济效率，但它不仅指经济量的增长，也包括经济质的提高。经济的质不局限于经济性指标,还包括如对环境、人的思想精神等的影响,后者即人们所谓同经济效益相对应的社会效益。

经济法价值之三——公平:这是指经济生活的公平,并且所注重的是社会总体的经济公平。社会总体公平要求绝大多数个体和团体间必须公平,但不要求所有个体和团体间都绝对公平。为了总体公平,有时需要允许某些个体和团体间存在某种不公平。公平是相对的、变动的,绝对公平是不存在的,静止的公平意味着停滞和落后。从再生产过程各环节来说,经济法首先也重视机会的公平,但要顾及各主体的不同情况和不同起点,要区别对待;不顾情况和起点,虽号称机会公平,却会生出实质不公平。经济法也重视分配公平,但也需兼顾各种具体情况,为了社会总体公平,允许某些分配不公平现象存在。例如,国家对税收杠杆的运用,就是通过某些不公平以达到社会总体公平。经济法在重视机会公平、分配公平的同时,还要兼顾结果公平,如社会救济措施即属此类。总之,经济法所注重的是社会公平、实质公平。

经济法价值之四——正义:这当然也是经济法价值之所在,但如同一般法的正义价值主要通过公平体现一样,经济法的正义也主要体现在经济法的公平上。经济法所强调的社会公平、实质公平和在重视机会公平、分配公平的同时兼顾结果公平等,也就是经济法正义的体现。此外,在效率问题上同时注意个体、团体、社会乃至全人类的效率和利益,眼前、长远乃至子孙后代的效率和利益;在秩序问题上,同时兼顾个体自由、权利与他人的自由、权利,以及与社会的正常运行发展之间的关系;所有这些,也都是经济法正义的体现。

按照前面所说法在其“秩序——效率——公平——正义”价值链中所侧重的中心价值环节,经济法的中心价值环节应是:社会总体经济效率和社会总体(实质)经济公平。

二、经济法理念

所谓理念,含理想与信念之义,指的是人们对于某种理想的目标模式及其实现的基本途径和方式的一种信仰、期待和追求。它包括对理想目标的憧憬和对于通过某种基本途径和方式实现理想目标的信念两层含义。古今中外许多思想家、法学家都论及理念,而理解不一,本文无意旁及。只是本文是在上述意义上使用这一概念和论述法和经济法的理念的。

人们凡欲主动从事某项重大事业,必先有某种理念形成于脑中。制定和实施法律是件大事,故预先必有某种理念,是为立法理念或法律理念。其他如创立和施行宗教、道德规范等,亦莫不如此。例如,某些宗教的理念,相信存在一个理想(正义)的天堂、极乐世界,并相信人们坚持修善扬恶,积功积德,便可升入天堂。道德理念大凡主张,人活着,也应让他人好好活着,彼此真诚、友爱、互助、团结等,诚如是,就能建立一个美好(公平、正义)的社会,达到理想境界。法律理念,相信存在或能够实现一种有秩序、有效率和公平、正义的属于理想境界的社会,并相信借助于法的调整和规范,可以达到或接近于这种目标。

法律理念与法律价值是不同的两个概念:事物的价值具有客观性,人们的理念则是主观的。事物的价值需要人们去实际利用才能实际释放,此前只是该事物的一种属性、可能性,但它是客观存在的,理念则必须由人们借助某些事物的功能、价值,使之由主观的变为客观的,此前它只是一种观念,仅存在于人的头脑之中。在这里,我们同时也就可以看出理念与价值的联系:理念包含理想(人们所憧憬的目标模式)和信念(人们相信它能够通过某种基本途径和方式加以实现)。信念包括对于借助什么和怎么样实现等意念。法律理念中的理想目标模式的实现,需要凭借法律固有价值的释放;假如法律无该种价值,或人们不能在实际上使该价值释放,则法律理念中的理想目标便不可能实现。另外,理念中的理想目标模式必须同所借助事物的价值目标(该种价值所能达到的目标)是一致的,否则即使借助于它也不能实现理念中的目标。我们已知,法律价值有秩序、效率、公平、正义等内容,这也正是法律理念的理想目标。所以,借助于法律价值的释放,可以实现法律理念的目标。

当然,理念也可以反作用于事物的价值。理念也可以说是人们对于某种事物固有价值的判断。价值判断正确,再付诸实行,事物价值就能充分、有效地释放,最终能够达到该种价值的总目标;价值判断不准或错误,则付诸实行后该种价值便不能很好或完全不能释放,价值目标便不能顺利实现。此时,人们的理念也便会部分或全部落空。

社会生活包括各个领域和方面,社会关系有许多不同种类和性质。规范人们行为、调整社会关系的法律因此区分为不同部门和类别。各种不同的法律有着不同的价值取向,它们共同构成法的总价值。同样,人们关于法理念也包含对各种,特别是各部门法的理念,它是关于各种、各部门法理念的有机结合总体。也就是说,法理念的理想目标(法的价值目标)由各种法律理念的理想目标(各种法律的价值目标)作为因子共同构成。法理念的实现信念(关于法价值释放的信念)由各种法律理念的实现信念(关于各种法律价值释放的信念)共同形成。例如,刑法通过对社会生活各领域中严重危害社会的行为宣布为犯罪,并规定刑法制裁,调整被称为犯罪关系的那部分社会关系,以释放其在惩罚犯罪方面的特有价值,以求达到其价值目标亦即刑法理念的理想目标。民法通过对民事行为的规范,调整民事关系,以释放其在民事活动方面特有的价值,达到其价值目标,亦即民法理念的目标。行政法通过对行政管理中人们行为的规范,调整行政管理关系,以求达到行政法价值目标亦即行政法理念的目标。经济法通过对国家经济调节中人们行为的规范,调整国家经济调节关系,以释放经济法在国家调节社会经济方面特有的价值,求得达到经济法的价值目标,亦即经济法理念的目标。如此等等,各种法律通过各自的规范和调整,释放各自的价值,追求各自的目标,于是整个法的价值得以释放,整个法的价值目标亦即法的理念目标便可实现。

前面所说现实立法的价值取向(相对于法的固有价值)是随着人类社会发展而变化发展的,其实,主要原因就在于人们关于法理念的变化。整个法和各种、各部门法理念的变化轨迹同前面所说现实立法的价值取向的变化相同,它们大致经历了国家主义、个人主义和社会化等一些阶段。这种趋势无论对于刑法、行政法、民商法等都概莫能外,只是程度不同而已。民商法尤为明显。至于后来才出现的经济法、环境法等部门法,由于出现的时代背景已是人类社会生活日益社会化了,它们本身就是社会化的产物,因此其价值取向和法律理念自然充满着社会化精神。一是该事物固有的本质属性,二是时代特征,决定了经济法、环境法等部门法是社会化法律。

经济法和民商法同为涉及经济领域的法律。早期国家制定和施行法律主要是为了维护政治统治,法律理念的目标模式是有利于政治统治的秩序、效率、公平和正义,并相信通过法律可以达到该种目标。当时国家对社会经济的管理本不是重点和主要职能,但经济也是社会生活的一个方面,并且和政治统治有密切关系,所以国家总要进行一些管理。通过管理以期实现有利于政治统治的秩序(人民缺乏自由、必须服从统治和压榨的秩序)、效率(统治效率、剥削索取效率、人民提供捐税向剥削者奉献的效率)、公平(同一阶级、等级内部公平,他们在压迫、剥削和索取上的公平,或是在被压迫、被剥削和提供奉献上的公平;不同阶级、不同等级之间极不公平。但这被认为是维护政治统治所必需的“公平”)、正义(以上那种秩序、效率和公平是当时政治统治所必需的,被认为是合乎正义的)。国家统治者相信通过当时那种规范民间经济的法律规范,能够达到其理想目标。这就是当时关于社会经济的法律即早期民法的理念。

封建社会末期,社会生产力发展引起商品经济逐渐发达。商品经济要求自由、个性解放、权利平等。先进的资产阶级启蒙思想家们更系统、深刻地提出和论证了诸如“天赋人权”“社会契约”“经济自由放任”自然法学等学说主张,推动了社会思想解放。人们开始树立新的法律理念,即个体权利本位的个人主义理念。在经济领域方面,人们所崇尚和憧憬的理想目标模式是:个体自由的经济秩序;个体经济效率(相信个体效率好,社会总体效率就好,激活每个细胞,整个肌体便会有生机活力);个体经济权利、地位的公平;由上述各方面内容构成的正义(认为如果个体自由和权利等得到维护,社会便是合乎正义的)。人们并相信通过制定和实施新的资产阶级民商法,便可达到该理想目标。这就是近代资产阶级的民商法理念。

19 世纪末期,由于生产社会化特别是垄断的形成,改变了人们的观念,传统的个人主义的经济法律理念发生动摇。人们发现,对个体自由和权利的维护,如今并不能当然地导致社会公平和正义,它往往妨害其他个体和团体的自由和权利,损害社会的总体利益,因而是不公平、不正义的。单纯强调个性的自由解放,激活各单个社会细胞,并不就能使整个社会肌体健康成长。个体与团体、与社会整体有着矛盾冲突,需要协调。于是,从许多思想家开始,人们逐渐认识到,社会经济需要一种新的社会力量和机制进行干预和调节,协调个体与社会之间的关系,克服或缓和其间的矛盾和冲突,以建立一种新的秩序、效率、公平和正义。反映到法律理念上,出现法律“社会本位”倾向。其中对于经济领域的立法,一方面,表现为传统资产阶级民商法的社会化,如近代资产阶级民法三大原则的修正(所有权绝对性受到限制,契约自由受到限制,除个人责任外还要承担必要社会责任,除过错责任外,有时还应承担无过错责任);另一方面,适应社会经济新调节机制即国家调节出现的要求,需要制定和实施规范和保障国家调节的新型法律,即经济法。

经济法理念比民商法等法律更加鲜明地体现了整个法理念的社会化新时代特征。经济法理念是人们关于借助于此法(它同民商法等部门法律互相配合)可以实现理想的社会经济生活目标模式的一种信念。它相信可以克服或缓和由生产社会化和垄断等引起的个体与社会的矛盾冲突和传统法律理念的混乱,能够建立新的理想的社会经济生活目标模式:在新的理想模式下,有着个体经济自由、经济权利同社会协调、和谐的秩序;具有个体经济效率同社会总体和长远经济效率相协调的效率;体现着个体经济公平同社会公平、机会公平同分配公平及结果公平、形式公平同实质公平等相兼顾和一致的公平;昭示出经济生活中更为高尚的社会正义。另外,经济法理念又认为,上述理想目标模式的实现需要在民商法(即使是也在社会化的民商法)之外,制定和实施新的法律即经济法。经济法从社会经济总体角度,规范和保障新的社会调节机制即国家调节,协调经济个体与社会总体、微观经济与宏观经济之间的矛盾冲突;民商法侧重于从个体和微观经济角度进行规范和保障。两相结合,便可实现新的社会经济生活的和谐,达到理想的社会经济生活目标模式。

对于资产阶级自由主义和个人本位的思想理念,早在其流行初期,就有人提出怀疑和批评。19 世纪中期,以马克思为代表的思想家们,发现和深刻分析了资本主义社会的社会化大生产同生产资料资本主义私人占有之间的矛盾,并认为这是资本主义社会的基本矛盾。这同当时和后来许多资产阶级思想家们所承认的个体与社会之间的种种矛盾冲突的思想,基本上是一致的。只是在对策即解决矛盾的方式上,发生了重大分野。与上述被称为资产阶级改良派的思想理念不同,马克思和后来的列宁等无产阶级革命思想家和导师,认为资本主义整个制度已经腐朽,大厦即倾,企图用“社会化”来修补、支撑无济于事,只能以无产阶级革命推翻整个资本主义制度,建立社会主义社会并最终实现共产主义。资产阶级那一套理念应连同整个资本主义制度一道彻底覆没,人类最美好、最崇高的理想境界,只能通过无产阶级及其先锋队亲手重建得以实现。这就是共产主义理念。

在马克思、列宁等无产阶级导师的倡导下,首先在俄国、接着又在中国等一批国家,按照上述理念进行了革命,并建立了新的社会主义社会。此后继续朝着共产主义理念的理想目标,从事革命和建设。只是在长期社会实践中,人们对于导师们最初倡导的理念不可避免地不断作出某些调整、修正、完善和发展。有些是走样了,更激进了,有些是更切合实际些了。20 世纪 80 年代至 90 年代初,东欧和苏联一些国家社会制度发生巨变,导师们早先的理念基本上被完全抛弃。在中国和其他一些国家,继续坚持着共产主义理念,但革新了其内涵。以邓小平理论为代表的中国共产党人的理念,是对传统马克思列宁主义理念的新发展。

我们知道,社会理念包括政治、经济、法律等各方面理念。在经济和法律特别是在其结合上的经济法律方面,中国和苏联等社会主义国家中主导理念的主要缺陷,是过分强调集中、统一、均等和国家本位,对个体经济自由、权利关注不够。无论人们的秩序观、效率观或公平观、正义观都如此。在达到理念的理想目标的途径和方式上,集中体现在这些国家过去长期实行较单一的生产资料公有制,以及计划经济体制和高度集中统一的经济管理体制。国家对社会经济管理既宽又细又死,企业和个人缺乏经济自主权。在调整经济生活的手段上,不重视法律,尤其忽视民商法作用,民商法十分落后。而对于国家经济管理活动的规范和调整,主要凭仗执政党和政府的文件、行政指令和各级党政领导人的指示,即使颁行法律,也主要是行政法性质的或经济法与行政法混一。中国过去本无"经济法"概念,实际立法也很少有真正意义上的经济法。在苏联、东欧国家,虽然号称有许多经济法,其中捷克斯洛伐克还颁布过《经济法典》,但那里的经济法同样充满行政法色彩,或同行政法几无区别。当时这些国家的经济法律理念的基本精神,就是相信凭仗社会主义国家强有力的管理(核心是国家计划)便可在社会经济生活中达到理想的秩序、效率、公平和正义目标。法律只是保障国家经济管理,从而实现理念目标的工具之一。

中国20世纪70年代末开始经济体制改革,特别是20世纪90年代决定实行社会主义市场经济以后,人们的法律理念发生了变化:首先,在认识到应当让市场机制发挥作用,改变较单一的生产资料所有制结构,扩大企业和其他个体经营者自主权,并允许一定的自由竞争的同时,认为需要加强民商法,让民商法能侧重于从个体角度维护和促进经济秩序、效率、公平和正义。与此同时,认识到国家经济管理职能应在范围、重点、程度和方式上作重大转变,国家应重在对社会经济总体结构和运行进行必要调节。国家调节应同市场调节相结合,后来进一步认识到应以市场调节为基础。要加强和完善规范、保障国家调节的法律即经济法。让经济法侧重于从社会经济总体角度,同民商法等法律配合,共同实现理想的社会经济生活的秩序、效率、公平和正义的目标。这是与中国社会主义市场经济体制相适应的经济法律理念,包括经济法理念和民商法理念。

我们看到,当今世界原来两大类型社会的经济体制正在发生接近和趋同,人们关于经济法律的理念也正在接近和趋同。自从19世纪与20世纪之交人类社会的理念发生两大营垒分野以来,如今当20与21世纪之交,又发生着两股相向运动的思潮:一方面,是由忽视个体经济自由和权利的国家主义向兼顾个体的社会本位发展(国家在转变其经济职能,国家职能也在社会化);另一方面,是自19世纪与20世纪之交就开始的社会化进程的继续和加快,在尊重和维护个体自由和权利的基础上,日益重视以社会为本位,逐渐加大国家经济调节力度。在经济法律上,原来两种类型国家对于民商法和经济法的理念也在呈接近和趋同之势。我们虽然不必认为这是社会主义国家经济法律理念向人类社会主流思潮的回归,但应当承认这是两股相向运动,是一种趋同。西方资本主义国家也从社会主义国家学习借鉴了不少有益的经验,他们的理念也在经历着重大变化。最近英国的布莱尔首相、德国的施罗德总理、法国的若斯潘总理和美国的克林顿总统等人都在倡导一种"第三道路"。也反映了这些西方国家人们思想理念变化新动向。⑥

三、经济法原则

法在规范人们行为、调整社会关系时,需要遵循一定的原则,此即

⑥ 布莱尔在美国《华盛顿邮报》(1998年9月27日)上撰文,提出"第三条道路是最好的道路"。他认为,"在经济方面,我们的立场既不是放任自流主义,也不是国家干预。政府的作用是促进宏观经济稳定;制定能够鼓励独立,而不是依赖别人的税收和福利政策;通过改善教育和基础设施使人们能够适应工作;促进企业发展"。香港《亚洲周刊》1998年10月5日一期文章,在评论德国与欧美"第三条道路"时指出:"第三条道路本来没有路,路是不满'左右二分法'新一代走出来的。"

法的调整原则，简称法的原则。法的原则是法的要素之一，但它不同于也为法的要素的法律规则。规则是具体的行为规范，规定各种具体的行为模式和法律后果；原则是某个领域、范围和类型诸多法律规则精神实质的概括和抽象，它提示人们行为的基本方向和基本模式，指导和协调各种具体的法律调整机制。简言之，法的原则是法在调整一定社会关系时在一定范围内普遍适用的基本准则。

经济法原则是经济法在其调整特定社会关系时在特定范围内所普遍适用的基本准则。经济法原则一般由宪法和有关经济法规范性文件明文加以规定，或体现在其他有关法律规范之中，或在司法实践中由判例加以昭示。法的原则具有法律规定性，法律未确认的，不能随意拿来作为法的原则。经济法原则是人们行为的一种基本准则。它虽然不像法律规则那么具体，而具有一定抽象性，但它能指示人们行为的基本方向和基本模式，有一定可操作性（指示性）。不是人们行为准则的，不能作为法的原则。例如，单纯的自然规律、社会规律和经济规律乃是自然界或社会（这里指整体性社会）的运动发展规则；思维逻辑、思考模式，是人们的思想规则。这些也不能直接将它们当作经济法原则和法的原则。法的原则具有稳定性特征，特别是法的基本原则，其稳定性更强。因为法的原则不同于法的具体规定，具体规定可能变动性较大。法的原则是法调整一定社会关系时所遵循的基本准则，社会关系的基本性质和基本特征是比较确定的，法的基本任务也是确定，所以其调整原则也是确定和稳定的。国家许多经济政策是根据当时具体情况制定的，时过境迁，政策就随之改变，因此也不能将这些政策（哪怕当时是比较重要的政策）作为经济法的原则看待。此外，法的原则还具有定限性，其适用有一定范围。不同类型的原则适用于各该类型范围内的所有行为，而不适用于其他类型范围的行为。例如，国家机关活动原则只适用于国家机关的各种活动；财政收支原则只适用于国家各种财政活动。不能把国家机关活动原则适用于企业活动，也不能把财政收支原则扩大适用于国家机关其他各种活动。

法的调整原则有各种不同的类型。按照法的体系来区分，有一般法的原则与宪法和其他部门法原则、法的基本原则与局部性原则;按照所适用的各历史类型、各不同国家、不同历史时期来区分,有普遍性原则(或一般原则)与特有原则;按照法律原则产生的来源和确立的依据,还可分为公理性原则与政策性原则;等等。本文所要重点研究的是世界各国普遍适用的经济法这一部门法的基本原则和公理性原则。

法的原则是怎样确立的?它既有客观依据,又受人们特别是立法者的主观因素制约。法的原则是通过立法程序(包括昭示某些法律原则的法官判例)最终确立的,自然不能不受制定法律的人们主观因素影响。但立法者也不是毫无客观依据而随意决定。实际上这是基于立法者对一定客观依据的理解和把握。如果他们对一定客观依据理解和把握全面、准确,则所制定的法律原则便正确、恰当;否则,法律中所规定的原则便会偏离该法律所应当贯彻的原则。

法的原则确立的客观依据,主要同法的价值特别是它的调整对象和功能相关;而在主观因素中,虽然涉及许多方面,但最重要的是人们的立法理念。

先说客观依据。我们已经知道,法具备固有的价值,价值的不断释放,即可实现法的价值总目标。价值是指某种特定的价值,法的价值是指该法能够调整何种特定的社会关系,并通过这种调整能够实现何种社会目标。前者即为法的调整对象;后者即为法的功能。其实,法的价值也可以说即为法的功能。只是严格地说,功能主要就质的方面而言,价值还包括量的方面。但法的价值与功能不必作此区分。因此,法的调整对象与法的功能都是法的价值的体现。可以说,法的原则确立的客观依据即在于该法的调整对象和功能的种类和性质。某种法有怎样的调整对象,该种调整对象有怎样的特点,便需要贯彻怎样的原则。"对症下药",才能奏效。法有何种功能,怎样更好地发挥其功能,才需要确立特定的原则。法的原则是为实现法的调整任务服务的。

上述情况,无论一般法原则、部门法原则或某部门法之中的局部性原则等,都莫不如此。例如,民法的调整对象是民间社会平等主体之间的财产关系和人身关系;民法的功能是规范公民和法人在平等的社会交往中的行为,保障他们的合法权益,维护民间社会秩序。民法这种性质的调整对象和这种功能决定其调整原则必定是平等、自愿、诚实信用、互利等价。行政法的调整对象是国家行政管理关系;行政法的功能是规范国家行政机关及其工作人员在行政管理活动中他们及他们的被管理者的行为,保障各有关主体的合法权益,维护国家行政管理秩序。这决定行政法的原则必定是命令与服从等。⑦ 刑法的调整对象是犯罪关系;刑法的功能是惩罚犯罪,保护公民、社会组织和国家的合法权益,维护"统治关系"⑧。这决定刑法的原则必须是罪与刑相适应⑨。

由于同一部门法有着同一的调整对象和功能,所以,同一部门法有着同一的调整原则。

由于同一部门法当中的不同种类(分支)法律规范在其各自的调整对象与功能的种类性质上有特殊性,所以,形成同一部门法之中的各局部性原则。由于人类社会各不同国家在不同历史时期或甚至分属不同历史类型,它们的法所调整的社会关系有基本共同点,法的基本功能有基本共同点,所以,法的原则也基本相同。由于这些法在所调整的社会关系性质和功能上,毕竟有所差别,再加上政治、经济制度上的差异,所以形成各国各历史时期法的特有原则。

再说主观因素。影响立法者对法律原则确立的主观因素很多,包括立法者各个人方面的各种主观素质涵养和国家整体立法机制等。其中人们的立法理念尤为关键。前面已经指出,理念是指人们对于某种理想目标模式的憧憬和对于通过某种基本途径和方式实现该理想目标的信念。其中实现途径和方式主要是指借助于什么和怎么样去实现。法律理念中包含借助于怎样的法、怎样去实现法律理念目标。这就需

---

⑦ 在封建制及其以前的国家,行政命令的作出基本上是当权者个人决断,而服从者一般处于绝对服从地位。资本主义社会以后,行政命令的形成,在不同程度上实行民主决策,贯彻民主集中制原则。

⑧ 马克思、恩格斯在《德意志意识形态》一书中说:"犯罪——孤立的个人反对统治关系的斗争……"(《马克思恩格斯全集)》第3卷第379页)。

⑨ 资本主义社会以前,刑法原则受等级制度影响,那时实际上是在维护等级制度和等级特权前提下的"罪刑适应"。

要在立法时,在制定各种具体法律规则的同时或此前,确立统帅和指导各种具体规则的法律原则。法律原则是介于法律理念与法律规则之间的中介环节,是理念具体化为规则的桥梁。因此,立法者们有怎样的法律理念,就直接制约着他们对应确立怎样的法律原则的认识和判断。[10]

例如,在奴隶制和封建制专制国家时代,法律理念以维护专制国家政治统治为中心精神,经济领域(民商事性质)的立法理念也如此。所以,当时即使这些民商事性质立法的原则中,也处处显现对于个体权利、经济自由和平等、互利等的严格限制。近代资产阶级民商法理念,极端崇尚个体权利和自由,始有所有权绝对性、契约自由和神圣、过错责任等所谓民法三大原则的确立。19 世纪末以后,法律理念中的社会本位精神萌发成长,民商法随之社会化,民法三原则的内涵也因此变化。与此同时,人们还认识到,在民商法之外,还必须有经济法,由它侧重于从社会总体角度来规范社会经济生活,同民商法相配合以共同实现理想的社会经济生活目标模式;并按照这种理念来确立经济法的各种原则。

以上从客观依据和主观因素两方面对法律原则的确立所作的分析,是从实质和本源意义上说的。法的原则确立依据,有时还指其确立的立法上依据。经济法属于宪法之下的部门法,一般地说,部门法原则确立的立法依据在于该国宪法的规定。宪法对国家生活各个基本方面的原则性规定,往往构成各有关部门法基本原则的立法基础;各部门法基本原则,则是宪法有关方面原则性规定在部门法中的适用和体现。而某部门法的局部性原则确立的立法依据,则往往在该部门法的一些总的规定(部门法典的“总则”)中有所规定或体现。

根据前面对法律原则特征和确立的一般原理,下面来具体分析经济法基本原则——公理性和各国普遍适用的部门法原则的内涵和要求。

---

⑩ 理念也是人们对于事物价值的判断。立法者的理念除直接制约法律原则的确定外,它还影响人们对法的调整对象和固有功能的认识,这又间接影响他们对于法律原则的确认。

我们已经知道，经济法是适应生产社会化及其引起的社会经济调节机制和国家经济调节职能的需要而产生的，它调整国家经济调节中的社会关系，以维护和促进社会经济总体结构和运行的协调、稳定和发展。经济法价值的基本取向，是社会总体性的和经济性的秩序、效率、公平和正义。经济法理念是相信通过经济法价值释放，能够实现社会总体经济方面的那些价值目标即理念的理想目标。因此，人们在确立经济法原则时所必须思考的，是如何促使和确保经济法各种具体规则有利于社会总体性和经济性的价值和理念目标的实现，达到社会经济生活的理想目标模式。简言之，经济法原则必须侧重于经济性和社会总体性，即社会经济的总体方面。

价值和理念的目标包含秩序、效率、公平和正义等内容；因此经济法原则的确立需要顾及这些方面。我们也曾指出，在法的价值体系链中，法尤为关注的是效率与公平这两个环节，因此，经济法原则尤应抓住效率与公平这两个中心环节。

综合上述两个方面，因此可以认定：经济法原则应主要立足于社会经济总体效率与社会经济总体公平。经济效率亦为效益，经济法原则应当着重于维护社会经济总体效益，法贵在公平，在经济效益上也应公平。经济法原则应当体现经济效益公平，并且是在注重维护社会总体经济效益前提下的经济效益公平。这意味着要在注重维护社会经济总体效益的同时，兼顾社会各方效益。经济效益即为经济利益，效益是利益的源泉。因此，兼顾各方经济效益公平，实为兼顾各方经济利益公平。由此可见，经济法的基本原则最核心的内涵便是，注重维护社会经济总体效益，兼顾社会各方经济利益公平。这一经济法基本原则也可以更简要地表述为：社会总体经济效益优先，兼顾社会各方公平。

上述经济法基本原则有着十分丰富的内涵和要求：经济效益是指在再生产过程中社会经济资源的占用和消耗同所提供的劳动成果的比率。经济效益有个体或局部经济效益与社会总体经济效益之分。社会总体经济效益涉及社会经济资源的总体配置和开发利用，只有将其合理配置和合理开发利用，充分发挥各种社会经济资源的作用，才能提高社会经济效益。经济法应当保障国家对各种社会经济资源的合理配置和开发利用,这一要求应当贯彻在经济法的全部立法与实施之中。

为了合理配置各种社会经济资源,需要建立合理的宏观经济结构,调整各种宏观经济比例关系,使国民经济各部门、各行业、各地区等协调发展。宏观经济结构不合理、不协调,就会造成社会经济资源的闲置和浪费,社会经济总体效益便差。经济法应当保障国家对各种宏观经济结构的调节,促进国民经济结构的协调。

社会经济资源是有限的。对其开发利用应当根据国家和社会的实际需要以及人民生活水平不断提高的需要,并兼顾目前与长远利益,作好长远规划,控制其规模与速度,合理地进行。与此相适应,国民经济的增长应当是稳步的,不能过速、停滞和倒退,也不能大起大落,否则,会使有限的资源遭到破坏和浪费,并引起社会和人民生活的不稳定,社会总体经济效益便差。国家应当控制和调节国民经济各种总量变化,并将各种总量指标分解和落实到各部门、各地区以致各微观经济领域。经济法原则在这里也经常发挥着作用。

社会经济总体效益,虽然主要是指经济方面的问题,但不局限于经济领域。由于经济是其他社会生活的基础,所以还包括相关的其他社会效益问题。即就经济而言,它不仅有数量方面的要求,还有质量要求。例如经济增长必须注意对于环境的影响。不要把数量视若神明而忽视生活的质量。所以,经济法维护社会经济总体效益也要求关注与经济相关的其他社会效益。

经济效益带来经济利益。社会经济总体效益给国家、社会和全体人民带来经济利益;个体或局部经济效益则直接给各个体或国家、社会的某部分人民带来经济利益。一个社会是由众多的个体和局部组成,所以维护社会经济总体效益涉及全社会同其各个体和各局部的经济利益关系。社会公共利益同各个体利益和各局部利益从根本上说应是一致的,因为无个体和局部便无社会总体可言;但它们又常常是矛盾的,即个体和局部利益常常同社会公共利益发生冲突。这时需要国家予以协调,应当在维护或不妨害社会总体经济效益和利益的前提下,兼顾各个体和局部利益。因此,兼顾各方经济利益也是国家调节和管理社会经济的活动及经济法所应当贯彻的基本原则的重要要求和内容。

维护社会总体经济效益,同兼顾各方经济利益,虽然各有其具体要求,但二者是密切联系的。分则为二,合二为一。前者是后者的前提,没有前者,则各方利益如何兼顾便迷失了方向和标准;甚至使经济法原则等同于民商法原则,使经济法难以完成其保障国家调节经济的任务。但如果没有后者(利益兼顾),则各方经济活动积极性会受到伤害,社会经济总体效益也难以提高。它们二者必须有机结合起来,共同构成经济法基本原则的全部内容。

考察各国的经济法立法和实施,实际上都非常明确地体现和贯彻着维护社会经济总体效益、兼顾各方利益这一基本原则。例如,各国的竞争法,无论在其立法宗旨或各种具体规定中,都鲜明地体现着经济法上述基本原则。对于为什么要反对垄断,哪些垄断和限制竞争行为应在反对之列,哪些应当适用除外,哪些甚至应予以扶助或由国家参与垄断等,都是从维护社会经济总体效益这一原则精神出发的。《日本关于禁止私人垄断和确保公正交易的法律》第 1 条,规定该法的目的是通过禁止私人垄断、不当地限制交易和不公正的交易方法,以“繁荣事业活动,提高雇佣和国民收入的实际水平,以确保一般消费者的利益和促进国民经济民主、健康地发展”。它明文确立了注重社会总体经济效益和利益的立法宗旨。在各国的反垄断立法和实践中,在确定应予禁止的垄断和限制竞争行为标准时,需要仔细考察和权衡该种行为的各种利弊:如果对于某些个体和某些局部有利,而对社会总体亦无大的妨害,或者对社会或其某些局部带来的利益超出对社会总体利益的妨害,则一般不予禁止。各国都十分注意恰当把握其中的界限和“度”。这里体现着利益兼顾原则的要求。

又如各国由国家直接投资开办国有企业或参与其他经营活动,其目的和行为准则也是为了维护社会经济总体效益。国家从社会经济的总体和长远利益出发,对于那些关系国计民生和社会经济总体发展的部门、行业和领域，如果社会投资不足，国家便进行或扩大国家投资；投资规模、方向和重点也根据社会经济总体效益这一标准来确定；如果对社会经济总体效益无益或有所妨害，则缩小国家投资规模或投资结构，甚至如许多国家所做的那样进行“私有化”。国家直接参与投资经营，并控制某些重要部门是必要的，但国家投资经营和国家垄断不宜过多，不应妨害民间社会经济的发展。一般地说，国家不与民争利，对于赢利率较高的行业，国家应当放手让民间社会投资经营，国家依法对其征税。各国的国家投资和国有企业立法都应体现和贯彻社会经济总体效益和兼顾国家与民间投资者各方利益这一原则。

至于各国的国家计划、经济政策和各种经济调节手段的运用，国家各种宏观经济调控活动及对其中有关各方的权利义务关系的确定和处理，更都是从全国宏观角度统一加以考虑，都以是否有利于维护和促进社会经济总体效益为标准，在此前提下，兼顾各方经济利益。国家计划工作中的“统筹兼顾、综合平衡”，即是兼顾各方利益这一要求的体现。国家各项经济政策的制定和实施，要区别对待。人们常说，无区别便无政策。区别对待就是要兼顾各方利益。

经济法上述基本原则对现代各国都是适用的。因为各国尽管社会经济情况和法律方面有种种差异，但都需要国家调节，需要经济法；经济法作为国家经济调节之法，其调整对象基本性质在各国是基本一致的，功能是基本一致的，亦即其法律价值是基本一致的；人们对经济法基本理念的认知也是基本一致的。这就决定各国确立的经济法基本原则是大致相同的。社会经济总体效益优先，兼顾社会公平，是各国经济法普遍适用的基本原则。

但各国毕竟有不同的国情，特别是在社会制度和经济体制差别较大的国家，国家经济调节的范围和方式不尽相同，经济法的调整对象有所差异；人们对经济法的理念不尽相同，对经济法固有价值和功能认识不同，因而赋予经济法的任务也有所不同。因此在确立各该国经济法基本原则时，也会表现出一些差异。

以上我们所分析的经济法基本原则主要是指公理性原则。各国在确立经济法原则时往往还要规定一些“政策性原则”。政策性原则是根据各国一定时期某些重大政策，为实现该种政策目标所规定的基本准则。各国情况不同，政策不同，所以这些政策性原则也就不同。虽然作为法的原则，特别是部门法的基本原则，并不由一般性和易变性的具体政策决定，而通常只能根据那些重大的和较长时期推行的政策制定，但即使这些重大政策，在各国也是各不相同的。

上述两个方面原因，决定各国实际确立的该国经济法基本原则会存在差异。这些差异即为各国经济法基本原则的特色，形成各国的特有原则。各特有原则并不意味着该各国经济法基本原则可以背离上述“社会经济总体效益优先、兼顾社会公平”这一公理性原则；公理性原则是普遍性原则，是各国经济法基本原则的核心和灵魂，无论哪国都是必须贯彻的。各国经济法特有原则只是上述公理和普遍性原则与上述各经济法基本原则的特殊性二者的结合。这是特殊性与普遍性、个性与共性的关系。

经济法的原则除基本原则外，还有仅适用于某个或某些种类经济法规范的局部性原则。基本原则统帅局部性原则，局部性原则是基本原则在各局部性领域的体现。例如，前面提到的计划法的“综合平衡”原则、自然资源法的“综合利用”原则等，都体现着维护社会经济总体效益和兼顾各方经济利益这一经济法基本原则的精神。

经济法原则应为经济法所特有，它不适用于其他部门法；反之，其他部门法原则也不适用于经济法，不能将其他部门法原则作为经济法的原则。此外，也不能将其他一些根本不是法的原则、不具有法的原则基本特征的东西，如各种客观规律、某些国家制度和经济政策等，也作为经济法的原则。这就是经济法调整原则的特定性。

维护社会经济总体效益和兼顾各方经济利益作为经济法基本原则，同其他部门法的基本原则是不同的。民商法调整各自然人和法人这些“平等主体”之间的经济关系，其基本任务和立法主旨重在保障各个体的合法权益，其基本原则是自愿、公平、等价有偿、诚实信用等。民商法也讲求经济效益，但重在维护各个体的经济效益。民商法重在保护各个体的合法利益，强调个体间等价有偿，注意的是个体公平、形式公平，实际上往往并非社会公平和实质公平，并且民商法注重机会公平，而往往忽视分配公平和结果公平，这也并非实质公平。

行政法的基本原则是民主集中制和命令与服从。行政法也讲求效率和社会效益，但主要不是指经济效益。行政法也要求以国家和社会利益为重，要求个人服从组织、局部服从整体、地方服从中央，但这主要是出于国家行政管理活动的要求，不限于或者说主要不是经济利益和社会经济发展角度上的要求。行政法不以维护社会经济总体效益和兼顾各方经济利益为原则。反之，经济法也不以命令与服从为基本原则，虽然国家对社会经济的调节和管理也需要采取一些强制方式和手段，但更重要的是采取引导和促进方式或直接参与方式；并且在采取各种调节方式时，始终注重的是社会经济总体效益和兼顾各方经济利益。

国内一些学者未能将经济法原则同其他部门法的原则区别开来，在他们为经济法原则开出的长长的清单中，常常把其他部门法的一些原则，甚至根本不能作为法律原则的东西，也罗列进去。难怪有人曾戏谑地说："中国人的原则性强，所以原则就多，随手一拈就是一大把原则。"但是，原则过多、过滥，反而使人无所适从，不知道哪些才是真正要大力加以贯彻的原则。各种客观规律人们应当遵循，但规律既是客观的，其本身不能作为原则，原则是人们确立的某种行为的基本准则，是主观性的，遵循客观规律，或按客观规律办事，是人们行为和工作的准则，但它不仅仅在有关的立法与实施中加以贯彻，因此也不是法所特有的原则。有些国家制度、政策和工作方法等，是需要变革或随形势变化而变化的，法的基本原则却应当是稳定的，如果政策一变甚至中央领导人的某些提法一变，则法的原则跟着就变，那怎么能算是法的原则呢？至于国家的某些重大的或根本性的体制、制度或政策，是法的原则所要维护的对象，而不是法的原则本身。并且对它们的维护往往是各个部门法的任务，也不是哪一个部门法的任务，也不是某个部门法的特有原则。

综上所述，我们在认识经济法原则时，应当避免主观随意性。应当在准确把握法的原则基本特征的基础上，从深入分析经济法的基本任务及其所调整社会关系的性质和特点入手，明确经济法原则的特定内容和要求，使其在经济法的立法和实施中很好加以贯彻。

转变中的法律

——中国经济法的时代特征*

当代中国顺应国际社会发展演变的时代潮流，正发生多种深刻的社会变革，处于多种重大社会转变之中。这些主要包括：经济体制由计划经济向市场经济的转变；治国方略由人治向法治的转变；在国际关系上由封闭到对外开放，再到加入 WTO 和参与全球化进程；还有高科技（电子网络）时代到来引起的变化等。社会生活的变革影响着法律。法律及其观念遇到了挑战，产生了困惑。法律应当适应社会生活的变革，而不能令社会生活裹足不前，或削足适履，迁就于原有法律的逻辑框架。本文重点论述经济法——以经济法为例，说明法律同时代的关系即法律的时代特征。中国经济法有着十分鲜明的时代特征。它是处于上述各种社会转变之中的法律，在这些转变中产生和发展，而它本身也在不断转变之中。

---

* 本文原收录于漆多俊主编：《经济法论丛》（第 4 卷），中国方正出版社 2001 年版。

一、经济体制转轨与中国经济法的发展

中国经济法产生和发展的社会根源与西方国家有基本共同点，它们都是由于生产社会化和国家经济职能（国家调节）的出现和发达引起的。但其具体历史条件和道路则显著不同。中国经济法是在国家经济体制改革，即由计划经济向社会主义市场经济转轨中发展起来的；西方国家经济法则是在自由市场经济向社会市场经济转变中产生和发展的。两者发展进程乃是两条相向的运动轨迹。

西方国家原来实行自由市场经济。市场调节发达，它基本上为唯一调节机制。市场虽存在固有的缺陷，但由于当时历史条件，它们尚未充分显露。只是自19世纪末开始，由于生产社会化和垄断形成，市场缺陷引起严重后果，“市场失灵”。因此需要新的经济调节机制同原有市场调节机制相辅助和配合。国家调节机制和国家经济职能于是出现和发达起来。此即调节机制二元化。国家调节也有缺陷（“政府缺陷”），需要法律加以规制，也需要法律保障。作为规范和保障国家调节之法——经济法于是出现。

由于国家调节是为弥补市场缺陷才需要和产生的，所以国家调节方式和活动必然是针对市场存在的那些缺陷，采取相应措施。这又决定了经济法体系的基本构成。本作者过去曾经论述市场存在三缺陷（市场障碍、市场唯利性、市场的被动性和滞后性）；国家调节采取三方式（反垄断、反不正当竞争以排除市场障碍，国家直接投资的进入和退出，国家指导、促进或称宏观调控）；经济法体系有三构成（市场规制法，国家投资法，宏观调控法）。此即所谓经济法“三三理论”。[①]

中国原来实行高度集中的计划经济。国家对经济全面组织管理（或曰“统制”），否定和排斥市场机制的调节作用。社会经济结构和运

---

① 参见漆多俊：《经济法基础理论》（第3版），武汉大学出版社2000年版。

行全由国家计划安排或曰计划调节。国家组织管理经济的手段和方式主要靠执政党和政府的政策与行政指令,不重视运用法律,法律不发达。1978 年年底国家确定以经济建设为中心,并加强法制建设。此后,颁布了各种有关国家管理和调节经济的法律。有些法律具有经济法性质;但行政法色彩甚浓。

随着改革不断深入,市场因素逐渐发育,经济调节机制出现二元化,即除计划调节外,市场调节逐渐发挥作用。1992 年国家明确提出经济体制改革的目标是建立社会主义市场经济,要实现由计划经济向市场经济的转变。市场经济乃以市场机制为其基础性调节机制,国家对经济的管理不能过宽过死,应当转变国家经济职能的范围和行使方式。国家由对经济的全面统制逐步变为一种调节,即国家调节。

按国家调节的性质和作用,国家主要是创造条件让市场机制充分发挥调节功能,并弥补市场调节之不足;绝不是排斥和取代市场调节。国家调节的基本方式和基本活动,仍然基本如西方市场经济国家那样,主要采取规制市场竞争、国家投资进入或退出、宏观调控三种。只是一则由于中国还正处于经济体制转轨之中,市场经济尚未完全建立;二则中国要建立的市场经济的类型乃是社会主义市场经济,同其他国家的市场经济类型和特点有所不同。因此,中国的国家调节在范围、力度和作法上同别国有所差异。市场机制的基础性作用在逐步形成中,国家调节在一定时期内和在许多方面,仍发挥主导作用。这决定着当前中国经济法的特点。例如:

1. 在市场规制方面,同西方发达国家不同的是,中国原来市场不发达,国家还担负着培育市场的任务。中国经济生活中的垄断主要是国家垄断和国有企业的垄断,这主要是国家政策使然,是一种合法垄断。它必须通过国家主动改革才能改变。此外还严重存在各种行政性垄断,这也主要需要国家采取改革措施。这些决定了经济法中在市场规制法方面的特点。

2. 在国家投资方面,中国的国家投资和国有企业的比重,远远超过西方国家。国有企业改革和退出任务十分繁重。既要大力改变、改制、改组,又要考虑社会承受能力,如职工失业和社会保障问题。有些连续、严重亏损并且无挽救意义的企业,本可实行破产,但不仅要考虑前面所说的职工安置,还要考虑国有银行大量贷款不能回收而流失问题。如此等等,决定了国有企业改革和退出的难度,不能一蹴而就。中国经济法中关于国家投资和国有企业立法当前紧迫的任务,就是促进和保障国有企业改革及其安全退出,此外也需要进一步完善和健全新增国家投资的进入法律机制,以严格控制和把握新增投资的规模、方向和重点,有效发挥国家投资对经济结构和运行的调节作用。

3. 在宏观调控方面,国家在转变经济职能行使方式过程中,近些年来对宏观调控这种方式已十分重视,初步建立了宏观调控体系及其立法体系。实践中也取得较好成效。今后需要继续注意的,一是恰当把握宏观调控的范围和力度,始终让市场机制充分发挥基础性作用;二是继续改进宏观调控的方式。宏观调控不同于反垄断那种"干预"方式和国家投资那种"参与"方式,它主要是指导、促进和为社会经济主体的经济活动提供必要的基础设施和服务。要综合运用"计划——经济政策——调节手段"。计划主要是指导性的。财政、税收、金融、外汇、外贸等政策为实现计划服务。各项经济政策要协调、配套,形成互动。可以根据不同时期的经济形势,选择其中几项政策作为主导。要灵活运用各种经济杠杆和政策工具。我国的宏观调控立法体系还需要进一步健全,以保障国家依法调控。

经济法立法和实施主要集中在以上三个方面,要进一步改变过去经济法"大而全"的状况。由于市场机制逐步发达,应大力加强民商法。该由民商法调整的,经济法不予调整。另外,涉及一般行政管理的,由行政法调整,经济法调整方法也应尽量减少行政指令,淡化其行政法色彩。只有这样,经济法特有的体系和特点才会更加明确,经济法作为独立部门法的性质也便更加纯正。

中国的经济体制转轨尚需一定时日才能完成。经济法要适应这种转变,保障和促进改革,并在此进程中不断实现自身的完善。

二、治国方略转型对经济法的要求

中国过去很长一段时间不重视法律。20 世纪 70 年代末开始加强法制建设。20 世纪 90 年代末国家明确提出治国方略要逐步实现由人治向法治转变。这给包括经济法在内的立法和法律实施提出了更高的要求。经济法必须适应这种转变。

20 世纪 80 年代初期,人们对于社会主义法制的要求提出四句话:有法可依,有法必依,执法必严,违法必究。四句话的意思归纳起来不外乎两条,即一是有法(立法),二是要严格实施。从无法到有法,并要求依法办事,这无疑是个大进步。但仅如此就够了吗？按法治要求,它可能相去甚远。并且它本身即有不严谨之处:有法还要区分是怎样的法——良法,恶法？是治民、管民之法,还是维权(利)、控权(力)之法？法是否真正体现民众意志,符合广大民众利益,是否有利于维护和促进生产力发展和社会进步,即是否正义？法怎样才能、才应当严格实施？法的权威性,法同政策、同执政党和国家领导人的决议、指示的关系怎样？广大民众是否自觉自愿守法？立法者、执法者和民众的法意识怎样？等等。

经济法是现代国家必不可少的一个重要法律部门。社会经济需要国家调节,国家调节必须制定法律,必须依法调节。我国如今已经颁布了许多关于国家经济调节的法律法规,初步建立了基本适应市场经济的经济法体系框架。今后经济法的任务,一方面固然要继续完备体系;另一方面或尤其重要,是不断改善经济法的内涵,弘扬其固有的本质和精神,提取其应有价值,崇扬其权威,强化其效力;此外要大力提高广大民众(包括立法者、执法者、企业与公民)的法律意识。

好的法律应当尽可能充分体现民意,维护广大民众正当权益。经济法是关于国家调节经济之法,当然体现着国家意志。但国家调节是社会经济协调、稳定和发展的需要,是国家代表社会对经济生活所作出的干预、参与和倡导行为,国家意志应当充分代表和体现社会意志。现代国家的统治者(执政党和国家机关及其领导人)一般都承认,他们代表和体现着民意即社会意志。问题的要害是在实际上是否如此。即使实行直接选举或代议制,由于社会客观条件等多种原因,统治者意志同真正民意往往有很大出入。所以在立法及其实施过程中,始终存在怎样和是否充分体现民意的问题。有些统治者声称他们"当然"代表民意,一切为民,除此之外毫无私利。作为对统治集团及其内部成员的一种职业要求和所追求的理想目标,这是很有意义的;但如果将其视为现实的一切,则大失其真。民众也不会都轻信那一套。国家对经济的各种调节措施及各种经济法的立法和实施,都应当充分体现民意,代表和维护广大民众个体、集体和社会总体利益。实践中需要时刻警惕、防止和纠正违反民意的情形发生。经济法是一种以社会为本位的法律,立法者和执法者更容易自觉或不自觉地借口民众的个体、局部、眼前利益应服从集体、全局、长远利益,而不尊重或侵犯民众的正当权益。

中国过去一度奉行法律虚无主义。20 世纪 70 年代末开始重视法制,但又盛行"工具论"——视法律为一种统治工具,只是认为它是一种重要的不可缺少的工具而已。特别是经济法乃系国家调节、管理经济之法,人们更往往只看到其管理性的一面,视其为当然的"管理法"。在立法和实施中,往往片面强调管理主体的管理权利和被管理主体服从管理的义务,而忽视企业和民众的应有权利。即使在肯定企业等主体的经济权利的时候,也似乎这些权利乃国家和法律的一种慷慨和恩赐,而非为其所应有。针对这种情况,有些企业界人士、特别是一些私营业主常常谑称:法律就好像是专给他们规定的义务书。甚至抱怨说:多颁布一个法律,企业就多了一个"婆婆";也为那些滥用权力、搞腐败的人多辟一条路径。这些言辞也许偏激,但也提醒我们:良法多多益善,恶法有不如无。

"工具论"的要害是颠倒了国家政治关系的主次,歪曲了法律的本质。社会民众本来就应当拥有权利,公共权力乃为了维护广大民众正当权利而设置和存在。民众应是国家真正的主人,国家公共权力机关及其官员是为民众服务的,是民众的“公仆”。法律应是广大民众意志的体现,是为了确立和维护民众的权利而制定和实施的。在界定和维护民众权利的同时也就确定了民众的义务。另外,在界定民众权利的同时也就确定了国家公共机关的权利义务,确定了后者权力行使的范围和方式。他们不得擅自扩大和滥用自己的权力,以侵犯民众的权利,并将其攫为己有。因此,法律就其本质说应当是维护民众权利,控制国家公共机关权力不致扩张和滥用的一种社会公约,应是“维权(利)法”和“控权(力)法”。维权必须控权。这是同一事物的两个方面。现代国家介入社会经济生活实行国家调节是社会的需要,国家应当履行这种职能。但鉴于存在一种“政府缺陷”,所以必须对国家调节这种权力予以控制,以免借“调节”之名而肆意侵犯企业等经济主体的正当经济权利。

人类社会为什么需要法?乃因法具有重要价值。人们希望通过法价值的释放,以实现理想的社会境界(法理念)。② 不同的人有不同的价值观和价值取向。法律虚无主义者不承认或不重视法的价值,因而认为法律可有可无。法律工具论者则片面强调法的某些价值,以为其政治统治目的或私利服务。法有诸如秩序、效率、公平和正义等价值。经济法价值具有经济性和社会性特点。但需要防止片面强调经济法价值社会性一面,以此为借口滥用权力侵犯企业等经济主体权益。

经济法所维护的经济秩序乃是一种有序竞争。它首先承认各经济主体的充分经济自由和自主权,所需反对的只是那些限制竞争和不正当竞争行为。一般来说,工具论者往往十分重视法的“秩序”价值,但往往忽视民众的经济自由、自主,片面强调政府干预。他们所理解的“秩序”,或是为了稳定政治统治秩序,或为的是能够让他们在“秩序”幌子下滥用权力。这同经济法的“秩序”并非一回事。

经济法的“效率”虽然重在社会总体经济效率,但它首先承认和照

---

② 参见漆多俊:《经济法价值、理念与原则》,载漆多俊主编:《经济法论丛》(第2卷),中国方正出版社2000年版。

顾企业与个人的个体效率。只是在个体效率同社会总体效率发生冲突时，才进行协调，二者兼顾，防止其他众多个体和社会总体效率受损。如果借口维护社会总体效率而肆意损害个体正当效率，此同经济法效率价值也并不一致。

此外，经济法的公平、正义等也如此。应当防止借口“社会公平”“实质公平”，或者随意提出什么“正义”标准，来愚弄、吓唬民众，以行其不公平、不正义之举。由此可见，今后我国经济法的立法和实施需要对法的价值作出全面客观的判断，充分发挥其固有的各种价值，以实现经济法的目的和任务。

在法治社会，法应拥有崇高的权威。在法律虚无主义年代，法律自无权威可言。以后我国虽然重视了法制，但如果受“工具论”思想支配，则很难树立法律应有的权威。因为法律既然只是工具，就得听由使用者任意支配。要说权威，那只是工具使用者的权威。况且工具不会只有一种，还有其他工具。用何种工具，使用者可以随意选择。

法的权威问题在我国具体表现在法律同执政党和国家机关的政策、决议、领导人的指示、讲话等的效力层次上。20 世纪 80 年代初期，我国曾展开对“人大？法大？党大？”的热烈讨论。后来人们认识上有所明确，党和国家的重要文件，包括宪法也作出了规定：“一切国家机关和武装力量，各政党和各社会团体、各企业事业组织都必须遵守宪法和法律。一切违反宪法和法律的行为，必须予以追究。”“任何组织或者个人都不得有超越宪法和法律的特权。”（《宪法》第 5 条）“人民法院依照法律规定独立行使审判权，不受行政机关、社会团体和个人的干涉。”（《宪法》第 126 条）但现实生活同纸上的规定仍有反差。一些政府部门和党政负责人仍往往以种种借口置宪法和法律于不顾。行政执法和司法中不严格依法办事的现象也时有发生。广大民众原本法律意识不强，看到现实生活中上述种种情形，法在他们心目中便更无权威可言了。

实践表明，经济法由于自身的特殊性，其权威地位最容易受到挑战。国家调节经济必须根据不断变化的市场和经济状况有针对性地进行。所以国家调节措施和经济法的规定具有变动性。这决定了经济法立法特点之一是常常采取授权立法;在法的实施中需要给予行政执法和司法一定的自由裁量权。一些法观念本来不强的人,往往以此为借口,发布同经济法的规则、原则或法的目的、精神相抵触的行政法规、部门规章或地方性法规,或在执法、司法中随意解释法律,不严格依法办事。

依法治国,建设社会主义法治国家,还有一个重要方面,是提高广大民众的法律意识。这是实现法治的群众基础。广大民众法律意识增强,就会自觉遵守法律并同各种违法现象做斗争。经济法所规制的国家调节广泛地涉及各种企业、事业单位和个人。企业等主体应当认识自己本应拥有的经济权利。要敢于捍卫自己的经济自由和自主权,抵制来自各方面的侵害。对于国家机关的调节、管理行为应进行监督,制约权力的扩张和滥用。如果广大民众法律意识(其核心是权利意识)不能普遍提高,真正的法治(包括经济法治)社会是很难最终实现的。

三、加入 WTO 和全球化对经济法的影响

中国加入 WTO,将促进中国市场同国际接轨,参与全球化进程。当前从国际范围说,市场经济正在步入第三个发展阶段,即在经过自由市场经济、19 世纪末开始的社会市场经济以后,如今在 20 世纪与 21 世纪之交,又正在进入国际市场经济阶段。国际市场经济的调节机制是三元化,即除市场调节、各国的国家调节外,还需要并早已产生了国际调节。所谓国际调节,是指两个以上国家、区域性或全球性的组织机构,通过协商或以国际条约形式,或借助国际惯例,对国际市场经济的结构和运行实行调节,以维护和促进国际社会经济的协调、稳定和发展。例如,WTO 及其他如国际货币基金组织(IMF)、世界银行(WB)等国际机构对国际经济所采取的调节措施,即为国际调节。国际调节需要法律加以规范,这种法律就是国际经济法。它由各种双边、多边和

区域性、全球性条约构成。此外，国际市场经济的基础性调节机制是国际性市场调节。规范国际性市场调节的法律主要是国际民商法。现代各国的国家调节必须考虑国际因素，适应国际市场调节，接受必需的国际调节。各国的经济法必须同国际民商法和国际经济法的有关规定协调和接轨。

我国自20世纪70年代末实行对外开放以后，逐渐沟通了同国际市场的联系。加入WTO以后，中国经济将逐步全面融入国际市场。一方面，原来本国内的市场调节要同国际市场调节协调和接轨，国内民商法要同国际民商法协调和接轨。中国入世以后将加快我国市场经济发育进程，市场调节（它并同国际市场调节接轨）将愈加发达，国家调节的范围、程度和方式以及经济法的内容将进一步作出调整和改进。另一方面，我国的国家调节和经济法要同国际调节和国际经济法协调和接轨。按照经济法体系三个基本构成，我国经济法立法面临的任务主要包括：

1. 完备市场规制法。对于国际市场上竞争的规制，需要国际反垄断法和反不正当竞争法。如今国际性反不正当竞争立法（以《保护工业产权巴黎公约》为核心）已较为完备。其100多个成员国以该公约为依据颁布了各国的立法。中国于1985年加入巴黎公约，以后又先后加入《马德里协定》《伯尔尼公约》《世界版权公约》《保护录音制品公约》。1993年我国制定了《反不正当竞争法》。我国反不正当竞争立法尚需进一步完善，特别是在实施方面存在问题不少。人们（包括有些企业）法律观念不强，混同、诋毁和误导现象屡禁不止。加入WTO以后，需要加强立法和执法的力度。在反垄断法方面，我国现行立法只在《反不正当竞争法》中有几处关于反垄断的规定。由于反垄断法被誉为“市场经济的宪章”和“基石”，我国必须抓紧制定反垄断法。现在国际上已有了一些反垄断规定，如早在1948年的《国际贸易组织宪章》中就有了反垄断条款。1980年联合国大会通过了《关于控制限制性商业作法的多边协议的公平原则和规则》等。目前，国际上制定国际反垄断法的呼声甚高。我国制定的反垄断法必须考虑这些因素。

2. 在国家投资法方面，要进一步解放思想，加大国有企业改革力度并完善立法。国有企业如果比重过大、效益不好，不仅制约本国经济发展，妨害本国市场经济发育，而且同国际市场要求不相适应。另外，如果不加快改革进程，在加入 WTO 以后，这些企业将首先受到外国企业冲击，很难参与国际竞争。

3. 在宏观调控法方面，本国的各种调控措施和立法，需要考虑国际因素。加入 WTO 以后，本国在财政、税收、金融、外汇、外贸等方面，都要同 WTO 及其他国际机构的要求和标准相协调。例如，要降低关税，拆除市场壁垒，内外资实行国民待遇原则等。当前有许多原有立法需要抓紧清理、修改或重新制定。

国家调节和经济法立法与实施，本属于一国的国家主权范围。1974 年联合国通过了《各国经济权利义务宪章》，明确提出了“经济主权”概念。中国加入 WTO 和参与全球化进程以后，我们应当努力维护我国经济主权，保护本国正当经济权益。但也需明确当今世界各国主权既各自独立，又互相关联。任何一国主权的行使都不应妨害其他国家主权的正当行使，不能损害我们人类共同生活于其中的国际社会的共同和长远利益。它应当受到各国相互间的和国际性的一定制约。当然也应当警惕和反对另一种倾向，即借口全球化和“主权相对论”而不尊重他国主权，进行干涉侵犯，推行新霸权主义。③

四、高科技（电子网络）时代对法律的挑战和呼唤

我们正处于高科技迅猛发展的时代。当前电子网络正在全球迅速普及。市场和社会生活各方面变化节奏急剧加快。生活呼唤法律适应这种变化。法律往往是滞后的，并具有稳定性、规范性、明确性和可操

③ 参见漆多俊：《市场调节机制与法律的同步演变》，载漆多俊主编：《经济法论丛》（第 1 卷），中国方正出版社 1999 年版。

作性等特点。而今这些都遇到了挑战。许多传统法律观念需要改变。

经济法是关于国家调节社会经济之法。国家调节必须适应经常变化的市场和经济形势。回顾当年经济法在西方资本主义国家产生和发展的社会背景,本是科技发展推动了生产社会化,从而引起市场显著变化——调节机制二元化,自由市场经济向社会市场经济转变——为适应市场变化经济法才应运而生。自其出现至今一个世纪以来,它的立法和实施又在适应各国不断变化的情况而不断变化着。因此,经济法是在社会转变中产生的,其本身并在不断转变中。其他部门法如刑法、民法等,虽然也可以这么说,但经济法的这一特点最为明显。它是一种具有新时代特征的新型的法律部门。人们在认识和研究经济法时发现,在许多方面都需要更新观念。但现在的问题是人类社会发展到今天,科技更加突飞猛进,时代变化频率如此之快,使本来对社会变革具有较强适应性的经济法也遇到了挑战。这可从以下几个方面分析:

1. 经济法在立法体制上大量采用授权立法。国家最高立法机关除对那些重要的且稳定性强、条件较成熟的法律,依职权由自己制定外,还授权国家行政机关和地方国家机关,制定有关行政法规、地方性法规和部门规章,或授权它们对已批准发布的某些法律或法规,作出修改、补充,或发布实施细则或试行条例。早在1919年的德国《魏玛宪法》中就有这种明确授权。各国经济法立法体系中大量的都是这类行政法规。

国家在调节、管理经济过程中,除授权行政部门制定行政法规外,有时还授权一些社会组织(如证券、期货公司,行业协会,企业集团等)制定主要用于自律的某些规定。这时,它们实际上代行某些政府职能,体现着国家管理或经济调节意图。其中有许多属于经济法范畴。

在当前高科技迅速发展时代,国家调节经济和经济法立法中,上述两类“授权立法”都显得更为重要,更为常见。例如,电子商务、电子货币等引起许多新问题,国家的管理和调控方式必须改变。而电子网络技术本身仍在快速改进着,国家很难制定稳定的法律和作出具体规定。当前各国颁布一些有关这方面的法律,也只是就其基本问题作出原则性规定。此外,还需求助于授权立法颁布一些行政规章和由社团组织制定的自律性规则。

当前立法还有一种现象值得注意,即由于高科技迅速改变社会生活,必须及时制定相关领域的游戏规则,一些社团组织不待政府授权,即自行制定了相关规则。例如,据德国《经济周刊》报道:欧洲和美国的企业家同欧洲政治家们一起组成了欧洲网络协会,以便为因特网制定全球性规则。因特网分配域名和地址,国际公司对全球域名和电子信箱的编码管理问题作出规定。全世界的上网民众将都可以通过电子邮件参与上述因特网管理机构的理事会选举。这将是在没有国家参与的情况下由一个社会组织为全球因特网“立法的会议”。④ 可以预料,今后由民间社团组织经由国家授权或不经国家授权而制定有关自律性规则的情形,还会更多出现。这是今后立法(包括经济法立法)的一种不可忽视的趋势。

2. 由于前面谈过的那些原因,经济法在法律规范形式上,除了国家立法机关制定有关各方面的基本和综合性的法律以外,还存在更为大量的行政法规。后者在前者规定的基础上作出较为详细、具体的规定。它更具可操作性,但稳定性稍逊,可以根据社会生活变化而予以“废、改、立”。由于高科技发展,今后经济法的这一特点还会继续保持。这正是经济法立法的时代性、现代性的体现。常常听到法学界朋友们对经济法提出这样的疑虑和批评:经济法立法“不规范”或“不正规”。这种意见可以理解。因为确实经济法不如刑法、民法那样:后者往往有着内容全面、体系结构完整、系统,规则明确具体的法典;法典规定较稳定,不需过多修改。有些国家的民法典、刑法典颁布施行上百年而仍旧基本适用。在法典之外虽然也需颁布一些单行法律法规,但毕竟数量远不如经济法多,且条文也较为明确和稳定。究其原因,一方面,固然因为刑法、民法在历史上形成较早,基本法律制度较成熟;另一方面,它

④ 参见德国《经济周刊》2000 年 5 月 4 日。转引自《参考消息》2000 年 5 月 24 日,第 13 版。

们所调整的社会关系领域基本面变动较小。但当今科技的迅猛发展即使对于这些传统法律部门,也同样造成一定冲击,它们也必须相应变革。例如,电子商务、基因遗传工程等的发展,不也给民法、刑法提出了许多需要应对的新问题吗?实际上,高科技向法律提出的挑战和呼唤是全面的,涉及各个法律部门。只是对如经济法等一些部门法影响更甚而已。

传统法律观念和理论十分看重法律规则,甚至将其视为法律模式(要素)的全部。例如,法律实证主义或新分析法学派即如此,他们过分强调法律的逻辑结构和确定性。这特别是对于当今时代是尤其明显地具有局限性的。社会生活变化快,法律规则不可能周全和处处明确具体。在这种情况下,法律原则显得重要和不可缺少。此外,政策、法律目的和精神也应是法律模式中的重要因素。经济法和其他部门法的立法和实施,应当全面考虑这些因素。

3. 说说与高科技时代相关的法律实施问题。首先,由于现代国家调节经济的活动,主要靠国家行政机关(政府及其各部门)依法实施,并且行政机关拥有授权立法之权,所以,经济法的实施主管机关大量的为这些行政机关。许多纠纷和违法案件由行政机关或它设立的专门机构(如我国的行政处罚和复议机构)负责处理。对于有些案件(如反垄断)国家还专门设立特别机构,这种机构往往被赋予准司法权,兼具有行政机关与司法机关性质。此外,司法机关在法定管辖权范围内也是经济法实施主体。

其次,由于社会生活变革快,法律总难免滞后性,其规则不可能十分周全和明确的缘故,在法律实施中赋予行政执法者和司法者一定自由裁量权,就显得重要。在普通法系国家这本不成其为新问题。在成文法国家自由裁量实际上也难以避免。只是如今更加突出起来。自由裁量权如何运用得恰当?执(司)法者应当首先严格按法律规则办,在规则无具体规定时,应遵循有关法律原则——包括公理性原则和政策性原则,并应深刻把握法律目的和精神。当然要做到这一点,执(司)法人员的素质——(包括业务素质和品德)十分关键。这也说明,时代发展对执(司)法人员的要求也更高了。此外由于今后的案件大量涉及高科技领域,高科技人员和其他专业机构和人员在法律实施中的作用也大大增强。

最后要提及法律的强制性问题。传统法律观念和法学理论认为,法律要靠国家强制力保障实施。对于以往时代而言,这一点无疑是法律一个突出的特点。即使今日,法律中仍多为强行性(命令、禁止)规范,违反强行性规范的法律后果将导致法律制裁。但自古至今法律也还有不少任意性规范,规定人们"可以"为或不为某种行为。其法律后果并不导致制裁。特别需要注意的是,法律中往往还有一种区别于强行性或任意性的规范,它规定"鼓励""提倡"人们为或不为某种行为。我曾把这种法律规范称之为"提倡性规范"。人们违反提倡性规范,不会导致制裁,而遵守特别是"模范地、成绩显著地"遵守了它,却可以导致奖励。[⑤] 可见法律及其实施并非完全都是强制性的。现代国家制定的法律,其中任意性规范和提倡性规范越来越多,这是因为国家职能性质及其行使方式正在发生变化,国家对于社会生活直接干预正大大减少,指导性因素增多的缘故。此外,如前面所说,社团组织经由国家立法机关授权或不经授权而制定的自律性规则,今后将有所发展,而这些自律性规则的实施主要靠人们的自觉遵守,或靠道德、纪律约束,主要不是靠国家强制力。

行文至此,伏案而思。脑海中仿佛浮现一个新的法律形象,它已不同于人们早先熟知的那副法的旧面孔了:法律在社会化,这一进程的继续和加速,也许最终我们将会迎来一种社会化的"法律"——这大约就如马克思100多年前所谓"法的消亡"吧!

---

⑤ 本文作者于1991年发表《论经济法调整方法》(载《法律科学》1991年第5期)和《论奖励》(载《法律与社会》1991年第5期),提出了"提倡性规范"这一概念,并把奖励纳入法律规范结构体系之中。

接近司法

——经济法的诉讼问题*

一

经济法是国家调节经济之法。在国家经济调节中,国家(或其代表)作为一方主体,运用干预、参与、促导的方法调节经济,促进国民经济稳定、协调和发展。国家对经济的调节,是国家运用国家权力对社会资源进行再配置和再分配。社会资源和财富是有限的、稀缺的。国家重新配置资源和分配财富,会打破原有的配置和分配格局,这往往使一部分人获益,而使另一部分人受损。获益者为了最大限度地争取国家调节带来的利益,受损者为了最大限度地避免既得利益的损失,利益的争夺在所难免。国家经济调节需要广泛地运用国家权力,而"一切有权力的人都容易滥用权力,有权力的人们使用权力

---

* 本文原收录于漆多俊主编:《经济法论丛》(第7卷),中国方正出版社2003年版。本文署名作者为漆多俊、王新江。

一直到有界限的地方才休止。”[①]国家经济调节权的滥用，会损害到国家、社会和被管理者的利益，由此也必然引发纠纷。此外，不同经济管理主体之间的权力争夺、人们对经济法的不同认识和理解等，都可能导致纠纷。

为了避免使用“经济纠纷”“经济诉讼”可能引起的歧义，我们称国家经济调节中出现的法律纠纷为“经济法纠纷”，国家经济调节中出现的法律纠纷的司法解决为“经济法诉讼”。

按照不同的标准，对经济法纠纷可以做多种划分：

1. 按发生纠纷的主体划分，可以分为：(1)国家经济调节主体之间的纠纷，包括上下级调节管理主体之间的争议和平行调节管理主体之间的纠纷；(2)国家经济调节主体和被调节管理主体之间的纠纷；(3)被调节管理主体之间基于经济法上权利义务关系而产生的纠纷。

2. 按照纠纷发生的领域来划分，可以分为：(1)市场规制中的经济法纠纷，包括反垄断、反不正当竞争、消费者权益保护等方面的法律纠纷；(2)宏观调控中的经济法纠纷，包括国家计划、产业政策、经济调节手段的制定、采用和推行中的法律纠纷；(3)国家投资经营中的经济法纠纷，包括国有资产管理、国家投资、国有企业经营管理中的法律纠纷。

3. 按从立法到实施的环节划分，可以分为：基于经济法本身的争议和经济法在实施中发生的纠纷。

此外，经济法纠纷还可以按别的标准作出划分。

各类经济法纠纷有共同的特点，这使之与民事、行政或刑事案件明显不同：首先，各类经济法纠纷都发生在国家经济调节领域，它们因国家调节而引起，是在国家调节中的权利义务之争。它们不是在商品交换或其他一般民事交往中发生的纠纷，不同于民事纠纷；也不是在国家一般性行政管理过程中发生的，不同于行政案件；它们中大量的并不构成犯罪，有些案件构成犯罪，但只是在国家经济调节中的犯罪，因此经济法纠纷也不同于其他刑事案件。

---

① [法]孟德斯鸠：《论法的精神》(上)，张雁深译，商务印书馆1963年版，第154页。

其次,各类经济法纠纷的主体即当事人,多数情况下至少有一方为国家调节管理主体,并且多数情况下为行政机关。有些纠纷当事人双方都为民间社会的个人或组织,但第一,这些纠纷乃因国家调节而引起;第二,这些纠纷的双方当事人的经济实力、社会地位往往不对称。如在垄断、不正当竞争、消费者权益等方面的纠纷中,广大中小经营者、分散的个体消费者面对垄断公司、大企业,他们是弱者。为维护社会正义,法律对他们采取了必要保护措施,维护其正当权益。这同一般性民事纠纷也是不同的。

但另外,也应该承认,经济法纠纷同民事、行政、刑事案件确有许多相同和交叉的地方。例如,在反垄断中涉及民事赔偿,在反不正当竞争、消费者权益保护、产品质量与产品责任等纠纷中,当事人双方主要系民事主体身份;在国家投资经营过程中,国家投资主体和国有企业在同其他社会组织和个人发生法律关系时,通常也是作为民事主体;即使在国家宏观调控或其他领域的国家调节管理活动中,国家也常常采取指导、协商或签订合同(如政府采购合同,承包、租赁经营合同等)的方式,在这种情况下,这些调节管理活动引起的法律关系就其实质而言,属经济法性质,但采取了民事方式,因此国家一方具有民事主体性质,乃一种特殊民事主体,其间所发生的纠纷可以基本上作为民事纠纷看待。

经济法纠纷更多的同行政法案件重合或交叉。因为国家经济调节管理活动大量的乃由国家行政机关实施。行政机关在实施这些调节管理时,既是在执行经济法任务,同时又是在执行行政法任务。它们既是经济法主体,又是行政法主体。这就决定了许多经济法纠纷可以按照行政法实施机制(行政复议和行政诉讼)处理。

至于经济法中各种涉及犯罪的问题,按照我国和多数国家刑事立法的作法,统一由刑法加以规定,各种经济法中只作原则性规定,因此,它们适用刑法和刑事诉讼法。

总之,一方面我们既要承认经济法纠纷的特殊性,另一方面也要看到经济法纠纷同民事、行政、刑事案件的联系。不应过分强调前者而忽视后者,也不宜只看到后者而否认前者。

二

任何纠纷都必须有解决的方法和途径。解决纠纷的方法有四种:协商解决、仲裁解决、行政解决和司法解决。司法解决被认为是最后的解决纠纷的办法。对通过其他方式仍然不能解决的纠纷,当事人是否可以请求司法解决,即是否有“接近司法”之权,当代西方主要发达国家有两种不同的立法态度:②

1. 英美法系模式。英国、美国等普通法系国家授予非司法机构以裁判权,非司法机构的裁决可以是终局的,法院无权复审。这些国家历来是尊重司法机关的最终裁判权的,但 20 世纪以来,国家日益成为社会化国家,消极无为的国家变得积极起来,它大量地干预经济以实现社会的变革。面对社会化国家的全新使命,传统法院已不能适应新的挑战,法官数量少、形式主义及冗长的诉讼程序,无法迅速、高效率、经济地顺应新的社会和经济需求;传统法官不能适应和理解社会化国家的新的使命。在这种形势下,接近司法以及司法复审已经远非社会满意的纠纷解决方式,似乎也偏离了社会的基本价值,甚至阻碍了经济发展和社会进步。因此,有必要将一部分裁判职能从传统法院中分立出来,排除法院的复审。不过,有两点要特别指出:(1)排除法院的司法管辖有严格的限制条件,法院仍然是最主要的纠纷解决机关;(2)从法院转出的裁判职能是由准司法机构行使的,裁判中必须遵循最低限度的程序标准和公正之保障。

2. 日、意、德模式。日本、意大利、德国三个国家,基于历史上行政权力滥用的深刻教训,对压倒一切、独裁主义的行政机构极不信任,在

---

② 参见[意]莫诺·卡佩莱蒂等:《当事人基本程序保障权与未来的民事诉讼》,徐昕译,法律出版社 2000 年版,第 29 ~ 36 页。

各自的宪法中均规定了人们一般接近司法之权。《日本国宪法》规定:"任何人皆享有不可剥夺的去法院接受裁判的权利。"《意大利共和国宪法》规定:"任何人为保护其权利和合法利益,皆有权向法院提起诉讼。"《德国基本法》规定:"如权利遭受公共机构侵犯,任何人有权向法院提起诉讼。"很显然,在上述三个国家,接近司法是宪法权利,授予审判权给非司法机构属违宪行为,除非这些非司法机构的裁决受制于法院充分的复审。但由于商事仲裁排斥司法的国际普遍性,这三个国家也通过司法解释的形式承认:如果商事仲裁符合最低限度之公平标准、仲裁程序确保了最低限度的公正以及仲裁裁决由法院予以执行,那么,商事仲裁排斥司法不构成对接近司法权之侵犯,不违反宪法。另外,为了适应现代国家干预经济所出现的大量新型案件的需要,它们还学习法国建立行政法院和其他专门法院或专门法庭。

与前两种模式不同,苏联、东欧和中国等社会主义国家,没有建立完全独立的司法体制,司法机构的设置也基本上是类似行政机关的官僚体制。加上强调政府官员是"全心全意"为人民服务的"公仆",因此,不认为司法解决比行政解决更公正,宪法没有赋予人们一般接近司法之权。相反,许多法律规定了行政机关的终局裁决权。由此带来的结果是行政权的滥用和人民权利没有保障。苏联解体后的原各成员国、突变后的东欧,行政司法体制也发生了相应的变化。中国在20世纪末开始了改革开放,一方面,出于国际经济交往的需要,在纠纷解决方面寻求与国际接轨;另一方面,面对日趋严重的行政、司法腐败现象,意识到程序公正的重要。这反映到立法上,突出表现在两个方面:一是扩大了司法管辖的范围,如刚刚修订的《商标法》就取消了商标复审委员会的终审权,赋予法院对商标权属争议的裁判权;二是行政裁决的准司法化,如《行政处罚法》规定的听证程序。看来,在中国,司法解决纠纷正在逐步受到人们进一步的重视。

在纠纷的各种解决方式中,人们为什么更相信司法解决?为什么要赋予人们接近司法之权,使纠纷有最终能进入司法程序的机会?概括起来主要有以下理由:

一是“法官知法”。司法活动是一项专门化的活动,需要具有专门知识的人员才能胜任。法谚“法官知法”既是对法官法律知识水平的信任和肯定,也是对法官的基本要求。当今世界法治国家,无不对法官的任职资格作出要求。中国新近修订的《法官法》,也反映了对法官法律知识水平的要求。

二是审判独立。审判独立包含两层含义:审判机构的独立和裁判者的独立。司法的最高价值取向是公正,裁判机构和裁判者的超然地位是保障司法公正的基本前提。法院是天生的裁判者,法治国家无不给司法机构独立行使司法权力提供相应的制度保障。

三是程序保障。司法机关的司法活动遵循正当的程序(due procedure)。这种正当程序一方面保障裁判者能够公正地作出裁判,另一方面保障当事人的听讯权(right to be heard),[③]给当事人以得到公平对待的内心自信。

简言之,法院是“生产”正义的地方,人们之所以要将纠纷提交法院解决,是因为人们相信,司法解决方式更能够使纠纷得到公正的解决。接近司法的实质就是接近正义(access to justice)。但是,司法的以上三个方面的特征在今天已经不再为其所独有,仲裁、独立行政裁决等也基本具备这三个特征,这就是某些国家对某些纠纷排除司法管辖的原因。

经济法纠纷的解决方式,也无外乎协商、仲裁、行政和司法四种方式。不过,国家经济调节主体之间以及国家经济调节主体与被管理主体之间的纠纷不适宜仲裁解决,因为仲裁机构为民间组织,不能对国家机关行使裁判权。经济法纠纷应否接近司法,应区分不同情况:(1)经济调节主体主要是国家行政机关,根据“任何人不得为自己案件的法官”(*nemo judex in re sua*)的原则,行政机关不能自行解决与其发生的

③ 指司法机关或行政机关在裁决当事人的权利义务时,让当事人有机会为自己的权利辩护。[意]莫诺·卡佩莱蒂等:《当事人基本程序保障权与未来的民事诉讼》,徐昕译,法律出版社2000年版,第67页之“译者注1”。

纠纷;上级行政机关与下级行政机关的天然关系,也使其难逃“官官相护”的指责,难以给相对人公正裁判的信心。因此,国家经济调节主体与被管理主体之间的纠纷不宜由行政机关作终局裁决,应当能够接近司法,除非另行设立某种独立于经济调节主体的独立裁判机构。(2)被调节管理主体之间的纠纷,是平等主体之间的纠纷,按照各国民事诉讼法的规定,基本上能接近司法,但也需作出一些特别规定。(3)经济调节主体之间的纠纷,在有些国家是可以接近司法的,如“在美国,几乎没有什么政治问题不是或早或晚转变为司法问题的”。④ 在中国,是否应当允许接近司法,尚有待于进一步研究。

三

中国建立了刑事、民事和行政三大诉讼制度。国家经济调节中的犯罪行为,通过刑事诉讼的方式追究刑事责任;被调节管理主体之间的纠纷,通过民事诉讼的方式解决;被调节主体与作为国家经济调节主体的行政机关之间的纠纷,通过行政诉讼的方式解决。中国从 20 世纪 80 年代初起在各级法院内部设经济审判庭,2000 年 8 月,从最高人民法院始,各级法院实施撤销经济审判庭的机构改革方案。对于法院系统撤销经济审判庭建制,诉讼法学界表现了令人惊异的冷漠,一副“事不关己、高高挂起”的态势,而经济法学界却表现了充满忧患的关怀,几乎是异口同声地反对法院这种机构改革方案。⑤ 如今,经济审判庭已经撤销两年,对于这尘埃落定的旧事,本文无意再空发议论。但有两点是必须明确的:其一,无论经济审判庭存在与否,中国的经济法诉讼是一直存在的;其二,即使在经济审判庭存续期间,经济法诉讼案件也

④ Alexis De Tocqueville, *Democracy in America*, J. P. Mayer & M. Lerner ed, New York: Doubleday Anchor, 1966, p. 248. 转引自[美]史蒂文·苏本、玛格瑞特·伍:《美国民事诉讼真谛》,蔡彦敏、徐卉译,法律出版社 2002 年版,第 3 页。

⑤ 参见管斌:《第八届全国经济法理论研讨会综述》,载《法商研究》2001 年第 2 期。

不全由经济审判庭审理,而经济审判庭审理的也不全是或者说主要不是经济法诉讼案件。因此,以经济审判庭之被撤销来否认经济法的可诉性,进而否认经济法的存在,是不恰当的。

但中国远未解决经济法纠纷接近司法的问题。接近司法包含两个方面的含义:一是形式意义的接近司法,即当事人享有请求司法救济的权利;二是实质意义的接近司法,即司法能真正有效地实施对权利和利益的救济。

从形式意义的接近司法来看,主要包括下列内容:(1)国家经济调节主体之间的纠纷,迄今为止被排除在司法审查的范围之外。(2)国家经济调节主体与被调节主体之间的纠纷,有相当一部分难以接近司法,这一方面体现为我国行政诉讼的受案范围仅限于部分外部具体行政行为,受案范围以外的其他具体行政行为、内部行政行为、抽象行政行为均不纳入司法审查的范围;另一方面表现为国家经济调节主体与被调节主体之间的纠纷接近司法以存在具体行政行为为前提,是间接接近,而不是直接接近。(3)被调节主体之间的纠纷接近司法也受到一定的限制,这主要表现为一方当事人某些经济法上权利之享有以行政机关确认对方当事人行为违法为前提,当事人不得直接向法院起诉要求确认对方当事人行为违法并索赔。

从实质意义的接近司法来看,世界上在各类诉讼中普遍存在的接近司法的实质障碍,如贫穷者请不起律师、法律援助供给不足、诉讼成本过高、诉讼效率过低,等等。中国的经济法诉讼同样面对。除此以外,更有以下障碍:

第一,司法受到行政干扰。从法律规定来看,司法机关独立于行政机关,但由于并没有相应的制度保障,司法受到行政干扰在中国是司空见惯的事。经济法纠纷是国家经济调节中的纠纷,纠纷当事人往往有一方是行政机关,即便是被调节主体之间的纠纷也与行政机关有千丝万缕的联系。在司法受到行政干扰的情况下,司法的公正性受到了质疑,人们对司法的信赖大打了折扣。

第二,行政"恐怖"。较之行政干扰司法更严重的是,行政权力始终是悬在相对人头上的"达摩克利斯之剑",其带给相对人的恐惧足以抑制相对人的控诉愿望。《行政诉讼法》实施10余年来,法院受理的案件寥寥无几,远没有实现其预期的效果,原因就在于此。在调查中,笔者也曾有点"怒其不争"地质问遭受行政"强暴"的相对人:"你为什么不起诉?"得到的回答是:"告是一阵子,管是一辈子;即使告赢了'初一',也难逃'十五'的报复。"出于对行政"恐怖"的畏惧,被调节主体在与调节主体发生纠纷时,忍气吞声成了首选,所谓"忍得一时之气,免受百日之忧"。

第三,司法审查的局限。通过行政诉讼来解决的经济法纠纷,法院只能对具体行政行为的合法性进行审查,在行政机关自由裁量权的广阔空间内,法院无所作为。这样,相对人常常不得不采取不告状的"好态度"来换取行政机关的对其较有利或较小损害的自由裁量。

第四,公私利益交织的诉讼未得到法律的特别支持。经济法是社会化的产物,包含了对社会整体利益的关怀,经济法纠纷往往是私人利益与公共利益的交织与对抗。解决经济法纠纷的诉讼中,有很大一部分案件,当事人在维护自己利益的同时,也维护了社会公共利益。在有些案件中,维护的私人利益与维护的公共利益相比,已经显得微不足道。对于这种诉讼,当事人起诉与应诉在经济上往往并不合算,需要国家给予特别的鼓励措施(如惩罚性赔偿),而我国在这方面几乎为空白,因此,当事人参与诉讼的积极性很有限。

造成经济法纠纷难以接近司法的原因大致可以从以下三个方面去分析:

第一,思想观念方面。中华民族有"厌讼"的传统,这种观念虽然受到民主法治观念的强烈冲击,仍然顽固地存在于大多数中国人的头脑中。受这种观念的支配,人们很少想到利用司法来制约行政、救济权利。家国一体、国家与社会等同、行政首长是"父母官"、公务员是人民公仆等观念,都在某种程度上抑制人们的诉讼愿望。同样是基于这些观念,立法者也往往认为没有必要对为人民谋福祉的国家干预经济行为进行司法审查。

第二,体制方面。如前所述,中国的司法从来就未曾有过真正的独立,使司法解决纠纷的优越性未能凸显,人民感觉不到司法解决纠纷的好处,认识不到司法解决纠纷的必要性和重要性,此其一;其二,中国由计划经济向市场经济转型,是由国家发起和推进的改革,这种自上而下的改革客观上需要赋予政府强大的权力和受到较少的制约,司法的消极和保守显然与这种需要相吻合。

第三,理论方面。中国20年来的经济法学研究尽管红红火火、硕果累累,但毋庸讳言的是,我们忽视了经济法实施机制的研究,尤其是经济法诉讼问题的研究。面对大量出现的经济法纠纷,理论界未能给纠纷的解决以正确的理论指导。

四

为了解决经济法纠纷接近司法问题,近年来法学界进行了有益的探索。诉讼法学界虽然仍然囿于传统的三大诉讼,不承认有新的经济法诉讼类型,但也意识到了所谓“现代型诉讼”带给诉讼法的冲击。经济法学界对此问题更是殚精竭虑,提出了种种有价值的学说。

(一)综合经济诉讼说。许多经济法学者从“法的可诉性”⑥理论出发,指出经济法应当具有可诉性,因此应当有经济法诉讼。但对经济法诉讼的特有属性及与其他诉讼的区别鲜有研究,“未能脱出传统诉讼模式(尤其是民事诉讼模式)在观念和制度上给我们所设置的限定”。⑦ 其结果是对部分刑事、民事和行政诉讼案件贴上经济法诉讼的标签。

(二)独立经济诉讼说。“经济诉讼是经济法律关系主体对经济权利和经济义务发生法律上的争议,并将争议提交国家司法机关,国家司

---

⑥ 参见谢晖:《独立的司法和可诉的法》,载《法律科学》1999年第1期。

⑦ 顾培东:《经济诉讼的理论与实践》,四川人民出版社1988年版,第15页。

法机关在争议双方的参与下，根据经济法律法规，遵循经济诉讼程序（或经济特别程序），对争议事实进行审理并作出裁判时发生的诉讼活动和诉讼关系的总和。”“经济诉讼应把经济生活中涉及宏观调控与市场经济秩序、涉及市场主体行为规制和社会分配关系以及可持续发展等领域的各种经济纠纷和冲突作为自己的主要处理对象。”“在实践中应建立起独立的经济诉讼程序。”⑧

（三）经济公益诉讼说。“经济法是维护社会公共利益的法，违反经济法，侵害的是社会整体利益。因此，要使我国人民法院能够追究违反经济法、侵害社会利益行为的法律责任，就必须在我国建立公益诉讼制度，在诉讼制度上做出创新。只有建立为维护社会公益起诉的制度，法院才可以一体追究违反经济法行为的民事、经济和刑事责任。”⑨

（四）“大民事”诉讼说。“所谓‘大民事’，是对法的性质及其对社会关系的调整作大而化之的划分，凡是‘刑’或‘军’之外的法都是‘民’，其调整的社会关系都属于民事范畴，而不局限于‘私’的关系或‘私事’，政府的行为尤其是政府管理经济和参与、涉及经济的活动，都纳入民事范畴。”按照“大民事”的理论，经济法纠纷的解决应当纳入“大民事”诉讼的范围。“它们（指政府和公共团体）在从事经济管理或经济活动时，有何违法行为、依法应承担何种责任就承担何种责任：如果其经济行为或‘商’活动中包含着行政决定，或者通过行政决定来从事或涉及经济或‘商’行为的，就不能以‘行政’相对待，而应以调整相关经济关系的法所规定的责任或制裁形式补救之，譬如该停止侵害、排除妨碍就停止侵害、排除妨碍，该赔礼道歉就赔礼道歉，该赔偿就赔偿等。”“适应‘大民事’法治要求，我国还应建立‘官告官’的民诉制度和‘官告民’的公诉制度，以便通过正当合法及时的途径和方式，来处理

---

⑧ 孟庆瑜：《论中国经济法的诉讼保障机制——中国经济诉讼的反思与重构》，第九届全国经济法理论研讨会会议论文，厦门，2001 年 11 月。

⑨ 韩志红：《中国经济法实施机制的完善与创新》，第九届全国经济法理论研讨会会议论文，厦门，2001 年 11 月。

包含有行政及公共因素的经济纠纷。”⑩

在以上诸种学说中，“综合经济诉讼说”其实仅仅是一种朦胧的意识，并没有为经济法的诉讼问题作出实质性的贡献。

“独立经济诉讼说”体现了经济法学者对形而上的追求。但构建独立的经济法诉讼体系，当今世界并无成熟的先例可循，诉讼法学界不认同，现有的研究不能提供这种必要性的充分依据。相反，反驳这一学说的理由更充分：(1)国家干预经济的手段多种多样，因此产生的经济法纠纷虽然有共性，但差异更是明显，统一到一种诉讼形式有很大的困难，如将经济调节主体与被管理主体之间的纠纷和被管理主体相互之间的纠纷统一适用经济诉讼法，其实还不如让它们分别适用行政诉讼法和民事诉讼法。(2)许多经济法纠纷和其他纠纷并没有一目了然的界限，对经济法纠纷适用独立的经济诉讼法，必然会面对区分经济法诉讼与其他诉讼的问题，这在理论上尚且模糊，在实践中容易造成就更不用说了。(3)任何制度的变迁都是有成本的，西方发达国家的司法实践表明，对现行诉讼制度进行改良和修补就能适应解决经济法纠纷的需要，无须实行根本的制度变迁。

“经济公益诉讼说”把握住了经济法对社会整体利益的关怀这一核心，公益诉讼的推行，对于经济法纠纷接近司法意义重大。但是，对于允许无直接利害关系“任何组织和个人”对经济违法行为提起经济公益诉讼的主张，⑪我们难以赞同：第一，这种主张将会带来无数的恶意诉讼，对恶意诉讼的抑制，也不是主张者所开出的药方——从严审查立案和追究虚假告发者的法律责任——所能奏效的。⑫ 第二，法院承担对各类经济违法行为的查处义务，也非其所能担负之重。另外，经济法诉讼也不限于经济公益诉讼，维护私人的利益永远是诉讼最根本的

---

⑩ 史际春、孙虹：《论“大民事”》，第九届全国经济法理论研讨会会议论文，厦门，2001年11月。

⑪ 韩志红、阮大强：《新型诉讼——经济公益诉讼的理论与实践》，法律出版社1999年版，第30页。

⑫ 同上书，第215～218页。

动力。美国的实践表明:"公共规范得到执行的最佳方式是通过以私人提起民事案件的形式显现。"⑬经济法诉讼无疑应包括大量的私益诉讼。

按照英美法理念构筑的"'大民事'诉讼说",看似否定了经济法诉讼的存在,但却是对经济法纠纷接近司法提供的最彻底的制度设计。但是,此种制度是建立在普通法基础上的,这意味着要对我国现有的法律制度做彻底的反叛。这种反叛所需要的巨大成本姑且不论,其不必要和不可行也是不言自明的。第一,中国的诉讼模式是接近大陆法系模式,就大陆法与英美法的优劣,未曾有过定论。当年,韦伯认为,与资本主义市场经济要求相适应的法律运行理想模式以"形式理性"为特征⑭,讴歌法国民法典和德国民法典,贬低不成文法,对此,弗里德曼以"英国问题"为例予以了批驳:"理性和法治可以采用不同的形式。没有特定的法律推理模式、特定的法律制度或特定的概念体系可以被确定为我们所定义的法治所不可缺少的东西。"⑮当今世界,两大法系互相融和,借鉴英美法是必要的,照搬却未必可取。第二,特定社会的法律与其政治制度、历史文化等有着难以割裂的联系。"在一种法文化中培育起来的制度要顺利地移植到另一种法文化中去是非常困难的。"⑯美国学者史蒂文·苏本、玛格瑞特·伍在向中国读者介绍美国的民事诉讼制度时指出:"首先必须铭记的是那些使我们的经验无法适用于其他国家的美国的社会、制度、实体法和程序法中存在的独一无二的特征。"⑰"大民事"诉讼模式引入中国必然"水土不服",相信这一

⑬ [美]史蒂文·苏本、玛格瑞特·伍:《美国民事诉讼真谛》,蔡彦敏、徐卉译,法律出版社2002年版,第226页。

⑭ [德]马克斯·韦伯:《论经济与社会中的法律》,张乃根译,中国大百科全书出版社1998年版,第307页。

⑮ [美]弗里德曼:《法治、现代化与司法制度》,载宋冰编:《程序、正义与现代化》,中国政法大学出版社1998年版,第117页。

⑯ [意]莫诺·卡佩莱蒂编:《福利国家与接近正义》,刘俊祥等译,法律出版社2000年版,第6页。

⑰ [美]史蒂文·苏本、玛格瑞特·伍:《美国民事诉讼真谛》,蔡彦敏、徐卉译,法律出版社2002年版,第194页。

结论不会被指责为“武断”。

法学可以是价值性的，学者们可以做形而上的追求；但法律首先是务实的，必须体现对现实的关怀。对经济法纠纷司法解决的法律制度设计，必须扎根于中国的政治、法律和文化的土壤中。现阶段，寻求一种能为经济法学界、诉讼法学界和司法实务界共同接受的方案，且这种方案能基本解决经济法纠纷的接近司法问题，也许是最明智的选择。

按照我们的理解，经济法调整对象具有广泛性、调整方法具有综合性，经济法纠纷也因此呈现多样性，建造统一的经济法诉讼制度是不现实的。相反，对于违反经济法的犯罪行为，需要按刑事诉讼处理；对于行政机关与被调节管理主体之间的经济法争议一般也可以交由行政诉讼处理；对于被调节管理主体之间的纠纷一般适用民事诉讼的规定。当然，经济法毕竟有其特殊性，三大诉讼显然也不能解决所有的经济法纠纷，对于现有三大诉讼不能解决或者不能很好解决的经济法纠纷，则确实需要在检控和受理机构、诉讼程序等方面作出一些特别的规定，创设新的诉讼制度。[18] 具体来说，对经济法纠纷司法解决的方案应该是：

1. 将一切犯罪案件归于刑事诉讼，违反经济法的规定，情节达到了犯罪的程度，就同时触犯了刑法，这和违反民法、行政法的规定、情节达到了犯罪的程度一样，都应按照刑法和刑事诉讼法的规定追究刑事责任，不应再视为经济法诉讼的范围。

2. 对于按照现行民事诉讼、行政诉讼能够很好解决的经济法纠纷，仍然按照现有的法律规定解决，只要经济法上的权利受到侵害时能够得到充分的司法救济，当事人并不关心救济的程序是民事诉讼程序、行政诉讼程序还是经济法诉讼程序。

3. 对于现行民事诉讼、行政诉讼不能很好解决的经济法纠纷，创设或补充新的诉讼程序，如建立公益诉讼制度、“官告官”诉讼制度、“官告民”诉讼制度，等等。至于诉讼程序是叫特别民事诉讼程序、特别行

---

⑱ 参见漆多俊：《经济法基础理论》（第3版），武汉大学出版社2000年版，第404～406页。

政诉讼程序、经济法诉讼程序还是别的名称，都是次要的。这里的关键仍然是保障经济法上的权利得到有效的救济、纠纷得到及时、公正的解决[19]。当然，认识这些案件和诉讼程序的经济法性质也是很重要的，只有有了这种认识，在进行程序设计和纠纷处理时，才能以经济法的基本原则为指导，正确创建程序和处理案件。

4. 创设一些必要的专门法院或专门法庭，审理有关经济法案件，例如一些国家设立的专门审理反垄断案件的机构。根据对专门案件审理的需要，创设某些专门的诉讼程序。

---

⑲ 美国国会于1962年通过一部《反托拉斯民事程序法》，它所规定的乃是反垄断诉讼程序问题，即属于经济法的诉讼程序范畴。

中日经济法立法与理论研究之比较*

无论是立法还是理论研究，中日两国都是当今世界上经济法最为发达的国家，两国政府都把经济法作为一个独立的法律部门，两国高校都开设经济法学这门课程，都拥有一支人数众多的研究队伍。两国的经济法有很多相似之处，易于沟通与交流。对两国经济法立法及经济法学研究作一系统的比较，有利于两国经济法相互借鉴，共同发展，也有利于推动世界范围内的经济法立法实践与理论研究的发展。

一、背景分析

一个国家的立法和法学理论研究与该国的政治、经济、文化基础密切关联。中、日两国的经济法之所以呈现当前这样一种繁荣的局面，取决于两国独特的经济体制和政治体制及文化渊源。

首先，在经济体制上，尽管中国走的是社会主义道路，日本实行的是资本主义市场经济，但是两国的

---

* 本文原发表于《江苏行政学院学报》2004年第1期，作者署名为漆多俊、陈云良。

经济都经历了三个非常相似的阶段:统制经济时期、转轨时期、市场经济(或向市场经济体制过渡)阶段。1868 年日本明治维新走上资本主义路以后,至第二次世界大战,日本实行的基本上是统制经济,国家对经济实行全面的干预和管制,一定程度上还带有封建色彩。明治维新开始后,为了尽快发展资本主义经济,日本采取了大量保护、鼓励、促进措施,例如,废藩置县,建立中央集权的统一国家;"殖产兴业",创办或廉价"处理"国营企业;改革地税;确立近代土地所有制;进行教育改革,以大大提高"文明开化",等等。① 第二次世界大战期间,为了发动侵略战争,日本更是实行了战时统制经济,国家将市场完全置于自己的统制之下,对生产、流通、消费实行全面管制,整编企业体制,并最后直接掌管军需业。第二阶段,1947 年至 1952 年美军占领时期。"二战"以后,美军占领了日本,向其强行推行自由主义市场经济,打破了带有浓厚封建色彩的军国主义化的统制经济体制,采取了一系列经济改革措施:农地改革、解散财阀和劳动改革,实行经济非军事化,倡导完全的自由竞争的市场经济。这一时期,是日本从统制经济向自由市场经济转轨阶段,有人称为"理念上的竞争秩序导入期"。② 1952 年独立后至今,日本形成了完备的市场体系,成为世界最为发达的市场经济国家之一。

中国在 1978 年以前实行的是完全的计划经济体制,政府对市场的管制比日本的统制经济时期有过之而无不及。企业的人、财、物、产、供、销统统由政府按计划来安排,企业毫无自主权,仅仅是政府的附庸而已,没有半分市场色彩。1978 年,中国共产党第十一届三中全会以后,中国开始了市场取向的改革,计划经济体制开始向市场经济体制转轨,至 1992 年正式宣布要建立"社会主义市场经济体制"。到目前为止,社会主义市场经济体制基本框架已初步形成,中国已逐渐步入市场经济阶段。

---

① 参见[日]柴垣和夫:《三井和三菱——日本资本主义与财阀》。转引自孙执中主编:《日本垄断资本》,人民出版社 1985 年版,第 3 页。

② 参见[日]来生新:《政府与竞争秩序》,载日本《法律时报》(2001 年)第 73 卷第 8 号。

无论在统制经济时期，还是在市场经济阶段，中、日两国都或多或少强调政府对市场的调节作用。即便实行完全的市场体制，中、日两国政府都不放弃政府对市场的干预调节权，而是强调政府“有形的手”的积极作用，都是一种政府主导型的市场经济。这是中、日两国市场经济与西方国家的市场经济的重大区别。当然，中国政府对市场的干预调节权限比日本更充分、更全面。

其次，在政治体制方面，中、日两国都是中央集权型国家。但中国民主制度尚在建设中，民主化程度不如日本。

再次，在法治建设方面，日本在 1952 年以后，就基本步入法治社会，重视对个体权利的保护，民众的民主意识强。而中国目前还处在人治向法治转变的过程中，法律体系框架已初步建立，但法治意识、法律的实施等方面都还差强人意。

最后，中、日两国有着相同的文化背景，两国都深受儒教文化的浸润。两国的传统文化都强调国家利益、集体利益，等级观念、服从意识左右着人们的行为方式。不少中国人发现，儒家文化所倡导的传统礼仪、生活方式在日本被保护得更好。当然，日本是一个善于学习的民族，除了从中国引进了儒家思想，它比中国更早、更广泛、更成功地引进了西方的政治民主思想、法治意识和科学精神。

二、经济法立法比较

日本国内的经济法学者一般都将其经济法立法分为“二战”前与“二战”后两个阶段。但我们认为将日本经济法立法分为三个阶段，更能鲜明反映日本经济法的发展变化。

（一）“二战”时期日本的经济法立法

第一次世界大战时期，在日本充分发展起来的还是契约法、公司法等“私人自治”的法律制度，它们对战前日本垄断资本的形成和发展起了基础性的作用。经济法还处于萌芽时期，仅仅作为政策性的弥补手段来扶助和巩固垄断资本,允许政府扶持的某些企业拥有超越私法的特权。像1918年颁布的《军需工业动员法》,虽然是一部国家主义的经济动员法,但其实施范围和程度极其有限。第一次世界大战后,为了对付经济危机,国家开始对传统的"私人自治"领域实行更明显、更有力的干预,颁布了大量法律。

第二次世界大战爆发后,日本的经济法立法则以满足发动法西斯侵略战争为目的,具有经济危机对策和战时统制经济政策的双重性质。1938年,日本制定了《国家总动员法》,并以此为中心,制定了《企业整顿令》(1942)、《工商组合法》(1943)、《军需公司法》(1943)等。以《国家总动员法》为中心的战时经济法规定国家对生产、物资、价格、信用实行全面管制,用国家统制取代了"私人自治"。

"一战"至"二战"时期的日本经济法立法,基本是模仿德国的做法,是一种统制经济政策,为战争做准备,充分体现了国家主义精神。经济法不是反垄断,不是维持自由竞争秩序,而是鼓励、扶助乃至组织垄断,具有强烈的行政法、军事法的色彩。

(二)美军占领时期的经济法立法(1945~1952)

第二次世界大战日本战败后,接受波茨坦公告,美军占领了日本。美军为了消解日本经济中容易引发军国主义的各种元素,消除日本封建因素,进一步促进日本经济从属于美国经济的发展,推行以经济非军事化、经济和平化和经济民主化为基本原则的经济改革。在占领当局的主导下,1947年以美国1890年的《谢尔曼反托拉斯法》为蓝本,日本颁布了《关于禁止私人垄断及确保公平交易法》(以下简称《禁止垄断法》),这部法律以维护公正、自由的市场竞争为目的,是市场竞争机制最基本的法律保障。因而在日本称为"经济宪法"。为防止战前统制团体的复活,1948年又颁布了《事业者团体法》。1949年颁布了《中小企业等协同组合法》,排除大企业对中小企业的支配。

美军占领时期的经济法立法,是以限制垄断、促进自由竞争为目的,现代意义的经济法开始在日本出现。美军占领时期虽然很短,而且日本也是被迫进行市场化改革,但它却是日本现代经济法理念形成的转折点,是自由竞争秩序理念在日本播种生根的时期。

(三)1952 年以后至今

1952 年旧金山和约生效后,日本取得了独立。经济进入了高速成长期,垄断资本主义经济逐步发展和完善。这一阶段日本的经济法由逐步缓和对垄断的禁止,到限制垄断,再到促进垄断,再到禁止垄断,反反复复,呈波浪型发展。国家干预措施的松紧程度随着经济形势的变化及国际环境的变化而变化。这种波浪型的发展,具体表现在对《禁止垄断法》的修改上:通过在反垄断法体系内创设适用除外制度(至今约有 40 多项法律对类似卡特尔的行为作出了适用除外的规定)来促进垄断,发展规模经济,达到用政府强力推进经济发展的目的;通过强化性修改,来限制垄断,促进市场的自由竞争,维护市场繁荣。正如有的学者所说的那样,日本"通过对反垄断法的规制改革,规制法的变化和竞争法的适用实现两法间协动和竞合"。[③]

1952 年独立后不久,日本即制定了《禁止垄断法》的适用除外规定,缓和对垄断的禁止。1953 年通过修改《禁止垄断法》,废除了对积聚的规定。这时还废止了《事业者团体法》。在缓和对垄断的禁止的同时,采取了促进企业合理化措施,1952 年制定《企业合理化促进法》。

1955 年日本经济开始高速增长。加上当时的国际环境和日本纳入以美国为轴心的战后国际经济秩序,日本转入开放和自由化的经济体制。在对外经济中放宽了国家限制。在国内,提倡企业自主性。这个时期,国家制定了以基本法为主的国民经济各部门法规和企业法,对经济结构和组织体制进行规范。在日本经济高速成长期,政府十分重视运用经济计划从宏观上对经济进行调控,制订了一系列经济计划,颁布了许多计划法规。

规制缓和的讨论,滥觞于 20 世纪 70 年代。1976 年修改禁止垄断

---

③ [日]栗田诚:《日本规制改革以及反垄断法·竞争政策——规制法·规制政策与竞争法·竞争政策》,张军建译,中南大学 2002 年首届中日经济法国际研讨会论文。

法,同20世纪50年代初修改的意向相反,这次是加强了对垄断的限制。但在对外经济上,1979年修改的《外汇外贸管理法》则更趋向于自由。但规制缓和的真正启动是在20世纪90年代中期,各个领域都提出了打破现状的划时代方案。④

1993年颁布的《环境基本法》加强了政府的环境规制权。1995年颁布了新的《制造物责任法》,加强了对消费者的保护。1995年3月底,日本内阁通过了"规制缓和推进计划"。1999年、2000年日本对《禁止垄断法》又作了大幅度的修改,废止了大量限制竞争的规定,弱化了政府对市场的规制权,减少了经济法的主要执行机构——公正交易委员会的权限,进一步完善了民事救济制度。在金融业里,在所谓"日本式的金融自由化"的构想下,沿着自由、公平、全球三原则进行了彻底的体制改革。在各种公益产业领域进行不同程度的规制改革。⑤

经过三个阶段近百年的制度变迁,日本经济法以禁止垄断法为核心,围绕这一核心,在各个经济领域(行业)分别制定一部基本法,如《消费者保护基本法》《教育基本法》《信息技术基本法》等,再根据基本法进一步制定各种相关的单行法规,以此建立各部门经济法的法律体系。如以《消费者保护基本法》为核心而制订的条例、法规已达260余件,由此构成了世界上独一无二、最为庞大的日本经济法体系。⑥ 也正是这一结构严谨、相互协调、方法科学的体系,牢牢奠定了经济法在日本作为一个独立的法律部门的地位。

中国的经济法立法也大体可以为三个阶段:1978年中国共产党十一届三中全会以前,为经济法初创阶段;其后至20世纪90代初,进行经济体制改革,为经济法发展阶段;1992年决定实行市场经济体制以

---

④ [日]栗田诚:《日本反垄断法中的规制改革》,张军建译,中南大学2002年首届中日经济法国际研讨会论文。

⑤ 参见日本经济法学会编:《公益事业的规制改革与竞争政策》,日本经济法学会年报(第23号),日本·有斐阁2002年版。

⑥ 参见杨联华:《20世纪日本经济法的基本特点》,载何勤华主编:《20世纪外国经济法的前沿》,法律出版社2002年版,第157页。

来，经济法体系框架渐趋完备。

在初创阶段，除中华人民共和国成立初期曾一度颁布了一些经济法规外，如《土地改革法》《对外贸易管理暂行条例》《国民经济计划编制暂行办法》等，总的情况是法制未受足够重视，经济法的立法数量不多，性质同党政文件或行政法区别不大。到“文化大革命”时期，包括经济立法在内的整个法制完全废置停止。

在发展阶段，1978 年 12 月，中共中央召开十一届三中全会。会议确定全党、全国工作重点转移到以经济建设为中心的社会主义现代化建设上来，健全社会主义民主，加强社会主义法制。经济法立法进入新的发展阶段。1979 年以后中国经济法立法的发展具有以下特点：(1)数量急剧增多，覆盖面广；(2)立法紧紧围绕着经济体制改革和对外开放进行；(3)立法反映计划经济与市场调节相结合的经济体制；(4)国有企业改革是经济体制改革的中心环节，也是这一时期经济法的中心内容。在整个经济法立法中，关于国有企业的立法无论在数量还是重要性上，都占据十分突出的地位。

1992 年国家决定要实行社会主义市场经济。国家经济体制的重大转变必然引起中国经济法的重大变革。1993 年以后，国家围绕推进改革和建立社会主义市场经济法律体系框架颁布了大量法律、法规。其中许多同完善经济法立法体系相关，是一些基本性法律。到今天，我国与市场经济体制相适应的经济法立法体系的框架已基本形成。加入 WTO 以后，我国经济法又进入了一个高速发展时期。同日本进行规制改革一样，我国开始大规模修改经济法法律、法规，减少政府对市场的限制。

纵观中日两国经济法立法史，可以看出，中、日两国都十分重视经济法立法，强调政府对经济发展的主导作用，立法赋予了政府较多市场规制权限，“强政府”形象凸显于市场。这是由于相似的政治、经济、文化背景所决定的，两国的市场经济都是外生后发型，都有共同的专制主义的儒家文化渊源。日本也有学者认为，日本政府行政权力对私人自治领域的普遍介入，“不仅是由来于日本资本主义的后进性，而且也是由来于天皇性这一绝对主义统治结构”。[⑦]

但是，毕竟国情不同，尽管两国的经济法有很多相似之处，但是，二者之间的差异也是十分明显的：

1. 日本的经济法以禁止垄断法为核心，形成了机构严谨、有机联系的经济法体系。而中国的经济法并没有形成明显的核心，至今还没有制定反垄断法。行政垄断、国有企业垄断很明显，垄断案件得不到处理。由于中国是公有制经济，搞活国有企业一直是中国经济体制改革的核心。因此，中国的经济法立法的重心一直落在国有企业法上。但是，近年来市场化改革继续深入，经济法的核心正在发生变化。

2. 日本的经济法形成了科学、严密的法律体系，对经济发展发挥了实实在在的作用，这是社会公众有目共睹的。经济法无论在经济建设上，还是在法治建设上，都扮演着极其重要的角色。正因如此，经济法毫无争议地成为一个独立的法律部门。日本国内出版的各种“六法全书”中，经济法都是不可或缺的重要部分。经济法意识已深深扎根于社会公众的内心，官方也十分重视经济法立法。而在中国经济法并没有形成一个有严密内在联系的立法体系。既不存在基本的经济宪法，各经济部门也没有形成一个以基本法为中心的部门经济法体系。社会公众并不知晓经济法为何物，官方人员可能也没有几人能解释经济法是一个什么性质的法律部门，在起着什么作用，经济法的社会基础非常薄弱。官方并不十分重视经济法。相对于经济法理论研究十分繁荣的局面，经济法实践呈畸形发展。

3. 日本形成了典型的、代表性的经济法执法机关，而中国迄今还没有建立这种专门的经济法执法机构。1947 年颁布《禁止垄断法》后，日本就相应设立了它的执法机关——公正交易委员会，它是比照美国的联邦交易委员会(FTC)而设置的行政委员会。但它又不同于一般行政

⑦ [日]室井力主编:《日本现代行政法》，吴微译，中国政法大学出版社 1995 年版，第 510 页。

机关,其权限十分广泛,享有行政权、准司法权和准立法权。[⑧] 存在这样一个专门的不同于一般行政机关的代表性经济法机构,也是形成全社会普遍的经济法观念的重要原因。中国有众多经济法执法机关,如工商行政管理部门、中国人民银行、质量技术监督局、证券监督委员会、保险监督委员会及各经济行政管理部门,最近又成立了银行监督委员会。但它们都主要是国家行政机关,主要行使行政法功能。1999 年中国模仿日、美,在工商行政管理部门下面设置了公正交易委员局。但它的经济法性质、地位远不能与日本的公正交易委员会相比。工商行政管理部门本是一个综合的、全面的经济执法机构,它几乎对所有经济法律、法规拥有全部或部分执法权。并且它是依行政区划在中央、省、市、县全面设置的。而日本的公正交易委员会只负责反垄断法的实施,并不按照行政区划设立,而只在札幌、仙台、名古屋等 7 个城市设置了地方事务所,作为其派出机关。

4. 尽管中日两国的经济法法律、法规都赋予政府机关广泛的经济调节干预权,但是中国的政府部门享有的这种权力远大于、多于日本的政府部门,以致到了日本学者无法理解的地步。[⑨] 一方面,每部经济法法律、法规都赋予某一专门行政部门强有力的监督、检查权,但却很少对政府行使行政规制权所引起的损害责任作实质性的规定,政府的权力是一种几乎不受任何制约的免责权。国有企业改革史几乎就是一部反行政干预的历史。因此,中国的经济法立法比日本的立法要多一层任务——限制政府权限,而不仅仅是赋予政府干预经济的权力,而且这还是当前中国经济法的首要任务。这恐怕也正是中国经济法与行政法难解难分的一个原因。对这一问题的解决,是在 2001 年加入 WTO 组织后才开始,目前中国正在大规模修订有关经济法法律、法规,削减行政审批项目,减少或放弃政府对市场的某些规制权限。

---

⑧ [日]丹宗昭信、厚谷襄儿编:《现代经济法入门》,谢次昌译,群众出版社 1985 年版,第 152~153 页。

⑨ 参见[日]植木哲:《中日产品责任比较》,载《外国法译评》1995 年第 3 期。

三、经济法理论研究之比较

中国的经济法立法不如日本发达,但在理论研究上却毫不逊色于日本,某些方面甚至要胜于日本,处在世界经济法学研究的前列。中国的经济法学研究在短短的20年之内度过了模仿、引进阶段,逐步形成了独具特色、成熟的经济法理论体系。中国的经济法理论研究发展速度要超过世界上任何一国。

经济法概念流传到中国的时间较晚。20世纪70年代末,中国法学界开始进行经济法研究,并逐步形成自己的各种经济法概念。20世纪80年代,中国经济法学界形成了许多流派和理论观点,其中关于经济法概念,众说纷纭。20世纪80年代初,主要有纵横经济关系说、纵横统一说、综合说、经济—行政法说、学科经济法说、经济管理关系说和国家经济管理关系说等。中国经济法研究初期(特别是20世纪80年代)流行的许多经济法概念,都同苏联学者的观点十分接近或相似,许多都是原样照搬,如出一辙。例如,中国的"纵横说"或"纵横统一说",简直就是中国版的拉普捷夫观点。中国经济法研究前期之模仿苏联,同日本"二战"以前之仿效德国,情况是十分相似的。

1986年《民法通则》颁布以后,原来的纵横经济关系说和纵横统一说改变为密切联系说或管理协作说。国家经济体制改革继续深入,1992年下半年国家决定实行社会主义市场经济体制。搞市场经济,需要以市场调节作为社会经济结构和运行的基本调节机制。政府应减少对社会各经济主体的直接指令性干预。平等主体间经济关系将更加发达起来,需要民法加以调整。"密切联系说"等"大经济法"观点受到严重挑战,人们再次深深陷入困惑之中。自1993年起,许多人纷纷重新修正和更新原有的经济法观念,提出了各种新的主张。择其要者,有"经济调节关系说""经济协调关系说""需要干预经济关系说""经济管理与市场运行关系说"等。

经济调节关系说产生于20世纪80年代初，提出了与“大经济法”学说完全不同的观点，一开始就突出经济法的国家经济干预、调节和管理这一本质（后被人们称为“经济调节关系说”）。[⑩] 经济调节关系说合理地界定了经济法的调整范围，果断地抛弃当时附着于经济法上的硕大的尾巴——横向经济关系，富有预见性地把本属于民法、商法的内容毫不留情地剔除出去。[⑪] 它对于动摇“大经济法”观点在中国长达10余年的主导地位和推动我国经济法理论研究，发挥了不可忽视的作用。这一学说在20世纪80年代并不受重视，自90年代以来，逐步被人们接受。尤其是1992年市场经济体制目标确立以后，经济法开始恢复它的本来面目，其他经济法流派自觉不自觉地向其靠拢。1997年教育部进行专业调整，法学类本科只设一个法学专业，确定法学专业本科教学14门核心课程，商法和知识产权法从传统的经济法教学内容中独立出去了，这时经济调节关系说所建立的经济法体系的科学性、权威性就格外凸显出来了。1998年以后出版的各种教材几乎不约而同地采取调节说的基本观点及体系。2003年国务院机构改革单独设立国有资产管理委员会，再一次有力地证明经济调节关系说将国家投资经营法作为经济法的三大体系（其余两部分为：市场规制法、宏观调制法）之一的创见，是独具慧眼。

就中国国内的各种经济法概念及其发展演变而言，我们发现，它同国家经济体制改革的各个发展阶段密切相关。随着改革的不断深入，国家对于经济管理的范围、程度和方式逐步发生转变，由原来的国家管理过宽、过严、过死，到逐步放开、搞活，由完全的指令性计划管理到逐步缩小指令性指标，加强指导性，尽量运用各种经济杠杆和经济政策以实现国家对经济的宏观调控。与此相适应，人们对于经济法的概念的理解和其他理论观点也逐步缩小其范围，把非由国家直接干预和参与的经济活动领域，从经济法中让渡出去，归于民法范畴。关于这一点，

---

⑩ 参见漆多俊：《国民经济的法律调整》，河南人民出版社1986年版，第27～29页。

⑪ 参见漆多俊：《经济法基础理论》，武汉大学出版社2000年版，第4章。

从我国20世纪80年代初的“纵横说”或“纵横统一说”，到80年代后期的“密切联系说”或“管理协作说”，再到1993年以后人们对于原来观点的转变这一线索和过程，可以看得十分清楚。

日本的经济法学研究与其经济法立法阶段，随着经济发展同步发展。第一次世界大战后。德国的经济法学说很快传入日本。至第二次世界大战结束前，日本的经济法研究受德国学说影响很大，基本上是照搬德国的经济法概念。这种情况与两国当时实行的经济体制相近似有关。战前日本的对象说主要受基尔德·斯密特的对象说影响，并兼具机能说特点，认为经济法是独立的法律分支，而与公法、私法三分鼎立。日本的“否定说”否认经济法的独立存在，认为它只是分属于历来的公法、私法等法律领域的各种经济法令的汇集综合名称而已。此外，有的学者主张避免使用引起争论的“经济法”一词，而以“经济统制法”表示有关经济统制的实体法的汇集。

第二次世界大战以后，日本的经济体制发生重大变化。根据美国旨意制定了一系列经济民主化的法律，如财阀解散法、禁止垄断法等。以后日本的自由经济体制就是以此为起点建立起来的。这种情况必然对日本的经济法学说产生重要影响。这一时期日本的经济法学说，主要围绕国家统制经济和反垄断以揭示经济法中心概念。到今天，日本经济法学界几乎无一例外地认为经济法是以反垄断法为中心和基本内容，⑫有的学者编撰的经济法著作里，甚至就只有反垄断法的内容。⑬

综上所述，中日两国的经济法理论研究有以下特点：

1. 中国经济法学研究的发展速度很快，短短20年间即度过了模仿、引进阶段，已脱胎于苏、日、德模式，步入成长、发展阶段，形成了具有独创性的中国经济法学理论体系。而日本的经济法学研究差不多有近百年的历史了。在中国，经济法成为一个独立的法律部门，可以说是

---

⑫ 参见[日]根岸哲：《经济法》，日本·京都法律文化社2002年版。

⑬ 参见[日]松下满雄：《经济法概论》，日本·东京大学出版会。在过去也存在不以反垄断法为核心的经济法学说，有代表性的是：金泽说、今村说、官坂说。参见[日]丹宗晓信、伊从宽：《经济法总论》，日本·青林书院1999年版，第82~88页。

学者们努力奋斗的结果,而日本则主要得益于富有成效的立法实践。

2. 中国的经济法学研究争论十分激烈,流派纷呈,研究方法也花样百出,不仅本学科内部有很多不同观点,而且与民法、商法、行政法的争论也充满了火药味。但是,后来经济法学理论体系越来越成熟,共识越来越多,基本观点越来越统一。日本的经济法学科内也存在不同争论,但激烈程度远不如中国,只形成有限的几个学派。与其他部门法像民法,行政法、商法之间也没有很多的争论。其他部门法普遍承认经济法是一个独立的法律部门。

3. 中国的学者构建的经济法体系较日本学者的体系要更广阔一些。目前最有代表性的是漆多俊教授的三分法:认为经济法由市场规制法、国家投资经营法、宏观调控法三个部分构成;其他学者则更广一些,包含了部分商法和行政法内容。日本学者的体系则更狭窄一些,有些学者认为主要仅指反垄断法;其他学者则认为还应包括其他一些法律。但也有些学者则认为经济法体系可作以下几种划分:(1)一般经济法和特别经济法。一般经济法包括竞争维持法、公正交易法、消费者保护法、结构经济法等;特别经济法由公益事业关系、电气通信事业关系法、传播事业关系法、邮政事业关系法、运输事业关系法、中小企业关系法、农业关系法、对外经济法等组成。⑭ (2)对经济支配力的规制法和关于经济从属者的经济团体法。(3)直接的市场规制法和间接的市场规制法。

越来越多的中国学者认为宏观调控法应成为经济法体系的核心,有的学者甚至认为经济法就是宏观调控法,宏观调控法理论研究最为发达。而在日本,基本没有宏观调控法的提法,反垄断法已毫无争议地成为经济法的核心。

4. 经济法的调整范围在中国的趋势是从大变小,而现代日本经济法调整范围有由小变大的趋势,相互之间在靠拢。

---

⑭ 参见[日]丹宗晓信、伊从宽:《经济法总论》,日本·青林书院 1999 年版,第 410 ~ 579 页。

科学发展观：当代中国经济法良法观的核心*

一、经济法的实然法与应然法

法有实然法与应然法之分。实然法基本符合（趋近）应然法时就可称为良法。法学理论研究的任务，可以说主要就在于探求法的应然性，促进实然法尽量符合应然法的要求，使之成为良法，并得到实施。

经济法也有实然法与应然法之分。作为实然法，从美国《谢尔曼法》等反托拉斯法颁布算起，已有100多年历史。中国的经济法立法从20世纪70年代末改革开放算起，也有20多年历史。各国颁布的经济法各有许多特点，但也有基本共同点。因为同类事物总会有基本共性。共性寓于个性之中，个性是共性的表现形式。无论哪个国家的经济法，它们都是社会发展到一定阶段，出现生产社会化后的产物，都是国家担负新的经济社会职能，社会需要国家实行调节，而国家调节必须由相应法律予以规制

---

* 本文原发表于《法学评论》2006年第6期，作者署名为漆多俊、漆丹。

和保障，在这种情况下才产生的。经济法最本质的属性就在于它是关于国家调节之法。国家调节既是社会经济的一种调节机制（它弥补市场调节之不足，并同市场机制相配合），也是一种国家职能。通过国家调节，促进社会经济结构和运行协调、稳定和不断发展，维护社会公平。[①] 经济法的本质决定其价值和功能，它的价值、功能是其固有的，具有客观性。人们如果准确认识和把握经济法的性质、价值和功能，并在立法和实施中恰当地确定立法宗旨、价值取向和任务，则该制定法（实然法）就可以充分发挥实际效用；否则，如果对其性质、价值和功能把握不准，立法宗旨、价值取向和所赋予的任务定位偏差，则该制定法就不能充分有效地发挥应有效用，甚至起到相反的作用。后面这种情况下的制定法就不能算是良法。各国制定法发生偏离经济法的应然性情形是存在的。德、日等国家就曾一度把经济法视为一种“战争对策法”或“危机对策法”，甚至把它当作了实现法西斯主义和对外侵略扩张的工具。在中国，人们对于经济法也存在许多不正确认识。特别在经济法立法和经济法研究刚刚起步阶段，认识尤其混乱。至今也还存在各种误区。这不仅是个学术问题，也影响到立法和实施，使经济法的应有价值和功能不能充分发挥。

当前中国存在不少经济社会问题，已经引起党和国家高度重视。其实这正是经济法发挥重要作用的时候，可是人们对经济法认识的肤浅和误区却阻碍着这个部门法作用的发挥。例如，至今社会上还有许多人混淆经济法同民商法的关系，没能认识到经济法只同国家调节社会经济这种国家职能相关，而把经济法视为调整一般经济关系之法。许多人以为经济法只涉及经济领域忽视经济法对解决其他社会问题的功能。以为经济法的价值只注重经济效率，而忽视社会公平。以为经济法（其他法亦如此）只是一种“管理法”，是“统治阶级的工具”，而未足够认识法的维权性（维护广大民众权利）和控权性（控制国家权力的

---

① 参见漆多俊：《经济法基础理论》（第3版），武汉大学出版社2000年版，第13～33、79～87页。

滥用)。此外,还有更多的人未能认识经济法对于社会资源和权利进行必要调整和再分配这种功能,不懂得如何自觉运用经济法平抑各种社会差距,缓解矛盾,实现社会公平,如此等等。看来很有必要在继续加强经济法理论研究的基础上,让社会有关人士特别是同经济法立法与实施活动密切相关的人士,认真学习掌握经济法理论,明确经济法的性质和应然要求,促进实然法更加合理与完善,增强其良法性。

应然法问题属于自然法范畴。自然法其实是法学中的一种世界观问题,也是方法论问题。它提醒人们(特别是立法者)除了实然法之外,还存在合乎自然规律或者合乎一种最高理念的应然法。实然法只有符合(实际上是趋近而难以完全达到)应然法要求时,才算得上是良法。人们应当不断努力使应然法转化为实然法,从而使实然法成为良法。

良法、恶法的标准和界限也有相对性,不同时代、不同社会条件下有不同要求。因为法律(实在法)毕竟是调整现实社会各种具体关系的,社会关系是发展变化的,不可能存在永恒的良法标准。例如在中国,当前还正处于经济和社会转轨、转型过程中,经济法应当、也必然反映着这一时代特征和时代精神,要能解决现实社会存在的矛盾和问题,符合时代发展的要求。它本身也是处于转变中的法律。而到了我国社会转轨、转型完成以后,经济法的良法特点和要求肯定又会有所变化。在当前这个转变时期,就更加需要我们经常研究现有立法的应然性问题,研究立法如何把握好时代脉搏体现时代精神,与时俱进,使之不断完善。

二、科学发展观同当代中国经济法良法观的契合性

党的十六大以后,党中央提出了以人为本、全面、协调、可持续发展的科学发展观,作为党和国家在新世纪新阶段推动经济社会发展、推进社会主义现代化必须长期坚持的重大战略思想。科学发展观也应当成

为当前我国经济法立法和实施的基本指导思想和基本原则。科学发展观的内涵和基本要求，同当前中国经济法的应然要求是完全契合的，应是构成当前我国经济法良法观的核心内容。

科学发展观为什么应当成为当前经济法的基本指导思想，为什么同当前我国经济法良法观的基本要求相契合？这可以从以下几个主要方面作出说明：

首先，执政党和国家的经济社会发展战略思想，同作为国家经济和社会方面的重要职能行使的指导思想是契合的。它们都是国家的基本战略思想和总体指导思想。科学发展观是执政党和国家在当前时期推动经济社会发展，加快推进社会主义现代化的重大战略思想。而经济法所规范的国家调节是国家在经济和社会方面的重要职能，国家这种职能的行使必须确定基本的指导思想和基本原则。国家调节职能的基本指导思想和基本原则，同执政党和国家推动经济社会发展的战略思想，可以说基本上是一回事，二者不可能有本质性差别。党和国家关于推动经济社会发展的战略思想理应成为国家主持制定的经济法的基本指导思想。

其次，科学发展观的深刻内涵和基本要求具有合理性与科学性。党和国家的经济社会发展战略思想同经济法基本指导思想的契合性表明，只有前者确立得当，其内容是合理的、科学的，才能使后者也具有合理性和科学性，保障经济法能够成为良法。反之，如果前者确立不当，即不符合当时经济社会发展的实际情况和客观要求，把它作为经济法基本指导思想，就难以使经济法成为良法。可见问题的关键在于该战略思想的内涵和要求的合理性与科学性。

科学发展观是中央在我国改革和经济社会发展经过了20多年实践，在进入21世纪后的一个新的历史阶段提出的，它反映了人们对发展问题的新认识，反映了对当今世界经济政治文化发展的新情况和对我国当前经济社会形势的深刻把握，反映了我国经济社会发展进入关键时期的新要求，集中揭示了我国当前经济社会存在的矛盾和解决矛盾的基本方针。

中国20多年的改革和发展取得了巨大成就,也存在问题。改革和发展目前正在进入一个新阶段,面临着新的形势和新问题。例如,经济体制改革引发了社会利益关系的调整和重组,工业化和城市化伴随着社会结构的变迁,温饱问题解决、人均GDP超过1000美元后社会需求的升级和多样化,社会发展滞后于经济发展引起社会矛盾,城乡差距、地区差距和居民收入差距持续扩大,就业和社会保障压力沉重,资源环境问题突出,此外还有全球化和对外关系的应对问题等。[②] 这些问题表明中国经济社会发展正处于一个重要转折时期。正是在这样的背景下,中央提出了以人为本、全面、协调、可持续发展的发展观,要求统筹城乡发展、区域发展、经济与社会发展、人与自然和谐发展、国内与对外等各种关系。以便保障改革继续深化,推动我国经济社会的全面发展与进步。

科学发展观的合理性和科学性表明,将其作为经济法的基本指导思想,能够保障立法及其实施建立在合理、科学的基础上,保障经济法的良法性质。

最后,科学发展观的深刻内涵和基本要求,同经济法应有的价值、理念、功能具有一致性。这主要表现在:(1)经济法所规范的国家调节,是在市场调节基础上,针对市场的固有缺陷采取的调节,以更好地保障和促进整个社会经济结构和运行协调、稳定和发展,维护社会总体经济效率和社会公平。这是为全社会广大民众造福。同时,经济法所规范的国家调节也是在原来民商法确立的民众享有充分权利和自由的基础上,从社会公平、实质公平视角出发,对资源和权利作出的必要调整,其目的是更好地维护全体民众的权利。另外,经济法也是在对国家调节进行规制,国家调节应当严格依法调节,防止权力滥用。对国家调节权力的法律控制,也是为了更切实地维护普通民众的权利。而科学发展观要求坚持以人为本,实现人的全面发展,从人民群众的根本利益出发来谋发展、促发展,切实保障人民群众的经济、政治、文化权益。这

② 《访国务院发展研究中心主任王梦奎》,载《中国经济时报》2004年10月27日。

同前述经济法应有的价值、理念和功能是一致的。(2)经济法不仅关注经济问题,注重维护社会的总体经济效率,它同时也关注其他社会问题,注重维护社会公平。公平正义始终是法律的首要价值。经济法对经济问题的关注,不仅是为了经济效率,还因为经济是社会生活的基础,它同社会方方面面都密切相关,经济问题会引发各种社会不公平问题。所以经济法从其出现开始就十分关注社会公平。例如,美国19世纪末反托拉斯法颁布的背景,就主要在于因垄断导致社会不公平而激起民众的不满,要求国家进行干预。科学发展观要求全面发展,要以经济建设为中心,全面推进经济、政治、文化和社会建设,实现经济发展和社会全面进步,既重视经济效率,也重视社会公平。所以该二者也是一致的。(3)经济法规范的国家调节要维护和促进社会经济的产业、行业、地区等各种结构的协调,生产、流通、分配、消费、再生产各环节的协调,要求通过国家调节实现社会公平,还要求国家调节处理好涉外经济关系、同国际社会的经济关系等。科学发展观要求协调发展,统筹五种关系(城乡发展、区域发展、经济与社会发展、人与自然和谐发展、国内发展与对外开放)推进生产力和生产关系、经济基础和上层建筑相协调,推进经济、政治、文化、社会建设的各个环节、各个方面相协调。在这方面二者也是一致的。(4)经济法要求通过国家调节,使经济运行平稳、持续发展。这同科学发展观的可持续发展要求是一致的。二者都要求促进人与自然的和谐,实现经济发展同人口、资源、环境相协调。

本文前面论及经济法的应然价值和功能时,说明实然制定法如果能够符合或趋近应然法,则被认为具备良法的基本条件。科学发展观的内涵和基本要求既然同经济法的应然法基本要求相一致,故将它作为经济法立法和实施的基本指导思想,并切实加以贯彻,就可以保障制定法的良法品格。

把科学发展观视为经济法良法观的核心,这同一般良法理论也是一致的。古今中外法学家对什么是良法提出了各种标准,但大家几乎都认为良法应当充分体现和维护最广大民众的意志和权利,这是最基本的标准,是良法的核心内容。科学发展观的核心正是以人为本[③],从人民群众的根本利益出发,谋发展,促发展。可见这同良法理论也是完全契合的。良法有多个方面的要求,除了内容上的实质性标准外,还有形式、程序等方面要求,但以人为本维护民众权利是其中最基本、最核心的,是良法最重要的标志。

三、当前经济法贯彻落实科学发展观的几个重要问题

科学发展观既然是有关党和国家事业发展全局的重大战略思想,全国各行各业、各地区都应当认真贯彻落实。按照法治要求,科学发展观应当通过法律加以落实。各种法律的立法和实施都需要体现它的基本精神,特别是经济法任务更加重大。因为经济法是直接规范国家经济调节职能活动的,直接关系到经济和社会发展问题。正如前面论述的那样,科学发展观本来就应当成为经济法的指导思想和应然法的核心标准,其立法和实施不能不切实加以贯彻。经济法贯彻科学发展观,首先需要人们(特别是立法者和法律实施者)深刻认识到这一点,才能增强自觉性,在有关各种立法和实施的各环节、各方面体现科学发展观的精神和要求。

根据我国经济和社会实际情况及法律现状,当前尤其需要注意下列一些问题:

1. 进一步认识并在立法与实施中落实经济法的维权使命。要彻底抛弃“法律工具论”,改变将经济法(其他法律亦然)仅视为一种“管理法”即作为国家对民众的管理工具的传统观念。为了落实其维护民众权利的使命,经济法立法对国家调节的授权必须明确且严格地限定国

③ 科学发展观的第一要义是发展,核心是以人为本,基本要求是全面协调可持续发展。参见中共中央宣传部理论局组织编写:《科学发展观学习读本》,人民日报出版社 2008 年版,“编者的话”。

家调节的宗旨、范围、基本调节方式等，国家调节权力不能滥用。[④] 经济法所规范的国家调节应当充分尊重市场机制的基础性调节作用，不能越俎代庖。相应地，应当充分尊重民众在民商法上的正当权利和自由。经济法上的国家调节权不能随意侵犯民众的私权利。在必须对原有私权利作出调整时，必须严格规定适用条件、程序和必要的损失补偿。

以人为本的中心问题是维护民众权利。维权必须控权，即恰当和有效地控制国家公共权力。维权是良法和法治的核心与基础，而控权则是其中的关键。对于转型国家来说尤其如此。[⑤] 在经济法立法与实施中，要始终注意法律对国家调节权力行使的规制，国家调节权不能滥用。这也是贯彻科学发展观的重要问题。

2. 进一步认识经济法的立法宗旨和任务的综合性，处理好效率与公平的关系。诚然，经济法首先和主要是关于国家调节社会经济之法，国家调节的首位意义是调节社会经济的结构和运行，维护和促进其协调、稳定和持续发展。但绝不仅限于经济领域。它还要（主要通过对经济的调节）对其他各种社会问题进行调节和发生影响。这是一种综合性目标，也是科学发展观中“全面发展”的要求。需要指出的是，在我国许多人认为经济法仅是处理经济领域问题的法，这导致在立法和实施中只关注经济问题而忽视社会问题。

与此相关，人们对于经济法的价值，十分重视其效率，特别是经济效率；而对于公平特别是社会公平却有所忽视。在我国，人们曾经提出且至今仍盛行“效率优先，兼顾公平”的说法，经济法学界也把它作为经济法的价值观和法的基本原则看待。其实这个提法是值得商榷的。从法的价值说，法尚公平，任何时候公平正义都是法最重要的价值，在法的价值链中它应当处于最高阶位。而上述提法则使人觉得公平处于效率的次位。效率与公平应是一致的。无效率的公平是无意义的；而

---

④ 参见漆多俊：《经济法基础理论》，武汉大学出版社 2000 年版，其中论及国家调节一般限于“三方式”，经济法体系则为“三构成”。

⑤ 参见漆多俊：《控权：通向法治之路的关键》，载《经济社会体制比较》2006 年第 3 期。

缺乏公平的效率必将引起严重社会问题，并最终不可能有好的社会总体效率。何况所谓效率，本来也不应该仅指经济效率，仅指 GDP 增长，它应该包含社会效率的内容。例如，如果 GDP 增长伴随环境污染危害增长，这种增长就不是人们所需要的。片面追求经济效率，实践中往往引发许多社会问题，包括不公平问题。某些地区或部门领导人为了"政绩"或官场升迁，爱作表面文章，大抓那些显眼的所谓"效率"，如 GDP 指标、城市规划建设等。这不但有违科学发展观的全面发展要求，造成资源浪费，而且这也是一种滥用职权，假公之名为自己谋取名誉地位的不正之风的表现。

由于忽视全面发展，未摆正效率与公平的关系，引起的问题正逐年积压，有些问题如今已到了非常突出和严重的地步，引发了社会矛盾冲突。也正是在这种情况下，中央高度重视，在所提出的科学发展观中强调了要全面发展和协调发展，统筹各种关系。经济法应当切实加以贯彻。

3. 充分认识经济法对社会资源和权利的再分配功能，发挥它在统筹各种发展关系，维护社会公平中的重要作用。经济法和国家调节的出现本来就是为了对原有社会资源配置及民商法权利结构(民商法秩序)作出必要的调整和再分配。这是在继续坚持民众个体拥有充分自由和私权利的前提下，从社会和全体民众总体、根本和长远利益出发，也就是从社会效率和社会公平角度，经由国家调节，克服因生产社会化和社会文明进步而引起的市场调节和民商法秩序的不足，实现社会公平，推进社会和谐发展。我们在研究美国经济法产生和发展的历史时发现，20 世纪 30 年代罗斯福新政改革连同当时颁布的大量经济法，其基本宗旨和功能就在于对美国自独立宣言确立、已延续一百多年的自由放任传统和那时以来建立和适用的民商法权利秩序，作出果断的改革和调整。罗斯福新政也因此被称为是一次"权利革命"。[⑥] 早在 1755 年提

⑥ 当时罗斯福政府颁布了美国历史上的第二个《权利法案》，并先后颁布 70 多部法律。《权利法案》和其他法律的主旨是对权利进行各种形式的再分配，主要属于经济法范畴。参见[美]凯斯·R. 孙斯坦：《自由市场与社会正义》，金朝武等译，中国政法大学出版社 2002 年版，第 430 ~ 434 页。

出"经济法"概念的法国空想社会主义者摩莱里在其《自然法典》一书中,就把他所谓的经济法定性为"分配法"⑦,这些也从不同侧面说明经济法所具有的国家对社会资源和权利作出调整和再分配的性质。

认识到经济法的分配法性质,就应当很好地运用它的这种功能,发挥它在统筹各种发展关系,维护社会公平方面的积极作用。例如,科学发展观的"以人为本"就要求国家的发展成果惠及全体人民。而多年来,我国 GDP 的增长并没有使居民收入同步增长,而是过多地分配给了政府和企业特别是垄断企业。全国工资总额占 GDP 的比重仅为百分之十几,而在美国则一直占 50% 左右。我国奉行的工资理论还是 18 世纪盛行的"生存工资理论",而当代各国早已实行"分享工资理论"了。⑧ 当前中央正在全国范围内推行收入分配制度改革,经济法当然地要在其中发挥重要作用。

我国"三农"问题解决的核心,也是社会资源和权利的调整和再分配问题。几十年来由于多种原因,造成事实上的农民权利受到歧视,与其他社会人群处于不平等地位。现在国家对农民正确地实行"少取、多予、放活"的政策方针。经济法有关立法要予以落实。不仅在经济方面,还应当从更高的层面全面调整和改变农民的权利状况。

为了落实科学发展观关于使改革和发展成果惠及全体人民的要求,经济法需要调整经济增长成果在居民、企业与政府之间的分配关系;要通过反垄断法规制垄断企业的垄断行为,遏制其超额垄断利润,制裁其对中小经营者和广大消费者的损害行为;要通过改革预算、税制、财政转移支付等途径,防止贫富差距继续扩大,改善就业和再就业状况;加强公共福利事业,完善社会保障体系。国家应当适当增加投入,并要求企业和社会积极参与,履行应尽义务。国企改革中应当用一部分国有资产充实职工社保基金。

---

⑦ 该书原来系 1755 年 1 月在阿姆斯特丹出版,我国于 1959 年和 1982 年由商务印书馆出版了两种中文译本。

⑧ 《我国经济增长迅速,工资涨幅小,属低工资国度》,载搜狐新闻:http://news.sohu.com/20060724/n244419632.shtml,最后访问日期:2006 年 7 月 24 日。

社会上普遍认为迄今我国的医疗卫生体制改革、教育体制改革很不成功。看病难、上学难困扰着广大普通民众。对于民众的这些疾苦，国家义不容辞地应当予以高度重视和妥善解决。在国家财政增加投入的同时，还可以发动社会力量投资兴办民办医疗卫生事业和民办教育事业。国家制定有关准入条件和各种质量标准，加强必要监督。“两条腿走路”，缓解矛盾。这些也需要经济法作出相应规定。

四、结语

最近一段时间人们因我国物权法起草中的问题引起激烈争论。有些人对于物权法保护私权利不满，认为这保护了少数富人，会扩大贫富差距，助长社会不公平。甚至上纲为“走资本主义道路”“违宪”。撇开所谓意识形态问题不说，起码也可以说这些人对于什么是民法、民法的价值和应有使命是什么、民法同其他部门法（如经济法）在功能和任务上的分工是什么等常识性问题，没弄清楚。民法本来就是以个体权利为本位的，民事权利对所有自然人和法人应当一律平等，对国有财产、集体财产和个人财产只能提供“一体保护”。民法也不是全能的，不是所有各种社会问题民法都能解决，不然为什么还需要其他部门法呢？许多社会不公的问题的解决要依靠其他部门法。其中，正如本文前面论述的，经济法对此就担负着十分重要的任务。经济法就是一种权利再分配法。正是考虑到民法在解决社会公平和实质公平问题方面作用的局限性，才出现了经济法。经济法的功能就是对民法权利秩序由国家调节之手，从社会整体角度作出适当调整。但是，经济法对权利的再分配必须以民法权利秩序为基础，要在充分尊重个体民事权利的前提下，真正是为了社会总体利益（它也符合多数个体的长远和根本利益）而进行的调整。例如前面列举的当前我国社会存在的许多严重问题，民法往往力所不及；经济法却可以大有作为。

认清经济法的本质属性，了解经济法应有的价值和功能，自觉地将科学发展观的深刻内涵和基本要求作为当前我国经济法的指导思想，作为经济法良法观的核心内容，并以此改善我国的经济法立法与实施，经济法就能在现实生活中，在解决当前我国社会突出的社会问题，推动我国经济和社会发展的伟大实践中，发挥重要作用。我国经济法的自身建设也只有在实践中才能得到完善和发展，不断保持和增强它的良法性质。

经济法

——利益资源的再分配法*

党的十七大指出,社会和谐是中国特色社会主义的本质属性。而构建和谐社会必须处理好利益资源分配关系。利益分配不公平,和谐无从谈起。经济法在这方面有着十分重要的作用。

经济法是伴随生产社会化和现代国家经济职能出现而产生的,它是规范国家经济调节的法律。国家调节应当是在市场调节的基础上的一种调节机制,是对市场调节的一种再调节。

经济调节机制(包括市场调节和国家调节)调节社会经济的结构和运行。经济结构和运行所反映的是社会各种经济资源的占有、使用关系,说到底是有关人们的利益关系。各种调节机制实际上是在对人们的各种利益关系进行调节、调整,或者说是一种分配。

市场调节是基于价值规律和供求关系进行的利益分配,其价值取向是各具体生产过程中各个体间的效率和公平。国家调节是运用"国家之手"进行的社会利益关系的调整和分配,其价值取向偏重于社会总体性效率和社会公平。社会效率和社会公平

---

* 本文原发表于《法制日报》2007 年 12 月 16 日。

是以个体效率和公平为基础的;但两者也会有矛盾和冲突。国家调节所作的分配乃是在市场调节所作的分配基础上,为了社会公共利益即社会总体效率和社会公平而进行的分配。

如果把市场调节的分配称为初次分配,那么国家调节便是一种再分配。市场调节的分配和国家调节的再分配都需要法律加以规范。规范市场调节分配的法律主要是民商法;规范国家调节再分配的法律主要是经济法。

法律是调整社会关系的,不同的法律部门调整各自领域的特定社会关系。社会关系的本质其实就是人们的利益(包括物质利益和精神利益)关系。所以从这个意义上说,法律实际上就是一种利益资源分配书。宪法是一个国家所有各种利益资源的总分配书、总合同,各个部门法律是各特定领域内的利益资源分配书、分合同。其中经济领域的利益资源分配关系,主要由民商法和经济法等法律调整。民商法适应着市场调节的要求,是市场调节的法律保障,它调整社会利益资源的初次分配关系;经济法则调整国家调节所作的再分配关系,它是经济领域利益资源的再分配法。

有了民商法和市场调节的初次分配,为什么还需要经济法和国家调节的再分配呢?

所谓初次分配,乃属于经济领域内的分配,是指各具体生产过程各生产力要素和产品的占有、使用关系。在无外部因素干扰的情况下(特别是在市场经济条件下),它受价值规律和供求关系支配,即受市场调节。按照价值规律和市场调节的要求,各种生产力要素和产品在各个体(企业和个人等)之间的自由流动和分配,体现着效率和公平等价值取向。

在市场经济条件下,市场调节基本上能够让初次分配实现效率和公平。但是,由于市场机制也存在自身固有缺陷,在生产社会化时代,它往往不能保障社会效率和社会公平,在形式公平口号下往往掩盖实质不公平。例如,少数垄断集团对于市场和价格的操纵及其超额垄断利润的获取,对于广大中小经营者和消费者来说就是无效率和不公平的。而民商法关于个体权利本位的立法价值取向及其自由、平等的原则无法规制垄断。一些垄断同盟(如企业合并、价格托拉斯、瓜分市场协议等)正是利用了民法的契约自由等原则实施的。

这些情况表明,在生产社会化以后,市场机制的缺陷和民商法的局限性逐步显露,它们的调节和调整即它们所进行的利益资源分配,已经解决不了社会效率和社会公平问题,它们所崇尚的个体效率和公平往往损害社会利益,它们注重的形式公平常常导致实质不公平。正是在这种情况下,国家调节和经济法的出现以及它们进行再分配,才成为历史的必然。

国家调节和经济法所进行的调节和调整,即它们对利益资源所作的再分配,是在市场调节和民商法所作的初次分配基础上,为了克服后者的局限性,协调个体同社会之间利益关系,本着社会本位精神所进行的一种分配。其价值取向在于:既承认和充分维护个体正当效率和公平,又不至于因个体损害社会公众、公共和总体效率和公平,实现真正的和更高层次的社会公平正义。

国家调节和经济法的作用虽然十分重要,但它们应当正确恰当实行,否则不能收到预期效果,还可能把事情办坏。它们必须遵循如下基本原则:

第一,应当充分尊重和维护各个体(企业、个人)的经济权利和自由,维护各个体的经济效率和公平;国家调节和经济法不得随意侵害各个体正当的经济效率和他们间的公平。

第二,经济法所规范的国家调节只是在下列情况下才可以、也应当对有关个体的经济利益关系进行必要调整和再分配:某些个体经济效率妨害或可能妨害社会公众、公共和社会总体经济效率,个体间公平(形式公平)妨害或可能妨害社会公平和实质公平;并且,上述该种妨害和冲突单靠市场调节和民商法无法排除和解决,必须由国家调节和经济法作出再分配。

例如,在我国近些年人们普遍关心的国家征地拆迁中,如果切实贯彻上述原则,那么就要充分尊重民间土地和房屋的原所有权,不能随意要求改变其所有权;同时,只有当国家和社会公共利益真实需要,而别无其他途径解决时,才可以依照法定程序改变该原来所有权,由国家征地拆迁,并给予合理补偿。改变原来所有权关系必须理由正当,不能为了“国家和社会公共利益”以外的其他目的(如单纯商业目的);不能打着“国家和社会公共利益”的幌子。既然是所有权的改变(这是对原来法律关系即民法上的权利安排的一种调整,亦即“权利再分配”),就必须履行法定程序,并给予合理补偿,而不能简单粗暴行事。如果认真贯彻上述原则要求,实践中就可以避免滥征土地,避免和减少纠纷,使征地拆迁符合正义和法治要求。

国家调节职能和经济法在现代经济社会生活中的重要作用,早已为世人所公认。如果说,经济学界在整个20世纪争论的焦点,可以归纳为在经济生活中政府与市场这两者作用的关系(国家调节同市场调节的关系)的话,那么,对于经济领域的法律而言,如何恰当发挥经济法的作用,处理好经济法同民商法的关系,处理好民商法上各个体的经济权利同经济法所着重护的社会公众、公共和整体利益之间的关系,便是整个20世纪和至今法学界和法律界的一个中心课题。

我国正在进行包括经济体制改革在内的社会改革,并努力构建和谐社会,经济法正是发挥重要作用的时候,它可以大有可为。

当前我国的收入分配制度尚存在许多严重不合理的地方,主要表现在:在国家公共权力部门同普通民众之间的分配关系上,国家财政收入增长同职工工资及其他民众收入与福利的增长在国家GDP增长中所占的比例问题;在国家财政经费支出安排上,用于日常行政经费开支同经济建设投资、公共服务支出的比重问题;各经济行业之间的收入分配差距,特别是许多垄断行业,如石油、煤炭、电力、电信等行业的垄断企业的高额垄断利润问题;普通居民之间贫富差距过于悬殊问题;城乡、工农差别问题;低收入家庭看病难、子女读书难的问题;等等。这些问题目前虽然已经引起党和国家以及社会的高度重视,但改革任务仍十分艰巨,有些改革可以说还尚未“破题”。解决这些问题需要多方面努力,但从法律角度来说,离不开经济法再分配功能的发挥。

当然,解决我国当前收入分配不公平的法律也不只是经济法一个部门法。虽然它是其中最为重要和主导性的法律,但也还需要其他有关法律部门配合。我们说经济法是一种再分配法,但我们并未将该判断句颠倒过来,说再分配法就只是经济法。因为在法的体系中还有其他法律也担负一定的再分配功能。例如,劳动法对于劳动者所提供的如最低工资和最高工时等特别保护,社会保障法对于贫困人口和弱势人群所提供的社会救济和社会保险等都在发挥再分配功能。不过,后面这些法律的再分配功能同经济法是密切联系的,它们所采取的措施往往同经济法的再分配结合起来统筹安排。

经济法功能的充分和有效发挥,有待于人们对它的认识和自觉应用。目前在我国许多人对于经济法究竟为何物,它的本质和功能是什么,缺乏认识,存在各种模糊观念。20 世纪 80 年代有人说经济法是"调整经济关系"的法,显然不合理;可是对于我国经济法学理论研究的一些正确的东西人们又缺乏了解(或许没有时间和机会了解)。不了解、不认识,就不能在实践中自觉地加以应用。

当前,我国经济法学界面临着十分重要的任务,就是在继续深入理论研究,不断完善经济法科学理论体系的同时,要向社会广泛宣传正确的理论,努力澄清社会上存在的对于经济法的各种模糊观念,尤其要让经济法理论密切联系实际,特别是我国当前在构建和谐社会、收入分配制度改革中的经济社会问题实际,使经济法在其中充分发挥积极作用。

时代潮流与模块互动

——"国家调节说"对经济法理论问题的破译*

经济法的产生,如果从1890年美国的《谢尔曼法》颁布开始算起,已经100多年了;如果从德国20世纪初掀起经济法的立法高潮和法学界研究经济法的热潮算起,也将近90年了,大致说就是百年吧。回顾经济法的百年历程,各国情况虽然各有不同,但有着基本共同点,其产生、发展有一般规律。经济法作为一种社会现象,它是人类社会发展到一定阶段的产物,有着鲜明的时代特征,体现着时代精神。它离不开人类社会发展的总潮流,是组成总潮流的一个部分。另外,如果单就经济法而言,它本身也可视为一个潮流,而由世界各国的经济法运动组成。各个国家的经济法是世界经济法总潮流中的一个部分,一支水流。各支系难免各具特色,但离不开总潮流和总趋向,并必然都具有基本的共同特性。在总潮流中,有些分支(水流)其流向同

---

* 本文源于作者先后于2006年3月21日在中南大学法学院、2006年6月10日在中国人民大学法学院、2006年11月在湖南师范大学法学院为经济法专业博士生、硕士生和部分本科生开展的讲座,作者将几次讲话录音稿内容综合写成本文。本文原收录于漆多俊主编:《经济法论丛》(第13卷),中国方正出版社2007年版。

整个潮流(特别是它的主流)更接近;有些则可能在某些阶段发生某种暂时的偏离,而最终又基本趋同,因而其总流向仍然基本一致。这正如长江、黄河,河道里的某些水流在某些地段尽管会发生分岔或回流,但不影响整个河道走向,并且它们以后总会汇合,共同流向东方,注入大海。

本文标题中的"时代潮流"是指在人类社会一定时代潮流背景下出现的世界各国经济法总潮流,它论述的是经济法的一般和普遍规律及其最本质的一些特征。"模块互动"则是指各国经济法由于特殊性而形成一些不同类型、模式或模块,这些模块按照经济法的普遍规律及其各国的特殊性运动着,并互相关联、影响,共同组成经济法总潮流。这个题目是想从宏观和总体上回顾一下经济法的情况,澄清一些理论观点。在此题目下准备先讲三个方面的问题:第一个问题讲经济法与时代潮流,简称为"时代论"或"潮流论"。第二个问题讲经济法的模块及其互动,简称为"模块论"。第三个问题讲经济法当前和今后的发展趋势,简称为"趋向论"。最后再就一些理论上的疑义和异议说说看法,简称"答疑篇"。

一、经济法与时代潮流(潮流论)

人类社会关系经历着从简单到逐渐复杂、丰富的演变历程。法律亦如此,由"诸法合体"而逐渐分化出许多部门。资本主义社会前期,调整财产和经济关系的法律主要是民(商)法,当时没有经济法。19世纪末20世纪初出现经济法。为什么又需要和出现了经济法呢?这同当时社会背景和时代特征直接相关。研究经济法必须研究经济法产生和发展的有关社会背景和社会根源,把握时代特征,才能深入、准确揭示其本质属性。

经济法出现以后,国内外学者们对它的认识颇不一致,直至今天仍有一些分歧,这也同人们对它产生的社会和时代特征、社会根源的分析和把握密切相关。例如,经济法出现初期,德国(和后来的日本)的一些学者把经济法同当时的战争和经济危机相联系,认为经济法只是一种战争或经济危机的对策法。在中国和以前实行社会主义的苏联、东欧国家,许多学者鉴于当时国家全面管制经济的现实,把经济法视为国家全面管制(管理)国民经济的工具。由于这些国家实行公有制和计划经济体制,民事、商事关系不发达,民法、商法基本缺位,社会经济关系几乎都离不开国家参与因素。这种情况反映到学者们头脑,使他们认为经济法几乎调整各种经济关系(而民法、商法则被认为可以废弃)。他们的这些观点虽然也同他们对当时的社会和时代的理解相关,但并未真正把握问题的实质,没看到社会和时代必然和正在发生的演变,因而对经济法的认识发生了偏差。

中国学者研究经济法起步于20世纪70年代末。其实当时国家已经决定实行经济体制改革和对外开放。体制改革就是要改变原来国家对经济管制过多、过死的局面,引入和发展市场因素,发挥市场机制对经济的调节作用。与此同时,要改变单一的所有制结构,发展民营经济。改革初期虽然对最终目标尚不够明确,暂时还是“摸着石头过河”,但逐步减少国家管制,发展市场因素的方向是确定无疑的。既然如此,则经济法的调整范围(起码从发展趋势来看)就不应当过大过宽,许多经济关系应由民商法调整,民商法必然要逐渐发达。学者们没能深入分析当时中国和苏联、东欧国家正在发生的改革发展趋势,把握当时真正的时代精神,而是静止地知道当时的“国情”实际;也没能把中国经济法同国际上其他国家的经济法联系起来,把中国经济法运动作为国际上经济法总潮流的一个组成部分,从而去分析其他国家当时经济法出现的社会背景和根源,找出各国经济法的共性和一般规律,并在此基础上分析中国经济法的特殊性,而是将二者割裂,孤立地研究中国的经济法。那时我国也曾派人到国外去考察,但人们认为欧洲国家和日本等西方国家的经济法不适合中国国情而不愿作深入研究,只对苏联、东欧国家感兴趣,采纳了拉普捷夫为代表的“纵横经济关系说”,

在此基础上形成了中国的“大经济法”理论观点。[①]

“大经济法”观点认为,经济法是调整几乎各种经济关系的法,既调整“纵向经济关系”(国家经济管理关系),又调整“横向经济关系”(企业等各平等主体之间经济关系),还调整“企业内部经济关系”。[②]它的不合理性本来是十分显然的,但由于种种原因,它还是成了整个20世纪80年代中国经济法学界占绝对优势和主导地位的“显学”。1986年我国《民法通则》颁布,它受到了第一次冲击。90年代初国家提出要建设社会主义市场经济以后,它受更大冲击,从此其主导地位发生了动摇。然而它所造成的影响不容低估,至今社会上仍存在的对经济法的许多模糊观点和偏见大都同它相关。

我一直不赞同“大经济法”观点。认为经济法既然作为一个独立法律部门,其出现和存在必然有它特殊的价值和功能,有独立的调整对象;如果它只是或主要是“抢占”别的部门法的地盘,把久已存在的民商法等部门法足以调整的社会关系纳入自己范围,则这种法存在的必要性就成了问题。20世纪80年代初期我写了一本《国民经济的法律调整》,[③]书中指出了“大经济法”观点的不合理性,并分析了其根源。

该书认为:社会经济关系存在两种类型:一种是“民间经济关系”;另一种则是“由于国家干预、管理经济活动而发生的,其一方主体是国家”的社会关系。[④]“民间经济关系主要是一种民间商品经济关系,适用民法来调整。”[⑤]经济法则只调整后一类关系。“在我国法学界有些同志把经济法的调整对象的范围看得太广,把一些应适用民法原则调

---

① 中国当时的经济法理论观点形形色色,有所谓经济法“诸说”。但当时影响最大的是所谓“纵横说”或“纵横统一说”,及稍后的“密切联系说”“管理协作说”之类“大经济法观点”。详见漆多俊:《国民经济的法律调整》,河南人民出版社1986年版,第25~30页;漆多俊:《经济法基础理论》(第3版),武汉大学出版社2000年版,第126~141页。

② 到了20世纪80年代末,上述“纵横说”或“纵横统一说”则变成了“密切联系说”或“管理协作说”。

③ 该书于1984年年底交付河南人民出版社,于1986年3月出版。

④ 参见漆多俊:《国民经济的法律调整》,河南人民出版社1986年版,第4~5页。

⑤ 漆多俊:《国民经济的法律调整》,河南人民出版社1986年版,第17页。

整的经济活动也当作经济法的调整对象,认为应当由国家参与或进行干预。"⑥

书中在分析"大经济法"观点产生的根源时指出:这"与他们对于社会主义国家应该实行怎样的经济体制的认识有关"。过去的体制束缚着人们的思想。虽然当时已经在进行改革,但是,"对于经济体制改革的重大意义和发展方向,也不是很快就会被所有人认识的。随着我国经济体制改革的继续深入进行,相信在这方面的看法会逐渐趋于一致的"。⑦

该书把经济法调整对象分析为以下几种情形:一是"国家不仅以权力主体资格,而且以所有者身份,对国有经济进行组织领导并参与管理经营而产生的经济关系";二是"国家以权力主体资格对国有经济以外其他一切所有制经济实行指导、干预而产生的经济关系"。在后种情况下,"它主要是依靠政策、法律对这些所有制经济进行指导和干预,用经济杠杆对它们进行调节"。⑧(请注意:这里已经提到了国家参与、干预、指导三种方式,并提出了"调节"概念。)

《国民经济的法律调整》一书中的经济法基本思想,在其后的论著中作了进一步发挥。1993 年出版了我的另一部专著《经济法基础理论》。⑨ 以这部专著及其 1996 年的修订版为代表,全面、系统地论述了我的经济法理论思想,建立了被称为"国家调节说"(或称"三三理论")的经济法学科理论体系。

"国家调节说"理论,首先考察各国,特别是欧美、日本等西方国家经济法产生和发展的一般规律,揭示经济法最本质的特征;再分析中国和苏联、东欧国家经济法的情况,论述其特殊性及它们对于普遍性的适用。在分析西方国家经济法出现的时代背景和社会根源的基础上,指

---

⑥ 漆多俊:《国民经济的法律调整》,河南人民出版社 1986 年版,第 16 页。

⑦ 同上书,第 20 页。

⑧ 同上书,第 7~8 页。

⑨ 参见漆多俊:《经济法基础理论》,武汉大学出版社 1993 年版。其后先后于 1996 年、2000 年出版了修订版及第 3 版。

出:19世纪末期由于主要资本主义国家相继完成产业革命引起了生产社会化。社会化引发许多经济问题和社会问题,原来的市场调节机制不足以有效调节,需要新的调节机制;国家调节作为一种新的调节机制和现代国家的一种新的职能便应运而生。国家调节也不是完美无缺的,它一方面需要法律予以规制,另一方面也需要法律保障。这种规制和保障国家调节的法律,不同于以往的民商法,也不同于行政法。它是一种新型的法,这种法便是经济法。

市场机制为什么后来会失灵呢?原来市场有缺陷——我分析市场有"三缺陷"。国家调节既然是为了弥补市场缺陷,所以它就需要分别采取"三方式"。国家调节的各种基本方式(调节活动)都需要有相关法律予以规制和保障,所以关于国家调节的法即经济法,其内容体系便有"三构成"。[10]

以上说的主要是西方国家经济法的一般情况,也是经济法的一般规律和普遍性特征。中国等体制转轨转型国家,其经济法出现的社会背景不同,起点不同,但随着改革和社会转型过程不断发展,这里的国家职能和经济法的演变方向正在和越来越朝着一般规律所指示的目标发展。它是从与西方国家不同的起点出发,沿着不同路径适用着经济法的普遍规律。

由于上述经济法理论最核心和关键的是国家调节,所以它被人们简称为"国家调节说"。又由于该理论贯穿着"市场三缺陷——国家调节三方式——经济法体系三构成"这一条主线,所以又被称为"三三理论"。

现在大家对这种理论的内容多已大致清楚,无须赘述。这里只想介绍一下理论形成的原因和思路。其中主要介绍的是怎样从社会背景和时代特征来考察经济法,揭示出它出现的历史必然性和本质属性,并构建理论体系的。

探本索源是理论研究的一个重要思路和方法。要认清经济法须考

---

⑩ 参见漆多俊:《经济法基础理论》(第3版),武汉大学出版社2000年版,第25~27页。

察它出现的社会背景和时代特征,探寻其社会根源。社会背景和根源包括经济、政治、法律、思想文化等多个方面,它们是互相关联的,其中经济尤其是基础性的。当西方资本主义社会发展到19世纪,经济和社会发生了什么变化,以至于必须国家出面介入经济和需要经济法了呢?

首先是经济情况。在考察人类社会生产和交换的发展演变、特别是自资产阶级革命后作为商品交换关系总和的市场发展演变之后,我总结出自那时以来至今市场已经历三阶段——自由竞争市场、社会化市场(出现垄断)和国际化市场。各阶段的经济调节机制相应地由市场调节一元化,到需要国家调节同市场调节相配合的二元化,再到国际市场调节机制的三元化——除了市场调节机制、各国的国家调节机制以外,还需要一种叫作“国际调节”的机制。[11]

其中,为什么到了19世纪末自由竞争市场演变为社会化市场、调节机制由一元化而转向二元化了呢?其根本原因在于当时各主要资本主义国家的产业革命相继完成,推动了生产社会化。生产社会化重要(但还不是唯一)的表现是企业大规模化和形成垄断。原来的自由竞争受到限制和妨碍,价值规律被扭曲,原来颇为有效的市场调节机制如今不能充分发挥对经济的调节作用,“市场失灵”了。

为什么会市场失灵呢?原来市场本来就存在一些缺陷。我总结市场有“三缺陷”:一是市场障碍。对于全国统一市场体系已经建立和较为完备、发达的国家来说,这里主要是指市场本身固有的障碍。例如,市场中总会存在一些限制竞争、不正当竞争和其他一些不公平交易行为,它们会在一定程度上扭曲价值规律,使市场机制不能进入其中发挥调节作用。二是市场由于具有唯利性(追逐利润最大化)。对于有些领域和地区,一般民间投资不愿进入,市场机制因而不能进入发挥调节作用。三是市场调节的被动性和滞后性。往往等到社会经济结构和运行问题严重并明显后,经营者才调整各自的投资规模和方向或采取其

---

⑪ 漆多俊:《市场、调节机制与法律的同步演变》,载漆多俊主编:《经济法论丛》(第1卷),中国方正出版社1999年版。

他补救措施,这造成资源浪费和其他社会损害。

市场上述缺陷在资本主义自由竞争阶段尚不明显,尚未造成严重后果。进入社会化阶段以后则变得十分严重了。第一,由于垄断出现使限制竞争变得严重起来,市场机制的作用遇到严重障碍。第二,科技进步和社会发展需要新产品、新技术开发投资和社会公共公益性投资增多,这些投资往往(特别是在开始阶段)投资回收周期长、利润薄甚至无利可图,民间资本一般不愿进入。这个矛盾变得尖锐起来。第三,在科技迅速发展的社会化的大市场中,变化迅猛,市场体系内部联系紧密,如马克思所说的社会化大生产要求有计划,而实际上却是无政府状态这种矛盾,使得市场调节机制作用的盲目性和滞后性缺陷更加显露,并造成诸如产品过剩或供应不足并存,甚至发生经济危机这样严重后果。事实上,从 19 世纪末开始,资本主义世界就不断出现周期性经济危机,1929 ~ 1933 年的世界性危机更把资本主义经济推到崩溃的边缘。

以上情况说明,到了 19 世纪末,原来在自由竞争市场能够有效发挥调节作用的那只“看不见的手”即市场机制,如今在社会化市场却再也不能照样有效地调节经济结构和运行了,这就是所谓“市场失灵”。这时的市场迫切需要有新的力量和机制来配合市场机制共同进行调节,国家调节便应运而生。

其次是社会和政治方面的情况。生产社会化和市场社会化,不仅使市场机制再也不能充分有效地调节社会经济结构和运行,产生严重的经济后果,而且社会不公平现象也越来越突出。社会财富越来越集中于少数人手中,贫富差别越来越悬殊。垄断并未消灭竞争反而使竞争更加激烈,许多中小企业在竞争中倒闭,失业人口增多,广大穷人缺乏基本生活保障和社会救助,每逢经济危机,普通民众生活更处于水深火热之中。这些情况影响社会安定,甚至导致政治动乱。

社会资源和财富分配的不公平及其引发的一系列问题,仅靠市场机制是无法解决的。例如,它无法解决财富集中和垄断问题;无法解决限制竞争、不正当竞争及其他损害消费者权益的行为问题(而这些对于其他经营者和广大消费者就是十分不公平的);它也无法解决公益事业、公共产品缺乏问题和社会福利社会救济问题。要解决这些社会不公平问题,需要对原有的社会资源和财富分配制度实行某种调整,对既存权利秩序作出改革(实则是财富和权利的一种再分配)。在存在强有力政府(这个政府本来是由全体纳税人供养的)的情况下,人们只好借助于国家政府,由它来担任这种调整和再分配的角色,作出某种社会调节。

国家调节主要是指一种经济调节机制,但它同时也是国家的一种职能活动——相对于过去,这是一种新的国家职能。过去,包括资本主义自由竞争阶段的国家,一般只有所谓对内、对外两种职能,那时的国家被称为政治国家;如今它却担负起一种经常性的重要的经济和社会调节职能。这是国家职能的演进和重要变化。

国家调节的出现主要是为了弥补市场调节的不足。鉴于市场调节机制有上文所说的三个方面的缺陷,所以国家调节便主要是有针对性地分别采取三种调节方式:一是国家直接干预市场,排除市场机制作用的障碍,以便让市场充分发挥调节作用。例如,国家出面反垄断、反不正当竞争,反对其他损害消费者行为。如果市场体系发育上存在问题,则国家还需培育市场。因为只有市场体系健全了,市场机制才好发挥作用。二是对于必需的社会公益、公共事业及其他同国计民生密切相关的行业或某些地区,在通过政策引导等方式仍不能促使民间资本进入的情况下,国家直接投资并参与某种形式的经营。三是运用计划、各项经济政策和各种政策工具,引导经济活动,从宏观上进行调控,以保障和促进社会经济结构和运行协调、稳定和持续发展。

国家调节乃是国家权力的运用。权力可以发挥好的作用,但如果滥用则会造成严重的负面后果。国家调节同样不是万能的,它有着许多局限性,并容易产生严重弊端。国内外许多学者称为“政府失灵”。因此,国家调节首先需要全体民众(通过宪法)授权,其次需要制定相关法律对其调节予以规制,明确规定国家调节的范围、事项、方式和程序,并明确其中各有关主体的法律责任。另外,国家调节也需要法律作保障。这种法律就是经济法。

在资本主义自由竞争阶段,社会经济由市场机制一元化调节,国家基本不介入干预。国家只是在民间传统的习惯和商业规则基础上制定较为完善的民事、商事法律,供社会各主体遵行;发生纠纷时也是在尽量依靠民间协商、仲裁等解决办法的基础上,由国家设立的司法机关加以解决。当时民法贯彻契约自由、所有权绝对和过错责任等原则,承认个体公平,机会均等,自由竞争。这就是以法国民法典为代表的民商法秩序。这种法律秩序当时被认为是颇为公平正义的。但是到了19世纪末随着社会化,这种民商法秩序便逐渐显现出许多不合时宜的局限性。它不能解决由社会化引发的社会经济结构和运行上的问题;不能解决社会不公平问题;相反,这些经济和社会不公平的许多问题还恰恰是由它引起——人们正是利用民法所标榜的契约自由、私有财产绝对等原则,打着合法的旗号,实现垄断,牟取暴利,聚敛财富,理直气壮地对待日益扩大的贫富差别,而不愿为社会公益、公共事业作丝毫贡献。这种法律秩序已到了必须对其调整、改革的地步。

法律怎么改革?自由资本主义时期制定的民法的一些原则和规定需要适应社会化要求作出修订,这叫作"民法社会化"。但仅此还不够,许多问题在民法、商法体系框架内还是解决不了。因为民法不管怎样社会化,它毕竟还是以个体权利为本位的,否则就不是民法了。所以法律改革还需要另外举措,即颁布新的法律。

本文前面在论述经济、政治等方面情况时已经说明,作为经济和社会的一种新的调节机制以及作为现代国家的一种新的职能,国家调节需要制定相应法律,法律规制并保障国家调节。这种法律所调整的,是在国家调节过程中,因国家调节而引起的有关各方主体之间的社会关系——可简称为"国家调节关系"。国家调节关系同以往民事、商事关系的一个明显区别,在于它不是"平等主体之间的关系",而其中必以代表国家的机关或个人为一方主体(国家调节主体),其他方则是企业、私人等“被调节主体”。[12] 这种法律不以个体为本位，而以社会为本位，注重全社会经济的总体效率和社会公平、实质公平。它需要对原来自由放任的经济进行干预和调节，对社会资源和权利在原来民商法秩序基础上作出某些调整和“再分配”。这种法律同民商法显然不同。而另一方面，它同行政法也明显不同。它已不是在执行作为政治国家的传统职能，而是关于国家调节（作为社会国家的一种新的社会职能）的法。[13]

这种新出现的法，20 世纪初德国等一些国家称为经济法，并沿用至今。

最后，我们再分析经济法出现前后的思想文化情况和主要学说主张。19 世纪末由于生产社会化引发经济和社会一系列严重问题，引起人们普遍重视、忧虑和不满。我在《经济法基础理论》和其他一些文章中指出：当时起码有三种人看到了问题的严重性，并分别提出解决社会矛盾的三种方案，开出了三付药方：空想社会主义者（包括摩莱里、德萨米）看到了，提出了正如今天大家都知道的“空想社会主义”方案；马克思看到了，提出了无产阶级革命的方案；此外就是被人们称为“资产阶级改良派”的人也看到了，他们认为问题虽然严重，但不必推倒重来，在原来资本主义制度基础上进行改革（改良）可以挽救社会免于崩溃并推进社会发展。后来西方国家最终还是按照最后一种方案办了。

他们是怎样改革的呢？如前所述，主要就是引入国家调节机制和增强国家调节职能。改变过去经济上的自由放任状态，在继续保持市场机制基础性调节作用前提下，辅之以国家调节，以保障社会经济结构和运行协调、稳定和不断发展。在继续充分尊重和保障个体私权利基础上，国家对原有的资源和权利分配秩序作出某些必要调整，建立社会福利和保障制度，发展公益事业，增加公共设施等，以求克服和缓解社

⑫ 参见漆多俊：《经济法基础理论》（第 3 版），武汉大学出版社 2000 年版，第 200 ~ 222 页。

⑬ 同上书，第 118 ~ 126 页。

会不公平所引起的矛盾。在法律方面,一方面对民法进行社会化改革;另一方面制定新的经济法,规范国家调节,维护社会经济总体效率和促进社会实质公平。这也就是近一百年来以美国为代表的西方国家的实际情况。

作为另一条路线,马克思主义的革命方案后来经过列宁等人"继承、发展",先后在俄国、东欧和中国建立了一批社会主义国家。20世纪后期这些社会主义国家又进行了改革和转型。对此下节再作说明。

综上所述,经济法就是这样产生了。它是社会发展到一定阶段的产物,是生产社会化引起经济、政治、法律、文化变革的必然结果。准确把握经济法产生和发展的社会背景、时代特征和社会根源,就能从中把握经济法这个新部门法的本质属性和其他特征,并由此展开关于经济法各种基本理论问题的全景,建立经济法学科理论体系。

以上主要是论述经济法产生和发展的一般和普遍规律及经济法最本质的属性,这是在考察人类社会发展到一定阶段出现的总的时代潮流基础上所论述的世界经济法潮流。普遍性的研究是非常重要的,但也不能取代对个别事物特殊性的研究。本文前面一开始就说明了一个潮流往往由许多水系、支流构成。世界经济法总潮流由各国和许多模块构成。各国和各模块的经济法运动是生动的和内容丰富的,不能简单地将普遍规律和一般原理往那里一套了事。例如,如果不具体分析研究中国的经济法情况,而简单地将"市场三缺陷——国家调节三方式——经济法体系三构成"理论往上套,就会使人不可理解,觉得对不上号,甚至对前面所述那些普遍性原理产生怀疑。

二、经济法的模块(模块论)

世界各国的经济法既有基本共性,又各有不同特点。其中某些国家相互之间更接近一些,形成某一类型、模式或板块。最为显著的是中国及苏联、东欧国家等实行或曾经实行社会主义制度,后来又都进行改革或体制转轨转型的一些国家,他们的经济法同西方国家分属于不同模块——我们可以把这些国家的经济法称为“转型国家经济法”模块。就是西方国家也并不一体雷同。例如,美国同德国、日本的经济法就有着明显差异,呈现不同的模块特色。但是,所有各模块和各国的经济法并不是互相孤立的,它们都遵循着经济法的普遍规律和一般原理,并且是互相关联、互相影响的。正是所有各国和各模块的经济法运动,才组成世界经济法总潮流巨大、丰富和活生生的动态景观。

为了行文方便,下面首先分析西方国家中两个比较典型的经济法模块——美国模块和德国、日本模块,尽量简要地勾绘其各自最主要的特征;其次再较详细地分析中国等转型国家经济法模块,并将这一模块同西方国家模块比较,论述它们之间的共同性与区别,并揭示各模块之间互动和趋同的运动轨迹。

(一)美国经济法模块

美国经济法模块是在市场经济基础上产生和发展起来的一个较为典型的模块,它较鲜明地体现着经济法的一般发展规律,集中地反映了经济法的各种本质特征。然而,我国学者在考察经济法产生发展原因和研究经济法本质特征时,更多的是关注 20 世纪初的德国,对于美国却未足够重视。诚然,德国早在“一战”前后就颁布了一系列经济法(有些法律的标题就叫“经济法”),学者们随即掀起了经济法研究热潮,我们应当高度重视对德国经济法的研究和借鉴,但也应看到,当时德国国家介入经济的职能活动和经济法,并不完全是在市场经济条件下由市场自身提出的要求,其中还包含着意识形态和政治、军事等方面的种种考量。这使得他们颁布的经济法存在(对经济法应然性的)某种偏离,而美国则不存在这种情况。下面着重分析美国经济法产生和发展史上两个重要事件及其代表的两个阶段——《谢尔曼法》等托拉斯法的颁布和罗斯福新政改革。

1. 美国反托拉斯法的出现

美国自独立战争和南北战争后,全国统一市场逐渐形成,此后市场基本上按照自身发展规律演变着。19 世纪后期产业革命的完成推动生产社会化迅速发展,市场由自由竞争阶段进入社会化阶段。社会化使得企业迅速集中,规模扩大,市场内部联系更加紧密。这本来是好事,但垄断组织和垄断行为也由此滋生。1879 年美国出现了第一家托拉斯——美孚石油公司,不久全国掀起企业合并浪潮,至 20 世纪初,各重要工业部门都被几个大托拉斯所垄断。它们通过纵向、横向联合将全国相关市场结合成一个整体,控制在自己手中,从而把持着国民经济命脉。它们垄断市场,操纵价格,排斥其他经营者特别是广大中小经营者,并肆意损害广大消费者正当权益,破坏了美国传统的自由竞争秩序。垄断资本家不仅凭借雄厚经济实力实施垄断,还豢养政客,贿赂官员,操纵立法,渗入政治领域,给美国传统民主政治造成威胁。工业化和城市化本会引起社会经济结构调整和社会分化,加上托拉斯组织的横行,加剧了各种社会矛盾,社会不公平现象十分突出。许多中小企业倒闭破产,失业率急剧上升,贫富差距拉大,赤贫人口增多,企业劳资关系紧张。这些情况引起社会各界关注和不安,各地不断爆发大规模的反对托拉斯群众性运动。

1867 年美国发生了反对铁路运输因垄断造成的运费过高的"格兰奇运动",要求铁路改革,要求制定反垄断法,要求开征个人所得税。⑭在"格兰奇运动"推动下,美国又出现了旨在限制大企业经济权力及其日益扩张的政治影响的"人民党主义"。后者"试图扯平差距。它把促进多数人的自利和控制少数人在政治经济上的成功这两项议题结合起来"。⑮ 这些社会运动切中时弊要害,代表广大民众呼声,引起了立法权力机关重视。1887 年美国国会成立了州际商业委员会,对铁路运输价格实行管制。1990 年国会通过由上议院议员谢尔曼提出的反托拉

⑭ 格兰奇的正式名称是"农业保护社",是代表农民利益的政治组织。它的政治要求是反对垄断,除铁路改革外还要求制定反垄断立法开征个人所得税。后来通过同铁路资本家谈判,降低了农产品运价,还促使明尼苏达州议会通过了对铁路运价实行管制的州法律。这是政府管制公用事业的开端。

⑮ [美]小贾尔斯·伯吉斯:《管制和反垄断经济学》,上海财经大学出版社 2003 年版,第 9 页。

斯法案——《反对不法限制和垄断,保护交易和通商的法律》(以下简称《谢尔曼法》)。

《谢尔曼法》的颁布标志着美国经济法的出现。但该法律开始时并未得到实施,垄断继续发展。1901 年西奥多·罗斯福就任总统后,决心认真执行反托拉斯政策。一方面对托拉斯案件提起诉讼;另一方面加强立法。当时发生因铁路收购引起的证券风暴,罗斯福总统指示司法部对北方证券(由摩根、哈里曼和希尔等垄断巨头控制)起诉,并获胜诉,这打响了"美国反托拉斯的第一枪"。⑯ 在罗斯福总统 8 年任期内,共提起 44 宗反托拉斯案件,25 宗胜诉。罗斯福总统任期内颁布了如《加速审理法》《商务和劳工部法》《埃尔金斯法》《赫伯恩法》等反托拉斯法,并提出了修订《谢尔曼法》的问题。后来在威尔逊政府时期的 1914 年,美国国会通过了《联邦贸易委员会法》和《克莱顿反托拉斯法案》。这两部法律连同以前的《谢尔曼法》构成美国反垄断法的主干。

以上这些便是美国经济法产生时候的情形。从美国经济法产生的社会背景、经过及立法内容来分析,可以看出:美国经济法的出现,是因为自由放任的市场解决不了因社会化而引起的经济社会问题(这些问题还恰恰是市场无序引起的),需要国家出面干预——这就是一种"国家调节"机制,也是一种国家职能。这种国家职能活动需要法律加以规范,所以出现了经济法。美国经济法从其开始出现,性质就是关于国家调节之法。由于国家干预经济社会事务是对于美国自建国以来一直坚持的自由放任传统的逆转,所以开始时只能针对最急切的问题采取一些措施——那就是反托拉斯和制定反托拉斯法。反垄断是一种国家直接干预的调节方式,它是国家调节三种基本方式中的一种;反垄断法是经济法体系中("三构成")的一种构成。美国经济法刚出现时体系

---

⑯ Northern Securities Co. v. United States, 193 U. S. 197(1903), http//laws. findlaw. com/us/193/197. html. 虽然最高法院是在 1904 年作出判决,但属于最高法院 1903 年司法年度(一般是从第一年的 10 月到第二年的 6 月)。故其卷宗仍汇编在 1903 年的《美国最高法院判例报告汇编》。

不全,只有反垄断法,是后来(罗斯福新政以后)经济法体系才逐渐完备的。此外,我们也可看到美国经济法从一开始就不仅局限于解决经济问题和只重视经济效率,而是把经济和相关社会问题综合加以考量,十分重视社会公平。可以说,经济法是从解决社会性的经济问题入手的,最终目的还是在于维护整个社会的稳定和发展。从美国经济法开始出现的情况看,还可以发现和归纳出其他许多特点,本文后面再结合罗斯福新政一并讨论。

2. 罗斯福新政改革

美国经济法史上的第二个重大事件是20世纪30年代的罗斯福新政。国内外许多学科学者都对罗斯福新政进行过研究,却很少有从经济法学科角度作出的研究。它实在是经济法产生和发展史上影响深远的一件大事。特别对于美国经济法关系尤为重大,它标志着美国经济法的立法体系趋于完备,法的价值功能得到较充分发挥,美国经济法从此步入成熟阶段。

罗斯福新政改革涉及美国经济与社会领域的方方面面,但其实质主要是"以政府干预代替自由放任","结束了经济与社会生活的无序失控状态,走上了一条管理有序的道路……从而保证了社会的稳定与繁荣"。[17] 也就是国家职能的变化。如前所述,《谢尔曼法》的颁布虽然意味着国家开始被授权介入经济生活,但活动内容单一,只是反托拉斯,而且实行不力。罗斯福新政以后国家则较全面地担负起对经济社会进行调节的职能。这是美国自建国以后长期奉行的自由放任传统的第一次大变革,实际上标志着美国国家调节职能正式出现。

20世纪初期的工业革命引起了美国社会深刻的变化,在极大地促进经济繁荣和社会发展的同时,也使经济和社会问题更加突出。生产和资本的集中达到高潮,垄断和无序竞争得以复加;投资和生产的盲目性使各种经济结构失衡;利益和财富分配不合理使社会贫富两极分化

---

[17] 钱乘旦主编、陈明等著:《相信进步——罗斯福与新政》,南京大学出版社2001年版,第2页。

日趋严重;失业和社会救济问题得不到解决。这些问题引发的经济上的后果集中体现在1929年开始的美国历史上空前严重的一次经济危机,它激发了美国社会各种矛盾,把美国经济连同整个美国自由放任的资本主义制度推到了崩溃的边缘。其社会后果体现在工人罢工、农民(特别是中西部农民)闹事、社会暴力事件频生,社会动荡不安。⑱ 而在学者和知识分子中,当时思想非常混乱,许多人预言将出现革命性转折,认为共产主义苏联为人类文明提供了解决办法。⑲ 另外一些人则反对走激进的革命之路,主张摒弃自由放任主义,选择第三条道路,即国家主动介入,通过改革挽救资本主义。许多经济学家达成共识,即:在保存资本主义民主的前提下,舍弃自由放任政策,实行一定程度的国家对经济社会的干预。他们纷纷提出包括体制改革在内的各种改革方案。⑳ 这种思潮也影响到政治界,许多政治家也纷纷提出改革设想。然而当时以胡佛总统为首的共和党政府却不能适时采取改革措施,仍坚持自由放任的政策。1932年大选罗斯福当选美国总统,上台伊始便大张旗鼓地推行新政改革。

罗斯福新政可分为两个阶段:第一次新政的主要立法是在1933年3月9日至6月16日内完成(又称"百日新政");第二次新政为1935年至1939年。第一次新政侧重于解决当务之急,即遏制萧条,挽救业

---

⑱ 1933年美国农业社联合会主席爱德华奥尼尔说:"除非给美国农民想点办法,不然,不出一年,农民就要闹起革命来。"密西西比州州长说:"农民骚动不安,共产主义正取得立足点。有些人正准备领导农民暴动,事实上我也变得有点粉红色了。"1932年威斯康星州农民同盟主席A. N. 杨在参议院农业委员会作证时提出警告:"农民中实际的赤色分子比你们想象得多……他们有的人如果有钱买飞机就会飞到华盛顿把你们都炸光。"参见钱乘亘主编、陈明等著:《相信进步——罗斯福与新政》,南京大学出版社2001年版,第45页。

⑲ 1933年在美国出版英国人约翰斯特雷奇的《即将到来的夺权斗争》,该书推崇苏联道路。1931年林肯斯蒂芬斯发表《自传》,主张学习苏联,实行共产主义。参见钱乘旦主编、陈明等著:《相信进步——罗斯福与新政》,南京大学出版社2001年版,第46~47页。

⑳ 米恩斯提出要从过去的"自然交易市场"变为"管理下的市场"。主张政府投资以刺激需求,政府对证券市场实行调控和重组,银行体系要中央化,管理垄断企业,进行老年失业保险等。参见钱乘旦主编、陈明等著:《相信进步——罗斯福与新政》,南京大学出版社2001年版,第48~52页。

已崩溃的金融体系和濒于崩溃的农业生产，复兴工业，消除普遍的失业和饥饿。第二次新政则注重于具有长远意义的立法，确立现代银行体系，建立相对公正的税收和福利制度等。[21]

整个新政期间共颁布了70多部法律。其中第一次新政期间颁布的法律主要涉及：关于银行、货币和证券市场的立法（如《紧急银行法》《证券交易法》《格拉斯·斯蒂高尔银行法》等）；关于重建工农业之间平衡的立法（如《农业调整法》《土壤保持和作物调配法》等）；关于对工业实行约束和调节的立法（如《全国工业复兴法》[22]）；关于社会救济和安置贫民的立法（如《联邦紧急救济法》、《紧急救济拨款法》[23]等）；关于国营公司的立法（主要的是《田纳西河流域管理局法案》[24]）。

第二次新政期间颁布的法律主要包括：关于政、企、劳工关系的《瓦格纳法》；关于加强对经济宏观调控，确立美国现代银行体系的1935年《银行法》；关于标志美国同极端个人主义传统决裂、普遍福利制度开端的《社会保障法》；关于取缔和管制公用事业控股公司的《公用事业控股公司法》；关于通过税收进行财富再分配，抑制财富集中和贫富两极分化的《财产税法》[25]；此外还通过了《新农业调整法》和《公平劳动标准法》（《工资工时法》）。

罗斯福新政彻底改变了过去自由放任全凭市场自发作用的局面，

---

[21] 钱乘旦主编、陈明等著：《相信进步——罗斯福与新政》，南京大学出版社2001年版，第75页。

[22] 该法规定成立国家复兴局，负责组织监督各行业制定适用于本行业的法规；规定禁止雇用童工，保证劳工合理工时和最低工资；规定了“劳工条款”（该法第7条第1款），规定劳工有权组织工会和资方进行集体谈判；还规定设立公共工程局，政府拨款兴办公共工程；规定征收超额利润税，资助公共工程局。

[23] 其中包括政府投资兴办公共工程、组织民间自然资源保护队等，安置大批人员就业。

[24] 田纳西河流域管理局是集政府与企业职能于一身，独立经营的国有企业。它从事该流域开发建设，包括防洪、发电、造林、教育等，这是那些纯粹以赢利为目的的私营企业所不愿投资的。

[25] 1935年《财产税法》规定提高财产税并将个人收入所得税累进税率最高额从59%提高到75%；征收公司纯收入累进所得税；增设股本税和超额利润税。

在危急关头国家充分担负起经济和社会调节职能。由于美国是法治国家,国家调节职能必须有法律依据,得到法律的保障,并受到法律的约束(规制),所以颁布了大量法律。这些规范国家调节的法律从性质上显然不同于民商法或一般行政法,而属于经济法范畴。只是由于英美法系传统,人们不重视从理论上划分部门法,没有将这些立法统称为"经济法"罢了。

罗斯福新政期间颁布的经济法从立法的数量、内容和体系或其实施的社会效果和影响等各方面来看,都标志着它作为事实上的一个独立部门法的成熟。它的产生及立法上的许多特质,集中地体现了经济法这个部门法的本质属性和一般规律。作为经济法之中的一个模块,美国经济法是最为典型的一个范式。经济法学说理论——例如"国家调节说"——所揭示的经济法各种一般规律和原理,在美国经济法这里都可以找到原生态的影子。下面结合早期反托拉斯法的出现和罗斯福新政时期的法律情况,简要分析和归纳美国经济法模块的一些最为突出的特征:

(1)美国经济法是在市场和市场经济自身发展基础上产生的。由于生产社会化推动市场由自由竞争阶段进入社会化市场阶段,社会化和垄断引发经济和社会问题,这些问题仅依靠自由放任的市场机制和传统法律体系已经解决不了。社会强烈要求国家介入进行调节——"国家调节"。国家调节既是一种经济调节机制,又是一种新的国家职能。国家调节需要法律授权、法律保障和法律规制,这种法就是经济法。无论作为调节机制或国家职能,国家调节都只能在市场和社会自身发展运行规律的基础上进行,始终注意充分发挥市场机制的基础性调节作用。在特定时期和特定情况下,国家能动性可能显得特别重要,甚至发挥着某种主导性作用,但特定情形过后,国家应当适时"退步抽身",让市场更多发挥作用。罗斯福新政时期国家大刀阔斧进行调节是必要的,危机过去经济社会恢复正常,各种制度建立之后,国家调节活动的力度和方式便有所变化。例如,到20世纪80年代里根总统执政时对罗斯福新政又作了"反思"。就美国经济法近百年历史而言,总体情况是国家调节被严格控制，市场发挥着基础性作用，经济社会生活基本上仍维持着自由民主传统。

(2)经济法是规范国家调节之法。它既保障国家调节，又规制国家调节。它调整因国家调节而发生的以国家为一方主体(国家调节主体)的社会关系，确定调节主体和被调节主体的权利义务。其宗旨是使国家调节在法律的规范下积极而恰当地发挥对社会经济的调节作用，化解经济危机，促进经济总体结构和运行协调、稳定和发展，维护社会公平和稳定。

(3)经济法从其产生时候起就不仅关注经济领域问题，同时也关注同经济相关的其他社会问题，把它们作为一个整体加以考量。无论美国早期反托拉斯法颁布还是后来的罗斯福新政，经济法都是作为当时已十分严重的经济和社会问题的解决对策出现的，其价值取向不仅在于经济效率，更在于社会公平。当然，经济法所规范的国家调节首先是对经济的调节，只是其效果和目的绝不限于经济领域，而涉及社会生活各个方面。从这个意义上说，它实际上是对经济和社会的一种综合性调节。

(4)经济法的功能突出体现在它对于既存法律秩序(特别是民商法秩序)的调整，也就是对于原有法律秩序下的社会资源和权利的一种再分配。从某种意义上说，经济法乃是一种分配法。[26] 不过，经济法的分配应当是在民商法秩序的基本安排前提下，即在充分尊重个人自由和权利的前提下，为了社会公平和实质公平，以及广大民众共同福祉，而作出的某种调节和调整，是一种再分配，而不是对民商法权利秩序的根本否定和对个人自由和权利的肆意侵犯。罗斯福新政的许多法律(如对垄断企业的规制，对财产税的征收，对社会保障的各种措施等)就鲜明地体现了这一点。当时正是由于充分发挥了经济法的权利

㉖ 空想社会主义者摩莱里早在1755年他的《自然法典》一书中，就把经济法称作“分配法”。不过那是一种建立在空想基础上的主观设想，并且那种分配是完全排除市场机制的纯人为的计划安排。

再分配功能,才有效地解决了已经非常严重的许多社会不公问题,挽救资本主义社会免于崩溃。

(5)美国的国家调节职能活动和经济法的内容体系是逐渐丰富、完备的。美国自独立战争建国和制定宪法时候起,一直奉行自由放任经济传统,政府不干预经济。如今出现问题市场本身不能解决,才需要国家出面进行国家调节,因此这种国家调节只能有的放矢,针对市场所不能解决的那些方面(市场缺陷)作出调节,而不允许滥用国家权力。19 世纪末和 20 世纪初,当时主要是出于反垄断的需要,所以国家调节和经济法也就主要限于反垄断。并且,由于美国的传统,当政府被赋予干预经济职能时,政府开始还有点扭扭捏捏、羞羞答答,不敢大胆实行(如《谢尔曼法》颁布后一段时间未得到实行)。国家调节职能活动和经济法的内容体系开始时较为单一、不全面。到了罗斯福新政时期,国家调节职能和经济法体系才逐渐趋于丰富完备。按照"三三理论",国家调节"三方式"和经济法体系"三构成",美国这时已经基本具备。例如:①市场规制法,美国有了;②国家投资经营法,在《紧急救济法》《田纳西河流域管理局法》等法律中有许多这方面规定;③宏观调控法,在银行(特别是 1935 年银行法)、货币、证券、税收、产业政策等方面作了许多规定,基本建立了现代国家宏观调控体系。

美国经济法在罗斯福新政以后直至今天的长期发展中,又有着许多新的变化,出现一些新特点,使美国经济法模块的特征更加丰富。但罗斯福新政时期所奠定的基础使得这一模块已基本成型。以后的发展,本文后面还会提及。

(二)德国、日本经济法模块

德国和日本的经济法在各国经济法中是另一个特色鲜明的模块。这两个国家的历史背景和经济、政治、社会情况有着非常相似之处,其经济法的产生、价值取向乃至内容体系有着许多基本共同点,因此可视为同一模块。鉴于在我国人们对这两个国家经济法的情况了解相对多一些,本文不拟多作介绍,只简要地分析作为一个模块它们的主要特征。

德国和日本的经济法都可以分为两个大的时期,即“二战”以前和“二战”以后。这是大致的划分,各个时期还可细分,例如“二战”结束后两国都有一段被战胜国占领时期,占领结束后至今也可划分为几个阶段。“二战”以前,两国的经济法都具有鲜明的“战争对策”和“国家统制”色彩。“二战”以后,国家调节逐渐建立在市场经济基础上并同市场调节结合起来,经济法性质趋于纯正,体系逐渐完备。但它们同美国比较,国家调节力度和方式仍有明显差别。

德国是后起的资本主义国家,1870 年普法战争前完成工业革命,战后实现统一,建立德意志帝国,全国市场开始形成。为了抵御英国等发达国家商品入侵,并迅速崛起以同发达国家平起平坐,人们希望借助国家力量干预经济。当时德国经济学家李斯特提出“国家干涉主义”,主张采取贸易保护主义政策,反对自由贸易。德国资本主义经济的发展一开始就同国家干预相关。[27] 20 世纪初至“一战”前后,德国利用国家力量统制经济,使国民经济服从于战争和战后恢复重建。正是在这种背景下,德国颁布了大量政府管制经济的法律,如《限制契约最高价格的通知》(1915)、《确保战时国民粮食措施令》(1916)、《卡特尔规章法》(1919)、《煤炭经济法》(1919)、《钾素经济法》(1919)等。1919 年颁布《魏玛宪法》,在奉行经济自由和契约自由并确认个人权利的同时,也确立了“社会化”原则,授权政府对全国经济实行干预和管制。《魏玛宪法》对“社会化”原则的确立及上述大量相关法律的颁布,标志着德国经济法的出现。也就在此时,德国法学家们掀起了对这类法律的研究,并认为这是不同于以往法律的一个新部门法,他们称为“经济法”。

1933 年就在那次世界性经济危机期间,德国希特勒纳粹集团夺取了政权,开始了法西斯独裁统治。他们先用紧急命令宣布《魏玛宪法》中关于民众权利的条款停止生效,继而颁布《消除国民与国家危机的

---

[27] 德国的国家主义思潮甚至可以追溯到 17 世纪的“开明君主专制”,统治者借口公共福利可以干预民众私生活事务。

法律》(《授权法》),规定政府可以自行制定同宪法相抵触的法律。这个时候先后颁布了不少有关政府管制经济的法律,虽然从广义上说也具有某种经济法性质,但实际上更多地属于行政法或军事法。这种情况一直维持到“二战”结束。

“二战”结束后,根据雅尔塔协定和波茨坦公告,德国由苏、美、英、法四国占领。1949 年德国一分为二,分别成立德意志联邦共和国与德意志民主共和国。占领结束后,西德实行“社会市场经济”,制定了《德意志联邦共和国基本法》,并先后颁布了大量经济法,内容涉及包括市场规制、国家投资和运用计划、经济政策实行宏观调控等现代国家调节措施的各个方面。其重要的有:1957 年的《反限制竞争法》(美英法占领时期根据占领军指令就曾颁布过一部《经济力过度集中排除令》),1967 年颁布的《促进经济稳定与增长的法律》等。德国实行的“社会市场经济”,其含义就在于这里不是自由放任的市场,而是国家调节下的市场经济,重视国家在经济社会生活中的能动作用,这决定着德国经济法的特点。

日本的国家权力干预社会经济的传统也源远流长。1868 年明治维新是统治者自上而下发动的资产阶级革命。当时明治政府采取的政策和颁布的许多法律,就属于国家干预。例如,政府出钱兴建大批工厂,修建铁路,发展邮政、电信事业,扶持私营企业等。明治维新使日本摆脱沦为半殖民地的命运,使资本主义迅速发展,成为东亚强国,这反过来又勾起了日本向周围邻国侵略扩张的野心。从 19 世纪末开始由它挑起的战争接连不断,直至第二次世界大战结束。可以说整个这段时间,日本的经济都在国家“统制”之下服从于侵略扩张政策。他们颁布了大量国家统制经济和社会的法律,这些法律具有明显的“战争对策”性质。[28]

“二战”结束后至 1952 年,日本处于美军占领时期。其经济体制发生变革,实行非军事化,建立和平经济和民主经济。这期间先后颁布

---

[28] 参见漆多俊:《经济法基础理论》(第 3 版),武汉大学出版社 2000 年版,第 47 ~ 18 页。

《经济力过度集中排除法》(1947)、《禁止私人垄断及确保公正交易的法律》(1947)、《中小企业协同组合法》(1949)等,法律规定解散财阀,反对垄断。占领期结束后至今,日本的经济体制基本上属于政府管制下的市场经济。[29] 政府在调节经济过程中,较全面地运用多种调节方式,包括市场规制、国家直接投资和对经济宏观调控。在宏观调控方面,全面地运用计划、各项经济政策和政策工具,形成了较为发达的宏观调控体系。规范国家调节的经济法也形成了较为发达的完备体系。在日本的法律汇编中,经济法很早就成为其六大组成部分("六法")之一。

现在让我们再来简要归纳德、日经济法模块的主要特征。

德、日经济法同美国及其他国家经济法一样,都有着基本共同点,这是经济法的普遍性。例如,德、日经济法也是在社会化条件下出现的,是规范现代国家经济职能活动之法。它调整在国家调节(管制)社会经济过程中所发生的社会关系。它规制和保障国家从社会总体角度调节经济结构和运行,实现特定的经济社会政策目的。国家调节经济的基本方式和经济法体系基本构成包括了市场规制、国家投资经营和运用计划、经济政策进行宏观调控这些主要方面等。

德、日经济法的鲜明特色,最主要的表现在以下几个方面:

1. 在立法内容、体系上:国家权力因素在经济社会中始终发挥着重要的、有时甚至是主导和决定性的作用。特别是在"二战"以前,市场作用往往受到排斥,国家经济职能基本属于"国家统制",而非真正的"国家调节"。国家管制力度较大,范围较广,方式和手段很多,具有强制指令性。战后市场机制得到尊重,实行一种国家管制下的市场经济。经济法的内容涉及较广,体系较全。"二战"前经济法的内容体系较庞杂,多强行性规范,甚至具有某种行政法、军事法色彩。"二战"后经济法性质趋于纯正,逐渐剔除了同市场经济不相符合的规定。

---

[29] 由于日本政府一度重视运用产业政策调节经济,因此有人曾把日本的经济体制称为"产业导向型市场经济"。此外还有称为"集体主义市场经济"或"儒教资本主义"的。

2. 关于法的价值取向和功能、任务的定位：同其他部门法一样，经济法固有的价值包括秩序、效率、公平等，经济法价值特点只在于其社会性、实质性（社会效率、社会公平和实质公平）。德、日国家立法者赋予经济法的价值取向则尤其重视效率和秩序。“二战”前忽视公平正义，战后才逐渐注意社会公平问题。“二战”前这些国家的统治者把经济法更多地作为“战争对策”和“危机对策”，甚至作为实现法西斯政治统治和对外发动侵略战争的工具。战后经济法才逐渐回到调节经济和促进经济社会协调、稳定和发展的正常轨道。

3. 关于经济法的民主性和良法性：法有“良法”“恶法”之分。良法的核心在于它充分体现和维护广大民众的利益和意志（“维权”性），其关键则是恰当和有效控制国家权力，防止其滥用和侵犯民众权利（“控权”性）。[30] 德、日经济法在“二战”前，特别是在其实行法西斯统治时期，简直无人民性、民主性可言，是恶法。“二战”后良法性逐渐增强，经济法一般只在宪法和民法等法律对权利安排的基础上，为了社会总体利益和总体公平、实质公平，才对社会资源和权利分配作出适当调整。但即使在战后，这些国家由于仍比较强调集体和社会公共利益的传统，经济法对于个体权利的尊重仍不如美国等其他西方国家。

4. 关于经济法体系“三构成”的特点：在市场规制法方面，德、日国家早在 20 世纪初期就出现垄断，也曾引起社会不满。德国当时发生过“卡特尔之敌”同“卡特尔之友”之争。但国家当权者对于垄断的态度却一直采取放任或扶植的政策，并在扶植私人垄断的同时大力发展国家垄断资本主义。“二战”后，日本按照美国意图于 1947 年颁布禁止私人垄断法，对垄断采取了严厉措施。日美安全条约签订后，虽然一度有所放宽，但仍重视对垄断的规制。德国在占领时期也颁布了《经济力过度集中排除令》，1957 年颁布《反限制竞争法》。在国家投资经营

---

[30] 参见漆多俊：《权力经济向法治经济的转变》，载漆多俊主编：《经济法论丛》（第 11 卷），中国方正出版社 2005 年版。

法方面，这两个国家由于非常重视运用国家直接投资发展国家垄断，所以立法较为发达。20世纪末期配合私有化又颁布了一些私有化法令。在宏观调控法方面，“二战”以后他们都重视运用计划和各种经济政策调节经济，这方面法律较为完备。

综观德、日经济法模块的特点，在国家同市场关系、国家经济调节职能的作用力度和行使方式等方面，有些介于美国模块与下面将要分析的转型国家模块两者之间，特别是在“二战”结束前那种对经济的“统制”模式，同改革以前各社会主义国家集中统一的计划经济模式更为接近。

（三）转型国家经济法模块

如前所述，19世纪出现了马克思主义。它后来又经过列宁、斯大林、毛泽东等无产阶级革命领袖们在理论上作了发挥和修改，特别是通过轰轰烈烈的革命实践，建立了一批社会主义国家。这些国家走了同西方国家完全不同的道路。20世纪后期，各社会主义国家又先后发动了改革，并以不同形式实行体制转轨、转型。这些国家的经济法无论在转轨前还是在转轨中或转轨基本完成后的一段时间内，都有着基本相同、相近之处。所以可以大致视为同一类型，即“转型国家经济法”模块。转型国家经济法同西方国家经济法比，在产生和发展的社会背景与根源上有着显著不同；在内容、体系和具体制度等方面也有显著不同。但也应看到它们在一些基本点上还是有着一致性的，经济法的普遍规律和基本原理对于它们仍然是基本适用的，只是适用的方式和路径不同罢了。

1. 关于转型国家经济法出现的社会背景和根源的特殊性

社会主义国家与资本主义国家经济法“产生和发展的基本原因具有一致性，这就是生产社会化和国家调节管理经济职能的出现和发达，只有如此，才需要有规范和保障国家调节管理经济这种职能活动的法律。但是，在两种类型国家，生产社会化的原因、途径、内容和程度等是很不相同的；国家经济职能活动的性质、方式、范围和程度等也是很不相同的。这些都决定了两种类型国家经济法的差异”。[31]

同西方国家相比,社会主义国家的生产社会化主要表现为革命政权通过国有化和其他措施,实行生产资料公有制(主要是生产关系的社会化),并在此基础上推行计划经济体制。而西方国家的社会化则主要是生产力发展引起,并首先是生产力的社会化(相应地也发生生产关系社会化,股份制就是其中一种重要形式)[32]。

社会主义国家的国家职能不是因为市场有缺陷和失灵,才“请”国家出来进行某些调节,才出现经济法。恰恰相反,这里原来几乎压根儿就不存在市场,市场机制被排斥和扼杀,国家不是被“请”出来的,也不是仅作某些“调节”而已。按照被奉为指导思想的传统理论,认为社会主义国家的经济基础不可能在旧社会母体内自然生成,而必须依靠新政权的力量重新组建自己的经济基础。所以从政权建立开始,国家就“自觉”地担负起全面组织、管理经济的职能。国家权力排斥市场,排斥市场机制作用,对社会经济实行统管(统制),国家经济职能可谓发挥到了极致地步。而西方国家、特别是美国是由原来国家放任不管,到后来虽然介入经济,但一般只是配合、辅助市场机制,作某些必要的“国家调节”。

又由于社会主义国家实行人治而非法治,法制不健全,管理经济的方式主要靠行政指令和指令性计划,而不靠法律,所以尽管国家经济管理职能超常发达,管理经济的法律却并不发达。苏联、东欧国家也曾颁布过一些法规,是属于调整国家经济管理关系的规范性文件,具有经济法性质,可以说属于经济法范畴。但由于那是关于国家“统制”经济的,并非在尊重市场基础上的一种“国家调节”,其法律规范多为行政指令性的强行性规范,更多地具有行政法性质,而非典型的经济法。只是到了后来,这些国家终于发现和承认原有体制的严重弊端,决定进行

---

[31] 漆多俊:《经济法基础理论》(第3版),武汉大学出版社2000年版,第55页。

[32] 本文作者在20世纪80年代中期研究了资本主义国家近100年以来生产关系的变革问题。参见漆多俊:《股份制与生产关系的变革》,载漆多俊主编:《国有企业股份公司改组法律问题研究》,中国方正出版社2003年版。

改革和向市场经济体制转轨，国家权力自我收敛，允许、鼓励和培育市场，使市场体系逐步得到发育。这时，市场因素才在对经济发挥积极调节作用的同时，也显露其固有的一些缺陷。国家在培育市场的同时也需要针对市场缺陷采取国家调节措施。这时的国家经济职能才逐步演变为主要针对市场缺陷而采取调节措施，即由"国家统制"过渡为"国家调节"。这个阶段颁布的有关国家管理、调节经济的法律逐渐具备和增强了经济法性质。随着改革和转轨进程的发展和最后完成，国家经济职能就会完全符合以市场机制为基础的国家调节的要求，颁布的经济法也便更加成熟和完善。

2. 关于经济法内容和体系上的特点

各社会主义国家全面组织管理经济的职能决定其相关法律的内容十分庞杂。国家经济管理活动不限于在市场经济条件下的国家调节所仅仅采取的那些内容(所谓"国家调节三方式")，其法律体系也不仅仅限于"经济法体系三构成"。这些国家的经济管理法规不但很难区分经济法与行政法，甚至也很难区分经济法与民法。当时国家几乎统管着工业、农业、商业、运输业等各行业，统管着生产、流通、分配和消费社会再生产各环节，法律内容自然庞杂。而由于市场被排斥，市场机制不发达，无"市场缺陷"可言，所以市场发达国家经济法体系中所有的一些重要构成内容，如反垄断法等，却长期缺位。

社会体制改革和发生转轨以后，国家职能与经济法情况才发生了变化。中国自20世纪70年代末开始改革开放以后，逐步引入和发展市场机制，国家经济管理职能行使方式逐渐发生改变，逐步放开和放松对一些经济领域和事务的管制。与此同时民商法开始发达起来，担负起国家放开后许多属于平等主体之间经济关系的调整任务。经济法内容和体系因此发生了变化，剔除了许多应由民商法等部门法调整的内容。随着国家经济职能由全面"统制"经济，逐步向在市场基础上进行"国家调节"转变，这种国家调节主要采取"三方式"，因此，这里的经济法体系也便主要为"三构成"了。当然，这里的经济法体系三构成同西方国家经济法和理论上的经济法体系三构成相比仍有着一些特殊性。

在这些国家体制转轨转型完成以前这些特殊性不会消失,特别是在变革初期尤其明显。

(1)在市场规制法方面

西方一些国家的市场早就较发达,只是后来在社会化条件下,市场缺陷显露,所以需要国家出面调节。其中针对市场机制的第一个缺陷——因为垄断、不正当竞争和经营者其他损害广大消费者的不公平交易行为,扭曲价值规律,给市场机制正常作用造成障碍,才需要国家对市场进行直接规制,并为此而颁布相关法律。这方面法律人们通称为"市场规制法"——包括竞争规制法(或简称竞争法,含反垄断法和反不正当竞争法)、其他不正当交易行为规制法(含消费者权益保护法和产品责任法等)。

中国等"转型国家"情况则有所不同。原来这里的市场受到国家权力(计划经济即为一种权力经济)排斥而很不发达。市场机制几乎完全不能发挥调节作用(这也可以说是一种"市场障碍",只不过这是国家权力造成的障碍而已)。改革和开始转轨以后,国家权力因素逐步收敛,逐步引入市场因素。但市场建立和健全需要具备各种必要条件,要有一个发展过程。为了使市场较迅速建立和发展,国家需要做些市场组建和培育工作,为此需要颁布有关"市场培育法"。这种立法的内容,除有关国家权力逐步退出以让市场因素发育的法律(这种法律属于国家经济管理体制改革的法律,行政性垄断也与之相关)之外,还包括:①关于打破封锁,促进全国统一市场形成的法律;②发展培育商品市场和各类生产力要素市场(如资本市场、土地市场、技术市场、劳动力市场、产权交易市场等)的法律;③关于建立健全市场各种基础性制度(如计量、标准化)和培育市场文化(如履约守信意识)的法律,等等。

另外,随着市场逐步建立和发育,市场所固有的缺陷也就逐步显现,其中包括垄断、不正当竞争和其他不当交易行为给市场机制作用所造成的"障碍"。因此,转型国家还需要颁布关于竞争和其他交易行为的规制法。如我国已经颁布了《反不正当竞争法》《消费者权益保护法》《产品责任法》等，只是《反垄断法》至今尚未出台。

这样一来，转型国家经济法体系中关于国家直接干预市场的这一块，就包括市场规制法与市场培育法两个部分。在整个转轨转型时期都将维持这种格局，而在改革初期，市场培育法往往比市场规制法更为重要。这同西方一些市场早已建立和成熟的国家的情况是不同的。[33]

在西方国家，市场规制法，特别是反垄断法在经济法体系中占据核心地位。反垄断法被人们视为“市场经济大宪章”。许多学者甚至把反垄断法视为经济法体系中的唯一内容，把该两个概念相等同。[34] 而在中国等转型国家，反垄断法显然不具有这种地位。

西方国家出现这种情况是有其特定原因的：那里的国家原来对经济奉行不干预原则，到后来需要国家介入时，开始只能是有重点地介入。19 世纪末生产社会化引发的弊端中最令人关注的是垄断造成的经济和社会问题，这是当时需要国家介入的最直接原因。所以国家调节开始时主要就是反垄断，经济法体系也就从反垄断法开始，并且它在一段时期成为经济法体系的“核心”。其实即使在美国和德国、日本这样的国家，反垄断法的实际地位也并不如人们所说的那样。美国 20 世纪 30 年代罗斯福新政的改革措施及当时所颁布的法律，就标志着国家已经较为全面地对经济社会进行“国家调节”了。其中大量的是有关运用经济政策对经济进行引导、调控，以及运用国家投资进行调节，反垄断在其中就已失去“核心”地位。至于德、日，在“二战”以前反垄断问题基本不受重视，战后除日本在美军占领时期一度十分重视外，反垄断基本上并未在事实上成为国家调节职能活动和经济法的核心。看来学者们的认识并不符合他们国家的实际情况。

(2) 在国家投资和国有企业法方面

东、西方国家在 20 世纪都进行了大量国家直接投资，开办国有企

---

[33] 我国的《中华人民共和国国民经济和社会发展第十一个五年规划纲要》在国家直接干预市场方面，也包括“市场培育”与“市场规制”两个方面，并且主要强调了市场培育。其第 34 章的标题就是“完善现代市场体系”。

[34] 参见[日]丹宗昭信等：《现代经济法入门》，谢次昌译，群众出版社 1985 年版。

业。各国投资办国有企业有着不尽相同的各种目的,[35]但其中有一点是相同的,即它是现代国家调节经济的一种重要的有效的方式。各社会主义国家基于意识形态理由("革命性目的"),国家投资和国有企业在国民经济中更占绝对优势地位。国家投资和国有企业法很早就成为各国经济法体系中的一个重要构成部分(所谓"三构成"之一)。20世纪80年代开始西方国家掀起了"私有化"浪潮,颁布了大量"私有化法令"。各社会主义国家发生了体制改革,其中首当其冲的是国企改革。按中国改革初期的提法,称国企改革是"经济体制改革的中心环节"。国企改革法因此一度成为这些国家经济法体系中的主要部分(或称核心)。中国至今国企改革和国企改革法仍具有十分重要地位。国家投资和国有企业法(包括国企改革法)在经济法体系中的如此重要地位,是这些国家经济法不同于西方国家的地方。

(3)在宏观调控法方面

西方国家较早就运用信息、计划、经济政策和政策工具,对社会经济进行指导和调控。美国罗斯福新政时期颁布了70多部法令,其中许多即为国家宏观调控方面法律。这标志着国家经济职能和经济法体系的拓展。德国、日本则更早和一贯重视对经济的调控。如今这些国家的宏观调控职能活动和相应的法律已经较为发达和完善。转型国家原来习惯于对经济、企业实行直接的、行政指令性的管制,不善于间接调控。中国在20世纪80年代末曾有过"政府调控市场,市场引导企业"的提法。90年代起强调要转变政府职能,逐步建立起国家宏观调控体系,宏观调控立法逐渐有所发展。如今宏观调控和宏观调控法已经成为国家调节活动和经济法体系的主要内容和核心。如果说西方一些国家经济法的核心曾经是反垄断法,中国曾经是国家投资和国有企业法,那么,如今它们的核心都已经转到宏观调控方面来了,演变方向是趋同的。

3. 转型国家经济法在立法价值和功能定位及其他方面的特点

转型国家经济法除了在产生的社会背景和根源、立法内容和体系

---

[35] 参见漆多俊:《对国有企业几个基本问题的再认识》,载《经济学家》1996年第2期。

上同西方国家有显著差异之外，在其他许多方面也有明显区别。

在立法的价值和功能定位上，转型国家往往更加重视经济效率，而未足够关注社会公平。虽然实践中早就表明这些国家在经济、政治体制和制度上存在严重问题，但人们却一直不肯承认这一点。当时认为，同西方国家比，这里的上层建筑和生产关系是先进的，只是生产力落后。改革的主要目的在于发展生产力。中国改革开放初期认为，对外开放目的是为了引进国外投资、学习和引进先进技术及先进的管理方法三项；而改革则主要是在原有（计划）经济体制上和一些管理方法上作些修补和改变。在这种情况下，国家活动及有关立法因而十分重视提高经济效率，并认为社会公平问题在社会主义国家不是大问题，改革中适当"兼顾"就行。当时提出的"效率优先，兼顾公平"口号被社会普遍接受，立法体现着这一原则。

其实，效率与公平都是不可偏废的。特别是经济法所关注的乃是社会效率与社会公平，该二者更具有一致性。法尚公平。尽管法有多种价值，但任何时候公平都是它第一位阶的价值。经济法也如此。特别是在改革过程中，由于改革本是利益关系的重新调整，所以必须更加重视公平问题。当前我国经济社会中存在的一些矛盾和冲突，存在的一些社会不公平问题，不能不说同过去不够重视公平，未能足够重视和及时处理有关。多年积累使问题愈加严重，目前已经引起中央和社会各界高度重视。[36]

西方国家经济法也重视经济效率，但一般情况下也重视或者更重视社会公平——让经济法在调节经济过程中平衡各有关利益关系。例如，美国最早的经济法——《谢尔曼法》颁布的主旨，就在于解决因托拉斯引起的社会不公平问题。罗斯福新政时期颁布的法律既是直接为了挽救濒于崩溃的经济（重视经济效率），但同时也是解决社会公平问题（当时社会矛盾十分尖锐）。不过德国和日本在其经济法出现早期

---

[36] 目前人们已开始改变提法。官方文件的提法为"兼顾效率与公平""更加重视社会公平，加大调节收入分配力度"等。

直至“二战”结束之前，却也是十分关注法的效率而忽视公平的。那时他们让法律为其法西斯统治和侵略战争服务。

转型国家对经济法的价值定位（人们的价值取向）的偏差，是同人们对于法在社会治理中的地位（所谓“治国方略”）的定位密切相关的。这里长期实行“人治”而非“法治”，长期奉行“法律虚无主义”或“法律工具主义”，法律最多也只当作一种统治工具，是“管理法”，管老百姓的工具。使用工具当然最重视的是效率。另外，由于“工具论”，立法中不刻意注重法律是否充分体现广大民利益和意志，忽略立法是否为良法的问题，而以为这是社会主义国家性质早已解决了的问题——执政党和人民国家天然地就是代表人民的，所制定的法律当然地是维护人民权利的，是当然的良法（其实这些国家人们过去一般都不知道法还有“良法”“恶法”之分）。这种情况造成事实上颁布的法律存在着对民众权利保护不够、不力的问题。法律的“维权法”（维护民众权利）性质不够清晰，有些法律倒有点像是企业和民众的“义务书”，或甚至被人们称为“套在企业头上的绳索”，“多颁布一部法律就使企业多了一个婆婆”。随着改革和民主法治建设发展，情况才逐步好转。为了提高立法的良法性，立法权力机关在立法程序和方法上作了许多改进。

西方国家原来政府不介入社会经济，当出现国家调节需要时，首先要有民众授权，其方式是通过议会修订宪法和制定法律。1919 年德国的《魏玛宪法》就规定了这种授权，经济法就是“授权法”。但同时法律对国家调节职能活动又进行约束和规制，因此经济法又是一种“控权法”，控制国家权力行使。

而转型国家对社会经济的管理权的正当性来自革命，从新政权建立时候起就全面组织管理着经济。改革和转轨乃是国家当权者对经济管理权力行使的一种自我限制。所颁布的经济法其“授权法”性质不明显；而在控权方面，对发动和保障广大普通民众控制公共权力，认识和实施力度均甚为欠缺。

转型国家经济法的实施上也有特点：一方面，法律只有当其充分体现和保障广大民众意志和权利，是良法时，才会具有崇高权威性，才能得到有效实施。转型国家经济法在立法上存在前面所说的那些情况，使得有些法律的权威性和实施效果受到影响，未能有效发挥法律对于调节经济，促进社会公平应有的积极作用。另一方面，经济法的实施存在着过多依靠行政程序，许多经济法纠纷不能进入国家司法程序（而司法程序也存在司法公正问题）。经济法的法律责任在立法上有些规定不明确，实施中有些很难追究。

转型国家经济法还有许多其他特征，如法律的过渡性和变动性，经济法同国际社会和国际经济法（如 WTO 法）接轨问题，立法程序和立法形式上的问题，等等，都有着特殊性，或者说还存在需要进一步完善的问题。

综上所述，一方面，我们应当充分认识到中国等转型国家经济法同西方国家的经济法比较有着许多显著的特点和差别。例如，如果人们生硬地把经济法一般原理（如“三三理论”）往中国经济法上套，说在中国也是因为先存在市场缺陷，才需要国家调节，才有了经济法，这就让人不能接受，无异痴人说梦，天方夜谭。但另一方面，我们也必须承认这里的经济法同西方国家经济法确实有着基本共同点，关于经济法的一些基本原理和规则，对中国等转型国家经济法也是适用的。并且从各国、各模块经济法的发展演变全过程和总趋势来看，各国、各模块经济法的立法和实施，是互相影响并互相吸收借鉴的，它们发展演变的轨迹呈现着接近和趋同的总态势。

三、经济法的发展趋向（趋向论）

以上所论述的无论是各国、各模块的经济法，还是由所有各国经济法组成的经济法总潮流，都是动态的、不断发展演变的。本节的任务是在分析经济法以往（自其在各国产生后至今）的发展运动轨迹的基础上，着重揭示当前和今后的发展趋向，包括：各国和各模块经济法之间的互动、趋同;各国、各模块以及作为一个总潮流整体的经济法在立法内容、立法精神和理念等方面的发展趋向。

(一)各国、各模块经济法的互动与趋同

人类为群居社会,各个人、各群体总是互相影响的。人们为谋求自身发展提高,而互相学习、借鉴,取长补短。交通信息的发达为人类沟通交流提供了方便。各国、各模块经济法在以往发展过程中,虽然主要是适应各国自身社会的特点和需要,但也一直在互相影响、借鉴,吸收其他国家立法的某些东西。例如,美国的反托拉斯法对其他国家反垄断立法的影响就是非常明显的。日本 1947 年的《禁止私人垄断法》基本上是按照美国法模式制定的。罗斯福新政改革及其立法对当时和以后许多国家产生了影响,而新政本身也受到当时欧洲一些思潮如凯恩斯主义的影响。西方资本主义国家固然不赞成甚至敌视苏联等社会主义国家的体制和政策,但不可否认,他们实际上也受到后者的某些启示。例如,“二战”前后西方国家的国有化和其他一些政策,其中就包含当时民主主义和社会主义思潮的影响。至于各社会主义国家后来的改革和体制转轨转型,则无需讳言,也是在学习、借鉴西方国家包括经济法立法在内的各种经验(有些简直是“照搬”)。

人类社会发展演变本来就有着基本的和普遍性的规律。加上各国之间的影响与交流,使他们许多做法会相同、相近,许多原来不同的做法经过一段时间后也总会慢慢趋同。现在我们已经可以明显地看到,各转型国家同西方国家在体制和立法等方面相互接近和趋同的轨迹。在国家经济社会职能和经济法方面,这种趋势尤为明显。例如,美国等市场经济建立较早的西方国家,其调节机制由早先市场机制“一元化”,到后来出现国家调节(调节机制“二元化”),国家经济调节职能从无到有,从少到多,从不发达到逐渐发达。而各转型国家则恰恰相反,原来市场机制基本被排斥,经济调节机制是国家调节“一元化”,到后来体制改革,培育和发展市场,才逐渐出现调节机制“二元化”,国家职能由原来“统管”经济,到改革后逐渐“让出”地盘让市场决定。与之相适应,两者的经济法立法的情况是,西方国家经济法内容由单一到逐渐丰富,体系逐渐完备,由开始仅有反垄断法到宏观调控法逐渐发达。而各转型国家的经济法则由内容庞杂、性质不纯正到逐渐剔除政治因素和行政法色彩。原来缺位或不发达的市场规制法逐渐制定。体系逐渐集中到“三构成”,其体系中的核心由国家投资经营法逐渐转到宏观调控法。总之,转型国家经济法同西方国家、特别是同美国模块比较,其运动轨迹可以说是:起点相反,相向运动,逐渐趋同。

各国之间的交流、学习和借鉴,在冷战结束、意识形态敌对态势有所淡化之后,得到迅速扩大和发展。可以预料,今后由于人类文明发展和民主进步历史潮流的必然要求,高科技发展和网络时代提供的客观条件,全球化和人类利益与命运日益息息相关的社会氛围,各国、各民族和地区在包括经济、政治、法律、文化等在内的各个方面,都会进一步互相影响,互相吸收借鉴,取长补短,互相促进。各国和各模块的经济法会继续朝着接近和趋同方向发展演变。

(二)经济法的立法内容和作用将继续随着国家与市场关系而变动,总趋势会有所加强而不会削弱

经济法的功能将日益充分而恰当地得到发挥,其应有的重要地位将得到进一步确立。其原因在于:首先,在市场与国家的关系上,通过一个多世纪的实践与理论研究,现在人们已经认识到:国家调节必不可少,但应当以市场为基础,一般情况下是发挥配合、辅助作用,但在某些时候和社会经济的某个方面,国家可以和应当发挥某种主导作用。美国罗斯福新政时期国家调节便发挥了对经济和社会调节的主导作用,新政过后国家作用力度和方式则有所缓和。到20世纪80年代里根总统执政时期,强调重新关注私有市场的能力,而对新政改革进行“反思”——但反思不是完全否定,里根政府对新政以来建立的制度并未作根本性修改。[37] 又如,1997年金融危机时候各有关国家的干预程度便需要加强;危机过后则各国政府的调控措施缓和。所谓缓和,只是力

[37] [美]凯斯·R.孙斯坦:《自由市场与社会正义》,金朝武等译,中国政法大学出版社2002年版,第434页。

度和方式的变化，实际上当代各国即使在平时，政府也在积极地运用自己在信息、能力和社会威望等优势和手中掌握的各种资源，及时地发布预测，组织制定发展规划，制定适当的经济和社会政策，提供公共设施，营造良好环境，提供其他服务等，为经济和社会发展作出贡献。今后这种国家调节的力度、方式和范围尽管会是变动的，但总体来看，不是在削弱，而会有所改善和强化。国家与市场的关系决定了经济法立法内容和形式的变动性、功能和地位的重要性。

其次，经济法由于毕竟年轻，人们对于它的本质属性、它固有的价值、功能等还缺乏足够认识。例如经济法对于社会资源和原有权利结构的再分配功能，它除了对经济结构和运行的调节外，在解决社会公平和其他社会问题上的巨大作用等，起码在中国现时还未引起人们足够重视。因此，立法和实践中人们未能充分发挥经济法应有的作用。而经济法的这种应有的作用和重要地位，今后一定会受到进一步重视。

（三）经济法的社会性和民主性逐步加强

经济法本是社会性的法，它执行的实际上是一种社会性功能。因为现代国家担负起对社会经济调节的职能时，实际上就是代表社会进行调节，这正如马克思所说的那是一种国家的“社会公共职能化”。这种“社会公共职能化”体现在两个方面：一方面，国家性质由原来“政治国家”逐渐向“社会国家”演变，因此国家职能也在社会化；另一方面，国家将许多本来是国家职能范围、属于管理性质的事务逐渐交由社会组织执行，社会组织发挥对经济和社会的调节作用。因为既然是社会性事务，社会组织本来能够负担；而随着社会化进展各种社会组织大量涌现，并在社会生活中发挥越来越重要的作用，今后它们将越来越多地替代政府的一些社会管理职能。我们说现代国家的经济社会职能今后不会削弱而会加强，不是说作为“政治国家”的政治职能会愈加强化，而是指国家职能的逐步社会化，它的社会性职能的加强。虽然当前谈论如马克思所说的“国家消亡”还为时尚早，但马克思所谓“国家消亡”其实也就是指国家（及国家职能）的社会化。国家及国家职能社会化，国家也就不再是原来那种（政治性）国家了。国家职能的社会化决定了经济法的社会化方向。

经济法社会化的核心含义，就是法律逐渐更加体现社会广大民众的意志和利益要求。因此，社会化进程也就是民主化进程。当前世界范围内法律民主化进程大致表现为两种情形：在已经实现或基本实现民主法治的国家，其民主制度（包括政治、经济、法律制度）和宪政秩序已经或基本建立，各有关立法及其实施机制已比较完备。当前的任务主要在于针对由科技、经济等引起的社会迅速发展中出现新的公平正义（也包括效率）问题，进一步完善民主制度。例如，美国学者罗尔斯的《正义论》和其中提出的著名的"两个正义原则"，反映了美国人对在新的社会条件下如何实现公平正义的思索。[38] 孙斯坦（Cass R. Sunstein）在《自由市场与社会正义》一书中，论述如何"通过法律实现美国民主"时提出的法制改革的三项措施是：政府应当比现在更依赖于信息的提供、披露和教育；经济刺激应当代替命令控制管理方式；法律应当促进公、私两个领域中的分权；准许各州各地区、雇主和工人有更大的灵活性。[39] 其中在论述信息提供与促进民主的关系时，孙斯坦指出："要通过促进公民对政府活动的参与和监督，并以此来提高当代政府的民主特征。对于政府来说，首先要做的就是提供足够的信息，以便使人们能够作出明智的判断。""若没有更好的信息，审议和民主都是不可能实现的。"[40]此外，在如何以经济激励、合作与协商替代命令、控制，如何分权以调动多方面积极性等问题上，作者的意见都反映了是在既存制度框架内作出修正和完善。事实上，包括美国在内的当代西方国家的政府所作的，也主要是这种修补与完善的工作。以上这类国家上述民主法治的总的状况决定了其经济法民主化进程的特点：当前主

---

[38] 罗尔斯的《正义论》写于20世纪70年代，其背景是在美国等西方社会，科技高度发达和经济繁荣并没有消除不公平不正义现象，反而愈显得突出，成为社会冲突层出不穷的一个根源。作者研究用意是显而易见的。参见［美］约翰·罗尔斯：《正义论》，谢延光译，上海译文出版社1991年版，第59～70页。

[39] 参见［美］凯斯·R. 孙斯坦：《自由市场与社会正义》，金朝武等译，中国政法大学出版社2002年版，第428～469页。

[40] 同上书，第443～144页。

要不是立法制度体系的构建,而是随着经济与社会的发展和整个民主进程的推进,经济法立法与实施机制朝着民主化方向不断完善和提高。

当代还有为数更多的国家,包括大部分转型国家,其民主法治秩序尚未完全建立,制度体系尚未完备,或者制度框架虽已基本建立,而民主宪政秩序却仍未形成。这些国家的经济法(整个法律亦然)的任务包括两个方面:一是继续使一些基本制度体系完备,包括制定或修订适应市场经济和民主法治要求的法律(例如,中国至今反垄断法仍然缺位);二是对现有法律制度不断予以完善。与此同时还要努力培育人们的宪政观念和社会的宪政秩序。

以中国为例,由于过去长期盛行"法律虚无主义"和"法律工具主义",人们认为法律只是一种统治工具,经济法更被认为是当然的"管理法"——国家管企业、管老百姓的法。立法内容和立法与实施程序对于民主性要求的重视程度都有所欠缺。现在已经明确要由人治向法治转型,法律的"维权"(维护民众权利)、"控权"(控制国家权力)性逐渐明确。反映到经济法立法和实施上,民主性正在加强。[41]

(四)其他方面

当代各国、各模块经济法发展演变趋向还可以揭示更多方面,这里主要再说说经济法与经济社会全面、协调与可持续发展,建设和谐社会问题,以及各国经济法与全球化和国际经济法的关系问题。

关于经济法与经济社会全面、协调、可持续发展,建设和谐社会问题。前文已经论及,经济法所规范的国家调节虽然首先和主要是指对经济的调节,但由于经济同社会其他方面的关系往往密不可分,互相影响,所以国家调节也是对社会生活的调节。经济法的价值绝不限于经济效率,而十分重视社会公平,重视社会综合性的全面发展。经济法所规范的国家调节虽然主要是经济的结构和运行,但也在于社会其他结

㊶ 参见漆多俊:《权力经济向法治经济的转变》,载漆多俊主编:《经济法论丛》(第11卷),中国方正出版社2005年版。

构的协调（例如，中国提出的贯彻“五个统筹”[42]）。经济法不仅应当注意促进经济的可持续发展，也应关注整个社会的长远发展，这是经济和社会的持续发展。不仅要处理好人类社会内部的各种关系，还要恰当对待人与环境、与自然界的关系。这个问题如今已经越来越引起人们的关注，这也是经济法今后的任务和发展方向。当前中国执政党和政府提出科学发展观和建设和谐社会的战略思想，同经济法的基本价值、理念是一致的，它可以成为我国经济法贯彻的指导思想和今后发展的方向。[43]

关于各国经济法与全球化和国际经济法的关系问题。在当前全球化国际环境下，任何一国的国家经济调节政策和法律都需要考虑国际因素，包括他国、区域性组织和全球性组织的相关政策和法律，尽量保持协调、接近或一致。在国际市场，其调节机制是“三元化”的，即除了市场调节、各相关国家的国家调节之外，还存在“国际调节”，如 WTO 的调节。国际调节在当前主要是对各国国家调节的再调节。各国的国家调节需要接受国际调节，并尽可能地同它保持一致，如 WTO 成员都有这样的承诺。因此，各国经济法（立法和实施）需要同国际调节的有关法律——主要是国际经济法（如 WTO 法）相衔接和保持一致，这是当代经济法发展演变的又一个趋向和显著特征。[44]

四、对经济法几个问题的解释（答疑篇）

由于多种原因，国内外对于经济法性质和重要作用的认识还存在

㊷ 五个统筹是指：统筹城乡发展、区域发展、经济与社会发展、人与自然和谐发展、国内与对外关系。

㊸ 漆多俊：《科学发展观：中国经济法良法观之核心》，2006 年 8 月 16 日在“13 省法学会第 22 届经济法学术研讨会”上的主题发言。

㊹ 详见漆多俊：《市场国际化、国际调节及其相关法律问题》，载漆多俊主编：《经济法论丛》（第 9 卷），中国方正出版社 2004 年版；另参见漆多俊：《国际调节与国际经济法理论的新视角》，载《当代法学》2004 年第 2 期。

一些分歧，中国也不例外。经济法学界内部存在不同意见的争论本是正常的，应当鼓励争鸣；但对于某些已近乎常识性的问题，应主要通过学习提高认识，避免一些无谓的争论。在经济法学界外部，包括法学界许多学者，对于经济法不甚了解。有些人所知道的只是在20世纪80年代（经济法研究在中国刚刚起步时）一度在中国盛行的那些"主流"观点，以后再未过问经济法理论的新发展，这使他们今天仍对经济法颇有微词。这种情况影响到社会人士，特别是同经济法立法和实施相关的国家机关工作人员。他们中不少人并未真正把握经济法的本质、价值和功能，不懂得经济法在解决经济、社会问题（例如，解决当前中国社会存在的许多矛盾和冲突）方面的重要的、其他部门法不能替代的作用。这使得实践中经济法实际价值和作用得不到充分释放。即使正确、先进的理论，如果仅停留在学者的脑子里或文章上而得不到推广和实行，那既是学者的悲哀，更是社会的损失。

以中国经济法研究为例，经过学者们20多年的辛勤探索，如今经济法学科早已不是过去那副稚嫩的面孔了。各种基础理论问题已有了较科学的说明，学科理论体系基本确立。理论对于社会现实问题的针对性也大大增强。当前中国社会正处于体制转轨转型时期，许多社会实际问题正有待经济法去解决，正是经济法大有作为的时候。当然，另外，学术研究无止境，经济法理论研究中也还存在许多需要进一步深入探索的领域，存在不少缺点和错误，需要学界继续努力。

我的以"国家调节说"为代表的经济法理论思想，是我国经济法学园地百花丛中的一枝。虽然多年来承蒙学界同人错爱，给予了一定的好评，但我深知自己的浅薄，理论中尚存在许多不够成熟之处和某些谬误。在自己继续努力钻研的同时，尤其欢迎社会各界人士、特别是本学界朋友们的批评指正。许多年来学界的朋友们特别是青年学子对我的"国家调节说"（"三三理论"）提出了一些疑义或异议，这些都反映了大家在学术研究上的钻研精神和求是态度。除深表感谢之外，我也愿在此作些回答和说明，并希望继续讨论。

（一）关于国家调节同国家管理、国家干预、国家协调等概念的关系

有人问：为什么说经济法是“国家调节”之法，而不说是“国家经济管理”“国家干预”或“国家协调”之法？这些概念有什么实质性区别，或仅仅是提法上的不同呢？

在我的经济法理论体系中的所谓“国家调节”，它首先是指一种经济调节机制（它同市场调节相对应），也是一种国家经济职能。国家调节职能活动需要法律授权、保障和规制，因此有了经济法。这是按照“市场、调节机制与法律的同步演变规律”的逻辑关系而产生的研究进路。这种思路的逻辑性（形式逻辑和辩证逻辑）应当说是显然的，由此得出的结论应当说也会具有雄辩性。因此，国家调节成为我的经济法理论体系的中心环节，以致该体系被称为“国家调节说”。

“国家管理”是个含义较广泛的概念，经济统制、管制、中国过去的那种计划管理体制等，都叫管理。国家调节也是一种国家管理，但只是各种管理模式、方式中的一种。鉴于中国人以前习惯使用“管理”一词，我在20世纪80年代写的《国民经济的法律调整》和90年代初的《经济法基础理论》（第1版）中，也使用过“国家经济管理”概念，只是强调是指“调节性管理”，即国家为了调节社会经济而进行的那种管理。到1996年《经济法基础理论》（第2版）则完全取代了“国家经济管理”的提法，这样做不仅是为了理论上的一致性，更重要的是担心人们把过去那种统制性管理方式也当成是国家调节。

“国家干预”是国内外经济学界、经济法学界较为普遍的用语。考察法学界当初使用该用语的背景，是西方国家由原来自由放任刚刚向国家介人社会经济的转变，国家刚开始介入时的调节手段较为单一，如美国开始主要是反垄断。反垄断从方式来看主要是强行性的，称为“干预”颇为合适。我的理论体系中为什么用国家调节而不用国家干预？除了前面说的逻辑进路外，也考虑到干预的强制性和外在性——我是把反垄断等列入“国家强制干预”方式，而归属于国家调节“三方式”中的一种方式。国家干预同国家调节两个概念在逻辑上是种属关系。

在我国经济法学界的各种主张中，还有些其他提法，如“国家协调说”等。中国的语言文字十分发达，同义词、近义词颇多，相同的一个意思人们尽可以换几个不同的词表达。这不是重要问题，只要其内涵外延明确，大家又约定俗成，不生歧义就行。这里最重要的是人们不能仅看招牌，而要仔细研究其内容体系，识别其真伪和优劣。

（二）关于“三三理论”中的三个“三”

有人问：“三三理论”中的三个“三”是怎样归纳出来的？为什么恰恰是三个“三”？有主观随意性吗？

如前所述，我研究经济法的一条基本思路是从经济（市场）分析入手，再到国家职能的演进和法律体系的变化。在我的那篇《市场、调节机制与法律的同步演变》一文中，详细分析了当市场从自由竞争市场向社会化市场转变时，其调节机制也由市场调节一元化过渡到二元化，即国家调节出现。这引起了国家职能的演进，即国家开始担负一种新的社会职能——国家调节职能。国家调节需要法律规制和保障，于是一种新的法律——经济法便应运而生。国家调节既然是为了弥补市场缺陷（“三缺陷”），所以它必然有针对性地采取调节措施（“三方式”），国家调节各种方式和活动都需要法律加以规范，这决定了经济法体系的构成（“三构成”）。

现在的问题是为什么恰恰是三个“三”呢？三个“三”的关键在于第一个“三”，即“市场三缺陷”，这是后面两个“三”的前提和基础。国内外法学界、经济学界大家都认识到了市场缺陷，他们从不同角度按照不同标准列举了种种表现形式。我从分析国家调节出现的原因角度考察市场机制的缺陷，归纳出妨碍市场机制充分发挥作用的三个因素：存在“市场障碍”，使市场机制不能进入发挥作用；因唯利性而存在民间投资不愿进入的领域，这些领域不能指望市场机制调节；市场调节本身所具有的盲目性和滞后性，虽然最终它可以调节，但周期长、损失大。以上“三缺陷”似乎能够把人们所列举的各种市场缺陷都分别涵盖进去。[45]

如果“市场三缺陷”能够成立和是周延的，则后面两个“三”就自然能够成立了：国家调节针对市场“三缺陷”，分别采取“三方式”；经济法体系也便必然是“三构成”了。

创立理论不应当停留在逻辑推理层面，更重要的是理论是否来自实践并能否经受实践检验。上述“三三理论”首先是考察、分析近一百多年来经济（生产和市场）、政治（国家职能）和法律等社会情况及其演变得出的结论，它符合社会实践。例如，美国自1890年《谢尔曼法》颁布，19世纪30年代罗斯福新政，国家较全面介入经济和社会生活后，其国家调节方式就基本符合上述“三方式”。在德国、日本，除了作为战争对策国家较全面地统制经济外，“二战”后其国家调节所采取的也基本为“三方式”。[46] 一批社会主义国家在改革和转轨、转型后，国家经济职能行使方式也发生着转变，逐渐向“三方式”靠近。[47] 相应地，各国的经济法内容体系也基本符合“三构成”理论。

（三）关于国家投资经营法在经济法体系中的地位

有人问：现在国内学者很少有将国家投资和国家投资法作为国家调节方式和经济法体系基本构成之一的，特别是在西方私有化和我国的国企改革之后尤其如此。“三三理论”仍坚持将其作为一个基本构成，不过时吗？

国家直接投资是针对由于市场唯利性，民间投资不愿进入某些领域这一缺陷，而采取的一种国家参与式调节方式。它包括国家资本进

---

[45] 我曾发动我的研究生们做了这样的工作，发现人们提到的市场各种缺陷表现都分别能够往我的那三个“筐”里装。

[46] 2003年10月在日本公平交易委员会组织的一次研讨会上，日本学者认为日本政府对于经济的调节确实也是如我所言的“三方式”，认为我的“三三理论”适用于日本情况。参见王玉辉、武晋伟：《日本的国家经济调节职能与经济法理论研究的反差——兼论“国家调节说”的国际普适性》，载陈云良主编：《国家调节说的理论与实践》，法律出版社2008年版，第121～136页。

[47] 例如，大家可以研究《中华人民共和国国民经济和社会发展第十一个五年规划纲要》的相关内容，发现当前中国国家经济社会职能活动大致就是这三个方面。

入和退出两个相辅相成的方面:当民间资本不愿进入或进入不足时,(在国家通过有关政策手段予以鼓励、引导而仍不见效情况下)国家直接参与某些投资经营;而一旦民间资本愿意进入,能够保持经济结构和运行协调、平稳时,国家资本及时退出。这是一种不可缺少的并且见效快的调节方式。现代国家以往非常重视运用这种方式。并且由于当时社会特定情况和多种原因,[48]一些西方国家几次掀起国有化高潮,使国家投资远远超过为调节经济这一目的的实际需要;社会主义国家的国有经济更几乎是一统天下。国家投资和国有经济成分过多非但无益反而有害,包括妨害市场机制运行、影响整体经济效率、加重国家财政负担等。但适度的国家投资总是必要的,西方国家的私有化并未也不会让国家完全摒弃这种国家调节方式,中国的国企改革更不是完全取消国家投资。例如,我国要开发西部地区,如果国家不投资建设一些基础设施,不营造适宜的投资环境,民间资本就不会贸然进入。为解决"三农"问题,抑止城乡差别和贫富差别扩大,完善社会保障制度,发展各种社会公益、公共事业,研发重大科技和国防项目等,都少不了国家投资。当前国家制定的"十一五"规划纲要中明确规定:"在经济发展和财力增加基础上逐步增加中央政府投资规模。完善政府投资管理体制,整合政府投资,改进投资方式,加强项目监督。"[49]

国家投资这种国家调节方式不会放弃,则国家投资法作为经济法体系的构成之一就会继续存在。国家投资法包括国家投资政策法、投资程序法、国有企业法以及私有化法令和国企改革法等。当前,中国的国企改革还在继续进行,这方面立法的重要性尤其不能忽视。

人们的认识容易犯忽左忽右的毛病:在我国改革初期当国有经济还十分强大的时候,人们看不到它改革的趋势,以为国家投资经营法将长期成为经济法的核心;而一旦西方国家搞起私有化,中国国企改革力度有所加大时,却又认为要取消它在经济法体系中的存在。这似乎太

---

[48] 参见漆多俊:《对国有企业几个基本问题的再认识》,载《经济学家》1996年第2期。

[49] 《中华人民共和国国民经济和社会发展第十一个五年规划纲要》,第47章。

有点“与时俱进”了。

有人虽然不否认国家投资法属于经济法的内容，但反对它是经济法体系中一个基本构成而与其他市场规制法、宏观调控法并列，认为它只属于宏观调控法中一个内容。在国家调节诸方式中，国家投资经营跟宏观调控是很不相同的：前者是“参与式”，即国家以一个投资者身份参与投资经营活动；后者则是国家运用计划、经济政策和政策性工具，间接地影响（调控）社会经济主体的经济行为。把二者混为一谈的原因，除了是对国家投资这种调节方式地位和作用低估之外，还在于对“宏观调控”概念的内涵和外延并未准确把握，把它扩大化了。

（四）关于宏观调控的特点及其同国家调节的关系

有人问：中国现在人们都在说宏观调控，“国家调节说”中的宏观调控理论有什么特点吗？

宏观调控可以说是当前中国人最熟悉的一个词语，但理解颇不一致。我国经济法学界几乎都认为宏观调控法是经济法体系中的一个构成部分。但是应当指出，许多人对于究竟什么是宏观调控，它同国家调节、国家经济管理等概念是什么关系，并不很清楚。有的甚至认为整个经济法就是一部宏观调控法，这样就不仅把国家投资法，而且还把市场规制法也统统划归宏观调控法中了。有些虽然承认市场规制法相对独立存在，但经济法中的市场规制也主要出于经济和社会的宏观和总体的考量，为什么不一并视为宏观调控呢？他们也说不清楚。

在我的经济法理论体系中，也采用了宏观调控概念，但作了严格限定。它乃是针对市场“三缺陷”中的市场调节盲目性和滞后性这一种缺陷，国家运用自己的优势分析各个时期经济和社会发展形势，向社会发布预测，提供信息和其他服务，并运用各种经济政策和政策性工具，引导、促进社会主体的经济行为，以达到社会经济总体结构和运行协调、稳定和发展，并促进社会公平的总目标。这种调节方式同国家调节其他两种方式比较，其总目标是关注经济和社会的宏观与总体，这是一致的；但在调节方式和手段上却有明显区别：（1）它主要是引导（指导）约束型的，对于各社会主体来说，接受指导和调控是自愿的，国家一般不强制被调控主体接受。这与市场规制的强制干预和国家投资经营的直接参与的方式是不同的。(2)国家的手段主要是运用计划(规划)、经济政策和政策工具,对社会主体行为予以引导、鼓励或制约。计划(规划)—经济政策—政策工具,这是宏观调控的内部结构,是它的一条轴线。[50] (3)宏观调控措施对于市场各具体主体(企业、个人)来说是间接的,这是一种"政府调控市场,市场引导企业"的格局。国家的这种调节方式按其特点,可以称为引导促进型或间接调控型等,也可以按照我国人们习惯叫作宏观调控型,这方面法律叫作宏观调控法。

在我的经济法理论体系中,宏观调控与国家调节两个概念绝非是等同的,而是种属关系,即前者包含在后者之中而为后者构成之一。

准确把握宏观调控概念的内涵、外延,弄清它同市场规制、国家投资经营乃至整个国家调节之间的关系,不仅具有经济法理论意义,而且有重要实践意义。特别对于转型时期政府职能转变和改革来说尤其如此。中国改革中强调政府职能转变,要从管得过多、过宽、过死的管制型过渡到调控型。但如果对于什么是调控,它同过去管制型有何区别认识不清,就容易换汤不换药,打着宏观调控旗号,维持和恢复过去的管制做法。当前无论理论界和政府部门中,确实存在着把什么都说成是宏观调控的倾向。"宏观调控是个筐,什么都往里面装。"这应当引起我们警觉。

(五)关于市场规制法的体系

有人问:学界有时称市场规制法,有时称竞争法,我的书有时又称"市场障碍排除法",这些概念有区别吗?市场规制法的内在体系怎样,即除反垄断法、反不正当竞争法外,还包括哪些法律?中国的市场规制法在内容体系上有何特殊性?反垄断法在西方被称为市场经济的"大宪章",在中国这个法长期缺位,没有"宪章"我们不是也走过来了吗?

所谓市场规制,这里是指国家对市场的直接和强制性的干预措施,

---

[50] 参见漆多俊:《经济法基础理论》(第3版),武汉大学出版社2000年版,第353页。

不包括国家只是制定市场交易规则,让各平等主体遵行,国家不直接参与其法律关系这一情况,后者是民商法规则,不属于经济法范畴。国家对市场的直接、强制性规制,从经济法产生历史上看,首先和主要是对市场竞争的规制,这一类法是竞争法,包括反垄断法和反不正当竞争法,特别是反垄断法。垄断和不正当竞争扭曲价值规律,使市场机制不能发挥作用,引起经济和社会问题。但是需要国家直接规制的不限于竞争问题。经营者即使主要不是出于竞争考虑所采取的其他一些严重损害广大消费者的行为,也危害着经济和社会生活。而鉴于消费者相对于经营者处于弱势地位,国家也需要加以干预,为此而颁布消费者权益保护法和产品质量与产品责任法等。可见市场规制法应当包括竞争规制法与对经营者其他损害消费者行为的规制法这样两个部分。这两种法所规制的都是有关经营者的经营行为,不同之处在于:竞争法调整的主要是经营者同经营者之间的关系(竞争关系);后者调整的则主要是经营者同消费者之间的关系。

我的书有时把这些法律称为"市场障碍排除法"。[51] 这主要是出于与之相关的市场缺陷——"市场障碍"的考虑。即由于存在市场障碍,所以国家要予以排除。所谓市场障碍,从广义上说有多种障碍,同经济法相关的则主要有以下几种:一是由于经营者经营行为(竞争行为与其他损害消费者权益的行为)不按价值规律办事,市场机制遇到障碍,不能对经济和社会发挥调节作用。国家排除障碍是为了让市场机制发挥作用。二是市场可能遇到国家公权力等外力侵入干扰,如国有经济成分过多,政府管制太严,调控失度等,使市场机制不能充分发挥作用。要排除这种障碍,需要让公权力适当退出某些领域,进行体制上的改革或调整有关政策,修订法律,或改善行政方式。三是市场本身体系发育欠成熟,制度不够完善,市场机制自然也不能正常作用。这时就需要国

---

[51] 参见漆多俊主编:《经济法学》,武汉大学出版社 1998 年版、2003 年版,第 2 编标题及该编相关内容。另参见漆多俊:《经济法基础理论》(第 3 版),武汉大学出版社 2000 年版,第 276 ~ 277 页。

家采取措施组建和培育市场。例如,当前中国及其他尚处于转轨转型时期的国家即如此。在转型国家,市场体系发育不完善的原因主要是以前实行计划经济体制,国家权力统制经济造成的。所以,组建和培育市场最重要的事还在于权力的退出,给市场因素的增长留出空间。

由于上述原因,所以在中国,市场障碍排除法(或称市场干预法,或仍然沿用市场规制法提法)的体系,除了竞争规制法和对经营者其他损害行为规制法之外,还包括了市场培育法的内容。并且初期尤以市场培育为主。[52] 而等到将来我国市场体系和市场经济体制完全建立,市场培育任务就基本完成,对竞争及其他市场行为的规制便会成为国家直接干预市场的主要内容。

如今我国的垄断特别是在诸如电力、石化、通信、交通、金融等行业的大型国有公司的垄断已经相当严重,亟须国家通过法律予以规制。反垄断法不说它是“宪章”,起码也是不可或缺的重要法律,并且其重要性不仅在于经济领域,对于社会公平、社会稳定乃至对国家政治生活,都有着十分重要的意义。前面提到的美国罗斯福新政时候的情形,就说明了这一点。我们可以从历史中得到借鉴。

(六)关于经济法中的经济与社会、效率与公平

有人问:经济法只涉及经济领域吗?经济法价值中效率与公平关系如何看待?

经济法作为国家调节之法,首先是国家调节经济之法。19 世纪末以来出现的各种重大社会问题,是由生产社会化引起的,所引起的也主要是经济问题——市场社会化、垄断、经济危机、资源和财富分配不公平等。所以国家调节首先和主要是调节经济的结构和运行。但它却不仅仅关注经济问题。因为经济问题不是孤立的,它同其他社会问题密切相关,它也必然引发其他社会问题;并且,有些社会问题的出现不一定全是经济因素,社会发展进步本身也要求改善某些状况。例如,人类

[52] 《中华人民共和国国民经济和社会发展第十一个五年规划纲要》在涉及市场这一块时,就包括规制与培育两方面内容,并以培育市场为主。参见该纲要第 34 章。

文明进步要求不断提高民众的包括精神文明在内的生活质量,扩大能享受的权利范围,提高对于公平、正义标准的理解,要求国家为解决这些问题而作出某种调整和调节。因此,新出现的国家职能乃是一种包括但不限于经济的综合性的社会职能,也可以称为经济和社会职能。国家调节实为国家对经济和社会的调节。这种国家调节职能活动的目的也是综合性的,即为了经济和社会的稳定、公平和发展。

按照上述思路,则经济法价值中的效率与公平的关系应是有机的一体。经济法的效率本来就是指社会效率,所关注的公平是社会公平。社会效率同社会公平更是一致的。公平正义始终是法律的首要价值,从这个意义上说,经济法尤其重视的是社会公平。前面论述各国经济法产生的历史时也已表明,经济法从其出现时起就是充分关注社会公平问题。只是有些国家在某个时期的价值取向有其他侧重或者说是一种偏离,但总体来看,任何时候,公平问题都应当是法律包括经济法的首要价值。我国过去提出的“效率优先,兼顾公平”看来并不妥当。

(七)关于经济法的再分配功能及其在促进社会公平中的作用

有人问:您提出“经济法是利益资源和权利再分配法”,特别强调经济法的再分配功能,强调经济法在解决社会不公平问题上的重要作用,应当怎样进一步理解这一思想呢?

是的,我多次说过:从某种意义上说,法律乃是社会利益资源分配书。[53] 宪法是一国范围内的总分配书,它涉及各种主体、各种社会资源、各领域利益分配关系。各部门法则是某个范围和领域的利益资源较具体的分配书,是总合同下面的分合同。经济法也是分配书,但它是在原来法律(主要是民商法)的分配秩序基础上,因考虑到社会总体效率与公平(社会公平和实质公平)的需要,而对原来权利安排作出的调整和再分配,其实这就是经济法所规范的国家调节的实质。经济法和

[53] 参见漆多俊:《控权:通向法治之路的关键》,载《经济与社会体制比较研究》2006年第5期。

国家调节的出现本来就是为了对原有社会资源配置、民商法权利结构(民商法秩序)作出必要调整和再分配。这是在继续坚持民众个体拥有充分自由和私权利的前提下,从社会和全体民众总体、根本和长远利益出发,也就是从社效率和社会公平角度,经由国家调节,克服因生产社会化和社会文明进步而引起的市场调节和民商法秩序的不足,实现社会公平,推进社会和谐发展。我们在研究美国经济法产生和发展历史时发现,20 世纪 30 年代罗斯福新政改革连同当时颁布的大量经济法,其基本宗旨和功能就在于对美国自独立宣言确立、已延续一百多年的自由放任传统和那时以来建立和适用的民商法权利秩序,作出果断的改革和调整,罗斯福新政也因此被称为是一次"权利革命"。[54] 另外,早在 1755 年提出"经济法"概念的法国空想社会主义者摩莱里在其《自然法典》一书中,就把他所谓的经济法定性为"分配法"。[55] 这些也从不同侧面说明经济法所具有的国家对社会资源和权利作出调整和再分配的性质。

认识到经济法的分配法性质,就应当很好地运用它的这种功能,发挥它在统筹各种发展关系,维护社会公平方面的积极作用。例如我国当前社会存在的许多分配不公和由此引发的社会问题,便正需要充分发挥经济法再分配功能予以解决。在这方面经济法是本来可以大有作为的,[56]只是迄今人们对经济法的这一重要功能尚无足够认识,拘束了经济法实际作用的发挥。

(八)关于国家调节与社会调节

有人问:经济法是社会性法,它所规范的调节应是社会调节,强调

---

[54] 当时罗斯福政府颁布了美国历史上的第二个《权利法案》,并先后颁布 70 多部法律。《权利法案》和其他法律主旨是对权利进行各种形式的再分配,主要属于经济法范畴。参见[美]凯斯·R. 孙斯坦:《自由市场与社会正义》,金朝武等译,中国政法大学出版社 2002 年版,第 430~434 页。

[55] 该书原来系 1755 年 1 月在阿姆斯特丹出版,我国于 1959 年和 1982 年由商务印书馆出版两种中文译本。

[56] 漆多俊:《科学发展观:当代中国经济法之良法观》,2006 年 8 月 16 日在"13 省法学会第 22 届经济法学术研讨会"上的主题发言。

国家调节是否不妥，有点“国家主义”？

不错，经济法是社会性法，经济法所规范的调节应该是一种社会性调节。但是，在当前主权国家存在并很强大的情况下，所谓的社会调节能由谁来执行调节呢？只有国家。由国家代表社会执行调节。有些年轻人很激动，说应当由社会中介组织来调节，这才叫社会调节。可是请问：如果把国家撇开，而由社会中介组织为主来调节，它们能调节吗？说得不好听一点这叫幼稚。经济法的社会性和经济法所规制的国家调节的社会性的体现，当前主要是：第一，国家调节职能所具有的社会性，即它已不再是传统政治国家的政治职能，而是“社会公共职能化”了。国家调节的实质已是一种社会调节，这时候国家的性质是代表社会。第二，正因为是社会调节，所以国家除了自己直接执行调节外，还可以把一部分调节职能交给社会组织，由各有关社会组织执行调节。有些事情甚至无须国家授权，社会组织就主动实行社会性调节了。今后社会组织会逐渐发展发达，能担负的社会调节职能会逐渐增加，但谈论社会组织完全取代国家还为时尚早。何况在中国当前社会组织（NGO）很不发达，受到国家公权力种种限制的情况下，尤其如此。

（九）关于经济法的维权与控权

有人问：您反对经济法是“管理法”的提法，认为它是维权法、控权法，如何理解？

我国过去长期奉行“法律虚无主义”和“法律工具主义”。人们在不重视法律的同时，认为法律是统治的工具，是“管理法”，经济法更当然地被认为是国家管理经济的工具。在这种思想指导下，国家制定的法律法规往往强调企业和民众服从管理的义务，而未能充分规定他们的权利，以致有人将这样的立法谑称为“老百姓的义务书”。后来国家确定治国方略转型，要逐步建设法治国家以后，人们才逐渐认识到法律应当充分反映广大民众的意志，维护其权利，法律首先是维权法。这是一大进步。但是，在社会划分为普通民众与国家公共权力部门两大部分的情况下，由于在一定时期社会利益资源总量是特定的，为了维权，必须控权——控制国家公权力因滥用权力而发生对于民众权利的侵犯。维权是良法和法治的核心，控权则是其关键。[57] 因此法律还应当是控权法。

在西方资本主义国家，原来国家是不能干预私人经济活动的，后来需要国家调节，必须首先由法律授权，明确而严格地限定国家调节的宗旨、范围、基本调节方式等，国家调节权力不能滥用。经济法所规范的国家调节应当充分尊重市场机制的基础性调节作用，不能越俎代庖。应当充分尊重民众在民商法上的正当权利和自由。经济法上的国家调节权不能随意侵犯民众的私权利，在必须对原有私权利作出调整时，必须严格规定适用条件、程序和必要的损失补偿。鉴于中国原来国家权力过大，缺乏尊重私权利的传统，认识律（包括经济法）的维权性和控权性尤其重要。

（十）关于“小小经济法”

有人说：漆老师反对“大经济法”观点，不同意将“横向经济关系”和“企业内部关系”纳入经济法，对于“纵向经济关系”也作了区分，甚至不同意把财政法、金融法全部纳入经济法，只认准经济法体系“三构成”，是个“小小经济法”体系。

说的也对，我承认是个“小小经济法”。不仅属于民商法调整的各“平等主体”之间的社会关系（商品货币交换关系）不应纳入经济法，而且即使如财政法、金融法，也要作具体分析。财政税收法是经济法与行政法的交叉——只是其中的财政税收方面的政策法才属于经济法。金融法中的中央银行法基本属于经济法；至于商业银行法（储蓄、信贷、结算等业务）、证券法、保险法、信托法等，由于它们所调整的大量属于平等主体商业往来关系，因此它们之中的大量条款和内容都属于民商法范畴，只是其中有关国家调节的法律规范才属于经济法范畴。

事物的本质属性决定其体系，该多大就多大，不能夸大，不能缩小。说我构建的经济法体系很小，小点也好，让民间社会多些自由。我的虽

[57] 参见漆多俊：《控权：通向法治之路的关键》，载《经济与社会体制比较研究》2006 年第 5 期。

小,可是人们是否知道世界上还有比我的更小的经济法呢！例如,在日本等国家就较普遍地存在这种情形。丹宗昭信就说经济法基本上就是反垄断法。金泽良雄的经济法宽一些,但也只是以反垄断法为核心的。我今年给博士生入学考试的面试出了一道题,请他们试分析日本的经济法学说同日本政府调节经济的现实有没有什么矛盾。我的意思是,日本的经济法学界说他们的经济法就是反垄断法,然而几十年来日本政府的职能活动显然远远超过反垄断这一件事。他们历来十分重视运用经济计划和产业政策、财政税收政策、金融政策调节经济,搞宏观调控。日本以前很重视国家直接投资,现在也还存在国有经济。我说的经济法体系那三个构成日本也都有。看来日本经济法学者的理论落后于现实。从这个意义上说,我们中国的经济法理论是否比他们更先进呢?

这几年我常到国内一些高校作讲座或开会,同学们提出了不少问题同我讨论。其中,还包括怎样学习研究法学,如何使我国法学研究避免肤浅,不断深化的问题。许多问题对我很有启发。篇幅有限,这里不再一一作答。希望今后有机会通过各种渠道继续交流。

经济法再分配功能与我国收入分配制度改革*

一、国家经济调节职能与经济法

经济法是伴随生产社会化和现代国家经济职能的出现而产生的。资产阶级革命和全国统一市场形成以来,国家对于社会经济的态度曾先后出现过两种极端:一是自由放任,完全由市场机制调节,国家基本上不作干预,如美国自建国起至20世纪30年代罗斯福新政前基本如此;二是排斥市场,将经济完全置于国家(通过计划)统制之下,如斯大林时期的苏联和改革开放以前的中国。后来各国的实践表明,在社会化条件下,这两种极端都不行,社会经济必须同时由市场和国家两种机制配合调节,并应以市场调节为基础。

西方资本主义社会初期,即自由竞争时期,社会经济的调节机制是一元化的,市场机制(亚当·斯密所谓"看不见的手")足以有效地调节经济的结构

---

* 本文原发表于《中共中央党校学报》2008年第12卷第2期;收录于漆多俊主编:《经济法论丛》(第14卷),中国方正出版社2008年版。

和运行。但市场调节毕竟不是万能的，存在一些自身缺陷只是在当时条件下并未显露而已。19 世纪末 20 世纪初以后，由于生产社会化和垄断的出现，市场缺陷显露，引发严重的经济社会后果，人们才惊呼“市场失灵”了。正是在这种背景下，国家开始介入经济进行国家调节。社会经济的调节机制出现“二元化”。[①]

国家要改变过去自由放任传统，进行国家调节，需要由宪法和法律授权；国家对经济如何恰当调节而不至于权力滥用，需要法律规制。此外，国家调节也需要法律保障。因此便出现了规范国家调节的法律，这种法律便是经济法。如美国 19 世纪与 20 世纪之交颁布的反托拉斯法，德国 20 世纪初期涌现的一批经济法。

在苏联、东欧国家和中国，革命成功后，当时认为社会主义新的经济基础不可能在旧社会母体内自然生成，必须由新政权“重新组建”，并在“组建”中和“组建”后实行高度集中统一的计划经济体制和经济管理体制。国家管制经济的方式主要依靠行政的（或革命的、军事的）手段，不重视法制，即使颁布了一些经济管理方面的法律，也主要是行政法性质的。中国经济体制改革以后，特别是后来决定实行社会主义市场经济体制以后，要大力发展市场因素，相应地，国家权力在社会经济领域便需要逐步加以控制和收缩，需要转变“国家职能行使方式”。如何转变？概言之，就是要从对经济的统管、“统制”，变为“国家调节”。国家调节作为一种经济调节机制，它应当以市场调节为基础，弥补市场机制的不足，相互配合，而不能排斥或取代市场机制的作用。市场经济应是法制经济，国家调节也应当依法调节，遵循客观经济规律，国家调节权力不能滥用，为此需要制定和逐步完善规范国家调节的法律——经济法于是发达起来。

国家调节因为是在市场机制存在缺陷和在社会化条件下它不能有效调节经济的情况下产生的，所以，国家调节的基本方式就是针对市场

---

① 参见漆多俊：《市场、调节机制与法律的同步演变》，载漆多俊主编：《经济法论丛》（第 1 卷），中国方正出版社 1999 年版，第 1～24 页。

缺陷而为之。它一般分别采取下列三种方式:(1)鉴于市场存在各种限制竞争和不正当竞争等行为,它扭曲价值规律,使市场机制不能正常发挥作用,为了恢复其作用,需要排除障碍,为此国家调节采取反垄断、反不正当竞争等措施,规制市场竞争及其他不公平交易行为;(2)鉴于市场调节具有盲目性和滞后性,往往要等到经济结构和运行出现严重问题时才发觉和慢慢得到纠正,这造成经济资源浪费,引起社会动荡不安,所以,国家需要掌握各种经济信息,发布预测,制订经济和社会发展计划,并通过有关各项经济政策和调节工具,对全国经济实行宏观引导调控;(3)鉴于市场具有唯利性,对于一些赢利率低或不能赢利的公用事业、基础设施、尖端科技和其他对国计民生关系重大的行业,民间投资往往不愿进入(尚不说国家政策不允许他们进入),国家在通过政策引导仍难以奏效的情况下,只能采取由国家参与直接投资经营的调节方式。

上述各种国家调节方式(国家职能活动)都应当由法律规范,国家需要分别制定三个方面法律:(1)国家对市场规制法,含反垄断法、反不正当竞争法及对其他不公平交易行为规制法;(2)国家对经济的宏观引导调控法,含计划法、各种经济政策法等;(3)国家投资经营法,含国家投资法、国有企业法等。这些就是经济法体系的基本法律,是经济法体系的“三构成”。②

经济法是什么法?其实,从其产生的经济社会背景、根源以及它所担当的历史使命等方面来看,是十分清楚的:它是规范现代国家经济调节之法。它调整在国家调节社会经济过程中发生的各有关社会关系,使社会经济结构和运行实现国家所预定的目标,维持和促进经济协调、稳定和不断发展,维护社会经济总体效率和社会公平。这就是经济法的本质所在。

② 这里论述的市场三缺陷、国家调节三方式和经济法体系三构成,被学界称为经济法的“三三理论”,又叫作“国家调节说”。详见漆多俊:《经济法基础理论》(第3版),武汉大学出版社2000年版。

二、经济法的再分配功能

经济调节机制(包括市场调节和国家调节)调节社会经济的结构和运行。经济结构和运行所反映的是社会各种经济资源的占有、使用关系,说到底是有关人们的利益关系。各种调节机制实际上是对人们的各种利益关系进行调节、调整,或者说是一种分配。市场调节是基于价值规律和供求关系进行的利益分配,其价值取向是各个具体生产过程中的各个体间的效率和公平。国家调节是运用“国家之手”进行的社会利益关系的调整和分配,其价值取向偏重于社会总体性效率和社会公平。社会效率和社会公平是以个体效率和公平为基础的;但两者也会有矛盾和冲突。国家调节所作的分配乃是在市场调节所作的分配基础上,为了社会公共利益即社会总体效率和社会公平而进行的分配。如果把市场调节的分配称为初次分配,那么国家调节便是一种再分配。市场调节的分配和国家调节的再分配都需要法律加以规范。规范市场调节分配的法律主要是民商法;规范国家调节再分配的法律主要是经济法。

法律本来就是调整社会关系的,不同的法律部门调整各自领域特定的社会关系。社会关系的本质就是人们的利益(包括物质利益和精神利益)关系。从这个意义上说,法律实际上就是一种利益资源分配书。宪法是一个国家所有利益资源的总分配书、总合同,各部门法律是各特定领域内的利益资源分配书、分合同。对一国而言,其利益关系(社会关系)可以主要分为如下五种:(1)普通民众同国家公共权力部门之间的利益分配关系;(2)民众各个体(企业、其他组织和个人)之间的分配关系;(3)公共权力部门内部各机构和个人之间的分配关系;(4)民众中有关个体同社会公众、公共和总体利益之间的分配关系;(5)本国同境外国家、地区和国际社会之间的利益资源分配关系。宪法主要是对全国各种利益资源分配关系作出基本划分和规定各种基本原则,各部门法律则作出比较具体的分配安排。其中,普通民众同国家公共权力部门之间的利益分配,除了宪法之外,主要是行政法等法律;对民众各个体之间的利益分配,主要是民商法;各公共权力部门内部的分配关系,主要由国家机关组织法和行政法规定;民众中的个体同社会公众、公共和总体利益的分配,则主要是经济法等法律;本国同境外国家、地区和国际社会的利益资源分配关系,则由国际法规定。③

在上述各种部门法中,调整经济领域并涉及财产及其他经济利益资源分配关系的,主要是民商法和经济法。民商法适应着市场调节的要求,是市场调节的法律保障,它规范着社会利益资源的初次分配关系;经济法是国家调节的法律规范,它所调整的属于利益再分配关系。因此我们也可以说,经济法是经济领域利益资源的再分配法。

有了民商法和市场调节的初次分配,为什么还需要经济法和国家调节的再分配呢?前面已经提到,所谓初次分配,乃属于生产领域内的分配,是指各具体生产过程中各生产力要素和产品的占有、使用关系。在市场经济条件下,它基本上受价值规律和供求关系支配,即受市场调节。按照价值规律和市场调节的要求,各种生产力要素和产品在各个体(企业和个人等)之间自由流动和分配,体现着效率和公平等价值。因此,这种初次分配是基本合理的,特别相对于此前封建等级制而言是历史的大进步。只是后来,即19世纪末20世纪初以后,由于生产社会化和出现垄断,各个体间的效率和公平同社会公共和总体利益之间的矛盾和冲突越来越突出,有些个体间的效率和公平往往妨害广大公众和社会总体的效率和公平。例如,少数垄断集团对于市场和价格的操纵及其超额垄断利润的获取,对于广大中小经营者和消费者来说就是无效率和不公平的。而民商法关于个体权利本位的立法价值取向及其自由、平等的原则无法规制垄断。一些垄断同盟(如企业合并、价格托拉斯、瓜分市场协议等)正是利用了民法的契约自由等原则实施的。

---

③ 参见漆多俊:《权力经济向法治经济的转变》,载漆多俊主编:《经济法论丛》(第11卷),中国方正出版社2005年版,第1~21页。

这些情况表明，在生产社会化以后，市场机制的缺陷和民商法的局限性逐步显露，它们的调节和调整即它们所进行的利益资源分配，已经解决不了社会效率和社会公平问题，它们所崇尚的个体效率和公平往往损害社会利益，它们注重的形式公平常常导致实质不公平。正是在这种情况下，国家调节和经济法的出现以及它们进行再分配，才成为历史的必然。

国家调节和经济法对利益资源所作的再分配，是在市场调节和民商法所作的初次分配基础上，为了克服后者的局限性，协调个体同社会之间利益关系，本着社会本位精神所进行的一种分配。其价值取向在于：既承认和充分维护个体正当的效率和公平，又不至于因个体损害社会公众、公共和总体的效率和公平，实现真正的和更高层次的社会公平正义。前面论及的国家调节三方式和经济法体系三构成，都是为此目标所作出的调节、调整和利益再分配。

国家调节和经济法的作用虽然十分重要，但它们应当正确恰当实行，否则不能收到预期效果，还可能把事情办坏。它们必须遵循如下基本原则：

第一，应当充分尊重和维护各个体（企业、个人）的经济权利和自由，维护各个体的经济效率和公平；国家调节和经济法不得随意侵害各个体正当的经济效率和他们间的公平。

第二，经济法所规范的国家调节只有在下列情况下才可以，也应当对有关个体的经济利益关系进行必要调整和再分配：某些个体经济效率妨害或可能妨害社会公众、公共和社会总体经济效率，个体间公平（形式公平）妨害或可能妨害社会公平和实质公平。并且，上述该种妨害和冲突单靠市场调节和民商法无法排除和解决，必须由国家调节和经济法作出再分配。

例如，在我国近些年人们普遍关心的国家征地拆迁中，如果切实贯彻上述原则，那么第一，就要充分尊重民间土地和房屋的原所有权，不能随意要求改变其所有权；第二，只有当国家和社会公共利益真实需要，而别无其他途径解决时，才可以依照法定程序改变该原来所有权，由国家征地拆迁,并给予合理补偿。改变原来所有权关系必须理由正当,不能为了"国家和社会公共利益"以外的其他目的(如单纯商业目的);不能打着"国家和社会公共利益"的幌子。并且,既然是所有权的改变(这是对原来法律关系即民法上的权利安排的一种调整,亦即"权利再分配"),就必须履行法定程序,并给予合理补偿,而不能简单粗暴行事。如果认真贯彻上述原则要求,实践中就可以避免滥征土地,避免和减少纠纷,使征地拆迁符合正义和法治要求。

又如,按照上述基本原则的两个层次要求对待垄断行业和企业,则:第一,各种企业(也包括垄断性企业)的生产经营自主权和正当收益应当得到充分尊重和维护,国家调节和经济法不得滥加干预;第二,对于某些企业实施限制竞争行为,垄断市场,对于因超额垄断利润而形成的收入分配严重不公平现象,经济法应当规定通过国家调节予以规制,以维护和促进社会经济效率和社会公平。

三、经济法再分配功能的应用

国家调节职能和经济法在现代经济社会生活中的重要作用,早已为世人所公认。如果说,经济学界在整个20世纪争论的焦点,可以归纳为在经济生活中政府与市场这两者作用的关系(国家调节同市场调节的关系)的话,那么,对于经济领域的法律而言,如何恰当发挥经济法的作用,处理好经济法同民商法的关系,处理好民商法上各个体的经济权利同经济法所着重保护的社会公众、公共和整体利益之间的关系,便是整个20世纪和至今法学界和法律界的一个中心课题。

我国正在进行包括经济体制改革在内的社会变革,并努力构建和谐社会,经济法正是发挥重要作用的时候,它可以大有可为。党的十七大指出,社会和谐是中国特色社会主义的本质属性。而构建和谐社会必须处理好利益资源分配关系。利益分配不公平,和谐无从谈起。当前我国的收入分配制度尚存在许多严重不合理的地方,主要表现在:

(1)在国家公共权力部门同普通民众之间的分配关系上,国家财政收入增长同职工工资及其他民众收入与福利的增长在国家GDP增长中所占的比例问题;(2)在国家财政经费支出安排上,用于日常行政经费开支同经济建设投资、公共服务支出的比重问题;(3)各经济行业之间的收入分配差距,特别是许多垄断行业,如石油、煤炭、电力、电信等行业的垄断企业的高额垄断利润问题;(4)普通居民之间贫富差距过于悬殊问题;(5)城乡、工农差别问题;(6)低收入家庭看病难、子女读书难的问题等。这些问题目前虽然已经引起党和国家以及社会的高度重视,但改革任务仍十分艰巨,有些改革可以说还尚未"破题"。解决这些问题需要多方面努力,但从法律角度说,离不开经济法再分配功能的发挥。

经济法体系构成有三个基本方面的法律,即市场规制法,宏观引导调控法,国家投资经营法。这三个方面法律都具有各自的利益分配功能,它们分别在不同领域发挥作用,并互相配合,共同实现国家调节和经济法的利益再分配功能,使社会利益资源分配关系符合公平正义要求,实现在我国构建和谐社会的目标。

当然,解决我国当前收入分配不公平的法律也不只是经济法一个部门法。虽然它是其中最为重要和主导性的法律,但也还需要其他有关法律部门配合。我们说经济法是一种再分配法;但我们并未将该判断句颠倒过来,说再分配法就只是经济法。因为在法的体系中还有其他法律也担负一定的再分配功能。例如,劳动法对于劳动者所提供的如最低工资和最高工时等特别保护,社会保障法对于贫困人口和弱势人群所提供的社会救济和社会保险等,都在发挥再分配功能。不过,后面这些法律的再分配功能同经济法是密切联系的,它们所采取的措施往往同经济法的再分配结合起来统筹安排。

本文一直在说,国家调节和经济法负责再分配,而初次分配应当由市场调节和民商法去安排,那么,对于初次分配难道国家和经济法真的可以完全不管,任凭市场调节和适用民商法吗?这里还需要作具体分析。我们说初次分配由市场调节和民商法规定,这是有前提条件的,即该生产领域和各具体生产过程所处的外部经济社会环境是市场化的,各种生产要素能够自由流动,价值规律能够充分发挥作用,这种生产领域内的分配没有外部因素干扰。不具备这个前提条件,市场调节和民商法对初次分配的作用也是有限的,不能确保各有关个体的效率和公平。这里有两种情况:一是由于市场机制本身存在缺陷。即使在市场经济条件下,市场机制所作的分配也难免存在不公平,特别是在生产社会化以后,某些个体间的效率和公平往往损害社会经济总体效率和社会公平。这需要国家调节的再分配予以修正和补充。二是指社会经济体制的非市场化。例如,在各生产过程都由国家指令性计划安排的情况下,那些初次分配(如各具体生产过程对于生产力诸要素的获得及其价格)本来就是由国家予以"调节"(统制)的。这种分配也是生产领域之内的分配(因此可以称为"初次分配");但它已经是由市场以外的因素(国家权力因素)作用的,相对于市场机制的分配而言,它实际上已经属于"再分配"范畴了。如果因为改革需要调整、改变生产领域原来由国家作出的安排,那便是对原来国家所为的再分配进行再调整(对原来再分配的一种再分配)。

胡锦涛同志在党的十七大报告中谈到深化收入分配体制改革问题时指出:"初次分配和再分配都要处理好效率和公平的关系,再分配更加注重公平。逐步提高居民收入在国民收入分配中的比重,提高劳动报酬在初次分配中的比重。着力提高低收入者收入,逐步提高扶贫标准和最低工资标准,建立企业职工工资正常增长机制和支付保障机制。创造条件让更多群众拥有财产性收入。"这里的"分配"与"再分配"主要是从是否为"生产领域内的分配"角度所作的区分。为什么国家要介入生产领域内的分配,"提高劳动报酬在初次分配中的比重"和提高最低工资标准呢?因为我国原来的工资制度(包括企业工资标准)是国家制定的,未能很好地反映劳动力真实价值,随着 GDP 年年增长,应当予以改革。如果将来(主要是企业)职工工资水平能够基本上接受市场调节了,国家对于初次分配的关注就可以减少。

又如,一些国有垄断企业在其组建时对于各种资源(包括商机)的获取本来就不是按照价值规律自由竞争的结果,而是国家特许的。在具体生产过程中，由于成本低廉和垄断地位使其盈利水平大大高于其他企业，造成垄断企业同其他企业和民众之间严重不公平。从垄断企业的生产过程来看，这些问题似乎是属于初次分配范畴，但由于实际上该生产过程从其起点开始就是国家安排的。以后当国家政策取消这些企业的垄断特权，让其真正"走向市场"，接受市场调节时，国家的这种措施虽然也可以说是在干预初次分配，但其性质则更多地属于再分配，即通过生产领域的外部机制改变被扭曲了的生产领域内的分配。

四、妨碍经济法再分配功能充分发挥的认识障碍

经济法功能的充分和有效发挥，有待于人们对它的认识和自觉应用。然而在我国这方面情况并不理想。诚然，我国的经济法立法兴起的时间不长，经济法理论研究也是在20世纪70年代末开始的。但是，人们记得在80年代中国也曾经出现过"经济法热"，自那以后中国人对于"经济法"这一名词可谓家喻户晓。大学里无论文科、理科（甚至还有中专学校）都一度几乎普遍开设经济法课程或设置经济法专业。但遗憾的是，对于经济法的本质和功能究竟是什么，它同其他部门法有什么区别，至今许多人仍不明白。许多学者（包括法学界）不甚明白，经济实务界人士不甚明白，国家各级管理者、领导人也不甚明白。不明白就不能自觉应用，因而妨碍着经济法固有功能的正确、充分和有效发挥。

20世纪70年代末的中国正处于"拨乱反正"时期，国家开始重视经济建设和法制建设，学者们从国外"引进"经济法理论。也许主要由于"国情"方面的原因，许多学者所接受的乃是苏联学者拉普捷夫为代表的"大经济法观点"，说经济法调整纵向、横向和企业内部（总之几乎一切）的经济关系。④ 中国人喜欢望文生义——"经济法"顾名思义是

④ 参见漆多俊：《经济法基础理论》（第3版），武汉大学出版社2000年版，第101～102、105页。

调整经济关系的法，便相信和接受了。并且很高兴——现在搞经济建设又搞法制建设，好了，“经济法”正好两者全部包括，于是大力支持经济法研究。当然，后来学者们自己也觉得该理论有些站不住脚，先后作了多次修改，可是原来的“理论”已经广泛流传到社会，他们的学生们陆续毕业到了全国各地，仍在继续坚持着老师讲义上的观点，不知道老师那儿已经几度“城头变幻大王旗”了。何况，老师们虽然几经“观念更新”，经济法理论从“老诸论”到“新诸论”，⑤然而，更新后的“新诸论”仍使人觉得似是而非。实务部门工作忙，人们也没时间去仔细琢磨理论问题。因此脑海中装的仍是过去那一套。如果我们随便调查一下，问问社会各界人士，问问企业界、经济管理者、政府领导人，甚至法律界、法学界一些人士，其回答多半会仍停留在“大经济法观点”层面，或者他们会回答“说不明白”或“不想弄明白，没意思”。

确实，如今许多人对于经济法问题已经失去兴趣，更不用说经济法昔日的“荣耀”了。为什么？因为人们觉得“说不明白”，也“不想弄明白”。据说，经济法学界内部的人自己也并未弄明白，如今仍维持一副幼稚的面孔，陷于纯概念之争，脱离现实社会生活。人们对于经济法学界的指责有一定道理，但毕竟并未完全了解真相。应当承认经济法学界至今仍然存在一些幼稚和肤浅，也确实有脱离实际的情形，但也应看到，20 多年来我国经济法理论研究确实也取得了许多重大进展和突破，有着许多真知灼见。其中有些研究应当说即使在国际上同一领域也是居于领先水平的。沙堆里尚有金子的颗粒，怎么能不加分析，以偏概全，笼统地予以否定呢？

真正好的理论不仅在于该理论本身具有周密的逻辑体系和雄辩的说服力（幼稚和肤浅的东西本来就不能称为理论），更重要的是它要能经得起实践检验，符合客观实际，并在实践中有效地应用。我们说经济法是规范国家经济调节之法，具有利益再分配功能，绝不是主观臆想，

---

⑤ 参见漆多俊：《经济法基础理论》（第 3 版），武汉大学出版社 2000 年版，第 103 ~ 106、126 ~ 150 页。

更不是文字游戏。它完全符合一个世纪以来各国的国家经济职能活动和经济法的实践。相信任何不带偏见的哪怕是普通民众,在接触到它以后也都能明白其中的道理,懂得它对于我国当前现实问题的解决具有何等重要的意义。

当前,就我国经济法学界而言,大家面临的十分重要的任务就是:继续深入理论研究,不断完善经济法科学理论体系;正视学界和社会上存在的对于经济法的各种模糊观念,逐步予以澄清;密切联系实际,特别是我国当前在构建和谐社会、收入分配制度改革中的经济社会问题实际,使经济法充分发挥积极作用。⑥ 此外,还要加强宣传推广工作,让社会各界,特别是从事经济和经济管理工作的人士,国家各级有关领导人,了解经济法,掌握其真谛,并自觉加以应用。

⑥ 近几年漆多俊在多次学术会议上的演讲(2006 年 11 月 4 日在湖南邵阳的第 8 届博士论坛暨学术研讨会上的主题报告;同年,11 月 21 日在厦门大学法学院的学术讲座),把以上三句话,合称为“一体两翼”,概括指出我国经济法学界当前的任务。

“国家调节说”的形成和发展
——我的经济法学术之路*

一、我的经济法学术历程概览

我是1980年开始接触经济法理论问题的。1981年开始从事经济法学教学和编写《经济法学讲义》。当时是一边编写讲义一边讲课，编写一章打印一章讲一章。讲了一学年，完成了20多万字讲义编写，最后学生们和我自己将全部讲义装订成册。1984年上半年当时司法部教育司的负责人准备采用这本讲义作为全国司法学校经济法教材，要我修改完善。该年下半年河南人民出版社决定出版这本书。我于1984年年底完成修订，定名为《国民经济的法律调整》。全书共4编23章，42.8万字。该书于1986年3月正式出版。这是我出版的第一部经济法独著。①

其后，我发表了多篇关于经济法基本理论问题

---

* 本文原发表于《河北法学》2008年第26卷第12期；收录于中国法学会经济法研究会编：《中国经济法(学)的过去、现在和未来》，上海财经出版社2008年版。

① 这也是我国经济法学个人独著从时间先后来说的第2部，第一部是刘隆亨教授1981年由北京大学出版社出版的《经济法简论》。

的论文,阐述我对经济法的概念、本质、调整对象、调整方法、原则、法律关系、经济法同民商法、行政法等部门法的联系和区别等问题的看法。1992 年在上述多篇论文的基础上,综合写成《经济法基础理论》一书。该书共 16 章 22.7 万字,于 1993 年 4 月由武汉大学出版社出版。1996 年 4 月出了修订版(共 10 章 23.1 万字)。2000 年 1 月出第三版(共 14 章 36.1 万字)。2008 年 6 月由法律出版社出了第四版。《经济法基础理论》自其第一版发行后,一直被全国绝大多数高校采用作为本科生、研究生和博士生教材或教学参考书。它的第三版于 2001 年被评为“全国优秀畅销书”。2007 年获“第一届钱端升法学研究成果奖”。②

1999 年 8 月我创办和主编了我国经济法学第一套法学集刊《经济法论丛》,该集刊由中国方正出版社出版。至 2008 年 6 月,已经编辑出版 14 卷,共约 500 万字。2007 年经中文社会科学引文索引指导委员会评选确定为 CSSCI 来源集刊。

主编了普通高等教育“十一五”国家级规划教材和全国高等学校法学专业 14 门核心课程教材《经济法学》。此外,我独著和主编的经济法方面的学术专著还有《转变中的法律——以经济法为中心视角》《国有企业股份公司改组法律问题》《宏观调控法研究》等;发表了如《市场、调节机制与法律的同步演变》《论权力》《权力经济向法治经济的转变》《控权:通向法治之路的关键》《市场国际化、国际调节及相关法律问题》《法学的困惑与创新》《时代潮流与模块互动》《经济法:利益资源的再分配法》等学术论文。

1996 年由我发起、组织和主办了全国第一届“经济法基础理论研讨会”。先后担任武汉大学法学院经济法教研室主任,中南大学经济法研究中心主任。先后兼任湖北省经济法研究会会长,湖南省法学会副会长,中国法学会民法经济法研究会理事,中国经济法研究会副会长等学术职务。2005 年被《当代中国法学名家》作为全国首批著名法学家之一收录。

② 此书为获此奖的唯一一部经济法学成果。

二、“国家调节说”的形成和基本理论观点

我的经济法思想理论观点，学界一般称为“国家调节说”，也有的称之为“三三理论”。这一经济法理论体系的形成和发展过程大致经历三个阶段：以独著《国民经济的法律调整》为代表的发生阶段；以独著《经济法基础理论》前两版为代表的形成阶段；以《经济法基础理论》第三、四版为代表的发展阶段。

20 世纪 80 年代初我刚接触经济法学术问题时，国外的资料首先读了苏联学者的两本书：一是莫斯科大学和斯维德洛夫法学院合编的《经济法》教科书；二是拉普捷夫所写的《经济法理论问题》。国内当时许多高校法学界开始了关于经济法的学习讨论，多是会议上的发言稿，较系统介绍经济法理论的正式出版物最早只有刘隆亨教授写的《经济法简论》。后来许多高校陆续编印了一些内部的经济法讲义。因为教学的需要，我从 1981 年 3 月开始也着手编写经济法讲义。讲义中表述了我当时对经济法的一些初步观点，明确提出不同意当时国内外许多学者所主张的“纵横说”，认为它把应属于民法的调整对象也囊括进来，是一种“大经济法”思想。认为经济法只同国家对社会经济的管理、调节(“调节性管理”)相关。讲义的这些思想后来在整理补充成《国民经济的法律调整》时被吸收并更加明确。③ 这些基本思想是后来我的《经济法基础理论》所完成的“国家调节说”经济法理论体系的发端。

为什么我从开始就不同意“纵横说”及其所体现的“大经济法”思想呢？当时的想法也很简单：法是调整一定社会关系的，各不同部门法分别调整各自特定的社会关系。自然人和法人之间的商品交换关系(“平等主体间经济关系”)一直由民法商法调整，现在怎么不能调整了，而一定要由经济法调整呢？“小弟弟”后来一出生，怎么能够就把

③ 参见漆多俊：《国民经济的法律调整》，河南人民出版社 1986 年版。

“大姐姐”闲置起来让她失业呢？如果经济法除了把别的部门法干得好好的事情拿过来之外再无自己特别的任务，那么，它就没有存在价值了，还能成为一个新的部门法吗？这是对“大经济法”的否定，是“破”。

至于“立”呢？我们确实看到了经济法在各国的现实存在、运行和重要作用；它同法体系中原来各种法律确实有着种种不同的特质。究竟应当怎样认识和把握它的各种本质属性呢？最可靠的方法是求本索源，考察经济法在德国、美国等最早一批国家产生和发展的社会背景和根源。考察中，我主要抓住两条线索：一是经济学考察，分析近代以来社会经济和市场的演变对于法律的影响；二是政治学和社会学考察，主要研究国家职能的演进和社会发展同法律的关系。

通过经济学考察发现：自资本主义社会建立以来，市场演变经历了三个阶段，即自由竞争的市场、社会化(出现垄断)市场、国际化市场。其中，经济调节机制的特点分别是市场调节一元化、国家调节机制出现并同市场机制相结合的调节机制二元化、国际调节出现并同前两种机制相结合的调节机制三元化。在自由竞争市场阶段，一元化的市场调节机制的法律保障主要是民商法；在社会化市场阶段，新出现的国家调节机制的法律保障是经济法；国际化市场阶段的国际调节的法律则主要是国际经济法。这就是我总结出来的所谓“市场、调节机制与法律的同步演变”规律。④ 按照这一规律，当市场进入“社会化市场”阶段后，国家调节机制产生。国家调节需要有法律依据，需要法律保障，更为重要的是还需要法律规制，以防止权力(国家调节权)滥用和扩张。这种规范国家经济调节的法律便是经济法，它是同此前既有法律不同的法律，是法体系中分化出的一种新的法律部门。

从经济学角度说，国家调节是一种经济调节机制；但国家调节经济它同时就是国家的一种新的职能。从政治学和社会学角度说，这意味着传统的国家职能发生了变化，国家除过去的所谓对内、对外职能之

④ 参见漆多俊：《市场、调节机制与法律的同步演变》，载漆多俊主编：《经济法论丛》(第1卷)，中国方正出版社1999年版。

外,如今还担负起调节经济的职能。这是国家职能的社会化,是国家在担负一种社会公共职能。在自由资本主义阶段,国家对于社会经济采取或基本采取了自由放任态度和政策,那时主要是"政治性国家"。19世纪末以后,生产社会化使在经济上由于"市场缺陷"引起"市场失灵",导致垄断、经济危机等一列经济问题的同时,也使在政治和社会上出现收入分配不公、贫富差别悬殊、失业率高、社会秩序动荡、人们思想混乱、社会矛盾加剧、政局不稳等各种严重问题。这直接威胁到资本主义制度的生死存亡。这种情况迫使人们纷纷思考对策。

我在《经济法基础理论》和一些文章中,分析了当时起码有三种人看到了上述现实情况,他们各自提出了自己的解决方案:空想社会主义的、马克思主义的和"资产阶级改良派"的。⑤

上述三种人的方案尽管截然不同,但也有一个基本共同点,这就是他们都主张要通过某种公共权力介入经济和社会生活,特别是对经济进行某种干预、调节。并且他们也都认为需要通过法律来进行这种干预、调节,需要颁布和实施关于国家干预、调节社会经济的法律——这就是经济法之类的法律。⑥ 其中,特别是在西方一些主要资本主义国家,他们改变自由放任传统,国家对经济进行调节。最为典型的是美国——19世纪与20世纪之交的反垄断是美国国家调节职能和经济法的发端;而罗斯福新政改革则标志着国家调节职能和经济法体系的确立。⑦

我在考察市场、调节机制与法律同步演变过程中,分析和归纳出了"市场三缺陷"。生产社会化以后市场缺陷严重显露导致"市场失灵"。所以国家调节出现后,针对"市场三缺陷"而分别采取"国家调节三方

⑤ 漆多俊:《经济法基础理论》(第3版),武汉大学出版社2005年版,第31、55页;漆多俊:《时代潮流与模块互动》,载漆多俊主编:《经济法论丛》(第13卷),中国方正出版社2007年版;漆多俊:《经济法学》,高等教育出版社2007年版。

⑥ 1993年4月个人独著《经济法基础理论》(第1版)由武汉大学出版社出版。《中国法学》《法学评论》等期刊书评称该书为"经济法学理论奠基之作"。

⑦ 漆多俊:《时代潮流与模块互动》,载漆多俊主编:《经济法论丛》(第13卷),中国方正出版社2007年版。

式”。国家调节三方式(国家三种调节活动)都需要法律授权、法律保障和法律规制,所以经济法包括三种基本方面法律,此即“经济法体系三构成”。⑧

以上就是我在研究经济法基本理论问题,构建“国家调节说”理论体系过程中的基本思路。按照上述思路,则不仅对于经济法产生的社会根源,而且对于它的调整对象、本质特征、基本价值、功能和任务等经济法各种基本理论问题,都顺理成章,一目了然。⑨

三、对加强我国经济法理论研究和应用的几点意见

经济法理论研究在我国已有30年历史了,但人们对于经济法的认识却分歧甚大。经济法学界内部的人说它如何如何重要,说理论研究如何卓有成效;而本学界以外,包括国家经济管理层、普通社会民众,甚至法学界其他学科的一些人士,对于经济法的认识则颇为模糊和混乱。后面这些人对于经济法的认识多半仍停留在20世纪80年代“大经济法”思想流行时的状态,不甚了解其后经济法理论的发展。他们认为有了民商法和行政法,经济法无所作为了,可以不予重视,或者干脆取消它。⑩

否定经济法,忽视经济法的存在价值和重要作用的原因主要有二:一是对经济法理论研究,特别是对其发展和新成果缺乏了解,对经济法

---

⑧ “市场三缺陷”是指市场障碍、市场唯利性、市场调节盲目性和滞后性。“国家调节三方式”是指通过反垄断等来排除市场障碍,国家直接参与投资经营,国家宏观引导控制。“经济法体系三构成”是市场障碍排除(市场规制法),国家投资经营法,宏观引导调控法。详见《经济法基础理论》有关章节。

⑨ 由于本书编者对文章字数的控制,也基于大多数读者对我的“国家调节说”的主要理论观点已有所了解,本文不再详细介绍这一理论的基本内容。读者可参见我的《经济法基础理论》和有关理论。

⑩ 事实上,经济法“取消论”的主张和言论从20世纪80年代初至今一直不绝于耳,并且有些人一有机会就准备付诸行动。可是经济法学界内部对此往往不够重视,常常自我陶醉于既得成绩和胜利。

真正是什么不清楚;二是看不出经济法实际作用,特别是它同当前我国经济改革和社会发展的现实意义。

经济法学界以外的各方人士对经济法不甚了解是情有可原的,他们本职工作忙,不可能花很多精力来学习经济法。而经济法学界内部本来就存在许多混乱,除了过去那些较为幼稚、肤浅的观点有些仍在继续流传外,即使今天也还有不少模糊观点,而学界内一些正确的思想理论得不到广泛宣传。如今社会上许多人士脑海中的经济法仍然是“调整经济关系的法”,这同许多民商法法律不是没有区别吗?还保留一个经济法空壳干什么呢?

针对上述情况,解决办法是两方面的:经济法学界内部要加强自身学术研究,提高水平,尽量减少思想理论的混乱;应当大力宣传推广队伍中的优秀的有说服力的先进成果。为了我们经济法学科的繁荣发展,为了这个学科的前途命运,需要破除内部“门户之见”。对于不甚了解或并不真正了解经济法为何物的人们,也希望摒弃成见,不能仍然抱着过去学生时期老师讲义上的某些陈旧观点,应当重新学习了解一些成熟的经济法知识。

正确的理论应当来自实践,经受实践检验,并能指导实践。如果做不到这一点,则所谓的经济法理论就绝对不是正确的理论,更谈不上是什么“学说”“学派”了。前面说的“国家调节说”经济法理论,其正确与否不仅在于它是否具有缜密的逻辑自洽性,更在于它的实践性。我们说,经济法是国家调节经济之法,其基本任务和立法宗旨在于通过经由法律规范的国家调节,影响社会经济的结构和运行,实现经济协调、稳定和发展,并进而促进社会公平的目标。经济法的基本功能是在民商法对利益资源和权利作出分配(初次分配)的基础上,再运用“国家之手”作出必要调整,即再分配,以克服民商法的不足,实现社会总体效益和社会公平、实质公平。这些理论正是在考察一百多年各国的国家职能和法律演进实际的基础上作出的结论。它能够经受各国的历史和现实的检验。例如,美国罗斯福新政改革就充分说明了经济法的性质和重要作用。[11] 经济法对于中国体制改革和社会发展的作用同样十分明显。今天中国正面临诸如收入分配不公、行业垄断、贫富差别、城乡差别等经济和社会问题，正有待依法进行国家调节来解决，经济法正是大有作为的时候。国家管理层和全国人民应当高度重视发挥经济法的功能，达到促进经济和社会发展进步，实现和谐社会的目标。如果因为对经济法的无知和偏见，而不能重视和充分发挥经济法固有的积极作用，甚至散布经济法取消论，那将给国家和社会造成无谓的损害。

当然人们看不见经济法的现实作用，也同我国经济法理论研究自身存在的问题相关。在对经济法理论研究存在某些肤浅和混乱的同时，学界对于理论的应用研究也十分不够，理论实践“两张皮”现象严重。今后在加强理论研究，准确把握经济法实质的同时，需要更多地重视联系实际，特别是要针对我国当前经济和社会变革的现实问题，并多让国家管理层和社会各界人士了解这一点。这样，经济法才会受到国家和社会的重视。

近些年我在多种场合谈到经济法学界当前的任务时，归纳成“一体两翼”，即认为，经济法学人最主要的是加强和改善经济法学科理论，特别是基础理论的研究，进一步完善学科理论体系。这是根本，要根深本正。同时还要做两件事：一是要重视学术争鸣，开展学术批评，尽量首先在学界内部澄清思想理论上的一些混乱，减少一些幼稚肤浅的观点在社会上的流传，以免混淆视听，损害经济法在社会上的名声。同时要大力宣传推广成熟的能经受实践检验的经济法理论。二是加强理论联系实际，特别是加强经济法基础理论同国家改革发展大局的关系研究，而不仅停留在某些具体事项的法律注释。要让国家和社会认识到经济法固有的对于改革和发展的十分重要的积极作用。以上两者为两翼。本体坚固，两翼强劲，我们的经济法就能腾飞。希望我国经济法学人努力完成这个任务。

---

[11] 漆多俊：《时代潮流与模块互动》，载漆多俊主编：《经济法论丛》（第13卷），中国方正版社2007年版。

中国经济法理论之创新与应用

——30 年回顾与启示*

一、中国经济法理论的引进与创新

中国经济法理论研究是 1978 年国家实行改革开放以后才兴起的。中华人民共和国成立后的中国法学已经 60 年，而经济法学却只有 30 年，改革开放之前没有。改革开放后的中国法学许多学科都大致经历了恢复、引进、创新三个阶段，而经济法学却只有引进、创新两个环节。

在经历“文化大革命”之后召开的党的十一届三中全会，扭转了国家的航向，决定要以经济建设为中心，并要加强法制建设。正是在此背景下学者们从国外引进了经济法知识和理论。当时由于人们对引进所持的态度上的差异，特别是对中国社会现实和发展趋向，主要是对此前国家长期实行的计划经济体制的弊端和当时刚刚开始的改革开放的意义及发展方向认识上的差异，使中国经济法研究从一开始就出现重大分歧，形成不同的研究发展路线。

---

* 本文原发表于《法学评论》2009 年第 4 期。

当时法学界出现了关于经济法的各种观点和主张，这被称为“经济法诸论”。其中一直延续下来并产生较大影响的理论观点主要有两种：一是“大经济法观点”及其后来的演变；二是“国家调节说”的形成和发展。它们构成30年来中国经济法学研究发展演变的两条主线。经济法理论观点发生分歧的原因是多方面的，但首先是在如何对待引进，如何分析认识国情，并在此基础上如何进行理论创新上发生的分歧。

国外的经济法研究早于中国六七十年。各国学者也有各种不同的理论观点。但当年中国许多学者对苏联以拉普捷夫为代表的学者所主张的“纵横说”情有独钟，原因在于苏联的经济体制与中国情况最为接近。拉普捷夫主张经济法调整纵向经济关系、横向经济关系以及企业内部经济关系。因为他当时看到的是国家事实上在“统制”着几乎全部的社会经济关系。中国也是长期如此。1978年改革开放刚刚起步，经济体制基本上仍然是计划经济，市场因素才开始萌发。学者们还没来得及弄清改革的方向和最终目标。所以全盘接受了拉普捷夫的“大经济法观点”。并且这种观点也非常容易被社会包括国家管理层所接受。加之当时国家迫切需要搞经济建设和法制建设，并误以为经济法就是“经济法规”或“经济法制”（当时国家还没有民法、商法），因而对于刚刚兴起的经济法研究给予了热情支持，推动了对经济法学科的研究热火朝天地开展起来。

在中国法学大家庭中，经济法虽然是后生，但当年却是如此轰轰烈烈地诞生，受到社会和国家如此礼遇，这恐怕在古今中外各学科发展史上都极为罕见！但是，当时盛行一时的那种“大经济法观点”却是很不合理的。经济法所调整的对象虽然也是一种社会经济关系，但经济关系种类繁多，更为大量的基础性的经济关系（“平等主体之间经济关系”）需要民法商法等部门法来调整。国家的“经济法制”或“经济法规”，其中虽然包括经济法，但绝不仅限于它。经济法作为规范现代国家经济调节职能活动的法律规范，是十分重要的一个法律部门，应当十分重视对它的研究，也应当“热”起来；但将“经济法热”视为“经济法制建设热潮”则是误解,有夸大不实的泡沫,有“虚热”成分。虚热是不能持久的。短短几年过后,这种“大经济法观点”就因屡屡受到严重挑战而逐渐修正、更新,缩小了其调整对象范围,使其理论后来逐渐趋于对经济法应有本质的揭示。

促使“大经济法观点”逐步发生转变的重要事件主要有两个:一是1986年我国颁布了《民法通则》;二是1992年国家决定经济体制要逐步改行社会主义市场经济。

《民法通则》第2条规定:“中华人民共和国民法调整平等主体的公民之间、法人之间、公民和法人之间的财产关系和人身关系。”这一规定是天经地义和毋庸置疑的。但这同当时的“大经济法”观点直接冲突。持“大经济法”观点的人困惑了,一时不知如何是好,于是沉寂下来。“经济法热”第一次降温了。[①]

1992年国家明确提出经济体制要由计划经济向社会主义市场经济转轨。市场经济必须以市场调节为基础性调节机制,民商法是市场经济运行的基础性法律。国家经济职能要由原来统管逐步转变为国家调节;国家调节应当以市场调节为基础,不能管得过多、过宽、过死。经济法所规范的国家经济调节职能活动的范围不能过大,它要充分尊重民商法的基础性法律调整作用,而不能把应由民商法调整的社会关系纳入经济法范畴。这些情况对“大经济法”观点又一次构成挑战,并且这一回是致命性的。人们再度陷入迷茫。学者中一些人又开始“更新观念”,修补自己的理论,以维持各自原有理论体系框架。更多人,特别是一些中青年学者则深切认识到必须进行彻底反思,重新探寻经济法的真谛。正是在这种情况下,我国经济法学界的另外一些观点,特别是后来被人们称为“国家调节说”的经济法理论开始受到注意,并迅速传播。自此,中国的经济法理论研究终于逐渐摆脱了老是在“大经济法”思维框架内寻求自我修补的怪圈。

---

① 陶和谦主编的《经济法学》教材于1983年出版第一版、1985年第二版、1986年第三版后,时隔三年于1989年出了第四版。第四版对经济法调整对象范围做了调整。

持“国家调节说”的学者较全面地考察了国外经济法各种主要理论及各国社会经济与法律情况，分析了各国经济法产生和发展的深刻社会根源，认为经济法作为一个新的法律部门，它必然有其特殊的不同于原来民商法和传统行政法的调整对象、任务、价值和功能等。否则，如果它仅仅“抢占”既有的别的部门法如民商法等的“地盘”，那它就没有产生和存在的价值和必要了。20 世纪 80 年代初期出版的经济法著作——《国民经济的法律调整》[②]指出：“社会经济关系事实上存在两种类型：有些是居民与居民（包括民间组织）之间发生的经济关系……另外有些则是……由于国家干预管理经济活动而发生的，其一方主体是国家……经济关系。”[③]前类经济关系由民商法调整；“经济法它只调整……以国家为一方主体的那些经济关系”。[④] 国家对经济管理的方式应当主要是“参与”“指导、干预”即进行国家“调节”。[⑤] 经济法就是对这些国家调节、管理活动所作出的法律规范。该书旗帜鲜明地反对“大经济法观点”，明确指出：“在我国法学界有些同志把经济法调整对象的范围看得太广，把一些应适用民法原则调整的经济活动也当作经济法的调整对象。”[⑥]

该书并分析了“大经济法观点”产生的根源，指出：“有些同志之所以把经济法的调整范围看得太大，在不同程度上对于民法在调整国民经济活动中的地位和作用有所忽视，与他们对于社会主义国家应该实行怎样的经济体制的认识有关。由于我国过去长时间内‘实行的是计划经济体制’，以致使人们形成一个较深的印象，以为社会主义国家经济体制本应就是如此。近几年来，我国虽然实行了经济体制改革，但是，对于经济体制改革的重大意义和发展方向，也不是很快就被人们所认识的……随着我国经济体制改革的继续深入进行，相信在这方面的

---

② 该书由漆多俊独著，河南人民出版社 1986 年出版。

③ 参见漆多俊：《国民经济的法律调整》，河南人民出版 1986 年版，第 4～5 页。

④ 同上书，第 5、12、18 页。

⑤ 同上书，第 7～8 页。

⑥ 同上书，第 16 页。

看法会逐渐趋于一致的。”⑦

20 世纪 80 年代早期的《国民经济的法律调整》一书中已经包含了“国家调节说”经济法理论的各种基本理论观点，是“国家调节说”的发端。其后，特别是以 1993 年出版的另一部专著《经济法基础理论》及其后来的几个版本，⑧则更加全面、系统和深入地论述了经济法的各种基本理论问题，建立了经济法学科的理论体系，标志“国家调节说”理论的成熟。2008 年该书第四版⑨则把许多经济法理论问题推向了更深层次。

《经济法基础理论》出版以后，立即引起学界高度重视，被全国许多高校采用作为经济法专业本科生和研究生教材，几年中发行量超过 10 万册，2001 年还被评为“全国优秀畅销图书”。《中国法学》等杂志发表多篇书评，给予了很高评价。⑩ 该书所建立的“国家调节说”（人们又成为“三三理论”）迅速成为我国经济法学的主导学说之一，为推进我国经济法理论创新作了贡献。

二、关于经济法研究的逻辑起点与进路

回顾中国 30 年（以及从世界范围说 100 年）以来经济法研究情况，学者们研究的逻辑起点和进路存在差异，主要可分为三种情况：

有些人将经济法研究的逻辑起点放在国家职能活动中。中国许多学者更是从当年计划经济体制和集中统一管理体制现实背景下的国家经济管理职能出发，认为国家需要全面管理国民经济，而法律应当是国

⑦ 漆多俊：《国民经济的法律调整》，河南人民出版 1986 年版，第 20 页。

⑧ 漆多俊：《经济法基础理论》，武汉大学出版社 1993 年第 1 版，1996 年第 2 版，2000 年第 3 版。

⑨ 《经济法基础理论》第 4 版于 2008 年由法律出版社出版。

⑩ 参见张德峰：《国家调节说的生成与意义》，载陈云良主编：《国家调节说的理论与实践》，法律出版社 2008 年版，第 16 ~ 21 页。

家经济管理的"手段"和"工具",所以他们对经济法的基本观点是:经济法是国家管理经济的法律;它的调整对象包括几乎所有的各种经济关系。这就走了"大经济法"之路。

有些人将经济法研究的逻辑起点放在"市场"中。但这只是他们在分析西方国家情况时所不得不承认的,他们看到了那里的市场演变引起国家经济职能变化,并进而引起经济法的出现;而当他们分析中国(及其他社会主义国家)情况时却认为前面的结论不适用,因为中国经济法发生原因看来显然不属于为了"克服市场缺陷"。所以其经济法理论是"二元化""两张皮"。但这样一来,作为人类社会发展到现代所必然出现的国家经济职能和经济法这种现象(新事物)就没有了普遍性,只有特殊性,这显然是说不通的。另外,这些人即使在分析西方国家市场时也往往存在片面性,他们只看到了垄断的弊端而未能全面揭示市场的缺陷,承认反垄断的必要而未能全面论述现代国家的经济职能,因此其经济法观点就是:经济法是(或主要是)反垄断法。

第三种情况是以"国家调节说"为代表的经济法研究逻辑起点和进路。它不同于前面二者,其特点是:首先,它以市场(社会经济关系)为研究的逻辑起点,对市场作了深刻、全面的分析。其次,它是站在人类社会发展演变总趋势的高度,从分析市场的历史演变入手,揭示市场(及其调节机制)国家职能与法律同步演变一般规律。[11] 并且注意到世界普遍性规律与各国的特殊性的辩证关系,世界历史发展总潮流同处于该总潮流中各国、各模块的关系。运用分析与归纳的方法,既通过对各具体国家情况的分析,发现基本共性,归纳出19世纪末20世纪初以来各国国家经济职能及经济法发生发展的普遍特征和规律,又指出了各国(各类型国家)国家职能和经济法的特殊性和特殊规律。特殊性不违背普遍性,普遍性寓于各特殊性之中。

法是社会经济关系的反映,经济法尤其如此。马克思说:"无论是

---

⑪ 参见漆多俊:《市场、调节机制与法律的同步演变》,载漆多俊主编:《经济法论丛》(第1卷),中国方正出版社1999年版,第1~24页。

政治的立法，或市民的立法，都是表明和记载经济关系的要求而已。”⑫市场是社会经济关系的总和，研究经济法不能不从分析考察市场入手，即以它为逻辑起点。“国家调节说”发现，自从资产阶级革命成功在各国形成统一市场以后，市场的发展演变至今已经历三个阶段，即自由竞争市场、社会化市场和国际化市场。市场的调节机制也先后经由“一元化”(市场调节)进入“二元化”(除市场调节外，还出现国家调节)，再进入“三元化”(除了市场调节和各国的国家调节以外，还出现国际调节)。正是在19世纪末20世纪初生产社会化的背景下，当市场进入“社会化市场”阶段时，随着国家调节的出现，国家的一种新的职能即国家经济调节连同规范国家调节之法经济法便应运而生。

在自由竞争市场阶段，正如亚当·斯密所说的“看不见的手”即市场调节机制足以有效地调节着经济结构和运行。其实市场并非万能，一直存在自身固有的缺陷，只不过在自由市场阶段并未显露和造成大的后果。而生产社会化和进入“社会化市场”以后，生产经营规模扩大，出现垄断和其他新情况，使市场缺陷显露，并造成严重的经济和社会后果。例如，经济危机周期性地发生，社会矛盾加剧，并引起政治动荡等。这使人们感觉到“市场失灵”了，仅依靠市场调节这一种机制已经不足以调节经济，而需要有另外的新的调节机制——国家调节于是出现。

当初起码有三种人看到了在原有资本主义制度下出现并愈演愈烈的经济社会问题和矛盾，分别提出了三种解决方案：空想社会主义的，马克思主义的，资产阶级改良派的。上述三种方案虽然有重大区别，但也有着共同点，那就是都主张运用新的力量和机制来调节(或说组织、管理)经济和其他社会问题。其中，资产阶级改良派认为不能再放任市场机制“一元化”调节，而必须由资产阶级国家出面辅助市场机制进行国家调节。最典型的是美国以罗斯福新政为代表的国家调节职能的全面确立。此外还有德国、日本等西方国家的国家调节。马克思(以

⑫ 《马克思恩格斯全集》(第4卷)，人民出版社1958年版，第121页。

其1848年《共产党宣言》为代表)认为是资本主义制度本身不好(生产社会化同生产资料资本主义私人占有这一基本矛盾不能解决)。列宁认为资本主义已进入“垄断”“腐朽”和“垂死”阶段,必须经由无产阶级革命和无产阶级专政,推翻资本主义制度,建立社会主义国家,由新政权重新“组建自己的经济基础”;并全面管理经济,实行计划经济体制和集中统一的管理体制。按照这后种方案,后来出现了苏联、东欧和中国等一批社会主义国家。不过后来经过几十年实践证明这种体制也存在许多弊端。包括中国在内各国先后发生变革,实行经济体制改革,并最终决定改行市场经济体制,承认市场机制对于经济的基础性调节作用,改过去国家对经济的统管(统制)为国家调节。

国家调节首先是作为一种新的经济调节机制出现的,但它同时也是一种新的国家职能活动。国家调节需要有法律依据,需要法律保障,也需要法律规制(防止国家调节权力滥用)于是,作为规范国家经济调节的法律——经济法便在各国出现。⑬

这就是经济法产生的社会根源。从经济法的产生也就看出经济法最本质的特征乃在于它是规范国家经济调节之法。

由于国家调节是为了弥补市场调节的缺陷和不足才出现的,按照“国家调节说”理论所分析归纳的那样,市场固有“三缺陷”:市场障碍,市场唯利性,市场调节的盲目性和滞后性。所以,国家调节出现后便有的放矢地针对市场三缺陷,分别采取“三方式”:通过反垄断、反不正当竞争等以排除市场障碍;通过国家直接投资以避免因市场唯利性而造成的许多紧要行业投资不足;通过计划及财政税收政策、金融政策、产业政策等对社会经济结构和运行实行宏观引导调控。国家调节这“三方式”(三种国家调节职能活动)都需要法律予以规范,因此,经济法体系中便有“三构成”:市场规制法;国家投资经营法;宏观引导调控法。以上三方面法律属于经济法,其他的不属于经济法,经济法不包括属于

---

⑬ 参见漆多俊:《经济法基础理论》(第4版),法律出版社2008年版,第10~29页。

民商法或行政法的法律规范。[14]

简言之,由于市场三缺陷,所以国家调节三方式,所以经济法体系三构成。这里有三个“三”,所以学界又把“国家调节说”称“三三理论”。

以上“国家调节说”(“三三理论”)被认为不仅具有严密的逻辑自洽性,而且符合近现代以来世界各国市场、国家职能和法律发展演变的历史和现实,是实践经验的理论总结。所以,该理论出现后立即受到全国经济法学界广大学者的关注和赞同,迅速上升为国内经济法学界主导学说之一。得到国外同行的高度评价,认为即使在国际上也具有明显的先进性。[15]

经济法研究的不同逻辑起点和进路必然使人们得出不同的结论。按照“国家调节说”的逻辑起点和进路,则有关经济法的本质和各种特征,包括调整对象、法律关系、基本原则、价值、理念与功能等之研究便顺理成章、水到渠成了。本文不准备全面论及对于这些问题的研究情况,下面只就经济法的良法观和全球化对经济法的影响等问题的研究情况作些论述。

三、关于经济法的良法观

以“国家调节说”为代表的中国经济法学者对包括经济法在内的法的良法观问题作了深入研究。

中国过去长期奉行法律虚无主义和法律工具主义。党和国家的工作主要不是依靠法律,而是依靠党和国家的政策文件和决议。虽然当时也颁布了一些法律,但是那被认为只是一种统治阶级的工具而已。

---

⑭ 参见漆多俊:《经济法基础理论》,法律出版社2008年版,第23~25页。

⑮ 参见王玉辉、武晋伟:《日本的国家经济调节职能与经济法理论研究的反差——兼论“国家调节说”的国际普适性》,载陈云良主编:《国家调节说的理论与实践》,法律出版社2008年版,第121~136页。

即使到了改革开放初期,虽然强调经济法制建设,也还是把它当作一种手段运用,即“法律手段”,它同其他经济手段、行政手段并列。特别是作为国家管理经济的经济法,人们更是当然地认为它是一种“管理法”即管理工具。既然是管理工具,对它的评价标准就只看它对于统治者是否有用,法律的价值侧重在统治秩序和统治效率,而非看它是否反映广大民众意志和利益要求,是否有利于维护民众权利。

当初针对过去法制废置的情况,国家提出要加强社会主义法制建设,颁布了许多法律。那时人们根本未曾考虑法律的优劣、良恶,认为只要有法就行。当时提出的社会主义法制要求四句话,也只是说要有法,要实施法。过了几年以后,人们才提出法的优劣、良恶问题。例如在经济立法领域,有些企业家就对某些立法提出异议说:这法律规定我们要履行这样那样义务,对我们的权利却很少规定,法律像是我们的“义务书”。与此同时,法学界也在介绍国外有关良法、恶法的理论。[16]

经济法自然也有优劣、良恶之分。如果它所规范的国家调节能够建立在充分尊重和发挥市场调节基础上,弥补和克服市场固有缺陷以及由于改革刚刚起步,市场尚不够发达造成的市场作用的暂时薄弱状况,通过必要的国家调节措施,维护和促进社会经济协调、稳定和不断发展,维护和促进社会公平和社会进步,那就是良法;如果该种立法不能让国家调节达到上述目的,或反而使经济结构和运行被搅乱,或者对国家调节权力不能有效规制,让权力滥用,侵犯社会公众或公共权益,那就不是良法。

国内外法学家一般都认为良法最基本的特征在于能够反映和维护广大民众权利。但要能维护民众权利,必须控制国家公共机关权力。权力的物质基础是该权力部门所拥有和支配的利益资源,而这即是它们的“权利”。[17] 它们的权利从源头上说来自社会民众权利的“让渡”。

---

⑯ 参见漆多俊:《法学的困惑与创新》,载《经济法论丛》(第12卷),中国方正出版社2006年版。

⑰ 参见漆多俊:《论权力》,载《法学研究》2001年第1期。

在一定时期一定国度,其利益资源总量是特定的,划分给公共权力部门的权利多了,则普通民众可受分配的权利就减少。权力滥用和过于膨胀,必然占有过多权利,这就会侵犯民众应得权利。由此得知,为了有效维护民众权利,必须有效控制公共部门权力。如果说维(护民众)权(利堤)是良法的基础,则控(制公共部门)权(力)更是良法的关键。[18]经济法要使之成为良法,它不应当只是管理工具和管理法,而应当是维权法,并且还必须是控权法。它能够有效地规制国家调节权力,使之正确运用而不滥用。经济法体系中的三个基本方面的法律("三构成")——市场规制法、国家投资经营法和宏观引导调控法,都应当很好履行维权、控权使命。

中国的经济体制改革由计划经济向市场经济转变,实际上也是权力经济向法治经济的转变。控权是其中最关键的任务,并贯穿其整个过程。当初进行改革就是从控权开始,不控权,改革便寸步难行。如当初对企业"放权、让利","引进市场因素",后来的"企业走向市场","转变政府职能行使方式"等,便都是国家在主动控权。经济体制改革越深入,就更加触及权力核心,控权就更加显得重要。因此可以说,整个体制转轨时期法律的重要使命就是控权。[19] 研究经济法,必须高度重视对于经济法的维权、控权使命的研究,树立正确的经济法良法观。

四、关于国家调节同国际调节、经济法同国际经济法关系的研究

本文在论及"国家调节说"的逻辑起点和进路时曾经提到,其研究始终紧紧围绕一条主线是"市场(调节机制)国家职能与法律同步演变"。当市场由"自由竞争市场"发展到"社会化市场"时,调节机制则

---

⑱ 参见漆多俊:《控权:通向法治之路的关键》,载《经济与社会体制比较研究》2006 年第 5 期。

⑲ 参见漆多俊:《权力经济向法治经济的转变——兼论转型时期法律的控权使命》,载漆多俊主编:《经济法论丛》(第 11 卷),中国方正出版社 2005 年版。

由市场调节“一元化”变为“二元化”，国家调节出现。国家调节首先是一种经济调节机制，但同时也是新的国家职能。国家调节需要相应法律，于是经济法应运而生。后来，20世纪中期，特别是20世纪与21世纪之交，市场国际化步伐加快，进入“国际化市场”，国际市场的调节机制则“三元化”了，国际调节发达起来；相应地，规范国际经济调节的法律即国际经济法也相应发达起来。各国的国家调节和经济法需要同国际调节和国际经济法相衔接和协调。

所谓国际调节，是指国际市场（国际社会经济）的一种调节机制或调节活动，它是由两个以上国家或区域性、全球性组织，通过协商或签订国际条约，或以国际性组织的决定等形式，对国际市场的经济结构和运行实行调节，以维护和促进国际社会经济协调、稳定和发展。

国际调节的产生和发展是同市场国际化进程同步的。第二次世界大战后的1945年签订《联合国宪章》成立了联合国。联合国及其体系下有关金融、贸易等方面的专门机构，特别是国际货币基金组织（IMF）、国际复兴开发银行（BRD即世界银行）和关税与贸易总协定（GATT），在国际经济生活中担负着十分重要的国际经济调节职能。1995年在GATT基础上，诞生了一个新的全球性经济调节组织——世界贸易组织（WTO）。它成为当代国际调节机制的中心和主力，标志着市场国际化和国际调节机制发展步入一个新的发展阶段。[20]

国际经济调节需要制定相应的法律规范，以便依法进行调节。这种规范国际经济调节的法律便是国际经济法。迄今为止，国内外传统国际经济法理论认为，国际经济法是“调整国际经济关系的法律”，这是不准确的。国际经济关系中有的是“平等主体”之间的经济交往关系，商品货币关系，也有国际性的管制、调节关系。前者属于国际商法范畴，后者才属于国际经济法调整对象。国际经济法只调整国际经济调节关系，不调整商品货币关系。人们说，WTO是“国际经济组织”，这

---

[20] 参见漆多俊：《市场国际化、国际调节及其相关法律问题》，载漆多俊主编：《经济法论丛》（第9卷），中国方正出版社2004年版。

不准确。它只是国际经济调节组织,不同于做生意的跨国公司;同样,WTO 法所调整的是国际经济调节关系,而不是一般商品货币关系。[21]

在当前世界存在主权国家情况下,包括 WTO 在内的国际调节实际上主要是以各国的国家调节作为其调节对象(客体)。或者说,迄今为止的国际调节主要是对各国国家调节的一种再调节。因为国际市场是由所有各国的涉外经济部分构成的,各主权国家都要对本国经济(特别是其中的涉外部分)实行国家调节。而各国的国家调节政策措施和法律会存在差异和冲突,这就需要国际调节来对各国的调节措施予以协调和平衡。[22]

正因为上述原因,当今世界各国的国家调节政策措施,需要同国际调节协调和接轨,各国经济法需要同国际经济法协调和接轨。WTO 成员的政策法律要同其所参加和承诺的 WTO 协定有关条款相一致。

研究本国经济法必须同时重视对有关国际经济法的研究,重视对 WTO 法的研究。中国经济法学者在这方面也付出了创造性劳动,作出了自己的贡献。

五、关于经济法理论的应用

马克思主义认识论认为,理论应当来源于实践,经受实践检验,能应用于实践,并在实践中得到发展。如前所述,中国经济法学界 30 年来创立的以"国家调节说"为代表的经济法学科理论体系,不仅具有严密的逻辑自洽性,更重要的是这种理论它是对于 100 多年世界各国的市场、国家职能活动和法律实践的科学总结,符合各国历史的和现实的实践经验,它已经和必将更好地应用于实践,为实践服务。

---

[21] 参见漆多俊、漆彤:《国际调节与国际经济法理论新视角》,载《当代法学》2004 年第 2 期。

[22] 参见漆多俊:《WTO 与国际调节下的中国涉外经济法》,载《日本独协大学国际交流年报》2005 年第 18 号。

30年来中国经济法理论的发展创新过程是同国家的体制改革进程密不可分的。改革推动了经济法理论的发展,经济法理论又指导和促进改革。我国经济法学者通过各种途径为政府献言献策,向社会宣传,力图使自己的研究成果为国家和社会作出实际贡献。例如,他们运用市场调节与国家调节关系原理,鼓励尊重和大力发展市场因素,减少国家对经济不必要控制和干预,转变政府职能;加强国家经济法制建设,推进法治,树立经济法良法观;在全球化和加入WTO的背景下,指出国家调节及其立法(经济法)要同国际调节及其立法(国际经济法、WTO法)衔接和协调,对外资法、外贸法及其他含涉外关系的法律提出立法建议;在国家投资经营政策和立法方面,他们关于国家投资体制、国有企业改革等方面的深刻论述,对于推进改革发挥了重要作用;他们关于运用国家计划及财政、税收、金融、产业等经济政策进行宏观引导调控的理论和意见,对于加强和改善国家宏观调控发挥了积极作用;他们关于发展和培育我国市场,并加强法律对市场的规制,反对垄断和不正当竞争的研究成果,紧密联系着中国市场实际;如此等等。回顾30年,虽然学者们对于改革和社会发展许多理论和意见在其提出时往往不被国家管理层认可,甚至还被扣上诸如"自由化"等帽子,但后来还是被事实上采纳,变为国家政策和法律。学者们不顾自己得失,将自己创新的理论应用于社会实践,推进了改革和社会进步。

但是也应当承认,经济法理论在中国的应用还是很不够的。特别是如前面所述,中国学者的经济法理论创新成绩斐然,其理论观点和体系,即使就世界范围来说也居于领先水平,但是这种理论研究和创新同其实际应用却存在明显反差。其中原因乃是多方面的,有外部原因,也有经济法学界自身的内部原因。

就外部原因而言,首先是国家有关体制方面的问题,如法治进程,国家立法和决策方式,国家管理层及社会人士对于经济法的本质、特殊价值、功能等缺乏正确认识,对我国经济法理论研究成果缺乏了解,不知道经济法对于现实经济社会有何作用和如何去充分发挥其作用。

就经济法学界内部原因而言,除了部分学者的研究本身就有些脱离实际,或其"理论"颇为空洞,同实际结合不起来,存在"两张皮"现象以外,更为主要的一个原因就是30年来经济法学界内部长期存在许多思想理论混乱。20世纪80年代一度十分盛行的"大经济法观点",在社会上包括国家各级管理层影响颇深。虽然后来持有该观点的学者本人已经在不同程度上改变了原来观点,城头几度易帜,可是由于学界内部的学术批评和对外宣传不够,社会上许多人仍然抱着过去(他们当学生时)那样对经济法的理解。又由于如今民法、商法都已经兴起,人们已觉得"大经济法观点"站不住脚,显得幼稚和肤浅。他们感到困惑,怀疑经济法存在的价值和实际作用,感到"经济法究竟是什么"说不清,也不想去弄清。对于经济法学界的研究和学术争论采取了漠不关心甚至瞧不起的态度,对于经济法学者的理论创新成果一无所知,还想当然地以为"还不就是过去的那一套"。因此,他们自然就不会,也不知道如何自觉运用经济法理论指导实践,充分发挥经济法对于解决现实中本来迫切需要它去解决的各种经济社会问题的重要作用。

前文已述,经济法的产生和发展就是为了解决因为社会化而出现的各种新的经济社会矛盾和问题。100多年来,它事实上在各国得到了高度重视和应用,维护和促进了各国经济发展和社会进步。20世纪30年代美国罗斯福新政颁布大量经济法,使美国经济法体系全面确立,这对当时美国克服经济危机,挽救资本主义制度免于崩溃发挥了极其重要的作用。在当前世界性金融危机中,无论东、西方国家都在加强国家经济调节("救市")措施,并通过经济法对国家调节予以保障和规制。中国现阶段正处于体制改革和转轨重要时期,各种经济社会问题甚为突出,眼前世界性金融危机也波及我国,需要应对。这都表明必须加强和改善国家调节,并通过经济法对国家调节予以保障和规制。我国过去国家经济职能一直强大,但不重视法律,关于国家调节的法——经济法并不很发达。但是我们如今已经明确要在实现经济体制转轨同时也要逐步实现治国方略转型,建设法治国家,其中包括经济法治。国家调节的法治化乃是题中之义。现在经济法在我国正是大有作为的时候了。

当前世界金融危机与经济法理论和应用*

一、经济法与经济危机的渊源：经济法的产生和本质

经济法同经济危机有着密切的渊源关系。在由自由竞争向社会化（垄断）市场经济转变过程中资本主义国家所发生的经济危机，是市场调节机制“失灵”的集中表现，是对国家调节机制最强烈的呼唤，因而也是作为国家调节经济的法律即经济法产生和发展最强大的动因。

伴随欧美国家产业革命和生产社会化而出现的垄断，于19世纪后期逐渐形成和发展，经济危机也随之接连发生。垄断的肆虐一方面造成经济和社会不公平，另一方面也引发经济危机；经济危机不仅造成经济上的破坏，也加剧社会的不公平，引发一系列社会问题。

西方国家的经济危机于19世纪就开始出现。自1825年以后，资本主义经济每隔一段时间就爆发一次危机。其中1873年的危机更是一次影响深远

---

* 本文原发表于《政治与法律》2010年第2期。

的世界性经济危机。①

美国的托拉斯自19世纪后期迅速发展,美国经济由自由竞争阶段过渡到垄断阶段。垄断和经济危机使美国各种社会矛盾日趋激化,社会上掀起了反托拉斯运动。在这种背景下,美国传统的自由放任主义开始动摇,政府开始介入经济实行国家调节,作为美国经济法体系中最先出现的法律反托拉斯法出现了。1887年美国总统签署了针对铁路托拉斯的《州际贸易法》(亦称《州际商务法》),1890年颁布了更为普遍适用的《谢尔曼法》,1914年又颁布《克莱顿法》和《联邦贸易委员会法》。这些标志着美国国家经济调节职能崭露头角和经济法的正式出现。

然而此后三四十年美国各届政府仍基本上固守自由放任传统,不敢实行国家调节,所颁布的反托拉斯法律也未得到有效实施。1929年爆发了比以往各次危机更为严重、规模更大的世界性经济危机。这次危机几乎把包括美国在内的世界资本主义制度推到了崩溃的边缘。在紧急关头,罗斯福政府当机立断,改变自由放任传统观念,全面介入经济,实行国家调节,并相应颁布了一系列法律,其中大量的是关于国家调节经济的法律,即经济法。这就是大家熟悉的"罗斯福新政"。这次罗斯福新政,标志着美国国家调节经济的职能和经济法体系的全面确立——从此国家介入经济生活的领域不仅限于反垄断,经济法体系也不仅限于反垄断法,现代国家调节经济的"三方式"和经济法体系的

① 1873年的世界经济危机导源于5月9日维也纳的债券交易,24小时内股票贬值了几亿盾;接踵而至的,是信用全面瘫痪和有价证券交易中止。维也纳的交易所危机很快蔓延到欧洲的其他交易所。由欧洲各国停止对美国的资本输出,导致美国纽约银行不再对铁路公司和工业界拨款,于是在9月18日,随着拥有北太平洋铁路大量债券的泽依-库克金融公司宣告破产,一场影响深远的世界性经济危机终于全面爆发。受这次危机打击或影响的国家,除了美国、德国、英国、法国和奥匈帝国外,还有俄国、意大利、荷兰、瑞典、比利时以及日本、阿根廷、印度等非西方国家。自1825年以来,资本主义经济每隔一段时间就爆发一次危机。但与以往各次危机比较,1873年的危机"就其时间之长、规模之大的强烈程度来说",却是资本主义以往所经历过的各次危机中"最大的一次"。

"三构成"②都已具备和发达起来。如果不是1929年至1933年的经济危机,也许美国的国家经济职能的发达和经济法体系的完备,还要推迟一段时间。

再看其他国家,其经济法的立法也都同经济危机密切相关。德国和日本早期的国家经济职能和经济法的立法虽然同(准备和从事)战争的关联更加直接,但仍然同经济危机密切相关。德国是后起的资本主义国家,19世纪末为了重新瓜分世界而挑起战争,奉行李斯特的国家干涉主义经济政策。第一次世界大战前后国家大力介入经济,并颁布一系列经济法。"一战"后经济崩溃,德国继续加强国家干预和经济法立法。1929年至1933年危机期间希特勒纳粹集团上台,既是为了应对危机,也是为发动新的世界大战做准备,实行国家统制经济和颁行带有浓厚军事法色彩的经济法。日本的情况与德国大致相同,其国家经济职能和经济法也同战争和经济危机密切相关。

为什么经济法的产生和发展会同经济危机有密切关联呢?这是因为生产社会化引发的经济和社会问题以及单一的市场调节机制固有的缺陷,在经济危机中集中体现,矛盾和问题总爆发,才迫使国家摒弃自由放任原则而介入经济实行国家调节,经济法因此产生和发达起来。而20世纪发生的两次世界大战正是社会化引起的经济社会问题,特别是经济危机的必然结果。为了应对战争,各国(不仅是发动战争的国家)必然加强对经济的调节和管制,因而使经济法立法大量涌现。可见国家经济职能和经济法产生和发展原因从根本上说还是由于社会化、市场调节机制局限性和国家经济调节职能的形成和发达。

在经济法出现早期,法学界确实有不少人鉴于经济法同经济危机和战争的关联关系,曾一度认为经济法就是危机和战争的对策法,将经济法产生和发展原因以及经济法本质属性,都同经济危机和战争直接

② 所谓"国家调节三方式"和"经济法体系三构成",是指现代国家调节经济(职能活动)一般都分别采取市场规制、国家直接投资经营、运用计划与经济政策对经济宏观引导调控;经济法体系则包括同上面三方式相对应的三种基本法律。参见漆多俊:《经济法基础理论》(第4版),法律出版社2008年版。

挂钩。但是后来人们发现,即使危机和战争过去了,国家调节经济的职能活动和经济法也仍然不可缺少,这才改变了上述“对策法”的观点,而逐渐认识到经济法产生和发展真正的根本原因和经济法的固有本质属性。

经济法同经济危机相关联不是个别现象,而具有普遍性。例如1997 年亚洲金融危机和当前由美国次贷危机引发的世界性金融危机,都无不如此。特别是此次金融危机,其诱发原因以及在危急中各国的“救市”措施,都同经济法密切相关;经历经济危机,各国的经济法立法得到加强,并发挥着十分重要的积极作用。

二、金融危机发生根源的经济法分析:市场调节与国家调节的关系

目前对于这次危机发生的原因和经过的描述性文章和资料很多,各有各的理解。笔者以为,对危机的过程可以从总体上作这样概括:首先是由次贷危机引起,发展到金融危机(金融机构信用危机、流动性危机),最后影响到实体经济(整个社会信用危机、经济危机);从地域范围说则是:由美国,再蔓延到欧洲、亚洲乃至全球各国,形成世界性危机。

对于美国次贷危机发生的直接原因,有人分析说是房价高涨和只涨不跌的预期,这是主要的;金融衍生品(资产证券化)膨胀和缺乏法律规制,这是派生的。笔者认为,“总祸根”应是,过度超前消费的社会心态,金融机构贪婪的赢利冲动,以及当时国家未能妥善引导、约束和予以法律规制,对金融衍生品的“创新”和泛滥予以放任或规制不力。

美国 2000 年互联网泡沫导致经济衰退,格林斯潘 11 次降息,联邦基准利率从 6.5% 降到 1% ,房地产价格上涨,按揭贷款上升,次级债泛滥。2003 年至 2006 年四年间美国房价上涨 50% ,1995 年到 2006 年翻了一番多。次级贷款市场迅速发展,截至 2007 年年底,全美抵押贷款 10 万亿美元,其中次级抵押贷款 1.5 万美元。由于担心房地产市场

泡沫，美联储自2004年6月起又连续17次加息。房地产价格开始出现负增长，抵押品价值下降。借款人、次级债抵押贷款机构、银行发生财务困难，面临破产。[③] 这样就由次贷危机发展到整个金融机构的信贷危机，并蔓延到整个经济领域。

人们过度超前消费的社会心态以及金融机构放贷和"金融创新"的利益冲动，从市场化角度来说，总是难免的。这是因为社会上人们总会向往更好的生活消费；商人们也总是唯利是图，追求高利润，并为此而不惜采取各种手段诱导消费者和顾客，推销他们的"金融创新"产品。以上这些也就是我们经济法理论中所说的"市场唯利性、盲目性"等"市场缺陷"。市场缺陷本来是市场所固有的，问题是现代国家不能放任它，而应当予以适当引导和约束，即"国家调节"，以弥补和克服市场的消极后果。而美国政府当时未能这样做，缺乏妥善引导和约束；相反，通过接连的降息，鼓励和误导人们超前消费的心理，在次贷衍生品泛滥中又未加及时监管和规制。这实际上就是一种"政府失灵"。

由此可见，次贷危机发生的原因，其实质还是市场与政府，即市场调节机制与国家调节的关系问题。危机发生以后，当政府采取应对措施的时候，"政府救市"实际上就是国家调节。这种国家调节既是对"市场缺陷"的弥补，也是对以往国家调节失误（"政府失灵"）的纠正（对以往国家调节的一种再调节）。国家调节要引导和纠正社会上人们的消费心理，引导、约束和规制金融机构的金融创新行为，监管其信贷活动，包括信贷规模、信贷资金流向等。当然，由于次贷危机后来继续发展和对经济造成更为广泛和严重的影响，国家调节的方式和措施也更加多样化，包括运用国家直接投资收购那些陷于财务困境和濒于破产而必须予以挽救的企业；运用市场规制方式对某些垄断企业的垄断行为进行规制等。政府的救市措施（国家调节）需要相应立法，因此颁布了许多经济法。

---

③ 参见柳欣亚：《美国金融危机发生的机理》，载中国国际海运网：www. shippingchina. com，最后访问日期：2008年11月12日。

三、金融危机中各国救市措施的经济法分析：经济法体系三构成

由于生产社会化，自19世纪末开始，一些国家的国家经济调节职能和经济法陆续产生和发展。国家经济职能活动和经济法体系都是从无到有，逐渐发达和完备的。19世纪末和20世纪初美国的国家经济调节职能活动方式和经济法体系开始仅限于反垄断及其立法。1929年至1933年经济危机和罗斯福新政才使美国国家经济职能和经济法体系全面确立。除市场规制外，美国还有国家直接投资经营、运用各项经济政策实行宏观引导调控。这便形成了“国家调节三方式”和相应的“经济法体系三构成”。其他如德、日等国虽然开始时国家介入经济的方式和领域较美国更多一些，但也是逐步发展的，其中战争和经济危机起了重要推动作用。

在这次金融危机中，包括美国在内各国都全面地运用了“国家调节三方式”，经济法立法也分别包括了“三构成”。

第一，是在国家对经济的宏观引导调控方面。宏观引导调控是这次危机中各国所广泛运用的国家调节方式。各国运用财政税收和金融政策，颁布或修订相应的法律，扩大财政投入，增加货币供应量，缓解信用危机，挽救濒于债务困境的金融机构和其他大型企业。并且抑制社会过度消费心理（如在美国）或者鉴于社会消费需求不足而采取鼓励消费措施（如中国）等。

在美国，为应对金融危机，及时出台了一系列救助计划及相关立法，其中最基本的法案是2008年10月布什总统签署的经由国会参、众两院分别通过的关于7000亿美元的金融救援计划的《2008年紧急经济稳定法》（Emergency Economic Stabilization Act of 2008）和2009年2月17日奥巴马总统签署的关于总额为7870亿美元的经济刺激计划的《美国经济复兴与再投资法》（American Recovery and Reinvestment Act）。前一法案通过剥离金融机构在地产和商业领域的问题资产

(troubled assets),使金融机构获得充实的资本金,进而提高信誉度和实力,向市场重新提供贷款,避免经济陷入衰退。法案还具体规定了财政部长在决策时应全盘、审慎考量诸多因素,如保护纳税人的利益、协助一般家庭保有住宅并稳定社区、对为服务于中小阶层为主的金融机构提供协助、保障美国人民退休收入的安全性等。同时明文规定财政部长应接受司法审查,若被认定系属武断、任意、滥用权限或不符法律规定,应认为违法,作出的决策要被废弃。后一法案规定,联邦政府将拿出7870亿美元巨资,用于刺激美国经济复苏和创造就业机会,主要包括减税、鼓励企业投资、增加就业、用于公共开支项目等。

在上述法律和其他一些相关法律授权下,美国政府采取一系列措施,实行扩张性财政政策和货币政策紧急救市。2008年10月8日美联储大幅降息0.5个百分点,12月16日美联储将联邦基金利率从1%降至历史最低点0~0.25%,这意味着美国已进入"零利率"时代。2008年11月25日美联储宣布投入8000亿美元,用于解冻消费信贷市场、住房抵押信贷以及小企业信贷市场,美国财政部也从7000亿美元金融救援计划中拨出200亿美元,支持美联储的上述行动。美联储还动用其在1929年股市大崩盘之后获得的特别授权,提供850亿美元贷款,帮助美国国际集团(AIG)摆脱倒闭厄运。为了促进市场流动性,它首先创立了短期贷款拍卖机制,使商业银行得到了一个从中央银行获得短期贷款的新途径。不久又创立国债招标拍卖机制,使投资公司可以从美联储获得以往只有商业银行才能获得的紧急融资。后来还设立新机制,从货币市场共同基金购买商业票据,以改善短期债券市场流动性状况。据悉,美联储通过非常规渠道向金融市场注资1.75万亿美元。④

美国对金融机构采取救助与监管并举的措施。2009年6月17日奥

④ 参见《国际金融危机的冲击及各国应对措施综述》,载湖南统计信息网:http://www.hntj.gov.cn/fxbg/2009fxbg/2009jczx/200907020052.htm;《金融危机大事记》,载人民网,最后访问日期:2009年3月25日;《2008~2009年世界三大经济体应对金融危机过程回顾》,载钢之家网:http://www.steelhome.cn,最后访问日期:2009年4月9日。

巴马公布金融监管改革方案——《金融监管改革:重建金融监督和管制的新基础》(Financial Regulatory Reform: A New Foundation: Rebuiding Financial Supervision and Regulation)。这将是大萧条以来美国金融体系最大胆也是最彻底的一次改革。该法案旨在"弥补旧机制的漏洞,并确保未来不会再次发生类似于当前的危机"。这被华尔街称为"自20世纪30年代以来最为彻底的金融市场监管重组议案"。该法案从以下几个方面作了具体规定:(1)促进对金融企业的有力监管;(2)建立金融市场的统合监管体系;(3)保护消费者和投资者免受金融滥用的损害;(4)向政府提供其所需的金融危机管理工具;(5)提高跨国监管的标准并促进国际合作。⑤

美国还采取减税措施。继布什政府出台1680亿美元减税方案之后,在2009年2月17日美国总统奥巴马签署的总额为7870亿美元的一揽子经济刺激计划中,其中约35%将用于减税,约65%用于投资。

美国还实施产业扶助政策。2009年2月16日,奥巴马宣布中小企业救援方案将通过多重措施,以提高贷款担保、减税、免除申请费等方式,增加中小企业的现金流量,让他们能够支付账单及员工的薪水;此外还将收购中小企业债券,活跃二级信贷市场。⑥

第二,是在国家直接投资经营方面。由于国家直接投资经营是一种不可缺少和见效快的国家调节方式,因此各国都及时加以采用。他们或者以财政资金收购那些濒于困境和破产企业的股权,实行国家控股;或者国家直接投资兴建某些建设项目。私营企业国有化是本次救市最突出的特点。美国《2008年紧急经济稳定法》规定国家收购金融机构的问题资产,在实行过程中采取了通过购买股权立即为金融机构注资的办法。2008年9月7日,美国政府宣布接管"房利美"和"房地

⑤ 《美国政府公布金融监管改革方案》,载新华网,最后访问日期:2009年6月18日。

⑥ 《国际金融危机的冲击及各国应对措施综述》,载湖南统计信息网:http://www.hntj.gov.cn/fxbg/2009fxbg/2009jczx/200907020052.htm;《金融危机大事记》,载人民网,最后访问日期:2009年3月25日;《2008~2009年世界三大经济体应对金融危机过程回顾》,载钢之家网:http://www.steelhome.cn,最后访问日期:2009年4月9日。

美"这两大房屋贷款融资机构。同年9月16日,美国政府决定接管在金融危机中处境艰难的美国保险业巨头美国国际集团(AIG),11月,美国政府向它提供新的财政援助,其中包括注资400亿美元收购AIG部分控股权。2009年1月美国政府与美国银行达成"一揽子"救助协议。根据计划,美国政府向美国银行提供200亿美元的直接注资,并为其超过1180亿美元的资产提供担保,以帮助这家美国银行业巨头充分吸收来自"美林"的员工,同时使其避免受到全球性金融危机的进一步冲击。此外,美国政府还向通用汽车公司共注资600亿美元,并获得了"新通用"的实际控股权,其中的500亿美元都将转化为对新通用公司的持股。⑦

第三,在市场规制方面。各国的做法主要表现在以下几个方面:加强对消费者权益保护,使之免受金融公司误导和欺诈;规制垄断企业垄断力滥用;对于企业合并的规制,特别是为维护金融稳定而加强对金融企业集中的反垄断审查。⑧

美国鉴于此次金融危机中金融借款人与金融贷款人之间的欺诈、金融投资机构对金融投资人的欺诈,非常重视针对金融市场的不正当的金融竞争行为和金融交易活动的监管。2008年3月31日,布什政府的财政部长保尔森向国会提交金融改革方案《金融监管体系现代化蓝图》(The department of the treasury blueprint for a modernized financial regulatory structure),提出对金融监管体系进行结构性改革的用意之一

⑦ 参见《美国政府接管房地美、房利美》,载新华网:http://news.xinhuanet.com/fortune/2008-09/08/content_9846854.htm;《美联储再向AIG注资378亿美元》,载南方网:http://news.southcn.com/international/zhuanti/mgjr/ggzz/content/2008-10/09/content_4640988.htm;《美国通用汽车申请破产保护》,载新华网:http://www.xinhuanet.com/auto/tyqcpc/gd.htm;《布什宣布具体救市举措:以2500亿直接入股银行》,载红网:http://www.rednet.cn/c/2008/10/15/1611956.htm。

⑧ 英国于2008年10月向国会提交《金融稳定法(草案)》,引入"金融体系稳定"这一新的公共事项,以干预哈利法克斯银行同劳埃德银行的集中案。意大利于2008年8月通过《危及企业重组的紧急措施》,干预金融企业集中反垄断审查。

就在于保护金融借款人与金融贷款人。[9] 2009年6月的《金融监管改革:重建金融监督和管制的新基础》法案中,对保护消费者和投资者免受金融滥用的损害更作了明确规定,指出:为了重建市场信心,需要对消费者金融服务和投资银行进行有力和持续的监管,提供一个强大的框架来全面保护消费者和投资者。主要措施包括:(1)建立一个新的消费者金融保护局(CFPA),保护各种消费者,如信用、储蓄、支付和其他消费者的金融产品和服务,以及监管这些产品和服务的提供者,CFPA拥有一个较宽的司法裁判权;(2)改革消费者保护机制,提高金融消费市场的透明度、简易性和公平性;(3)加强投资者保护,提高信息披露的透明度、投资者参与的公平性,建议增设一个"金融消费者协调委员会"(FCCC)等。[10] 奥巴马政府认为,放松竞争执法是一个从经济危机刚开始就犯了的严重错误,现在政府能做的只有设法补救,不继续松懈执法。新政府采取了诸如加大违法处罚力度、慎用豁免制度等措施,加强竞争执法力度。[11]

对于"国家调节三方式"和"经济法体系三构成"理论,我国经济法学界有些学者尚存疑虑,主要是在于有些学者不认同其中的国家投资经营及其法律也是当前国家经济职能活动的一个相对独立的方式,或是经济法体系中一个相对独立的基本法律。国家投资经营及其法律在国家调节职能活动和在经济法体系中的地位,这个问题以前是本不成其为问题的,但自西方国家于20世纪90年代掀起"私有化"浪潮和中国实行国有企业改革之后,有些人便认为它们不再是"三方式"和"三构成"之一了。这是一种误解。即使在市场经济体制下,社会投资虽然以民间投资为主体,国家直接投资比重不能太大,但作为国家调节经

⑨ 参见《激起千层浪的美国金融监管体系现代化蓝图》,载腾讯图书:book.qq.com/s/book/0/16/16090/33.shtml,最后访问日期:2009年6月18日。

⑩ 参见《美国政府公布70年来最大规模金融监管改革方案》,载新浪网财经频道:http://finance.sina.com.cn/stock/usstock/economics/20090618/01226369.shtml,最后访问日期:2009年6月18日。

⑪ 新华网华盛顿10月22日电。

济的一种基本方式,它也是需要的,不可废止,其特殊价值和功能是其他方式不能替代的。事实上,即使在“私有化”较为彻底的英国、美国,也仍然始终保持着一定的国家投资,并未被“私有化”彻底排斥。而如今在金融危机中,各国普遍性地又加大了这种调节方式的力度,运用国家直接投资或收购某些公司股权,实行国家控股,或投资兴建某些工程项目。如前所述,美国总统奥巴马签署的总额为7870亿美元的“一揽子”经济刺激计划中,其中约65%是用于投资的。

中国政府的4万亿元人民币救市计划中,大部分用于国家直接投资。其具体投向为:铁路、公路、机场、城乡电网1.8万亿元,地震重灾区的恢复重建投资1万亿元,农村民生工程和农村基础设施3700亿元,生态环境3500亿元,保障性安居工程2800亿元,自主创新结构调整1600亿元,医疗卫生和文化教育事业400亿元。

在2008年第四季度的1000亿元投资中,重点解决民生问题、基础设施问题、生态环保问题,也包括了提前下拨救灾的资金,加强灾后恢复重建。这1000亿元涉及的建设工程,在其后两年中大体需要4万亿元投资。根据现行的投资体制和投资资金安排的方案,需要中央投资11.8万亿元。国务院先后制定了十大产业振兴规划,包括:钢铁、汽车、船舶、石化、纺织、轻工、有色金属、装备制造、电子信息及房地产业。中央和各地方的上述投资,大量的是用于直接投资的举办工程项目的。

当然,中国政府在十分重视运用国家直接投资经营这种(国家调节)方式的同时,也特别注重运用积极的财政政策和适度宽松的货币政策,从宏观上引导调控经济。本来2008年11月以前政策是从紧的。2008年11月召开的国务院常务会议提出:鉴于世界经济金融危机日趋严峻,为抵御国际环境对我国的不利影响,必须采取灵活审慎的宏观经济政策,以应对复杂多变的形势,当前要实行积极的财政政策和适度宽松的货币政策。从那时开始,我国政府宏观调控的基调已经全面转向放松,保增长成为宏观调控的主要目标。

中国政府为应对世界金融危机影响而采取的措施和方式是积极的、全面的,国家经济调节职能是非常发达的,只是由于治国方略转型——法治建设进程问题,我国的救市措施并未能相应地引起经济法立法的跟进,使人们觉得救市似乎同经济法也并无多大关系。

四、金融危机对我国加强经济法立法的启示

经济法对于国家经济调节职能活动的一般作用在于:它是其法律依据,是其法律保障,也是对它的法律规制。国家经济调节如果没有相应的经济法,脱离法律原则和规则的规制,难免发生调节不当或权力滥用,使国家调节不但不能妥善地弥补市场调节的缺陷,反而搅乱正常经济结构和运行秩序。这种情况在现实生活中是常常出现的,例如这次美国次贷危机发生和恶化,就同当时政府的政策欠妥相关。在这种情况下,后面实行的国家调节就不仅是对市场缺陷的弥补,也是对此前国家调节失误的纠正,即对过去的国家调节的再调节。但后面的国家调节也仍然难免失误。为保障国家调节正确、恰当地发挥积极作用而尽量减少失误,就需要立法机关事先制定相关法律,确立国家调节必须遵守的原则和规则。在有着法治传统和严格法制的国家,一般就是这样做的。虽然国家调节这样那样的失误在所难免,但可以尽量减少失误;在发生失误后也容易发现问题,追究有关当事人的法律责任,警戒以后的行为。在非法治国家,往往行政权力膨胀而很少受法律制约,其国家调节失误的概率就更大,造成损失往往更为严重,并很难追究责任。

在此次金融危机中,中国决定采取 4 万亿元人民币的救市措施,行动可谓果断及时,说明国家调节职能颇为发达;但 4 万亿元人民币事先并未经过最高权力机关审议和立法;事后(如该决定作出并付诸实施的次年即 2009 年 3 月全国人大召开期间)也没有履行这样的程序。这同美国政府当时决定 7000 亿美元救市的做法显然不同。这说明中国的国家经济调节职能虽然发达,但因为治国方略转型进程问题,还未实现真正法治,所以经济法并未实现相应的发达。

有人说,这是我们国家一贯的政府权力行使方式,它及时、有效率,

一年来的事实表明效果不错,要相信我们中央领导人的英明正确。这种说法似是而非。在实行民主法治情况下,国家的重大决策需要经过法定程序,也许有些“烦琐”,但如果不这样,仅凭少数领导人决定,失误的概率更大,可能落在广大纳税人头上的损失就更严重。在无制度保障情况下,把希望仅仅寄托在领导人英明上面未免风险太大。事实上在当时4万亿元人民币宣布后,接着就出现全国各省县纷纷上京“跑项目”的混乱局面,使得人们对4万亿元人民币安排使用的合理性和效率不能不感到担忧。

看来国家的治国方略转型还得引起重视。国家经济调节职能活动不能不加强法治,特别是加强经济法的立法和实施。

就应对当前金融危机,并进而“化危为机”,促进我国经济持续发展而言,当前我国的经济法任务繁重,其体系中的“三构成”——市场规制法、国家投资经营法和宏观引导调控法,都需要加强。仅在金融法方面,就要考虑应对国际货币体系改革、人民币国际化、人民币汇率、外汇储备使用等方面的法律问题,尤其要注重加强金融监管法制。

世界金融危机警示我国迫切需要加强金融监管法制,包括:金融创新监管、信贷监管、资金流动性监管、监管体制问题等。

金融创新监管法律规制包含:(1)在金融衍生品的创制方面的法律规范;(2)在其流通方面的法律监管;(3)对其中违反法律的责任的规范。

信贷监管方面包括:(1)对社会消费的引导,信贷客户信用的监管;(2)对金融机构信贷规模、结构和风险防范的监管;(3)对信贷资金的实际流向、使用的监管。

资金流动性监管,除上面说的信贷资金流向外,还包括其他资金流动、跨国资金流动等问题。当代跨国资金流进、流出对目标国影响很大,例如会引起该国股市、楼市剧烈震动,而对其监管难度颇大,必须好好研究完善监管法制。

此外还有金融监管体制改革(含国际金融监管体制改革对我国的影响)问题,也需要制定相应立法。

中国经济法理论创新与应用及其同实践的反差*

一、中国经济法理论研究的重大创新

中国经济法理论研究起步于20世纪70年代末,当时主要是适应国家"拨乱反正",实行经济体制改革和法制建设的需要,而从国外(主要是苏联)引进的。20世纪80年代初期,一度在全国范围掀起了轰轰烈烈的经济法学习研究热潮。人们根据各自对经济法的理解而提出各种见解,出现所谓"经济法诸论"。但就其总体情况而论,大多数学者当时基本上是照搬苏联学者拉普捷夫的"纵横说"大经济法观点,即认为经济法是调整纵向经济关系(国家对经济的管理关系)、横向经济关系(平等经济主体之间经济关系)以及企业内部经济关系的法律规范。那种"大经济法"观点适应计划经济体制和中央集权经济管理模式的需要,反映了当时国家

---

* 2014年3月14日在台湾"铭传大学2014追求高教卓越国际学术研讨会"的演讲,收录于《台湾铭传大学2014年国际学术研讨会法学新知研讨会论文集》,2014年7月;另收录于漆多俊主编:《经济法论丛》(第26卷),中国方正出版社2014年版。

对社会经济包揽和“统制”的现实,因而得到了国家领导层的认可和支持。

随着国家经济体制改革的开展“大经济法观点”的陈旧和不合理性立即显现。加之当时中国整个法学在中断10余年后刚刚恢复,满身稚气,更使得当时的经济法研究显得幼稚和肤浅。虽然当时经济法学界内部有些人对于自己的经济法理论观点自鸣得意,但并未得到法学界普遍认可。特别是民商法学者和稍后的行政法学者都认为大经济法观点未能区分经济法同民商法、行政法等其他部门法的界限,“侵犯了”后者的“领地”。他们否认当时我国经济法理论有什么重大创新,甚至对许多所谓“理论”或“学说”能否称为理论也表示质疑。认为除极少数学者的研究具有价值外,多数研究成果最多也只能叫作“观点”和“看法”。应当承认当时人们对于“大经济法观点”的这种批评是有道理的、比较中肯的。但他们无视了当时已经出现的另一种经济法理论。

就在20世纪80年代初期中国经济法研究起步阶段,在“大经济法观点”盛行的同时,也有一些学者并未受到大经济法观点潮流裹挟而特立独行。他们中有些研究一开始就触及经济法的应有本质属性和基本特征,明确地揭示了经济法同其他部门法的区别与联系。也就是说,中国经济法研究从一开始就并非只有大经济法观点这一条线,还存在另一条研究路径。后来在中国经济法学界终于成为主导学说的“国家调节说”(又被称为“三三理论”)经济法理论体系的形成和发展,就是这后一条路线的代表。[①]

早在中国经济法研究兴起之初期,“国家调节说”学者按照探本溯源的方法,在思考着如下一些问题:人类社会法的体系演变过程中为什么原有法体系各种部门法不能满足需要,而必须产生“经济法”这样一

---

① 参见漆多俊:《国民经济的法律调整》,河南人民出版社1986年版,第7~8、18、24页;漆多俊:《经济法基础理论》,武汉大学出版社1993年第1版、1996年第2版、2000年第3版,第31、55页,法律出版社2008年第4版。

个新的部门法？作为法的调整对象的社会经济关系当时究竟发生了什么变化，出现了何种新的社会经济关系，而为原有民商法和行政法所不再能够有效调整了呢？这一新部门法同原有民商法、行政法等部门法究竟有何联系和区别？

这些学者在综合考察了欧美和日本等西方国家及苏联、东欧国家的经济法立法和经济法学说，特别是在深入分析美国反托拉斯法的起源与罗斯福新政改革中经济法的发展之后，发现经济法的出现和发展原来同人类社会 19 世纪末以后发生的生产社会化，社会经济调节机制和市场的演变，新的社会经济关系的发生，从而引起法律体系的演变等因素密切相关。即随着 19 世纪末欧美一些西方国家产业革命相继完成，资本主义生产方式出现社会化和形成经济垄断。在自由资本主义阶段那种市场机制（亚当·斯密所称的“看不见的手”）“一元化”调节机制出现“失灵”，再不能充分有效地调节社会经济，经济结构比例失衡，经济危机频发，社会不公，阶级矛盾冲突加剧，乃至影响政局稳定。这时迫切需要新的调节机制出现，以配合、辅助市场机制对社会经济予以调节。“国家调节”于是应运而生。这就是调节机制的“二元化”。国家调节首先是一种经济调节机制，但同时也是国家的一种新的职能（可称为“第三职能”）。在法治国家，凡国家职能活动都必须有法律依据、法律保障和法律规制。国家调节也不是万能的，存在“政府缺陷”。为此需要制定和实施规范国家调节的法律。这种法律就是经济法。

由于国家调节乃是国家公权力介入社会（私）经济领域的行为，在国家对有关社会经济活动进行干预、参与或调控过程中，国家直接成为有关经济关系的一方主体；在因经济法调整而发生的法律关系中国家直接成为一方法律关系主体。这不同于民商法——国家只是制定民商法律，规范从事民商事活动各主体行为，国家并不直接成为民商事法律关系主体。这好比国家只是制定体育运动竞赛规则，竞赛由互为“平等主体”的运动员们进行，国家不当运动员。这是经济法同民商法一个显著不同的特点。

由于国家经济调节乃是一种新的社会经济调节机制和国家的一种

新的相对独立的职能活动,它需要在全面深入洞悉整个社会经济情况,尊重客观经济规律和发挥市场机制基础性调节作用的前提下,通过干预、参与或引导调控等方式,对社会经济结构和运行予以恰当调节,以实现维护和促进社会经济的协调、稳定和发展的经济性目的,传统行政措施和行政法是不能胜任此任务的。因此经济法是不同于传统行政法的一个独立法律部门。

法是调整一定社会关系的,各不同部门法分别调整各自特定的社会关系,有着各自不同的任务和存在价值。否则就不会出现新的部门法。20世纪80年代一度盛行的"大经济法观点"竟忽略了这一起码常识,故显然不正确。自然人和法人之间的商品交换关系("平等主体间经济关系")一直由民法商法调整,怎么能将它们纳入经济法调整范围呢?后出生几百年甚至上千年的"小弟弟",怎么能把"大哥"、"大姐"干的活儿抢占过来而让其闲置失业呢?同样,经济法也不调整传统行政法的普通行政管理关系。行政法也涉及经济领域的行政管理,但它"未深入到"对社会经济深层次的调整问题,"常常在它真正要刚刚展开时就中断了",因而形成了"某些死角"②。经济法只调整这些"深层次"而为传统行政法所不能调整的经济领域"死角"的经济关系。如果经济法除了把别的部门法一直在做和做得好好的事情拿过来之外再无自己特别的任务,那它就没有存在价值了,还能成为一个新的部门法吗?

经济法因国家调节经济(这种机制和职能)而产生,它是规范国家调节的法律规范总称,它调整在国家经济调节过程中发生的各主体之间的社会关系(以下简称"国家经济调节关系")。"国家调节"是我们认识经济法本质和特征的关键因素。

我们再分析经济法具体包括哪一些法律,即经济法体系的基本构成。这也要从经济法的"国家调节"这一基本点出发。如前所述,国家调节首先作为一种经济调节机制,其出现乃因为在生产社会化前提下,

② 苏联学者C. H. 勃拉图西和C. C. 阿列克谢耶夫的话,转引自漆多俊:《经济法基础理论》(第4版),法律出版社2008年版,第80页。

原有市场调节机制不再足以有效调节。这是因为市场机制本身存在缺陷,生产社会化以后那些固有缺陷逐渐显露,出现"市场失灵"。经过分析,市场机制有着三大固有缺陷,即市场障碍、市场唯利性、市场盲目性与滞后性。所以当国家调节面世以后就必然有的放矢地要采取三种基本调节措施,即反垄断、反不正当竞争以排除市场障碍;国家直接参与某些民间资本不愿进入的领域的投资经营;国家运用信息、计划和财政税收、金融等经济政策对社会经济实行引导、鼓励或约束等宏观调控。以上国家调节的三种基本措施都必须制定相关法律,因而经济法体系便有三个方面法律,即反垄断法(竞争法),国家参与投资经营法,国家引导调控法。以上意思归纳起来,就是:市场三缺陷—国家调节三方式—经济法体系三构成。在中国大陆人们把这种经济法理论称为"国家调节说",又称"三三理论"。[③]

二、"国家调节说"经济法理论的学术价值和现实意义

"国家调节说"经济法理论全面揭示了经济法的产生社会根源、本质特征、价值理念、调整对象、法律关系构成及其他立法与实施各种基本问题,明确界定了经济法同法的体系中其他法律部门的联系和区别。它是一个完整的学科理论体系。

这一理论的逻辑起点是人类生产社会化及其引起的经济和市场的演变。经济调节机制从市场调节一元化发展到国家调节出现后的调节机制二元化。国家调节出现,引起规范国家调节之法——经济法的出现。正如我在1998年写的一篇论文所说,这乃是"市场—调节机制—法律的同步演变"[④]。整个"国家调节说"理论紧紧围绕这一逻辑线索

③ 参见漆多俊:《市场、调节机制与法律的同步演变》,载漆多俊主编:《经济法论丛》(第1卷),中国方正出版社1999年版。

④ 同上。

展开，一环扣一环，层层推进，水到渠成，浑然一体。这是一个具有较强逻辑自洽性的有机体系。

这一理论是在综合考察近、现代以来人类社会经济、社会和法律发展演变趋势，各主要国家的国家职能活动和法律的变化，特别是国家经济调节和经济法立法与实施情况等史实的基础上，归纳出来的结论。它符合实际，能够经受实践检验，具有可靠性和普适性。无论是美国、德国和日本等这样的西方国家，或前苏联、东欧国家和中国这样的社会主义国家，“国家调节说”理论都是完全适用的。

早在19世纪中后期，在生产社会化推动下，经济托拉斯开始出现和盛行，妨害经济和社会公平，社会上出现反托拉斯运动，推动国家开始介入经济生活，并颁布反托拉斯法律（1890年公布《谢尔曼法》，1914年又颁布《联邦贸易委员会法》和《克莱顿法》）。这标志着美国国家经济调节职能和经济法的产生。碍于美国宪法自由主义传统，当时国家调节职能并未充分实际行使，经济法未得切实实施。1929年至1933年世界经济危机爆发以后，经济、社会和政治矛盾进一步激化，迫使新上台执政的罗斯福总统决心大胆改革，实行新政。国家调节职能和经济法的立法和实施迅速发达起来。可见美国国家调节职能及其经济法的产生和发展完全符合“国家调节说”理论的表述；或者反过来说，“国家调节说”完全符合美国情况。虽然在“二战”后的20世纪末，西方各国出现对凯恩斯主义的批判和修正，“新古典综合派”主导了西方国家的经济政策，美国以里根时期为代表，又开始强调自由放任，但无论在美国或其他西方各国，国家调节这一经济机制和国家职能活动是始终保持着而不可能再予以废止的。问题只在于如何实行国家调节，即怎样处理它同市场机制的关系，在程度和方法上怎样改进国家调节。相应的经济法也不是需要不需要，而是如何改进和完善其立法与实施的问题。

德国和日本也是国家经济调节职能和经济法产生和发达较早的国家。德国在“一战”前后涌现了大批经济法立法（并且许多法律直接冠以“经济法”称谓）。他们的国家调节职能和经济法的产生也同生产社会化相关。不过同美国相比较,德、日的国家调节职能活动与经济法的产生和发达具有更多政治和战争等非经济因素。他们作为后起的资本主义国家,为了超常规发展,而特别注重利用国家权力干预经济。他们的"国家调节"充斥着国家统制和强制的行政乃至军事色彩。因此其经济法立法也带有浓烈的行政法和军事法味道。不过总体来说,他们的经济法同其国家调节密切相关,是关于国家调节的法律规范,这是很显然的。

20 世纪的苏联、东欧国家和中国等一批社会主义国家的经济法,也同他们的国家经济职能密切相关。这些国家按照马克思主义原理,认为社会主义经济基础不可能在旧社会母体内自然生成,而必须于革命成功后彻底摧毁旧经济基础,凭借新政权力量重新组建自己的经济基础。因此他们将社会经济完全置于国家管理和统制之下。其经济职能可谓异常发达。尽管这些国家并不实行法治,而为人治,但形式上也总要颁布一些法律。其中关于经济管理、调节的法律,便具有经济法性质。中国在 20 世纪末期实行改革开放之后,开始改善国家对经济的统管局面,市场机制逐步有所发展,国家调节性质逐步有所增强。因此相关法律的经济法性质也便有所增强。还有些法律立法时基本按照市场经济要求制定,其经济法性质就更为明显了。可见中国等社会主义国家的经济法其产生和性质也是同国家经济(调节)职能密不可分的。

有人对"国家调节说"经济法理论提出如下质疑:按照国家调节说理论,经济法是在生产社会化,市场失灵,调节机制由一元化到二元化,即国家调节后才产生的。如果说该理论还适合西方资本主义国家情况,那在中国这样的社会主义国家,难道也是先有市场缺陷和市场失灵,才出现国家调节和经济法的吗?社会主义国家政权建立后,不是连市场都彻底消灭了,还谈什么市场缺陷和失灵呢?因此这里的经济法产生根源显然不同于"国家调节说"所述,该理论并不适合中国。

这种质疑似是而非,可以迷惑不少人,包括部分学者。其实他们并没有全面了解或没有读懂"国家调节说"。国家调节说理论是从人类社会发展史观和世界各国经济、社会、政治和法律演变总体角度来研究经济法的。在论述19世纪末生产社会化和垄断出现，经济危机频发，社会不公，矛盾冲突激化时，该理论曾经指出，当时起码有三种人看到了社会的危机和不合理性，分别提出了三种不同解决方案：[⑤]空想社会主义、马克思主义和"资产阶级改良派"（以罗斯福为典型代表）。其中马克思主义的方案是一切推倒重来，即实行社会主义革命和无产阶级专政。由新的政权"重新组建"经济。苏联、东欧和中国一批社会主义国家正是按照马克思的方案实行的。可见从全过程来看，中国等这些社会主义国家的国家经济职能及其相关法律的出现，仍然完全符合"国家调节说"理论，即市场缺陷和失灵引发经济危机和社会问题，表明需要国家调节，并引起经济法产生。只是在社会主义国家，国家介入过度，使"国家调节"变成了"国家统管、统制"，也因此其经济法充斥着行政乃至军事色彩。

综上所述，应当说"国家调节说"是一个系统而完整的，具有严密逻辑自洽性，并符合近一百多年以来世界各国国家经济职能与法律演变的史实，能经受实践检验的新的经济法学科理论体系。它是中国学者的重大理论创新。

2005年在日本公平交易委员会下属一个经济法研讨会上，日本经济法学者在评论"国家调节说"（"三三理论"）时表示：日本的国家经济调节职能活动实际上也一直是"三方式"，日本经济法体系也确实有"三构成"。日本有些经济法学者（如金泽良雄、丹宗昭信等）认为经济法主要只是反垄断法这"一构成"，看来是不全面的。"三三理论"符合日本情况。也就是说，"国家调节说"理论不仅在中国是先进的，在国际上也具有先进性。

科学的理论是能够指导实践的。当今世界各国的国家经济调节活动及其经济法立法与实施，都面临如何妥善处理政府与市场关系，如何

---

⑤ 参见漆多俊：《经济法基础理论》，法律出版社2008年版，第15～19页；漆多俊：《时代潮流与模块互动》，载漆多俊主编：《经济法论丛》（第13卷），中国方正出版社2007年版，第14～22页。

在充分保障市场机制基础性作用前提下，恰当运用“国家之手”予以辅助和配合，经济法如何既保障国家调节，又严格规制国家调节权力，防止公权力滥用，侵犯民众权利等问题。政府不能不作为，也不能乱作为。而这些都是“国家调节说”所重点论述的一些基本原理。

对于中国当前现实而言，国家调节说理论则尤其具有重大指导意义。中国自20世纪70年代末开始进行经济体制改革，要逐步建立和完善市场经济体制。这一过程至今仍未完成。需要继续大力发展壮大市场机制，使其真正发挥基础性作用。要大力改善国家管理经济的职能方式，使其切实转变到如“国家调节说”所论述的那样的“国家调节”要求上来。同时需要加强法治建设，实现法治经济，将国家经济调节活动纳入法治轨道，使国家调节公权力严格受到经济法规制。需要正视和反对垄断，大力减少国家政策特许的垄断，反对国有企业，特别是一些公用企业对于垄断力的滥用，为此需要切实实施经济法中的反垄断法。需要继续大力推进国家投资和国有企业的改革，继续降低国有投资和国有经济成分在整个经济结构中的比例，以保障市场机制的基础性作用。要符合“国家调节说”理论所揭示的现代国家投资和国有企业的基本价值目标和原则：国家直接参与投资经营其目的应主要是为了调节经济，要有进有退，进退适时。不能片面追求扩张和与民争利。需要按照“国家调节说”理论改善国家宏观调控，恰当运用计划和财政、税收、金融等经济政策，对社会经济予以引导、鼓励或约束。这些都应当在法治前提下实行。不能以“宏观调控”的新瓶装人过去行政命令的旧酒。不能在法律之外滥用宏观调控权力，肆意侵犯企业和民众的经济自由和权利。

特别是当前中国，由于经济体制改革不彻底，加之政治体制改革滞后，面临诸多经济、社会问题。经济结构失衡和运行阻力逐步显现，经济增速减缓，就业压力增大，收入分配制度不合理，GDP增长同人民收入和福利增长不对称，贫富差距和城乡差距拉大，环境资源恶化，食品安全问题不断。加之腐败盛行，社会诚信丧失等，使经济和社会矛盾激化，公共事件频发。其中原因和解决方案是多方面和综合性的，但大力改善国家调节，切实按照"国家调节说"理论原理加强经济法的立法和实施，健全经济法治，是十分重要的。经济法以及"国家调节说"经济法理论当前在中国大陆正是大有可为，发挥积极作用的时候。

三、经济法理论的先进性同经济法立法和实施滞后的反差

近些年，笔者曾多次论述中国经济法所存在的"两个反差"：一个是经济法理论创新的先进性同社会上，包括学界（甚至经济法学界内部）和政府管理层在内的许多人士，对于经济法的无知、误解和偏见的反差；另一个是国家经济职能异常发达同经济法立法与实施落后的反差。两个反差互相影响，恶性循环。

前个反差同20世纪末经济法研究起步阶段从苏联引进的"大经济法观点"盛行泛滥和长期影响相关。它使当时的学生和社会人士"先入为主"，后来也一直以为中国经济法学界的理论观点就是那么幼稚肤浅。而以"国家调节说"为代表的经济法另一条研究路径开始时势单力薄，长时间未被人知晓和重视。20世纪90年代初以后虽然迅速上升为主流学说之一，原来持"大经济法观点"的学者也逐渐更新了自己的观点，这使经济法理论观点呈现趋同和基本一致，但在学界内部原来的和后来又陆续出现的各种似是而非的观点仍然自行其道。这加剧了本来对经济法就持有异议的经济法学界外部一些学者和社会人士对大陆经济法研究和理论创新的质疑。这种情况妨碍着经济法和先进的经济法理论在实践中的应用。

后个反差指的是我国长期实行计划经济体制和高度集中统一的经济管理模式，改革开放以后，旧体制和传统继续有着较大影响。国家经济职能行使方式仍未能较彻底地转变为以市场为基础的严格的"国家调节"，经济管理行为仍保有较强的行政管理乃至"统制"色彩。虽然颁布了许多规范国家经济管理活动的法律，这些法律也具有浓烈的行政法色彩，或简直同行政法并无二致。虽然人们也将其视为经济法范

畴,但经济法性质并不纯正(不完全符合经济法应有的立法宗旨、理念、原则和调整方法)。

从经济法体系三构成来看,反垄断法拖延很长时间才出台,并且规定的措施(如反垄断法实施机关和实施机制等)不力,实施效果甚差。国家投资和国有企业改革步子缓慢,同经济法性质的国家投资经营法的应有宗旨、理念和原则仍有相当大的距离。至于运用计划和财政、税收和金融等经济政策对社会经济引导调控方面,尤其未能很好纳入经济法的宏观调控法轨道,国家宏观调控权力未能严格受到法律规制,行政指令和人治色彩甚浓。往往借口需要及时适应市场形势变化快特点而置宏观调控法的应有法律原则于不顾。导致"宏观调控是个筐,什么都往里面装"。借"宏观调控"这个新瓶,灌进传统的行政指令旧酒。使得实行的许多"宏观调控"措施未能达到真正调节社会经济结构和运行的目的,甚至越调越糟糕。还有许多法律规定概念化和形式主义,不具体,无责任追究,无可操作性,只是一种摆设装门面。例如,预算法就被人谑称为"软法"(指对政府无实际约束力)。每年"两会"上一些全国人大代表、政协委员都看不懂预算报告。许多重大宏观调控决策和措施,直接由执政党和政府决定实施,根本不经过立法程序,甚至不知会人大。2008 年为应对金融危机,国家以 4 万亿元投资救市,仅由国务院决定和立即实施。对照当时美国政府的救市措施严格经由两院审批通过,再由总统签署法案,才得最后实施,中国人却自鸣得意地说"社会主义制度效率高",而认为民主国家行动迟缓。后来效果如何?那次"效率高"的救市投资所造成的经济结构失衡,某些产品大量积压,民营经济受阻,国进民退等一系列后遗症一直影响到今天。这就是不按客观经济规律办事,不搞法治所必然受到的惩罚。

以上就是本文所谓中国国家经济职能"异常"发达,而经济法立法与实施落后的反差。

记得当年高校经济法学导师布置研究生写关于金融危机和国家调节(救市)的论文,学生们开始觉得文章好写,资料信息较多。可一动笔就立即觉得关于本国的经济方面资料甚多,却极少有法律方面的资料。写下来更像一篇经济学文章,不像法学文章,缺乏“法味”。这也侧面反映了中国国家经济调节职能发达而经济法滞后这一现实。

造成如此反差的原因,也可以说是同有关主政者对于经济法的重要作用缺乏认识,先进的经济法理论教育普及不够相关。但这显然不是主要的,根本性问题乃在于国家体制和传统的制约。经济体制改革进程不畅,市场经济发育不全,法治建设停滞不前,经济体制和法治进程最终受到陈旧的政治体制严重阻碍。从“国家调节三方式”和“经济法体系三构成”来分析,都清楚地表明了这一点。

首先说反垄断。凡市场经济和民主法治国家,都十分重视反垄断,反垄断法被视为市场经济的“宪章”。中国既要实行市场经济,为何不肯重视反垄断和强化反垄断立法与实施呢?为什么反垄断法列入人大立法规划到出台拖延了13年?立法过程中学者专家的许多好的立法建议,如要求强化法律的实施机制,仿照各国通例设立权威的专门实施机关等,主管当局为什么就是不予采纳?法律颁布几年来实施不力,垄断基本照样横行,难以触动其一根毫毛呢?这绝不是当权者的认识问题,而是他们有着难言之隐。因为中国现实的垄断主要不是私营企业所为,而是国家和国有企业(含国家控股的公司)所为。有些行业是国家政策特许的垄断,是谓“国家垄断”。现代许多国家都存在这种国家垄断,但在中国这样的国家垄断太多太滥。这是不利于市场经济运行的。这些行业(如金融、电信、电力、油、气、水、铁路、航空等)的垄断企业,打着国家特许、公用事业和“自然垄断”等旗号,滥用垄断地位,排斥竞争,在价格、产品与服务质量上坑害消费者,占据大量公共资源而对国家财政和社会福利、就业等方面贡献甚微。垄断企业内部,特别是其高管们收入与福利奇高,是社会收入不公平的主要因素。这些高管们同权力部门有着千丝万缕的联系。他们在寻求公权力保护的同时也干预公权力运行,影响着国家决策。鉴于其危害,国家本来是应当对其高度关注和予以解决的。其途径一是通过改革大量减少国家特许的行业和产品的垄断;二是对现有垄断行业和企业,严格执行反垄断法,对其违犯现有法律明文规定的如“滥用垄断力”等行为,坚决实行制裁。

然而,症结性问题乃在于,中国这些垄断行业和企业的实际控制权大都掌握在同国家公权力密切相关人员和机构手里。这就是迄今反垄断和反垄断法滞后的核心原因所在。垄断问题是必须解决的。好几年前在多次关于反垄断立法论证研讨会上,笔者曾多次“危言耸听”地呼吁:国家对待反垄断法的态度,是衡量国家政权性质的一个标志。我们的政权不能成为“官僚垄断资本”家们利益的代表。

其次说国家投资和国有企业问题。自20世纪70年代末开始的经济体制改革实际上是从国有企业改革开始的。笔者曾多次论述过国有企业的性质、特征、任务、投资规模、方向、国有投资的进退等问题,指出现代国家投资开办国有企业最主要的目的应当是为了“调节经济”,即把它作为国家调节社会经济的一种基本方式(“国家调节三方式”之一)。中国国企改革的基本途径有二:一是严格控制国家直接投资的规模和方向,降低国有成分在整个社会经济中的比例,通过转制、变卖等方式减少国企和国企中的国家股份;二是改制,推行股份公司制,改善经营。[⑥] 时至今日,国企改革的方向看来仍得如此。可是30多年的改革跌跌撞撞,中途出现停滞和某些倒退。改革任务至今未最后完成。国有经济成分比重仍然过大,国有企业垄断严重,经营的经济和社会效益不佳。国家投资体制和国企的改革道路为何如此艰难?其根本原因仍在于体制,特别是政治体制问题。一则是人们仍受到“社会主义”和“公有制”传统意识形态束缚,过多赋予国家投资和国有企业“政治性”目的,而不是将它主要作为国家经济调节的一种方式来对待。二则国有企业特别是大型国企的实际控制权大都被权贵家族操纵着,这些国企是权贵家族化公为私,攫取巨额财富和挥霍腐败的主要平台。权贵们不愿意和阻挠真正和彻底的改革。

最后说宏观调控。这是经济体制改革以来政府叫得最多,实际上也几乎天天在做的事情。为什么不能很好地将宏观调控纳入法治轨道,而致使这方面立法与实施严重滞后呢?在中国公权力体系中,历来

---

⑥ 参见漆多俊:《对国有企业几个基本问题的再认识》,载《经济学家》1996年第2期。

是以执政党和政府行政权力为中心，人大难以制约行政权。在法治不张情况下，行政权力这一匹野马会尽量挣脱法律的羁绊。例如，在财政税收上，国家财政收入增幅远超过 GDP 和居民收入增长率。政府每次出台“宏观调控”措施，往往不是增加国家投资，就是加税。其实真正按照经济法要求，运用税收政策调控经济应当包括增税与减税两方面交叉。一味增税，不顾纳税人税负总水平，只为政府“集中财力办大事”（这是借口之一，实则还为了供养数量十分庞大的高官和公务员队伍，还要提供官员挥霍腐败的资金），这同经济法中的宏观调控和宏观调控法的宗旨完全背道而驰。要改变这种状况，必须改革政治体制，实行民主法治，使政府一心为民，加强权力制衡和监督，精简政府机构，反腐倡廉，厉行节约等。

由此可见国家经济职能活动存在的种种问题，经济法立法与实施方面的严重滞后，它同先进经济法理论形成的反差，其根本原因不是认识和学术问题，不是单纯法律层面的问题，实乃深植于国家体制，特别是政治体制改革之中。体制改革不向前推进，上述问题是很难得到根本解决的。中共“十八大”以后，主政高层看来正在加大改革力度。可以设想，在今后进一步推进经济和政治体制改革过程中，国家经济调节职能活动和经济法立法与实施，也会得到较大改善和发展。

应然法向实然法的转化

——兼论当前我国经济法发展的障碍与路径*

一、应然法向实然法转化的一般规律:我的自然法学观

应然法即自然法。历代法学家们所谓"自然法",其概念虽然存在各种差异,但主要都是指一种应然法。

应然法(自然法)是客观存在的,并非纯主观和先验论的东西。它往往隐现和散布于各种实然法之中。当其(通过实然法)存在和运行,便生出公平正义等好的效果;当其被排斥和泯灭,便生出不良效果。

人类社会法之长河,其主流(基本流向)是受应然法支配的,是应然法的概括体现。应然法是神和魂,实然法是形和体。

应然法是可以被人认识的,具有可知性。因为实然法实施效果好坏的多次反复,终究会让人们感

* 2015年11月14日"第17届经济法论坛暨广东省经济法学会年会"上发表的讲演稿,收录于该学术会议论文集;2015年11月19日发表于"爱思想网"。

知到应然法的存在。而人们一旦认识了应然法,便在头脑中形成(关于应然法的)“理念法”。这种理念法作为“立法理念”被注入(贯彻到)现实立法之中,从而影响到实然法的制定。这便是应然法向实然法的自觉转化。应然法向实然法的转化需要有一个理念法作为中介。

理念法是主观的,它是人们头脑中形成的法律(立法)理念。人们的法律理念受着多种因素(认识能力、时代和环境局限、所处社会阶层和物质利益关系等)影响。立法者的立法理念或说理念法往往是由多种理念因子结合和碰撞而综合形成的。其中由对于应然法的感知和推崇而予以采纳的因素,便最终导致该部分应然法转化为实然法。如果应然法因素进入实然法较多,甚至主导着实然法,则该实然法的良法性较强;否则其良法性较弱,甚至沦为恶法。可见立法者的理念法,即他们头脑中立法理念的形成,他们对于应然法的认知和态度状况,对于这种转化至关重要。

在立法者理念法形成的种种因素中,最为重要的因素是立法者对于应然法的认知(其他因素也很重要,本文暂不作讨论)。而对于应然法认知,则同当时社会和立法者本人对法的理论(法学)研究和认知水平相关。对于法整体或其某些部门或某个法律问题的研究较深刻和正确,对其应然性把握较准确,或者相反,对其研究欠深刻和把握不准确,都直接影响立法者的立法理念(理念法),从而影响到所制定的实然法的良法性和实施效果。这就是法学研究和法学家对于国家立法极端重要性之所在。

我曾经在一些讲座和法学论著中多次提到法学和法学家的任务,是既要研究实然法,也要研究应然法,要努力让应然法转化为实然法,使得实然法尽可能地趋近于(虽然不是,也不太可能完全达到)应然法。法学和法学家的任务不是(不能是)简单地注释、宣传现行制定法的条文和鼓动民众如何不区分良法恶法地去服从和执行现行法律。法学家不能做法律(实然法)的奴仆。

二、经济法实然法的出现及其同应然法之间的转化

以上所讲的这些原理，对于法的各个部门或其中各个法律制度都是适用的。下面以经济法为例作些说明。先说说世界各国一般和总的情况，再说我国经济法应然法向实然法转化问题，在这个转化中存在什么的障碍，经济法学界研究中需要注意的问题。

自19世纪末开始，在美国等一些资本主义国家陆续出现经济法的制定法即实然法。如美国19世纪与20世纪之交颁布的反托拉斯法和后来罗斯福新政期间颁布的大量有关法律；德国"一战"前后颁布的大量"经济法"；苏联颁布的许多有关法律；等等。这些法律同以往法体系中的既有法律部门如刑法、民法、行政法等比较有着显著不同的特点。例如它是规范国家公权力介入私人经济领域，对经济生活进行干预的法律。按照西方资本主义国家原来传统的公权力活动规则和宪法、法律原则，国家公权力是不允许这样做的。这是一种新出现的法律。在德、日等国和20世纪先后出现的苏联、东欧一批社会主义国家，人们把它称为"经济法"。美国学界虽然不使用经济法这个概括性概念，但显然大家都承认出现了这样一类新的法律。

为什么出现这样的法律？它有什么特有价值、功能和使命吗？它是什么性质的法律呢？考虑到这种法律在一些国家出现的背景，开始有人觉得那只是应对战争（德国、日本）或经济危机（美国）的一些临时性"对策法"而已。有人则认为还有更加深刻的社会根源，即同生产社会化和市场由自由竞争走向垄断和社会化这种演进相关。社会经济调节机制仅依靠"一元化"市场机制调节不行了，还需要新的即"国家调节"机制相配合，经济调节机制出现"二元化"。新的国家调节机制和国家职能活动，需要有相应的法律加以规范，予以规制和保障。于是才出现被人们称之为"经济法"的新部门法。即使战争和危机过去了，这种国家调节和法律也还是需要的。以上就是人们逐渐形成的关于经济

法的理念，或称为经济法的理念法。[1]

这种经济法理念法形成之后逐渐影响经济法的实然法。例如，在德国，人们把社会化情况下政府介入社会经济新职能写进了《魏玛宪法》，[2]又在宪法精神指导下颁布了许多经济法。又如美国，19世纪中期以后托拉斯逐渐盛行猖獗，妨碍自由竞争，也违背了美国建国时确立的自由放任精神。社会掀起了反托拉斯运动。迫使政府先后颁布《谢尔曼法》《克莱顿法》《联邦贸易委员会法》等一批反垄断法。这是美国国家调节职能活动和经济法的发端。20世纪30年代，罗斯福新政期间，国家调节力度加大，经济法性质的法大量出现。罗斯福以后，美国经济学界新自由主义虽然有所抬头，但直至今日，没有人完全否定国家调节职能活动和相关法律存在的价值。在德、日等国，“二战”结束以后，他们逐渐剔除法律中的军事和行政命令色彩，使他们的国家调节和经济法性质更加纯正。最为明显的例子是：他们放弃和逐步剔除国家投资开办国有企业的军事性和政治性目的，而只是将其作为国家调节的一种基本方式，使之回归到国家经济调节这一应然性目的上来。因而对于以前国有化建立的大量国企实行私有化。各国也调整其竞争政策，强化反垄断法的实施，以便有效维护市场竞争，保障市场经济健康运行。他们改善和逐步取消计划性经济，绝大多数国家取消了经济计划（或规划）。他们更加重视运用财政税收和金融政策对经济实行宏观调控。

苏联、东欧一批曾经的社会主义国家，以及中国，他们的国家经济职能活动一开始就异常强大。因为他们当初信奉的是马克思、列宁、斯大林那一套理论，主张无产阶级革命和专政彻底摧毁旧经济基础，重新组建新社会主义经济基础，要集中统一管制社会经济。后来理念发生了变化。苏联、东欧国家不再信奉那一套理论了；中国也在搞“中国特色社会主义”了。国家对于经济不再“统制”，而逐渐回归到“调节”。

---

① 参见漆多俊：《经济法基础理论》（第4版），法律出版社2008年版，第1章。

② 如《魏玛宪法》第91、97、156条等规定。

这些国家的有关法律也不再既调整“纵向”,又调整“横向”,还调整企业“内部”经济关系,即不再是“统制”型的“大经济法”了,而逐步回归到“规范国家调节之法”,即经济法的应然性了。因此他们的经济法实然法在发生向其应然法方向的转化。

三、我国经济法向应然法转化的任务和障碍

我国经济法实然法的出现和运行有了30多年的历史。从无到有,立法体系从形式上看也较齐全。对于改进国家对经济的管理,规范国家调节,发挥了积极作用。但如果对应于经济法应然法,则在法的性质、立法宗旨和目标、内容和效果等方面都存在差距。

经济法本是关于国家经济调节之法,是对于国家调节的法律规范。国家经济调节乃相对于市场调节而言,是必须在以市场调节为基础性调节机制的前提下,鉴于市场调节之缺陷所作的弥补措施。也就是如“国家调节说”(“三三理论”)所阐明的那样,因为市场有“三缺陷”,才需要国家调节“三方式”,经济法体系才有“三构成”。③ 而我国现行有关法律,虽然具有规范国家调节即经济法性质,但许多有关法律更像是政府“组织管理”经济之法。它们中政府(权力)主导意识较强,对市场规律和机制的基础性作用缺乏足够的尊重。法律具有较浓烈行政法甚至政治性意识形态色彩。

我国的经济法主要是改革开放以后出现的。此前信奉的理论和借此建立的经济、政治体制,是如前面所述各社会主义国家的那一套。实行计划经济体制,在经济管理上是高度集中统一的“统制”模式。并且其发展目标是实现社会主义和共产主义公有制。体制改革以后,传统的这种体制和意识形态影响仍然顽固地存在着,阻碍着经济和政治体制改革,影响着有关立法。其中包括妨害经济法作为“国家调节经济

③ 参见漆多俊:《经济法基础理论》(第4版),法律出版社2008年版,第1、2等章节。

之法”这种应然性对实然法的作用,使有关立法性质上较为混杂,许多本应属于经济法的法律具有行政法或政治性色彩。

国家调节既然只是在市场调节基础上为弥补市场机制“三缺陷”所采取的“三方式”,经济法体系也就仅限于相应的“三构成”。可是改革30多年,直至今天国家对经济的干预仍然过宽过细过死。虽然如今当局不再明说是在对经济进行管制,而高唱“宏观调控”,可是往往是新瓶装旧酒,只换了一个新名词而已。附带说说我国经济法学界有人不同意我的经济法体系“三构成”说,声称他们所主张的是“二构成”,似乎比我的还要窄小。可是一个“宏观调控”不就可以包罗万象吗?在实际上“宏观调控是个筐,什么都往里面装”的情况下,“国家调节”同经济管制、统制又能有多大区别呢?所谓“经济法”不仍旧可以是“大经济法”吗?不错,中共十八大后政府是在一批一批地取消政府审批。这当然不错,但如果不彻底摒弃陈旧的指导思想,不真正明确政府在国家调节中应做的事情范围和界限,是解决不了根本性问题的。今天取消一批管制,明天还可能再恢复和增加。

下面我们队国家调节“三方式”和经济法体系“三构成”作些具体分析,可以更加清楚地看出我国经济法实然法同应然法之间仍然存在的差距。

在反垄断法方面,这是经济法体系中出现最早,并构成其核心的法律,被视为市场经济的“宪章”。反垄断法的应然价值和立法宗旨是维护竞争和市场经济秩序,保护广大中小经营者和消费者权益。中国虽然出台了法律,但有关制度不够完善,颁布几年来实施不力。当代中国的垄断仍颇为严重地存在和为害。这里最主要的垄断是国有公用行业和企业的垄断,它们妨害着自由竞争,损害着其他经营者和广大消费者权益。我们的法律对于这些垄断显得无能为力。当权者姑息迁就,甚至有意无意纵容。在反垄断法起草阶段学者们的一些好主张和建议其合理性看来十分显然,可是主政者就是不予采纳。这不是简单的认识和学术问题,因为这里涉及的许多都是权贵资本利益集团的垄断,同当权者密切相关,甚或他们自己和家人也参与其中。党的十八大后习近平总书记以及中央态度会怎样？尚待观察。但如果这些权贵资本利益集团和大家族的垄断问题不解决，我们的反垄断实然法便难于发挥其应然作用，趋近其应然法要求。

在国家投资经营法方面，应当说我国目前的国家投资和国有企业政策是仍然有些偏离它应然价值目标的。现代国家投资开办国有企业是国家调节经济的需要（它是国家调节三方式之一）。其价值和目的所在主要是为了调节经济。④ 数量不能太多，在整个国民经济中的比重不能太大。否则既无必要，还会产生种种弊端。包括会妨害市场经济正常运行，妨害民间投资发展，还会滋生腐败。而在我国实际生活中，国家政策赋予国家投资和国有企业除了经济调节性目的之外，还强加给它其他如财政性目的、政治性和意识形态性目的，把它作为借以维护强大中央集权政治制度的物质基础，并作为“坚持社会主义”政治方向的象征。对于有些当权派及其庇护下的特权阶层而言，国家投资和国有企业还是他们借以化公为私，贪污腐败和大发横财的孵化场所。十八大以来挖出的众多“大老虎”，没有不同大型国有行业和企业相牵连的。正如我多次说过的那样，公有制特别是众多大型国有行业和企业是这些“大老虎”们滋生、壮大和藏身出没的原始森林。国企改革口号叫了30多年，如今的中央能下决心真正按照其应然方向改革吗？目前尚难以料定。

在宏观调控法方面，存在的问题就更加复杂。除了前面已经提到的常常发生“旧瓶装新酒”情形之外，很多所谓调控措施都出自政府的行政命令，不受相应法律约束。决策和实行过程公开性、民主性较差。

经济法实然法所存在的问题，根本性原因在于体制，必须深化经济体制和政治体制改革。经济体制需要实现真正市场经济，政治体制需要改变集权专制，实行民主政治。

体制改革关乎理念，首先是国家领导层特别是主要掌权者的理念问题。领导人的理念如何，未来将会有何种变化？在中国现行体制下，

---

④ 参见漆多俊：《对国有企业几个基本问题的再认识》，载《经济学家》1996年第1期。

人民不得而知。但作为学者,应当坚信应然法总会转化为实然法的,尽管时间或早或晚,路径或曲折坎坷或直捷平坦。

四、法学和法学家的任务,对青年学者的建言

本文开头我已经说过法学和法学家的任务是三句话:既要研究实然法,又要思考和研究应然法,要努力争取让应然法转化为实然法,或者说使我们的实然法尽量趋近于应然法。既然我国实然法向应然法转化当前最主要的制约因素是体制,作为学者就要思考和研究我国体制改革问题,探索体制改革的方向和途径。研究工作最忌因循守旧,囿于眼前既存窠臼是不可能有大的创新的。何况时代在前进,事物总在变化着。当前我国正处于大变革颇为关键时刻。我们的视野如果不开阔一点,也许我们所作的研究成果尚未出炉便已经过时成为废品了。这不是危言耸听吓唬年轻人。以往的事例很多。记得20世纪80、90年代之交,有些经济法教材在论述经济法原则时,刚刚写上"计划经济与市场调节相结合",马上又变为"政府调控市场,市场引导企业",后忽然又变为"计划调节与市场调节相结合",邓小平南方谈话之后则又变为"社会主义市场经济"了。走马灯一样地变换,跟屁虫一样地跟风。那还算什么理论,什么教材呢?

当前无论国内外、体制内外,许多人都看到了中国正处于大变革之中。只是对于变革程度和规模、方式和途径、其最终所要达到的目标等的预计各有不同。本人近几年许多文章和演讲都对此作了深入分析和明确判断。在此不作复述。只想提醒大家,绝不要低估了正在到来的这场变革,它同往常人们常挂在嘴上如口头禅一般熟悉的"改革"一词,会有巨大差别。对于保守派和既得利益者来说,这回可能是真的"狼来了"。前面提到的经济法中如反垄断和国有企业改革颇为棘手的那些问题,也终究会解决的。经济法学界的研究一定要跟上发展形势,避免又出现"马后炮"尴尬局面。

我多次说过，经济法是法，法同政治密切相关，特别是在我国目前状况下，研究法、特别是研究经济法，能够脱离国家经济、政治体制，离开经济和政治形势吗？近些年来大家看到我写了不少关于政治和时局方面文章。不是我在“转行”，而如我多次所言是两方面原因：一则中国当前正处于大变革时代，国家向何处去，作为国人，匹夫有责，学者们能不关心吗？二则法律中许多大问题，离开大局是解决不了的，经济法尤其如此。大家也许知道，我在谈及法学和经济法学学习研究方法时有两句话：“钻进去，跳出来。”⑤要跳出经济法看经济法，跳出法律看法律。也就是这个意思。

愿意以此作为对今天在座的学者，特别是青年学者们的一点建言。希望通过我们解放思想和大胆理论创新，明确和弘扬应然法理念，促进我国实然法向应然法转化和趋近。

---

⑤ 漆多俊：《经济法基础理论》（第4版），法律出版社2008年版，第8页。

附：第一编未收录的相关文章目录

[1]《经济法立法问题》，立法技术国际研讨会(北京)，1990年3月。

[2]《论经济管理法律关系》，载《江西法学》1991年第5期。

[3]《论经济法体系三个基本构成》，1996年6月。

[4]《论中国经济法的体系》，全国经济法基础理论研讨会，1996年10月。

[5]《论市场经济发展三阶段及其法律保障体系》，载《法律科学》1999年第2期。

[6]《论经济法产生的社会根源》，载《经济法研究》(第1卷)，北京大学出版社2000年版。

[7]《论经济法原则》，载《武汉法学》2001年第3期。

[8]《中国经济法理论创新及其同实践的反差》，载《江汉论坛》2015年第7期。

[9]《中国民主宪政建设之路》，收录于《全国经济法学年会暨学术研讨会论文集》，2010年11月，长沙。

第二编　国家投资经营与国有企业改革法律问题

第二编提示：国家投资适时适度地进入与退出，是现代国家调节经济的三种基本方式之一，其法律是经济法体系"三构成"之一。20世纪特别是其30年代至"二战"后，即使在西方国家，也曾掀起了一浪高过一浪的"国有化"浪潮。然而自80年代开始，"私有化"浪潮又席卷全球。几乎与此同时，一批社会主义国家，在大搞公有制和国有化之后，苏联、东欧国家于20世纪90年代初纷纷转制，实行私有化。中国则于20世纪70年代末改革开放，进行国企改革。作者从宏观和总体上，思考这一被作者称为"20世纪国企现象"，破译其潮起潮落的历史发展必然性和经济、政治、社会等方面的深刻根源。其中，贯穿始终的一条核心思路，是在作者"国家调节说"关于"生产和市场社会化、调节机制二元化和国家调节产生"大背景下，揭示出国家投资和国有企业的进与退乃"国家调节三方式"中所采用的一种基本方式。为了调节社会经济，国家投资和国有企业该进则进，该退则退，进退适时适度。这就是现代国家参与投资和开办国有企业的"经济调节性目的"。如果偏离这一本来目的和宗旨，过多夹杂其他如军事、政治或意识形态等其他方面目的，而不能适时适度予以调整，则国家投资和国有企业非但无益，反而大害。

以上这些基本思想，集中反映在本编汇集的《对国有企业几个基本问题的再认识》和《国企改革与股份制》等文章中。

中国20世纪70年代末开始的经济体制改革，其最主要的内容和领域之一就在于国家投资和国有企业改革，初期即20世纪80、90年代尤其如此。而至今改革任务仍未完成。无论回顾过去30多年国有企业改革历程，或展望今后国企的改革方向，作者有关论述所展示的基本规律和路径是大致适用的，相信不会逾越其框架。作者关于这方面的论述较多，除本编收录的几篇以外，还有一些内容（如关于国有企业与反垄断问题、与反腐败关系问题等）在其他论著中也有所反映。有一些论文考虑到内容有些重复等原因，未曾收录，还有部分文章已经散失。

国有企业股份制几个问题*

一、我国企业股份制的特定含义

股份制一般是指企业采取股份有限公司形式和与此相配套的其他有关制度。股份有限公司是将其全部资本划分为股份，股东以其所认股份对公司负责的公司。它一般需要向社会公开招募股份，是“开放式公司”。它的股份采用股票形式，股票可以自由流通，在股票市场上公开交易，是“上市公司”。企业实行股份有限公司制，需要有一系列配套措施与之相适应，如股票的发行制度与交易制度、公司债的发行与交易制度、证券市场制度等。这些与股份有限公司相配套的制度，也是股份制的内容。

我国当前人们所使用的股份制概念，其含义较上述更为广泛，除指股份有限公司和与之相配套的一些制度外，还包括实行有限责任公司制度这种情况。有限责任公司是股东以其出资额为限对公司债务负责的公司。它不能向社会公开招募股份，是“封闭式公司”。它不发行股票，不像股份有限公司

---

* 本文原收录于漆多俊主编：《企业走向市场法律保障》，中国政法大学出版社 1993 年版。

那样股票能上市交易，是“不上市公司”。有限责任公司的资本一般不分为股份，但人们常常习惯地把有限责任公司股东的出资份额也称作股份。我国就是如此。所以，自20世纪80年代以来，我国人们通常所谓股份制，便包括企业实行股份有限公司和有限责任公司这样两种情况。

当前，国务院有关部门制定和陆续公布《股份制企业试点办法》等15个文件组成的我国股份制企业全套政策法规。其中指出：“股份制企业是全部注册资本由全体股东共同出资，并以股份形式构成的企业”“我国的股份制企业主要有股份有限公司和有限责任公司两种组织形式”。这是以法规形式对我国股份制企业概念作出的明确规定。

由于国有企业是我国企业的主体，股份制问题主要是在国有企业经营制度改革中提出来的，所以，在我国，人们所谓股份制，通常即指国有企业股份制。新近公布的法规，也主要是指国有企业实行股份制。

我们在讨论股份制问题时，必须首先明确我国企业股份制概念的特定含义，以避免概念上混淆不清。

二、我国股份制不发展的原因

股份制（公司制）为资本主义经济发展广泛筹集资金，扩大生产经营规模和促进企业设备更新与技术改造，促进企业科学管理以提高经营效益，推动资本主义经济在全世界范围的发展，曾发挥十分重要的积极作用。可以这样说，如果不是股份制为资本主义经济发展提供最合适的途径和组织形式，则资本主义经济在短短几百年间取得如此辉煌的成就是很难想象的。这大约已成为人们的共识。但是，股份制对于社会主义经济发展有无作用，社会主义国家实行股份制有无必要，则是长期未很好解决的问题。我国过去人们对股份制持完全否定的态度，认为它“姓资”不“姓社”而加以排斥。20世纪80年代，由于改革开放，人们提出了在我国推行股份制的必要性。但许多人在不否认股份制对社会主义经济发展积极作用的同时,强调了其消极作用,担心它削弱社会主义公有制和助长资本主义的东西泛滥。这些年,除在发展经济联合过程中企业联合投资组建了一批有限责任公司外,国有企业改行股份制的不多,特别是稍为规范的股份有限公司,在内地更为罕见。我们也搞了几年股份制试点,但应该说过去的这些试点工作是不很认真的,并且时冷时热,几起几落。

为什么股份制在资本主义社会能够那样充分发展,而在我国却长期不能发展呢?这是由我国的政治、经济制度和历史条件等多方面原因造成的。具体表现在以下几个方面:

(一)生产关系基础

西方公司制度是在资本主义私有制,特别是在个体经济基础上产生和发展起来的。资本主义个体经济的联合,从一开始就主要采取了公司这种途径和形式,两者是同步发展的。从中世纪末开始,由于生产力的发展和商品经济的发达,产生了扩大经营规模的需要,许多个体生产经营者开始共同投资组建各种形式的公司。产业革命后,公司制度得到发展和普及。19 世纪末 20 世纪初以后,又出现各个公司以法人股东身份共同投资经营的情况。

我国的股份制是在社会主义公有制基础上建立和发展的。中华人民共和国成立以后,国家实行公有化,其途径,一是国有化,通过没收或者改造,使资本主义私有企业转变为国有企业,并新建大量国有企业,使国有经济占了国民经济的主导和主体地位;二是集体化,通过互助合作道路使城乡个体经济转变为集体经济。这样,我国私有经济的联合和生产关系的变革,从一开始就避开了股份制的途径。

社会主义公有制建立以后,由于所有制结构比较单一,公有制企业是社会生产经营的基本单位;而公有制企业当时的经营管理制度使各企业之间不存在特殊利益,缺乏具有不同利益的投资主体,所以,没有必要实行股份制,不需要按股份制方式共同经营并分享利润和分担亏损。

（二）生产力发展水平和生产社会化程度

西方公司制度萌芽于工场手工业时代。产业革命实现大机器生产以后，公司得到发展和普及。20世纪以来的新技术革命浪潮，推动西方公司制度进一步社会化和国际化。中国原来生产力水平不高，大中城市有一些现代工业，而城乡普遍存在的是手工生产。政治革命刺激了生产力发展，产生了生产社会化要求；但已经在全国范围实现的公有化和其后公有化程度的不断升级，绰绰有余地能够容纳当时生产社会化要求，不需要另辟蹊径，采用股份制形式来扩大生产规模。何况，过去几十年里，过分强调阶级斗争和政治运动，国家未能集中精力抓经济建设，使得我国生产力发展水平和生产社会化程度增长不快，靠企业积累和国家投入已能满足企业生产经营规模的需要，不需要发展企业间的联合，不需要股份制。

（三）企业的独立地位和经营自主权

西方国家在其早期生产经营单位主要为个体时，个体生产经营者自然可以自由地投资组建公司。当出现众多的资本主义企业后，这些企业是独立自主、自负盈亏的商品生产经营单位，随着商品经济的发展，追逐更大利润的动机驱使它们采取公司形式，扩大投资规模。我国占企业主体地位的国有企业，长期不能独立自主经营，其人、财、物、产、供、销由国家包揽。企业无留利，职工拿固定工资，企业缺乏扩大投资的热情；企业不能决定自己的经营方式，无投资权。当时的投资体制完全靠国家财政拨款（后来改为由银行贷款）。在这种情况下，当然谈不上由企业投资按股份制组建公司。

（四）国家经济管理体制和股份制的配套措施

西方国家的公司制度是在资本主义自由竞争时期发展起来的。进入垄断资本主义以后，国家加强了对经济生活的干预管理，但总体来说仍是市场经济。公司的建立和发展主要受价值规律和市场竞争机制支配。我国原来实行高度集中的计划管理体制，改革以后转变为计划经济与市场调节相结合。我国经济发展的各主要方面都受到国家计划的约束。我国公司的设立、组织与活动，受到国家严格管理。特别是股份的发行、股票流通、公司债的募集等，不仅受到国家投资规模等方面的管制，而且它们所需要的一些配套措施和制度也未建立。这些直接制约着我国股份制的发展。

（五）思想认识上的原因

在我国，长期以来人们对股份制抱有偏见，认为他与社会主义公有制相抵触，股票交易助长投机，股息红利导致剥削和形成食利阶层等等。认识问题往往被涂上政治色彩，于是出现是否反对“四个坚持”、是否搞资产阶级自由化的责难。回顾20世纪80年代中期以来股份制的几起几落，几乎每次都与国家政治气候相关。这引起人们，特别是企业界的顾虑，缩手缩脚，不敢贸然从事。

妨碍我国股份制发展的上述五个方面原因，随着改革开放不断深入，情况逐渐有所改变。1991年下半年以来，国家把搞好国有企业、转换企业经营机制问题提到突出位置。1992年年初，邓小平同志发表南方谈话。加快企业改革的迫切要求，使股份制问题再度成为热点。最近，国家制定和陆续发布我国股份制企业全套政策法规，标志着我国股份制开始走上规范化道路。可以预见，股份制在我国将会得到较大发展。

三、承包制与股份制

我国国有企业原来长时期实行国营，国家行政权、企业财产的所有权与经营权“三合一”。企业偎依着政府，不能独立自主经营。这种情况严重不适应商品经济要求。企业改革成了20世纪70年代末开始的我国经济体制改革的中心环节。

经过反复酝酿和试点，20世纪80年代中期在全国国有企业普遍推行承包经营责任制。承包制使企业财产所有权与经营权两权分离，改善了政企不分、企业无经营自主权状况，是国有企业经营制度的一次重大改革，是企业经营机制的一次大转换。实践证明它较原来“国营”

有十分明显的优越性。但仍存在不少问题,这些问题的集中体现便是企业经营效益仍不理想。因此又引起人们对承包制的反思。

通过对几年来承包实践的分析,不难发现,存在的问题有两类:一类是承包制实行中在做法上的问题及外部环境与配套改革措施问题,这类问题,可以通过完善承包制和深化改革逐步得到解决;另一类则是承包制这种经营形式本身固有的,特别是根据我国国有企业实际情况,实行承包制所不可避免的一些局限性,这类问题,不是通过完善承包制所能奏效的。为解决后一类问题,根本办法是改变承包制,逐步实现由承包制向股份制转变。股份制能够避免承包制的局限性,是当前国有企业转换经营机制、提高效益的一条重要出路。下面试作进一步分析:

(一)关于企业的独立地位和经营自主权

实行承包制的初衷,是使企业的所有权同经营权分离,减少政府干预,确立企业作为独立商品生产经营者的地位,保障其经营自主权。在这方面,承包制确实发挥了积极作用。但它并未能排除政府对企业的不必要干预,企业的独立地位和经营自主权并未得到充分保障。这除了承包制实行中做法上的缺陷和外部环境方面的原因外,与承包制本身有关。承包制是财产所有权人将特定财产的经营权发包给承包方,是承包方的经营权同发包方的所有权的直接分离,这本来就难以杜绝所有权人对经营权行使的干预。而国有企业的承包,发包方是代表国家的政府主管部门,它具有国家行政管理机关和承包合同发包方双重身份。即就合同关系而言,它与承包方在地位上实际上是不平等的。国有企业是我国国民经济的主体,广大生产经营者必须向国家承包,在承包问题上,发包方始终占据主导地位,是一种“卖方市场”。在这种情况下,实行承包制要排除政府部门对企业经营的干预就更为困难。

股份制的情况则不同。它是国有企业或国家所有权人同其他企业、组织和个人将各自财产出资,组成公司,形成公司统一的财产所有权。各出资人成为公司股东。全体股东所组成的集体即股东会统一行使公司财产所有权。并由全体股东集体选任董事、经理,成立董事会之类业务执行机关,行使经营权。这里发生的是公司业务执行机关的经营权同公司股东会集体的所有权的分离,不是同原出资人各单个所有权的分离。对于原出资人所有权来说,如今公司经营权是间接分离。原出资人于成立公司并成为公司股东之后,不再是公司财产的独立所有权人,他只享有股权。股权是公司单一财产所有权整体中的一个有机组成部分。国有财产作为出资组成公司后,国家(它的有关主管机关或其他代表者)也只是一个股东,它的意志必须通过股东会,以股东会决议形式,再影响公司经营权,而不能直接影响和干预公司经营活动。

承包制的两权分离关系是由承包合同具体加以约定的,合同的任意性较强,容易发生承包方经营权限不确定、不充分的情形。股份制的两权分离关系是由公司法和公司章程规定的,强行性规范多。公司制度在国际上已实行几百年,形成了比较合理而且固定的制度。公司经营权限比较确定。因此,股份制更能保障经营权人拥有充分权力。

按照股份制组建的公司,拥有完全独立的财产。自主地进行经营,独立承担责任,是典型或比较典型的法人组织。它真正取得独立商品生产经营者的法律地位。

(二)关于企业内部互相配合、互相制约机制

企业提高经营效益,必须建立内部有关方面互相配合协调又互相监督制约的机制。这里特别重要的是企业财产所有权人与经营权人、经营权人与企业职工群众的关系。国有企业承包制在这方面存在的问题是:

在企业经营负责人,即《全民所有制工业企业承包经营责任制暂行条例》(以下简称《承包条例》)中所谓的“经营者”与职工的关系上,按照我国现行做法,经营者由作为发包方的政府主管部门确定,实际上成了经营者向政府承包,职工群众作为承包方的主体地位未得到很好体现。本来,《承包条例》规定企业承包经营的“承包方为实行承包经营的企业”,照此理解,企业全体职工应是承包主体。他们为了有效地进行经营,推选出负责人,对内主持经营,对外代表全体职工同发包方签订承包合同和发生其他各种对外关系。但该条例又规定“经营者”

由发包方确定。这不仅逻辑上发生矛盾，而且更重要的是使发包方—承包方—承包方的负责人三者关系发生错乱，不利于职工群众对经营负责人的支持、配合和监督，甚至产生雇佣思想和对立情绪。

在企业财产所有权人与经营权人的关系上，一方面如本文已分析过那样，由于承包制的两权分离是一种直接分离，很难避免所有权人对经营权人的干预；而另一方面，承包制又是一种“外部分离”，即所有权人将企业发包以后即退出企业经营领域，平时对企业经营活动往往缺乏了解，不便配合和进行有效监督。当出现经营不善、承包合同不能很好履行时，徒使国家利益受到损失。

实行股份制则不同。按照股份制组成公司，公司股东会行使公司财产所有权，负责公司最高决策；董事会行使经营权，负责公司业务执行。所有权同经营权是在公司内部分离（承包制则为外部分离）。这便于公司所有权人对经营权人的了解、配合与监督。股东会休会期间，由监事会对董事会进行监督。监事会由股东推选代表组成。当代各国公司法规定，监事会中还必须有一定比例的职工代表和独立董事。监事会代表股东和全体职工对公司经营活动行使经常性的检察权。这样，就在公司内部建立起所有权人、经营权人与职工群众三个方面互相配合、互相制约的机制。

（三）关于利益与风险机制

企业作为独立商品经营者，必须自负盈亏。要增强生机活力，必须建立利益激励机制，并增强风险意识。国有企业承包制实行“包死基数、确保上交、超收多留、欠收自补”原则。企业经营效益好时，可以“多留”；效益不好时，所谓“自补”则颇难实现。效益好时，企业经营者可获取较高收入；不好时，他们承担不了责任。《承包条例》规定可以“扣减企业经营者的收入，直至只保留其基本工资的一半”等，即便如此，也远远不能弥补给国家财产造成的损失。企业经营亏损几乎全部落到国家头上。此即所谓企业和经营者负盈不负亏。即使实行风险抵押承包，鉴于我国的经营者和企业职工个人当前的财产状况，不能负亏的情况也无多大改变。

企业承包制实行工资总额与经济效益挂钩,企业经营效益好,职工的工资、奖金多。上交国家利润也与企业经营好坏相关。这些也构成利益激励机制。但股份制在这方面能发挥更好的作用。

按照股份制组建的公司,除依法纳税外,盈余全归公司,一部分留作公积,其余以股息、红利分配给股东和职工。公司亏损,则以公司所有的财产承担责任。公司完全自负盈亏。

股东的股息、红利分配与公司经营效益直接相关,股东关心公司经营。公司的股东较多,大家都关心公司效益,可以齐心协力,集思广益,这比在承包制情况下只有国家一个出资人(这个出资人的代表是政府主管部门,它还担负着繁杂的行政管理事务)对公司经营的关心,要更为有效。

公司业务执行人(经营权人)由股东会任免,并接受股东会和监事会的监督,他们须"以善良管理人的注意"认真从事经营活动。按公司制的通常做法,管理人要认购公司一定股份,因此,他们也参与分配股息,仅从这一角度也激励着他们努力经营。

公司职工可以参与分配红利。在职工入股情况下,他们也是股东,参与股息分配。他们也有一种利益激励因素驱使他们积极劳动和关心公司经营。

这就是股份制建立起来的利益和风险机制。这是企业保持旺盛的生机活力的一个重要的力量源泉。

(四)关于经营权的稳定性与企业的长期发展

企业的经营权需要稳定,只有稳定,经营权人才能安心经营,作好计划安排,提高经营效益,并保障企业长期发展。承包制的经营权主要由承包合同具体规定。合同任意性强,经营权的具体范围和行使方式具有可变性。合同期限不可能太长。合同规定的承包指标需因国家形势和经济政策、国家计划、价格、税收等的变化和调整而予以变动。承包负责人(经营权人)因一期承包届满而往往更替。所有这些,都在一定程度上影响经营权人安心经营,妨害经营效益,特别妨害企业制定长期经营规划和企业的稳定发展。每届承包的经营者往往难免短期行为;企业职工往往注重眼前现实利益。前者迎合后者,后者推进前者。这使我国的企业行为短期化一度愈演愈烈。后来国家采取了一些措施,但总难根绝。

股份制在这方面具有明显优越性。股份制公司的两权分离关系由公司法和公司章程规定,可变性小。董事、经理人选虽然更替,而公司的各项基本制度和经营计划与活动仍保持连续性。此外,由于公司财产所有权与经营权乃由公司内部两个机关行使,它们结合为一个有机整体,外部环境诸因素(国家经济政策与计划、价格、税收等)的变化,固然影响整个公司的活动,却不会引起两权关系的变化,不妨碍经营权的稳定。所有这些,都有利于公司经营和长期稳定发展。

由于股份制同承包制相比有上述多方面的优越性,能够避免承包制的许多局限性,所以,它是搞好国有企业,进一步转换企业经营机制的有效途径,是国有企业增强活力,提高效益的重要出路。加快企业改革呼唤着股份制。

当然,股份制的作用还不仅表现在企业的改革与发展上,在开辟新的融资渠道,筹集建设资金,引导消费基金转化为生产建设资金,提高资金使用效益,以及调整经济结构,促进生产要素合理流动,实现社会资源优化配置等方面,股份制也能发挥重要作用。它将多方面地促进我国经济改革和国民经济发展。

四、股份制与社会主义公有制

股份制是否与社会主义公有制相抵触,这曾是妨碍股份制在我国发展的一个主要障碍。直至今日,许多人对此恐怕仍疑云未散,觉得还是谨慎点儿好,日后免生枝节。其实这是误解。为了说明这点,拟分以下四层意思加以论述:

(一)股份制与生产关系的变革

股份制是生产社会化和商品经济发达的产物。在人类历史上,生产经营的组织形式经历了由小到大、由分散到集中、由以个体为主到以联合为主的演进过程。当生产力发展到一定水平,产生了由多数个体生产经营者集中投资、联合经营的需要。联合的形式经过合伙而出现公司;股份有限公司和有限责任公司是其中更为高级的组织形式。

股份制公司使先前分散的生产资料日益集中;许多劳动者集中在一起劳动,劳动过程的分工协作日益严密;产品成为许多劳动者共同劳动的成果,并且大批量生产。一个企业的生产活动同社会上其他生产部门、流通部门和消费的关系日益密切,分散的生产过程日益变成社会的生产过程。股份制是生产社会化的体现,它又推动着生产社会化的进程。

生产社会化,应该包括生产力社会化和生产关系社会化两个方面。所谓生产关系社会化,是指人们在生产过程中对于生产要素(包括生产力、劳动力和产品)的支配上所发生的相互关系不断扩大和更加复杂化。表现在生产资料支配关系上,便是所有制的逐步扩大,逐步趋向社会公有和公有化程度的不断提高。股份制由许多股东出资组成公司,形成公司统一财产。公司成立后,各股东个人丧失了对其原出资财产的独立支配权。他们有权对公司财产的支配问题发表意见,但他们的意见须通过由全体股东组成的集体即股东会,以集体决议方式表达。公司取得了由全体股东出资组成的公司统一财产的所有权,公司行使所有权的机关是公司的股东会。股东会虽由全体股东组成,但不是各股东个体的简单总合,它是一个集体。因此,实行股份制,使财产由原来分散的个体所有变为公司法人集体所有。集体所有即是公有。随着股份制普遍推行,社会上一种新的生产资料所有制关系于是形成,生产关系发生了变革。

在资本主义社会,由于股份制的普遍推行,使资本主义(资本家)个体所有制转变为资本主义集体所有(资本主义公有)。由于资本主义生产关系发生的这种变革,使资本主义社会分为不同发展阶段。以前为私人资本主义阶段,以后为联合资本主义阶段。这两个阶段的交替期大致是19世纪末20世纪初。所谓私人资本主义与联合资本主义阶段,同列宁所说的自由资本主义与垄断资本主义阶段,大致相当。后者主要是从市场竞争角度上说的;前者主要是从生产关系角度划分的。在私人资本主义阶段,由于单个资本家私人的资本力量相对较小,谁都不能完全操纵市场,它们只能在市场上自由竞争;到了联合资本主义阶段,由于股份制,逐渐形成资本力量十分雄厚的大公司。垄断者生产和市场,所以称为垄断资本主义。

20 世纪中期以后,资本主义世界的股份制继续发展,进一步走向社会化和国际化,使资本主义社会生产关系朝进一步社会化方向变革,当代资本主义社会又呈现出许多新的特征。这种过程还将继续下去。

认识股份制的推行和发展引起生产关系变革这一特点,具有十分重大的理论意义和现实意义。它为我们正确理解一百多年来资本主义社会生产关系同生产力矛盾运动提供了一把钥匙。它深刻地说明一百多年来为什么资本主义社会的生产社会化同生产资料资本家私人占有这一“基本矛盾”并未日益激化以致导致无产阶级暴力革命;为什么一百多年来、特别是 20 世纪中期以来,在各主要资本主义国家,生产力能够得到如此迅速而巨大的发展。根据生产关系一定要适应生产力发展的原理,对此应作何解释?原来,生产社会化本来就包括生产力社会化和生产关系社会化两个方面。生产力的发展和社会化,同原有生产关系发生矛盾,要求变革生产关系,使生产关系社会化。而只有生产关系社会化了,才使生产社会化变成现实。在这个过程中,股份制(此外还有国有化等措施)发挥了重要作用,它促进生产关系变革和社会化。社会化了的生产关系又基本上适应了社会化的生产力。于是矛盾得到缓和。矛盾本身包含着解决矛盾的方法。生产社会化与生产资料资本家私人占有的矛盾,在生产社会化过程中不断发生,又不断解决。这就是一百多年来资本主义社会发展的现实,这就是上述问题的答案。

正因为股份制引起生产关系的变革和社会化,所以,社会主义国家可以实行股份制,它与社会主义公有制不相抵触。相反,它可以成为社会主义公有制的一种形式,并且是一种有效形式。

（二）股份制是社会主义公有制的一种有效形式

如前所述，股份制相对于股东原来的生产资料占有关系来说，即是一种公有制。资本主义股份制是资本主义公有制，社会主义股份制是社会主义组织和劳动群众的社会主义的公有制。社会主义国家建立初期，本可以按照股份制途径发展公有制，但当时主要采取了国有化和集体化道路，避开了股份制途径。以后，随着生产力发展和生产社会化不断提高，各公有制企业需要扩大投资规模和发展联合，仍需要采取股份制形式。公有制企业投资组建股份制公司，应该看作公有制的进一步扩大和提高，而绝不是相反。这不仅对于集体企业联合投资来说如此，即使对于国有企业入股而言，由于它联合了其他更多的资产所有人组成了规模更大的公司，因而也是公有范围扩大的表现。

有一种观点妨碍着人们的思维。在我国，一提到公有制，人们便仅指国有制（或叫全民所有制）和集体所有制，并且认为它们都各自以其纯粹形态存在着，各种所有制之间界限分明，壁垒森严，无视不同所有制之间的结合与交叉，无视社会主义公有制的多种形式。其实，正如自然界的元素并不总以单质形式存在，化合物、混合物才是其普遍存在形式一样，经济社会中，各种所有制也往往是互相结合和交叉的。社会主义公有制有着多种形式，股份制也是其中的一种。由于经济发展的客观要求，及本文前面已经说过的股份制的固有特征和积极作用，股份制已成为当前我国企业改革的一条重要出路，它是社会主义公有制的一种有效形式。

（三）国有企业股份制有利于国有资产增值、壮大而不是削弱公有制

股份制既然本身就是公有制的一种形式，所以不会同社会主义公有制相抵触。国有企业实行股份制的方式，并不要求一定的出售国有资产；通常只是将国有资产折算成股份，该股份仍由国家持有。在这种情况下，国有资产丝毫也没有私有化。当然，国有资产入股后，转为公司统一财产，形成公司法人所有权，国家作为公司股东不再享有独立所有权。它换取了股权；但股权是公司法人所有权的有机组成部分。国

家股东通过股东会集体仍能充分表达对公司财产支配问题的意志。在国家对公司掌握控股权的情况下,国家股东对公司事务更拥有主要的影响力和决定权,就更不用担心公司偏离社会主义性质和经营方向了。

由于股份制的特点和优点决定,它有利于提高企业经营效益,国有企业改行股份制后,整个公司效益提高,国家所投入的国有资产也相应地能以较高效率增值。因此,国有企业实行股份制的结果,不但丝毫未削弱社会主义公有制,未减少国家财产,而且壮大了国家财产,壮大了社会主义公有制。

五、国有企业实行股份制的方式与步骤

我国国有企业实行股份制的方式可以主要有以下几种:

1. 新建。包括两种情况:一是在横向经济联合中,一个国有企业同其他一个以上国有企业或非国有企业,各以其部分资产联合投资,组建有限责任公司;当其同时还向其他法人、公司内部职工和社会公众发行股份时,则组成股份有限公司。二是国家投资新建项目时,还吸收其他主体的投资,按股份制组建有限责任公司或股份有限公司。

2. 改组。国有企业将其全部或其中特定部分资产评估核股,同时吸收其他投资主体的股份,改组成为股份制企业。

3. 兼并。一是被兼并企业的资产所有者将其资产作为股份投入兼并企业,同时,兼并企业将其原有资产股份化,改组为股份制企业;二是兼并企业通过收购被兼并企业的资产,实行控股,并将被兼并企业改组为股份制企业。

4. 企业集团的核心企业对其他成员企业参股、控股。其他成员企业相互间参股,使有关成员企业改组为股份制企业。

5. 完全靠贷款建设、负债率高的企业,通过发行股份改变不合理的资本结构,改组为股份制企业。

6. 国有企业将其资产核算成股份,出卖部分股份,组成股份制企

业。采取这种方式应经过国家批准，一般应首先由国家颁布有关法律，严格依法执行。各地方和企业不得自行决定将国有资产以股份方式出卖给集体或个人。

在国有企业实行股份制过程中，当前应该注意以下问题：

1. 加强领导，大胆试验，稳步推进，严格规范。国家应扩大试点范围，认真抓好试点工作，总结经验，逐步推广。要对股份制进行严格规范。现在国家已经发布《股份有限公司规范意见》和《有限责任公司规范意见》，当前应以此为依据进行试点，避免出现新的不规范的公司，并对原有股份制企业进行清理，重新报批审定。

2. 优先发展有限责任公司，适当控制股份有限公司，特别是向社会公众公开发行股份的"社会募集公司"的发展。后者不仅涉及国家对投资规模的控制问题，而且需要建立一系列配套措施，如股票发行、流通管理制度等，当前我国在这些方面的经验、专业人员等条件尚较缺乏，只能逐步发展。

3. 在行业方面，涉及国家安全、国防尖端的企业，具有战略意义的稀有金属开采项目，以及必须由国家专卖的企业和行业，不进行股份制试点，国家产业政策重点发展的能源、交通、通信等垄断性较强的行业，可以进行股份制试点，但公有资产股必须达到控股程度；符合国家产业政策的竞争性较强的行业，鼓励进行股份制试点。

4. 国有企业改行股份制应注意与原来实行的承包制妥善衔接。不能随意变更或废除正在履行的承包合同，不能损害原承包人的正当利益。

六、国有资产经营的目标模式

国有企业由"国营"到承包经营，再到股份制，是 20 世纪 80 年代以来我国国有企业经营制度的两次重大改革。特别是后一次改革（它实际上今天才刚刚开始，此前就全国总的情况言只是处于酝酿阶段），意义更加深远。它为我国国有资产的经营,最终找到了一条有效途径、一种最合适的形式。经过一段时间的积极试点,股份制公司必将得到普及和发展,逐步成为我国企业的主要组织形式,成为国有资产经营的基本方式。

在国有资产经营基本采取国家投资入股组建公司的形式以后,承包经营甚至国家直接经营方式也还会在一定范围内采用。这主要是指两种情况:一是涉及国家安全、国防尖端和其他国家重大利益,根据国家政策必须由国家直接经营的,应由国家有关主管部门负责经营,并委派代表负责企业具体经营事务;二是对于微利甚至亏损的某些行业,而它们又是为国计民生的长远利益所必须保持和发展的,社会上人们一般不愿投资,不宜采取股份制形式,可由国家经营,或者由国家发包给经营者实行承包经营。后种情况,当经营效益提高并稳定以后,也可改行股份制经营方式。

因此,我国国有资产经营方式的目标模式,将是以股份制为其基本形式,而以国家直接经营和承包经营为其辅助形式。

下面说说国有资产实行股份制经营的国家控股问题。根据我国实际情况,可分两步走:当前可适当强调国家控股,特别是对国家产业政策重点发展的能源、交通、通信等垄断性较强的行业,保持国家控股,有利于其稳定发展,保障国计民生需要;以后,可逐步减少国家控股,使股份制公司各股东持有股份尽量分散化。

公司股份分散化,避免少数股东控制过多股份,以防止其操纵公司事务,这是当代各国公司制度发展的一个趋向。在社会主义国家,国家控股也难免引起国家对公司经营活动的过多干预。政企分开、两权分离,减少国家直接干预,这本是股份制较之承包制更为优越的地方,但如果不逐步缓解国家控股问题,则股份制的这一优势便不能充分发挥。因为国家股东的意志如今虽然不能直接变为公司行动,而须通过股东会,以全体股东集体意志形式达于公司,但由于控股,股东会集体意志实际上可能仍是国家股东单方意志。因此很难避免国家对公司事务的垄断。

国家控股现象普遍存在，这在当前一段时间是不可避免的。除了人们思想观念上的因素之外，也是社会经济成分现实使然。我国国有经济力量十分雄厚，公民个体及其他非国有经济力量相对较弱，国家股在公司、特别是大型公司中占控股地位是必然的。在这种情况下，只有通过公司立法，对大股东作出某些限制，保护一般股东权益，来弱化大股东对公司事务的操纵。以后，随着经济进一步发展，非国有经济在国民经济中的比重逐步提高，国家控股问题会逐步缓解。除了少数行业国家必须控股外，在多数行业和多数公司中，国家不必控股。

有一种传统观念需要转变：似乎只有国家控股，才能保持企业的社会主义经营方向，只有国有经济在国民经济中占绝对优势，才是坚持社会主义公有制、坚持社会主义道路。其实，社会主义公有制有着多种形式，国家所有制只是其中的一种。在社会主义国家，各种形式的集体所有制也是社会主义公有制。社会主义公有制采取何种形式、何种形式占何种比例，应从“是否有利于发展社会主义社会的生产力，是否有利于增强社会主义国家的综合国力，是否有利于提高人民的生活水平”（邓小平同志语）为标准。实行股份制并在以后逐步减少国家控股，既不违背社会主义公有制原则，又恰恰能够壮大社会主义公有制。因此不存在“姓资、姓社”问题。何况，决定企业经营方向和整个国民经济发展方向的，有强大的人民政权，社会主义国家通过制定政策和法律，通过运用计划、税收等经济杠杆，保障着国民经济始终沿着社会主义方向航行。

国家对国民经济管理的主要目的，在于从总体上保障和促进国民经济稳定、协调和发展。为此应做的主要工作是宏观上的引导和调控。国家的主要任务不在于直接参与生产经营。相反，为了集中精力更有效地实现宏观管理，宜尽量少直接从事生产经营活动。国家手中需要掌握足够的经济力。其目的主要是两个：一是满足国家机关职能活动对于经费的需要；二是为实现对国民经济的调控需要握有一定物资和货币作为物质基础。其来源可以主要靠税收；其次才是直接从事某些经营。国家直接投资经营的目的主要不是盈利；相反，需要国家投资经营的,往往是某些微利或暂时亏损、社会公众一般不愿投资,而国计民生长远发展必需的行业。对于盈利且较稳定的行业,一般国家可不参与投资。因为靠社会投资,它们即能稳定发展。既然能稳定发展,国家管理经济的目的便得以实现。并且,社会投资效益既然看好,则国家税收增加,国家经济力相应增强。既然如此,国家何必过多直接投资,介入经营,干些吃力不讨好的事呢?这就是国家将来可以减少控股,进而减少直接投资,而无伤大局的道理。

可以预见,将来我国企业的经营与管理体制会形成这样的格局:企业的经营方式与组织形式将以股份制为主;股份制企业的投资构成将以社会(法人和公民)投资为主,国家对企业的控股和投资将相对减少;国家对国民经济(包括对企业)的管理职能将发生重大转变,而以宏观引导、调控为主。

经营权基本原理与国有企业经营制度改革*

经营权问题，是搞好企业、深化改革一个十分重要的问题。也是我国经济体制改革以来，人们思考和谈论最多的问题之一。但是，对于究竟什么是经营权，它有哪些基本特征，它与所有权分离的原因、基本要求及所采取的形态等方面，认识颇不一致，不乏模糊观点。这妨碍着人们去进一步探讨我国应建立怎样的经营权制度以及实现企业经营机制的转换。

一、关于经营权的定义与特征

何为经营权？我认为，经营权是为法律所确认的，依据所有权人的意志，为使特定财产孳生收益，而对该财产所有权的一定权能具体运作的权利。

经营权具有以下特征：

1. 它是为使特定财产孳生收益而对该财产所有权的一定权能具体运作的权利。“为使特定财产孳

---

* 本文原收录于漆多俊主编：《企业走向市场法律保障》，中国政法大学出版社1993年版。

生收益”即以营利为目的;“对该财产所有权的一定权能具体运作”,即指对该财产具体实行占有、使用、收益、处分(或一定范围和方式的处分)。以上二者合起来即为经营。并非凡财产所有权都必定产生经营权,如果所有权人不以营利为目的而对财产实行占有、使用、收益和处分(如消费),便不叫经营,不产生经营权。这是经营权所具有的经营性特征。

2. 它是对特定财产的直接支配权。支配权范围的大小,以满足从事经营活动的最低要求为起点。它一般都包括对于特定财产的占有、使用、收益和一定(范围和方式)处分权能。不占有则不能使用;仅为占有、使用而不收益(不使之收益,或者该种占有、使用方式根本不能收益),则不是经营;经营必须以孳生收益为目的,经营权必须包含收益权;为了有效地占有、使用并使之产生收益,必须有对财产的一定范围和方式的处分权,如有权对所经营的某些财产作转让或设定担保等。完全无权处分任何财产是不能进行经营活动的。在经营活动中实际行使处分权限的大小,由所有权人决定。因此,经营权对财产的直接支配权能到底不如所有权那样全面和具有终极性,它只是一种定限物权。这是经营权的定限性特征。

3. 它是基于所有权而产生,受所有权制约的。某特定财产是否用以经营,该财产所有权是否产生经营权,以及该经营权范围的大小和所采取的形式等,都依所有权人意志决定。经营权的行使是所有权人意志的直接体现,或受到所有权人的监督。完全脱离所有权的经营权是不存在的。这是经营权对于所有权的从属性特征。

4. 它是与所有权不同,能够相对独立的一种财产权。特定财产所有权可以不作经营性运作;如要进行经营性运作,则必须满足它的起码要求,赋予它足够的财产权能,否则无法进行经营活动。可见经营权有着特定的质和量的规定性。经营权可以由所有权人自己行使。这时,经营权也是实际存在的,不过它与所有权结为一体,不易被人们区分,也不必仔细区分。经营权也可以由所有权人委付他人行使。这时,经营权便与所有权相分离,经营权的相对独立性便明显地被人们所感知。

这是经营权的相对独立性特征。

5. 它是为法律所确认的权利,有法律依据,受法律保护,对于它的侵犯应受法律制裁。经营权作为一种财产权,它受到国家法律的确认和保护。现代国家往往还会特别规定,哪些财产不能用于经营,哪些人不能从事经营。未经法律确认的,不能产生合法的经营权。凡为法律所确认的经营权,便受法律保护。人们都知道侵犯他人所有权应受法律制裁,而对于经营权的法律保护意识则较差,这与国家保护经营权的法律制度不够完备有关。以上是经营权的法律规定性特征。

我们必须全面把握经营权的上述基本特征,不能偏废。例如,有人只强调经营权的定限性特征,而把它定义为“定限物权”①。定限性虽是经营权的一个主要特征,但毕竟不能包容或替代其他特征。定限物权包括对财产的一般占有权、使用权或一般用益权,但一般的占有、使用权或一般用益权并不就是经营权,起码它们并不一定具有经营性特征。

有人只看到经营权与所有权的可分离性,而把它定义为“他物权”。这一则未能揭示经营权作为他物权同其他的他物权的区别,同时也忽视了经营权与所有权结合统一由所有权人自己行使的情形。在后种情况下,经营权甚至不能称作他物权,而是一种自物权。有人强调经营权的相对独立性,似乎经营权离所有权越远越好,越独立越好。须知,经营权毕竟具有对所有权的从属性特征,完全独立是不可能的,过于分离不利于两种权利的互相配合和制约,也是不行的。经营权同所有权既要分,分得清;又要合,合得拢。分得清,是为了明确两种权利的界限,防止互相牵扯、干扰,或者互相推诿;合得拢,是为了在两种权利之间建立互相配合、互相制约的内部机制。也是基于上述理由,如果片面强调经营权的从属性和两种权利的结合,也是对经营权特征不正确的理解,实践中也是有害的。

对于经营权的定义和特征,还有一种意见需要指出,即有些同志认

---

① 参见覃天云:《经营权与企业法人产权辨析》,载《中国法学》1991 年第 2 期。

为，经营权所包含的权能仅为占有、使用和一定处分权，而不包括收益权。他们举例说国有企业即如此，其经营收益权应归国家。这种意见是片面的。如前所述，经营必须以孳生收益为目的，否则不是经营。经营权必须包括收益权，经营权人必须有权行使收益权；否则，其经营权便是不完整的。收益权与收益分配权是不同的。后者是指经营权人因行使收益权而取得收益以后，再将收益在有关当事人之间进行分配，例如在经营权人与所有权人之间分配。国有企业实行两权分离，收益主要归国家，但收益权仍应属于企业经营权人，只是在企业经营权人取得收益以后，须将收益按规定进行分配，将其主要部分上交国家。

二、关于经营权与所有权分离的诸形态及其基本要求

经营权与所有权可以结合，也可以分离。从历史角度上来看，在人类社会早期，经营活动主要采取由所有权人将特定财产的所有权与经营权结合起来，自己统一行使的作法。那时候也存在一些两种权利分离的情况，如奴隶主和封建主雇用管家协助经营等，但那只是两权分离的初级形态。商品经济发达，特别是公司制度出现和发展以后，两权分离成为越来普遍的现象，形态也越来越完善。由于经营规模扩大，财产所有权人单靠自己直接经营，不能取得最佳经营效益。在许多股东投资组成公司的情况下，各股东亲自行使自己投资财产的经营权更成为不可能，只有实行两权分离。实行两权分离，能够做到两种权利互相配合、互相制约，产生较好的经营效益。两权分离是随着生产社会化程度提高和商品经济发达而发展起来的，是进行社会化经营和提高经营效益的客观需要。

古往今来。两权分离有各种不同的做法，但可以分为两类基本形态：

第一类，所有权人将经营权直接委付他人行使。属于这一类型的具体形态通常有：

1. 代理经营。所有权人将特定财产的经营权委付给代理人具体行使,代理人以所有权人(被代理人)名义从事经营活动,经营后果(盈亏)由所有权人承担。经营权的范围由委托合同约定。代理关系终止,经营权回复所有权人。个体所有权人、私人作坊和私人企业雇用管家、经理负责经营的,也属于代理经营之列。

2. 租赁经营。所有权人将特定财产的经营权出租给他人具体行使,承租人以自己名义从事经营活动,并承担经营的盈亏后果。承租人向出租人交租金。经营权范围大小及租金多少由租赁合同约定。租赁合同终止,经营权回复所有权人。

3. 承包经营。所有权人将特定财产的经营权发包给他人具体行使,承包人以自己名义经营,向发包人交承包费,经营的盈亏后果由承包人承担或者按约定由双方分担。经营权范围大小、承包费及经营盈亏后果等,均由承包合同约定。承包合同终止,经营权回复所有权人。

第二类,多个不同的所有权人共同投资组成企业法人,形成法人所有权,各投资者集体(股东会)行使法人所有权,法人所有权人再将企业财产经营权委付企业经营机构(董事或董事会、经理等)具体行使。属于这一类型的具体形态,常见的为各类公司,最典型的是股份有限责任公司和有限责任公司。

这后一类两权分离形态同前一类形态比较,有以下不同特点:

1. 前一类是所有权人将经营权直接委付他人行使;后一类是原所有权人将投资财产集合,先组成法人集体所有权,然后再使经营权与法人集体所有权相分离。法人经营权不是与组成法人以前原所有权的分离,而是与组成法人以后的法人所有权的分离。前一类可以称为直接分离;后一类可称为间接分离。

2. 前一类两权分离关系受民法调整,由合同约定,任意性规范为主;后一类两权分离关系受公司法调整,并由公司章程规定,强行性规范较多。

3. 由前项决定,两权分离关系后一类较前一类更为稳定,经营权范围以后一类更具有确定性、规范性。

4. 后一类是在同一法人内部的分离，所有权人（股东会）始终是法人内部的一个机构，便于对经营权人的配合和监督；前一类分离后，所有权人往往退出经营组织（如企业租赁、承包即如此），对经营权人活动的了解、配合与监督，较前一类差。

5. 后一类形态中的所有权人为多个股东组成的集体，公司法人所有权由股东集体（股东会）统一行使，所有权人的意志以集体决议形式表达。前一类形态中的所有权人通常为单体。集体决议的形成不如单体简易，但可集思广益。

6. 前一类经营后果除代理经营由所有权人承担外，通常由经营权人单方或由经营权人与所有权人共同承担；后一类则主要由法人所有权人承担，但经营权人的利益也与经营盈亏后果相关。

两权分离的各种形态各有其特点，它们分别适用于各种不同情况，不能笼统地说谁好谁次。对于从事生产经营活动来说，选取何种形态为好，主要是看何种形态最能提高经营效益。一般来说，为了提高经营效益，两权分离不管采取何种形态，都应符合下列几个方面的基本要求：

1. 分——两权要分得清。经营权与所有权是由所有权人结合统一行使，还是分离，要根据实际情况，以哪样最能提高经营效益为标准。如果要分离，则两权界限就应划分清楚，所有权人与经营权人各行其权，各负其责。这里不是指分离出去的经营权的大小，分离的经营权大小由所有权人根据提高经营效益的需要决定，但当然再小也要符合经营权起码的要求，否则便不称其为经营权了。不管分离的经营权大小，都要界限分明，以避免两种权利人互相牵扯、干扰，或互相推诿。

2. 足——经营权要充足。这包括两方面含义：一是指分离出去的经营权限必须符合作为经营权最起码的要求，否则不称其为经营权，不叫两权分离；二是指分离的经营权的权限大小应以满足有效经营的需要为准，这要根据具体情况决定，不能笼统地说分离的经营权越大越好。

3. 合——两权要合得拢。这是指两权分离后并不是互不过问，离得越远越好，而需要互相配合、互相制约。至于配合与制约的程度与方式，可根据实际情况决定。

4. 稳——两权分离要相对稳定。还有利于经营权人安心经营,作好计划安排,避免临时观念和短期行为。不稳定、多变,对提高经营效益不利。

5. 利——要建立利益激励机制。这主要是指两权分离形态内部的利益分配制度要合理,要使经营效果同所有权人和经营权人(还有生产、管理人员)的利益挂钩,以调动他们各方的积极性,共同关心经营。

三、关于我国国有企业经营制度改革的思考

根据以上关于经营权的一般原理,我们再来分析我国国有企业经营制度状况,探索经营制度改革、转换企业经营机制的途径。

我国的国有企业过去一律实行国营,即国家经营。至今人们还习惯于把国有企业(尽管它们已经普遍改行承包经营制)统称为国营企业。企业财产所有权属于国家,又实行国家经营,可见经营权与所有权统一由国家行使,并未分离。当然,无论国家所有或国家经营,实际上并不是也不可能由国家最高权力机关或最高行政机关行使对各企业财产的所有权和经营权,而是按照“统一领导、分级管理”原则,由各有关的国家主管机关具体负责。国家各主管机关也不能包揽企业的所有权和经营权的具体行使,只有委派自己的工作人员到企业担任负责人,代表主管机关和国家行使主管机关交付的企业财产所有权和经营权的部分权利。他们行使的并不是完整的所有权和经营权,企业的决策与经营要随时受到主管部门的干预。这种经营制度适应当时产品经济体制和中央高度集权的政治体制的需要,不适应商品经济要求。实行经济体制改革以后,这种制度首当其冲,必须改革。

20 世纪 80 年代我国国有企业陆续改行租赁经营和承包经营。租赁经营和承包经营都是两权分离形态。根据我国实际情况,租赁经营

只适用于某些小型企业,不适合大、中型企业[2]。因此,在全国普遍实行的是承包经营制。

承包经营制能够改变国有企业政企不分、经营不力,因而经营效益差的局面,是国有企业经营制度的一次重大改革,是企业经营机制的一次大转换。实践证明,它比原来"国营"有着十分明显的优越性。但也并非一切尽如人意,实践中存在的问题不少,集中反映在企业经营效益仍不理想。这引起了人们对于现行经营制度的进一步思考:是否应该坚持承包经营?是否需要和能够进一步完善承包制?是否需要和怎样由承包制向公司制(股份制)逐步过渡?

为了弄清这些问题,我们需要从承包制与公司制所分属的两种两权分离基本形态的特点及我国国有企业的实际情况出发,按照两权分离的各项基本要求,来具体分析承包经营实践中存在的问题,探讨解决这些问题的途径。

第一,两权分离要求两权要分清,经营权人与所有权人的权限界限要分明。现在实践中两权界限不够清,代表国家所有权人的政府机关常常随意干预企业经营活动,而企业经营权人不能有效抵制。这不完全是承包制本身的问题,通过完善承包制和进行一些配套改革,可以使情况得到改善。例如:(1)通过完善承包立法和承包合同,明确界定经营权限,避免含混以至留下使人们随意干预企业经营活动的漏洞。(2)改革企业干部制度,实行官商分离,使企业经营者不再计较自己在"官场"中的升迁,不再把自己的荣辱得失寄托在作为发包方的主管机关的好恶上。这有利于经营者一心根据企业实际情况和市场变化自主经营,不有意"讨好"发包方,并减少抵制发包方不正当干预的顾虑。(3)改革承包企业经营负责人的产生方式,实行由作为承包方的企业全体职工选举决定负责人。按照《全民所有制工业企业承包经营责任制暂行条例》(以下简称《条例》)第14条规定,企业承包经营的承包方

② 我国于1988年公布施行《全民所有制小型工业企业租赁经营暂行条例》,其第2条规定,该条例适用于全民所有制小型工业企业。

为“实行承包经营的企业”。这里本来就应该理解为企业的全体职工。既然如此,作为承包方代表的企业负责人(《条例》中称为“企业经营者”),理应由企业全体职工决定。“企业经营者”代表全体职工同作为发包方的政府主管部门订立承包合同,他们的经营活动首先对全体职工负责,并代表全体职工对发包方负责。如果这样,不但确立了全体职工的承包主体地位,使之发扬在企业中的主人翁精神,使经营负责人更好地处于全体职工监督之下,而且也使“经营者”能够大胆地行使经营权,排除发包方的不正当干预,保障两权分离。而现行《条例》的第5章却规定,“经营者”由发包方决定。这与前面的规定在逻辑上是相矛盾的。实践中也确实是按照条例规定方式产生“经营者”的,这带来许多弊端,需要从立法和实践加以改进。

但是,由于承包经营这种两权分离形态是属于经营权与所有权的直接分离,要完全杜绝所有权人对经营权行使的干扰,是很难做到的。特别是国有企业的承包,发包方是代表国家的政府主管部门,它具有国家行政管理机关和承包合同发包方双重身份。即就合同关系而言,它与承包方在地位上实际是不平等的。加之我国国有企业是国民经济的主体,广大生产经营者必须向国家承包,在承包问题上,发包方始终占据主导地位,是一种“卖方市场”。在这种情况下,实行承包制要排除发包方对经营权人的干扰就更为困难。

公司制的情况则不同。它的两权分离形态,不是经营权与投资者财产所有权的分离,而是各投资者将各自财产联合组成统一的公司财产所有权,再与经营权分离。公司经营权对原投资人财产所有权来说,不是直接分离,而是间接分离。各原投资人于组成公司后成为公司股东,不再成为公司财产独立的所有权人,他只享有股权。股权是公司财产所有权统一整体中的一个有机组成部分、一个细胞。它不能脱离公司财产所有权这一有机整体而独立存在。国有财产作为投资组成公司后,国家(它的有关机关)成为一个股东,它的意志必须通过股东会,以股东会决议形式,再影响公司经营权,而不能直接影响和干预公司经营权。因此,实行公司制以后,能够更好地做到政企分离,保证企业自主经营。

第二,两权分离要求经营权要充分。现在存在企业经营权不够充分,因而影响自主经营的现象。其原因主要是《中华人民共和国全民所有制工业企业法》等法律赋予企业的权利不能很好落实到位,常受到有关部门截留干扰;或者由于改革尚待深入,规定给企业的某些权利在实际上尚不能由企业很好地行使。这些问题本来也不完全是由承包制本身造成,通过完善承包制和进一步深化改革,可以逐步得到改善。但是,一则承包经营制的两权分离形态是直接分离,很难避免所有权人对经营权的干扰,以致造成经营权人权利不充分;二则承包经营的两权分离关系是由承包合同约定的,任意性强,较易发生经营权人权限不充分的现象。实行公司制的两权分离关系是间接分离,有利于排除各投资人对于公司经营权的直接干预。而且,它的两权分离关系是通过公司法和公司章程规定的,强行性规范多;公司制度在国际上已实行几百年,已经形成比较合理而且固定的制度,公司经营权的界限比较确定。因此,它更能保障经营权人拥有充分权利。

第三,两权分离后要能互相配合、互相制约。现在的问题是,两权之间该界限分明的却不分明,互相牵扯、干扰;该互相配合、互相制约的,却显得不力。有些主管机关在承包合同订立后,不深入了解企业经营情况,缺乏经常性的有效的监督,也未能很好地提供服务,一旦经营出了问题,徒使国家财产遭受损失。在这一方面,今后也可以作些改进。特别是在国有资产管理机构健全以后,各级国有资产管理部门统管国有资产的管理与投资,并担任国有企业承包经营的发包方,可以向企业派驻工作人员,代表企业财产所有权人,行使对企业经营权人的监察权,并提供必要的配合与服务。

但是,由于承包经营的两权分离形态是具体生产经营过程的外部分离,一般来说,发包方将特定财产的经营权发包后即退出具体的生产经营领域,对于经营权行使作经常性的了解、配合和监督,总不够方便,容易发生要么不正当干预过多,要么配合监督不够两种倾向。公司制的两权分离形态是公司内部的分离。行使所有权的股东会同行使经营权的董事或董事会、经理人,都是公司的内部机构。所有权人对经营权人活动的了解、配合和监督要方便得多。有限公司和股份有限公司还有常设的监察机构,代表股东会(此外还可代表公司职工)对经营权人行使经常性的监察权。因此它能够在公司内部建立互相配合又互相制约的机制,保证经营权正当、有效地行使。

第四,两权分离要求稳定。当前在这方面存在的问题,可以从两个方面作些改进:(1)增强承包合同履行的严肃性,合同一经生效,双方应严格履行,非法定原因不得变更或解除;任何一方违反合同规定,应严格追究其法律责任。(2)可使承包期限适当延长。但是,承包经营合同的稳定性毕竟不如公司章程。承包指标项目一般较多,各项指标需要随着客观情况的变化(如国家经济政策和经济计划的制定与修改、价格的调整、税种与税率的变动等)而作出调整;实行公司制则不会因这些因素变化而影响公司经营权人与所有权人关系的变化和经营权的稳定。承包期限的规定虽可适当延长,但过长毕竟不能适应国家各方面形势变化要求;而公司一般可以长期存续。因此,公司制的两权分离远比承包制稳定。

第五,两权分离要兼顾各方利益,建立内部利益激励机制。当前这方面较为突出的问题,是"经营者"实际上不负盈负亏。企业亏损后果基本上全由国家承担,"经营者"最多只是扣减收入,"直至只保留其基本工资的一半"③;即使如此执行,远不能抵销因其经营不善而应承担的后果。这个问题,根据我国实际情况,承包经营制本身无法很好解决,但也可以作些改进。例如,实行企业职工全员承包或全员风险抵押承包,一则可扩大承担经营风险的财产数额,更重要的是调动企业全体职工关心企业经营,监督"经营者"的工作,减少风险发生的可能性。实行公司制,国家只是公司众多股东中的一员(尽管它一般都是持有股份最多的股东),公司经营的盈亏后果,它同其他众多股东共同承受。对于公司经营效益,不仅国家关心,其他众多股东也很关心。这促使公司全体股东在挑选经营负责人,组建经营机构、对公司经营活动配

---

③ 参见《全民所有制工业企业承包经营责任制暂行条例》第33条规定。

合与监督等方面，十分慎重和积极。这有利于调动多方面的积极性来共同促进公司经营效益提高。按照公司制定传统做法，公司的主要经营负责人应认购一定股份；他们的工资奖金要与企业经营效益挂钩。这促使经营负责人即使从自己经济利益出发也得努力经营。此外，当代西方国家大都重视吸收公司职工认购本公司股份，我国也应采取这种作法，并可进一步使之完善，形成固定制度，以增强职工在公司中的主人翁精神。这样，我国公司内部由各方面因素共同构成的利益激励机制就可建立和健全起来。

综上所述，我们可以得出这样的结论：当前承包经营实践中存在的问题，有两类不同的性质，一类是承包经营实行中在做法上的问题，以及为实行承包制而需要采取配套改革措施，提供合适外部环境的问题，这类问题可以通过进一步完善承包制和深化改革得到解决。另一类是承包制这种两权分离形态本身固有特性决定的，是根据我国国有企业实际情况，实行承包制所不可避免的一些局限性，这类问题，不是通过完善承包制所能奏效的。当前，为搞好国有企业，我们一方面要继续坚持和完善承包制，另一方面应该积极推行公司制，逐步使大多数国有企业由承包制向公司制过渡。

国有企业实行公司制的途径，主要有以下几种：(1)一个国有企业同其他一个以上国有企业或非国有企业各以其部分资产，联合投资，按照有限公司形式组建新的企业；(2)一个或几个国有企业将其全部资产股份化，或者还同时吸收其他国有或非国有企业的股份，组建有限公司；(3)按以上途径组建公司时，还向社会公开招募股份，组成股份有限公司；(4)按以上各种途径组建公司时，均可吸收本公司职工认购部分股份。凡仅向本公司职工发行股份而并不向社会公开招募股份的，应仍属有限公司，不是股份有限公司；(5)新开办企业一开始就按公司形式组建；(6)国有企业资产折算成股份，并将其中部分股份出卖给其他法人或个人。④

---

④ 《深圳市股份有限公司暂行规定》第4章第35条已有这样的规定，

除上述各种途径外,还有一种做法可以考虑:近年来,一直有人主张设企业集体股份;股金来源由企业留利构成。这涉及企业留利所有权性质的改变。反对的人认为企业留利乃系国有资产投入的增值,不应化大公为小公;赞成的人认为企业留利可视为企业全体职工劳动投入的正当收益。我认为,企业税后利润除按规定上缴国家作为国家投资收益外,企业可以而且应该从中留下适当份额作为企业集体公共积累或叫公积金。当前国有企业的留利可以看作具有这种性质。因此,将其部分或全部转为企业集体所有,无论在理论上或实践上都并无不妥。目前国家已在部分企业试行税利分流、税后还贷和资金分账制,这为以后实行将企业留利转为企业集体所有提供了方便。当今后企业留利正式作为企业集体所有以后,企业便可用它作为企业集体股份,投入再生产。如果这样,则国有企业向公司制转变更增加了一条简捷途径,即:国有企业将国有资产股份化,企业再投入集体股份或者同时还吸收本企业职工个人认股。该国有企业便可以变更为有国家、企业集体和企业职工个人三部分股东参加的有限公司。

国有企业实行公司制,应该逐步、稳妥地推行。并要与现行的承包制妥善衔接,不能随意变更或废除正在履行的承包合同,不能损害原承包人的正当利益。国有企业改行公司制应以有限公司形式为主。根据我国当前实际情况,股份有限公司的建立和发展,只能在继续抓好试点的基础上,有控制地进行,因为它需要有许多配套改革措施与之同步,目前不可能迅速普及。

将来,在大多数国有企业改行公司制以后,承包经营制也还有在一定范围内存在的必要。这主要是指一些从事经营利润低微甚至亏损,而国计民生需要,从长远和总体利益着眼,国家必须扶植的行业和产品的企业,社会公众不太愿意投资,不宜实行公司制,仍可实行承包经营方式。而一旦其中某些行业或产品的经营盈利较为稳定,社会公众愿意投资时,便也可再改行公司制。总之,我国将来国有资产经营制度的目标模式,应是以公司制为主体、以承包制为辅助。

对国有企业几个基本问题的再认识*

国有企业问题一直是我国经济体制改革的中心环节，也是当前我国实行市场经济体制、建立现代企业制度的主要掣肘因素。长时间来，人们为之殚精竭虑，提出各种改革方案；国家也先后采取多种措施。但是，许多方案和措施能治标而不能治本。人们对于国有企业一些基本问题的认识，仍然受到许多传统观念的束缚，在旧的思想观念体系中寻求解决各局部性问题的对策，问题此伏彼起。因此，有必要对迄今国有企业改革的历程进行深层次反思，对国有企业的一些基本问题进行再认识。本文论述的正是这样一些基本问题，包括国有企业的开办目的与历史使命、国有企业的性质与特征、国有企业经营制度的特点、国有企业的投资体制等。在这些基本问题上端正了认识，则关于国有企业改革的方向和途径乃至具体措施和步骤便一目了然了。

---

* 本文原发表于《经济学家》1996年第2期；《人大报刊复印资料·社会主义经济理论与实践》1996年第6期、《工业经济》1996年第6期等转载。

一、国有企业的开办目的与历史使命

各国开办国有企业的目的和用意，不外以下三个方面：(1)财政性目的，即扩大财源以满足国家机关活动经费和供统治者挥霍的需要；(2)政治性目的，即为了维护和巩固国家政权，抵御外敌入侵或对外侵略，由国家控制某些经济要害部门；(3)经济性(经济调节性)目的，即通过国家直接投资经营，调节社会经济结构和运行，促进社会经济协调、稳定和发展。

人类社会不同历史时期，国有企业的开办目的和历史使命有所不同。自由资本主义及其以前，举办国有经济的目的，以财政性和政治性为主。当然，有时也有经济性目的，例如政府部门直接从事粮食或其他重要物资的购销活动，以平抑市价、保障供求平衡、稳定经济秩序。但是，这种经济调节多为在特定条件下(如社会经济某些方面出现严重不协调，或发生重大社会变革等)才加以运用，相对前两种目的来说，它是次要的，而不是那时候国有经济(我们可以统称之为早期国有经济)的主要使命。

20世纪以来出现的国有企业(现代国有企业)，其大量开办主要出于经济性目的，即通过国家直接投资于某些行业和进行产品的生产经营，直接调节国民经济的结构和运行，同时通过对国有资产的控制和运营，增强国家调节社会经济的物质力量。执行国家经济政策，保障国家调节经济，是现代国有企业所担负的主要使命。尽管开办国有企业仍然还有财政性目的和政治性目的(在某些国家某些特定时期还赋予国有企业军事性目的或意识形态目的)，但相对来说，它们已不如前者重要，并往往受到前者制约。例如，对于国民经济中有些行业和产品的投资经营，即使在一定时间内不能盈利，不能增加财政收入，国家为了国民经济长远发展和总体利益也需投资；为政治性目的而开办国有企业，其数量和规模也要服从于国民经济的总体结构和运行，受国家经济调节总体意图的制约。

国有企业的开办目的及其所担负的本来使命，是一个根本性的问题，它决定着国有企业存在和发展的意义及国家直接投资的方向、重点和规模。现代国有企业上述以经济调节性为主的开办目的和使命，一方面表明现代各国有必要开办、保持和发展一定的国有企业；另一方面说明举办国有企业的方向、重点和规模，应以充分满足国家调节的需要，有利于整个社会经济协调、稳定和发展为基本准则。国有企业在国民经济中所占数量和比重太少了不好，不能充分满足国家调节的需要；但也不必过多，因为它们主要是作为国家调节的一种手段和力量，而不是作为国家调节客体的社会经济的本身（当然，国有企业既已开办，它们便也是国民经济的组成部分）。

20 世纪先后出现一批社会主义国家，这些国家的国有企业开办目的和所赋予的历史使命，同资本主义国家显著不同。在实行计划经济体制的较长时间内，其国有企业的大量开办和发展，以政治性或革命性目的为主。由于未能正确区分理想与现实、最终目标与现实目标的阶段性，凭着良好的愿望和革命热情，这些国家于革命成功后，在“组建自己的经济基础”过程中，通过没收、改造和新建等方式，建立了强大的国有经济。以后又通过不断扩大投资，并使集体经济迅速地“升级”“过渡”，向国有企业靠拢，使国有经济成为整个国民经济中占绝对优势的主体，国有企业成为最主要的企业形式。①

这些社会主义国家后来都发生重大变革。中国于 70 年代末进行经济体制改革，1992 年正式宣布改行社会主义市场经济体制。共产主义虽然仍为我们的奋斗目标，我们仍然坚持社会主义公有制，但现阶段不能急于实现生产资料全社会占有，不能认为国有企业办得越多越好。国有企业开办的革命性目的和它所担负的革命性使命，应当有所淡化。

① 据统计，1956 年全民所有制经济创造的国民收入在全国国民收入中所占比重为 32.2%；1978 年全民所有制经济的产值占工农业总产值的比重为 59%，在工业总产值中的比重为 80%。（材料综合引自《中国社会主义建设》《党的基本路线读本》《中国革命史》）

我们仍然必须保持一定实力的国有企业，但其目的应主要在于经济调节性，其次才包含有财政性和政治性目的。我们应以此为基准来规划国家直接投资的方向、重点和规模。

二、国有企业的性质与特征

国有企业是指资本全部或主要由国家投入，依法设立从事生产经营活动的组织体。它通常是指国有独资企业，有时人们把由国家控股的公司也称为国有企业。

国有企业具有企业的基本特征：(1)它从事生产经营活动；(2)它是由多数人组成的组织体；(3)依法设立，法律确认其一定权利义务。

国有企业是一种特殊企业。如定义中所指出，它的资本全部或主要由国家投入，其全部资本或主要股份归国家所有。这同其他全部或主要由民间社会(组织与个人)投资的企业不同。

我们说国有企业是一种特殊企业，除上述定义中所明白揭示的以外，其特殊性还表现在以下几个方面：

1. 国有企业从事生产经营活动虽然也有营利目的，但也有非营利性目的，或者说它不以营利为唯一目的。国有企业要执行国家计划经济政策，担负国家经济管理(调节社会经济)的职能。对于有些重要行业和产品，明知在一定时期内不能赢利，也要、或者说更需要国家投资开办企业，而等到以后其经营能够赢利或赢利率较高时，民间社会愿意投资了，这时国家倒往往可以减少投资，甚至退出这些领域。

2. 国有企业虽然是一个组织体，但它只有或主要为国家一个出资人。这不同于合伙、合作企业和一般的公司，也不同于私人独资企业。国家作为企业出资人，一般并不由最高国家机关(最高国家权力机关或中央政府)直接进行具体的投资管理和经营活动，而是按照“统一领导、分级管理”原则，分别由各级有关国家机关或其授权部门，代表国家所有权人负责具体的投资、管理和经营活动。

3. 国有企业同所有其他企业一样都必须依法设立,但它们所依据和适用的法律有所不同。国有企业依据和适用国家制定关于国有企业的特别法,虽然它们也适用一般企业法的许多一般性规定。国有企业法同一般企业法比较,在企业设立程序、企业的权利义务、国家对企业的管理关系等方面,其规定有所不同。国有企业设立的法律程序较其他企业更为严格、复杂。国有企业往往享有许多国家给予的政策性优惠和某些特权,如某些行业经营的垄断性、财政扶助、信贷优惠以及在资源利用、原材料供应、国家订货和产品促销、外汇外贸等方面的优惠、亏损弥补和破产时的特殊对待等。但同时它也受到国家和有关主管部门的政策性限制,承担许多特别的义务,如必须执行国家计划、价格权限制、生产经营自主权的限制,要优先保障国家和社会需要,满足国家调节经济的要求,有时利微或无利也得经营等。国家对其他企业的管理,主要是制定其组织和活动的一般规则,要求其守法和照章纳税,而对于国有企业,国家需要以政权和所有者双重身份进行管理,在许多方面,国家(其代表者)要以自己为一方主体同企业和企业中有关各方直接发生各种法律关系。在国有并实行国营情况下,这种情况尤为突出。

国有企业作为法人同一般企业法人比较,也有其特殊性。凡法人都应拥有独立财产。一般企业法人对其财产拥有所有权,国有企业(这里指国有独资企业)对财产只享有经营管理权,而无所有权。除法人条件上的这一区别外,在所属法人类型上,国有企业法人也有其特殊性。法人通常可分为私法人与公法人、社团法人与财团法人、营利法人与公益法人等。一般的企业法人属于私法人、社团法人和营利法人;国有企业却兼具有不同类型法人的特点。

国有企业兼具有私法人与公法人特点:它全部或主要由国家投资设立,由国家有关主管机关或其授权部门进行管理,在国有并国营情况下,国家还委派国家工作人员进驻企业主持生产经营活动;它分担一定的国家管理职能,但不同于国家机关以专司某种国家管理为本职,它主要从事生产经营活动;国家及其有关政府部门对它进行较为严格的管理,但毕竟不同于对一般国家机关或其科室的管理;它的组织与活动所适用的法律具有公法性,但又有许多私法性质的条款,并适用其他一般企业法的许多基本规定。

国有企业兼具有社团法人与财团法人的特点:它是一个组织体,具有“人的团体”的特征,但它并不必备“两个以上出资人”的条件,而全部或主要由国家出资,体现出以国家拨付(投资)的“特定财产为中心”这一财团法人的性质;它具有社团法人“对于人的团体赋予权利能力”的特征,又有财团法人“对于供一定目的(用于生产经营)的特定财产赋予权能力”的性质;它有一定的人为其成员,但其作为成员并非即为股东;它有最高权力机关,但并非为社员(股东)大会;它的机关有一定决策权,但非为全权,许多重大事项必须经国家主管机关决定。此外,社团法人的设立须有两人以上的合同行为,国有企业不具备这一要求;财团法人限于公益法人,不具有营利性,但国有企业兼具有二者特点。

国有企业兼具有营利法人与公益法人的特点:它一般有营利的目的,但往往不以营利为其唯一目的。有些国有企业从其开办就不是或主要不是为了营利,而是为了实现国家调节经济或其他国家政策,为了国民经济的总体和长远发展或其他方面的国家和社会利益。营利法人不仅有营利目的,而且以其利润分配于其成员,而国有企业在实行国营时,其利润则上缴国家。

综上所述,国有企业是企业,但是一种特殊企业;是法人,但是一种具有特殊性质的法人。如果注重国有企业的营利性一面,减轻其政策性使命,扩大它的生产经营自主权,放宽和改善政府对它的干预管理,则国有企业便更像企业(更接近于一般企业的各项特征);作为法人,它更接近于私法人、社团法人和营利法人。反之,则国有企业更像国家机关或其附属物;作为法人,更接近于公法人、财团法人和公益法人。

认识国有企业的上述性质特点具有重要意义。国家可以由此来恰当确立政府同企业的关系,制定正确的关于国有企业的政策和法律。对于那些必须让其担负重要的政策性任务的企业,国家有必要适当地予以控制和管理;对于其他国有企业则可以适当强化其企业性的一面,让其更接近于一般企业。另一方面,国有企业既然是特殊企业,则不管如何强化其企业性的一面，它终究不能完全如非国有企业那样具有独立性和自主性等特点。并且，它既然是特殊企业，特殊企业在整个国民经济中的比重便不宜过大，不宜成为社会中企业的主体。对于绝大多数国有企业，一方面需要放宽和改善政府对它们的管理；同时还要考虑适当和逐步从总体上降低国有企业的比重。

三、国有企业的经营制度

国有企业的经营制度也有着许多不同于其他企业的显著特点。企业的经营方式，按照其财产所有权同经营权结合或分离关系诸形态，最基本的有以下几种：

1. 同一式。企业财产由出资的所有权人直接经营，经营权人与所有权人同为一体。

2. 代表式。企业财产由出资的所有权人从其成员中委派代表负责经营。该经营者代表所有权人主要行使经营权，但也行使部分所有权。其经营权和所有权都不充分，企业的许多重大事项必须向委派者请示汇报才能作出决定。

3. 代理式。企业财产所有权人委托他人（第三人）代理经营事务，行使经营权，经营后果由所有权人承受。

4. 租赁式。企业财产所有权人委托他人经营，所有权人为出租方，经营者为承租方，双方签订企业租赁经营合同，具体确定经营权行使的范围和方式，经营后果主要由经营者承担。

5. 合股式（公司制）。财产所有权人以特定财产出资，同其他出资人共同组成公司。各出资人向公司让渡出资财产原所有权，组成公司法人财产所有权，出资人成为公司股东，换取股权；公司组成负责经营的机构，在公司内部实行两权分离。合股式又分为控股式与一般持股式两种。

国有企业的经营方式不能实行同一式。因为不能由国家这个庞大的集合体或作为其代表者的最高国家机关来直接经营企业。但可以按照统一分工由国家的各级有关政府部门负责各国有企业的经营管理工作。各个政府部门也不能直接进行经营,只能由其委派国家工作人员作为负责人进驻企业,主持企业经营管理事务。这就是代表式经营。例如我国过去的国有企业都实行国营,国营实际上就是这种代表式经营方式。代表式经营有利于企业执行国家政策,贯彻国家管理意图,但不利于企业独立自主经营,充分接受市场调节,企业经济效益往往欠佳。这种企业太多,势必会影响国民经济总体效益,制约经济发展。我国经济体制改革以后,于20世纪80年代后期,国有企业改变了这种经营方式。

国有企业也可以实行代理式经营。但代理式经营后果需由被代理人承担,如果经营不善,造成的亏损全落到国家头上。因此,经营代理人的挑选十分重要,他们一般应是"亲政府人士"。西方有实行含代理式因素经营方式的②,但各国都未见有典型的代理式经营的国有企业。

国有企业实行租赁式经营,无论在西方国家还我国都有③。租赁经营由合同明确出租方与承租方的权利义务,经营权范围比较确定,特别是经营的盈亏后果由经营者承担,有利于增强经营者的责任心,提高经营效益。为了避免因经营不善而使国有资产遭受大的损失,承租方应在承租时提供足够的财产担保。西方国家一般是由政府将企业出租给私人公司经营,私人公司有承担风险责任的财产基础;但在中国,私人承租者难以提供充分的财产担保。所以这种经营方式在中国只适用于小型国有企业。

我国的国有企业自20世纪80年代后期开始普遍实行承包经营。其实,承包经营是个内容不很确定的概念。从承包主体来看,如果是作为发包方内部成员的承包,则它实际上同于代表式;如果是发包方以外

② 例如在法国,国有企业董事会成员中1/3为政府代表,1/3为社会人士,1/3为企业职工代表。董事长可以由社会人士担任,但必须为亲政府人士。

③ 美国自"二战"期间开始,纯国有企业大都出租给私人垄断公司经营。

的第三人承包,则可能是代理式或租赁式;从承包的内容和范围来看,如果经营权限较大,承包者包盈亏后果,则近于租赁式,否则为代表式或代理式。我国实行的承包经营责任制,承包人不能承担经营亏损责任,并且承包人大都仍然保留着国家干部身份,在人事组织关系上属有关政府主管部门管辖。因此,这种承包制虽不完全同于原来的国营,但仍然保留着浓厚的代表式经营即国营的色彩。实践证明承包制存在许多弊端和局限性。其中虽然有些是工作作法问题,可以完善,但有些则是由承包制本身固有的特点所决定的,不能通过完善作法以求克服。这就是后来国家决定推行股份制的原因所在。

股份制或公司制,即为本文所谓合股式经营方式。合股式经营同承包制或其他经营方式比较,有许多明显的特点和优点,这主要是因为合股式不仅实行所有权同经营权分离,而且其两权分离形态较为特殊④。

首先,合股式的公司其经营权不是同各出资人对出资财产的原所有权的直接分离,而是先由出资人向公司让渡其所有权,形成公司法人财产所有权,公司再组建业务执行机关行使经营权。公司的经营权相对于出资人的原所有权来说,是间接分离。直接分离容易使所有权人对经营权进行干预;间接分离则能避免原所有权人的直接干预,公司各股东的意志一般只能通过股东会形成集体决议,再影响公司业务执行机关。这有利于保障公司经营权人自主经营。

其次,合股式公司行使所有权和经营权的股东会和董事会,都是公司内部的机关,其所有权同经营权是一种内部分离;而承包、租赁等,发包方或出租方于承包或租赁经营合同签订后,一般不进入企业内部,不深入企业生产经营领域,是一种外部分离。外部分离不便于所有权人对企业经营活动做经常性的了解、配合和监督,内部分离则在公司内部建立起互相配合、互相监督和制约的机制。

再次,合股式经营的两权关系和经营权权限受公司法调整,这是法

④ 详见漆多俊:《论公司制两权分离形态》,载《现代法学》1992 年第 3 期。

定分离关系；承包、租赁的两权关系由合同约定，是约定分离。公司法多为强行性规定，合同约定任意性较强。因此，合股式的经营权权限更具确定性。

最后，承包或租赁合同的期限不能过长，经营者到期可能变动，这难免引发短期行为；而公司存续期长，董事和经理人虽然变动，但作为公司业务执行机关及其职责却具有长期性和稳定性。合股式的两权关系是一种较为稳定的分离，这有利于公司制订长期发展规划和经营策略。

合股式分为控股式与一般持股式。国有企业实行合股式以后仍为国有企业的，只能是国家控股式。因为如果国家不控股而是一般持股，则该企业不再属于国有企业范畴。并且，根据我国情况，国有企业中的国有资产十分雄厚，国有企业改行合股式，实际上必然大量的都是国家控股。控股式也具有前述合股式的各种特点和优点，但由于受到控股股东意志的制约，合股式固有的许多特点和优点不能充分得到发挥。因此，国有企业实行国家控股，固然可以使企业仍然能较好地贯彻国家管理意志，执行国家政策，但于企业真正独立自主经营，充分接受市场调节，仍有诸多不利。在实行市场经济条件下，国家控股企业过多，在国民经济中比重过大，仍然会妨害经济的正常运行。而减少国家控股、降低国家控股企业比重，则涉及企业投资体制问题。

四、国有企业的投资体制

国有企业投资体制涉及许多方面的问题，这里主要论述国家直接投资的规模、方向和重点。

国家投资开办国有企业的规模、方向和重点，主要是由国有企业的开办目的和它担当的使命决定的。如前面所述，现代国有企业开办的目的包括经济性、财政性和政治性，尤以经济调节性为主。国家直接投资的总体规模应以满足国家有关政策性要求，保障其借以调节经济的足够需要为原则。国家投资应优先考虑国民经济发展中的薄弱环节和对国民经济总体与长远发展起制约作用的关键环节。国家应在全面衡量一定时期国民经济运行中各种结构比例关系(包括行业结构、产品结构、地区结构等)的基础上,根据经济和社会发展的总体战略和规划,确定一定时期内国家投资的方向和重点。从产业结构上说,国家投资重点一般应放在基础产业、高科技产业和一些公共事业上。但不同时期,其侧重点应有所不同。

国家直接投资不能过少,过少不能保障国家有关政策的贯彻和国家对经济的有效调节;但也不宜过多。这是因为:一方面,投资过多,超过了国有企业开办的本来目的和它所担当使命的需要,是为不必要。另一方面,由于国有企业的性质和经营制度上的特点决定,国有企业经营的经济效益往往不如其他由民间社会投资经营的企业,国有企业比重太大,必然使得整个国民经济的效益受到牵制。

国有企业的经济效益往往欠佳,这是带普遍性的问题,不是中国的特有现象,其他各国概莫能外。20 世纪 80 年代以来,许多西方国家出现私有化浪潮,纷纷将国有企业或国有企业中的国有资产以股份形式,转让给私人和私人企业,以缓解财政负担,提高资产经营效益,改善国民经济状况。私有化只是对国有企业的数量和投资比重进行调整,绝不是也不会全部取消国有企业。现代国家经济管理职能日益增强,为保障国家对经济的有效调节,总是需要保留一定数量国有企业的。纵观近几十年来各国国有企业兴衰史,西方国家是交替采用了国有化与私有化措施。即使当前,私有化似乎席卷西方世界,但各西方国家也不会将其某些行业中的国有企业全部“私有化”掉。也有些政治家对私有化的速度和规模提出了批评,甚至有的主张在该国某些行业发展国有化。

中国国有企业的经营效益问题更为突出。一方面是由于体制(包括经营制度)上存在问题,使国有企业的效益较差;另一方面我国国有企业的数量和投资比重大,远超过各西方国家。这就严重制约了整个国民经济的效益和妨碍了国民经济的发展,影响到综合国力的迅速增强和人民生活的不断提高。当前我国要建立市场经济体制,国有企业在国民经济中比重过大,不利于市场机制充分发挥作用。我国当前的国有企业改革不仅是个经济问题,而且具有重要的社会和政治意义。国有企业的经营制度及其他有关体制上的问题,有两种不同类型:一是可以通过深化改革和完善经营制度和转换经营机制予以克服的;二是由国有企业本身固有的性质和经营制度上的特点所决定,只有改变国有企业本身才能克服。因此,当前我国国有企业改革措施应当包括两个方面:一是改革其经营制度,选取合适的经营方式,转换企业内部经营机制,并深化其他配套改革,尽可能地增强企业活力,提高经营效益。二是控制国家投资的总体规模、方向和重点,适当减少国家投资和降低国有企业在整个国民经济中的比重。

各国减少国家投资和降低国有企业比重的基本方式有两种:一是绝对式,即一方面严格控制国家新增投资和新建、扩建项目,并把握投资的方向和重点,使有限的国家投资充分发挥其调节国民经济的结构和运行的作用;同时将现有国有企业中的国有资产部分或全部转让给民间社会的组织或个人。转让的国有资产可以折成股份,从而使国有企业改组为股份制公司。二是相对式,即在控制国家新增投资的基础上,通过鼓励和扶持民间社会投资,使民间投资在社会总投资和国民经济中所占比重逐步提高,最后上升为主要成分,而使国家投资和国有企业的比重逐步下降。

上述两种方式各有利弊:绝对式见效快,但容易引起经济和社会的动荡;相对式能实现平稳过渡,但颇费时日。因此有些国家采取了折中方式,即在严格控制国家新增投资,并大力鼓励和扶持民间投资的同时,按照不同行业情况,区分轻重缓急,分步骤地转让国有资产股份,以降低国家投资的比重⑤。近些年来,我国沿海经济发达地区实际上采

---

⑤ 例如葡萄牙政府在实施私有化计划方面,采取从实际出发循序渐进的做法。1982 年,实施私有化法,开始阶段国有企业出售的股份不得超过 50%,1989 年起私有化比例不再受限制,但应视企业具体情况而定。自 1982 年根据新宪法规定实行经济自由化以来,葡萄牙平稳地实现了向市场经济过渡。转引自 1993 年 12 月 1 日《参考消息》报道。

取了与此类似的做法，其乡镇企业和城市区街经济十分活跃，非国有经济的比重逐步提高。在内地许多地区，人们也逐渐认识到，要求得经济迅速发展，在继续抓好国有企业改革同时，必须比以往更加重视发展各种非国有经济形式。

国有经济在整个国民经济中应占何种比重为好，这要根据各个国家不同时期的经济、政治和社会情况而定。西欧国家在几次国有化浪潮后的20世纪70年代，国家投资达到社会总投资额的30%左右，国有企业总产值约占国民生产总值10%左右。经过20世纪80年代后的私有化，国有企业的投资和产值的比重有明显下降。北美国家的国家投资和国有企业产值的比重较小，均未超过10%。中国经济体制改革以后，国有经济比重也在逐渐下降。据我国一些公开出版物所载，1986年国有工业企业产值约占工业总产值的70%。据测算，至1993年，这一比重已不到50%。⑥ 随着国有企业改革继续发展，国有成分特别是其投资在投资总额中的比重，还将有所下降。

有些同志对于减少国家投资和降低国有企业比重想不通，认为这会降低国有经济的地位，担心削弱社会主义公有制的经济基础。其实，我们只是主张根据国有企业本来的开办目的和使命以及国有企业的性质和经营制度的特点，合理调整其总体投资规模、投资方向和重点，认为国家投资和国有经济不必也不宜在国民经济中占过大比重，国有经济不必成为国民经济的主体；同时认为必须保持拥有相当实力的国有经济，以保障国家有关政策的执行和国家对社会经济的有效调节，应当发挥国有经济在国民经济发展中的主导作用，保持其主导地位。主导与主体是不同概念，发挥主导作用不一定就要成为国民经济主体，这犹如先锋队不等于主力军。我国宪法规定，“国有经济……是国民经济

---

⑥ 《日本经济新闻》1995年4月11日文章称，中国在工业生产中，到1993年，国有企业的产值占43%；匈牙利《人民自由报》1993年9月13日文章称，中国目前国有企业产值只占工业产值的56%，并计划到20世纪末降到25%左右。就整个经济来说，国营成分所占比重已不超过25%。转引自1995年4月23日和1993年9月的《参考消息》报道。

中的主导力量"[7],也并未规定它一定要成为其主体。因此,这里不发生降低国有经济地位的问题,倒是更加恰如其分地维护了国有经济的应有地位。

鼓励民间社会投资和发展各种非国有企业,在我国政治、经济条件下,一定程度上仍然是在发展社会主义公有制经济。我国的非国有企业主要是由我国劳动群众联合投资经营,是劳动群众组成的集体,如合作社、公司,其财产权属于由全体社员或公司全体股东组成的集体所有,这即为集体所有制的一种形式。这样的公司是社会主义性质的集体经济组织,因而公司所有即为社会主义集体所有。不能认为单纯强调发展国有经济才是维护社会主义公有制。因此,鼓励民间社会投资和民间企业发展,并适当降低国有企业比重,不违背以社会主义公有制为主体的原则。

---

⑦ 《中华人民共和国宪法》第5条。

国企改革与股份制*

一、引言:20 世纪国企现象的反思

在已经过去的 20 世纪,人类社会发生了许多重大事件,经历了各种深刻的社会变革。其中,国有企业在各国如火如荼地兴起及后来又发生席卷全球的改革,即为影响最为深广的世纪大事之一——我们可以称为“20 世纪国企现象”或“国企浪潮”。

“国企浪潮”包括潮涨与潮落:先是国企兴起(国有化),后来是国企改革(私有化)。20 世纪初期开始,特别是第二次世界大战前后,西方各主要资本主义国家,尤其是先后出现的各社会主义国家,一次次掀起国有化高潮,兴办了大量国有企业。70 年代与 80 年代之交,西方国家以英国为代表发动私有化运动,并迅速风靡全球。各社会主义国家也纷纷进行改革。其中苏联、东欧国家并于 80 年代与 90 年代之交接连发生社会制度全面变革;中国于 90 年代初宣布改行社会主义市场经济体制,加大国企改革力度。如今国企改革仍在继续。

---

* 本文原发表于漆多俊主编:《经济法论丛》(第 7 卷),中国方正出版社 2003 年版,第 1 ~ 38 页。

对于20世纪的这种国企现象,人们有许多问题感到困惑不解。例如:为什么在20世纪各国一次又一次地掀起国有化浪潮、一批又一批地涌现那么多的国有企业?如果说在各社会主义国家,那是根据其信仰实现革命目标即建成社会主义和共产主义社会的需要作出的安排,那么资本主义国家也曾大搞国有化又是为什么?既然搞了国有化,后来各国又为什么发动私有化和国企改革?为什么当撒切尔夫人在英国首揭私有化大旗,其他国家便一呼百诺,迅速形成席卷全球之势?为什么各社会主义国家也纷纷进行国企改革,并且几乎与西方国家私有化同步?西方国家私有化实质是什么,他们是否要把国企全部"化"掉,今后再不办国企了呢?中国的国企改革实质是什么?它同西方资本主义国家以及同苏联东欧国家的改革在本质和作法上有何不同,有无基本共同之处?"中国特色"在何种意义上才是正当的?中国下一步改革之路应如何走?如此等等。

国内外政治家和学者们对于上述各问题也曾有过各种解释。现在许多问题已越来越清楚了。大凡当人们身临其境时,对事物的全貌和本质反而难以看清,而待时过境迁再回头作冷静思考,倒更加明白。对待中国改革也是如此。早在20世纪80年代国企改革初期,就有不少学者提出了一些十分中肯的意见和建议,但和者甚寡,还遭到种种非议。本文作者在80年代写的关于国企改革的文稿,因故皆未发表。1992年国家宣布改行市场经济体制以后,作者的一些意见才在一些论著中有所反映。其中,1996年在《经济学家》第2期发表的《对国有企业几个基本问题的再认识》,算是比较全面地表达了对国企问题的一些基本观点。该文在前面的"引言"中写道:

"国有企业问题一直是我国经济体制改革的中心环节,也是当前我国实行市场经济体制、建立现代企业制度的主要掣肘因素。长时间来,人们为之殚心竭虑,提出各种改革方案;国家也先后实行多种措施。但是,许多方案和措施能治标而不能治本。人们对于国有企业一些基本问题的认识,仍然受到许多传统观念的束缚,在旧的思想观念体系中寻求解决各局部性问题的对策,问题此伏彼起。因此,有必要对于迄今国有企业改革的历程进行深层次反思，对于国有企业的一些基本问题进行再认识。本文论述的，正是这样一些基本问题，包括国有企业开办的目的与历史使命；国有企业的性质与特征，国有企业经营制度的特点，国有企业的投资体制等。在这些基本问题上端正了认识，则关于国有企业改革的方向和途径乃至具体措施和步骤便一目了然了。”

“我国的国有企业改革，需要借鉴国外的经验。现代各国都有占一定比重的国有企业。实行社会主义制度的国家同各资本主义国家的国有企业，存在着许多基本共同点，应当重视研究他们的共同规律，以更加准确地把握国有企业的本质属性。它们也有各自持殊性，应对其作具体分析；但不应片面强调特殊性而忽视普遍性，更不能把一些不切实际的东西誉为自己的特色，并奉为神明。”

该文的基本观点今天看来仍具有现实意义。但由于篇幅限制及其他某些原因，内容未充分展开。本篇打算仍沿着该文的思路，对其中某些内容予以适当扩充。所论及的主要也是该文所论那些有关国企的一些基本问题。

二、国企的兴起及其历史使命

早自国家出现后，便有了这样那样的一些国有经济形式。封建社会末期到西方自由资本主义时期，许多国家出现了国有企业或这种企业的雏形。但是，现代意义上的国有企业的大量涌现和发展，主要是20 世纪的事。

19 世纪末，西方各主要国家先后完成产业革命并进入资本主义垄断时期。生产高度社会化和垄断的发展，提出了由国家出面干预和调节社会经济的要求。国家直接投资创办国有企业，是国家调节经济的重要措施和手段之一。第一次世界大战前后，特别是 1929 年爆发资本主义世界经济危机以后，迫切需要国家加强对国民经济结构和运行的总体性调节，任何局部性措施都显得无能为力。正是在这种情况下，国有企业作为国家对国民经济总体性调节的一个重要方面,受到重视,并迅速发展起来。第二次世界大战以后,由于各国经济重建的需要,国际范围内民主主义思想的抬头,以及后来科技飞速发展引起的生产高度社会化,国家干预调节经济的职能进一步强化。许多国家又几度掀起“国有化”高潮。国有企业普及到国民经济各主要行业部门,在国民经济中占了相当比重和重要地位。

法国在第一次世界大战期间,把军火制造业、运输业、保险业和粮食贸易控制在国家手中。“一战”后,政府把原属德国人所有的阿尔萨斯——洛林地区的重要企业收归国有。这是法国国有化政策的发端。自30年代以后,法国又分别于1936年至1937年人民阵线时期、1945年至1946年戴高乐临时政府时期、1981年密特朗的社会党执政推行法国式社会主义时期,进行了三次大规模的国有化运动。据1983年统计,法国国有企业占国内生产总值的17%,占全国固定资本投资总额的35%,占全国就业人数23%。

英国早在1657年就成立了由国家独家经营的邮政总局。19世纪70年代电报系统实行国有化。1899年议会批准由政府掌握市营电话系统。“一战”至“二战”,为应付战争,国家控制了煤矿、铁路、军火等行业。1926年成立中央电力局,负责协调全国发电、供电系统,并管理由国家出资修建的高压电网。1927年成立国营英国广播公司(BBC)。1933年成立伦敦客运公司。1939年将帝国航空公司收归国有,合并成立英国海外航空公司。1945年艾德礼工党上台执政,实施其国有化竞选纲领,陆续颁布8个重要的国有化法令,分别将英格兰银行、煤炭矿井和加工企业、民用航空、电报和无线电通信、国内运输、电力、煤气、钢铁等收归国有。此外英国的原子能工厂和一些兵工厂也为国家所有。经过这次国有化运动,国有企业基本上支配了英国基础结构部门。1964年至1970年工党威尔逊执政期间,于1967年制定钢铁工业国有化法案,将14家私营钢铁企业收归国有,并成立英国钢铁公司。1968年制定运输法,建立国营运输公司。1974年至1979年威尔逊再次执政,推行英国式“社会主义”,再次掀起国有化高潮。在1974年的《工党宣言》中宣称“实行财产和权利根本的、不可逆转的转移,使财产和权利的对比有利于劳动人民及其家庭”。到该届工党政府任期届满,英国国有企业已在国民经济中占有相当重要地位。1979 年英国大小国有企业共有 16,283 家,大都分布于各基础结构部门。当年国有企业产值占国内生产总值的 11.1%,职工人数占劳动力总数的 8.1%,固定资本投资占全国固定资本投资总额 20%。

在欧洲其他国家,国有企业都十分发达,国家大量投资,直接参与生产经营活动。意大利的国有企业至 1978 年在全国固定资产投资总值中占 47.1%,在国民生产总值中占 24.7%,就业人数占 25.1%。意大利的国有经济主要实行国家参与制,建立大量国家控股公司。根据 1956 年第 1589 号法律,中央政府成立国家参与部。

联邦德国于 20 世纪 50 年代创设了一批国有企业。至 80 年代,国有企业资本占全国资本总额的 23%,投资占全国投资总额的 13%,产值占全国的 12%,就业人数占 10%。

亚洲的日本于 1868 年明治维新后即大力创办公营企业。其行业范围涉及军工、交通运输、通信、化工纺织、矿山等。19 世纪末中日战争后,将私营八幡钢铁厂改为国营,将其他 17 家私营企业收归国有,国有铁路达到 7153 公里,并实施烟、盐专卖法。昭和年代,国营军工企业进一步发展,并将国营八幡钢铁厂同 6 家私营钢铁企业合并,成立日本钢铁股份公司,政府控股 79%。“二战”结束后,一度限制国家垄断企业的发展。1952 年《旧金山和约》生效后,日本成立一批金融领域的国有企业。它们向民间企业提供政策性贷款,推动产业结构向重工业、化学工业转变。1955 年到 1977 年这些基础产业的国内设备投资增长 26 倍。多年来日本公营金融机构的贷款,一直占全国贷款总额的 10% ~ 20%,国家作为债权人,控制了企业的发展方向。1955 年以后,日本成立了许多公团、公库、事业团等特殊法人企业,主要经营公益事业、金融、保险和其他社会公用事业。

同其他各主要资本主义国家相比,美国的国有企业发展规模要小得多。“一战”时期,美国在军火和其他与战争有关的行业建立了一批国有企业。1917年政府花费近9亿美元把铁路和航运改为国营。“二战”期间投资建立了一些国营军事工业及与之相关的工业。战后的国家投资主要涉及一些投资大、周期长、内部效益低甚至为负数的产业和部门,特别是加大国家对科研事业的投资。例如,互联网就是“现代政府科研最伟大的例证”。①

综观历来各国开办国有企业或其他国有经济形式的目的及用意,不外以下三个方面:(1)财政性目的,即扩大财源以满足国家机关活动经费和供统治者挥霍的需要;(2)政治性(及军事性)目的,即为了维护和巩固国家政权,抵御外敌入侵或对外侵略,而由国家控制某些经济要害部门;(3)经济性(经济调节性)目的,即通过国家直接投资经营,调节社会经济结构和运行,促进社会经济协调、稳定和发展。

人类社会不同历史时期,国有企业和其他国有经济形式的开办目的和历史使命有所不同。自由资本主义及其以前,国有经济形式举办的目的,主要是财政性目的和政治性目的。有时也有经济性目的,例如政府部门直接从事粮食或其他重要物资的购销活动,以平抑市价,保障供求平衡,稳定经济秩序。但是这种经济调节性目的多为在特定条件下(如社会经济某些方面出现严重不协调,或发生重大社会变革等)才加以运用,它不是经常性起作用的因素,相对前两种目的来说,它是次要的,而不是那时候国有经济(我们可以统称为早期国有经济)的主要使命。

20世纪以来出现的国有企业(现代国有企业),其大量开办主要在于经济性目的,即通过国家直接投资于某些行业和产品的生产经营,直接调节国民经济的结构和运行,同时通过对国有资产的控制和运营,增强国家调节社会经济的物质力量。执行国家经济政策,保障国家调节经济,是现代国有企业所担负的主要使命。开办国有企业仍然还有财政性目的和政治性目的,它们也仍然是重要的因素(特别是在两次世界大战期间尤其如此);但总体来说,它们已不如前者重要,并且往往

① [美]纽特·金理奇:《电子革命的黎明》,载《胡佛文摘》。转引自《参考消息》2001年5月14日,第7版。

受到前者制约。例如,对于国民经济中有些行业和产品的投资经营,即使在一定时间内不能赢利,不能增加财政收入,国家为了国民经济长远发展和总体利益也需投资。另外,如果由于国家的调节措施,使国民经济健康发展,则国家财政收入必然稳定增长。为政治性目的而开办国有企业,其数量和规模等也要服从于国民经济的总体结构和运行,受国家经济调节总体意图的制约。并且,为政治性目的而开办国有企业,控制某些同政治、军事相关的经济部门,其本身同时就是对经济结构和运行的一种调节,是为政治、军事目的而作出的经济调节。人们看到,20世纪各国的国有化高潮大都发生在经济危机和两次世界大战前后,国有化被作为危机和战争的一种对策。作为经济危机对策,国企开办目的的经济调节性甚为明显;作为战争对策,虽然最终目的是政治、军事性的,但必须首先通过经济调节才能实现。

20世纪先后出现一批社会主义国家。这里的国有企业的开办目的和所赋予的历史使命同资本主义国家显著不同。这些国家在实行计划经济体制的较长时间内,其国有企业的大量开办和发展,虽然也有财政性、政治性和经济性目的,但更为重要和起决定性作用的,是作为其基本指导思想的共产主义世界观和思想理论体系(我们可以称其为意识形态的或革命性目的)。按照这种理论,社会主义革命的最终目标是实现共产主义,实现生产资料全社会公有。实践中又未能正确区分理想与现实、最终目标与实现目标的阶段性,并且把“社会主义国有”完全等同于“全民所有”和“全社会公有”。凭着良好的愿望和革命热情,于革命成功后,在“组建自己的经济基础”过程中,通过没收、改造和新建等方式,建立了强大的国有经济。以后又通过不断扩大投资,并使集体经济急不可待地“升级”“过渡”,向国有企业靠拢,使国有经济成为整个国民经济中占绝对优势的主体,国有企业成为最主要的企业形式。②

② 据统计,1956年中国全民所有制经济在国民收入中占32.2%。1978年全民经济占工农业总产值59%,在工业总产值中占80%。

这些社会主义国家后来都发生重大变革。中国于20世纪70年代末进行经济体制改革,1992年正式宣布改行社会主义市场经济体制。共产主义虽然仍为我们的奋斗目标,我们仍然坚持社会主义公有制,但公有制有多种形式和不同发展阶段,现阶段不能急于实现生产资料全社会占有,不能认为国有企业办得越多越好。国有企业开办的革命性目的和它所担负的革命性使命,起码在当前一段时期应当有所淡化。我们仍然必需保持一定实力的国有企业;但其目的应主要在于经济调节性,其次还包含有财政性和政治性目的。

三、国有企业的性质和特点

国有企业是资本全部或主要由国家投入,依法设立从事生产经营活动的组织体。它通常是指国有独资企业;有时人们把由国家控股的公司也称为国有企业。

国有企业具有企业的一些基本特征:(1)它从事生产经营活动;(2)它是由多数人组成的组织体;(3)依法设立,法律确认其一定权利义务。

国有企业是一种特殊企业。如定义中所指出,它的资本全部或主要由国家投入,其全部资本或主要股份归国家所有。这同其他全部或主要由民间社会(组织与个人)投资的企业不同。

我们说国有企业是一种特殊企业,除上述定义中所明白揭示的以外,其特殊性还表现在以下几个方面:

(1)国有企业虽然同其他所有企业一样都从事生产经营活动,但民间社会投资企业从事生产经营活动是以营利为目的;国有企业从事生产经营活动虽然也有营利目的,或者说一般也为营利,但也有非营利性目的,或者说它不以营利为唯一目的。国有企业要执行国家计划和经济政策,担负国家调节社会经济的职能。对于有些重要行业和产品,明知在一定时期内不能营利,也要或者说更需要国家投资开办企业;而等到以后这些行业和产品的经营能够营利或盈利率较高时，民间社会愿意投资了，这时国家倒往往可以减少投资，甚至退出这些领域。

（2）国有企业虽然是一个组织体，它需要建立集体经营管理机构。但它只有或主要为国家一个出资人。这不同于合伙、合作企业和一般的公司，也不同于私人独资企业。国家作为企业出资人，一般并不由最高国家机关（最高国家权力机关或中央政府）直接进行具体的投资管理和经营活动，而是按照“统一领导、分级管理”原则，分别由各级有关国家机关或其授权的部门，代表国家所有权人负责具体的投资、管理和经营活动。

（3）国有企业同所有其他企业一样都须依法设立，但它们所依据和适用的法律有所不同。国有企业依据和适用国家制定关于国有企业的特别法，虽然它们也适用一般企业法的许多一般性规定。国有企业法同一般企业法比较，在企业设立程序、企业的权利义务、国家对企业的管理关系等方面，其规定有所不同。国有企业设立法律程序较其他企业设立更为严格、复杂。国有企业往往享有许多国家给予的政策性优惠和某些特权，如某些行业经营的垄断性、财政扶助、信贷优惠以及在资源利用、原材料供应、国家订货和产品促销、外汇外贸等方面的优惠、亏损弥补和破产时的特殊对待等。但同时它们也受到国家和它的有关主管部门的政策性限制，承担许多特别的义务，如必须执行国家计划、价格权限制、生产经营自主权的限制，要优先保障国家和社会需要，满足国家调节经济的要求，有时利微或无利也得经营等。国家对其他企业的管理，主要是制定其组织和活动的一般规则，要求其守法和照章纳税；而对于国有企业，国家需要以政权和所有者双重身份进行管理，在许多方面，国家（其代表者）要以自己为一方主体同企业和企业中有关各方直接发生各种法律关系。在国有并实行国营情况下，这种情况尤为突出；在国有民营时，国家对企业的直接管理较为宽松一些。

企业凡具备一定条件，便可取得法人资格。国有企业作为法人同一般企业法人比较，也有其特殊性。凡法人都应拥有独立财产。一般企业法人对其财产拥有所有权；国有企业（这是指国有独资企业）对财产只享有经营管理权,而无所有权,所有权归国家。除法人条件上的这一区别外,在所属法人类型上,国有企业法人也有其特殊性。法人通常可分为私法人与公法人、社团法人与财团法人、营利法人与公益法人。一般的企业法人属于私法人、社团法人和营利法人;国有企业却兼具不同类型法人的特点。

国有企业兼具私法人与公法人特点:国有企业全部或主要由国家投资设立,国家有关主管机关或其授权部门进行管理,在国有并国营情况下,它们还委派国家工作人员进驻企业,担负企业负责人主持生产经营活动;但它的设立和组织体制毕竟不同于国家机关。它分担一定的国家管理职能;但不同于国家机关以专司某种国家管理为本职,它主要从事生产经营活动。国家及其有关政府部门对它进行较为严格的管理;但毕竟不同于对一般国家机关或其科室的管理而赋予了一定的自主权。它的组织与活动所适用的法律具有公法性,但又有许多私法性质的条款,并适用其他一般企业法的许多基本规定。

国有企业兼具社团法人与财团法人的特点:国有企业是一个组织体,具有"人的团体"的特征;但它并不必备"两个以上出资人",而全部或主要由国家出资,体现出以国家拨付(投资)的"特定财产为中心"这一财团法人因素。它具有社团法人为"对于人的团体赋予权利能力"的特征;又有财团法人系"对于供一定目的(用于生产经营)的特定财产赋予权利能力"的性质。国有企业有一定的人为其成员,设立人于企业成立后,它或由它委派的代表即为其成员;但其作为成员并非即为股东,而只是国家股东的代表。社团法人的设立须有两人以上的合同行为;国有企业不具备这一要求。国有企业有最高意思机关;但非为社员(股东)大会。企业的机关有一定决策权,但非为全权,企业许多重大事项须经国家主管机关决定,它并非完全自律性法人。此外,财团法人限于公益法人,不具有营利性,但国有企业兼具二者特点。

国有企业兼具营利法人与公益法人的特点:国有企业一般有营利的目的,但往往不以营利为其唯一目的;有些国有企业从其开办就不是或主要不是为了营利,而是为了实现国家调节经济或其他国家政策,为了国民经济的总体和长远发展或其他方面的国家和社会利益,此即为了公益。营利法人不仅应有营利目的,而且以其利润分配于其成员。国有企业在实行国营时,其利润上交国家;实行其他经营形式,则也在国家与经营者之间进行某种分配。

综上所述,国有企业是企业,但是一种特殊企业;是法人,但是一种具有特殊性的法人。如果加强国有企业的营利性一面,而减轻其政策性使命,扩大它的生产经营自主权,放宽和改善政府对它的干预管理,则国有企业便更像企业(更接近于一般企业的各项特征);作为法人,它更接近于私法人、社团法人和营利法人。反之,则国有企业更像国家机关或其附属物;作为法人,更接近于公法人、财团法人和公益法人。

认识国有企业的上述性质特点具有重要意义。国家可以由此来恰当确立政府同企业的关系,制定正确的关于国有企业的政策和法律。对于那些必须让其担负重要的政策性任务的企业,国家有必要适当地予以控制和管理;对于其他国有企业则可以适当强化其企业性的一面,让其更接近于一般企业的各项特征。另外,国有企业既然是特殊企业,则不管如何强化其企业性的一面,它终究不能完全如非国有企业那样具有独立性和自主性等特点。并且,它既然是特殊企业,特殊企业在整个国民经济中的比重便不宜过大,不宜成为社会中企业的主体。

四、国有企业的经营制度

国有企业的经营制度也有着许多不同于其他企业的显著特点。

一般企业的经营方式,按照企业财产的所有权同经营权结合或分离关系诸形态,最基本的有以下几种:

1. 同一式。企业财产由出资的所有权人直接经营,经营权人与所有权人同为一体。

2. 代表式。企业财产由出资的所有权人从其成员中委派代表负责经营。该经营者代表所有权人主要行使经营权,但也行使部分所有权。

其经营权和所有权都不充分，企业的许多重大事项须向委派者请示汇报才能作出决定。

3. 代理式。企业财产所有权人委托他人（第三人）代理经营事务，行使经营权；经营后果由所有权人承受。

4. 租赁式。企业财产所有权人委付他人经营，所有权人为出租方，经营者为承租方，双方签订企业租赁经营合同，具体确定经营权行使的范围和方式；经营后果主要由经营者承担。

5. 合股式（公司制）。财产所有权人以特定财产出资，同其他出资人共同组成公司；各出资人向公司让渡出资财产原所有权，组成公司法人财产所有权，出资人成为公司股东，换取股权；公司组成负责经营的机构，在公司内部实行两权分离。合股式又分为控股式与一般持股式两种。

国有企业的经营方式不能实行同一式。因为不能由国家这个庞大的集合体或作为其代表者的最高国家机关，来直接经营企业。但可以按照统一分工由国家的各级有关政府部门负责各个国有企业的经营管理工作。各个政府部门也不能直接进行经营，只能由其委派国家工作人员进驻企业，作为负责人主持企业经营管理事务。这就是代表式经营。例如，我国过去的国有企业都实行国营，国营实际上就是这种代表式经营方式。代表式经营有利于企业执行国家政策，贯彻国家管理意图；但不利于企业独立自主经营和充分接受市场调节，企业经济效益往往欠佳。这种企业太多，势必影响国民经济总体效益，制约经济发展。我国经济体制改革以后，于20世纪80年代后期，国有企业大都改变了这种经营方式。

国有企业也可以实行代理式经营。但代理式经营后果需由被代理人承担，如果经营不善，造成的亏损全落到国家头上。经营代理人的挑选十分重要，他们一般应是“亲政府人士”③。西方有实行合代理式因

③ 在法国，国有企业董事会成员中1/3为政府代表，1/3为社会人士，1/3为企业职工代表。董事长可以由社会人士担任，但须为亲政府人士。

素的经营方式的，但各国都未见有典型的代理式经营的国有企业。

国有企业实行租赁式经营的，无论在西方国家或我国都有④。租赁经营由合同明确出租方与承租方的权利义务，经营权范围比较确定，特别是经营的盈亏后果由经营者承担，有利于增强经营者的责任心，提高经营效益。但为了避免因经营不善而使国有资产遭受的损失，承租方应在承租时提供足够的财产担保。西方国家一般是由政府将企业出租给私人公司经营，私人公司有承担风险责任的财产基础；但在中国，私人承租者难以提供充分的财产担保。所以这种经营方式在中国只适用于小型国有企业。

我国的国有企业自 20 世纪 80 年代后期普遍实行承包经营。其实，承包经营是个内容很不确定的概念。从承包主体上来看，如果是作为发包方内部成员的承包，则它实际上同于代表式（它只是一种内部责任制）；如果是发包方以外的第三人承包，则可能是代理或是租赁式。从承包的内容和范围上看，如果经营权限较大，承包者包盈亏后果，则近于租赁式；否则为代表式或代理式。我国实行的承包经营责任制，承包人不能承担经营亏损责任；并且承包人大都仍然保留着国家干部的身份，在人事组织关系上属有关政府主管部门的管辖。因此，这种承包制虽不完全同于原来的国营，但仍然保留浓厚的代表式经营即国营的色彩。实践证明承包制存在许多弊端和局限性。其中，虽然有些是工作作法问题，可以完善；但有些则是由承包制本身固有特点所决定的，不能通过完善做法以求克服。这就是后来国家决定由承包制向推行股份制逐步转变的原因所在。

股份制或公司制，即为本文所谓合股式经营方式。合股式经营同承包制或其他经营方式比较，有许多明显的特点和优点，这主要是因为合股式不仅实行所有权同经营权分离，而且其两权分离形态较为特殊⑤。

---

④ 美国自“二战”期间开始，对于纯国有企业大都出租给私人垄断公司经营。

⑤ 漆多俊：《论公司制两权分离形态》，载《现代法学》1992 年第 3 期。

首先,合股式的公司其经营权不是同各出资人对出资财产的原所有权的直接分离,而是先由出资人向公司让渡其所有权,形成公司法人财产所有权,公司再组建业务执行机关行使经营权,公司的经营权相对出资人的原所有权来说,是间接分离。直接分离容易发生所有权人对经营权行使的干预;间接分离则能避免原所有权人的直接干预,公司各股东的意志一般只能通过股东会形成集体决议,再影响公司业务执行机关。这有利于保障公司经营权人自主经营。

其次,合股式公司行使所有权和经营权的股东会和董事会都是公司内部的机关,其所有权同经营权是一种内部分离;而承包、租赁等,发包方或出租方于承包或租赁经营合同签订后,一般不进入企业内部,不深入企业生产经营领域,是一种外分离。外部分离不便于所有权人对企业经营活动作经常的了解、配合和监督;内部分离则在公司内部建立起互相配合、互相监督和制约的机制。

再次,合股式经营的两权关系和经营权权限受公司法调整,这是法定分离关系;承包、租赁的两权关系由合同约定,是约定分离。公司法多为强行性规定,合同约定任意性较强。因此,合股式的经营权权限更具确定性。

最后,承包或租赁合同的期限不能过长,经营者到期可能变动,这难免引发短期行为;而公司存续长,董事和经理人虽然变动,但作为公司业务执行机关及其职责却具有长期性和稳定性。合股式的两权关系是一种较为稳定的分离。这有利于公司制订长期发展规划和经营策略。

由于合股式经营具有如此一些特点和优点,为提高国有企业的经营效益,各国普遍采用这种经营方式。我国当前国有企业经营制度改革也主要是大力推行公司制。

合股式分为控股式与一般持股式。国有企业实行合股式以后仍为国有企业的,只能是国家控股式,因为如果国家不控股,而是一般持股,则该企业不再属于国有企业范畴。根据我国情况,国有企业多,其中国有资产十分雄厚,国有企业改行合股式,实际上必然大量的都是国家控股。控股式也具有前述合股式的各种特点和优点,但由于受到控股股东意志的制约,合股式固有的许多特点和优点不能充分得到发挥。国有企业实行国家控股,一方面可以使企业仍然能较好地贯彻国家管理意志,执行国家政策;另一方面对于企业真正独立自主经营,充分接受市场调节,仍有诸多不利。在实行市场经济条件下,国家控股企业过多,在国民经济中比重过大,仍然会妨害经济的正常运行。而减少国家控股、降低国家控股企业比重,涉及企业投资体制问题。

五、国有企业的投资体制

国有企业投资体制涉及许多方面的问题,这里主要论述国家直接投资的规模、方向和重点。

国家投资开办国有企业的规模、方向和重点,主要是由国有企业的开办目的和它担当的使命决定的。如前面所述,现代国有企业开办的目的包括经济性、财政性和政治性,尤以经济调节性为主。国家直接投资的总体规模应以满足国家有关政策性要求,保障国家借以调节经济的足够需要为原则。国家投资应优先考虑国民经济发展中的薄弱环节和对国民经济总体与长远发展起制约作用的关键环节。国家应在全面衡量一定时期国民经济运行中的各种结构比例关系(包括行业结构、产品结构、地区结构等)的基础上,根据经济和社会发展的总体战略和规划,确定在一定时期内国家投资的方向和重点。从产业结构上说,国家投资的重点一般应放在基础产业、高科技产业和一些公共事业上。但不同时期,其侧重点应有所不同。

国家直接投资不能过少,过少不能保障国家有关政策的贯彻和国家对经济的有效调节;但也不宜过多。这是因为,一方面,投资过多,超过了国有企业开办的本来目的和它们所担当使命的需要,是为不必要;另一方面,由于国有企业的性质和经营制度上的特点决定,国有企业经营的经济效益往往不如其他由民间社会投资经营的企业,国有企业比重太大,必然使整个国民经济的效益受到牵制。

国有企业的经济效益往往欠佳,这是个普遍性的问题,不是中国的特有现象,其他各国也概不例外。这是当代各国一直致力于努力改善其国有企业经营状况,并不断调整国有企业的数量和投资比重的重要原因。

中国国有企业的经营效益问题更为突出。一方面是由于体制(包括经营制度)上存在问题,使国有企业的效益较差;另一方面我国国有企业的数量和投资比重大,远远超过各西方国家。这就严重制约了整个国民经济的效益,妨碍了国民经济的发展,影响到综合国力的迅速增强和人民生活的不断提高。当前我国要建立市场经济体制,国有企业在国民经济中比重过大,不利于市场机制充分发挥作用,市场经济是难以正常运行的。我国当前的国有企业改革不仅是个经济问题,而且具有重要的社会和政治意义。国有企业的经营制度及其他有关体制上的问题,有两种不同类型:一是可以通过深化改革和完善经营制度、转换经营机制予以克服的;二是由国有企业本身固有的性质和经营制度上的特点决定的,要改变除非改变国有企业本身。因此,当前我国国有企业改革措施应当包括两个方面:一是改革其经营制度,选取合适的经营方式,转换企业内部经营机制,并深化其他配套改革,尽可能地增强企业的活力,提高经营效益;二是控制国家投资的总体规模、方向和重点,适当减少国家投资和国有企业在整个国民经济中的比重。

各国减少国家投资和国有企业比重的基本方式有两种:一是绝对减少。即一方面严格控制国家新增投资和新建、扩建项目,并把握投资的方向和重点,好钢用在刀刃上,使有限的国家投资充分发挥其调节国民经济的结构和运行的作用;另一方面将现有国有企业中的国有资产部分或全部转让给民间社会的组织或个人。转让的国有资产可以折成股份,从而使国有企业改组为股份制公司。二是相对减少,即在控制新增国家投资的基础上,通过鼓励和扶植民间社会投资,使民间投资在社会总投资和国民经济中所占比重逐步提高,最后上升为主要成分,而使国家投资和国有企业的比重逐步下降。

上述两种方式各有利弊:绝对减少方式见效快,但容易引起经济和社会的动荡;相对减少方式能实现平稳过渡,但颇费时日。因此有些国家采取了折中方式,即在严格控制国家新增投资,并大力鼓励和扶持民间投资的同时,按照不同行业情况,区分轻重缓急,分步骤地转让国有资产股份,以降低国家投资的比重。[⑥] 近年来,我国沿海经济发达地区实际上采取了与此类似的做法,其乡镇企业和城市区街经济十分活跃,非国有经济的比重逐步提高。在内地许多地区,人们也逐渐认识到,要求得经济迅速发展,在继续抓好国有企业改革同时,必须比以往更加重视发展各种非国有经济形式。

国有经济在整个国民经济中应占何种比重为好,这要根据各个国家不同时期的经济、政治和社会情况而定。西欧国家在几次国有化浪潮后的20世纪70年代,国家投资达到社会总投资额的30%左右,国有企业总产值约占国民生产总值10%左右。北美国家的国家投资和国有企业产值的比重较小,均未超过10%。经过80年代后的私有化,西欧国家国有企业的投资和产值的比重明显下降。中国经济体制改革以后,国有经济比重也在逐渐下降,据我国一些公开出版物所载,1986年全国工农业总产值中,国有成分约占60%;国有工业企业产值约占工业总产值70%。至1993年,这些数字明显下降,据有的测算,国有企业在工业产值中已不到50%,生产总值比重已降至25%。[⑦] 当然,从投资比重来看,国家投资所占比重(特别在工业投资中的比重)要大大高于这些数字。随着国有企业改革继续发展,国有成分特别是在投资总额中的比重,还将有所下降。

---

⑥ 例如葡萄牙政府在实施私有化计划方面,采取从实际出发循序渐进的做法。1982年,实施私有化法,开始阶段国有企业出售的股份不得超过50%;1989年起私有化比例不再受限制,但应视企业具体情况而定。自1982年根据新宪法规定实行经济自由化以来,葡萄牙平稳地实现了向市场经济过渡。转引自1993年12月1日《参考消息》记者陈家瑛的报道。

⑦ 《日本经济新闻》1995年4月1日文章称,中国在工业生产中,到1993年,国有企业的产值占43%。匈牙利《人民自由报》1993年9月13日文章称:中国目前国有企业只占工业产值的56%,并计划到20世纪末降到25%左右。就整个经济来说,国营成分所占比重已不超过25%。转引自1993年9月和1995年4月23日的《参考消息》。

有些同志对于减少国家投资和国有企业比重想不通，认为这会降低国有经济的地位，担心削弱社会主义公有制的经济基础。其实，我们只是主张根据国有企业本来的开办目的和使命，以及国有企业的性质和经营制度的特点，合理调整其总体投资规模、投资方向和重点，认为国家投资和国有经济不必也不宜在国民经济中占过大比重，不必成为国民经济的主体；同时认为必须保持拥有相当实力的国有经济，以保障国家有关政策的执行和国家对社会经济的有效调节，应当发挥国有经济在国民经济发展中的主导作用，保持其主导地位。主导与主体是不同概念，发挥主导作用不必成为国民经济主体，这犹如先锋队不等于主力军。我国《宪法》第5条规定："国有经济……是国民经济中的主导力量。"⑧也并未规定它一定要成为其主体。因此，这里不发生降低国有经济地位的问题，倒是更加恰如其分地维护了国有经济的应有地位。

六、私有化的实质：国家投资的进入和退出是"参与式"国家调节方式的两个侧面

20世纪80年代初开始，西方资本主义国家的国有企业发生根本性逆转。从撒切尔夫人执政的英国开始的"私有化"浪潮迅速蔓延，席卷全球，一浪高过一浪。仅1993年一年，大约50个国家的数百家国营企业转让给了私人投资者，成交额达690亿美元。1985年至1993年，全球私有化所得总额达3280亿美元。1993年至1998年，仅西欧建议转让的价值就达1500亿美元。英国自1979年至1988年，国有经济已有40%实行了私有化，国有经济在GNP中的比重从11.1%下降到6.5%。被私有化的大型国有企业包括英国石油公司、英国钢铁公司、英国天然气公司、罗尔斯－罗伊斯公司、英国航空公司、希思罗机场以及

⑧ 《中华人民共和国宪法》第5条。

一批大型军工企业。全国持有股票人数1979年为300万人,1988年增至850万人。1988年撒切尔政府宣布私有化没有禁区,将私有化进一步推向电力、供水等自然垄断部门。1980年至1993年英国私有化总收入达600亿美元。可以再出让的国有企业已所剩无几。私有化中号称“老大难”的是英国铁路和煤炭两大部门,而对邮政私有化计划尚有争议。英国铁路公司的私有化如今也正在进行,核电站和伦敦市内公共交通公司的私有化也在考虑之中。法国在1986年希拉克政府通过了一项私有化法案,计划5年内将65家银行、保险公司和有竞争力的大型企业转为私营,总资产2000亿~3000亿法郎。从1986年11月开始实施至1988年希拉克下台,已有12个企业集团和32家企业完成私有化,占计划的40%,总资产额为1000多亿法郎,全国持股人数750万人,相当于1979年的4倍。1994年法国又通过了一项使21家国营大企业私有化的草案。这些企业包括巴黎国民银行、法国航空公司、埃勒夫-阿基坦石油公司、罗纳-普朗克化学集团。计划全部完成后将得到500亿美元。德国已将原东德大部分企业出售,科尔政府把拥有25%以上股份的半数公司转为私有。原西德境内的电信公司也计划出售。意大利早在20世纪70~80年代就曾在由国家控股的“参与”系统中进行私有化,将控股公司中国有股全部或部分出售。90年代后意大利的私有化进入新阶段,政府成立私有化委员会,并拟定了总额为350亿马克的私有化计划。1993年随着国家电力公司等大型国营企业转为股份公司,奠定了私有化基石。西班牙较早推行私有化,1994年的私有化涉及电话、烟草、海运和石油等行业。美国也在服务业和公用事业部门大力推行私有化。日本1986年电力公司私有化收入124亿美元,出卖6家铁路公司股份和烟草垄断权。拉美国家1992年出售国有企业金额占世界的35%。非洲国家90年代后也开始实行私有化计划[9]。

---

⑨ 《法兰克福汇报》1993年11月24日文章;法国《青年非洲》1994年9月8日文章;终福全、李玉平主编:《当代资本主义宏观经济调节》,中国物价出版社1992年版,第125页;吴易凤:《西方国家的国有化与非国有化》,载《福建论坛》(经济社会版)2001年第9期;余斌:《英国国有企业私有化的回顾与思考》,载《管理世界》1997年第2期。

西方国家的私有化,一般是指将原有的国有企业的国有资产全部或部分出售给非国有单位或个人,或者通过股份制方式实行由国家同私人合股(国家控股或一般持股)经营。私有化的方式包括:

1. 出售企业的全部或部分国有资产,其中对小型企业多采取整体出售方式,对大型企业则多将其所属的各部分资产或某些下属单位分别出售。

2. 将国企的全部或部分资产折成股份,国家保留其中的部分或大部分,而向社会出售部分股份;或者采取向社会发行新股方式,对国企实行股份制改造,成立股份公司,国家在其中持股或控股。

3. 国企在出售股份或增资发行时优先配售给本企业职工,鼓励职工持股。

此外,西方国家在私有化中还曾普遍推行所谓“单纯民营化”。它是指不转移对国企的财产所有权或控制权,而转换其经营方式,如将企业租赁给私人公司经营或进行某种公司化改革。人们也将这种“单纯民营化”作为私有化的一种方式,属于广义的私有化范畴。[⑩]

各国私有化浪潮的出现有着多种原因。如有的西方国家人士分析,各国政府推行私有化的目的是:减轻国家财政负担(甩包袱);取得更大经济效益(求效益);得到现金以弥补国库空虚(要现金)。其实最根本的原因要从国有企业的开办目的、使命、性质和特点及这次私有化浪潮以前的国有化进程和规模等方面去寻找。

以往各国的国有化,对于当时对付战争和经济危机以及其后经济的恢复、重建和振兴,曾发挥重要的作用;但当时国家大量投资和开办国有企业的目的有许多非经济性因素。“二战”结束再过了一段时间,原来那些非经济性因素消失或逐渐减弱了,作为调节经济的基本方式和手段的国家参与投资经营,便显得过量。而人们对于国家投资开办

---

⑩ 西方许多学者将国有企业私有化分为狭义、广义两种。狭义私有化是指以具体国有企业的产权私有化为目标的政府行为。广义私有化是指国家从个体生产经营活动中解放出来,放弃过度的集中管理和行政干预。但又认为,“产权私有化是私有化的主要形式和关键所在。”参见冯舜华:《俄罗斯“私有化”新论》,载《东欧中亚研究》1996年第4期。

国有企业的真正应有的目的认识不准,加上政治和意识形态上的动机,还在扩大国家投资经营规模。国有企业由于其固有特性决定,经营效益往往欠佳。这种企业开办过多,必然影响整个国民经济的总体效益。

另外,国有企业的性质决定,其政策性很强,国家投资经营本是一种国家调节方式,实践中它往往排斥市场调节的自发作用。国有企业太多,必然妨害市场调节对于整个社会经济的充分作用,并使非国有经济那一部分也受到制约。这样一来,国有企业的问题就不仅仅局限于国有企业,而制约着国民经济的全局。当代国家的私有化就其应有的历史使命来说,是根据各国经济运行的实际情况和需要,恰当地界定国家投资开办国有企业这种国家调节方式运用的范围和程度,把握国家投资的规模、方向和重点,将不必要和过量的国有企业出售或转为民营,而保留或加强对于调节经济十分必要的国家投资和国有企业;并对于必需的国家投资选取恰当的经营形式和经营方式,改善国有企业经营状况。

我们已经指出,现代国家直接参与投资经营,开办国有企业,是19世纪末20世纪初以后现代国家社会经济调节职能活动之一,是一种"参与式"的国家调节。⑪ 这种国家"参与式"调节方式,本由国家投资的进入和退出两个相辅相成的侧面(环节)构成:当某些领域(部门、行业、地区)民间投资不足,必须进行或扩大国家直接投资时,国家投资应立即进入,当某些领域民间投资愿意积极进入,国家投资已无参与必要或进入过多时,则宜及时退出或减少。这才是国家调节的本意。否则,国家投资该进不进,该退不退,它就违背了兴办国家投资和国有企业最主要的初衷和目的。

在国家投资的进入和退出问题上,切忌主观片面性。人们在国有化狂热中,往往普遍性地夸大国家直接投资和国有企业的意义和作用,

---

⑪ 现代国家的经济调节职能活动,乃针对市场调节存在的三个缺陷,分别采取了强制干预(规制市场竞争)、直接参与(国家投资经营)和引导促进(宏观调控)三种基本调节方式,作为规范和保障国家调节的经济法,其体系包括相应的三个构成。本作者的上述思想,即所谓"三三理论"。读者可参阅漆多俊:《经济法基础理论》,武汉大学出版社2000年版。

以为办得越多越好,甚至认为实行“生产资料全社会所有”的共产主义社会即将实现;而当出现私有化浪潮时,又往往过于低估或甚至完全否定国家直接投资经营的作用。产生这两种极端倾向的原因虽然多种多样,但起码有一点是共同的,即他们都对现代国家直接投资和国有企业的真正价值和历史使命、它的性质和特点等,缺乏准确定位。

私有化不是也不会把国家投资和国有企业完全取消,不是对国家“参与式”这种国家调节基本方式的根本否定。现代国家调节社会经济今后仍有必要继续保留使用这种调节方式。规模需要适当控制,做法有待进一步完善,但不会取消。⑫ 事实上,即使在西方私有化较为彻底的国家,也并未将国有企业全部“化”掉。英国的煤炭、铁路,美国的邮电等行业,至今仍保持国有。不仅如此,就在私有化风潮中,一些国家一边在某些领域大搞私有化,而对某些部门却在实行国有化。例如,美国在全球私有化高潮中却将铁路客运收归国有。⑬ 西方国家不乏有人主张国家投资不但不应全部取消,在某些领域还应加大国有资本的投入。美国众议院前议长纽特·金里奇撰文认为:“国家还应该大幅度增加对科研事业的政府投入。刘易斯和克拉克的探险就是由联邦政府资助的科学实验;电报也是由美国国会拨款而发展起来的;还有,因特网本身就是现代政府科研的最伟大的例证。”⑭

七、社会主义国家的国企改革

在西方资本主义国家如火如荼地开展私有化运动同时,各社会主

⑫ 根据前揭的“三三理论”作为规范和保障国家“参与式”调节的“国家投资经营法”,因此也仍然会继续成为经济法体系三构成之一。在中国法学界,有人看到西方的私有化和中国的国企改革,便在否定国家参与式调节方式的同时,也否定国家投资经营法在经济法体系存在的价值。这是不正确的。

⑬ 参见史际春:《国有企业法论》,中国法制出版社1997年版,第116页。

⑭ [美]纽特·金里奇:《电子革命的黎明》,载美国《胡佛文摘》,转引自《参考消息》2001年5月14日第7版。

义国家也轰轰烈烈地掀起国企改革高潮，进行以国企改革为中心的经济体制改革。许多国家如苏联、东欧各国并发生了包括政治体制在内的更为全面和彻底的社会制度的变革。

在国企改革方面，20世纪80、90年代，苏联、东欧国家纷纷实行大规模的、急剧式的私有化。1990年8月苏联解体后，俄罗斯即颁发一系列法律文件，全面启动私有化进程。⑮

俄罗斯的私有化包括“小私有化”“大私有化”和“农业私有化”。“小私有化”是对国有小企业采取拍卖、竞争性招标等方式将其私营。1992年开始至1993年年底，俄罗斯的“小私有化”基本完成。

俄罗斯对于大型国有企业的“大私有化”，其基本形式是通过股份制将企业改造成股份公司。实行中经历了“证券私有化”和“货币私有化”两个阶段：

根据1992年总统令，从当年10月起政府向每个俄罗斯公民无偿发放面额为1万卢布（当时合165美元）的记名私有化证券，从当年12月至1993年年底（实际延长至1994年6月），公民可购买全国共6000家国有企业的股票。这种做法又被称作“大众私有化”“人民股份制”“无偿私有化”“只分不卖”“自己人购买”等。

在“证券私有化”中，全俄共“分”掉注册资本总值2848.69亿卢布的国有资产，有证券总分发量的80.8%的私有化证券实际用于购买，将近1/5的证券未被使用而作废。⑯

1994年7月开始，停止“私有化证券”流通，企业股票需由真实货币购买。俄罗斯私有化进入“货币化”阶段。在这一阶段，私有化的范围也有所扩大，原来在“证券化”阶段不允许私有化的一些战略性盈利项目，如石油开采和加工、珠宝加工、通信等企业，也进入转让清单。至1996年年底，俄罗斯的75%的国有企业实现了私有化。国有企业在

---

⑮ 例如，1991年通过《俄罗斯联邦国有财产私有化和市镇财产私有化原则法》（1997年修改），同年颁布《俄罗斯私有化基本原则》的总统令，1992年发布《加快私有化进程》总统令。

⑯ 参见金雁、秦晖：《俄罗斯大众私有化评析》，载《战略与管理》2000年第6期。

GDP 中的比重下降到 23%，而私有化企业和新建私有企业的比重则分别为 39% 和 38%（二者合计为 77%）。从私有化企业的股本结构来看，1994 年各私有企业职工内部股份平均为 65%，外部股约为 21%，国家持股低于 13%；而 1996 年内部职工股降为 58%，外部投资者股权上升为 32%，国家持股约 10%，并只在近 3% 的企业中掌握多数股权。[17]

1992 年年初，俄罗斯联邦政府作出决定，全国 2.5 万个集体农庄和国营农场应于当年年底以前改组成股份公司或合作社，或分散为个体农场。原农场、农庄的工作人员根据其劳动贡献可得到一部分耕地和财产。这就是俄罗斯的“农业私有化”。

东欧各社会主义国家在政治社会制度剧变之后，国有企业的私有化情况同俄罗斯大致相似。其中，捷克斯洛伐克、罗马尼亚、乌克兰（亚洲的蒙古也如此）等国，也像俄罗斯那样实行向公民发放私有化证券的作法。波兰、匈牙利、保加利亚等国则主要采取有偿出售、拍卖等方式。德国统一后，联邦政府成立“东德财产托管局”，主要采取强制破产方式将原东德国企或其股份低价拍卖，对失业职工发放相当于原工资 45% 的救济金。

西方资本主义国家在私有化中虽也普遍实行向职工售股和股份大众化的私有化政策，但前苏联、东欧国家在这方面更为突出。许多国家规定，凡进行私有化的国企，须拿出一定比例（如 20%）无偿或低于市价配售给本企业职工。保加利亚规定，除将 20% 的股份售给职工外，还要将同职工持股额相等的股份作为社会保障股。[18] 据世界银行《1996 年世界发展报告》统计，俄罗斯大中型国企出售给职工的股份占全部私有化的比例高达 55%，波兰为 14%，爱沙尼亚为 12%，匈牙利为 2%，捷克与蒙古为 0（而出售给外资的比例，爱沙尼亚为 60%，匈牙

---

⑰ 参见曲文轶：《俄罗斯所有制关系的变革》，载《和平与发展》2000 年第 2 期。

⑱ 参见史际春：《国有企业法论》，中国法制出版社 1997 年版，第 128 ~ 129 页。

利为40%，捷克为5%，波兰为3%，俄罗斯则为0）。[19]

苏联、东欧转型国家持续10年左右的私有化过程如今已基本结束。对这些国家私有化及其效果的评价，国际上看法不一。但就其基本方面看，这些国家实现私有化的程度大都已达到70%～80%，非国有经济成分已占到国内生产总值70%左右，国有经济份额降到20%～30%。[20] 这就为彻底摆脱计划经济体制、建立市场经济和保障市场经济运行奠定了必需的所有制结构和经济基础。如果国有经济成分仍占据过大比重，市场机制是难以发挥基础性调节作用的，市场经济便不可能建立和正常运行。当然，市场经济的建立和运行还需要其他配套条件。有的国家如俄罗斯在私有化过程中，在真正转换企业经营机制、完善公司治理结构、培养市场竞争机制等方面一度措施不力。加之整个社会制度的激进转轨和"休克疗法"，难免引起社会剧烈动荡。这些都是转型时期许多国家经济下滑、甚至徘徊于崩溃边缘的重要因素。[21] 各国私有化的具体方式和做法，今天回过头来可以认真总结经验教训，但私有化（或称非国有化）本身还是应当肯定的。

苏联、东欧国家实行急剧式和彻底的变革方式（"休克疗法"），这是引起经济下滑和社会动荡的重要因素，但这些国家为什么终于选取了这种变革方式，是有着深刻的社会根源的。作为背景之一，是这些国家此前就已进行过较为平和的各种改革，但都未能解决体制上的问题。例如，南斯拉夫早在20世纪50年代就曾率先同斯大林中央集权的计划经济模式决裂，试图以"工人自治"取代国有制。匈牙利1968年曾试图建立新体制。苏联自赫鲁晓夫时代起，各种改革也接连不断。但结果都未曾触动旧体制，未曾解决计划与市场之间的矛盾。这促使人

---

⑲ 转引自金雁、秦晖：《俄罗斯大众私有化评析》，载《战略与管理》2000年第6期。

⑳ 世界银行：《1996年世界发展报告：从计划到市场》，中国财经出版社1996年版。

㉑ 大多数转型国家10年后同转型之初比，经济生产下降30%～40%，只有波兰、中国例外。参见田春生：《关于转轨经济中"私有化"的争议及其评价》，载《世界经济》2000年第3期。

们进而决定采取更加果断的措施，实行完全自由化和市场化改革。[22]

在社会主义国家改革中，中国采取了同苏东国家不同的渐进式变革方式。中国的国企改革自20世纪70年代末开始，至今仍在继续着。

包括中国在内的社会主义和原来实行社会主义的国家，其国企改革同西方国家比，在背景起点、原因、方式等方面固然有各种明显特点，却也有许多基本共同点和惊人的相似之处。例如：

(1)社会主义国家和资本主义国家，在20世纪都曾大力推行国有化，建立了强大的国有经济。只是社会主义国家的国有企业数量更多，分布更广，在国民经济中的比重更大，地位和作用更为重要。因此，社会主义国家国企改革的任务和难度更大。对国民经济和整个社会生活影响更为广泛、深刻。

(2)两类国家的国有企业在性质、功能、特点和开办目的等方面有着基本共同点。但社会主义国家的国有企业的国家意志性更强，离政府更近而离市场更远，改革中将其从政府怀抱"推向市场"，使之成为真正市场主体的难度更大。社会主义国家国企开办目的更重在政治性、意识形态性，即"革命性目的"一度占主导地位，国企改革必须伴随人们传统思想观念的转变，尤其是执政党关于社会主义发展阶段的基本理论观点和思想路线的创新。在苏联、东欧国家则发生了人们对曾长期作为基本指导思想的传统理论的抛弃，整个政治和社会制度的根本逆转，而其国企改革则是整个政治和社会制度彻底变革中的一个组成部分。

(3)两类国家对国企的管理体制和所实行的国企经营方式和制度也有许多基本共同点和相似之处。但社会主义国家过去长期实行中央高度集中统一的计划经济体制和经济管理体制，政府对国企多采取"国营"方式，对其人、财、物、产、供、销往往管得既宽又细又死，大包大

---

[22] 参见田春生：《关于转轨经济中"私有化"的争议及其评价》，载《世界经济》2000年第3期。

揽。因此在企业管理和经营制度方面改革任务也十分繁重,需要采取新的经营方式,改善管理,转换经营机制;并且,这方面改革需要伴随整个国家的经济体制和经济管理体制改革的进程逐步推进。在苏联、东欧国家,由于普遍推行私有化,私有化后的企业经营管理体制相应发生重大改变。

(4)两类国家国企改革途径和方式也有基本相同和相似之处。它们都主要采取出售企业、企业资产或股份等方式,减少国有企业和国有股权,降低国有成分在整个社会经济中的比重。但由于各社会主义国家的国有企业原来多为国家独资,社会经济生活中股份制公司不发达,所以国企改革中实行股份公司改组任务更艰巨,股份公司的设立、运行及同它相配套的诸如证券市场等等方面,缺乏经验。股份制是社会主义国家国企改革的主要途径和形式,国企改革中许多具体问题都是围绕股份制发生的。

(5)两类国家的国企改革中都面临企业职工安置和社会保障问题。但由于西方国家早已建立较为完备的社会保障体系,而各社会主义国家的企业职工工资福利原来均由国家和国有企业包揽,国企改革中有大批职工需要安置,并必须建立新的社会保障体系。这往往成为国企改革的掣肘因素,改革进程必须同它同步进行。

(6)两类国家在改革中都重视实行企业内部职工持股做法。西方国家称为股份“大众化”,㉓苏联、东欧国家称为“人民股份制”或“人民私有化”。一般说,苏联、东欧国家在改革中企业职工持股比例更大,如在俄罗斯出售给职工的股份占了全部私有化的55%。

社会主义国家特别是中国的国企改革还有其他许多特殊性。但包括中国在内世界各国的国企改革,其各种特殊性并不排斥和否定其普遍性。各国之所以都进行国企改革,并且都发生在上世纪末期大致相

㉓ 德国政府1985年在关于国有企业私有化的决定中规定:“在减少联邦占有的股份的过程中,应尽可能地追求广泛出售股票的目标,特别要支持那些向本企业职工出售股票的企业所作的努力。”德国、法国、英国在出售股份时,本企业职工可以优先购买,并可享受优惠价格。参见史际春:《国有企业法论》,中国法制出版社1997年版,第123~124页。

同时间，改革的目标、途径甚至在具体作法上有那么多相同、相似之处，这主要是由当代各国国有企业的性质、特点、功能和开办目的等有着基本共同点决定的，也同各国所面临的共同时代特征密切相关。

八、中国国企改革的途径：股份制的选择

中国国企改革起步于20世纪70年代末。1978年12月中共召开十一届三中全会，拉开了中国经济体制改革的序幕。经济体制改革的初衷是针对高度集中统一的计划经济体制和国家经济管理体制，逐渐放松和放开国家管制，引入一些市场因素，让价值规律和市场机制也发挥一些调节作用。即实行“计划经济为主，市场调节为辅”或“计划经济与市场调节相结合”。其理论依据是中国当前尚处于社会主义初级阶段，商品经济规律不能完全排斥。要承认利益激励机制的作用，允许企业和个人之间物质利益差别的存在。要给予企业一定的经营自主权，并逐步改变过于单一的所有制结构。由于计划经济体制和中央集权式的经济管理体制的弊端主要体现在企业，特别是国有企业上，所以，企业特别是国有企业的改革便成为经济体制改革的中心环节。而企业改革也便从承认企业享有一定物质利益和经营自主权，政府对其“让利放权”开始。1979年国务院下达《关于扩大国营工业企业经营管理自主权的若干规定》和《关于国营企业实行利润留成的规定》等企业改革试点文件。以后又继续采取一些简政放权和减税让利的措施。当时放权让利的改革目的是要“使企业成为相对独立的社会主义经济单位”。㉔

1984年10月，中共十二届三中全会作出《中共中央关于经济体制改革的决定》，提出“所有权经营权可以适当分开”（“两权分离”），“使国营企业成为自主经营、自负盈亏的社会主义商品生产者和经营者，具

㉔ 第五届全国人大第四次会议上的《政府工作报告》。

有自我改造和自我发展的能力,成为具有一定权利和义务的法人。"从1986年起在全国范围推行国有企业承包经营和租赁经营,1988年国务院发布《全民所有制工业企业承包经营责任制暂行条例》和《全民所有制小型工业企业租赁经营暂行条例》。特别是承包经营更被认为是国企最恰当的经营形式,以为终于找到了适合中国国企改革的好办法。但实践证明效果不佳。1989年以后,国家又要求各采取措施以完善承包制。殊不知,承包制的缺陷有两类:一是工作中存在的缺陷,二是承包制本身固有的缺陷。对于前者固然可以改进和完善;对于后者,由于是承包制本身特性决定的,因而是不能通过"完善"加以克服的,除非放弃承包制。

早在20世纪80年代中期,人们就提出国企改革的另一条思路,即将国有企业进行股份制改组,实行股份制经营。自70年代末对外开放以后,中国出现了许多外商投资或中外合资的有限责任公司。80年代初在国家推动"横向联合"过程中,又组建了越来越多的各种公司(但当初主要是"行政性公司")。国家在不断清理和整顿滥设公司的同时,自80年代中期起,也进行了一些股份制试点,试图将一些国有企业组建成较为规范的有限责任公司或股份有限公司。但是,当时人们对搞股份制疑虑重重,担心股份制削弱社会主义公有制,甚至给股份制扣上"资产阶级自由化"的帽子。同时,实践中受各种传统观念影响,以强调"中国特色"为名,扭曲股份制实质性特征,把它弄成非驴非马,使试点企业效果不佳。因此自80年代中期至90年代初,中国的股份制试点长期徘徊不前,时起时落。许多企业甚至不愿参加试点,怕担政治风险。

1992年春邓小平发表南方谈话,推动中国改革进入新的发展阶段,国企改革加快了步伐。1993年11月中共十四届三中全会通过《中共中央关于建立社会主义市场经济体制若干问题的决定》。在国企改革方面,提出要"转换国有企业经营机制,建立现代制度",并指出:现代企业按照财产构成可以有多种组织形式,国有企业实行公司制,是建立现代企业制度的有益探索。国有大中型企业可分别改组为国有独资公司、有限责任公司或股份有限公司;一般小型国有企业可以分别实行承包经营、租赁经营,或改组为股份合作制,或出售给集体或个人。

1997年9月中共十五大号召进一步解放思想,推进改革。在国企改革方面,提出把国企改革同改组、改制、加强管理结合起来("三改一加强")。要着眼于搞好整个国民经济,抓好大的,放活小的,对国企实施战略性改组("抓大放小")。为此,要集中力量搞好一批关系国计民生命脉,具有经济规模的国有大企业的改革和发展;以资本为纽带通过市场形成有较强竞争力的大企业集团;并采取改组、联合、兼并、租赁、承包经营、股份合作制、出售等形式,加快放开、搞活国有小型企业的步伐。

1999年9月中共十五届四中全会通过《中共中央关于国有企业改革和发展若干重大问题的决定》。全会确定了到2010年前国企改革和发展的主要目标和指导方针。提出从战略上调整国有经济布局。要坚持有进有退,有所为有所不为。国有经济要在关系国民经济命脉的重要行业和关键领域占支配地位,其他行业和领域可以通过资产重组和结构调整,集中力量,加强重点,提高国有经济的整体素质。积极探索公有制的多种实施形式,大力发展股份制和混合所有制经济。重要企业由国家控股。继续对国有企业实施战略性改组,着力培育大型企业和企业集团,放开、搞活国有中小企业。对国有大中型企业实行规范的公司制改革,建立健全法人治理结构,转换经营机制。改善国有企业资产负债结构和减轻企业社会负担。

中国的国企改革从一开始就选择了同苏联、东欧国家截然不同的"渐进式"变革方式。改革是在确保社会稳定和维持原有政治体制框架的前提下进行的。1992年以后的情况同其前一阶段比较所不同的,主要是在经济体制改革目标上明确提出要建立社会主义市场经济。相应地在国企改革方面,思想更解放一些,措施更大胆和更得力,步子加快了。因为市场经济须以市场因素为基本调节机制,其必然逻辑是国有经济成分比重不能过大。在支持非国有经济成分逐渐发展壮大的同时,在对原有国企改革时,可以适当引入"退出"机制。这首先体现在

“放小”上，对国有小型企业允许出售或改组、改制。在“抓大”时也可以“有所为有所不为”，这实际上意味着允许抓中有放。国家所强调的是“提高国有经济的整体素质”。在国企改革方式和措施上，1992 年以后，明确提出“三改一加强”“抓大放小”和“有进有退，有所为有所不为”等系统性口号，并把股份制正式确定为国企改革的主要途径和形式。

股份制之所以在 1992 年后终于被确定在全国推行，一个直接的背景是承包经营制经过几年的大力推行和反复“完善”仍不能解决国企问题，事实证明它并非当初人们以为的灵丹妙药。这才迫使人们回过头来重新审视，并终于承认股份制较承包制的种种优点。

此外，股份制最终得以推行也同此前多年的试点相关。以往的试点虽不甚成功，但取得了许多正、反两方面的经验。过去主要是做法很不规范，使股份制应有的条件功能不能得到发挥，而强加给它的所谓“中国特色”一些做法，徒增各种弊端。政府虽多次予以“治理整顿”，但国家并未颁布相应法律，政府部门发布的行政规章本身就很不规范。到 1992 年以后，国家在总结前段经验基础上，加强和改善了立法。1992 年 5 月国务院有关部委发布了由两个“公司规范意见”等共 15 个文件组成的关于股份制企业组建和试点全套政策法规。1993 年 12 月全国人大又通过了《中华人民共和国公司法》以下简称《公司法》，并自次年 7 月 1 日起实施。这些法律法规对于后来我国公司和股份制的规范运行和健康发展起着重要推动作用。

国企改组为股份制公司的具体方式可以根据不同情形确定。根据 1992 年国务院有关部委发布的《股份制企业试点办法》及后来制定的《公司法》的规定，改组途径包括以下几种：

1. 企业扩建或者新增投资时，将多方投资的份额转换成股份，或者通过发行股份筹集资金，并将原有资产评估核股，按照股份有限公司设立的条件和要求改组。

2. 在企业兼并中，被兼并企业的资产所有者将资产作为股份入股到兼并企业，兼并企业也将其资产评估核股，按照股份有限公司设立的条件和要求,将兼并后的企业改组为股份有限公司。兼并方也可通过对其他企业控股实现兼并,将被兼并企业按照股份有限公司设立的条件和要求改组为股份有限公司。

3. 在组建企业集团过程中,核心企业按股份有限公司设立的条件和要求改组为股份有限公司。企业集团的核心企业通过持股、控股,其他成员企业互相参股,使有关成员企业按要求改组为股份有限公司。

4. 完全靠贷款建设、负债率较高的企业,通过发行股份改变不合理的资本结构,并按要求改组为股份有限公司。

实践中还有一种较普遍采用的做法,即国有企业将其全部实有资产或部分资产(或其所属部分生产经营单位),通过资产评估并核算成股份,再向社会公开发行股份,组建为股份有限公司。也可以将通过核资折股的部分国有股份向社会出售,共同组建公司。

中国的国企改革除改组为股份公司之外,还有其他多种方式,包括:对部分小型国有企业实行承包经营或租赁经营,或改组为股份合作制企业或其他民营企业,或将国有小型企业或甚至将国有大中型企业的部分资产出售给民间社会的集体与个人。对于达到破产界限而无挽救价值的企业则实行破产清算。当然,对于某些国有企业也可以改建为国有独资公司,或甚至继续保持国家直接独资经营;但这类企业不宜多,并且应当转换经营机制,改善管理方式。从总体上来看,在国企改革的各种方式中,改组为股份制公司是更为重要和更为普遍适用的改革途径。

九、股份制与公有制

在中国股份制长期未被采用,改革开放后其发展仍困难重重,这有着多方面的原因。其中最主要的是意识形态和思想观念上的束缚,人们担心股份制妨害社会主义公有制,同社会主义方向和道路抵触。1992 年以后情况有所好转,股份制公司普遍发展,但种种顾虑仍然存在。表现在国企改革中许多行业国有经济成分不肯退出或有所减少，过多强调国家控股等。认为股份制是资本主义私有制，它妨害社会主义公有制——这是过去社会主义国家普遍流行的极左思潮的一个方面。其实这并不符合被这些国家奉为最高指导思想的马克思主义创始人的思想；甚至可以说是违背常识的。

首先，所谓“股份制是私有制”的命题即是错误的。恰恰相反，股份制本身乃是一种公有或公有化的形式。本作者以前在研究公司股权和公司法人财产权时，曾多次详细论述各个体投资者在共同投资组建公司过程中，其财产权性质的变化。各个体投资者在组建公司前对其出资拥有个体所有权。在设立公司时，他们按照协议和公司章程，自愿将各自拥有的出资财产所有权让渡给公司，组成统一的公司法人财产权（包括法人所有权），各投资者取得公司股东身份并从公司换取股权。股权只是公司法人统一的财产权的有机组成部分，它们不能脱离公司法人财产权整体而游离存在，不再是独立的所有权。各单个股东再也不能对其原出资财产（各原出资财产在公司成立后已不复独立存在，它们已融合到统一的公司财产有机整体之中而成其有机构成因子）主张占有、使用、收益和处分权能；这诸项权能如今已由公司（它的股东会、董事会等公司机关）统一行使。各股东有权参与公司决策和管理，但须通过股东会，形成以集体决议为表现形式的统一（单一）集体意志。股东会和整个公司是一个集体（一个法人）。公司所有即为一种（由全体股东组成的）集体所有，一种公有。所谓集体乃相对个体而言，公乃相对私而言。集体有各种各样的集体，公有各种各样的公。其规模有大有小，成员有多有少，其所在行业和领域、设立宗旨和性质等也可以各不相同，其中包括有资本家的集体或劳动群众的集体，资本主义的公或社会主义的公。有时候强烈的政治信仰和意识形态可以严重扭曲人们的思维，以致达到违背常识和十分荒谬的地步。例如，在我国过去许多人甚至连资本主义社会存在集体或公、存在某种集体所有或公有都不敢承认；对于资本主义社会的公司和股份制，也一概斥之为私有或私有制。无视和否认股份公司制相对各投资者原来的个体所有来说毕竟是一种公有化和社会化,无视和否认股份公司制的出现和发展是人类社会朝着生产资料公有化和社会化方向的一种历史进步。

当然,承认资本主义社会存在集体所有或公有,承认股份制也是公有制的一种形式,并不意味着资本主义经济制度总体上的性质现在就已经发生根本变革;相反,由于资本主义社会股份公司中的主要股权仍掌握在少数大资本家手中,劳动群众持股比重不足以改变公司性质,加之国家政治本质和其他社会制度的资本主义性质,其经济制度总体上仍属于资本主义私有制性质。其股份制公司虽然相对原个体投资经营者而言确是在一定程度上公有化了,但它也仍然属于资本主义集体所有或资本主义的公有。

不过,资本主义社会从其出现至今虽然整体上都属于资本主义性质,但它也经历了不同发展阶段:在19世纪末期以前,当时建立的公司虽然已经不同于各单个出资人原来的个人私有,但公司的骨干仍多为几个资本家,特别是一些大家族股东控制着公司事务,所以公司仍具有浓厚的私人色彩。进入20世纪以后由于生产社会化促进公司制迅速普及并出现大量垄断组织,公司内部制度进一步完善,股东会中心主义过渡到董事会中心主义,董事会职能加强。马克思所说,“在股份公司内,职能……同资本所有权相分离”的情形正在发生。这时公司的集体性质更为明显,其财产权更能体现资本家的集体所有(资本家的公有)。至20世纪中后期,由于科学技术迅速发展,在生产力诸要素中人的因素越来越重要,劳动者的技能和积极性、创造性成为制约生产力发展的关键因素,各公司普遍重视吸收职工参加公司管理并实行内部职工持股制度。与此同时,社会民众投资入股也越来越普遍。公司股东成分逐渐发生变化,大家族股比重和地位下降。[25] 加之“二战”以后国际社会民主主义思潮的影响,各国政府采取了一些措施促进公司制度的大众化和民主化。这就使公司乃至整个社会继续朝着社会化方向

---

[25] 至20世纪中期,美国福特公司家族股占40%,德国西门子公司家族股仅占4%。参见漆多俊:《中国公司法教程》,四川人民出版社1994年版,第37页。

发展。而与此同时发展的各国市场和经济的国际化、全球化,推动了各国经济社会化的进程。以上进程继续发展下去,量的不断积累,将来到了一定程度,是否会使资本主义社会的股份制乃至整个经济制度发生质的转化?这是很值得思索和研究的。

其实,早在100多年前马克思在其晚年就已经以极大兴趣注意和研究过股份制引起的公司所有制和整个资本主义经济制度的变革。他认为:股份公司是一种社会资本形式,"这是在资本主义体系本身的基础上对私人资本主义产业的扬弃"。"资本主义股份企业……应当被看作是由资本主义生产方式转化为联合的生产方式的过渡形式。""在股份公司内,职能已经同资本所有权相分离,因而劳动也已经完全同生产资料的所有权和剩余劳动的所有权相分离。资本主义生产极度发展的这个结果,是资本再转化为生产者的财产所必需的过渡点,不过这种财产不再是各个互相分离的生产者的私有财产,而是联合起来的生产者的财产,即直接的社会财产。另一方面,这是所有那些直到今天还和资本所有权结合在一起的再生产过程中的职能转化为联合起来的生产者的单独职能,转化为社会职能的过渡点。"㉖按照马克思的上述论断,很明显,他是肯定认为股份制是一种公有化和社会化的形式,是生产关系和生产方式的一种变革。沿着这种思路推论,他实际上已经意识到,股份制引起的这种革命变革将会推动整个资本主义社会的进化,股份制可以成为由资本主义社会转化为社会主义的"过渡点"和桥梁。马克思逝世100多年后的今天,人们仍然把股份制,特别是把社会主义国家政权保障下的股份制,一概斥之为私有制,是何等肤浅和荒谬!

本作者在20世纪80年代后期研究公司股权性质过程中,发现多个私人投资者出资组建公司所引起的所有权集体化和公有化,乃是生产关系变革的一种方式和途径。本作者分析了社会生产关系的内部微观结构,论述了人类社会生产关系变革采取四种变革方式和途径,而其

㉖ [德]马克思、恩格斯:《资本论》,载《马克思恩格斯全集》,人民出版社1974年版,第494~498页。

中最基本和经常起作用的是各具体生产关系内部微观结构的变革及由此种变革的积累和扩展而引起的各具体生产关系个体、生产关系群体乃至整个社会生产关系总体的变革。股份公司制是引起资本主义社会生产关系各个体内部微观结构变革的主要形式，它并相应引起整个资本主义社会生产关系总体的逐渐变革。这种变革的积累和发展，能够促进资本主义社会所有制乃至整个社会制度发生质的变化，并最终孕育和降生一种全新的社会公有制和以它为基础的全新的社会——这正是人们100多年来所憧憬和为之奋斗的社会主义社会。[27]

股份制对于生产关系和社会进化的重大作用和意义，不是一开始就为人们所认识。马克思早年，股份制公司发展尚不普遍，看不出它能够成为引起生产资料公有化和生产关系变革的一种重要形式和途径。而当时正在迅速发展的生产社会化要求同生产资料私人占有之间的矛盾已日益显露。人们以为这一矛盾没有别的办法解决，因而得出结论：只有代表先进生产力的无产阶级发动革命，夺取政权，“剥夺剥夺者”——以革命暴力剥夺资本家对生产资料的占有，建立社会主义公有制。后来列宁在俄国首先实践了这种理论，建立无产阶级专政的政权，并凭借政权力量通过没收资本家财产和集体化“重新组建”了社会主义的经济基础。“二战”后东欧和亚洲又出现一批社会主义国家。但是在如英、美等一些资本主义发达的国家，却始终并未出现无产阶级暴力革命，未发生以革命暴力方式剥夺资本家财产以完成生产关系变革的情形。然而这些国家的科技和生产力却继续和比以往更加迅猛地发展。难道生产社会化同生产资料资本家私人占有这一所谓资本主义社会基本矛盾，已经得到解决或缓和了吗？那又是怎样解决或缓和的呢？如按照本文关于股份公司制的性质和意义的思路，则不难理解。原来，生产社会化本身就包含生产力社会化和生产关系社会化两个方面。股份制的兴起及由其引起的其他相关社会制度的变化，促使生产资料公有化和生产关系的社会化变革。逐渐社会化了的生产关系又基

[27] 这些论述载于作者1987年撰写的未定稿《生产关系新论》和《论生产关系变革途径》。

本上适应了社会化的生产力。因此，资本主义国家的生产力得以继续发展，资本主义社会能得以延续，并在延续过程中自身不断朝社会化和民主化方向演进。

本作者认为，按照马克思晚年关于股份制的思想，他有可能重新审视早年的一些论断，但一则当时股份制的发展及其所深蕴的重大意义的显露尚不充分，二则天不假年，只有留待后人去完成这一工作。而后人在“继承和发展马克思主义”过程中，居然并未高度重视马克思晚年的这一伟大思想，却以更加激进的态度“发展”马克思早年的一些主张，并付诸实践。

以中国为例，1949 年中华人民共和国成立以后（其实包括此前的革命根据地、解放区时期就已开始），正是按照列宁、斯大林领导的苏联的模式（也在一定程度上结合了中国国情），采取革命暴力和国家强制方式，没收帝、官、封财产，对民族资产阶级工商业实行社会主义改造，对城乡个体经济实行合作化、集体化，建立全部由国有和集体所有构成的社会主义公有制。自 1956 年民族资产阶级开办的公司被改造以后，公司制度已在中国大陆完全消失。同其他社会主义国家一样，中国完全不承认和拒绝了通过股份制实现公有化和社会化的这一生产关系变革方式和途径。30 多年过去后，直到国家实行改革开放，才回过头来重新思考对股份制的选择问题。也正是这时人们才记起或恍然明白马克思 100 多年前已作出的关于股份制的英明论断。这就是股份制在中国及其他社会主义国家长期未被重视和采用的原因所在。并不是股份制本身不好或它天生“姓资”不“姓社”。

中国及其他社会主义国家采取“剥夺”“重建”方式虽然也是实现生产关系变革的一种途径，但撇开其他情况不说，起码有一个弊端，即建立过于单一的国有集体所有制，并配合实行集中统一的计划经济体制，排斥价值规律和市场调节机制，是人为地超越商品经济发展阶段，使新建立的生产关系大大超越了生产力实际发展水平。这必然导致妨害和破坏生产力的发展。这种生产关系是不可能长久维持的。这些国家因此后来都进行改革。苏联、东欧国家发生了包括经济制度在内的急剧的根本性变革，中国的改革虽是渐进式的，但也终于承认：当前社会还处于社会主义商品经济的初级阶段，生产关系和经济制度不能超越生产力发展水平。所有制不能过于单一，应当允许多种所有制同时存在。社会主义公有制可以有多种形式，后来并进而承认股份制也是社会主义公有制的一种形式。

尽管如此，但在中国国企实行股份公司改组具体问题上，一些人内心还总是认为国有经济同股份制比较是更为纯正、更加令人放心的社会主义公有制，因而总想让更多行业和企业保持国有，即使实行股份公司改组，也总想让国有股尽量多地保持绝对控股地位，尤其不愿出售国有企业或企业中的国有资产。这反映出人们对于股制的性质、意义及它同社会主义公有制的关系还需要进一步加深认识，对于中国当前社会生产力和经济的发展阶段和生产关系变革的方式和途径等问题，还需要进一步加以研究。

当前人们首先应当从思想上进一步明确减少和降低国有成分在国民经济中比重的必要性和重要性，放心放手地将国有企业改组为股份制公司，或采取其他改革方式。其次，对于国家参股的股份制公司，除一些同国计民生密切相关并在一定时期内必须由国家控股的以外，其余可以减少持股比重。国家控股也可以分别采取绝对控股与相对控股。前者指国家拥有公司51%以上的股份；后者指国家持有51%以下的股份，但鉴于公司其他股东所持股份更少，国有股东实际上也能控制该公司的经营方向和重大决策。还有一种做法，即公司向国有股东发行表决权优先股，使国有股东持股比重虽然不高，但拥有较多的表决权，同样能控制公司决策。这种表决权优先股被人们称为“金股”。此外，国有企业改组股份公司过程中还应严格按照公司法规范设立，设立后规范运作，完善公司内部治理结构。

附：第二编未收录的相关文章目录

[1]《理顺承包制内部关系》，载漆多俊：《企业走向市场法律保障》，中国政法大学出版社1993年版。

[2]《中国国企改革法律问题》，武汉世界银行企业改革国际研讨会，1997年5月。

第三编　反垄断法

第三编提示：我国经济法学界对反垄断法的研究，迄今大致经历两个阶段，下一步可能进入而目前尚未正式进入第三阶段。改革开放，特别是20世纪90年代国家提出要逐步建立市场经济体制以后，法学界的研究文章主要是介绍性的，即介绍西方国家的反垄断立法和实施情况，对反垄断法基本原理和制度作些阐析。21世纪以后，围绕国家反垄断法的制定和实施，学者们开始重点研究中国实际，讨论中国如何确定反垄断法的主要规制对象、规制方式、主管机关等问题。由于学者们有些重要意见并未被立法机关采纳，2007年8月颁布和于次年8月开始实施的反垄断法实施情况不佳，有些学者仍在就原来的一些意见重复发声。有些学者则"与时俱进"，在现行法框架内就法律实施中某些具体问题和个案作些研究。所以该法颁布实施以后，同之前的研究虽有一些新的进展，但不显著，仍基本同属于一个阶段。这种状况同国家的改革近20多年无大进展，或说基本停滞和出现倒退密切相关。只是中共十八大以后，以习近平总书记为核心的中央表明要大力推进改革，为清除改革阻力而采取诸如反腐等措施，且力度较大，使人们看到了改革（包括国企改革和反对权贵家族式垄断）的希望。也许中国的反垄断法有可能将要进入一个新阶段，即立法得以完善和得以切实和全面实施的阶段。相应地，学者研究也将进入一个新的阶段。

作者对反垄断法的思路和研究与国内多数学者基本同步。本编收录的3篇文章，其内容基本属于前述的第二阶段。如果要说特色，乃在于本作者较早认识到学者们的许多研究成果和合理化建议是很难得到高层当权者采纳的。"学者们尽管声嘶力竭，徒使空气震动一下而已。"在中国肆掠不拘的垄断最主要的乃为权贵家族式的国有企业的垄断。它同国家权力密切勾结，或就是权力介入经济形成的垄断。在这种情况下，如果国家体制（特别是政治体制）不改革，法律是约束不了他们的。因为当权者绝不会制定反自己垄断的立法，也不会去认真实施反垄断法。只有体制变革，国家政权不再代表、不再保护权贵垄断资本集团利益了，立法与实施才会根本改观。即使本编收录的作者几篇文章中，也可看出作者对此的严重关切。在作者其他非专门论述反垄断法的论著中，有关我国反垄断法体制性障碍问题，也有大量论述，读者可以参阅。

中国反垄断立法问题研究*

反垄断法是现代国家调节社会经济的基本法律之一，是经济法体系一个重要的基本构成。在西方国家，它被称为“市场经济的宪章”和“现代企业制度的基石”，并长期居于经济法体系的核心地位。中国实行社会主义市场经济，不能不制定这种法律。我国的反垄断立法，既要借鉴国外的经验，又要研究中国的国情，使之能够有效地促进我国市场经济的发展，保障其健康运行。近年来，有些学者在这方面作了一些研究，发表了一些看法。本文拟就其中几个主要问题谈谈意见。

一、发展规模经济与反垄断

在中国制定反垄断法，要解决的一个关键问题是如何看待和处理发展规模经济与反垄断的关系。这涉及我国要不要制定反垄断法以及制定怎样的反垄断法的问题。有些人认为，西方国家生产社会化程度高，垄断现象严重；而我国企业规模化程度较

---

* 本文原发表于《法学评论》1997年第4期。

低,远不如西方国家。我们当务之急是发展规模经济,鼓励企业兼并联合,组建企业集团,而不是反垄断。

诚然,垄断是经济力高度集中的表现,是一种规模经济。从社会经济发展史角度说,它是生产社会化的结果和表现形式,因而是一种社会进步。规模可以出效益,在规模经济条件下,各种资源可以得到合理配置,减少消耗,降低生产经营成本,因而对企业、对消费者、对社会都有好处。也无可讳言,我国企业的规模化程度总的说来确实不高,适当扩大企业规模,追求规模效益是很有必要的。这方面大有潜力可挖。在当前企业改革中为了对企业进行调整改组,合理配置资源,优化资本结构,也需要鼓励企业兼并、联合。此外,扩大企业规模,发展大型企业和大型企业集团,也是提高我国企业在国际市场竞争力的需要。

但是,也应明白,规模并不等于效益,并非必然带来效益。规模出效益要有条件,即经济规模的扩大要合理化:首先,这种规模化应当是经济发展的需要,是竞争的结果,市场的选择,而不是违背经济规律单凭主观意志所为;其次,当企业扩大规模以后还要加强内部分工协作,健全管理机制,否则也不可能有效益。在我国,政府对于产业组织结构的调节发挥着重要作用,但主要应重在引导,而不能越俎代庖,替企业"拉郎配"。凡这样以政府行为勉强撮合的企业间的兼并与联合,看来是规模化了,但多半无效益或效益不佳。这就是人们所谓的"规模不经济"。

另外,企业的规模化如果使单个企业或企业间的联合达到对特定市场形成垄断和支配地位的程度,则会产生排挤其他经营者而限制竞争的后果。限制竞争剥夺了其他经营者的商业机会;使少数大企业或企业集团能够操纵市场和价格,妨害消费者利益;超额垄断利润也使垄断者不再重视改进技术和管理以努力提高劳动生产率。从宏观上说,它使价值规律和市场机制不能有效地发挥调节社会经济的结构和运行的作用,危害社会经济。这就是各国纷纷制定法律反对垄断和限制竞争的原因。中国企业的规模化程度虽然总的来说不如一些发达国家,但是应当看到,有些行业,如石化工业、船舶制造业和有色金属工业等,因为政府授权个别企业独家生产经营,形成了独家企业垄断一个行业的局面。在汽车制造行业,两三家企业拥有的市场占有率达 80% 以上。[①] 经济力如此高度集中应当引起我们的警觉。

有些人将我国大型企业的规模同一些发达国家作了比较。例如,根据对我国 1987 年最大 100 家工业企业和 9 个行业分析,指出我国的这些企业的市场销售额仅为 5 亿元到 15 亿元,按当时汇率约合 1.34 亿美元至 4 亿美元。其中最大的大庆石油管理局的市场销售额也才 63 亿元,约合 17 亿美元,而同年美国最大的 100 家工业企业中,最大企业通用汽车公司的销售额为 1017 亿美元,最小的一家企业销售额也达 43 亿美元。[②] 人们由此得出结论认为我国企业规模化程度太低,进行反垄断立法为时尚早。这种看法失之偏颇。因为从反垄断角度来看经济力集中和企业规模化是相对的,即相对于一个国家和特定市场范围而言。而这在发达国家同在发展中国家是不能同日而语的。在当前中国,某些企业的市场销售额(还有总资本额、职工人数等方面)不必达到某些发达国家企业的水平即可拥有较大的市场占有率,即可形成垄断和限制竞争局面。何况当前我国企业规模正处于迅速增长变化时期,许多企业存在片面追求扩大规模的倾向,加上政府的某些政策导向和行政行为,使我国一些企业和行业经济力集中和垄断化程度日趋严重。

当然,反垄断并非单纯反对结构性垄断,更不意味着反对各种规模经济;它更重视的是反对各种限制竞争行为。但限制竞争行为主要是凭借其垄断和市场支配地位得以实施的。所以,对于那些形成垄断和取得市场支配地位而暂时并未实施限制竞争行为的企业或企业的联合,立法也应予以密切关注,并规定可以采取某些措施予以防范。立法规制的重点当然更应放在各种限制性行为上面。而在这方面,我国的

---

① 据 1995 年的统计,在我国重型车市场,三家企业拥有 83% 的市场占有率;在中型车市场,两家企业拥有的市场占有率达 86%。

② 中国企业评价中心:《1987 年中国 100 家最大工业企业及 9 大行业评价》,载《管理世界》1989 年第 2 期。

情况也有较充分的显露。例如，有些企业滥用市场优势，随意抬价或采取其他掠夺、限制、歧视等行为；生产同类产品的企业通过横向协议相互限制价格、产量或分割市场，特别是价格卡特尔尤其时有发生；处于生产过程不同环节的企业通过纵向协议以固定转售价格、搭售或独家经营等。不但诸如此类的经济性垄断门类已较齐全，并且造成不良后果，而我国较西方国家更有甚者是各种行政性垄断的推波助澜。

市场经济的基础是自由竞争。国家要通过立法保障合理竞争。缺乏反对垄断和限制竞争的法律保障机制，市场经济秩序是建立不起来的。当前我国既要注重发展规模经济，鼓励必要的企业兼并和联合，组建企业集团，又要反对和防止垄断和经济力过度集中，反对各种限制竞争行为。要恰当掌握其中的“度”。其总的原则是：凡企业扩大规模而能明显增长效益，且不至于（已经或可能）形成限制竞争局面者，应当允许和提倡；凡企业规模化既能增长效益，又妨害或可能妨害竞争者，应当权衡利弊大小，当弊大于利时，应予以限制和反对。至于有些扩大规模而不能使效益增长（“规模不经济”）者更应杜绝，其达到垄断和市场支配地位者，法律可以采取令其分解或解散等严厉措施。

在制定我国反垄断和限制竞争法时，要深入调查我国的实际情况，并把握其发展趋势，以确定我国法律应予规制的对象标准和种类。立法技术上宜采概括式与列举式相结合的方法，尽可能准确和全面地加以界定使之增强可操作性。同时给法律实施机关以必要的自由裁量权。

二、关于行政性垄断

行政性垄断，是指凭借政府行政机关或其授权的单位所拥有的行政权力，滥施行政行为，而使某些企业得以实现垄断和限制竞争的一种状态和行为。行政性垄断首先也是一种经济垄断（经济上的垄断，是以经济为内容和目的的垄断），但它主要是凭借行政权力和行政行为实现的,形成原因主要不是企业自身的经济行为。此外,行政性垄断还有一个特征,即作为其形成主要原因的行政权力和行政行为乃属于滥用即不合理、不恰当行使。严格地说,行政性垄断往往缺乏国家权力机关制定的法律作为依据,或同国家法律相抵触,它们所能依据的只是某些行政机关(主要是中央政府的一些部委和地方政府)自己发布的行政性法规或命令指示。从这个意义上说,行政性垄断同"国家垄断"是有区别的,本文后面还要说到这个问题。

行政性垄断在西方国家虽然也有所表现,但远不如中国(其他社会主义国家亦同)这么突出和严重。在中国,行政性垄断的影响和危害甚至超过单纯的经济垄断,并且它往往同经济垄断融合一体。中国有着行政干预经济的传统,政经不分、政企不分现象严重。对行政权力的制约机制不健全,往往形成行政即国家的观念。经济管理上条块分割,部分行业和地方行政主管机关存在本位主义和地方主义倾向,某些负责人为追求本行业或本地区经济发展,甚至为显示自己的政绩,助长了这种不良倾向。他们往往推出一些"土政策"不惜同国家法律和中央政府政策相抵触,实施各种限制竞争行为。这些都是行政性垄断肆虐的原因。

行政性垄断表现形式多种多样,主要有行业垄断、地区垄断和其他利用行政权力实施的垄断。

行业垄断是指经济行业部门的政府主管机关运用其合法拥有的投资权、资源管理权、财政权、企业管理权等,限制或阻止其他行业部门的经营者或本行业部门内其他经营者从事某种经营活动,使其所支持的企业实现垄断和限制竞争。例如,我国曾一度涌现的各种行政性公司和后来的"翻牌公司",被授权担负行业管理职能的企业集团以及其他挂靠在某些行政机关而受特别优惠的企业,就是这类行业垄断企业。

地区垄断是指地方政府行政机关滥用行政权力,搞地区封锁、地方保护主义,限制和阻止本地区以外的经营者进入本地区市场参与公平竞争。其手段包括对外地的经营者或其商品拒办经营执照,或随意没收、罚款,限制或禁止本地或外地的原材料和商品出入本辖区,对外地经营者采取其他各种歧视措施等。

行政性垄断还有其他许多表现形式，如有些并非担负经济管理职能的行政机关，对其原开办的或后来形式上已经脱钩而实际上仍与其有利益关系的公司，利用其掌握的某种社会性、治安性管理权力，给予各种优惠和照顾，并限制或禁止其他经营者与其竞争。这当中甚至掩盖着一些严重的违法和腐败行为。

行政性垄断有着多方面的危害后果。从经济方面说，它凭借行政强制力严重限制竞争，扭曲价值规律，使市场机制作用无法与之抗衡；它形成条块分割，壁垒森严，妨害全国统一市场的发育；它限制或剥夺了其他经营者的经营自由；损害消费者权益；也助长这些垄断企业的懈怠和竞业精神。从政治和社会方面说，它坚持政府行政机关对于企业的直接干扰，阻挠政企分离，妨害国家经济体制和政治体制改革；助长社会不公平、腐败和违法现象。

我国制定反垄断法必须规制行政性垄断，并且应当把它作为规制对象的重点。否则，我国反垄断法的意义和现实作用就值得怀疑了。有一种意见是不正确的：认为行政性垄断存在的根本原因在于经济体制和政治体制，在于改革的不彻底性，它不是法律所能解决得了的，反垄断法不能调整行政性垄断。

诚然，行政性垄断问题的解决，从根本上说有赖于国家的经济体制和政治体制改革的继续深化，但反垄断法并不是无能为力的。相反，反垄断法如果明确界定行政性垄断的确定标准，并准确列举其各主要表现形式，规定严厉的处置措施，就能使这些行政性垄断的违法性暴露于公众，并使法律实施机关受理和处置案件有了明确的准绳。行政性垄断必将受到有力的打击。这里的问题在于我国反垄断法的实施机关的设置和职权大小。鉴于反垄断特别是反行政性垄断任务的复杂性和艰巨性，以及我国当前执法、司法活动还时常受到包括行政部门在内的外部干预，将来我国的反垄断的主管机关必须被赋予较大的职权，足以抵制各种干预，独立行使权力。这方面，国外有许多经验可以借鉴。国家既然要反垄断，就应当有决心设立这种权威性的法律实施机构。至于经济体制和政治体制改革当然十分重要,但改革也需要法律保障和促进,其中反垄断法就是保障和促进改革的一个重要方面的立法。

三、关于特殊行业和领域的垄断

在社会经济的某些行业和领域,由于其本身固有特性,或者还由于国家的政策、法律对其垄断和限制竞争行为作出某种豁免和适用除外的规定。根据我国情况,这些行业和领域主要包括以下四个方面:

1. 自然垄断。有些行业的设施布局规模大投资额大,利益回收周期长,在已有企业进入营运之后,其他经营者往往不愿再投资搞重复建设,因此使该先设立的企业得以取得垄断和支配地位。这些行业如果允许自由竞争,一则会造成各种经济资源的浪费,同时实际上也不可能出现这种情况,故被称为自然垄断。例如,铁路、邮电通信、电力、自来水等,即属于自然垄断行业。但是,即使在这些自然垄断行业,合理的竞争还是应当允许的。例如,在设施资源不造成较大浪费,并能取得更好的经济和社会效益条件下,其他经营者对原有企业的兼并或其他方式的进入,应当允许;在新开拓的领域进行投资建设的招标投标中,应提倡公平竞争。此外,对于居于自然垄断地位的企业,国家也应进行必要的监督(如价格监督等)对其滥用垄断地位而实施的限制性行为,如不当定价,拒绝交易、附条件交易和各种歧视等,亦应坚决禁止。③

2. 国家特许的垄断。这是指除自然垄断以外,国家出于对社会或经济等方面的政策性考虑,特许某些企业对某些行业或产品实行垄断经营,限制或排除竞争。例如银行保险业,如果对竞争不作限制,因竞争而引起动荡或致使企业破产倒闭,对于存款人、被保险人及社会经济都会发生严重影响。因此对这些行业的一些限制性行为应规定给予适当的豁免。但法律应规定对它们进行必要的监督,防止对其垄断地位

③ 我国人民群众中所谓“电老虎”“水龙王”以及“车匪路霸”现象,应当引起重视。

的滥用。又如农林业及其主要产品的购销也不适宜无限制的自由竞争,一则它们对自然条件依赖性强,生产者不便适应市场供求和价格的变化而迅速转产,二则会影响人民基本生活需求。许多国家不仅允许生产经营者订立限制竞争的协议,而且国家往往还规定最低保护价格,或由国家给予补贴,或由国家直接参与购销活动。我国农业还比较落后,基础薄弱,而人民生活和工业发展对农业需求很大,国家更应采取多种保护措施,在制定反垄断法时需要给予豁免。各国都承认专利技术等知识产权方面的独占权,法律对此也是作适用除外处理的,这是出于对于科学技术进步的保护和鼓励方面的政策考虑各国的反垄断同国家产业政策密切相关。为了扶助某些产业发展,国家往往放宽反垄断的要求。在产业组织政策方面,各国对中小企业一般都允许或鼓励其兼并联合或签订某些限制竞争的协议。

3. 国家垄断。这里是指国家直接垄断,即法律不仅规定允许垄断和限制竞争,而且还规定由国家直接投资经营,并在一定程度上排除非国家资本的进入。国家直接垄断现象在西方资本主义国家也大量存在,这就是所谓"国家垄断资本主义"。在中国和其他社会主义国家,国家垄断尤其普遍。

国家垄断不同于行政性垄断。国家垄断是基于国家政策实行的,并往往以国家权力机关制定的法律作依据。它是一种合法行为。出于政治和社会的安定、国防安全等原因,一定的国家垄断是必需的。但它也应当加以控制。首先,国家垄断的行业和产品不宜过多,通常应限于重要的国防工业、需要保密的高科技行业和产品、需要禁止或限制在社会上流通的产品以及其他同国计民生关系重大的行业和产品等。这些行业和产品可以实行国家垄断或国家专营、专卖。其次还要根据不同时期不同情况加以调整。例如,有些行业和产品原来需要实行国家垄断,后来则可以适当放开,允许非国家资本进入,引入一定的竞争。有些国家对于某些国防工业也允许民营。高科技的保密性也有时间性,过了一段时间后,国家垄断的意义就可能不大了。有些行业原来投资额大、周期长,或者盈利率低甚至暂时亏损,民间不愿投资,而该行业和产品对国计民生或对以后经济发展关系重大,国家必须投资经营,并因此形成国家垄断。后来,当这些行业和产品的生产发展起来,盈利率较高,民间投资乐于进入了,此时国家可不必再行垄断,甚至可以退出该领域,放手让民间经营,自由竞争。国家应当恰当地制定和调整国家垄断政策,并在反垄断法上作出适当的规定。

4. 国有企业的垄断。国家直接投资经营多采取国有企业(包括国家独资企业、国有独资公司、国家控股公司)这种组织形式,因此国家垄断一般即为国有企业垄断;反之,国有企业的垄断也即为国家垄断。二者原来本无区别,但是后来,有些国家的国有企业开办太多,因此国家垄断太多严重地制约了市场调节机制的作用,影响国民经济的正常运行;加之国有企业效益往往不佳,又影响整个国民经济总体效益尤其使国家财政背上沉重的包袱。所以这些国家进行了改革。许多国家进行私有化。中国采取了渐进式方式对国有企业进行改革。在国有企业改革过程中,一方面,国家认识到不必再办这么多的国有企业,不必搞这么多的国家垄断;而另一方面,许多国有企业在一定时间内仍然存在。对于仍然大量存在的国有企业只有进行经营管理制度上的改进,包括转变国家对国有企业的管理方式,增强企业经营自主权。在中国20世纪90年代初期,人们曾把这称为“把企业推向市场”,让企业参与市场竞争。当然这限于那些国家认为不必再实行高度的国家垄断,可以让其竞争的“竞争性行业”,而认为仍必须实行国家垄断的“垄断性行业”,仍由国家垄断着,是不“推向市场”的。一大批被“推向市场”的国有企业,按理就应当在市场上同其他企业(包括非国有企业)公平竞争,就应当反对它们的垄断和各种限制竞争行为,它们便成为反垄断法的适用对象了。而事实上,这些国有企业由于同政府关系仍然十分密切,政府对它们也似推非推,若即若离,加之长期形成的许多其他优势,在进入市场后它们仍然实行不同形式的垄断和限制竞争行为。这是应当予以反对的。但这里的情况甚为复杂。这些国有企业的垄断,兼具经济垄断、行政垄断和国家垄断三重性质。国家也往往以“这是体制转轨过程中的特殊情况,应当特殊对待”为理由给予某种袒护。在反垄断法上对此将如何规定，规定以后能否实施，是需要仔细加以研究的。这也就是本文把“国有企业的垄断”列为单独一种类型的原因。

这些“竞争性行业”的国有企业适用反垄断法问题，最根本的还有赖于经济体制特别是国有企业制度的改革的继续深化，有赖于国家将企业“推向市场”的决心和程度。反垄断立法要反映国家的基本政策精神。但在国家政策的原则基础上，对于国有企业一些明显的、危害较大的垄断和限制竞争行为，应当毫不犹豫地加以规制。例如，对于它们签订限制竞争的横向协议与纵向协议、附条件买卖、搭售等不公正交易方法和价格与非价格歧视、不当定价、拒绝交易等对其垄断和市场支配地位的滥用，国家控股公司中国有股权的不恰当行使，以及在财产结合、经营结合和人事结合等方面的市场集中（企业结合）行为等，法律应当作出禁止或限制性规定。

四、我国反垄断立法的其他几个问题

最后，简要地说说制定我国反垄断法的其他几个问题：

1. 关于立法体例：我国反垄断法同反不正当竞争法是合并立法，还是分别立法？国外这样两种体例都有，但较常见者为分别立法。鉴于反垄断法同反不正当竞争法在立法主旨、规制对象、调整原则等方面均有所不同④，我国宜采分别立法作法。我们已经颁行《中华人民共和国反不正当竞争法》，该法涉及反垄断问题的不多⑤，再制定我国的反垄断法，两相配套，我国关于市场竞争的法律就较完备了。此外，我国宜制定一部比较完备的综合性的反垄断法律，以它为主，再颁布一些实施条例和其他单项法规。后者如在禁止行政性垄断、关于国家专营专卖、关于企业的兼并与联合、国有企业中国家股权恰当行使等方面作出专

---

④ 参见漆多俊：《经济法基础理论》，1996 年版，第 34～35、41～42 页。

⑤ 该法属于反垄断和限制竞争方面条款的主要有第 6 条、第 7 条。

门规定。

2. 关于反垄断综合性法律的标题：是叫反垄断法，还是叫反限制竞争法？法律名称虽不是重要的实质性问题，但各国命名也反映了各国竞争政策的特点和立法体例。一般地说，重在反结构性垄断的，常在法律标题中突出“垄断”，如日本1947年颁布的法叫作《禁止私人垄断法》，美国1890年的《谢尔曼法》叫作《反对不法限制和垄断，保护交易和通商的法律》。而重在行为性垄断的，则多突出“限制竞争”，如德国1957年的《反限制竞争法》。⑥ 有的则将“垄断”和“限制竞争”一同标明。还有的将法律称为“竞争法”特别在采合并立法体例的国家是如此，如英国1980年颁布的《竞争法》。

反垄断同反限制竞争的区别甚微。限制竞争须有强大实力作后盾，否则，虽能实施一些不正当竞争但无力限制他人竞争。从广义上说“垄断”包括了垄断（或“市场支配地位”）的结构状态、垄断地位的谋取、垄断力的滥用及其他各种限制竞争行为。狭义的“垄断”则仅指一种结构状态。作为法律标题是可以作广义使用的。

我国立法应当兼顾结构性垄断和行为性垄断而以行为性垄断为主，我国法律标题可以叫作“反对垄断和限制竞争法”也可以称为“反对限制竞争法”。

3. 关于立法态度的基本取向：严一点还是宽一点？超前一点还是现实一点？反垄断法的基本功能和任务，是以“国家之手”克服和防止因垄断和限制竞争而妨害价值规律和市场机制对社会经济的调节作用，以保障和促进社会经济结构和运行协调、稳定和发展。⑦ 它是一种国家调节，是一种国家经济强制方式⑧立法规定不严，难以实现法的功能和任务。反垄断法规制的对象主要涉及大型和特大型企业，在中国还要涉及政府机关，立法规定不严，很难实施。另外，“国家之手”动作

---

⑥ 德国立法避免使用“垄断”一词，而以近义词“市场支配地位”替代。

⑦ 参见漆多俊：《经济法基础理论》1996年版，第14页、28～33页、50页。

⑧ 同上。

也宜恰当，国家反垄断直接作用既然在于恢复、保障和促进市场调节，就一定要遵循经济规律，同市场调节很好配合，超过限度的严只能起相反的作用。在反垄断法的规制对象中，有些表现和行为属于本身违法，有些则要看危害后果的有无和程度，要作具体分析。例如，本文前面提到的企业规模化，要辩证地、历史地看，不能一概反对；确定企业规模化临界度（如销售额、资本总额等）要根据不同国家不同发展时期的情况，中国不能照搬别国的标准。中国的经济体制正处于转轨之中，存在较多的国家垄断和国有企业的垄断，立法必须正视这种现实。例如，对国家控股问题，立法中只能作出某种限制性规定，防止国家股权的滥用。

所谓严与宽，包括在违法行为构成要件上的严格和在制裁措施上的严厉两个方面。垄断和限制竞争所造成的危害后果往往范围广、程度严重、妨害社会经济总体性的结构和运行，制裁措施应当严厉一点。但也宜适度。总之，我国的反垄断立法应当适度地严格和严厉一点。

我国经济体制改革的方向和目标已经明确，即建立社会主义市场经济。我国的反垄断法应当按照市场经济的基本要求制定。当前我国体现市场经济特征的各种社会关系已经形成或已初露端倪，又有国外反垄断立法和实施的丰富经验，我们完全应当并可以制定一部比较规范和完善的反垄断法。另外，今天我们仍处于改革时期，处于两种体制转轨过程中，有许多旧体制遗留下来的问题，体现市场经济特征的有些社会关系还不够成熟，但其改革和演变趋势既已明确，立法不必过于迁就眼前现实，应当超前一点。特别是作为综合性的基本法律，要注意规范性和稳定性。至于现实中一些正在变动或尚不够成熟的问题，立法也应当反映，可以采取两种办法解决：在综合性的基本法律中对于这些问题可规定得稍为原则性一些；同时还在基本法律之外另行颁布有关单项条例和暂行办法。而改革深入，特殊性消失以后，这些临时性和过渡性法规便完成使命而失效或修改，或适用基本法律。

4. 关于反垄断法实施的主管机关：是否需要新设专门机关？其权威性应当如何？这方面已有许多学者谈及，且基本意见相近。大家都主张我国应新设专门的主管机关,并且应由法律赋予其较充分的职权。这里只提两点:一是可借鉴德国设立“垄断委员会”的做法,在主管机关之外另由经济学家、法学家等专家组成负责咨询和对企业垄断状况进行鉴定的机构。这是由反垄断案件的复杂性和专门性(它们涉及法学和经济学、统计学等许多专门知识和技术)产生的需要。二是可以考虑赋予新设的主管机关以适当的“准司法权”。例如,在该主管机关审理案件后,当事人可以直接向法院提起上诉,该法院的审理即为终审。如果法院仍进行“两审”则程序有些烦琐,造成案件久拖不决。但这样一来必须设立专门的反垄断案件上诉法院,或指定现有某些法院担负反垄断案件的上诉审。⑨

5. 最后说说国际竞争:我国反垄断法如何维护本国经济利益?这包括两个方面:一是如何对待来自国外的垄断和限制;二是如何对待本国企业参与国际竞争。

反垄断法对于本国境内的企业,不管是本国出资的还是外商投资的或双方合资的,应同等对待。为维护本国经济利益,对于外国的资本。技术和商品的进入,国家应当作些特别规定,但这是外商投资法、外商投资企业法以及外贸法、技术引进法等立法的任务,在反垄断的标准和构成要件、处罚等方面应一视同仁。

我国反垄断法应当规定域外效力,即对于发生在我国境外由外国公民或企业实施的已经或可能给我国市场带来危害的限制竞争行为,我国法律有管辖权。自美国首先确立“影响原则”后,其他许多国家的立法都作了类似规定。此外,在对跨国公司的管辖方面,各国还以“经济实体论”为依据,按照一定条件撇开母公司和子公司各自独立的法人资格,将法律适用其境外的母公司或子公司。我国反垄断法也应当规定可以追究对我国实施限制行为的公司的母公司或子公司的法律责任。

---

⑨ 例如,凡由全国性的反垄断主管机关审理的案件,当事人可上诉到我国的最高人民法院,由省、市级反垄断主管机关受理的案件,可上诉到各省市的高级人民法院或中级人民法院。

各国反垄断法都规定了“出口豁免”，允许本国出口厂商采取某些联合协同行为，同国外厂商竞争，而不认为是违法。我国也应有这种规定，以维护本国企业在国际市场的竞争力。

我国政策总的原则应当是，既要注意维护国际竞争，又要注意维护本国经济利益；维护本国经济利益，又不能搞贸易壁垒和贸易保护主义。反垄断法在这方面的规定一定要符合国际上的通行原则和惯常做法，做到有理、有利、有节。

中国反垄断立法的时代精神*

一、中国反垄断立法的主要掣肘因素

中国反垄断立法问题从提出和酝酿算起已经很长时间了。1987 年国务院法制局牵头起草了包括反垄断和反不正当竞争两方面内容的条例。当时也有过就反垄断问题单独立法的设想。1993 年颁布的虽然是《反不正当竞争法》,但其中包括了一些反垄断的条款。同年第八届全国人大常委会将反垄断法列入了立法规划。自那时以来,先是国家工商总局、后由商务部牵头负责起草。从列入国家立法规划算起至今也有 10 多年了,却至今尚未出台。常听到人们议论:被号称"市场经济宪章"的法律,在中国出台为何如此艰难?记得几年前笔者在访问日本公正交易委员会时,有关心中国立法的日本学者问到这部立法的难点何在,当时笔者列举了如下几个主要问题:一是国企改革的进程,二是行政性垄断,三是法律实施的主管机关。并指出:中国现实存在

---

* 本文根据作者 2005 年 6 月 3 日在北京外国语大学召开的"亚太地区竞争法研讨会"上的演讲整理而成,原发表于《中国律师和法学家》2005 年第 12 期。

的垄断主要同政府权力相关;而法律(立法和实施)往往受到权力牵制。权力自己反自己很不容易。在中国,改革既呼唤着反垄断法,而改革进程也制约着立法。

中国原来没有反垄断立法,人们甚至根本不承认垄断在中国的存在,认为那只是资本主义社会特有的现象。改革开放以后市场因素逐步发达,竞争机制逐步被重视,人们开始提出反不正当竞争和反限制竞争(反垄断)问题。但当时对于反不正当竞争认识要明确一些,而对于反垄断的认识则很不一致。虽然有许多人——主要是学者——看到了反垄断的必要性和重要性,但当时也主要是理性上的认识。改革进程所提出的现实需要还不迫切。其中一个很重要的原因在于中国国有企业在国民经济中仍占据主要地位。现实经济生活中的垄断实际上主要是国有企业的垄断,其中包括公用事业的垄断,而这些主要是一种国家垄断,有些还是所谓自然垄断,是现行政策和法律所允许的,因而是一种合法垄断。国家怎么好再立一部法律去反对它们呢?20世纪90年代国家的政策是要大力组建企业集团(所谓"航空母舰"),鼓励企业集中,兴趣不在反垄断上面。后来,国企改革进程有了新的发展,国有独资企业大都改组为股份制企业,非国有经济不断壮大。但在我国的大型企业中,国有企业(国家控股的股份公司)仍然占据着举足轻重的地位,民营企业还处于发展壮大过程中。当前经济生活中存在的企业垄断仍主要是这些国有企业的垄断,特别是公用事业的垄断。这些垄断问题的解决,主要还依赖国家改革的决心和安排,反垄断法如今可以发挥作用,但仍然受到国家改革发展进程的制约。

中国有着行政权力全面干预、统制社会经济生活的传统。后来的改革也是由国家自上而下发动和主导的,所以在经济生活中行政性垄断现象非常严重。所谓行政性垄断,从其后果来说也是经济(市场)垄断,最终都由经营者实现垄断;只是从垄断形成原因看,它们是由于国家行政机关滥用行政权力造成的。行政机关通过发布一些行政法规或规章,或者直接以行政指令,排除或限制竞争,使他们所要保护的特定的经营者或本地区、本部门不特定的经营者得以实现垄断。行政性垄断不同于国家垄断，它其实是不符合国家法律规定的，是一种非法垄断。但由于国家行政机关的威望，它往往被披上了合法的面纱，因此更具危害性。行政性垄断是应当反对的，但是这主要依靠国家的政治体制改革，以控制行政权力对经济领域的干预。现在中央提出治国方略转型，要建设法治国家。近年来国家在控制行政权力、依法行政方面采取了许多措施，这为运用反垄断法控制行政垄断创造了条件，但由于由人治经济向法治经济转变需要一个较长的过程，并且对经济领域权力的控制触及国家整个权力结构体系。因此，行政性垄断问题要从根本上解决尚需时日，它要依赖国家政治体制改革和法治建设的进程。当然，反垄断立法对其规制也是十分必要和有作用的。不过立法必须考虑怎样才能有效地对它实施规制，这就涉及反垄断法实施的主管机关和实施程序等问题，如果没有颇具权威的机关和明确的法定程序，显然是很难奏效的。因此，行政性垄断反不反、如何反、由谁来反，这些问题也就成为制约立法出台的又一个重要因素。

立法是为了实施，实施机制是法律的生命。[①] 法律实施包括许多因素和环节，有些是在法律制定之后的事，但法律制定过程中使法律本身具有较强的可实施性，是保障法律实施的前提。以反垄断立法而论，其本身的可实施性除了所规定的规制对象的合理性和明确性等之外，负责法律实施的主管机关、实施程序、制裁措施等方面的规定也至关重要。特别是主管机关问题如何规定更是中国立法过程中长期争论、至今仍未得到很好解决的问题。而这个问题的解决，也涉及对国家行政权力的控制、行政权与司法权的关系等问题，涉及民主法制问题。另外，主管机关设置问题久拖不决而成了立法的一个掣肘因素，也反映出当局对这个立法重视程度和决心不够，不愿为出台一个法律而在机构设置上做较大的改动。

以上问题说到底都是立法同社会改革进程的关系问题。仅就我国

---

① 参见漆多俊：《实施机制是法律的生命——为李国海博士〈反垄断法实施机制研究〉作序》，中国方正出版社2005年版。

的经济体制改革而言，它于20世纪70年代末才起步，1992年才开始提出要向市场经济转轨。转轨需要一个较长的过程，不是一蹴而就的。时至今日是否实现完全市场经济也不可过于乐观估计。如果说我国完全市场经济体制当前仍处在建设发育过程之中，那么，作为“市场经济宪章”的反垄断法也还在制定之中也就不值得惊讶了。

二、改革为立法提供了必要性与现实可能性

鉴于反垄断法长期不能出台，如今又有人怀疑起这个立法的必要性了：这是否只是学者们的单纯理性和热情所为？现实生活有迫切需要吗？也有些西方国家曾经长年没有反垄断法，不是也过日子吗？即便是一些学者，当他们了解到立法进展情况，看到有关方面一次又一次提出的立法草案及其修改稿后，也感到原来一直制约着立法的几个难点问题仍未恰当解决，草案仍显得相当粗糙、不成熟。立法是为了实施，为了使其能够对社会发挥实际作用。现行立法工作离此要求看来仍有相当一段距离。

我们应当承认所面临的困难，但是这项立法的必要性和可行性却毋庸置疑，现在看来应当说是越来越明显了。虽然社会改革进程确实为立法带来一些具体问题，有某些制约因素。但改革确实又在呼唤着立法，改革进程和所取得的成果为立法提供了现实可能。中国在计划经济年代的经济生活，实际上，可以说是一种典型的完全垄断状态，但人们习以为常，见怪不怪。改革后的垄断状况应当说有所改善，人们认识到了垄断的危害，并对现实生活中还存在的垄断不能接受：垄断排斥其他经营者进入市场，使这些经营者不满；垄断企业的产品和服务往往质差价高，使广大消费者不满；垄断企业躺在高额垄断利润上不思进取，不利于技术进步和生产力发展；垄断扭曲价值规律，使市场调节机制失灵；如此等等危害甚大。当前，过去传统性的（计划经济体制遗留下来的）垄断仍然相当严重地存在，如国有企业的垄断、行政性垄断；

而新的垄断情形又在中国大地滋长，如民营企业的垄断和限制竞争行为；加入 WTO 后外资企业和跨国公司对中国市场的垄断等。这些都使人们越来越感到制定反垄断法的必要性。

另外，改革的进展也为反垄断立法提供了现实可能。例如，原来国有企业的垄断是国家允许和提倡的，是一种合法垄断。国企改组为股份公司后，虽然他们往往仍沿袭过去的许多特权思想和做法，继续实行着某种垄断，但毕竟它们已是市场化主体，应当按照公司法、证券法等规范化经营。国家法律要求它们同其他市场主体公平竞争。因此反垄断法完全可以对其正常适用。许多公用事业如今在改革中已经不同程度地引入竞争机制，今后的反垄断法对它们滥用"适用除外"规定、超出合理范围实施的限制竞争行为等，可以并应当予以规制。又如行政性垄断，改革发展到今天，其危害性和不合法性已被人们认识，国家的法律和中央政府陆续发布的行政法规也已经在对其进行某种限制。所有这些都为运用反垄断法规制行政性垄断奠定了政治、法律基础。这些年国家在民主法治建设、控制行政权力、司法改革等方面也取得了进展，为解决我国反垄断立法的实施主管机关、实施程序等方面问题创造了条件。我们可以按照民主法治要求来设计相关法律制度，解决以往存在的"部门立法"和某些行政机关争权、行政执法权力过大和缺乏法律程序约束、许多案件当事人难以进入司法程序和司法不独立等妨碍法律公正实施的问题。

此外，当前国际化潮流和我国加入世贸组织的背景，也为我国反垄断立法借鉴国际经验和同国际接轨提供了必要和可能。在市场国际化和我国加入世界贸易组织的背景下，国外企业和跨国公司在我国境内或境外实施损害我国利益的限制竞争行为的情形会逐渐增多，如果没有相关立法就难以得到有效规制。现在各国大都制定和实施了各自的反垄断法，许多制度和做法大致接近，并经实践检验具有合理性。我国立法可以借鉴其中一些成功的做法，并尽量同国际上一些通行做法接轨。例如，在我国立法中人们长期争论的反垄断法实施主管机关问题，完全可以参照多数国家设立具有权威性的专门机关（如公平交易委员会等)的做法。其他一些立法难点问题,只要我们坚持改革方向,按照市场经济和民主法治建设基本要求,并结合中国改革进程中的实际,都是完全可以解决的。

三、立法的制度设计应体现时代精神和中国特点

我们需要制定一部怎样的法律?笔者认为它应当具有时代精神,反映中国特点,能够切实解决中国实际问题,有效地规制中国市场现实存在的各种垄断,维护自由、公平竞争,对经济发展和社会进步有实在意义。总之,要是良法,并能切实实施。实施是法律的生命。不能实施,形式再优美,体系再完整,也只是一个摆设而已。

针对目前立法的进行情况,我们应从下列几个方面进行制度设计:

(一)正视国有企业、公用事业的垄断行为

当前中国现实生活中最突出的垄断,仍是国家垄断、国有企业垄断、公用事业垄断和行政性垄断。国家垄断本是国家政策、法律允许的垄断,是一种“合法垄断”。这需要国家通过改革,逐步放弃和减少控制来解决。原来,国家垄断主要表现为国有企业的垄断。国企改革中大部分国家独资企业已改组为国家控股的股份公司,但它们中许多仍未按照公司法、证券法等国家法律规范运作,不同程度上沿袭着过去的一些特权和习惯做法,包括继续实施某些限制竞争行为,其他经营者和消费者无力与其抗争。我国的公用事业历来都是国家独资经营和控制的。近些年也做了一些改革,许多改成了股份制,但都是国家绝对控股。这些公用事业披上了“自然垄断”外衣,滥用“适用除外”,实施限制竞争行为,危害甚大。我国反垄断立法必须正视国有企业实施的垄断和限制性行为,法律对它们应当同对其他性质企业一样,一视同仁,规定上不给它们开口子、留漏洞。对真正属于公用事业的实体,虽然可以作些特殊规定,但大可不必一律“适用除外”。应具体分析哪些行为可以不受反垄断法规制。对于那些完全可以引入竞争机制的领域和环

节,法律不能包庇他们的限制竞争行为。立法条款中一定要注意慎重使用诸如同"国家利益和社会公共利益"或"国计民生"相关的可以例外等用语,严格把好豁免关。口子大了,漏洞多了,将来实施中会不可收拾,使法律流于形式。

(二)关于经济力集中(或企业结合)

各国反垄断立法有所谓"结构主义"或"行为主义"做法之别,如今普遍的是重"行为主义"。我国也应如此。特别是当前我国企业经济力集中度并不很高,对"相关市场"的界定还应考虑市场国际化因素,因此需要反垄断法干预的企业集中度标准不能定得太低。应当分析企业结合(集中)的各种具体情况。对于那些结合的动机目的就是谋取垄断地位,以便实施限制竞争行为的,应视为"本身违法",反垄断法于该种结合进行时就应介入干预,阻止其发生。对于那些结合的动机目的不是或暂时不能认定是为了实施垄断的,当其集中度够上法律规定标准时,反垄断法可以规定要求企业结合的当事方进行申报;主管机关也可以在其结合过程中或结合完成以后的经营活动中进行调查。对于反垄断法颁布前就已具有某种垄断地位的企业或企业集团(不是在法律颁布后为"谋取垄断地位"而进行的集中),反垄断法关注的重点也是它(们)的垄断行为,如是否签订了垄断协议、是否有垄断力滥用行为等。不必仅因其垄断结构状态(集中度)而轻易作出令其分割或解散的决定;但反垄断法主管机关可以对其监督和调查,防止或制裁其可能发生的各种限制性行为。

(三)加强对行政性垄断规制的力度和可操作性

行政性垄断是国家行政机关滥用行政权力而形成的经济领域的垄断。② 从结果来看,它是经济领域的垄断——经济生活中的限制竞争;这同反垄断法要规制的一般垄断是相同的。只是从该垄断形成的原因看,是由于行政机关滥用行政权力造成的,这同一般垄断乃是由经营者

---

② 关于行政性垄断的性质、特征等问题,可参见漆多俊:《中国反垄断立法问题研究》,载《法学评论》1997 年第 4 期。

凭借经济力实施是不同的。行政性垄断既然是滥用行政权力,他就是一种非法垄断(这同国家垄断是合法垄断不相同),是违背国家宪法和法律的。行政性垄断实施的方式和手段,有些是通过发布通知、通告,或部门规章,甚或行政法规、地方性法规实施的,采取了看似合法而实则同国家宪法和法律相抵触的方式;有些则仅凭内部决定、某些领导人讲话、指示甚至暗示、默许,给与支持和鼓励。有些是由一定地域或一定行业范围内不特定经营者最后实施和受益(地区性垄断或行业性垄断);有些则是由特定的某个或某些经营者实施和受益(如同某行政部门关系密切或有不正当经济利益关系的经营者);此外也存在由某行政部门参与同某些经营者一道实施和分配利益,或甚至由某行政部门亲自组织实施(如他们把本属于公共管理职能范围的一些事务分出去,另外成立一个或几个营利性实体,并规定某些事务民众只能到该实体办理并交纳费用)。现实生活中的行政性垄断表现形式多种多样,五花八门。这就要求我们立法者在起草反垄断法时,必须准确解释行政性垄断这一概念的内涵和外延,把现实生活中的各种表现形式加以概括或列举。行政性垄断所凭借的既然是国家行政权力,反行政性垄断就意味着要同权力作斗争。法律实施主管机关必须具有一定权威性,对其规制的程序必须在法律条文中作明确规定,要具有很强的确定性和操作性,而不至于被曲解和规避。反垄断主管机关对实施行政性垄断的行政机关的处理方式,除建议、责令该机关或该机关的上级机关给予某种处理外,也应当可以直接作出给予处理的决定;特别是当"建议"被不予理睬时,反垄断主管机关不能无能为力。

对行政性垄断行为的制裁方式,应当包括:撤销滥用权力所实施的限制性行为,停止侵害,通报批评,赔偿损失,建议给予行政处分等;构成犯罪的移送司法机关追究刑事责任。对于所发布的通知、通告或部门规章,反垄断主管机关应有权直接宣布或建议其上级机关宣布或提起行政诉讼由法院宣告其无效;对于有关行政法规和地方性法规,目前可报告其上级有权部门予以撤销,将来条件成熟时可以提起违宪审查。

(四)关于主管机关和实施程序

如前所述,反垄断法的重要性和它规制对象的强大性,决定了该法律实施主管机关必须具有较高权威,掌握强有力的手段。否则,它怎么能够去反那些实力强大的对手,特别是那些比自己权力更大的政府部门的垄断行为呢?大家知道,国外绝大多数国家都专门设立了专司反垄断法实施的机构,赋予它们较强独立性和较大职权,具有准立法权和准司法权。我国完全可以借鉴它们的成功经验。各国设置的反垄断主管机关按其性质和职权,也有所谓"行政主导型"或"司法主导型"之分。我国可以采取"行政主导型",但即使是行政机关,它们在性质、职权、组成方式和办事程序等方面也不能等同于一般行政机关。例如,德国的设置也属于"行政主导型",他们的"卡特尔局"就很有特色,值得我们好好研究和借鉴。

我国的学者们在这方面的意见是基本一致的,都主张设立一个专司反垄断法职能的主管机关。只是有的认为它应当直属于国务院,受总理领导并对总理负责;有的则认为也可以设在国务院的某个部委,直接受部长领导。笔者认为,主管机关设在哪里固然也重要,但更为实质性的问题还在于对该主管机构的性质、组成、职权和法定程序等的规定,要注意以下几点:(1)这一机构的组成人员应当具有专业性,特别是其主要负责的成员应是法律、贸易或财务等方面的权威性专家;也可以另外再设立一个专家咨询机构。(2)这一机构的办事程序由法律明确规定,主管机关可以依法制定具体操作规程。它依照法定程序独立审理案件,不受外部干预,包括它所隶属于的部门长官(如部长),也只依法在自己职权范围内行使权力,不得干预负责办案机构的审理业务活动。(3)加强和充分发挥司法机关在法律实施中的作用。减少行政终局裁决的做法,尊重当事人"接近司法"即能够进入司法程序的权利。立法应为此而规定行政程序同司法程序的衔接方式。有的国家反垄断案件经过了专门主管机关审理后,在需要进入司法程序时,可以直接进入二审。估计这在我国目前难以被采纳,但该做法确实也为我们提供了一个不错的思路。

中国反垄断法中的行政性垄断*

一、行政性垄断是我国反垄断立法主要掣肘因素之一

中国反垄断立法从1987年提出和酝酿算起，至今已经近20个年头，仍然未能出台。影响反垄断立法进程的原因是多方面的。20世纪80年代末最初提出反垄断立法时，整个社会还缺乏对市场经济和竞争的基本认识。90年代初在确立建设市场经济体制目标后，主流观念又认为垄断主要是市场经济高度发达条件下的产物，我国的市场经济还处于初级阶段，企业规模不大，生产集中度不够。当时人们所关注的是要发展大型企业或企业集团，组建“航空母舰”，而不是反垄断。进入21世纪，伴随着市场经济不断发育和我国加入WTO，人们对反垄断立法必要性的认识才有了新的进展。近几年反垄断立法进程明显加快。但在法律起草中仍然有许多棘手问题不好解决。行政性垄断问题是其中的难点之一，并且从立法开始酝酿起它就一直是人们争议的一个焦点和立法的掣肘因素。关于行政性垄断的争论主

---

* 本文原发表于《时代法学》2006年第2期。

要集中在两个方面:(1)反垄断法应否规制行政性垄断;(2)反垄断法如何规制行政性垄断。

对于我国反垄断法是否要规制行政性垄断,有否定和肯定两种观点。持否定观点的人认为,行政性垄断主要根源于我国现行的国家权力体制架构、原来计划经济体制下的经济管理体制传统以及国有经济强大等体制性和制度性问题。这不是一部反垄断法所能解决的。持肯定观点的人则认为,行政性垄断是我国现在面临的主要垄断问题,如果不反行政性垄断,则从现阶段来看,反垄断法的出台的实际意义便大大地打了折扣,使立法流于形式。行政性垄断同一般的经济性垄断从后果上看都是经济垄断,它们都是利用优势地位限制市场竞争,为特定的市场主体谋取不正当经济利益。作为以维护竞争为根本价值取向的反垄断法应当并且可以对行政性垄断予以规制。行政性垄断根子虽然在于行政权力膨胀的传统制度,解决根本途径在于政治体制改革和民主法治建设,但反垄断法毕竟是直接规制行政性垄断的有效手段,并且,法律可以推动和促进体制和制度改革。反垄断法规制行政性垄断非我国特有,俄罗斯、乌克兰等转轨经济国家的反垄断法已经有大量的规制行政性垄断的内容;即使在欧、美、日等发达市场经济国家,其反垄断立法和相关判例虽然没有使用行政性垄断的概念,但包含反行政性垄断的相关内容,并且存在相应的司法实践。在我国,行政性垄断至今仍然较为普遍地存在并严重危害市场经济的发育和运行,反垄断立法对其规制应是毋庸置疑的。

当然,对这一问题的意见分歧也不完全是认识和理论问题,因为它直接涉及利益关系。有些行政管理部门不愿意使自己以往权力受到制约,丧失利益寻租机会。一些大型垄断性国有企业更担心一旦反垄断法对行政性垄断进行规制,就会影响自己的既得利益。我国现行立法制度和做法带有明显的行政主导和部门立法特征,上述那些利益相关者的意志和利益要求往往在很大程度上影响立法,从而妨碍着立法进程。

行政性垄断同一般经济性垄断比较也有许多不同特点。例如,它主要是由政府行政机关滥用行政权力造成的,企业借助这些行政机关的权力得以实现对市场或价格的垄断。反行政性垄断要同行政权力斗争,这同一般反企业的垄断大不相同。反垄断法对于行政性垄断的规制有着许多特殊性。立法中需要恰当解决如何规制的问题。这些问题涉及方方面面,难免引起人们反复斟酌。如果说反垄断法应否规制行政性垄断的争论在学术界争议相对较小,对于如何规制,则即使在学术界也存在一些分歧。这里的问题主要包括:专门负责反垄断法实施的主管机关的设置或确定,它的地位、性质和职权,反行政性垄断的特别程序,对实施行政性垄断的机关及其工作人员的制裁方式等。这些问题经过长时间讨论,意见基本接近了,但仍未形成较成熟的解决方案,尚有待大家认真研究。

二、行政性垄断的特征和表现形式

在发达市场经济国家,垄断主要是一个经济问题,很少见到"行政性垄断"的提法(日本学者认为该国也存在)。行政性垄断概念在我国的出现,最早见于经济学界的相关论述,之后才引起法学界的重视。关于行政性垄断的确切定义,人们看法并不统一。例如,有些学者称为"行政垄断",说是一种行政上的、行政权力方面的垄断。未能强调指出反垄断法上所谓行政性垄断乃属于一种经济垄断(经济上的、市场和价格等方面的垄断)。有些学者把行政性垄断分为合法的和非法的两种,认为如果是行政机关滥用行政权力所致,就构成非法行政性垄断;如果有法律依据而实施的就是合法的行政性垄断。其实行政性垄断都属于非法垄断,它是违犯国家宪法和法律的。他们把行政性垄断同"国家垄断""自然垄断"等概念混淆了。

所谓行政性垄断,就是指国家行政机关滥用行政权力而形成的经济领域的垄断。或者说,行政性垄断,是指凭借政府行政机关或其授权的单位所拥有的行政权力,滥施行政行为,而使某些企业得以实现垄断和限制竞争的一种状态和行为。行政性垄断首先也是一种经济垄断——经济上的、经济领域的、以经济为内容和目的的垄断;而不是以行政权力垄断为目的。只是这种经济上的垄断实现的原因是行政机关行使权力的结果,而不是或主要不是企业所能直接做到的。再者,这是那些行政机关在滥用行政权力,而不是正当的行政行为。所谓滥用,其实是无法律依据的,即缺乏国家立法机关颁布的法律为依据,或者同国家法律相抵触,因此是非法行政行为。其中,有些可能依据行政机关自己颁布的某些部门规章甚至是政府的行政法规或地方性法规,但那些行政法规或地方性法规是不符合国家宪法和法律规定的,因而应当是无效的。行政性垄断并无合法、非法之区分,它们都是不合法的。这同"国家垄断""国家特许的垄断"等是不同的。"国家垄断是基于国家政策实行的,并往往以国家权力机关制定的法律作依据。他是一种合法行为。"国家垄断不宜过多,否则会妨害市场机制的作用和市场经济的发育与运行。但这主要通过企业改革和国家经济体制改革来进行,国家权力机关要调整原有法律或颁布新的改革法令。在国家政策和法律改变以前,反垄断法是不能对国家垄断进行规制的。

现实生活中行政性垄断有着多种表现形式,并且按照不同标准可以有多种分类。例如,按照实施行政性垄断的行政行为的依据,可分为:有形式上法律文件依据的或无法律文件依据的。前者由有关行政机关发布了通知、通告或部门规章,或甚至行政性法规、地方性法规,该行政行为正是依据这些文件实施的;后者则仅凭某些机关内部决定、领导人讲话、指示或暗示、默许等。如果制定了指令、鼓励或允许行政性垄断的行政性法规或地方性法规,则该制定法规的行为,属于抽象行政行为;而具体实施行为则是具体行政行为。从行政性垄断行为效力涉及的范围和领域分析,有些是地区性垄断(地区封锁),有些是部门、行业性垄断,也还有些是特许某个或某些特定经营者进行垄断。按照行政部门是否参与经营和分配垄断利益,则可以分为:有些是行政部门只是强令、鼓励或允许经营者实行垄断和获取垄断利益,行政部门并不参与直接经营和分配垄断利益;有些则是行政部门还直接参与经营和垄断利益分配,除接受企业贿金、回扣这种方式外,他们有的还组建"行政性公司"或者其他实体,把本来属于自己公共职能范围的事务分出去,由其组建的该实体从事垄断性经营和盈利活动。此外从垄断方式来看,行政性垄断形式则可以分为:行政限制市场准入、行政强制交易、行政强制企业联合等种。其中行政强制交易,包括行政机关指定消费者购买特定企业或者特定品牌的产品,为垄断目的的行政性限制价格,强制搭售或采用其他不正当交易方法等。

深入研究和准确把握行政性垄断的概念、特征和各种表现形式,有利于反垄断立法准确进行规制。在法律条文设计上可以采取概括式同列举式相结合。在列举表现形式时,突出几种主要的、最具代表性的。例如,上述说的属于抽象行政行为或具体行政行为的行政性垄断行为;行政机关的限制市场准入(地区封锁、部门封锁和不恰当特许经营)、行政强制交易、强制企业联合;行政机关除实施行政行为外还直接参与经营并获取垄断利益的等,可以加以列举。

三、关于主管机关和实施程序

反垄断法的重要性和其规制对象的特殊性,决定了反垄断法主管机关必须具有高度的权威性。对此,学术界不存在大的分歧;但由于反垄断主管机关的设置及其职权的规定涉及现有相关的国家机构的调整和权力的配置,因此使问题复杂化。不过,国家既然要制定反垄断法,就希望该部法律能够得到有效实施,主管机关设置和职权问题应当从有利于法律实施出发来考虑。国外在这方面已有许多成功经验,我们可以借鉴,当然也应结合中国国情。

从国外设置的反垄断法专门主管机关的性质和职权看,主要可以分为两种类型,即所谓行政主导型和司法主导型。我国反垄断实施专门主管机关,可以重点参考行政主导型模式。行政主导,能有效发挥行政系统运作高效、便捷的特点,也符合我国行政权力运作的传统。

我国的学者都主张设立一个专司反垄断法实施职能的主管机关。只是有的认为它应当直属国务院，受总理领导并对总理负责；有的认为可以设在国务院某个部委，直接受部长领导。实际上，主管机关设在那里固然重要，但更重要的是对该主管机关的性质、组成、职权等的规定。反垄断案件的特点，特别是反行政性垄断的特殊性要求反垄断主管机关必须具有较高的权威性，拥有充分的职权。有些国家往往赋予这种专门主管机关以“准立法权”和“准司法权”。我国反垄断法也应当确立主管机关的权威性，赋予它充分职权，包括调查权、独立裁决权和处分权。要建立专门审理案件的组织和独立办案制度。法律明文规定主管机关的办案组织只服从法律，不受外部干预。即使是其上级领导（如类似于德国经济部长那样的某个部委的部长、主任）也只能在各自职权范围内活动，不得直接干预办案组织的审理业务。该机构的组成人员应当具有专业性，特别是其主要负责成员应当是法律、贸易或者财务方面的权威专家。鉴于反垄断案件专业性很强，国家反垄断主管机关还需要设立专家咨询顾问机构。此外，为维护法律适用的统一性和克服地方保护主义干扰，国家反垄断主管机关不宜像司法审判机关那样按照中央、省、县分级设立，而只在地方设立一些派出机构、办事机构，负责处理反垄断调查等一些具体事务。

法律应当明确规定反垄断案件，特别是反行政性垄断案件的程序，尽量使之具有可操作性。主管机关办案人员依照法定程序行事，理直气壮，也使被审理的政府行政机关当事人无法规避。对于在调查和执行过程中包括行政机关在内的有关当事人不配合调查和执行的情形，应当赋予主管机关直接的强制权力或者提请司法机关采取强制措施的权力。对于抽象行政性垄断行为，法律可以规定事前规制，即授予反垄断主管机关对包括国务院在内的一切行政机关发布的涉及竞争问题的任何规定、指示、命令等的事先审查权，反垄断主管机关认为相关规定的出台有利用行政权力妨碍正常市场竞争之虞的，可以阻止其出台实施。反垄断主管机关认为已经出台实施的行政机关的规定、指示、命令等违反反垄断法的，对于发布主体是省部级以下行政机关的，可以直接撤销；对于发布主体是省部级行政机关的,可以请求国务院在一定期限内审查撤销。在将来我国建立了违宪审查制度以后,则可以提起违宪审查。

处理好主管机关的职权和办案程序同司法程序的衔接关系。法律应当明确规定行政程序和司法程序的衔接方式。坚持司法最终解决原则,尽量避免行政终局裁决的做法,尊重当事人"接近司法"即能够进入司法程序的正当权利。有些国家反垄断主管机关审理的案件在需要进入司法程序时,可以直接作为上诉审。这种做法也是有可取之处的。

四、关于制裁措施

违反反垄断法的行为是一种典型的经济法上的违法行为。对违反经济法义务的制裁措施即经济法的责任形式,一般包括:财产或其他经济利益方面的责任;经济行为方面的责任(经济法义务违反人以其经济行为受到某种限制为代价承担责任);经济信誉责任(以义务违反人的经济信誉受到损害为代价承担责任);经济管理行为责任(指国家经济管理机关及其工作人员以其管理行为和管理资格受到限制为代价承担责任)等。触犯刑律的则追究其刑事责任。反垄断法在对行政性垄断规制过程中,被规制主体实际上包括两类:除主要是实施行政性垄断行为的政府行政机关及其工作人员外,还有最终实现经济领域垄断和从中获取垄断利益的企业及其他经营者。对于企业等经营者,其责任形式包括经济利益责任、经济行为责任、经济信誉责任等,如罚款、没收违法所得、取消或限制其经营资格等。这同一般经济性垄断的法律后果基本相同;只是由于企业等经营者得以实施垄断的主要原因在于行政机关的行政行为,因此比较一般经济性垄断而言,经营者应承担的责任可以从轻考虑。对于主动抵制或者举报行政性垄断行为者,可以给予奖励。当然,对于那些通过游说或贿赂政府机关工作人员,直接促成行政性垄断并从中谋取较大垄断利润的经营者,则要从严查处。

对于实施了行政性垄断行为的行政机关及其工作人员,其责任形式主要是经济管理行为责任，此外还有经济利益责任。承担经济管理行为责任，包括撤销或令其停止、纠正有关违法管理行为（包括具体行政行为和违法、违宪的抽象行政行为），通报批评，撤销行政性公司或其他从事垄断的经营性实体，撤销有关工作人员的职务或给予其他行政处分等。触犯刑律的追究刑事责任。行政机关及其工作人员在行政性垄断中获取非法利益的，应给予经济制裁。因其行政性垄断行为给其他经营者、消费者或社会公共利益造成损害的，应负赔偿责任（主要属于国家赔偿制度）。

对于当事人的以上各种制裁措施，有些由反垄断主管机关直接作出决定；有些可由该主管机关向有关政府部门提出处理意见；有些则由反垄断主管机关直接（不必通过政府部门）移送司法部门处理。在反垄断主管机关向政府部门提出处理建议的情况下，如果有关政府部门逾期不予理会或未能满足反垄断主管机关处理意见要求的，法律应当规定反垄断主管机关可以再向上一级政府提出，或者可以移送司法部门处理。

第四编　宏观调控及财政、金融法律问题

第四编提示：在“国家调节说”经济法理论体系中的“宏观调控”，是特指针对市场机制的“盲目性和滞后性”这一缺陷，国家所采取的“引导”（含指导、鼓励与约束）式调节方式。它同国家调节其余两种方式即“干预”与“参与”并列。作为经济法体系三构成之一的“宏观调控法”，它综合运用提倡性、强制性和任意三种法律规范，而以提倡性规范为主。“宏观调控”这一词语在当前中国运用较多较滥。有些把它直接等同于“国家经济职能”或“国家经济调节”的全部。其合理性受到质疑。它同本书作者所使用的概念显然是不同的。本编收录的几篇文章论述了宏观调控和宏观调控法的概念、特征、体系、基本制度及发展趋势等基本问题。

国家对社会经济的引导或说“宏观调控”的调节方式，是国家综合运用计划（规划）和产业政策、财政、税收、金融等经济政策和政策工具、手段实现的。宏观调控法必然涉及上述诸多方面。但必须注意的是，财税法、金融法并非全部都属于经济法的宏观调控法，不能笼统地将其纳入经济法之中。它们之中有着许多其他如行政法、民商法等部门法性质的法律规范。只是现代国家需要运用财政、税收、金融等政策调节经济，所以它们具有了经济法性质。从这个意义上来说，经济法体系中所包含的其实只是财政政策法、税收政策法或金融政策法而已。本编收录了几篇财政法文章，在其他编也有关于财税和金融法方面的论述。但作者主要是从国家调节角度将其作为“政策法”来论述的。

论财政法功能与性质的转变*

一、国家职能的扩展与财政法基本任务及性质的转变

财政是国家为了实现其职能的需要而参与的社会产品分配活动。在过去很长历史时期内，国家的职能主要是对内镇压被统治阶级的反抗和对外防御敌人侵略别的国家。当时的财政，主要是为了满足国家进行这种活动的需要，为国家机关活动提供经费和物质保障，财政分配主要是有关国家机关依据法律、法令进行的组织与执行活动，属于行政管理内容。财政法属于行政法性质。资本主义社会以前，国家财政并未独立，它与国家统治者私人经济交融，国家的收入和支出，同时就是国王或皇帝私人的收入和支出。当时，财政法和行政法都未分立，与其他种类的法律规范合为一体。只是从性质上分析，财政法律规范属于行政法范畴。资产阶级国家建立以后，国家财政独立，财政法也相对独立。与此同时，行政法也开始独立。这时，财政法是行政法的一个分支。

---

* 本文原发表于《法制广角镜》1992 年第 5 期。

19 世纪末 20 世纪初以后，由于生产高度社会化和垄断的形成，产生了国家大量干预调节社会经济生活的需要，国家开始和越来越多地担负起管理、调节社会经济的职能。20 世纪出现一批社会主义国家，组织经济建设和管理国民经济是它们一项十分重要的任务，国家职能扩展了，除了原有两项基本职能外，又增加组织和管理经济的职能，即所谓“第三职能”。

国家职能的扩展，在法的体系上同时产生以下两个相关联的后果：一是国家经济管理关系发达，调整国家经济管理关系的法即经济法，逐渐形成为一个独立法律部门；二是财政及财政法的功能随之扩展，财政法除仍然具有行政法性质外，同时也逐渐具有了经济法性质，而被经济法纳入其体系范畴。

在现代国家，财政与经济的关系十分密切，它是国民经济特定的有机构成之一。从财政所动员的财富数量上看，当代许多国家的财政预算，往往占国民收入 1/4 或 1/3 以上。战争时期更多，有时占国民收入的 70% 以上，或者占社会总产值的一半以上。① 如此大量的财富，从社会经济流入国家财政，又从国家财政流出进入社会经济运动，自然要对国民经济的生产、交换、分配、消费发生重要影响。从组织财政收入来看，现代国家财政收入来源包括国有企业创造的利润、税收、公债及通货膨胀收入等。财政收入金额的多少，各地区、国民经济各部门、各行

① 我国“七五”计划期间（1986 ~ 1990）财政收入与国民收入及国民生产总值的比例关系，如下表：

年份	财政收入（亿元）	国民生产总值（亿元）	比例	国民收入（亿元）	比例（%）
1986	2220.3	9460	23.5	7790	28.5
1987	2346.63	10,920	21.5	—	—
1988	2587.82	13,853	19	11,533	22.4
1989	2919.2	15,677	19	13,000	22.5
1990	3244.78	17,400	19	14,300	22.7

资料来源于国务院公报。

业及各社会组织与公民负担的比例与份额的多少,必然对国民经济发展规模、速度与结构,直接产生制衡作用。从财政支出安排上看,现代国家直接用于经济部门的投资和补贴逐渐增加。20世纪70年代美国联邦预算中,用于能源和其他自然资源的开发,对于农业和交通运输业的投资,以及各地区发展事业的投资,约占预算支出总额的10%,此外,在其巨额军费开支中,有不少是对于军事工业的投入。我国近几年预算中,经济建设类支出(包括基本建设支出、企业挖潜改造资金和新产品试制费、支援农业支出和各项农业事业费、城市维护建设费支出、价格补贴等)占预算支出总额将近一半。[②] 财政支出的合理安排,极大地调节着积累与消费、生产性积累与非生产性积累、固定资产投资与流动资金、基本建设中农、轻、重及基础工业与加工工业等的比例关系,制约着国民经济的发展。

鉴于财政对国民经济有着如此重要的影响与作用,所以,在国家职能扩展以后,国家在对国民经济实行管理和调节过程中,必然要充分利用财政分配这一有效的经济杠杆,发挥其调节经济的作用。财政在具有调节经济这一新的功能之后,它仍然担负着为国家机关活动筹集和供应经费的任务。但是,由于财政经费是社会总财富中特定的一部分,它最终受到国民经济发展状况的制约,财政本身是国民经济运动过程中特定的经济行为。从这个意义上来说,财政的调节经济功能较之财政经费筹集与供应功能,更为重要。

与上述财政功能的转变相适应,财政法的基本任务和立法主旨也发生变化:财政法不再仅为满足国家活动经费需要提供法律依据和法律保障,而且还担负着保障国家运用财政杠杆调节经济,促使国民经济协调、稳定和发展的重要任务。财政法的基本任务服从了经济法的基本任务,并与后者相一致了。因此,财政法的性质就发生了变化。

---

② 我国1991年预算中财政总支出为3566.56亿元,其中:基本建设支出682.89亿元,企业挖潜改造资金和新产品试制费168.91亿元,支援农村生产支出和各项农业产业费234.56亿元,城市维护建设支出129亿元,价格补贴支出333.19亿元。上述各项支出之和为1553.84亿元,约占总支出的45.7%。见《国务院公报》1991年第13号。

二、财政法的基本原则及调整方法的变化

财政法性质的转变,还可以从其基本原则和调整方法的变化加以说明。

当财政的功能主要是满足国家机关活动经费需要时,财政法所贯彻的基本原则主要是公平原则和量入为出、收支平衡等原则。当财政以调节经济为其重要功能以后,财政法应当贯彻的是国民经济效益原则。财政法应保障财政分配活动有利于维护国民经济总体效益,促进国民经济协调、稳定和发展。这一原则应贯彻在组织财政收入和安排财政支出的各个方面。虽然,公平原则和量入为出、收支平衡原则还应当贯彻,但这些原则也要服从经济效益原则,也就是说,要在保证国民经济总体效益的前提下来谈公平等问题。为了总体效益,有时需要对不同的经济成分、不同的部门、行业、产品等,按其对国计民生的不同后果,在组织财政收入和安排财政支出上,作出不同的规定,有些给予鼓励、优惠、扶植,有些则给予限制或取缔。为了国民经济总体效益,量入为出、收支平衡等原则也受到限制,有时甚至可以背离。现代资本主义国家的财政,有时实际上是量出为入,或者搞赤字预算。特别是为了应付战争或者防止与应付经济危机,尤其是这样。社会主义国家较为强调量入力出、收支平衡,但也是把这一原则置于国民经济总体效益原则之下的。我们知道,维护国民经济总体效益,正是经济法所贯彻的最重要的基本原则,财政法在这方面与经济法趋于一致了。

财政法的调整对象及基本任务,决定着它所采取的调整方法。原来,国家财政管理基本上采取直接指令性方式。财政法主要采用强行性规范,对违反财政法的法律后果,规定行政制裁方法,借此以保障财政分配活动按照指令性方式进行。当财政担负调节经济的任务以后,国家财政管理方式注重从宏观和总体上运用财政对国民经济进行调控和引导,财政法需要采用强行性规范与提倡性规范相结合、经济制裁与

奖励相结合的方法。它一方面作出命令或禁止性规定,以保证各项具体财政收支活动的实现,另一方面又规定了许多鼓励、提倡性措施,以引导和促进国民经济的发展。一方面规定诸如罚款、收滞纳金、追缴被侵占或挪用的资金、没收非法所得或财产、强制整顿、停止或吊销营业执照、宣告破产等经济制裁措施,另一方面又规定减免税收或上缴利润、财政补贴、颁发奖金等奖励措施。因此,财政法所采用的调整方法与经济法的调整方法也就一致了。③

三、财政法在经济法体系中的地位

上述分析表明,由于现代国家职能的扩展,财政调节经济功能的增强,使财政法的基本任务与立法主旨、它的基本原则与调整方法,发生了重要转变,财政法的性质也发生了变化,即从原来属于行政法范畴转变为同时具有了经济法性质。

经济法是国家为了实现社会经济协调、稳定和发展,制定用以调整在国家对社会经济调节管理过程中发生的国家经济管理关系的法律规范的总称。国家的经济调节管理,分别采取干预、参与和引导促进(宏观调控)等基本方式。经济法也因此有相应的法律规范。我们说财政法具有经济法性质或被纳入经济法体系范畴,主要是指它隶属于经济法当中的引导促进法(宏观调控法)。因为国家在调节经济时需要运用财政税收乃至金融等方面的经济政策和经济杠杆,引导、鼓励或约束有关经济主体的经济行为。为此国家制定相应的经济政策,并将这些政策上升为法律。这些法律便具有了经济法性质,被纳入经济法范畴。以财政方面的法律为例,它们通常规定国家在组织财政收入和安排财政支出时如何贯彻国家经济调节目的和意图,有利于实现国家对于社会经济结构和运行的影响和调节。由是观之,我们说财政法具有经济

③ 参见漆多俊:《论经济法的调整方法》,载《法律科学》1991 年第 5 期。

法性质和属于经济法范畴,实际上也不是笼统地泛指财政法的整体,而只是有关国家财政政策方面的内容,简言之这里所指的乃是一种“财政政策法”。如果不加区分笼统地认为财政法不再具有行政法性质,而都属于经济法了,显然是不恰当的,因为直至今日乃至今后,财政的功能仍然保有为国家筹集和分配财政经费的一面。

宏观调控法研究*

一、宏观调控法的性质和地位

现代市场经济需要两种调节机制，即市场调节与国家调节。国家调节社会经济通常采用三种基本调节方式：既采用强制方式反对垄断和限制竞争及不正当竞争，以排除市场机制作用的障碍；又采用国家参与方式直接投资经营；此外还大量采用促导方式，即对社会经济活动给予指导、鼓励、提供帮助和服务，引导和促进其按照国家所希望的方向和途径运行。

早期的国家在对社会经济进行管理时，就懂得运用促导方式。例如，为促进或抑制某些产业的发展，特别是在政权更替或社会变革时期为推进某种革新措施，统治者往往运用税收、奖励或其他手段引导经济活动。进入20世纪以后，这种做法逐渐广泛地得到运用。现代国家自其担负调节经济的职能以后，促导方式便是国家调节所采用的三种基本方式之一。20世纪末，各国对于这种调节方式更加重

* 本文原发表于《法商研究》1999年第2期。

视，手段和做法更加多种多样，并综合加以运用，形成互相关联、互相配合的有机体系。这种体系以“国家计划—经济政策—调节手段”为轴线。其中，国家计划规定经济发展的目标和任务；经济政策体现计划的各项要求，分解和落实计划的各项指标和任务；各种经济杠杆和政策工具是贯彻各项经济政策的手段。国家运用由这些多种促导方式和手段构成的系统，从社会经济的宏观和总体上调节其结构和运行，以实现国家既定的目标和任务。这即为当前人们所通称的国家宏观调控。所谓宏观调控，其实就是国家用来调节经济的各种促导方式形成系统后的综合体现，是国家运用促导系统调节经济的一种总称或通称。也就是说，宏观调控是这样的一种国家调节经济的基本方式：国家从社会经济的宏观和总体角度，运用国家计划、经济政策和各种调节手段，引导和促进社会经济活动，以调节社会经济的结构和运行，维护和促进社会经济协调、稳定和发展。

国家宏观调控必须制定相应的法律，以规范宏观调控中有关各主体的行为，维护宏观调控秩序，保障国家宏观调控顺利进行和目标实现。国家宏观调控法是调整国家对社会经济宏观调控中发生的各种社会关系的法律规范的总称。其调整对象，包括在宏观调控中发生的国家同它的各级和各部门机关之间，各级和各部门国家机关之间，各国家机关同企业、事业等社会组织或公民之间的社会关系。

宏观调控法是国家调节社会经济之法，是经济法的一个重要组成部分。其调整对象属于国家经济调节管理关系，它们均以国家（或其机关）为一方主体，是在国家以宏观调控这种基本方式调节社会经济过程中发生的一种调节与被调节、管理与被管理关系。其功能和任务以及所适用的调整原则和调整方法等，同经济法的基本功能和任务以及基本原则和方法也完全一致。

经济法作为国家调节社会经济之法，其体系包括三个方面的法律，即：市场障碍排除法（含反对垄断和限制竞争法及反不正当竞争法等）；国家投资经营法（含国家投资法及国有企业法等）；宏观调控法。在西方资本主义国家，反垄断法是最早出现的经济法法律形式，并长期居于经济法体系的核心地位。而在社会主义国家,国家投资经营法则长期居于核心地位。各国的宏观调控法过去都不甚发达。第二次世界大战以后,特别是近20年来,各国越来越重视运用宏观调控方式调节经济,宏观调控法迅速发达起来。

当代各国重视宏观调控,其根本原因在于科学技术飞速发展引起生产更进一步社会化。国民经济更加融为一体,并更加国际化、全球化。突破疆界的国际工商企业把广泛的区域联系起来,形成新的世界经济体系。国家对本国经济的调节比以往任何时候更加需要有广远的视野,从全局和总体上把握经济运行的状况和特点,以进行必要和有效的调节。因此,制定和实施国家计划和各种经济政策,综合运用各种调节手段,并使之形成完善的国家宏观调控体系,就显得特别重要和迫切。

另外,企业,特别是大企业和跨国公司,由于借助现代高科技,它们比以往任何时候都更加强大。资本、熟练劳动力和信息在世界范围内自由流动,跨国公司的资产和利润来源分布于许多国家和地区,任何一个国家,包括它名义上所属的那个国家,政府已不能对它像过去那样行使权力。跨国公司的强大力量及其流动性正在削弱当地政府施政的效率,改变政府管理的方式。政府的作用仍是必需的,或者说在全球化趋势下,政府凭借它的权威,对全球资讯的了解和所拥有的政策工具及其他经济调节手段,甚至通过国家政治、外交活动,是能够和应当在经济上发挥重要作用的,但其作用方式应当改变,应当主要是对企业予以引导、促进、提供帮助和服务等。以上情况也促使国家不得不加强和完善其宏观调控体系及其立法。

20世纪80年代初从英国开始的全球私有化浪潮,使国家直接投资开办的国有企业急剧减少,国家投资经营这种国家调节经济的方式及这方面的立法,在国家调节三种基本方式及经济法立法体系中的比重和地位下降。原来的国有企业因私有化而脱离政府的控制。许多原国家垄断部门在私有化后即成为民间性质的大公司,政府实际上也不能再对它们发号施令。但如果对于它们的经营,特别是对它们开辟和争夺国家市场有所指导和帮助,政府适当的宏观调控却是必要的,企业乐于接受。

促使宏观调控法在西方国家经济法体系中地位的提高,还有一个原因,就是原居于核心地位的反垄断和限制竞争法本身也在发生变化。国家的反垄断和竞争政策日益要求同国家经济发展总目标相协调,统一纳入国家宏观调控体系。国家反对垄断和限制竞争主要在于为市场机制充分发挥作用创造条件。作为国家调节经济的一种方式,它对于社会经济的作用具有某种间接性和被动性,作用面有一定局限性,远不如宏观调控这种作用方式更加积极主动、影响面大和效果显著。

宏观调控法在中国经济法体系中地位的提高,还有其他重要原因,这就是国家投资体制和国有企业改革的必然趋势,使国家投资经营这种调节方式和国家投资经营法在国家经济调节和经济法体系中的比重有所降低。随着这一改革进程不断推进,在我国的国家调节和经济法立法体系中,国家投资经营及其立法的核心地位将逐渐让位于国家宏观调控及宏观调控法。

此外,我国的反垄断和限制竞争法在经济法体系中迄今仍然缺位。虽然我们应立即着手制定这种法律,但它不会成为我国经济法的核心。这既是由我国国情决定的,同时也是当今世界各国经济体系发展变化的潮流使然。

综上所述,我们看到当今世界各国经济法的核心正在发生两股相向的变化趋势:在西方资本主义国家,其经济法体系的核心正在由反垄断和限制竞争法移向宏观调控法;在中国,则由国家投资经营法逐渐让位于宏观调控法。宏观调控法正在成为各国经济法的核心。这是20世纪与21世纪之交世界范围内经济法体系发展变化最显著的特征之一。当然,不同国家的宏观调控及立法的具体内容、特点有所不同,这正如各国所实行的市场经济模式各有其特点一样。

二、宏观调控法的基本内容和体系

如前所述,现代国家对社会经济的宏观调控已形成以"国家计划—经济政策—调节手段"为轴线的系统工程。相应地宏观调控法的体系从内容构成上看,包括了计划法、经济政策法和关于各种调节手段运用的法律。

计划规定经济发展的目标和任务,它体现着国家经济调节的总意图。为保障计划的编制合理、科学及其有效实施,需要制定计划法。计划法是宏观调控法的中心环节,或可称为"龙头法"。

现代各国无论社会主义国家或资本主义国家,大都制定有各种不同的国家计划,并颁布了计划法。德国早在1936年就制定了1936~1940年的"四年计划"。法国是战后西方国家中推行计划调节的典型之一。自1947年开始实施第一个计划,半个世纪以来已连续实施了十几个国民经济中期计划。日本是西方国家中经济具有较强计划性的又一典型国家。1955年由内阁会议通过第一个正式作为政府经济计划对待的1956~1960年计划,此后每届政府都制定中长期计划,并每年颁布《政府经济展望》(短期计划)。为实现国家计划,日本制定了许多相关法律,在计划与立法的配合上有许多成功的经验。

在社会主义国家,计划在经济和社会发展中的地位和作用尤其重要。国家对社会经济的调节主要通过计划进行,因此这里的国家调节又被称为计划调节。又由于计划调节被当作最主要甚至唯一的调节机制,排斥市场调节的作用,因此这里过去长期实行的经济体制属于计划经济体制。

在西方资本主义国家,计划基本上是指导性的,而不是由国家统制一切经济活动的政府指令。他们注重运用经济政策和经济杠杆诱导企业行为和经济发展。法国1982年通过一项《计划改革法案》,规定减少国家直接干预,使计划更加注重指明经济发展方向和对宏观经济的协调与平衡。日本的计划也不是有严格约束力的,它只是关于经济政策的意见汇编和经济前景的预测,以供私人企业和公共事业参与,并成为国家活动的依据。日本有学者把这种计划称为"长期天气预报",但他们都承认计划对于全国各种经济的导向作用。实际上如日本等国家的这种指导性计划所预期的目标大都能得到较好实现。

社会主义国家过去的计划不仅包揽过宽,而且基本上是指令性的,实施手段主要依据行政命令。后来也都发生了变革。中国在经济体制改革进程中也改革了计划体制。在缩小计划管理范围以扩大市场调节作用的同时,也逐渐减少指令性计划指标,而过渡到指导性为主。计划因而成为促导型的国家调节方式,计划法属于促导型的国家宏观调控法的范畴。

计划法的概念有狭义、广义之分。狭义的计划法是指集中规定国家计划编制和实施的指导思想、原则、管理体制和程序的综合性法律规范性文件。广义的计划法除前者以外,还包括其他法律、法规中有关计划的内容、编制和实施的法律规范。

计划本身不等于法律。将计划内容制定为法律的方式大致有两种:一是根据国家计划制定经济政策,又根据经济政策制定有关法律。例如,日本为实现"生产扩充计划"而运用《炼钢事业法》和其他各种事业法;为实现"物资动员计划"而运用《进出口物品等临时措施法》和《国家总动员法》等。在这种情况下,"法律本身并未设立对计划的任何规定,而计划则在法律的背后,成了根据这些法律制定的各种行政活动的实质性标准"。① 二是在立法中规定有关计划。例如,日本在《确保粮食临时措施法》中规定"农业计划";在《中小企业现代化促进法》中规定"中小企业现代化计划"和"中小企业结构改革计划"等。德国的《促进经济稳定与增长法》第10条规定了长期投资计划和在这种计划基础上制定的联邦政府中期财政计划。在这种情况下,计划被直接纳入法律之中。以上这些都属于广义的计划法。

---

① [日]金泽良雄:《经济法概论》,满达人译,甘肃人民出版社1985年版,第67页。

经济政策是连接国家计划与各种调节手段的中介。它分解计划所规定的经济发展总任务和各种宏观经济总量指标，形成各个方面的基本行为方针和准则，并使各种调节手段能直接发挥作用。经济政策也不等于法律，不需要将所有的经济政策都制定为法律。但对于各个时期国家的各项基本经济政策，通常制定相应的法律，使政策内容更加规范化，并赋予法律效力，以保障更好地实施。所谓经济政策法，就是指体现国家各项基本经济政策实体性内容的各种法律规范。它们是国家宏观调控法体系中的主体部分。

国家经济政策的种类很多，通常包括产业政策、投资政策、财政税收政策、货币金融政策、外贸外汇政策、国民收入分配政策、消费政策等。有时国家还制定内容更加全面的综合性的国民经济基本政策。因此，经济政策法也通常包括产业政策法、投资政策法、财政税收政策法、货币金融政策法等。有些国家还制定了内容更加全面的综合性的国民经济基本政策法。例如，德国 1967 年颁布的《促进稳定与增长法》、美国 1976 年颁布的《充分就业和国民经济平衡增长法》，即为其基本经济政策法。

国家宏观调控所采用的调节手段，虽然也包括使用某些强制性手段，但主要是对社会各经济活动进行指导、鼓励、提供帮助和服务，属于促导型的。它们主要包括税率、利率、汇率等经济杠杆和其他财政、税收、金融、信贷、价格、工资等方面政策工具及其运用，特别是对它们的综合运用。这些调节手段及运用应当法制化，应由法律规定可以使用哪些调节手段，它们的使用机关、权限范围、使用程序和方法等，避免随意性。这些多规定于财政法、税法、金融法、外汇法、价格法等综合性法律之中，政府及其有关主管部门也颁布一些单项法规。

以上计划法、经济政策法和关于各种调节手段运用的法律，贯彻着共同的总的指导思想和基本原则，共同执行国家宏观调控任务。关于宏观调控总的指导思想和基本原则、基本任务等方面的法律规范，构成宏观调控法的“总纲”。宏观调控法应当有这种总纲性质的规定。它们通常散见于国家有关的政策文件和法律之中，特别是国家计划和计划法、有关经济政策及其立法之中,宪法中也有基本的原则性规定。国家如果认为有必要制定一部综合性的宏观调控法典或宏观调控法纲要,那么,以上内容就可以集中加以规定,作为其总纲部分。

综上所述,从宏观调控法的内容构成上分析,它以国家宏观调控总的指导思想和基本原则为统率(灵魂),以计划法为中心(龙头),以各项经济政策法为主体,以各种调节手段运用的法律为启动机制,如是组成统一的有机体系。

宏观调控法如果从法律表现形式上分析,则包括一系列各基本方面的综合性法律和许多单项法规。对于计划、财政、税收、金融、价格等国民经济各职能方面及工业、农业、商业、交通运输等各行业部门,国家往往以综合性法律形式分别加以规定。其内容一般说来主要是有关管理体制和程序的规定,此外还有管理原则和主要政策的实体性规定。但也有主要是规定政策的实体性内容的,除前面提到的德国、美国那样的基本经济政策法外,许多国家还分别就其产业政策、财税政策、金融政策、科技政策、就业政策等实体性内容,颁布综合性法律。

综合性法律无论对于程序性或实体性内容的规定,都难以全部包罗。特别是关于计划和各种经济政策的实体性内容既多且变动性大,国家需根据客观形势和情况随时予以调整。因此需要在各基本的综合性法律之外,再颁布许多单项法规,以同各有关综合性法律相补充和配套。宏观调控法中存在大量的单项法规和暂行规定,这是其立法体系的一个明显特点。

此外,宏观调控法如按照效力渊源,则包括宪法、法律、行政法规和地方性法规。

三、宏观调控法律体系的完善

当前各国基于对宏观调控及其立法在市场经济中的地位和作用的认识,正在大力加强和完善宏观调控体系及其立法。由于各国所实行的市场经济模式和国家经济管理传统与体制不尽相同,宏观调控体系的发达程度及其立法的程序不一,因此,完善的途径也不尽相同。但也存在许多共同点,面临一些带普遍性的问题。我国为进一步完善宏观调控和宏观调控法的体系,需要根据我国实际情况,很好地解决以下这些问题。

(一)关于调、管、放的关系

宏观调控是国家调节社会经济的一种方式。国家对社会经济的管理有三种性质的管理方式:一是民事管理。国家为社会各经济活动主体制定法律规则,各主体依照规则自由和平等地进行各种经济交往活动,国家一般不介入其中,不以自己为一方主体同其他社会主体发生法律关系。社会主体之间发生纠纷时,主要由民间社会自己调处,必要时可由国家司法机关处理。这种管理方式恰如体育竞赛需要制定规则,而竞赛由各运动员自己进行。这当然也是一种管理方式。国家为对社会经济实行这种管理而制定的法律规则,主要是民商法;在其他如劳动法等法律中,也有这种管理方式和这种处理各平等主体间关系的法律规范。二是行政管理。国家为维护政治、治安和其他社会公共秩序,不仅颁布法律、法规让社会各经济活动主体遵行,而且以国家政府机关为一方主体同其他社会主体发生法律关系。这是一种国家直接管理方式,并以指令性管理为主。国家为进行这种管理而颁布的法律、法规,主要是行政法;在其他如经济法等法律中,也有属于或类似这种性质的法律规范。三是国家调节。国家为维护和促进社会经济的协调、稳定和发展,而对社会经济的结构和运行实行调节。国家为此而制定法律规定,并以自己为一方主体同其他社会主体发生调节管理法律关系。国家调节管理乃出于宏观经济目的,即为了调节社会经济宏观和总体结构与运行。这种宏观经济目的贯穿于国家调节管理的各种措施和全部过程。这是不同于上述民事管理和行政管理的另一种国家经济管理方式,是一种更深和更高层次的国家经济管理方式。国家调节管理采用了国家强制排除市场障碍、国家参与投资经营和以国家促导为主的宏观调控三种基本做法,宏观调控是其中越来越重要的一种。

国家对社会经济实行管理，必须恰当处理以上三种管理方式的关系，大致确定：哪些领域应当放开，实行民事管理，健全民商法等有关法律制度；哪些方面应当实施行政管理，健全行政法等法律制度；哪些部位应当加强国家调节，并实行宏观调控这种调节方式，为此健全经济法等各种法律制度，包括完善宏观调控法体系。该“放”的，大胆地放；该“管”的，积极地管；该“调”的，主动地调。

各国的经济管理传统和模式不一。例如，美国、欧洲国家、日本、东南亚及其他发展中国家、中国等，便各有特点。有的放得宽些，有的管得严些。一般地说，国家宏观调控面不在于宽，而贵于精，力不在于猛，而贵于准。因风吹火，用力不多；扬汤止沸，却劳而无功。各国的宏观调控，都要环绕“国家计划—经济政策—调节手段”这条轴线，抓住该三个环节。并且，国家的计划和经济政策的涉及面均不宜过宽，要抓住重点。

各国宏观调控的广度和力度不同，除别的因素以外，同该国市场经济发育程度密切相关。市场经济发育较成熟，其运行较顺畅，国家调节自然较为轻易；否则较为繁重。我国现在刚刚处于经济体制转轨过程，革旧创新任务艰巨，包括市场体系的组建等，都必须由国家出面。而国家经济管理职能行使方式和国家机构体制本身也处于改革之中。这些都给我国的宏观调控增加了难度。但我们仍然要力求准确把握必须由国家调控的部位，恰当着力。要处理好调、管、放三者关系。我国的宏观调控立法在内容和范围上要恰当界定同民商法和行政法等法律的关系。

（二）关于国家计划、经济政策的立法

国家计划和经济政策的立法包括两个方面的内容：一是有关国家管理体制和实施程序的立法；二是有关计划和政策实体性内容的立法。前者立法较容易做到，各国一般都作出了规定；后者较困难一些，需要总结经验，继续加强。例如，各国在计划、财政、税收、金融、价格等方面，大都分别颁布了综合性法律，这些综合性法律主要是有关管理体制和程序方面的规定；虽然也有一些关于计划和政策实体性内容的规定，但主要是一些原则性规定,较为简略。加强对计划和政策实体性内容的立法,使之上升为法律上的权利义务,能更好地保障计划和政策的实施,也便于政府主管部门依法调控和管理,避免主观随意性。

计划和经济政策的时间性强,变动性大,有些内容仅涉及特定地区和特定对象,不具有普遍性。因此,不需要将计划和政策的全部内容都制定为法律,法律只需对其中一些重要和基本的内容作出规定。可以就各项基本经济政策集中作出综合性规定,制定各种基本经济政策法,如财政政策法、金融政策法以及农业、工业、第三产业等产业或行业的基本政策法等。也可以如前面提到的德国、美国那样制定更加全面的国家经济政策基本法,或者制定一部综合性的国家宏观调控基本法。有关计划和政策的有些实体性内容,也可以分散规定于其他相关法律之中。还可以颁布许多只涉及某些方面内容的单项法规。对于某些变动性较大的问题,也可以用暂行或试行办法发布。

我国一贯十分重视国家计划和经济政策在国家调节和管理国民经济中的地位和作用。过去,我国的计划和政策的内容主要是指令性的,其实施也主要依靠行政手段。当前我们面临的任务不仅要加强计划和经济政策的立法,而且要改革立法的内容,反映计划和政策以指导性为主的改革趋势。例如,我们过去搞指令性计划有较丰富的经验,如今指导性为主的计划如何编制和如何才能保障实施?这要求我们对于计划工作的指导思想、原则、编制程序、实施措施等,都必须重新探索和改革,并将其以法律加以确定。我国至今尚未制定综合性的计划法,需要在总结改革经验的基础上抓紧制定。

(三)关于国家宏观调控机构体制

国家宏观调控机构的设置和运作机制,是实现国家宏观调控职能的关键。为健全国家宏观调控机构体制,首先,应当把一般行政管理机关同经济调节机关在设置和职责上加以分开;其次,根据国家经济调节的三种基本方式,把宏观调控机构同主管市场竞争的机构和主管国家投资经营的机构加以分开。要使宏观调控机构的设置和职权十分明确。

我国从中央到地方各级政府机构的设置和职权行使方式，至今仍基本上适应着原来的经济管理模式，亟待改革。应当使行政管理同国家经济调节职能相分离。在国家经济调节机构中，在建立和健全市场竞争机构和主管国家投资经营机构的同时，大力建立和健全宏观调控机构体系。宏观调控属于促导型的国家调节方式，因此各种宏观调控机构应当彻底转变职能行使方式，主要是从社会经济的宏观和总体上对社会各主体进行引导、鼓励，提供帮助和服务。

由于宏观调控重在维护社会经济总体效益和国家与社会的公共利益，它同各部门和各地区的局部利益或个体利益难免发生某些冲突，所以，国家宏观调控机构必须做到不受行业部门、地区或某些企业的制约，要建立高效率的权威机构，还要建立各地区和各部门协商和协调机构。②

由于宏观调控是由国家计划、各项经济政策和各种调节手段综合形成的系统工程，所以有必要建立综合性的国家宏观调控机构，统一筹划和组织实施各项重大宏观调控措施。

我国九届全国人大一次会议通过了国务院机构改革方案。改革的重点是加强宏观调控部门和执法监督部门，调整和减少专业经济部门。会议指出宏观调控部门的主要职责，是保持经济总量平衡，抑制通货膨胀，优化经济结构，实现经济持续快速健康发展。要健全宏观调控体系，改善宏观调控机制。按照该方案更名后的国家发展计划委员会以及国家经济委员会，将成为我国最主要的全国综合性的宏观调控主管机关。

② 例如，德国根据《促进经济稳定与增长法》设立了由联邦、各州和社区代表组成的“稳定经济委员会”，负责协调宏观调控政策的执行。

财政监督法治化问题*

（一）

财政是国家职能活动的物质基础和保障，它本身即属于一种国家职能活动。现代国家职能扩张，除传统的所谓对内、对外职能外，还担负着调节社会经济的重要职能，加强对财政的有效监督，保障着国家职能活动正确、高效行使，实现国家各项职能任务。

财政是对社会产品的一种分配和再分配。现代国家财政资金在国内生产总值中占据很大比重。加强财政监督，目的在于保障财政资源合理、公平地分配，有效调节社会经济关系，促进经济发展，并实现社会公平。

财政也是国家公共权力所由实际发生、存在和运行的物质基础和保障。举凡现实（非虚幻）之力，都是物质的一种特征和运动形式。国家权力必须借助一定的人（国家机关工作人员）和物（经费、设施等）两个实在要素。国家手中如果不掌握必要的财

---

* 本文原发表于《财政监察》2001年第4期。

政资源,不拥有对财政资源的一定支配权,国家权力便无由发生,也不可能存在和发生“力”的作用。法学界曾有学者认为:“人民享有权利,国家拥有权力而无权利。”我曾在一篇论及利益、权利与权力关系的文章中,不赞成这种意见,指出:国家既有权力,也有权利。国家权利是其权力的物质基础。国家对于财政的取得、占有和支配,正是国家权利的基本内容。国家权力和权利的本源是全体民众的权利。由于为了界定、确认和保障民众权利的需要,才产生公共权力,成立国家权力机关;而为了使这种权力能够实际存在和发生作用,社会民众在授予或认可国家权力的同时,也确定其对一定财政资源的占有、支配权。而这就是国家权力机关的权利。[①] 财政收支范围、多少和收支方式,都应当体现民意。国家权力和权利虽本源于民众权利,但它一旦形成便具有一定独立性,并往往超越于民众权利之上,同民众权利相背离和异化。这就提出了对公共权力的监督和制约问题。财政监督是对国家公权力实行监督和制约一个十分重要的基本方面。

公共权力不受监督和制约,难免发生权力滥用和腐败。权力滥用必然同时就是对国家权利的滥用,对财政资源的不恰当收取、支配和使用。而所谓腐败,实际上就是国家公务员将本应为公使用的财政资源用以满足私人消费,假公济私、化公为私,造成财政资源浪费和流失。这些都违背了民众(纳税人)当初认许的国家财政活动的界限。因此,加强财政监督是制约权力滥用、防止和抵制腐败的有力措施。

(二)

财政监督从本源上说,它是广大社会民众对于国家财政活动的监督,是民意的要求。民意监督的基本方式是法律监督。在民主法治国家,法律是民意的集中体现。法律规定国家财政收支的范围、规模、方

① 参见漆多俊:《论权力》,载《法学研究》2001 年第 1 期。

式和程序，还要规定对国家财政活动各方面和各环节的监督、检查，规定对于财政活动中违法行为的法律责任和法律制裁。法律中关于后面的这些规定，便属于财政监督法律规范。财政监督法律规范是财政法中不可或缺的组成部分。一般地说，法律规范结构包括行为模式与法律后果两部分。私法尤其如此，而公法则往往还需规定对行为模式的遵守履行情况的监督检查。当然，法律所规定的监督检查本身也是一种行为模式，但它却有着不同特点。

财政监督立法从内容上来看，它涉及对国家财政活动各个领域和方面的监督规定。在我国，它通常包括：财政预算监督立法，预算外资金监督立法，税收监督立法，国有企业和行政事业单位的财务监督立法等。

从监督主体来看，可分为关于社会民众对国家财政的监督与国家机关自身的监督。这又分别表现为国家民意机关（代议机关）的监督，行政机关（包括财政机关）自身的监督，社会监督。其中，国家机关自身监督又可分为纵向监督（指中央对地方、上级对下级的财政监督）与横向监督（指同级政府机构之间的监督）。财政监督立法因而也可分为以上相应类别。

再从法律效力渊源上来看，财政监督立法可分为国家宪法上的原则规定，国家最高权力机关制定的法律，政府颁布的法规，政府各部门（包括财政机关）颁布的规章，地方权力机关和地方政府的地方性法规和规章等。从法律表现形式上来看，又包括综合性和基本的法律及各单项法律规定等。

（三）

在民主法治国家，财政也实现民主法治化。其财政监督立法比较完备，且能基本反映（起码在形式上要求反映）民意。我国过去实行人治，这在财政上体现甚为明显。对于财政监督，虽不能说不重视，但立法不完备,法律实施差,监督效果不佳。这是造成财政资源分配使用不甚合理,国有资产大量流失,并给权力滥用者和腐败分子以可乘之机的重要原因。在今天国家实行由人治向法治的转变中,认真总结经验教训,借鉴国外好的做法,加强财政监督立法,并逐步实现财政法治化,是一项重要而艰巨的任务。

中国要实现财政和财政监督法治化,有许多事情要做。我认为最重要也是最具基础性的工作,是逐步提高全体民众,特别是国家机关公务员的财政民主法制意识。财政民主法制意识的核心是端正对财政的本源和本质的认识,真正明确财政乃取之于民、用之于民的道理。财政资源是全体民众利益对于国家公共机关的让渡,为的是使公共权力能切实为民众服务。历史上许多统治者在把其所拥有的权力外化于民众权利,认为权力"当然"为其据有的同时,也把财政资源视为"当然"由他们占有。他们可以随意巧取豪夺,并恣意挥霍。有时对民众稍为放松搜刮,或为民众公共利益作些财政支出,便大肆宣扬这是"仁政",是统治者对民众的恩赐。我国过去在计划经济体制下,常见有些地方或部门领导人,以其善于向中央或上级争取到财政资金或建设项目,能批到条子,或者能够截留本应上缴的财政资金,引以为荣,吹嘘有本事,给了本管辖区民众以恩泽。而许多民众也为此感恩戴德,顶礼膜拜。这都是本末倒置,是非颠倒。

值得一提的是,在我国长期流行的一些教科书中,对于财政的定义多为:财政是国家凭借国家权力参与社会产品的分配和再分配。这种定义乃似是而非。它只不过记录下了国家财政活动的现象——不错,它是"凭国家权力"参与社会产品分配,但为什么需要国家权力存在?为什么要让它参与社会产品的分配和再分配?这才是问题的实质所在,定义却未能回答。仅此一例,足见人们财政观念的转变,财政民主意识的增强,多么重要和不易。

广大民众的财政观念端正、财政民主法制意识增强,这是财政和财政监督立法及法律实施的社会基础和根本保障。法律反映民意,充分而准确体现民意的法律,才是良法,也才最有权威,才能得到很好的遵行。国家机关公务员的民主法治意识增强，才会自觉恰当地进行财政活动，减少财政权力的滥用和腐败的发生。

我国在20世纪70年代末刚刚强调法制时，人们曾提出社会主义法制要求四句话，即有法可依，有法必依，执法必严，违法必究。若用法制标准来衡量，这是很不够的。四句话只有两层意思：一是要立法，二是法要实施。但所立之法如何？是良法或恶法？这往往尤其重要。我们也常听人们在谈到加强我国财政监督立法时，往往更多关注的是立法的完备，而未深究法所应体现的民主法制精神。而这正是当前我国立法所要高度重视的。当然要真正实行财政和财政监督民主法治化，还需要其他许多条件，包括需要同国家的财政体制乃至政治体制的民主法治化进程相适应。

下面再简要谈谈我国财政监督立法的其他几个问题。

首先，财政监督需要覆盖国家财政活动的各个方面和各个环节，因此这各方面和各环节都需要进行财政监督立法。鉴于我国当前实际情况，其中尤其重要的是完善预算监督和国有企业财务监督等方面的立法。

其次，从监督主体来说，应高度重视民意机关（最高国家权力机关）对财政的监督。财政监督立法应突出国家权力机关监督的权威性。鉴于我国当前财政监督主体及其监督职权过于分散，需要以立法明确划分职责，理顺关系。可以借鉴有些国家所实行的财政总监制或审计院制的做法，在中央政府设立权威性的财政监督机构。它对政府总理和国家最高权力机关负责。立法还应加强对社会监督的规定。

最后，从法律效力渊源和法律表现形式上来看，我国当前有关财政监督的立法、效力层次和权威性不高。国家最高权力机关制定的法律不多，大量的是行政法规、部门规章或地方性法规和规章。其中有些规定互相矛盾，甚至同国家有关法律不一致。举凡有关财政监督的基本原则和各项基本法律制度，应当由国家最高权力机关制定为法律。有些学者甚至建议国家立法机关制定一部综合性的财政监督法。我觉得这也未必可行。但立法机关需要在分别制定的诸如预算法、税法、国有资产法和国有企业法等基本法律中,进一步加强有关财政监督规定。也可以在这些基本法律之外,再颁布各有关财政领域的专门财政监督法律。此外,政府发布一些行政法规或规章,也是必要的,但它们应同国家法律的规定保持一致。

此外,对于财政监督中发现的问题,特别是各种违法行为,其法律后果和制裁方式以及处理程序,我国现行立法也存在一些需要完善之处。

宏观调控立法特点及其新发展*

一、宏观调控法的立法特点

宏观调控法是经济法体系三个基本构成之一。现代国家调节社会经济的基本方式有三种,宏观调控是其中一种。对宏观调控予以规范的法律,便是宏观调控法。宏观调控法是调整在国家宏观调控过程中发生的各种社会关系的法律规范的总称。经济法是个新型的部门法,具有许多鲜明的时代特征。宏观调控法在立法上更有如下一些特点:

(一)立法内容上的多样性和变动性

国家对社会经济的宏观调控涉及面广,体系庞大,调控措施和活动种类繁多。宏观调控立法从内容上看,必然覆盖社会经济生活的方方面面。按照宏观调控及其立法体系的轴线,首先,现代国家的计划涵盖范围越来越广,不仅全面涉及社会经济领域,还要规划整个社会的发展和进步。经济计划如今发展为"经济和社会发展计划"。其次,国家的经济政策包括国民经济各产业、行业和部门的政策,及国民

---

* 本文原发表于《政治与法律》2002年第1期;《人大复印资料·经济法》2002年第6期。

经济各职能方面(如财政、税收、货币、信贷、外汇、外贸、价格等)的政策。此外,各种经济杠杆、政策工具和手段的运用也各有特点。可以说,宏观调控立法内容的多样性和复杂性特点,不仅较之其他部门法(如刑法、民法等)显著不同,即在经济法体系内部,其他如竞争法、国家投资经营法,也远为逊色。

宏观调控内容的多样性和复杂性给立法带来难度,即立法难以覆盖其方方面面。另外,国家宏观调控活动和措施密切关系到国民经济和社会发展,关系到广大民众的利益关系,它应当由立法加以规范。宏观调控是国家权力的行使,权力应当受到法律规制。在法治条件下,国家的全部公共权力都必须有法律依据,有法律授权,不应当存在“法外权力”。否则,就会如我国有的学者所说是一种“权力缺席”和“权力失约”。① 有鉴于此,宏观调控立法应当注意:第一,宏观调控中的各种国家权力及其基本行使方式,都应由国家最高权力机关以法律加以明确规定。有些内容在法律中可以采取概括加列举方式,尽可能明确、具体和扩大覆盖面,避免大的遗漏。第二,政府的行政法规和部门规章、地方性法规,在国家法律规定的前提下和范围内,对宏观调控的具体做法可作出详细规定,但不得同国家法律相抵触,更不得超出法律范围设置新的权力。宏观调控的对象是社会经济的宏观结构和运行,是各种经济总量。宏观经济结构和运行及各种经济总量,是由全社会各主体的经济行为和经济活动、微观领域的众多经济个量组成的。它们都在不停地运动和变化着。国家的宏观调控措施也必须适应社会经济变化而调整、改变。宏观调控立法应当将这作为一条原则性要求加以肯定。但另外,社会经济和宏观调控措施的多变性也给立法的稳定性带来困难。应当承认,一般说来,宏观调控法的稳定性较之其他法律稍差。这也是它在立法上的一个明显特点。但法律都应当具有一定稳定性,宏观调控立法也不例外,不能只强调它的变动性便否认它的稳定性。宏

---

① 参见谢晖:《权力缺席与权力失约——当代中国的公法漏洞及其救济》,载《求是学刊》2001 年第 1 期。

观调控不能朝令夕改。国家在一定时期内的宏观调控目标是具有确定性的,宏观调控的基本原则和基本法律制度也是确定的,这些决定着宏观调控立法具有相对稳定性。特别是关于宏观调控总的或各个基本领域的综合性法律,其稳定性更强。为了适应社会经济的变动性,在法律之外还需要颁布许多行政法规和规章,或者制定一些暂行或试行办法。这些法律文件的稳定性稍差,便于适时修改、调整,但制定和颁布时也应考虑到具有相对稳定性,总不能过于频繁地变动。

(二)关于立法体制和法律表现形式

宏观调控立法内容的多样性和时间上的变动性,决定它在立法体制和法律表现形式上相应地也有着明显特点。

一般说,国家的立法权需要集中统一,它只属于最高国家权力机关,如我国全国人民代表大会及其常务委员会。但自 20 世纪初以来,由于社会生活和社会关系日益多样化和发展变革频率加快,立法需要及时适应变化,所以各国先后实行授权立法制度。例如,1919 年德国《魏玛宪法》在首开以宪法确立"社会化"原则和国家干预经济生活原则的先例的同时,还规定政府可以采取对经济干预的法律措施。以后,1949 年的联邦宪法即《德意志联邦共和国基本法》承袭了《魏玛宪法》的做法,虽然它放弃"社会宪法"的提法,却在许多条款中明确地体现了"社会国家"思想。② 又如 1958 年《法兰西第五共和国宪法》规定,"政府为执行其施政纲领,可以要求议会授权自己在一定期限内以法令方式采取通常属于法律范围内的措施"(第 38 条)。我国学者对"授权立法"一般都作狭义理解。按照现代各国所实行的立法体制,政府(行政机关)一般都有权依据宪法和法律制定行政法规和规章(如《中华人民共和国宪法》第 89 条之第 1 项规定)。学者们认为,行政机关制定行政法规或规章时,如果是依据宪法和国家机关组织法的明确规

② 德国学者多认为:"在某种程度上可以说,社会国家原则就是社会宪法的代名词。""《基本法》第一次把社会国家思想提高到宪法原则的地位上。"参见[德]罗尔夫·斯特博:《德国经济行政法》,苏颖霞、陈少康译,中国政法大学出版社 1999 年版,第 63 页。

定,属于行政机关正常权限范围,不算为“授权立法”。只是认为,最高国家权力(立法)机关对于应由自己制定而尚未制定为法律的某些事项,根据需要授权行政机关制定具有法律效力的行政法规(暂行规定和条例),这才称作授权立法。最高国家权力机关的授权立法决定,应当明确授权的目的与范围,被授权机关应当严格按照授权目的和范围行使该项权力。被授权机关不得将该项权力转授给其他机关。③

授权立法是经济法,特别是宏观调控法立法的一个显著特点。其他部门法立法也有授权立法情形,但总的来说并不太多。只是随着高科技迅速发展,如电子网络技术、生物基因技术等,使得即使如民法、商法等部门法也越来越多地采用授权立法。④

同多级立法体制和授权立法相适应,在法律表现形式上,宏观调控立法除包含一些综合性、较稳定的法律之外,还存在大量的行政法规和各种规章,以及一些暂行或试行规定。而在法律中,也多为关于各个经济部门、各基本领域的规定,各国并未制定统一的关于宏观调控的总的法律,即所谓的“宏观调控基本法”或“宏观调控法”。

(三)宏观调控立法的法律要素

法律要素是指构成法律系统的各种基本元素。国内外法学家大致都认为法律规则(规范、律令)是法最主要的要素,但并非唯一的要素。当前中国学者一般认为法要素主要包括法律概念、法律规则和法律原则等。这种情况当然适用于各种部门法。只是对经济法,尤其是宏观调控法而言,由于它所规制的对象具有较大变动性和多样性,许多问题难以用明确、具体的规则加以表述,在这种情况下,法律原则显得特别重要。法律原则包括公理性原则和政策性原则。宏观调控法中的政策性原则具有特别重要的意义。法律原则虽也是法的要素之一,但它不同于规则。规则是具体的行为规范,它规定行为模式和法律后果;而原

③ 我国2000年3月通过的《立法法》第9~11条。

④ 参见漆多俊:《转变中的法律——经济法的时代精神》,载漆多俊主编:《经济法论丛》(第4卷),中国方正出版社2001年版。

则却只是某个领域、范围诸多法律规则精神实质的概括和抽象，不是具体、个别的行为范式。原则虽有抽象性和概括性，但它能够指示人们某类行为的基本方向和基本模式，毕竟有一定可操作性。在一个法律系统中，当规则不能涵盖全体时，原则弥补了不足。即使规则体系较完备，也需要原则对各种具体、个别规则进行指导和协调。

在法律规则方面，宏观调控法乃至整个经济法同其他如刑法、民法等部门法比较，也有其自身特点。其中最显著的是大量的规则属于指导性的，是一种“提倡性规范”[⑤]。这种规则不同于强行性或任意性规范，它不是禁止、命令或一般允许，而是提倡、鼓励人们为或不为某种行为。宏观调控法和整个经济法都采取强行性规则、任意性规则和提倡性规则相结合的法律规范方式和法律调整方法。[⑥]

此外，由于宏观调控法的规则体系不可能十分明确和周全，法律需要赋予宏观调控主体乃至司法机关一定的自由裁量权。实践中，各国的宏观调控主体一直有较大的自由裁量权。在中国，过去由于法治观念、传统和制度上的原因，这种权力更大，并往往得不到法律的控制，常常导致权力滥用、扩张，并为各种腐败提供“温床”和借口。而要控制这种权力的滥用，恰当行使自由裁量权，最重要的是严格地依法调控。当有关法律中有明确的规则可依时，依规则；当无明确、具体法律规则时，依法律原则，有时还需要深入领会和贯彻立法的目的和法的精神。

现代社会，无论属于哪种法系的国家，司法和行政执法中一定的裁量权都是必需的和不可缺少的，但自由裁量权必须严格控制。许多国家的司法审查权将自由裁量权纳入司法审查的范围之内，以期修正权力的不良运作。鉴于通过司法审查权对自由裁量权的运用进行法律控制还仅是一种事后的补救，人们发现通过一定的法律程序可以起到事先控制的作用，可以使自由裁量权的运用结果趋向于合理性。因此，我

---

⑤ 参见漆多俊：《论经济法调整方法》，载《法律科学》1991 年第 5 期。

⑥ 参见漆多俊：《经济法基础理论》（第 3 版），武汉大学出版社 2000 年版，第 180 ~ 189 页。

们在制定宏观调控法时，应对宏观调控权的行使程序作出明确规定。只有这样，才能使调控方的自由裁量权不至被滥用，使其符合宏观调控法的目的和精神。

（四）宏观调控法的实施保障和法律责任

凡法均需要以国家强制力作为保障其实施的后盾。经济法及宏观调控法也如此。由于经济法具有很强的社会性，国家应当代表社会实施调节，因而一般地说，这些法律符合社会公众的利益和要求，民众都能自觉遵守。另外，要对社会经济进行有效调节，也必须依靠企业和民众的自觉性和积极性。正因如此，所以经济法采用了大量提倡性规范和任意性规范。提倡性和任意性规范的实施一般不需要直接的国家强制。特别是提倡性规范，如果人们模范地、成绩显著地遵守法律，还往往规定给予奖励。在法律后果上，经济法采取了制裁与奖励相结合的做法。

经济法和宏观调控法在责任制度上也有自身特点。经济法责任是指人们违反经济法规定的义务所应当付出的代价。经济法义务是各种经济法主体——包括国家调节主体和被调节主体——在国家调节中应当依法正确实施调节管理，以服从和执行调节管理。违反这些义务，即给国家、社会或具体的组织与个人的利益造成危害。经济法所规定的法律责任，便是弥补对这些主体的损害，消除不良影响。其责任形式，对企事业等被调节主体而言，包括：经济（财产）制裁、经济行为制裁（如强制整顿、停业、吊销许可证、吊销营业执照、强制解散等）、经济信誉制裁（如通报批评、撤销荣誉称号、取消或限制从业资格等）；对国家调节主体而言，应主要是经济管理行为制裁，如责令调整原所下达的经济任务或指标，责令减免被调节管理主体原来规定须上交的利润和收费，撤销摊派，停止、纠正或撤销错误或不当干预、管理行为，限制或剥夺从事经济管理的资格或职权等。对于给国家、社会公众或具体的组织和个人造成损害的，需要给予经济（财产）制裁。这里主要是指国家赔偿。应由国家机关负责人或其他直接责任人员个人负责的，该个人也应承担赔偿责任。但由于这些个人的财产和经济能力有限，仅承担经济赔偿责任,往往不足以抵偿所造成的损害,所以应当主要是使他们承担经济管理行为责任,包括撤销其从事管理的资格(撤销职务)或给予其他相应的行政制裁。

由于国家宏观调控的总体性直接作用对象多为一些经济总量指标,适用对象具有普遍性,被调控方往往涉及某些行业、地区的群体或集体。当由于调控方的责任造成这些群体或集体受到损害时,这些群体或集体中的成员都应得到相应补偿。在责任追究方式上,法律应当允许该群体或集体中的成员代表或任何成员有权提起诉讼。在国家经济调节,特别是实施宏观调控活动中,建立和健全法律责任制度,特别是国家调节管理主体的法律责任十分重要。在法治传统和法治意识较差的国家,在宏观调控不是严格依法进行的同时,法律责任制度尤其是个薄弱环节。相对地说,对于宏观调控对象的责任还比较重视和严格,而对调控方的责任往往无规定或很少规定,或规定得非常原则性,无法操作。实际上,一个宏观调控措施的决策和实施的失误,给社会造成的损害往往远远大于盗窃案或纵火案。对某些调控主体的责任如不依法追究,使其依旧待在原来负责岗位发号施令,或甚至继续升迁,这是极不公平合理的,也不利于警戒其他国家工作人员慎用其手中权力。

二、宏观调控法的发展趋势

宏观调控与宏观调控法的发展有以下几个方面的明显趋势:

(一)宏观调控法的地位日益提升,正在成为经济法体系的核心

宏观调控法作为经济法体系三个基本构成之一,是逐步形成的,其地位逐渐重要和提高。经济法发轫之时,在西方资本主义国家主要是反垄断法为代表的市场规制法占据核心地位;而在社会主义国家,由于实行国有化和社会主义公有制,经济法产生后较长时期内以国家投资经营法为核心。在20世纪80年代前后,这两类国家的情况都发生了

变化。由于高科技迅速发展，国际社会“冷战”结束，苏联、东欧国家社会制度发生变革，中国实行改革开放，并最终确定实行市场经济体制，无论西方或东方国家的经济法都发生了显著变化。从经济法体系构成来说，其三个基本方面法律的关系和地位也出现了变化。这是两股相向的运动趋向：在西方资本主义国家，其经济法体系的核心正在由反垄断法移向宏观调控法；在中国，则由国家投资经营法逐渐让位于宏观调控法。宏观调控法正在成为当代各国经济法的核心。这是20世纪与21世纪之交世界范围内经济法体系发展变化最显著的特征之一。究其原因主要是：首先，宏观调控法地位的提高是宏观调控在国家调节经济活动中的地位提高的结果。宏观调控措施在各国如今已经形成一个较为完备的体系。从宏观调控在西方市场经济国家的发展来看，它经历了一个由否定到肯定和不断发展完善的过程。在当代，没有一个市场经济国家不进行宏观调控的。随着科学技术的飞速发展，经济发展的战略性进一步增强，西方国家的宏观调控正在酝酿新的变化，有的经济学家甚至分析，西方国家的宏观调控，已由过去的“弥补市场缺陷”转向“塑造国家的未来。”⑦

当代各国越来越重视宏观调控的根本原因，在于科学技术飞速发展引起生产进一步社会化，国民经济更加融为一体，并更加国际化、全球化。国家对本国经济的调节比以往任何时候更加需要从全局和总体上把握经济运行的状况和特点，需要有更加广阔的视野，需要统筹兼顾，才能进行有效调节。国家需要把经济和社会发展的各个方面都统一纳入国家计划的视野，制定各种有关经济政策，综合运用各种调节手段。另外，企业，特别是大企业、跨国公司借助高科技，比以往任何时候都更加强大。资本、熟练劳动力和信息在世界范围内自由流动，任何一个国家都已不能像过去那样对它们行使权力，政府必须改变管理方式，减少指令性强制作法，而要以引导、促进、帮助和提供各种条件和服务为主。国家经济调节、管理立法需要增加任意性和提倡性规范。如今

⑦ 参见黑爱堂：《我国宏观经济调控要加强》，载《科技日报》1995年7月7日。

许多学者已经认识到,法律的发展,正在经历一个从惩罚机制为主逐渐向以非强制和奖励机制为主的运动过程。[8] 这是法律发展的一个趋势。以上情况表明为什么宏观调控及其立法的作用和地位越来越重要。

此外,市场规制法、国家投资经营法作用的局限性,使其核心地位难以长久维持,这为宏观调控法成为经济法体系的核心提供了机会。

反垄断法和反不正当竞争法虽然重要,但它们毕竟主要是对于垄断和不正当竞争行为的一种事后反应,这种调节方式往往具有某种被动性,并且其适用范围也是有限的。国家参与投资经营这种调节方式也不宜过多地采用,因为国有企业不能单纯地以利润最大化的实现为依据,它还具有增进社会福利、调节社会经济发展、提供外部经济等社会目的。国有企业为了实现社会目标往往牺牲企业的利润目标,把实现社会目标放在优先地位。如果过多采取这种方式,将使原来所具有的优点丧失殆尽,反而阻碍了经济的发展。西方国家自 20 世纪 80 年代开始掀起“私有化”浪潮,苏联、东欧国家也推行私有化,中国则大力实行国有企业改革。这些国家的一个共同点是都在减少国家直接参与投资经营的范围和程度,降低国有企业在国民经济中的比重,对必须保留的国有企业则改革其经营制度,减少政府干预程度,尽量按照市场化要求进行经营。这样一来,在改革基本完成以后,关于国家投资经营的立法,较以前的数量和重要性程度相对有所降低。当然,即使在西方资本主义国家,私有化不可能将国家投资和国有企业完全“化”掉,不是取消这种国家调节的基本方式。这种调节方式和这方面的立法仍是必要的。国家投资经营法,今后仍然是经济法体系中的一个基本构成。特别是在中国,一则根据特殊国情,国家投资和国有企业在今后一个时期还会在国民经济中占有较重要的地位;二则在当前改革过程中,关于如何指导和推进改革的立法不但不会很快削弱,反而会更加加强。因此,在中国经济法体系中,国家投资经营法的核心地位对于宏观调控法

---

⑧ 参见倪正茂:《法律效力的投资及其价值选择》,载《现代法学》1995 年第 5 期。

的让渡,是逐渐实现的。

此外,我们还应看到,由于宏观调控和宏观调控立法是直接关系社会经济的宏观、全局和总体的一种国家调节活动和立法,随着时代发展,它们最能鲜明地体现现代国家经济调节职能和经济法的本质特性;加之国家调节方式和经济法体系中其余两种——国家投资经营及其立法、市场规制及其立法,它们同宏观调控及其立法的关系十分密切,所以,宏观调控法在逐渐成为经济法的核心的同时,大有兼顾甚至统合其余两种法律的趋势。例如,反垄断具有极强的政策倾向性,它同国家的产业组织政策密切相关。不管是反垄断立法还是反垄断法的实施都要受到经济政策的影响,为其所左右。德国的《反限制竞争法》为了适应经济政策变动的需要,自颁布以来已作了四次修改。日本早在 1947 年就颁布了反垄断法,但其真正有效实施却是从 20 世纪 70 年代末开始的。其重要原因是反垄断法与产业政策的相互配套的衔接问题。现代国家直接参与投资经营最主要的意义乃在于调节社会经济的结构和运行,投资规模、方向、布局等都应考虑宏观经济协调、稳定和发展的需要。它也应统一纳入国家总体经济和社会发展规划,也应制定相关政策。因此,它同宏观调控和宏观调控法密切相关,后者往往要把前者统一纳入自己的视野,予以统筹安排。

当然,另外也应承认,在宏观调控法进一步发达并稳居经济法核心地位以后,市场规制和国家投资这两种国家调节方式仍会存在和继续发挥其特有作用,这两个方面的法律仍将为经济法体系的基本构成之一。虽然它们同宏观调控和宏观调控法密切相关,但无论其作用方式、作用领域等方面均有其特定性。宏观调控及其立法可以或应当将其纳入自己视野予以统筹考虑,但不可能取消和取代它们。它们仍不失为国家调节和经济法体系中相对独立的构成部分。

(二)宏观调控和宏观调控法的社会化和民主化

经济法本是国家调节社会经济之法,以社会为本位,是社会化的法。国家调节作为一种社会经济调节机制或作为一种国家职能活动,其目的在于促进社会经济总体结构和运行的协调、稳定和发展,维护的是社会总体利益。作为国家职能，它是国家职能的社会公共职能化。传统国家(政治性国家)并不担负对社会经济进行调节的职能。当国家出面介入经济实行调节时，它实际上已是在代表社会利益，站在了全社会的立场，而不仅是一种“国家利益”和“国家意志”。现在人们已较为普遍地认识到国家与社会，国家意志、国家利益与社会意志、社会利益这些概念实际上并非等同。世界上有不少国家统治者仍时时、处处向民众宣称、标榜他们是完全、彻底代表广大社会民众的，但实际上往往有较大距离。如果不是当权者对公众的欺骗和愚弄，最多也只是一种美好愿望，或是用以对国家各级公务员作出要求的一种说教或职业道德标准而已。但是，当国家被社会要求出面调节经济以后，按社会要求的本意，这时候的国家应当完全站在全社会的立场，代表社会意志和社会利益。在这时候和这种场合下的国家，应当是一种“社会国家”。其所实行的“国家调节”，就其实质应当是一种“社会性调节”或“社会调节”；只不过它是由称为“国家”的这种“社会组织”“社会公共权力”所实施的而已。

国家调节和经济法的上述社会性，从 19 世纪末 20 世纪初发生以来就是如此，以后其社会性逐渐强化。宏观调控的产生和发展本身，就是社会化的国家调节职能活动的扩展。随着生产进一步社会化，特别是高科技迅猛发展，包括宏观调控在内的整个国家职能的社会化进程加快了。这不仅表现在国家活动的范围扩大，需要涉及社会生活的更多方面，对许多新领域进行协调和必要管理；而且还表现在管理和调控主体、方式等方面。在主体上，除有关国家机关外，国家往往授权某些社会组织如行业协会、大型企业和各种社会中介组织，代行某些本属于政府的调控、管理职能。这些社会组织在法律地位上虽属于私法组织，但却行使着公法职能。相比国家机关，它们更贴近社会，更了解社会情况，可以更好地实现某些调控职能。这种做法在国外已日趋普遍。例如，在德国，联邦和州越来越多地利用官办的私法组织去完成经济行政管理任务，其所追求的目标是结构政策、繁荣政策、竞争政策、发展经济、指导经济和获取利润。[⑨] 当前不仅在宏观调控的实施上，即在决策甚至某些规则制定上，社会组织也担负着越来越多的任务。我们正处于知识经济时代，知识社会的信息爆炸和知识爆炸，引起了政治权力系统的“决策爆炸”甚至“立法爆炸”。任何高明的政治权力组织都只能处理一定数量的信息，解决部分社会问题，产生数量和质量都十分有限的决策和法律。知识社会的到来，经济和社会生活的快速运转，使各种新的社会问题层出不穷，这必然将原来按部就班的政府体制推到“决策爆炸”和“立法爆炸”的临界点之外。为使政府抓最主要的问题，提高决策权和立法权的效率，转移部分立法权和决策权势属必然。[⑩] 甚至还有一些民间社会组织未经授权而自行制定有关涉及宏观调控的法律。例如，思想库三十集团（G30）全球衍生工具研究小组于 1993 年 7 月制定了涉及金融衍生工具监管的《惯例和原则》，在世界上产生了广泛的影响。另据德国《经济周刊》报道：欧洲和美国的企业家同欧洲政治家们一起组成了欧洲网络协会，以便为互联网制定全球性规则。[⑪] 可以预料，今后由民间社团组织经由国家授权或不经国家授权而制定有关自律性规则的情形，还会更多出现。这会是今后立法（包括经济法立法、宏观调控法立法）的一种不可忽视的趋势，这种立法趋势弱化、分化了传统的国家主权，意味着一种新的调节机制——社会调节正在形成和发达，人类社会最终将会进入共同治理的时代。

至于在国家调控、管理方式上，如今国家越来越多地采取民间社会的惯常做法和属于民商法的私法方式，如政府同企业平等协商、签订合同等。其目的是实现公共管理，属于政府公权力行使和公法的范畴，却采取了“社会性”的私法方式。同宏观调控及其立法的社会化相适应，它们也在不断民主化。法律的民主化，是当代法律的发展趋势之一，它要求法律制度建筑于民主政治之上。唯有在民主政治的保证之下，法

---

⑨ 参见［德］罗尔夫·斯特博：《德国经济行政法》，苏颖霞、陈少康译，中国政法大学出版社 1999 年版，第 286 页。

⑩ 参见温晓莉：《知识经济社会与法理学的更新》，载《法学》1999 年第 11 期。

⑪ 参见德国《经济周刊》2000 年 5 月 4 日，转引自《参考消息》2000 年 5 月 24 日，第 13 版。

律才是民主的法律。

宏观调控的民主化首先表现在立法上。它要求国家权力机关和行政机关在制定宏观调控法律、法规时，应尽可能地听取公众的意见，尤其是利害关系人的意见。各国创设了一系列行之有效的制度，如公开制度、咨询制度、听证制度、协商制度。公开制度要求立法机关应该主动地公开与宏观调控立法有关的信息、资料以及对法律的解释、说明等；咨询制度指立法机关在草拟宏观调控立法规则、立法草案及确立立法内容等整个立法过程中，应尊重咨询机构的建议、劝告等，以保证科学决策；听证制度要求立法机关在进行宏观调控立法时，应当举行公开听证会，广泛听取公众意见；协商制度指立法机关在宏观调控立法过程中应与各种利益集团举行会谈，充分听取他们的意见。它实际上是听证制度在特定领域的延伸。我国在以往的一些立法中，已经有了一些较好的民主化的做法。现行《立法法》对立法的民主化问题也作了较为明确的规定。该法第 34 条规定："列入常务委员会会议议程的法律案，法律委员会、有关的专门委员会和常务委员会工作机构应当听取各方面的意见。听取意见可以采取座谈会、论证会、听证会等多种形式。常务委员会工作机构应当将法律草案发送有关机关、组织和专家征求意见，将意见整理后送法律委员会和有关的专门委员会，并根据需要，印发常务委员会决议。"第 35 条规定："列入常务委员会会议议程的重要的法律案，经委员长会议决定，可以将法律草案公布，征求意见。各机关、组织和公民提出的意见送常务委员会工作机构。"《立法法》的上述规定将直接推动我国立法的民主化进程。

其次，宏观调控立法的内容也日趋民主化。国家对社会经济宏观调控，它既然是一种国家职能活动，所以也可称为是一种国家管理。这同传统的，特别是如我们中国人原来所理解的那种管理已有明显不同：它主要不是作为"政治国家"的管理，而是作为"社会国家"的管理；不是传统的行政管理，而是一种国家经济调节；在方式上主要不是依靠行政指令和强制，而主要靠指导、鼓励、影响、提供帮助和服务。随着各国民主政治和法治的进步，法律的性质不再是单纯制约民众的"治民"

"管民"之法,它越来越体现出是一种对民众正当权利的法律维护,对公共权力行使的一种法律控制,即是"维权(利)法"和"控权(力)法"。公共权力之所以需要,它产生和存在的根本原因,乃在于为了维护社会广大民众的权利,其一切活动都应围绕这一目的。违背这一根本点,公共权力便是滥用和可能导致腐败。但权力一旦形成,它往往对于民众权利发生超越和异化,容易发生侵害民众权利的现象。[12] 以国家介入社会经济进行调节而言,一方面,这是19世纪末以来产生的社会需要;而另一方面,又必须同时对国家介入经济之后所实行的经济调节行为予以严格的法律控制。包括宏观调控法在内的经济法,应当主要是一种控权(力)法和维权(利)法。维权(利)必先控权(力)。

中国自20世纪70年代末开始重视法制,陆续颁布了许多经济方面的法律法规,这同过去的人治经济相比是个大进步,但在法律工具论思想支配下,无论在法的制定程序、法的内容和法的实施上,维权(利)和控权(力)都显得非常薄弱,民主精神未受到高度重视。在宏观调控方面,国家的计划基本上是指令性的,其编制、下达、实施基本上靠行政命令,长期无法可依。各种经济政策基本上以执政党和政府的文件下达和执行。后来如财政、税收、金融、价格等方面陆续制定了法律法规,但其中主要是规定管理机关的权利和被管理者的义务,对管理者的法律义务、法律控制甚为薄弱。这集中表现在对管理者违反义务的法律责任缺少规定,或规定得十分空泛,或同其权利不对称,实际上往往难以依照法律予以追究。难怪有些企业和民众抱怨说:无法不好,法多了也不好。每颁布一个法规,就给我们又增加了几个"婆婆",给某些机关官员多提供一些腐败机会。有人还指着某个新颁法规抱怨说:这就像是我们的义务书,法律如何保障我们的权利呢?当然,这种情况随着国家法治进程而在不断改善中。

此外,法律的民主化也体现在法律实施中。国家在依法运用调控权时,要充分吸收公众的意见。有些国家的行业协会(经济联合会)、

---

⑫ 参见漆多俊:《论权力》,载《法学研究》2001年第1期。

专家(专家小组)的积极参与对宏观调控法的有效实施产生了良好的影响。例如,德国的经济联合会对国家的经济规划和经济政策有相当大的影响,这种强烈影响源于国家在顾问委员会和专门委员会中给予联合会以不同程度的参与权和参加权。国家离不开经济联合会经常性的信息和参与,因为它们能为国家在经济领域的决策提供真实的材料。国家措施的效力不仅取决于符合实际意义上的正确性,而且取决于接受者的认可程度。就这一点而言,与经济联合会的合作是很有益的。⑬另外,德国在宏观调控中还经常以各种方式使用官方聘请的专家以及大量的专家小组,倾听他们的意见,有些还甚至颁布法律强制政府听取专家意见,如1961年8月14日颁布的《组织专家委员会就整个经济发展提供意见的法律》。日本在制定和实施产业政策时,一般要听取各种审议会的意见。审议会是为政府提供政策研究、政策咨询的民间研究机构。政府的各省、厅在确定产业政策的有关事项时,一般先要向这种审议会或调查会提出咨询,然后根据提出的咨询报告作出决定。这种做法已形成惯例。⑭ 中国也开始重视宏观调控法实施的民主化问题,最近制定的《国民经济和社会发展“十五”计划纲要》就是一个很好的例子。正如胡鞍钢教授所说的,“过去制定五年计划主要是‘黑箱作业’,而‘十五’计划广泛吸收学者意见,第一次出现‘参与性’的游戏规则,为中国的未来创造了一个良好条件”。⑮

(三)宏观调控和宏观调控法的国际化

当前从国际范围来说,市场经济正在步入第三个发展阶段,即在经过自由市场经济、19世纪末开始的社会市场经济以后,如今在20世纪与21世纪之交,又正在进入国际市场经济阶段。国际市场经济的调节机制是三元化,即除市场调节、各国的国家调节外,还需要并早已产生

---

⑬ 参见[德]罗尔夫·斯特博:《德国经济行政法》,苏颖霞、陈少康译,中国政法大学出版社1999年版,第297页。

⑭ 参见陈淮编著:《日本产业政策研究》,中国人民大学出版社1991年版,第19~20页。

⑮ 参见寿蓓蓓:《“十五”:中国完成跨栏动作——胡鞍钢访谈录》,载《南方周末》2001年3月15日,第9版。

了国际调节。所谓国际调节，是指两个以上国家、区域性或全球性的组织机构，通过协商或以国际条约形式，或借助国际惯例，对国际市场经济的结构和运行实行调节，以维护和促进国际社会经济的协调、稳定和发展。例如，WTO 及其他如国际货币基金组织（IMF）、世界银行（WB）等国际机构对国际经济所采取的调节措施，即为国际调节。国际调节需要法律加以规范，这种法律就是国际经济法。国际经济法主要由国际竞争法、国际投资法及具有国际宏观调控性质的立法所组成。[16]

国际市场经济、国际调节和国际经济法出现和发达以后，各国经济法的立法和实践需要越来越多地考虑这些国际因素，各国宏观调控的立法和实施应当同国际通行做法协调和接轨。

市场和经济的国际化和全球化，不仅促使国际调节和国际经济法的发达，而且也使国际民商事关系迅速发展，国际性的市场调节和国际民商法随之发达。如今各国的国家调节（包括对内国经济的宏观调控），不仅要考虑和接受国际调节，并同其规则接轨（如作为 WTO 成员国需同其有关规则如关税及贸易总协定等协调一致），而且更要考虑和尊重国际市场调节，同国际民商法规则一致。除此之外，当然还要考虑国际公法的因素。国家对本国经济的宏观调控及其他经济调节，本是国家的主权，但现代社会一国主权的行使需要越来越多地考虑国际因素，同有关各种国际性规则接轨；否则即使对本国经济的发展也是不利的，何况还会遭到他国或国际社会的反对。

各国宏观调控和宏观调控法的发展趋势，除上述几方面外，还可发现其他一些特点，例如国家的调控同市场调节日益有机结合，日益市场化。国家介入经济之初及后来较长一段时期，国家干预、调节经济的措施的政治权力色彩甚浓，同市场化相去甚远，往往两相对立。有时强调国家介入，往往使市场机制遭到窒息；而放松国家调节，市场又无法保

---

⑯ 关于国际调节与国际经济法，详见漆多俊：《市场、调节机制与法律的同步演变》，载漆多俊主编：《经济法论丛》（第 1 卷），中国方正出版社 1999 年版。

障经济结构和运行保持正常,以致引发各种危机。如何使国家与市场两种因素互相配合、相辅相成,这是人们,特别是经济学界在整个20世纪争论的焦点和一条主线。直至1997年亚洲金融危机前后,学术界的这种争论仍在继续。不过,通过长时间的理论探索和各国的实践,这两个方面的关系在逐步明朗,国家的干预、调节活动越来越同市场交融,为市场所易于接受。国家在调节经济时比较注重遵循客观经济规律,充分考虑市场因素,听取市场人士的意见。调节方式更多采取指导和协商的作法而尽量减少指令性作法,原来许多强行性经济措施改为采取如政府订货合同、采购或定购合同等民法方法。国家审慎地控制政府干预经济的范围和程度,让市场机制能够充分发挥其自身调节作用。国家宏观调控的日益市场化之所以可能,根本原因还在国家经济职能的社会化和民主化。因为国家调节从本质上说,是国家在履行一种社会公共职能,而不是单纯的国家权力的自我表现,它的一切活动都应该以有利于社会经济发展为宗旨,而只有同市场因素很好结合才能实现这一目的。

三、中国加入WTO对宏观调控法的影响

中国经过长期而艰难的复关和入世的谈判,如今加入了WTO。这是继20世纪70年代末开始的对外开放以后,中国进一步融入国际社会的重大步骤。它对于包括宏观调控法在内的中国经济法乃至国家社会生活其他各方面,都将产生重大而深刻的影响。“入世”虽然也是各国企业的入世,但更主要的还是“政府入世”,政府对经济的调节、管理“规则入世”。所以,从法律规则方面说,对经济法的影响最为直接、全面和深刻。

本文前面论及的宏观调控和经济法在当代的几种发展趋势,在中国“入世”以后,对中国法律来说尤其明显,入世促进这种发展进程。对于宏观调控和经济法的国际化进程的推动自不待言。由于世贸组织

的各种规则都是以市场经济和自由贸易为基础的,并都是以充分尊重企业和个人的经济民主和人权为前提的,所以中国入世必将推进我国宏观调控和经济法的市场化、社会化和民主化。

此外,“入世”还加快中国经济法体系的完善。国际市场充满竞争,需要对市场竞争予以法律规制。中国尚未颁布反垄断法,反不正当竞争法也不完善,实施情况欠佳。我们不仅需要抓紧这方面的立法,还要使这种立法符合国际通行做法并建立、健全保障实施的法律制度体系。中国“入世”将有力促进国有企业改革、改组和改制,并将使今后国家直接投资政策(投资规模、方向、布局和重点,国家投资的进入和退出机制等)作出调整。这就必然引起作为经济法体系的一个基本构成的国家投资经营法的调整和改革,引起这一法律从内容到地位的变化。受到“入世”影响和冲击最大的,还是国家宏观调控及其立法。宏观调控法为了要同国际规则接轨,其“立、改、废”任务最为繁重。宏观调控法包括计划法和各种经济政策法,所有这些都应按照世贸组织文件和其他有关国际规则予以调整。例如,WTO 的主要规定之一是非歧视原则、最惠国待遇原则和国民待遇原则。我国的外商投资立法、外贸法等许多现行规定都需要根据上述原则加以修订,或重新立法。现行税法(如税收优惠政策)也需要作相应调整。

WTO 提倡贸易自由化,贯彻市场准入原则,消除关税和非关税壁垒,限制政府权力设置各种市场障碍。我国的关税需要调整,原来制定的产业政策要作修订,外资、外贸、金融保险和服务行业对外开放领域要进一步放宽,外资企业设立程序和各种许可审批制度要作改革。

WTO 提倡公平竞争,防止以政府行为扭曲公平,政府补贴、政府采购等要受到规制。我国财政部于 1999 年颁布的《中华人民共和国财政部政府采购管理暂行办法》同国际社会的《政府采购协定》有许多相冲突之处,需要抓紧制定我国的“政府采购法”。

WTO 要求各成员的法律、政策确保透明度,包括成员政府或政府机构同其他成员签订的影响国际贸易的协定,都应当公布。要使外国投资者、公司和政府对于本国法律环境有可预见性,相信贸易壁垒不会随意增加。这要求我国不仅要抓紧完善各有关法律法规,政府的调控管理活动以前尚未制定为法律规范的,要抓紧制定,而且这些法律文件要予以公布。今后涉及国际贸易、投资方面的重要措施不能再依据"内部文件",搞"暗箱操作"。

西部开发与沿海开放法律环境建设之比较*

当前的西部开发与当年沿海开放，是我国改革开放以及现代化建设在全国地区布局上的两大战略举措，是邓小平同志关于我国改革开放总体设计不可或缺的有机构成。我国西部开发有许多国内外经验可资借鉴。国外如美国于20世纪初开始的西部大开发，日本于"二战"结束后实施的北海道开发等，都值得我们研究。国内如东部沿海地区改革开放20年来的经验教训，更具现实意义，尤应认真总结和吸取。鉴于良好的法律环境是经济建设和社会发展获得成功必不可少的基础性条件之一，本文拟通过对我国西部开发与沿海开放法律环境建设在时空背景和作法等方面的比较研究，以借鉴沿海经验，推进西部开发。

一、时空背景与法律环境建设的基本要求

我国对外开放政策的制定和实施在地区范围上

* 本文原发表于《武汉大学学报》(哲学社会科学版)2002年第2期，署名作者为漆多俊、李国海。

是有选择和逐步扩大的。最早是在深圳、珠海、汕头和厦门建立了4个经济特区，接着扩大到14个沿海开放城市及整个沿海开放区。在20世纪80年代末又将海南全岛划为经济特区。到1992年以后则逐步扩大到沿边、内陆开放城市。从整体上看，我国开放政策的地区重心主要是沿海地区，而经济特区更是占有关键性的地位。在时间跨度上，沿海开放的实施是始于70年代末，但整个开放政策基本框架的形成则主要集中在从70年代末到80年代末的这一段时期。

2001年开始启动的西部开发所处的时空背景迥异于当年沿海开放。这决定了西部开发法律环境建设绝不能照搬沿海开放的做法。

（一）经济体制转轨，使西部开发更需重视法律环境的建设

西部开发与沿海开放相比，二者所处背景的一个显著不同就是计划经济向市场经济的转轨这个因素对于法律环境建设的影响不可低估。在20世纪80年代进行的沿海开放的进程中，作为全国的大环境来讲，社会资源基本上靠计划手段进行分配，市场的功能还没有受到重视，经济建设中出现的各种问题也基本上靠行政手段来加以解决，法律对经济的影响是有限的。这种大环境必然会影响到沿海开放地区的法律环境建设。虽然经济特区等沿海开放地区，对法律的重视程度要高于内地，但总体来讲，法律并没有获得在社会生活中的权威地位。因而，法律环境建设的重要性还不是十分突出。

1992年，社会主义市场经济作为经济体制改革的根本目标得以确立。经过从那时以来近10年的发展，国内市场经济的水平已经达到了一个较高层次。在这种背景下进行西部大开发，法律环境建设的重要性就显得突出了。因为，“现代市场经济的一个显著特征就是发达的市场经济与现代法治相融合，其具体含义就是成熟的市场机制与良好的宏观调控机制都通过法律的整合作用而相契合、衔接”。① 在社会主义市场经济条件下，市场对社会资源的调配起着基础性的作用。这种调配过程只能依靠价值规律在其中起作用而得以实现，行政指令性办

① 文正邦：《关于市场经济的法哲学思考》，载《法制与社会发展》1995年第4期。

法在这个过程中没有位置。市场机制运行过程中出现的各种冲突和纠纷不能运用传统的行政调解办法加以解决,而必须依靠法律。同时,为弥补市场的缺陷,国家也参与对社会经济的调节,这种调节也有失灵的时候,尤其政府官员滥用权力的现象更是难以避免,这也需依靠法律来加以规范。总之,在市场经济条件下,法律的作用是不可或缺的。正因为在传统的计划经济向市场经济转轨过程中,两种体制的相互碰撞容易造成经济领域中的混乱,也使腐败更有容身之地。这些都有赖于建设良好的法律环境来加以克服。

(二)法治原则的确立对西部开发中的法律环境建设提出了更高的要求

沿海开放实践主要是在人治环境下展开的,法律环境建设处在较低的层次,存在不少缺陷。具体来讲,主要体现在以下三个方面:第一,主要决策包括地区倾斜和优惠政策较多地采用政策性文件加以公布和体现,较少上升到立法文件的水平。法律化程度较低,因而随意性较大,以至于出现了各地竞相推出优惠条件的恶性竞争局面。第二,在法律环境建设中缺少系统性的安排,重立法轻实施的现象较为严重。而且立法也主要集中在对外经济领域,范围较为狭窄。第三,被授予地方立法权的沿海开放地区制定出的地方性法规与国家法律行政性法规时有冲突。这些冲突有些是因对国家法律、行政性法规的具体规定的修正造成的,是全国人大及其常委会在授权时所认可的,但有些冲突是因为违背国家法律、行政法规规定的基本原则造成的,超出了授权立法的范围,损坏了国家法制的统一。

与此不同的是,西部开发的实施已经处在法治的大背景下。法治包括精神的、实体的和形式的三方面要件。从精神方面来看,法治的要素至少有四种:良法、恶法价值标准的确立;法律至上地位的认同;法的统治观念的养成;权利文化人文基础的建立。从实体条件来看,法治必须包含四个方面的内容:控权制度的存在和权力制衡原则被遵守;国家责任的无可逃避和权力与责任相统一制度的建立;权利制度受到保障和社会自由原则的确立;公民义务的法律化和相对化。从形式要件上来看,法治应当包括法制的统一性、法律的一般性、规范的有效性、司法的中立性以及法律工作的职业性等内容。[②] 简言之,法治不仅要做到"有法可依,有法必依,执法必严,违法必究",而且要求法律必须是良法。以此为标准,西部开发的法律环境建设必须符合下列要求:

首先,法律环境建设不应再被仅仅看作是吸引投资的需要,而应作为西部开发工程本身的一部分。视法律为经济与社会发展中不可缺失的一环,要加强法律环境建设的主动性。其次,必须提高决策的法律化水平,重大决策必须经立法程序并以法律形式体现出来,保证这些措施的规范化透明化、稳定化。最后,法律环境建设必须以法治精神为基准实现系统化,不仅要重视法律制度建设,也要重视社会成员法律意识、法治信念的培养;不仅要重视立法环节,也要重视法律的实施环节;同时要保持地方性法规与国家法律、行政性法规的统一,必要时可以制定统一的《西部开发法》,用以规定西部开发的立法原则,明确西部开发的基本政策。从全国范围来看,东、中部地区的整体法治水平目前已经高于西部地区,西部地区若不从严从速建设良好的法律环境,在这方面不仅不能显示出优势,而且有可能继续落在后面,这显然不利于西部开发的成功实施。

(三)地理人文条件的差异使西部地区法律环境建设更加具有紧迫感

深圳、汕头、珠海、厦门等地之所以被选中实施开放政策,是因为这些地区具有优越于其他地区的地理人文条件。[③] 在地理条件方面,这些地区面向海洋,出口方便,便于发展外向型经济。深圳、珠海、汕头、厦门等地因毗邻香港、澳门更是具有得天独厚的地域优势。在人文条件方面,深圳、珠海、汕头、厦门等地均是著名的侨乡,海外华侨华人关心祖国的建设和家乡的发展,乐于回家乡投资,是联结中外的天然桥

---

② 参见徐显明:《试论"法治"构成要件》,载刘海年、李步云、李林主编:《依法治国建设社会主义法治国家》,中国法制出版社 1996 年版,第 220 ~ 233 页。

③ 参见黎学玲:《特别经济区法》,法律出版社 1997 年版,第 28 页。

梁。此外,东南沿海地区历来是我国经济、文化较为发达的地区,对外交往有着悠久的历史,市场经济的观念并未因长期封闭而消失殆尽。以上这些地理人文条件使得沿海地区在对外开放的过程中,包括法律环境建设在内的投资环境的营造并不是生死攸关的因素。

西部地区的地理人文条件与此截然不同。被纳入西部开发范围的省、市、自治区共达 10 个,虽然自然资源较为丰富,但地理条件欠佳。西部的地形地貌相当复杂,系典型的断面分割异质生成结构,造成了交通不便、信息闭塞、对外交通困难等不利因素。同时经济文化水平不高,人民的市场经济观念十分欠缺。这些因素决定了西部开发能否成功实施在很大程度上取决于能否从国内东、中部地区及海外引进足够的资金、先进的技术和管理经验。这当中,投资环境的好坏至关重要,而法律环境是投资环境的重要组成部分。只有建设良好的法律环境才能有效保护投资者、技术拥有者的合法权益,从而吸引更多的区外人士投身于西部大开发。如果说沿海开放由于覆盖地域有限,各地依靠优惠政策便可以吸引大量投资,那么在西部地区如此广袤的范围内,单纯的优惠政策的吸引力必然会因政策的普遍化而减弱。只有改善包含法律环境在内的整体投资环境,才是吸引外来投资者的根本。因此,法律环境建设对于西部大开发具有非同一般的急迫性。

二、西部开发和沿海开放的目标定位、立法价值取向和侧重点

(一)开发、开放的目标定位

邓小平同志在 1984 年考察深圳、珠海、厦门三个经济特区后指出:"特区是个窗口,是技术的窗口,管理的窗口,知识的窗口,也是改革开放的窗口。"[④]不单是经济特区,其他类型的沿海开放地区实施对外开放的主要目的也是如此,即为了打开长期关闭的国门,通过在沿海地区

---

④ 《邓小平文选》(第 3 卷),人民出版社 1993 年版,第 51～52 页。

实行一些优惠政策,吸引外资到国内投资办厂,在发展开放地区经济的同时,从国外引进先进的科学技术和管理经验,进而辐射到内地,弥补国内资金短缺、技术陈旧、管理落后等经济建设的致命缺陷。由此可见,沿海开放的目标不仅仅定位在发展沿海开放地区经济上,还包括上述"窗口"作用,也即既作为内地实施对外开放的榜样,又作为内地通向世界的桥梁。因而,可以说沿海开放的目标基本上是对外的。西部开发的目标定位与沿海开放不同。西部开发的目标是加快西部地区的发展,首要是发展经济,然后通过发展经济带动社会的全面发展。由于多种因素的制约,目前西部六省五区一市的总体发展水平与东、中部地区相比有较大的差距,这种差距若不及时消除,必将影响中国地区发展战略平衡,对我国社会稳定、整体国力提升都是极为不利的。如果说沿海开放的落脚点是一个"放"字,那么西部开发的落脚点则是一个"发"字。

(二)沿海开放和西部开发立法的价值取向

开放与开发目标定位的差异决定了沿海开放和西部开发要采取互不相同的措施。在引资的对象方面,沿海开放主要依赖境外投资,而西部开发则不仅要依赖境外投资,也要依靠来自国内东、中部地区的投资,还要注意调动本地经济力量的投资热情。在市场面向上,沿海开放地区的产品主要面向国外市场,以外销为主,而西部开发的市场选择则以国内市场尤其是西部本地市场为主。在所需资源来源上,沿海开放由于涉及范围较狭窄,本地资源有限,因而必须以吸收外地尤其是内地资源为主,产业类型上也主要是加工型的,而西部地区地域辽阔,资源丰富,基本上可以满足西部开发的需要,亟待开发的资源很多。所以西部开发应以开发本地资源为主,其产业类型也应以资源开发型为主。

沿海开放和西部开发的相关立法就是为了保障上述措施的顺利实行,这导致了沿海开放和西部开发立法价值取向的差异。沿海开放立法以创造对外的强大吸引力为其价值取向,而西部开发的立法的价值取向相对而言要复杂一些,既要为创造招商引资的吸引力服务,也要为构造良好的本土法律环境,实现法律本身对经济发展的推动作用服务。

立法是西部地区制度转型、制度完善的重要环节。

(三)沿海开放与西部开发立法的侧重点

与立法的价值取向相一致,沿海开放的立法一直以经济法规为主体,在内容上又以各种各样的优惠措施为重点。在沿海开放的早期,尽管我国长期停顿的立法工作刚刚恢复,许多法律亟待出台,但从中央到地方,对外招商引资所急需的法律都成了优先考虑的对象。例如,《中外合资经营企业法》就是作为"文化大革命"结束后的第一批法律出台的。沿海开放地区在行使地方立法权的过程中,其立法重心也是如此。

西部开发的立法与此不同,其侧重点应当体现为以下三个方面:

1.关于优惠政策的立法。为了加快西部开发,对外来投资的优惠措施必不可少。而且在优惠力度上应重于沿海开放地区,以弥补西部地区的区位劣势。西部开发比沿海开放涉及的区域要大得多,如果再允许各地以政策文件的形式出台各自的优惠措施肯定会造成恶性竞争,不仅使这些优惠措施起不到应有的作用,而且会影响整个西部开发工作的严肃性。因此,与西部开发有关的优惠措施必须以立法的形式出台。而且重大优惠措施原则上应尽量在整个西部地区保持一致,或者将整个西部地区根据一定标准划分为几种地域类型,至少同一类地域的优惠措施应保持一致。重要的优惠办法最好由中央立法加以规定。

除沿海开放地区主要采用的税收优惠以外,西部开发的优惠手段还应包括财政、信贷、技术、人才等方面的优惠措施。在财政上加大中央对西部地区转移支付的力度,在信贷上对西部地区给予存贷利率、信贷规模等方面的倾斜。在技术、人才方面制定优惠政策,鼓励东、中部地区的先进技术、优秀人才流向西部。

中央和地方立法制定优惠措施时还应注意公平问题。首先,对外商投资的优惠措施原则上应适用于来自国内东、中部地区的投资和西部地区本地投资;其次,适用于公有经济的优惠措施原则上也应向国内私营经济开放。后面这一点尤其重要。西部地区的经济落后于其他地区尤其是东部地区,一个重要的表现或者说原因就是西部地区的非公有制经济比重过低。据统计,截至1999年9月,国有及国有控股工业企业在全部工业中所占比重,东部地区是28%,西部地区则达到61%,西部比东部高33个百分点。公有制经济占如此大的比重,而且西部地区公有制企业效益普遍不佳,这是西部地区经济增长乏力的主要原因之一。因此,一方面,国家应对西部地区的所有制结构进行重大调整,降低国有经济的比重,维持集体经济的适度规模,大力发展非公有制经济;另一方面,国家有必要对西部地区的非公有制经济加大扶持力度。在市场准入、税收政策、筹资融资和社会负担尤其是法律保护方面,给非公有经济与公有经济以平等待遇,促其发展。对此,有的学者甚至提出制定《西部地区非公有制企业法》,对非公有制企业的发展给予特别的法律保护,并给予各种优惠政策。⑤

2. 关于主体及其活动规则的立法。沿海开放参与投资等经济活动的主体相对来说比较单一,主要是各种企业,尤其是外商投资企业,单纯的内资企业起着较次要的作用。同时,当时由于国家经济力量比较薄弱,因此各级政府直接参与直接投资的分量也不是很大。所以,沿海开放时期立法所要规范的主体主要就是外商投资企业,各种规则也主要是针对外商投资企业设立的。参与西部开发各类经济活动的主体的范围要广得多,也复杂得多。首先,由于国家经济力量的增强,各级政府尤其是中央政府参与西部地区投资的份额将占十分显要的地位。因此,各级政府将成为西部开发立法所要规范的主体。其次,除了境外投资以外,国内东、中部地区和西部地区本地民间经济主体也将积极参与西部大开发。因而,境外企业和个人、国内东、中部地区的各类企业和个人、西部本地的企业和个人,也都将成为西部开发立法所要规范的主体。这些主体的权利和义务以及这些主体之间相互关系的处理和协调,将成为西部开发立法的一项重要内容。

政府在西部开发中的职能可以分为两个方面:一方面是间接的管

---

⑤ 参见白永秀:《关于西部大开发中政策支持的几个问题》,载《经济体制改革》2000年第1期。

理协调职能;另一方面是直接参与投资等开发活动的职能。与沿海开放时期的职能以行政指令性管理为主不同的是,西部开发中政府的职能必将是行政指令性管理和服务引导的相互结合。在直接投资方面,政府职能的重心是基础设施建设。西部地区长期以来基础设施较为落后,迄今为止没有得到根本改善,这使西部地区在吸引外来投资的竞争中无法取得有利的地位。因此,西部大开发,基础设施建设必须先行。西部开发的初始阶段,各项基础设施建设往往需要较大数目的投资,而投资的回报率不会很高,加上回报周期较长,因此不可能吸引到较多的民间资本参与其中。在西部地区发展到一定程度足以吸引民间资本参与基础设施建设之前,西部地区的基础设施建设将主要依靠国家投资,尤其是中央的财政支持。值得注意的是,国家在投资西部地区基础设施建设的过程中也必须按市场经济规则运作,追求经济效益,讲求投资效果。这些都有必要在相关立法中加以明确。

西部开发立法对民间投资主体的规范,主要是为这些主体制定公平的活动规则,创造有序的竞争环境。这当中特别要注意克服地方立法中的地方保护主义倾向,将外地主体与本地主体同等对待。

3. 关于生态环境保护和建设的立法。目前,西部地区生态问题十分严重。有数字表明,我国西北的荒漠化速度近年有增快之势,平均每年扩展 2460 平方公里;全国 25 度以上的坡耕地共 9100 万亩,其中西部地区就占 70% 以上。而陡坡耕地的过度开垦,正是导致水土流失的主要原因。我国每年流失土壤约 50 亿吨,而西部流失土壤约占 80%。随着西部开发战略的逐步实施,生态环境的压力将越来越大。因此,在开发西部地区时,必须重视对环境的保护,维护生态平衡,走可持续发展的道路。要通过立法明确生态环境的保护和建设在西部开发中的突出地位,以遏制自然环境不断恶化趋势。西部地区环境保护的重点是治理水土流失、保护以绿洲为中心的生态系统,保护黄河、长江源头和上游地区,严禁砍伐树林和破坏植被,合理利用水资源,实施以节水为中心的各类政策。对石油等战略性资源实行保护性开发,并在开发过程中逐渐调整产业结构,由重点开发能源矿产品资源转向对农业水土资源的开发和合理利用,由采掘原材料为主的重工业化模式转向以农副产品加工为主的轻工业化模式。

三、西部开发在法律环境建设上超越沿海开放的关键是确保法律的实施

沿海开放地区的法律环境建设带有浓厚的重立法轻法律实施的不良倾向。这对沿海开放地区的法律环境建设的效果产生了严重的消极影响。虽然从静态的法律构成上来看,有些沿海开放地区也制定了许多的法律文件,在某些领域还比较完善,但这些地区的法律环境却并没有十分显著的改善,原因就在于这些地区在法律实施这个环节上出现了偏差,有法不依的现象还比较严重。

西部开发法律环境建设要实现对沿海开放地区的超越,就必须重视法律的实施。法律实施主要包括两个方面的内容:一方面是国家执法、司法机关及其公职人员严格执行法律、适用法律,保证法律的实现;另一方面,是一切国家机关、社会组织和个人,即凡受法律调整的个人和组织都遵守法律。前者可以简称为执法,后者可以简称为守法。二者对于西部地区法律环境建设而言都具有重要的意义

(一)公正执法,尤其要注意克服地方保护主义

公正执法要求执法人员严格按法律的实体规定和程序规定行事,做到不偏不倚。对于西部地区来说,影响公正执法的最大障碍是执法过程中的地方保护主义。法律上的地方保护主义是指不顾国家的法律法规法令或政策,擅用立法权、制定有倾斜性的地方法规或政策,以保护或利于本地利益而损害外地利益或国家利益;或者,在执法活动中,不顾国家的法律、法规、法令、政策和客观事实,做出偏向或利于本地利益或本地当事人而损害国家利益或外地及外地当事人利益的行为。在法律上,地方保护主义可以分为两种情况:第一种情况是,制定出利于

本地利益而不利于外地利益的政策法规,阻止外地人到本地从事经济贸易活动,如对外地商品制定征收高税率的政策等;第二种情况是,在执法活动中,不严格依法办事,对涉及本地区本地当事人的案件,擅用自由裁量权,甚至徇私枉法,做出利于本地或本地当事人而使外地或外地当事人利益受损的裁决。第一种情况属于立法上的表现,前已论及。第二种情况就是地方保护主义在执法上的表现。

执法上的地方保护主义目前在西部地区还比较严重,在西部开发战略的实施过程中,还有可能加重。其存在既有利益驱动的原因,也有观念方面的原因。从利益驱动上来看,执法上的地方保护主义表面上能够为一地或本地当事人争取一些好处;从观念上来看,有些人认为西部地区的经济力量在全国的竞争中处于劣势,若不在执法等环节上予以偏袒,最终会威胁到本地经济的生存和发展。有些人甚至对外来企业投资心存戒备,心里总想着你要赚钱我必先赚你一把。

西部地区要消除执法上的地方保护主义,必须从两个环节入手。首先,必须切实转变观念。执法上的地方保护主义虽然能为本地或本地当事人带来一些暂时的好处,但从长远来看,这种做法得不偿失。因为它会将外来投资者赶走,从而影响整个西部开发的顺利实施。其实,允许外来客商与西部地区原有市场经济主体自由竞争,虽然在短期内有可能使本地企业产生某些不利效果,但长远来看,不仅地方财政可以从外来客商上缴税收中获益,本地企业也会在竞争中实现结构优化调整,增强竞争的实力,最终发展壮大。其次,必须切实提高执法队伍的整体素质。地方保护主义之所以能渗透到执法机关中去,与执法队伍的素质有很大的关系。西部地区教育、文化相对落后,执法队伍整体的业务素质政治素质都有待提高。西部地区要大胆学习东部某些地区的先进经验,加快人事制度改革步伐,实现公平竞争,注重实绩,优胜劣汰。同时要加强执法监督,实行执法责任制度,对执法人员因故意或过失造成错案的,应依法追究其责任。

(二)培养公民良好的法律意识,使法律得到自觉遵守

法律实施也包括守法这个环节。日本著名法学家川岛武宜曾经指

出："法秩序没有法主体者积极自觉地遵守法、维护法的话，法秩序是得不到维持的。"⑥而法律得到社会成员的自觉遵守和服从，很大程度上取决于社会成员的法律意识状况。良好的法律意识是社会成员对法律所形成的积极的价值观，建立在知法、懂法的基础之上，也即知晓法律权利和法律义务，懂得什么是法律所允许的，什么是法律所禁止的，以及相应的法律后果。良好的法律意识要使社会成员能够充分认识到现代社会中法律的重要功能和作用，从而服从法律的权威。在现代社会，社会成员良好的法律意识首先应是守法意识，即尊重法律、遵守法律、严格依法办事的意识；其次是要培养和树立与现代法精神相适应的一系列现代化法意识，即权利义务相统一的意识、法律公平正义意识、法律面前人人平等意识、民主自由人权意识、法治意识、契约意识等。

在我国西部的广大地区，由于自然的、传统的、经济的等诸多因素的影响，人们的法制观念还比较落后，尤其是法律意识比较淡薄。表现为轻商抑商、排斥契约、宗法家长制、以权代法、有法不依、权利意识缺乏等多种现象。这不仅严重地制约着西部地区经济的发展，而且直接影响西部地区法律的实施效果。所以要想改善西部地区的法律环境，首先必须培养西部地区社会成员的法律意识，并采取以下措施：

1. 发展西部地区的教育，包括法学教育。良好法律意识的养成必须以知法懂法为基础，而知法懂法又必须以具备一定的文化为前提条件。在文盲充斥的地区建设良好的法律环境是不现实的。有统计数字表明，西部地区文盲及半文盲占15岁及以上人口的比例高于全国水平，从业人员中大专及大专以上所占比重绝大多数省区低于全国。西部地区如此差的文化水平是法律环境建设的最大阻力之一。因此必须加大对西部地区教育的投入，改善社会成员的文化状况。另外，就目前来说，西部地区的法律专门人才及专业水平与东中部省份相比都还存在差距。因此一方面要想办法吸引全国其他地区的法律专门人才到西

⑥ [日]川岛武宜：《现代化与法》，申政武等译，中国政法大学出版社1994年版，第19页。

部地区服务,另一方面也有必要改善西部地区的高等法学教育状况。对比来看,西部地区目前的高等法学教育力量还相当薄弱。

2. 加强法律宣传工作。法律意识的培养要靠教化,对于西部地区尤其如此。西部地区是少数民族居住最集中的地区,少数民族的习惯法里面有些已不符合现代市场经济的原则,不符合法治的精神,造成人们观念与现代法治观念的错位。因此有必要通过法律宣传工作改变人们的落后陈旧观念,养成现代法律意识。总的来讲,西部地区的法律宣传工作力度应该大于东中部地区。中央财政和地方财政都要对这项工作给予适当支持。

第五编　财产权、公司制与破产法

第五编提示：本编收录的都属于民商法文章。民商法在社会生活或法律体系中的重要性，本是无可非议的。但在20世纪出现的包括苏联、东欧国家和中国在内的社会主义国家，却长期缺失或不受重视。原因在于这些国家同它们实行"公有制"相关。当企业与个人无独立财产可言，大家除了每月低微工资或劳动工分之外"一无所有"，人们之间简直无财产关系、经济关系可言，民商法不受重视便是可以理解的了。而这些正是经济法研究在中国刚起步时一些学者主张"大经济法"，忽视民法作用的社会根源。作者早在20世纪80年代初就批评了这种观点，认为中国前30年那种经济体制和法律状况是不正常的，不能持久的。并断言，当时倡导和正在开展的改革如果推进下去，自然人和法人之间的财产（经济）关系会逐渐发达，民法作用将逐渐显现。在当时所著《国民经济的法律调整》一书中，明确提出和论证"经济体制改革揭示了民法在调整国民经济活动中的广阔途径"，论述了"国民经济需要多种法律部门综合调整"，论述了民商法同经济法相比较其调整对象、立法本位、基本原则的特点，指出民商法立法的任务（见该书第16～22页）。作者还写了不少论及这些内容的文章，但大都是在论述经济法理论问题时涉及。本编收录的主要是关于民商法的财产权、公司制和破产法等方面问题的论文。

论公司制两权分离形态*

一、公司财产所有权、经营权及其分离

公司财产是指由公司全体股东投资组成的公司财产总额。公司的财产权性质如何，历来有不同主张。当前我国学术界主要有两种意见：一是认为公司拥有所有权；二是认为公司不享有所有权，只有经营权，公司财产的所有权属于各个投资人。[①] 此外还有一种意见，认为投资人享有原始（或最终）所有权，公司则享有法人所有权，呈现"两层楼式"所有权结构。鉴于后者有悖于所有权基本原理，人们多不同意，本文亦对它不多评论。下面着重对上述第二种意见谈谈不同看法。

公司财产来源于各股东的投资，各投资人对其投资的财产在投资时拥有所有权（或至少代表着该部分财产的所有权人在行使权利），这即所谓原始所有权。但是，当各投资人出资组成公司后，他们对于各自所投资的那部分财产是否仍然拥有所有权

---

* 本文原发表于《现代法学》1992 第 3 期。

① 覃天云：《经营权与企业法人产权辨析》，载《中国法学》1991 年第 2 期。

呢？回答应是否定的。公司成立以后，公司财产形成一个有机整体，不再区分为这个或那个股东投资的财产。公司财产的支配权属于全体股东集体（通常是股东会）。它是公司最高权力机关。各股东对于公司财产支配问题的各自意见，需通过全体股东组成的集体，以集体决议方式表达。集体决议实行少数服从多数原则。个别股东即使对集体决议持异议，也得服从，不能坚持按照自己意见支配公司财产或属于自己投资的份额。可见，各股东将各自财产投资组成公司以后，便失去了对所投资的财产的所有权，形成了公司财产统一的所有权。公司财产所有权归公司全体股东组成的集体统一行使。

有的学者对此不理解，问道：各投资人的财产所有权怎么会发生转移？这似乎“没有任何法律依据”。[②] 其实，这里是由各投资人依照公司法规定，通过公司章程或招股章程形式，自愿地将各自对于投资财产的所有权让渡给公司的。当然不是无偿转让，而是换取了公司的股权。股权是什么？它既不是所有权，也不是如一些学者所说的债权，它是公司财产所有权整体中的一个有机组成部分，一股或者说一个细胞。就像细胞不能脱离有机体独立存在一样，股权也不能脱离公司财产所有权而独立存在，它不是一种独立财产权，更不是所有权。

有的人说，“如果法人享有所有权成立，一旦法人解散，谁是剩余财产的受偿人呢……只有股权是唯一受偿的依据”。[③] 股东有权分配公司剩余财产，这是股权所包含的一项内容，是当初投资人将各自投资财产所有权换取公司股权的一项条件。这并不表明公司从来就没有取得所有权，股权就是所有权或“所有权的证券化”。[④] 除了前面说过理由的外，还在于：公司分配剩余财产时，公司已经解散，公司财产已经解体，这时当然不再存在公司财产所有权了；正是在公司财产所有权消失的时候，剩余财产按照公司法的规定（也可以看作是当初投资人

② 覃天云：《经营权与企业法人产权辨析》，载《中国法学》1991年第2期。
③ 同上。
④ 同上。

与公司的一种预先约定),回复到原投资人手中。这怎么说明公司在解散前不存在公司财产所有权呢?何况,公司剩余财产与股东原投资财产在性质上也不是一回事。公司解散清算中以其资产清偿全部债务后,可能还有剩余财产,也可能没有;可能多,也可能少。股东分配剩余财产并不表明他们在公司存续期间对于其投资财产拥有所有权。

公司自成立至解散,对公司财产拥有所有权。同时,公司是从事生产经营活动的,它还必须有经营权。经营权是法律所确认的,依据所有权人的意志,为使特定财产孳生收益,而对该财产所有权的一定权能具体运作的权利。经营权与所有权可以结合起来由所有权人自己统一行使,也可以与所有权分离而由所有权人交付他人行使。公司由于股东人数较多,各股东在经营方面的经验和能力有所不同,为了提高经营效益,需要建立专门的经营机构,集中、统一负责公司经营业务。因此,需要使公司经营权与公司所有权分离。

公司因其种类不同,所建立的经营机构即经营权人也不相同。如股份有限公司,经营机构为董事会,行使公司经营权;它由股东会选任,由股东授予其经营权,股东会享有公司财产所有权。有限责任公司,则由全体股东集体享有所有权,并由它选任董事或成立董事会,行使经营权。而无限责任公司,公司财产所有权由全体股东集体享有,根据公司章程规定,由全体股东或其中一名或数名股东执行业务,行使经营权。至于两合公司和股份两合公司,公司财产所有权归公司全体股东集体,经营权由全体无限责任股东或者章程所定的无限责任股东中的一名或数名行使。上述的后三种公司,除了无限公司当其由全体股东执行业务时实行的是公司经营权与公司所有权相结合,两权并不分离之外,其余情况都在一定程度上实行了两权分离。但它们的两权分离并不典型;最典型的两权分离形态是股份有限公司和有限责任公司。本文以下所论述的主要是这两种公司两权分离情形。

二、公司制两权分离形态的特点和优点

经营权与所有权分离有诸种表现形态，如代理经营、租赁经营、承包经营、公司制经营等。公司制的两权分离形态同其他各种形态比较，具有许多明显的特点和优点：

1. 公司制的两权分离是原财产所有人（投资人）将各自对于投资财产的所有权，以换取股权为条件，让渡给公司，组成公司财产所有权，然后公司所有权再同公司经营权相分离。承包制等的两权分离，则是财产所有权人直接将经营权交付他人即经营权人行使。对于原财产所有权来说，公司制的两权分离是一种间接分离，而承包制等则是直接分离。

间接分离，原财产所有权人不能直接干预经营权人的经营活动，其意志一般只能通过全体股东集体，以集体决议形式表达。这有利于经营权人独立自主地进行经营活动。直接分离则容易发生所有权人直接干预经营权人经营活动的情况。

2. 公司制的两权分离是在公司内部发生的分离，是公司财产所有权与公司经营权之间的分离。行使所有权的股东会与行使经营权的董事、董事会，都是公司的内部机构。承包制等的两权分离，是在企业外部、在生产经营领域外部发生的分离。两权分离后，所有权人即退出企业、退出生产经营领域。前者可简称为内部分离，后者则是外部分离。

公司制的内部分离，便于所有权人对经营权人经营活动作经常性的了解、配合和监督。外部分离的所有权人对经营权人活动的了解、配合和监督则较不方便。

3. 公司制两权分离关系主要受公司法调整，并由公司章程加以具体规定，强行性规范较多。并且，公司制度在世界各国盛行数百年，各种法律制度和做法已比较合理而且具有确定性。承包制等两权分离关系主要受民法调整，并由当事人以合同方式约定，任意性较强。

上述情况决定,公司制的两权分离关系及经营权的范围比较确定,不易发生经营权人权限不足的问题。承包制等在这方面的确定性不如公司制。并且,由于上述原因,加上公司存续期间较长,使公司制两权分离关系较为稳定,能较好地避免经营权人经营行为短期化。承包制等的合同期限一般都不长,合同规定的项目和指标项要随着经济形势和国家政策(如计划、价格政策、税收等)而作出调整。因此,两权分离关系不如公司制稳定,容易发生经营权人行为短期化。

4. 公司财产所有权人为全体股东组成的集体,股东人数较多,公司经营后果与全体股东利益相关,大家都关心公司经营活动,集思广益,有利于提高经营效益,而在公司亏损时,后果也由众多股东承担。公司经营权人不仅其工资、奖金同公司经营效益挂钩,而且按照公司制度传统做法,他们应认购公司一定股份,其股息、红利分配也取决于公司经营效益。此外,当代各国大都重视吸收本公司职工入股。这样,在公司内部就能建立起由各方面因素构成的利益激励机制。承包制等则容易发生以下情况:或者经营后果全部或主要由所有权人承担(如代理经营等即如此);或者经营后果主要落在经营权人头上,而所有权人只管收取承包费或租金,不甚关心企业的经营;或者虽然合同约定由经营权人承担全部或部分责任,但由于他们缺乏担保能力,实际上负不起责任,亏损后果最终还是由所有权人承担;等等。总之,它们不如公司制那样能够建立合理的利益激励机构。

公司制与承包制等的两权分离形态,各有其特点。而所谓优点,则是相对于何种形态最能提高经营效益而言的。对于从事生产经营活动来说,选取何种形态为好,要根据实际情况决定。不过,就现代社会一般情况而论,公司制两权分离形态更有利于企业提高经营效益。

三、国有企业由承包制向公司制转换问题

我国国有企业过去一律实行国营,由有关的国家主管机关代表国

家管理企业。它们委派自己的工作人员到企业担任负责人,代表主管机关和国家行使企业的财产所有权和经营权,他们对于企业所有权和经营权行使中的各项重大问题,需请示主管机关决定。在这种情况下,企业的所有权与经营权并未分离,而是结合行使的。并且,企业负责人只是国家主管机关委派的代表,并不能完整地行使企业的所有权和经营权。

20世纪80年代中期以后,国有企业普遍实行承包经营制。承包经营实现了企业所有权与经营权分离。它是我国国有企业经营制度的一次重大改革,是企业经营机制的一次大转换,实践中收到了好于过去"国营"的效果。但仍存在不少问题。这些问题中,有些是在承包制实行中做法上的问题及外部环境方面的问题,而不是承包制本身的问题,它们可以通过完善承包制和深化改革逐步得到解决。但有些则是承包制本身的局限性,正如本文前节分析的那样,这些局限性是由承包制这种两权分离形态固有的特性,再加上我国国有企业实际情况所决定的。例如,由于承包制的两权分离形态是承包方的经营权与发包方的所有权的直接分离,很难杜绝所有权人对经营权行使的不必要干预。由于,承包制两权分离关系和经营权范围的确定性和稳定性不如公司制,所以容易发生承包企业的经营权限不足、企业不能充分自主经营的情形,也容易发生企业行为短期化。由于承包制两权分离形态是一种在企业和生产经营领域外部的分离,不便于所有权人对企业经营权行使的了解、配合与监督,不如公司制那样能在企业内部建立互相配合、互相制约的机制。此外,在建立内部的利益激励机制方面也较差,企业经营权人实际上负盈不负亏,企业亏损责任往往全落到国家头上。

上述情况表明,为了使我国国有企业能够更好地自主经营,并在内部建立自我发展、自我约束、自我激励机制,进一步增强活力,提高经营效益,当前,除采取措施完善承包制以外,应积极推行公司制,促进国有企业由承包制逐步向公司制转换。这将是我国国有企业经营制度的又一次重大改革,是实现企业经营机制转换的一项根本性措施。

国有企业实行公司制的途径,现在已经实行的有如下几种:(1)一个国有企业同其他一个以上国有企业或非国有企业,各以其部分资产联合投资,按照有限公司形式组建新的企业;(2)一个或几个国有企业将其全部资产股份化,或者同时还吸收其他国有或非国有企业的股份,组建有限公司;(3)按以上方式组建公司时,还向社会公开招募股份,组成有限公司;(4)按以上各种方式组建公司,均可吸收本公司职工认购部分股份;(5)新开办企业一开始就按公司形式组建。

除上述途径外,还可考虑将国有企业的自有资金(它主要由企业留利构成)的一部分作为企业集体股,参加投资;同时,该企业的国有资产折成股份,作国家股;还可吸收本企业职工个人认购部分股份,为职工个人股。企业按公司制经营,国有企业即变更为公司。这种做法可为大多数国有企业采用,简便易行。当然,这里涉及企业留利所有权性质的转换。因为按目前国家规定,企业留利虽然可由企业依照规定方式自由使用,但所有权原则上仍属国家。企业留利也可以视为企业全体职工劳动投入的收益,把它转为企业集体所有,在理论上也并无不妥。目前国家已在部分企业试行税利分流、税后还贷和资金账制,这为将来实行把企业留利转为企业集体所有,提供了方便。

本文前面说过,当各投资人将各自财产联合组成公司后,便形成公司财产所有权。国有企业以其部分或全部资产投资组成公司后,也当如此。这里有个问题:国有企业的财产所有权属于国家,企业只有经营权;为什么国有企业投资组成公司后,却能形成公司财所有权呢?原因是,国家所有权人既然授予国有企业投资权,就意味着国家同意国有企业对该投资财产有处分权,并授权国有企业代表国家所有权人对该部分投资财产行使所有权职能。组成公司后,作为公司股东的国有企业是以国家所有权人代表的身份出现的。这与国家所有权原理并不矛盾。

国有企业实行公司制,应该逐步、稳妥地推行,要与原来实行的承包制妥当衔接,不能随意变更或废除正在实行的承包合同,不能损害原承包人的正当利益。国有企业改行公司制应以有限责任公司形式为主。股份有限公司的建立和发展,因为需要有许多配套改革措施与之同步,当前只能在抓好试点的基础上,有控制地进行,不可能迅速普及。

鉴于承包制和公司制这两种两权分离形态的各自特点,将来我国国有企业多数改行公司制以后,承包制也还有在一定范围内存在的必要。这主要是指从事经营利润低微甚至难免亏损,而从国家和社会的长远和总体利益着眼,必须发展的行业和产品的企业,因为社会公众不愿投资,不宜实行公司制,可实行承包经营。一旦其中某些行业和产品的经营盈利较为稳定,社会公众乐于投资时,可再改行公司制。将来,我国国有资产经营制度发展的目标模式,应是以公司制为主体、以承包制为辅助。

论股权*

股权的法律特征和性质如何？国内外学者历来持有不同意见，学术界存在“所有权说”“债权说”“共有权说”“社员权说”“所有权债权化说”等诸多分歧。近年来我国法学界对此争论再起。这个问题上与当前我国国有企业产权和经营制度改革相关。本文对此谈谈看法，希望有助于讨论。

一、公司法人财产权的形成与性质

公司是全体股东依照公司法组成从事生产经营的法人组织。公司财产由全体股东出资组成。公司将各股东出资的财产集中起来，根据公司生产经营任务和性质，统一组合，形成公司财产特定的内部有机构成和生产力要素的内部结构，使之成为统一的有机整体。在公司财产这一统一整体中，不区分各个股东的财产部分。这就是公司财产的统一性和整体性。

公司对于公司财产的权利性质如何？有的认为

---

* 本文原发表于《现代法学》1993 年第 4 期。

公司拥有所有权;有的认为公司不享有所有权,而只有经营权。笔者认为,股东会这一全体股东集体有权决定公司一切重大事务,即有权决定支配公司财产的基本方式,并由它选任董事或其他人员,组成董事会之类的业务执行机关,具体负责对公司财产进行管理和运营,即行使经营权。经营权是公司财产权的十分重要的内容,但它毕竟只是公司财产权的一个组成部分,而不是全部。它由股东会授予,受股东会制约,不得违背股东会决议。董事会的经营权对于股东会的财产权来说,只是一种派生的、限定的、相对的财产权;而股东的财产权则是自身的、完全的、终极和绝对的财产权。这就是说,股东会拥有的是对于公司财产的所有权。股东会是公司法人内部的一个机关;即使不设股东会,由于事实上存在全体股东集体意志,这一全体股东集体通过各种形式对公司行使决策权和对业务执行机关的监督权,它事实上是存在于公司法人内部的一种力量。既然公司所有权由公司内部一个机关即股东会行使,怎么能说公司法人没有财产所有权呢?

二、股权的性质及出资人财产所有权让渡的条件与依据

我们再来分析股权的性质。股权是各出资人将其财产出资组成公司,形成公司财产权之后,再从公司取得的一种权利。股权的具体内容和表现形式,有些是直接的财产权,如股息、红利分配权;有些不具有直接财产权的内容,而有人身权的性质,如股东身份权、公司内部的选举权和表决权等,但这些人身权归根结底是由财产权决定的,是财产权的另一种表现形式。

股权作为财产权,是怎样一种性质的财产权?它是所有权吗?诚然,出资人对于公司成立之前他用以向公司出资的那部分财产,通常拥有所有权(国有企业对其用以投资的财产的权利性质,后面再作分析)。但是,当他们出资组成公司并成为公司股东以后,他们对于原出资财产再不享有独立的所有权了,这时公司法人取得了对全体股东出

资财产的所有权。关于这个问题,除了本文第一部分论述的理由外,还可以从股权的具体内容和范围加以分析。

股东出资组成公司以后,公司法人取得了对于全部出资财产统一的支配权,股东对于公司财产(哪怕仅指由他出资的那个部分)实际上已不再能独自占有、使用、收益和处分了。各股东对于有关公司财产的支配问题,有权发表各自意见,但各股东的意见必须通过全体股东所组成的集体即股东会加以集中,以集体决议方式统一表达。股东会集体由全体股东组成,但它不是各单个股东的算术之和,它是一个组织、一个有机整体,股东会集体意志不是各个股东意见的混合,它实行少数服从多数原则。股东个人有不同意见,除法律或公司章程作了特别规定外,须服从集体决议,不得坚持按照个人意见支配公司财产,也不能随意退股。由此可见,股东个人对于公司财产(哪怕仅指他所出资的份额)已经丧失独立支配权,不再享有所有权;全体股东原出资的财产已转为公司法人这个单一集体所有。股权与公司法人所有权的关系怎样呢?它只是公司法人所有权整体的一个有机组成部分。股东是股东会集体的成员,股东会是公司法人的一个内部机关。一个组织体的成员不能脱离该组织而独立存在,股权不能脱离公司法人所有权而独立存在,它不是独立的所有权;这就像细胞是构成有机体的基本单位,但细胞不能脱离有机体而存在一样。

股权的一项重要内容是股息、红利分配权。有人把它当作股东享有的独立的收益权,这不对。公司财产运营结果的收益权属于公司法人,只有公司才享有统一的或独立的收益权。公司实现统一的收益权之后,再按公司法和公司章程规定,将公司收益以股息、红利方式分配给各股东,兑现股东的股息、红利分配权。

股权的另一些重要内容是参与制定公司章程、任免公司业务执行机关、出席股东会并享有表决权、监督公司业务执行机关的有关业务活动等。这是各股东为公司集体利益或者说为全体股东共同利益而参与的共益权。股东上述每项权利的行使都要受到其他股东行使权利的制约,因而都不是独立所有权的表现。

人们通常认为股权还包括公司剩余财产分配权。近来有些同志以此作为股东享有所有权的重要论据。[①] 我认为，应该区别“出资人”“股东”与“原股东”这几个概念，不应混淆。所谓股东，即公司股东，是指公司成立以后至公司解散以前即公司存续期间的公司成员。公司成立以前的出资人，是公司的发起人或认股人，但尚不是股东。公司解散以后，公司不存在了，股东也不存在了，这时所谓股东实际上只是“原公司股东”。当初出资人将各自财产出资组建公司时，就有两个先决条件（这些条件是公司法和公司章程确认的），即第一，当公司存续时，他们取得股权；第二，当公司解散清算时，分配剩余财产。当他们行使分配剩余财产这一权利时，实际上他们不是以股东身份，而是以公司原出资人身份出现的。因此，严格地说，分配剩余财产不属于股权的一项内容，而是与股权并列的一项权利，是设立公司或其后入股时，出资人同公司同时设定的两项条件之一。因此，剩余财产分配权是当初出资人对于出资财产拥有所有权的一种表现，是公司解散以后对于原出资所有权的一种“复归”，而不能用来作为证明股东享有所有权的论据。恰恰相反，由于公司存续期间股东通常不能收回原出资财产，只有公司解散、股东身份实际上已不存在时，公司的剩余财产才“复归”于原出资人，这正好表明股东——只要他们还是股东，对公司财产便没有独立所有权。

也许有人要说，你说股权不是独立的所有权，而只是公司法人所有权整体的有机组成部分，从公司内部关系来说，也许有道理；但股权是可以转让的，特别是股份有限公司的股权表现为股票，股票可以自由流通，不是独立的所有权怎么能够转让呢？我们说股权不是独立的所有权，但它毕竟具有相对独立性，特别是股票，它是股权的证券化，形式上的独立性更为明显。但即使是股票，它所代表的股权的内容，只是公司法人所有权的一个有机组成部分，是不能离开公司法人所有权而完全独立的权利。因此，当发生股东转让时，其所转让的实际上只是该公司

① 参见覃天云：《经营权与企业法人产权辨析》，载《中国法学》1991 年第 2 期。

法人所有权的有机组成部分。正因如此,所以股权转让须经法人同意或进行登记(过户)。如果转让的是独立所有权,一般是不需要经过这些手续的。由于公司种类不同,各种股权转让的限制也不一样。最特别的是股份有限公司发行的无记名股,这种股票转让以交付生效,不需经公司同意或过户。因为这种股票所代表的权利(股权)有限,一般只享有分配公司的股息、红利的权利,而不享有作为公司成员的其他权利。但是,无记名股票持有人可以取得如普通股一样的其他权利,只要他们在公司的股东名簿上登记即可。可见,即使是无记名股,其股权性质仍与普通股权无本质区别。

有人提出这样的问题:如果说出资人出资组成公司,其对于出资财产的所有权便让渡给公司,形成公司法人所有权,他们换取的股权只是公司法人所有权有机整体的一个组成部分,那么,出资人的所有权是怎样“丧失”和转移的?②

对于这个问题的回答其实很简单:各出资人是自愿将各自出资财产所有权让渡给公司的;让渡的条件是向公司换取股权即公司法人所有权整体中的一个组成部分,并且在公司解散或破产时有权分配剩余财产。这种所有权转让的依据,则是公司法和全体股东依据公司法订立的公司章程。有人说,查看各国公司法,并未发现公司对其财产享有所有权的明文规定。③ 其实,从各国公司法对于公司股东会、董事会等机关的职权及对于股东个人权利的各项具体规定,已经清楚地表明了这点,无须标明“所有权”三字才足以说明公司取得了财产所有权。

三、国有企业投资组建公司其财产权性质的转变

前面说,各出资人联合出资组成公司,公司法人取得对全体出资人

② 参见覃天云:《经营权与企业法人产权辨析》,载《中国法学》1991 年第 2 期。

③ 参见佟柔、史际春:《我国全民所有制“两权分离”的财产结构》,载《中国社会科学》1990 年第 3 期。

出资财产总体的所有权,这是否适用于国有企业投资组建公司的情况呢?

诚然,国有企业对于归其经营管理的财产只有经营权而无所有权,但是,经营权的内涵包括占有、使用、收益和一定处分权。企业法规定企业经营权人有投资权,即国家所有权人允许企业在行使经营权过程中,以部分财产投资组建公司或向已经存在的公司入股。这意味着国家所有权人允许企业将其经营的部分财产的所有权,按照公司法规定,并通过公司章程,让渡给公司,而换取公司的股权。因此,这里发生的仍然是财产所有权的转移;这种转移是国家所有权人同意的。当发生这种转移时,投资企业实际上是代表国家所有权人将投资财产所有权让渡给公司而换取公司股权的。而投资企业作为股东行使股权,也是以国家所有权人的代表身份出现的。例如,它从公司所取得的股息、红利分配,其所有权归国家,按照国家规定上缴国家或将其中一部分留作企业基金。

明确国有企业投资组建公司其投资财产所有权发生转移,其意义在于,作为投资财产的原所有权人的国家或作为原所有权人代表的国有企业,于成立公司后,只是公司的一位股东,是公司法人单一所有权人整体的一个有机组成部分,同其他单个股东一样,他们不能直接单独干预公司经营事务,这有利于公司法人自主经营。这正是国有企业实行公司制的重要意义所在。如果只发生经营权转移,公司并不取得所有权,所有权仍属于国家,则仍然难免国家对企业的直接干预。

四、评关于股权性质的其他诸说

我们已经论证股权的性质是公司法人所有权的一个有机组成部分,而不是独立的财产所有权,因此,关于股权性质的“所有权说”不能成立。下面我们再对其他诸说进行分析。

（一）关于“债权说”

“债权说”看到了股东投资入股其原来对于投资财产的所有权发生了转移，股东将所有权让渡给公司，公司取得了所有权，因而不同意股权是所有权；但又认为，股东让渡出资财产所有权的条件是向公司换取债权，股权是债权。后种意见是不能令人信服的。股权与债权尽管有相似之处，但其区别是甚为明显的，主要表现在：

1. 主体身份不同。股权主体是公司股东，股东是公司组织体的内部成员；债权主体是公司债权人，债权人不是公司组织体的内部成员。

2. 权利内容和范围不同。股东作为公司内部成员，有权参与订立和修改公司章程，参与公司一切重大决策，参加公司内部管理，为了实现对公司管理，有权出席公司股东会并享有表决权，有权任免董事和董事会等公司管理机构和人员，有权任免监事和决定监事会的组成，享有选举权和被选举权，等等；债权人不享有上述权利，在公司正常存续期间债权人只对公司享有还本付息的请求权。

3. 两种权利的利益分配关系不同。股权的利益分配关系表现为公司向股东分派股息、红利；债权则表现为公司向债权人还本付息。股息、红利分配是公司内部分配关系；债权是公司外部分配关系。股息、红利分配与股东投资财产金额不具有等价关系；债权具有等价关系。股息、红利分配与公司经营效益直接相关，有不确定性和风险性，债权一般同公司经营效益无关，旱涝保收，具有确定性而无风险性。

4. 两种权利对投入财产本金的取回情况不同。债权到了清偿期，公司应返还全部本金；股权一般不返还股本金。公司解散清算或被宣告破产时，在以其全部财产清偿公司债务后，如尚有剩余财产，可分配给股东。但股东分得的剩余财产数额可多可少，也可能无剩余财产可分，总之，它并不同原投入的股本金等价。并且，正如本文前面已论述的那样，当公司解散或破产而分配公司剩余财产时，实际上是向原公司出资人的财产复归，它已不属于股权的范畴。

（二）关于“共有权说”

所有权共有关系比较复杂，各种学说的解释也不尽相同。共有关系的特征与股权确有许多相似之处，所以历来都有人认为股权是一种共有权。④

共有关系分为按份共有(又叫分别共有)与共同共有(又叫共同共有、合有)。对于按份共有，学界有各种解释，但不管何种解释，都承认这种共有关系的结合体十分松散；各共有人对于自己的应有部分有独立的直接支配权，包括按其应有部分对于共有物有使用和收益权，对其应有部分可以自由让与、自由并单独设定质权或抵押权；各共有人还可随时请求废止共有关系，即请求分割共有财产；对共有财产的管理，原则上由各共有人共同管理，即各共有人对共有财产全体的管理有参与权，但也可约定由共有人中的一或数人管理，并可指定各共有人的管理范围；共有体不是一个统一的组织体，不存在于各共有人之外或之上行使最高权能的意思决定机关；各个共有人对其应有部分的权利行使，虽受到其他共有人的一定节制，但这毕竟不妨碍各共有人权利的独立性，不存在一个团体集体意志的统制；它不具有法人资格。所有这些，表明按份共有关系结合体不同于公司，按份共有权不同于公司股权。

共同共有关系结合为一个紧密或较紧密的团体，如夫妻关系、家庭关系、合伙团体等。共同共有人对于共同财产的全体虽存在其应有部分，但对于具体的共有物无应有部分，只是透过其对于全体财产的应有部分而潜在。各共有人不得单独处分各共有物，对全体财产的处分需受到团体的统制，团体关系存续期间，不得分割共有财产。这些是共同共有与按份共有不同而与公司股权相同的地方。但共同共有关系的结合体不是法人。在历史上，受罗马法影响的一些国家原来把“总有”和“合有”统称为合有(共同共有)，后来，他们赋予“总有团体”法人资格，使“总有权”成为法人单一所有权，而将其与共同共有相分离。各国历来的民法没有承认共同共有团体为法人的。这是共同共有与公司的一个最显著的区别。另外，共同共有人对于共有财产的支配权大于

④ 参见杨堪主编:《经济法概论》，中国财政经济出版社1990年版，第78页。

股权权利,各共有人一般均可直接对共有财产使用和收益,可参与或单独管理共有财产,并可作为共有财产的对外代表。对共有财产的处分,须经全体共有人同意,不实行少数服从多数原则,不存在于全体共有人之外或之上的统一意思决定机关。共同共有的内部关系虽然密切,但可因个人意志而解除共有关系,分割共有财产。这些是共同共有与公司、共同共有权与股权不同的地方。公司有许多种类,其中无限公司与共同共有(特别是合伙)在财产权关系上有更为接近的许多特征。但无限公司是法人,它的财产权是法人单一所有权,共同共有团体不是法人,其财产不是为法人这个单一主体所有。如果除开是否为法人这一点,则无限公司与合伙团体主要是在组织体稳定性方面程度上的差别。同样,股权与某些共同共有权在许多方面其实也主要是程度差别,有时并无十分明显的界限。

(三)关于"所有权债权化说"

随着商品经济的发展,所有权与债权相互渗透,这是事实,无可非议。有些同志据此提出"所有权债权化"或"物权债权化"的命题。这一提法是否准确、是否必要,本文不拟多加评论。但是,他们在分析中提到,股权的性质即是"所有权的债权化",或说"它实际上是债权和所有权的结合",这是本文必须加以评论的。

首先,"所有权债权化说"不同于前面的"债权说"。他们认为无论在实行承包、租赁制或实行公司制情况下,国有企业的国家所有权并未"完全转换为债权","即使在实行股份制的情况下,国家所有权的归属也不应该发生变化"。[⑤] 他们不同意股权是债权,并详细地论述了股权与债权的区别,这是正确的。但他们不承认公司法人取得所有权,不承认出资入股人向公司让渡所有权,而所换取的只是公司法人所有权内部的有机组成部分,他们认为出资入股人仍然拥有对出资财产的所有权(尽管它已经"债权化")。这不符合公司法人财产权和股权的实际情况,本文前面已有论述。

---

⑤ 王利明:《国家所有权研究》,中国人民大学出版社1991年版,第211~215页。

其次,“所有权债权说”认为在公司制条件下,“所有人转移实物的占有而取得对价值的支配权利,所有人虽不能对原标的物进行支配,但他既可以直接支配物的价值,又可以透过对价值的支配而间接地支配标的物”。⑥ 这里的主要问题仍然是,各股东对公司财产(即使仅指它的价值形态)的支配,必须通过全体股东组成的集体(股东会),而不能单独(独立)地行使支配权。所以,股权已不是独立的所有权,而只是构成公司法人所有权的有机组成部分。并且,全体股东组成的集体作为公司财产所有权人,也不限于仅对公司财产的价值形态的支配,还包括某些对实物形态的支配权。

最后,“所有权债权化”本身就是一个不很确定的概念。他们说,股权“实际上是债权和所有权的结合……就股权的共益权而言,又有债权的特点”。⑦ 这些话给人似是而非的感觉。共益权确有“所有权的性质”,但它(连同整个股权)不是独立的所有权,自益权也有某些“债权的特点”,但毕竟不是债权。至于说“股权是债权和所有权的结合”,就更使人不知股权究竟属何种性质的权利了。

(四)关于“社员权说”

所谓社员权,一般是指投资创办或加入某种社团法人,成为该法人团体的成员,基于成员资格而在该法人团体内部拥有的权利、义务的总称。主张股权是社员权的,正确地注意并强调了股权作为公司法人组织内部的权利、义务,它与公司法人权利整体的关联而不可分割性。其缺陷在于他们到此却步,未能进一步分析和指出公司财产的所有权性质,从而得出股权是公司法人所有权整体的一个有机组成部分的结论。仅仅指出股权是社员权是十分不够的,甚至可以说,它简直等于什么也没说明。因为股权即公司股东权,把它说成是社团法人成员权或社员权,最多只是换了个说法而已。因此,“社员权说”不可取。

---

⑥ 王利明:《国家所有权研究》,中国人民大学出版社 1991 年版,第 211 ~215 页。

⑦ 同上。

关于股权性质还有其他说法,如说它是财产权和人身权的综合。这既没说明它所包含的财产权是怎样一种财产权,同时又不恰当地把人身权与财产权并列,忽视了股权的财产权实质。关于这个问题,本文在第二部分开头已作了论述。

企业破产制度的实施与完善*

一、深化企业改革，需要认真实施和完善我国的企业破产制度

破产制度曾被人们认为"姓资"不"姓社"，是资本主义社会特有的，与社会主义社会毫不相干，因而加以拒绝。经济体制改革和商品经济发展，提出了在我国建立企业破产制度的客观要求。1986年12月，在经过激烈争论和反复修改后，全国人大常委会通过并颁布了《中华人民共和国企业破产法（试行）》[以下简称《企业破产法（试行）》]，自1988年10月1日起生效实施。生效三年多来，该法基本上未得到实施。尽管国有企业亏损和出现破产原因的情形大量存在，但基本上都未按破产法处理，未予宣告破产。其主要原因有三：一是国有企业独立自主的商品生产经营者的法律地位尚未完全确立，企业尚未独立自主地进入市场，仍由国家保护着，避开了市场竞争大风大浪的冲击；二是在我国"三铁一大"（指铁饭碗、铁工资、铁交椅和大锅饭）现存制度下，

---

* 本文原发表于漆多俊主编：《企业走向市场的法律保障》，中国政法大学出版社1993年版。

企业被宣告破产后，职工待业安置与保险问题、干部安排问题等，不好处理，怕影响社会安定团结，还顾虑社会主义优越性无从体现；三是在破产制度的立法上也存在缺陷，特别是破产法的实施细则长期未制定，实践中不好施行。

当前，特别是邓小平同志1992年春节期间“南方谈话”发表以后，国家决定加快改革步伐，深化企业改革，并决心把企业推向市场。切实实行企业破产制度、完善破产制度立法，于是显得重要和迫切了。要让企业真正做到自主经营、自负盈亏，要把企业真正推向市场，受价值规律制约，参与市场竞争，就难免有些企业发生亏损和破产，就必须认真实行破产制度，对这些企业的亏损和破产加以预防和处理。否则，不利于维护债权人合法权益和社会经济秩序，不利于企业优胜劣汰和促进社会经济发展；并且，所谓企业自负盈亏和企业走向市场，也只是一句空话。

深化企业改革，不仅提出了切实实行破产制度的迫切要求，而且也为破产制度的实施进一步提供了条件。深化企业改革，必须进一步保障企业经营自主权，转换经营机制，转变政府职能，使企业能够也必须自负盈亏，独立承担其经营后果。深化企业改革，需要改革企业用工制度、干部制度、工资分配制度，需要完善社会保险制度。这些是实行企业破产制度必不可少的条件。

最高人民法院于1991年11月拟定并印发了《最高人民法院关于贯彻执行〈中华人民共和国企业破产法(试行)〉若干问题的意见》(以一简称《意见》)，对有关执行的一些具体问题作了规定，增强了法律的可操作性，为企业破产法的实施从立法上提供了便利。

由于我国过去长时间内没有破产制度，新制度初创，而第一部企业破产法的制定又较仓促，存在不少问题和缺陷。我国企业破产制度需要进一步修改完善。完善立法是保证我国企业破产制度切实有效地实施的一个重要方面。

二、关于破产宣告的裁定与破产程序的开始

按世界其他各国通常规定，法院于收到当事人关于破产宣告的申请后，即进行形式审查和实质审查。如认为具备破产原因且形式合法，即裁定宣告债务人破产，破产程序于是开始。我国《企业破产法（试行）》的规定则不同：人民法受理破产案件后，并不立即裁定宣告破产，只是发布受理公告，通知债务人和债权人，并办理债权申报，召开第一次债权人会议等。在办完上述一系列事项以后，如果被申请破产的企业的上级主管部门不申请和解整顿，或者整顿期间企业有如该法第21条规定情形，或者整顿期满企业不能按照和解协议清偿债务，人民法院才裁定宣告破产。

我国立法未明确规定破产程序何时开始，但从第3条、第9条等多处规定“中止破产程序”的意思理解，该法认为破产程序是从法院受理案件开始的。人民法院受理破产案件而不宣告破产，却进入了破产程序，这种做法，不仅按照各国传统做法来理解在概念上易引起混乱，更重要的是，这给人民法院工作增加许多困难，不利于实施。法院受理案件后，由于不即宣告破产，破产清算人不能确定和开始工作。在自受理案件至后来裁定宣告破产可能长达三个多月的时间内，诸如办理债权申报登记、召开第一次债权人会议、企业同债权人会议的和解等工作，都必须由法院直接担任，这势必给法院审判人员增加许多工作负担。由于破产案件受理后的很长时间没有清算人进驻企业，对企业财产和活动进行监督和管理，容易发生债务人怠于管理，隐匿、私分或无偿转让财产，压价出售财产，提前清偿债务，放弃自己债权等行为，给以后的破产清算带来困难。《意见》注意到了这个问题，采取了一些补救措施，例如，规定人民法院对于申报的债权“指派专人负责登记造册”（第18条）；人民法院受理破产案件后应向企业全体职工发布公告，“要求他们保护好企业财产”（第22条）等。但这些显然不能弥补法律的缺

陷，实行中有一定困难。鉴于此，今后法律修改时，宜采各国通常做法，即法院决定受理案件时，即裁定宣告破产，指定清算人，开始破产程序。

三、关于和解和整顿

我国《企业破产法（试行）》把和解与企业整顿结合起来，创造了具有中国特色的破产预防制度。但在具体规定上也有尚待完善之处，例如：

1. 关于和解整顿申请权人。现行法规定：企业由债权人申请破产的，被申请破产的企业的上级主管部门可以申请对该企业进行整顿（第17条）；整顿申请提出后，企业应向债权人会议提出和解协议草案，进行和解（第18条）。法律未授予被申请破产的企业申请和解整顿的权利。全民所有制企业的财产所有权人是国家，因此，企业的上级主管部门完全可以申请整顿，以挽救企业。但是，法律也应赋予企业申请和解整顿权，不过，他们的申请应经其上级主管部门同意。这样规定，更有利于尊重和调动出现破产原因的企业进行和解整顿的积极性和主动精神，有利于和解整顿奏效。同时，也不悖于全民所有制企业的性质及其同主管部门的关系。

2. 关于和解整顿申请提出的时间。现行法规定：企业上级主管部门向人民法院提出整顿申请的时间，是“在人民法院受理案件后三个月内”（第17条）。这个期限看来很长，但由于我国破产法没有规定调协程序，而是把调协与和解结合一起的，按设有调协制度的各国立法，把债务人提出调协申请的时间一直规定到破产财产最后分配确定以前（而在破产宣告以后），两相比较，我国规定的提出和解整顿申请的时间反而要短。为了让企业及其主管部门能根据情况变化，有更充分时间决定是否申请和解整顿，可以参照国外调协制度的做法，把申请期限推迟至破产财产最后分配确定之前，或者增设协调制度。

此外，我国现行法规定提出申请和解整顿的时间是“在人民法院受理案件后”。但是,实际生活中完全可能发生在法院决定受理破产案件以前企业上级主管部门提出和解整顿申请的情形。例如,当债权人提出破产申请后、法院决定受理前,企业上级主管部门向法院提出整顿申请;或者当企业或其主管部门自己及时发现企业出现破产原因,上级主管部门主动向法院提出和解整顿申请,此申请先于债权人的破产申请送呈法院,或与债权人的破产申请同时送达。这些情况是否允许?法院应如何处理?应该说法律应予以允许。法院在查明企业确实出现破产原因后,即使无债权人提出破产申请,法院也应受理整顿申请,并通知和公告全体债权人,召集债权人会议,主持和解。在债权人提出破产申请而企业主管部门提出和解整顿申请的情况下,法院经审查如认为企业破产原因存在、申请形式合法,可决定受理和解整顿申请,但可不驳回债权人的破产申请,开始进行和解整顿程序。在和解不能达成协议,或整顿无效,或后来出现其他法定原因时,再裁定终止和解整顿程序,宣告企业破产。现行法规定和解整顿申请只能在“人民法院受理案件后”,不能不说是一个缺陷。

3. 关于人民法院对和解整顿申请及企业同债权人会议和解协议的审查决定权。现行法规定:“整顿申请提出后,企业应当向债权人会议提出和解协议草案”。(第 18 条)法律未规定人民法院有权对整顿申请进行审查。现行法规定了“企业和债权人会议达成和解协议,经人民法院认可后,由人民法院发布公告,中止破产程序”(第 19 条),但未规定企业和债权人会议达不成协议的情形;也未规定人民法院对达成的和解协议是否有权不认可。这些都是立法上的疏漏。

4. 关于企业整顿无效、宣告破产后债权重新登记。法院于受理破产案件后,已经通知或公告债权人申报债权,并且该债权已由债权人会议审查确定。由于后来进行了和解整顿,和解协议中可能包括偿付或减免部分债权;整顿期间必然发生许多新的债权债务关系。如今因为整顿无效而宣告破产,破产企业的债权债务已不同于和解整顿以前的情况,所以必须重新登记。现行法第 22 条对此简单地作了“重新登记”的规定,但并未区分和解整顿开始以前的旧债权与其后的新债权,未规定它们的计算标准和受偿比例。我国法律规定的于和解整顿以后宣告破产,相当于其他各国的"破产程序的再施"。而在破产程序再施中,对于旧破产债权与新破产债权如何重新登记、如何计算和分配,十分复杂,各国做法不一。按德国立法,不分新旧破产债权,一律以撤销调协时所存在的破产债权额为基准分配。法国立法,对旧破产债权已受调协清偿的,以按照受偿额的比率自原破产债权额减去后的金额为基准进行分配。奥地利旧破产法和日本破产法,将调协中所受分配视为再施破产程序的中间分配,即新破产债权以全部债权额参加分配;旧破产债权,无论是否依调协受偿,一律以原破产债权的全数金额加入破产债权。另外,将已受偿的金额加入破产财产为其分配率的标准,按分配比例算出的金额超出旧破产债权人于调协中已受分配金额的部分,应补给该旧破产债权人。人们通常认为后面这种办法较为合理。我国立法采何种办法,应作出规定。否则,法律实施中会发生困难。

四、关于破产清算人的产生、职责及法律地位

破产清算人,国外通常称为破产管理人。破产管理人的产生,各国通常规定由法院依职权选任。我国《企业破产法(试行)》规定清算组成员由人民法院指定,这同各国做法相同。各国通常规定破产管理人的资格是从会计师、律师及其他适合于破产财产管理的人中选任,他们不仅应具有企业财务会计方面的知识和经验,而且要具备法律专门知识。实际上,许多国家大都选任律师充当破产管理人。我国《企业破产法(试行)》规定:"清算组成员由人民法院从企业上级主管部门、政府财政部门等有关部门和专业人员中指定。清算组可以聘任必要的工作人员。"(该法第24条)最高人民法院的《意见》规定:"人民法院商同人民政府从企业上级主管部门、政府财政、工商行政管理、计委、审计、税务、物价、劳动、人事等部门和专业人员中用公函指定清算组成员。"(《意见》第50条)上述规定,存在以下几个问题:

第一,清算组成员主要从政府行政部门中指定,而涉及的行政部门很多,实践中有些行政部门往往因某种原因而不能派出人员或借故推托,使法院感到困难。最高人民法院的《意见》有鉴于此,特别规定了“一经指定,有关单位和有关人员不得借故推托或擅离职守。确因客观情况不能执行职务的,人民法院可以另行指定”。(《意见》第50条)尽管如此,实际上也很难避免困难发生。

第二,企业上级主管部门是全民所有制企业的财产所有权人代表,又是其行政主管单位,由它派员参加清算组,很难杜绝在企业破产清算中袒护破产债务人。按各国立法例,破产债务人一般是不能作为破产管理人的。

第三,法律未规定清算组成员的工作报酬。这固然是根据我国实际情况,被指定为清算组成员的在原工作单位都享有固定工资待遇,不必另付报酬;但清算组成员如果是从其他专业人员中指定,而他们又非享有固定工资待遇,则发生支付报酬问题。即使清算组成员在原工作单位享有固定工资,如今派到破产企业担任清算,并且破产清算需持续并不太短的时间,原工作单位因此要受到一定损失。这也是有些单位不愿派出人员的一个原因。

根据上述情况,我国立法今后宜修改为清算组成员由人民法院从会计师、律师及其他适合的专业人员中指定;并规定应向派出人员的单位(如会计师事务所、律师事务所等)或本人支付一定报酬,该报酬列入企业的破产费用。

破产法应规定破产清算人的职责和法律地位。各国通常规定了他们在整个破产程序中的较广泛的职责范围。我国企业破产法由于规定法院裁定宣告破产和指定清算人的时间较晚,在此以前(而在法院受理案件以后)的许多事务不由清算人担任,而由法院直接承担或由法院另行指派专人负责,因此,清算人的职责范围较其他各国小。由此引起法院工作任务过重的弊病,本文前面已作论述。此外,还产生清算人经指定到职以后需重新熟悉前一阶段情况,并需与法院原先指派的“专人”(他负责对申报债权登记造册)再行移交等问题。因此,不如自法院受理案件时候起，就宣告破产，进入破产程序，并即指定清算人（或改称破产管理人）。

破产清算人的法律地位，其与破产人、破产债权人和法院是怎样的一种法律关系，学术界有不同看法，分为代理说、职务说和机关说等。但各国立法都赋予他们在整个破产程序中的极为重要的地位，他们是破产企业的实际负责人，可以对外代表破产企业。我国《企业破产法（试行）》规定，清算组成立后，“接管破产企业”“负责破产财产的保管、清理、估价、处理和分配”“可以依法进行必要的民事活动”“清算组对人民法院负责并且报告工作”（第 24 条）等。从中可以看出我国立法也赋予了清算组在破产清算期间作为破产企业实际负责人的法律地位。但有些规定，如清算组进行民事活动时以何种名义和身份出现等，尚不够明确。

五、关于我国企业破产制度的立法体系

我国当前关于企业破产的立法有三个法律文件，除《企业破产法（试行）》和《意见》之外，1991 年 4 月颁布的《中华人民共和国民事诉讼法》（以下简称《民事诉讼法》）第 2 编第 19 章（第 199 ~ 206 条）规定了“企业法人破产还债程序”。

《企业破产法（试行）》只适用于全民所有制企业（该法第 2 条规定）。我国还存在许多其他种类的企业，如集体所有制企业、外商投资企业、私营企业以及各种合作社、公司等。这些企业也会发生破产问题，需要有相应立法作出调整。20 世纪 80 年代以来，不少地方对集体企业试行破产制度，但国家没有适用于集体企业的破产法，各地只好各行其是，问题不少。新《民事诉讼法》规定“企业法人破产还债程序”专章，扼要地规定了全民所有制企业以外的多种企业法人的有关破产问题（该法第 206 条）。这弥补了原有立法的缺陷，解决了实践中的急需，使我国企业破产制度的立法体系初步趋于完善。

但是,《民事诉讼法》的规定侧重于“破产还债程序”,比较简要,对于有关非全民所有制的企业法人破产的许多问题,如申请宣告破产应提交的文件、宣告破产的裁定及效力、债权人会议的召集、和解申请的提出及对于和解协议的审查、是否和如何适用整顿程序、与企业破产有关的违法行为与制裁、破产企业职工待业保险的安置原则等,都并未作出具体规定(也未规定对全民所有制企业破产法条款的适用或参用),实践中还会遇到不少问题和困难。立法有进一步完善的必要。

按世界各国立法例,有些国家制定适用各种主体破产的统一的破产法;有些则分别制定适用不同主体破产的法律。1923 年制定的《苏俄民事诉讼法典》后来增设三章(第 37、38、39 章),分别规定“关于宣告自然人和私法人的破产”“国营企业和公私合营股份公司的破产程序”“合作社组织的破产”。为完备我国企业破产立法体系,有以下几种方案可供选择:

1. 除保留现行《民事诉讼法》第 19 章规定,保留并修改完善现行《企业破产法(试行)》(此法名称应改为“全民所有制企业破产法”)外,再制定其他各类企业破产法。鉴于我国企业种类较多,一一分别制定单行法,立法内容会有许多重复,因此,可分类制定。例如,制定集体企业和合作社破产法、公司破产法(也可将公司破产规定于公司法之中,英国立法例即如此)、外商投资企业破产法(也可将其内容规定于外商投资企业法之中)等。我国私营企业分别采用独资、合伙和有限责任公司形式,独资、合伙不具法人资格,按民事诉讼法规定,不应适用破产程序;采用公司形式取得法人资格的,其破产可适用公司破产规定。

2. 修改补充《民事诉讼法》,除规定各类企业破产的一般性规定外,还分别规定除全民所有制企业以外的各类企此破产的特别的具体规定;此外,保留并修改完善全民所有制企业破产法。

3. 制定统一的适用于全民所有制企业和各类非全民所有制企业的《中华人民共和国企业破产法》。该法设总则,规定各类企业破产通用的规定;分则再按各类不同企业作出特别规定。

上述第三种方案,立法难度最大,并且因各类企业情况不同,统一立法,内容相当庞杂。第二种方案,涉及民事诉讼法的大量增改。唯第一种方案,较为简便易行,宜优先予以考虑。

论企业法人财产权*

一、经营权制度的形成及其概念与特征

法人制度伴随企业的出现而形成。在此以前，人类社会的生产经营活动基本上以个体（个人或家庭）为单位，并且以其自营为主。早期民事立法的财产权制度适应这种情况，并在此基础上建立。其财产权规定较为简单，在物权方面主要是规定所有权及与其相关的其他一些财产权。企业法人出现以后，财产权问题复杂起来。其中在物权方面最为重要的是经营权概念及其法律制度的形成。近年来，在我国的企业改革中，经营权问题更受到人们普遍关注，引起学术界的深入研究。经营权制度和理论是对于传统民法上的财产权制度和财产权理论的一个重要发展。它丰富了原来的财产权理论，适应了企业法人制度普遍建立和发展以后对于突破原有的财产权制度和理论框架的要求。

经营权是一个科学概念，它具有特定的内涵和外延。但由于它是一个较新的概念，许多人对它把

* 本文原发表于《法学评论》1994 年第 6 期。

握不准,往往随意赋予它或这或那、或多或少的含义,使它蒙上变幻的雾障。许多人因此对它产生种种误解,失去了继续研究的热情。

经营权是由法律加以确认的,为使特定财产孳生收益,依据所有权人意志,对该财产所有权的一定权能具体运作的权利。[①]

经营权具有以下基本特征:

1. 经营性。它是对特定财产的所有权一定权能"具体运作"之权;权利行使目的是"为使特定财产孳生收益"。此即为经营。

2. 从属性。它基于所有权而产生,受所有权制约。其特定财产是否用于经营,是否需要产生经营权,依该财产所有权人意志而定;经营权的范围及所采取的经营权形式,也由所有权人决定。经营权的行使是所有权人意志的体现。完全脱离所有权的经营权是不存在的。

3. 定限性。经营权既然从属于所有权,其权限大小与范围由所有权人决定。所有权是一种完全物权,是对于物的最高支配权。经营权只是依据所有权人意志对其进行经营,即为了使之孳生收益而将所有权的一定权能具体运作之权。它是一种定限物权。

4. 确定性。经营权权限范围可大可小,其大小由所有权人视情况决定,这是其定限性特征。但是,所有权人一旦决定,该经营权权限便是确定的。如果该经营权权限系通过法定程序确定的,其后即使所有权人也不得随意改变经营权权限;要改变必须仍经过法定程序。经营权权限虽然可大可小,但有最低起码要求,不符合起码要求,不能构成经营权。作为经营权,它起码包含对特定财产按照一定方式实行占有、使用、收益和某种处分之权。仅为占有,不是经营;占有并使用而不收益(或者该种占有与使用根本不能收益,如消费性使用),也不是经营,它们不构成经营权。经营必须以孳生收益为目的,经营权必须包含收益权。为了有效地占有、使用并使之产生收益,还必须有一定范围和方式的财产处分权,如对所经营的某些财产作转让、设定担保或转投资

---

① 关于经营权的定义及其他各方面问题,除本文以外,读者可参见漆多俊:《论经营权》,载《企业走向市场法律保障》,中国政法大学出版社 1993 年版,第 48 ~ 63 页。

等。完全无权处分任何财产,经营活动是一步也不能进行的。因此,经营权必须包含一定的处分权。这就是经营权对于权限范围的起码要求。由此可见,经营权的权限内容是具有确定性的。

5. 相对独立性。经营权权限内容的确定性,使它能够具有相对独立性。它能够同所有权适当分离;当然也可以同所有权结合一体。所有权人可以决定将特定财产的经营权由自己亲自行使;也可以将其委付给自己的代表人、代理人或者其他人行使。在后面这些情况下,财产的经营方式(经营权形式)便有了代表式经营、代理式经营、租赁式经营等。当所有权人采取后面这种经营方式时,便发生所有权同经营权两权分离。当两权分离时,经营权的相对独立性显现出来。而在两权结合情况下,经营权的相对独立性不易被人们察觉,也不需要去区分。但其中经营权是客观存在的。

6. 法律规定性。经营权是由法律确认的一种财产权,有法律依据,受法律保护,侵犯经营权应受到法律制裁。在“两权分离”情况下,经营权虽然由所有权人同经营权人约定,但既经约定,便受到法律保护,即使所有权人也不得随意干预和侵犯其权益。

二、企业法人财产权的性质和种类

企业法人必须有经营权。企业是从事生产经营的,不从事生产经营的不叫作企业。要生产经营,就必须有经营权。无经营权,不能从事生产经营,便不成其为企业。

企业法人的经营权,具备前述经营权的各项基本特征。即它必须具备经营性、从属性、定限性、确定性、相对独立性和法律规定性。

企业法人的财产权起码必须有经营权,但可以不限于仅有经营权。即可以除拥有经营权外,还拥有对所经营的财产的所有权。

企业法人所经营的财产必然存在所有权,因为该财产必然有其最终归属。企业法人所经营的财产其所有权属谁?有两种基本情况:

一是属于该企业法人。二是属于企业法人以外的所有者。在前种情况下,企业法人对其所经营的财产既有经营权,又有所有权;在后种情况,企业法人只有经营权,而无所有权。

企业法人财产权的性质和种类,取决于各企业法人的组织形态及其所采取的经营方式(经营权形式):独资企业,并且该企业财产所有权人采取自营方式,则该企业财产权为既有经营权又有所有权,是两权结合一体;独资企业的财产所有权人采取委托他人经营方式,则该企业只有经营权而无所有权、两权分离;公司对其经营的财产既有经营权,又有所有权。但这里的问题较复杂,人们中争论较大;国有独资企业(包括国有独资公司)及国家参股的公司,其财产权问题也较复杂,争论亦大。这些需要下文专门论述。

三、公司财产权性质

公司的财产权性质问题之所以较为复杂,与公司财产权的形成过程有关。公司是由多数投资者共同出资依法组成的企业法人。公司财产来源于全体股东的出资。各投资者对其出资财产拥有所有权(国有企业出资组建公司,对其出资财产权性质,本文后面再作论述)。但当既已组成公司、各投资者成为公司股东之后,各投资者分散的出资便形成公司法人统一的财产。公司财产由公司法人占有、使用、收益和处分。在整个公司法人存续期间,公司法人对于公司财产拥有完全的支配权。因此,这是公司法人财产所有权。公司法人设有各种内部机构,分别行使各种权利。行使所有权的机构是股东会。股东会是公司最高权力机关。股东会由全体股东组成,但它不是各个股东的算术之和,它是一个集体。它有它的统一意志,其意志由股东集体决议形成。各股东均可表达个人意志,但应少数服从多数,个人服从集体。各股东个人丧失了对于公司财产(哪怕仅指他原先出资的那个份额)的独立支配权,个人再也不能对公司财产或其中某个部分实行占有、使用、收益和处分了。股东对公司只享有股权。股权不是独立的财产所有权,而只是公司法人所有权整体中的一个有机组成部分,是它的一“股”。[②]

有人认为,投资者出资组成公司、投资者成为公司股东之后,股东对其出资财产仍拥有所有权,股权即是所有权。这是不符合公司财产权和股权的实际情况的。有人想不通:各投资者对于出资财产的所有权是怎样丧失并转化为公司法人所有权的呢? 原来,各投资者是依据公司法并通过公司章程,自愿将各自出资财产所有权让渡给公司的。其条件是向公司换取股权,并在公司法人终止时有权分配公司剩余财产。分配公司剩余财产,只能在公司法人终止,公司法人财产权解体时,如有剩余财产,应返还原投资者。这不能证明公司法人在其存续期间没有财产所有权,也不能证明股东对公司财产拥有所有权。当分配剩余财产时,公司法人已经消灭,也再无公司股东,那些“原公司股东”实际上是以原公司投资者身份受领剩余财产分配的。以上说明公司法人对于公司财产拥有所有权;另外,公司作为企业是从事生产经营的。因此必须拥有经营权。可见公司法人财产权性质是既有所有权,又有经营权。但是,同独资企业的财产所有权自营的情况不同,在自营的独资企业那里,所有权与经营权是两权结合一体的,而公司法人则在其内部实行两权分离。公司法人内部设有专门行使经营权的机构,通称业务执行机关,如董事会。董事会这些公司业务执行机关的经营权也具备一般经营权的各种基本特性,即有经营性、从属性、定限性、确定性、相对独立性和法律规定性。

公司法人在其内部实行两权分离,不仅同自营的独资企业不同,而且同财产所有权委付他人经营,如代理式经营、租赁式经营等也不相同。委付他人经营也实行两权分离,但那是一种外部分离,即所有权人将财产经营权委付他人之后,不再作为企业法人中的成员,不进入生产经营领域。而公司则是内部分离,行使公司财产所有权行使经营权的都是公司法人的内部机构。外部分离不便于所有权人对经营权行使情

② 参见漆多俊:《论股权》,载《现代法学》1993 年第 4 期。

况进行经常性的监督和配合；内部分离则能在公司内部建立各种权利相互制约又相互配合的机制。委付他人经营是企业经营权同企业财产出资人的所有权之间的直接分离。而公司法人经营权则是同公司法人所有权之间的分离，相对于公司财产原出资人的所对权而言，已是一种间接分离。直接分离难免所有权人对经营权行使的干预；间接分离则能较好地避免原出资人对经营权行使的干预。这就是公司制两权分离形态的特点和优点所在。③

公司有许多种类，其财产权行使情况有所不同。但凡是公司法人都同时拥有所有权和经营权，这一点是相同的。股份有限公司的情况最为典型，此不多说。有限责任公司如设立股东会和董事、董事会，情况与股份有限公司基本相同。有限责任公司如不设股东会、只设董事会，则该董事会为公司最高权力机关，代表全体股东行使公司财产所有权，董事会下面再设业务执行机关如经理人，以行使经营权。按有些立法规定，董事会除行使公司重大决策权外，还负责业务执行的意思决定，后者属于经营权范畴。在后面这种情况下，有限责任公司的两权分离不如同时设股东会和董事会那样明确和彻底。无限公司是公司的初级形态，它直接由合伙演变而成，并仍然保留着许多合伙制度的特点。但后来各国法律都赋予它法人资格。因此在其财产权性质上，应当认为这种公司法人拥有财产所有权和经营权。其行使所有权的机构应为全体股东集体，即使公司不设股东会，在事实上这个"全体股东集体"是存在的，不过对于公司的各项重大决策须得到全体股东同意。无限公司的业务执行由全体股东或其推举的一名或数名股东负责。全体股东或其中的一名或数名股东在执行业务时，可视为作为公司财产所有权人的"全体股东集体"的代表。这里也发生一定的两权分离，但很不明显。

---

③ 参见漆多俊：《论公司制两权分离形态》，载《现代法学》1992 年第 3 期。

四、国有独资企业的财产权

如前所述,独资企业如果由其财产所有权人自营,该企业既拥有财产所有权,又有经营权;如果由该企业财产所有权人将财产委托他人经营,所有权人不进入企业,不直接介入生产经营领域,则该企业只有经营权。国有独资企业同一般独资企业的财产权情况基本相同,但有其特殊性。

国有独资企业的特殊主要在于其财产所有权人不是个人或某个法人组织,而是国家。这决定了国有独资企业无论采取自营或委付他人经营方式,都同其他独资企业有许多明显特点。

首先,国有独资企业的"自营",显然不能由代表国家的最高权力机关或中央政府直接负责经营,而只能按照"统一领导,分级管理"原则,由各级政府的各有关主管部门分管。各个政府主管机关也不宜将所管辖的企业一切生产经营事务全都直接加以管理,如对待机关的各个科室一样,而一般只能委派自己的成员作为代表进入企业,负责企业经营管理。我国过去长时间内实行的"国营",就是这种代表式经营方式。其他国家的国有独资企业的"国营"也大致如此。

在实行这种代表式经营方式情况下,作为国家机关代表的企业负责人,既行使经营权,也代表国有资产所有权人行使所有权,这是两权结合而非分离。但企业(它的负责人)的两权往往都不充分。因为国家机关派出的企业负责人并非真正的全权代表,企业的许多事务都需由企业负责人即时向主管机关请示汇报,特别在国家实行集中统一的计划管理体制情况下,企业的人、财、物、产、供、销都由国家控制,即使在经营权方面,企业都不能独立自主地行使。这种经营方式在贯彻国家计划和经济政策方面当然有利,但不能适应市场变化的要求,不利于调动企业经营者和职工的积极性和主动性,不利于企业增强活力和提高效益。

国有独资企业采取委付他人经营方式的最主要形式是租赁经营，它是由代表国家财产所有权人的有关国家主管机关作为出租方，同国家机关以外的第三人签订企业租赁经营合同，以合同形式确定所有权人与经营权人之间的权、责、利关系，赋予承租方以经营权，负责企业经营管理；出租方一般不介入企业生产经营领域。因此，实行租赁经营的企业拥有比较确定的经营权，但无所有权，所有权由出租方代表国家行使。由于租赁经营的企业经营权比较确定，所以较代表式经营有许多优点。西方许多国有独资企业采取这种经营方式。所谓国有民营，主要就是指这种经营方式。我国的小型国有企业也可实行这种经营方式，但对于大中型国有企业，则很难适用。因为我国经营者资信能力有限，不能为租赁经营提供足够的财产担保，如实行租赁经营，企业很难做到自负盈亏。西方国家多将国有企业出租给私人公司，私人公司对其经营活动具有独立承担盈亏责任的财产基础。

国有企业还可实行一种代理式经营方式。它同代表式经营的区别是：经营者不是所有权人或他的代表，而是第三人；所有权人或他的代表机关作为被代理人同作为代理人的经营者双方签订委托代理合同，明确双方权利义务关系。代理人的经营权限较代表式的稍为确定。代理式同租赁式的经营者都是所有权人以外的第三人，但代理式的经营权限不如租赁充分确定。代理人经营活动后果由被代理人承担，代理经营企业不能自负盈亏。代理式经营实际上可视为所有权人自营的一种方式。西方国家国有企业有实行与代理式相仿的经营方式的，我国国有企业没有典型的代理式经营。

我国自20世纪80年代后半期开始，国有大中型企业普遍推行承包经营责任制。承包经营是个内容不很确定的概念。从承包主体上来说，可以是发包方（所有权人）内部成员的承包；也可以是发包方以外的第三人的承包。从承包内容上说，可以是发包方内部成员工作责任的承包，这是一种内部工作责任制，实际上属于代表式经营方式；也可以是发包方以外第三人在劳务和工作上的承包，发包方向承包经营者支付报酬，其报酬或为固定金额，或从经营获利中按比例提取，或采二者结合方式,经营的盈亏后果全部或主要由发包方承受。这实则属于代理式经营。此外还可以由发包方给承包方定下各种必须遵守和完成的指标,除此以外的经营盈亏后果统由承包经营者承担,这可称为统包式,实则属于租赁式经营。

我国实行的承包经营责任制形式实际上具有承包式、代理式和租赁式三种经营方式特点。从承包指标的全面性来看,有点像租赁式;但从承包经营者不能承担盈亏(负盈不负亏)方面,它更像代理式,而如果从承包经营者的身份上看,虽然国家并未规定他们一定是国家工作人员,但实际上大多都是国家干部,或者说大都保留着国家干部身份,在人事组织关系上属企业主管部门管辖,因此承包制又具有较为浓厚的代表式经营即原来国营的色彩。

承包经营企业对于企业财产不享有所有权,所有权属于国家,由国家有关主管机关代表国家行使。承包企业拥有经营权,对其经营权权限,我国颁布的企业法、承包经营条例及企业转换经营机制条例等作了规定,并由发包方与承包方以承包经营合同加以具体约定。从这一方面来说,承包企业的经营权有一定确定性,并且较为充分。但是,承包制的两权分离是发包方与承包方之间的直接分离,很难杜绝国家主管机关对经营权行使的干预;而经营者的国家干部身份等因素决定他们也不能很好地抵制上级的干预。加之承包合同本来就具有一定的任意性、期限性,这些都使承包经营权的确定性和稳定性受到局限。与此相反,前面已经论及的公司制合股经营,由于其两权分离所固有的特点和优点,能够避免承包制上述各种局限性。所以,国有企业除其中一部分可以继续实行承包经营,并在做法上加以改进和完善外,多数需要逐步改行公司制,实行由国家持股或控股的合股经营方式。

五、国家持股或控股公司的财产权

国家持股或控股的公司,其公司法人财产权性质与一般公司无异。

这种公司同其他公司比较,特点仅在于有国家出资,有国有资产的投入,公司的股东中有代表国家的国家股东。国有资产投资者代表国家将国有资产向公司出资,同其他出资者的出资一道组成公司法人财产。公司法人对公司财产拥有所有权和经营权。国家取得公司股权,股权不再是独立的财产所有权,而只是公司法人所有权统一整体中有机组成部分。前文对公司财产权性质已有论述,国家持股或控股公司既然也是公司,其财产权性质问题本可不另作论述,但是,我国学术界许多人对于国有资产出资组成公司后转化为公司法人财产所有权,国家对原来的出资财产不再拥有独立所有权,始终想不通;国家所有权怎么能够“丧失”并转化为公司所有权呢?这不是“私有化”吗?这种疑虑曾经是阻挠公司制度在我国建立的一个主要桎梏。如今公司制度建立和发展已成大势所趋,人们于是又在公司财产权性质上另作文章。这说到底是人们学术思想不够解放,仍受许多传统观念束缚所致。但更值得注意的是,当前理论上的模糊观念被一些立法人员所采纳,被明明白白地写进某些重要法律文件。例如,不久前颁布的《中华人民共和国公司法》,其第 4 条第 3 款写道:“公司中的国有资产所有权属于国家。”

这一规定的不当之处在于:第一,公司于成立以后,公司财产已成为一个统一整体,公司中不再独立存在分属于各股东的资产,不再存在所谓“公司中的国有资产”,因此也不存在国家对“公司中的国有资产”的所有权。第二,如果承认公司中还独立存在国有资产,其所有权属于国家,则当然也还存在分属于其他股东所有的资产,公司于是并无统一财产,公司与合伙无异。第三,既然国家和其他股东对其各自出资都依然拥有所有权,则股权即为所有权。第四,既然各股东对公司财产分别拥有所有权,则公司必无财产所有权。按照前文对公司财产权性质的论述,以上各点显然是与之不符的。建议公司法于今后修正时,将第 4 条第 3 款删去;最多只能将该款修改为公司中的国有资产股股权属于国家。

国家对其向公司出资的原财产所有权为什么要转化为公司法人所

有权？这是否为私有化呢？因为公司制合股经营方式具有许多优点，它能够使国家投资增加收益，使国有资产不断增值。所以，国家依据公司法和公司章程，以其对特定资产的所有权让渡给公司，换取公司股权，以便取得较出资财产更多的投资收益。既然能使国有资产不断增值，这是壮大国有资产的举措，而不是使国有资产私有化。公司经营有时也会发生亏损或破产，这时国有资产会受到损失，但这是正常的投资风险问题，在商品经济条件下任何投资都难免遇到一定风险。

还有一个问题需要论及：当某国有企业投资组成公司而成为公司股东时，其出资财产成为公司财产整体的组成部分。但国有企业对其经营管理的财产原本只有经营权，而无所有权，所有权属于国家。国有企业将其并无所有权的财产投资于公司，却形成公司法人所有权，这如何解释？原来，国有企业的经营权的权限中就包含投资权，投资权意味着企业经营权人可以将部分资产作出转投资处分。这时，该国有企业被允许代表国家所有权人将用于投资的那部分财产的国家所有权，让渡给公司而换取公司股权。因此，这里发生的仍然是财产所有权的转移，这种转移是国家所有权人同意的。投资企业作为公司股东实际上是代表着国家所有权人，其向公司所取得的投资收益的所有权归国家，并按规定上缴国家及提留一部分作为企业基金。

有人说，国家控股公司中国家股东居于支配地位，这种公司能较好地贯彻国家计划和经济政策。在西方国家，把国家控股公司同国家独资企业一道称为国有企业，能说国家对这种公司的财产不拥有所有权吗？问答仍然是肯定的。国家控股同其他股东控股的公司一样，公司对公司财产拥有所有权，该所有权归股东会集体行使，股东只享有股权。控股的股东在实际上能够左右公司的重大决策，但这不是通过行使所有权而是通过行使控股权实现的。他们的意志必须首先通过股东会形成集体决议，其次影响整个公司财产的运营。所以，控股权并非即为所有权，它仍为公司法人所有权整体中的有机组成部分，不过它是其中关键的、能起决定作用的部分。鉴于控股往往妨害公司自主经营，加之现代社会经济发展要求扩大业务执行机构的经营权，限制股东会的所有权行使方式,所以,当前公司制度发展的总趋势是限制大股东对于公司事务的操纵,并进而减少大股东在公司中的控股比重和减少控股公司。在这种情况下强调控股股东的支配权甚至将控股权视为独立的财产所有权,更是不合时宜的。

六、关于二级所有权

近年来,法学界有人提出"二级所有权"理论。这在我国主要是针对国有企业改革、扩大企业经营自主权以后的企业财产权性质问题提出的一种主张。国有企业扩权以后,企业经营者对财产有了较为充分的占有、使用、收益和依法处分权。这时企业的财产权属于什么性质?有人把它称为"经营管理权"④。有的称为"占有权"。有的则认为这是一种所有权,叫作"企业法人所有权";与此同时还存在国家所有权。"企业法人所有权"从属于国家所有权,叫作"二级所有权";而国家所有权则为"最高"或"终极"所有权。按照后面这种意见,于是形成了国家所有权内部的"两层楼式"的结构⑤。

上述"二级所有权"理论后来又被用来解释公司财产权性质。以为各股东,特别是国家股东对于公司财产或对于已经投入公司的原各自资财产拥有所有权,即为所有权;公司对公司财产拥有法人所有权。也形成"两层楼式"的所有权结构。

这种意见是不可取的,所有权是对于物的全面支配权,它具有排他性。对于同一财产不可能同时存在两个所有权,而只能是"一物一权"。也不能说在同一个所有权内部存在一个最高的(或终级的)所有权和另一个次级(二级)所有权。因为既然是"次级"的,它就不是所有

④ 1948年苏联学者在其《社会主义国家所有权》由首先提出企业享有经营管理权、国家拥有所有权的主张,后来,我国有许多学者赞同这一观点。

⑤ 中国社会科学院法学所民法经济法研究室:《经济建设中的法律问题》,中国社会科学出版社1982年版,第71页。

权。人们所谓企业法人"二级所有权",对于国有企业来说,实则为经营权。称作经营权,名副其实,何必巧立名目叫什么"二级所有权"呢?对于公司来说,公司法人财产权乃为货真价实的所有权,也不是什么"二级所有权"。"二级所有权"论者看出了在所有权内部还存在某结构关系,看到了所有权制度在近代以来出现了某些变化,但他们并未准确地把握它的内部结构关系和它的变化实质。

七、关于所有权的社会化趋势

人类社会早期形成的所有权制度,随着商品经济的发展不断发生变化。近代以来,它出现明显的社会化趋势。这主要表现在三个方面:一是所有权的行使逐渐受到社会公共利益和国家利益的拘束,法律在保护所有权的同时,也作出了一定限制,所有权由绝对性权利而变为具有某种相对性。这可以称为对于所有权法律上的限制,使这种原来纯粹为私权性质的绝对权利具有了某种社会性。二是自企业法人,特别是公司出现以后所有权发生的变化。所有权人由于对财产的利用价值和收益的重视,为了有效经营而将自己财产所有权分离出经营权,或者将其让渡给公司转化为公司法人所有权,使自己的原所有权变为股权。这是通过投资经营合同或章程,所有权人自己自愿对其所有权作出的限制或者转化。这可以称为对所有权的投资经营上的限制,或叫作合同或章程的限制,这是所有权人的自我限制。由于这种限制,使所有权向社会化方向变化。三是由于国家实行公有化、国有化措施,使私人所有权变为公有或国有,使之社会化了。这可以称为所有权的政策性限制或国家限制,或者说是国家政策性因素使所有权社会化了。

上述所有权社会化的三个因素是互相联系的。其中的第二个因素完全和直接属于人类社会生产和经营自身的矛盾运动,是引起所有权变革的一种内在因素。因此更具有决定性意义。

企业法人出现以后,企业逐渐普遍地实行所有权同经营权在一定程度上的分离,经营权日趋扩大和独立,而所有权的行使则受到限制。特别对于公司来说,各出资人的自主所有权转化为公司法人所有权,各股东只享有股权,股权不再是独立的所有权。公司法人所有权是组成公司的全体股东集体所有权,它相对各出资人原来的个体所有权而言是社会化了。随着公司制度的进一步发展和社会的进步,公司股东人数增多,成份扩大,公司的集体化程度提高;另外,公司经营权日趋扩大和独立,股东会的所有权行使方式越来越受到限制,这些又使公司法人所有权进一步社会化。

在以上所有权不断社会化的过程中,伴随发生的是经营权的形成和发展以及股权和公司法人所有权的出现。这些经营权、股权和公司法人所有权,也是在不断发展变化的。例如股权,在公司制度早期,股东对公司事务支配权较大,股权同所有权几乎无异(作为公司初级形态的无限公司,即使今天仍有着许多合伙的特点,股东对公司的支配权近似于所有权)。后来,股权更多地侧重于利益分配权。可以预料,在今后经过相当长的时期,由于社会生产力极大提高和物质财富的极大丰富,精神文明在人们生活中越来越重要,人们将不再十分关切投资的个人物质收益,而更侧重于公司的管理事务,股权中的共益权会相对突出。人们行使股权将更多地是为了促进公司的效益和社会总体效益,并把自己对公司事务的参与看作是对社会的一种服务。与此同时,作为公司法人所有权行使机构的股东会,也逐渐淡化其所有权行使机构的性质,而逐渐变为单纯的公司管理事务的决策机构,其职能逐渐转化为一种单的社会职能。公司的经营权由逐步扩大和独立到最后也失去其财产权性质,而同样变为一种社会管理职能。在以上过程中,不仅人们的所有权不断淡化,而且整个财产权观念也逐渐淡化。生产资料最终将归全社会所有,或者说那时已经无所谓"所有"了;劳动者终于实现同生产资料的"直接的、自由的结合"。到那时,大约如马克思所预言的共产主义社会便将到来。

马克思晚年曾以极大兴趣关注着当时资本主义社会股份公司的发展,敏锐地指出它将成为由资本主义社会通向共产主义社会的桥梁和

“过渡点”。股份公司作为一种社会资本形式，“这是在资本主义体系本身的基础上对资本主义的私人产业的扬弃”⑥，“在股份公司内，职能已经同资本所有权相分离，因而劳动也已经完全同生产资料的所有权和剩余劳动的所有权相分离。资本主义生产的极度发展的这个结果，是资本再转化为生产者的财产所必需的过渡点，不过这种财产不再是各个互相分离的生产者的私有财产，而是联合起来的生产者的财产即直接的社会财产。另外，这是所有那些直到今天还和资本所有权结合在一起的再生产过程中的职能转化为联合起来的生产者的单纯职能，转化为社会职能的过渡点。”⑦马克思的这些论断，为我们今天研究企业法人特别是公司的财产权的性质及其在今后的发展演变趋势，提供了重要启示。

⑥ 《马克思恩格斯全集》(第25卷)，人民出版社1974年版，第494、496页。
⑦ 同上。

企业转投资债务清偿责任问题*

一、问题与意义

企业转投资，是指企业作为单一投资主体，以自己特定财产出资参加另一企业经营，成为该另一企业的成员。各国法律一般都确认企业有转投资的权利。但是，对于何种企业可以出资参加何种企业，我国法律尚需进一步明确。例如，负有限责任或负无限责任的企业、法人企业或非法人企业，可否参加另一负有限责任的企业而成为该另一企业的有限责任成员，法律有何限制性规定？负有限责任或负无限责任的企业、法人企业或非法人企业，可否参加另一负无限责任的企业而成为该另一企业的无限责任成员呢？

20世纪80年代我国出现一种人们所谓"合伙型"企业联营；我国还开办有所谓"合伙型"的中外合作经营企业。企业可以参加合伙吗？企业作为合伙人对于合伙债务应承担的是什么性质的责任——有限责任？无限责任？或是介乎二者之间的另一种

---

* 本文原收录于全国人大财经委主编：《合伙企业法、独资企业法热点问题研究》，人民法院出版社1996年版，第103～110页。

类型的责任？当前我国要制定《独资企业法》和《合伙企业法》，企业可否成为独资企业或合伙企业的发起人和成员？这些都是亟待解决的问题。

本文论述企业转投资的债务清偿责任有关各种问题，而着重点在于探讨各种类型的企业可否转投资而对其他企业的债务承担无限清偿责任。

二、什么是有限责任与无限责任

有限责任即有限清偿责任，是指投资者对由其投资经营的活动或由其投资组成的企业所生债务，以其特定出资财产额为限负责。实际上，这种责任对投资者来说，只限于他们向企业履行缴付全部出资的义务，此外概不承担责任；企业则以其全部财产对债务负责。

无限责任即无限清偿责任，是指投资者对由其投资经营的活动或由其投资组成的企业所生债务，承担全部清偿责任，而不以其投入的某特定财产为限。

这里有两个问题需要澄清：

1. 投资者的责任与企业的责任的关系。一方面，投资者作为企业的成员对企业债务自当负责；另一方面，各投资者投资组成企业后，企业对于自身债务亦当负责。由于企业赖以生存和承担责任的财产来源于全体投资者，所以，企业的责任性质同投资者的责任是一致的：全体投资者均以其出资财产额为限负有限责任时，则企业即以企业财产对债务承担有限责任；投资者（哪怕其中有一个）负无限责任，则该企业便不以企业财产为限而对债务承担无限责任——这时，首先以企业财产对债务承担清偿责任，不足清偿时，还须由其无限责任成员（股东）负不足清偿部分的清偿责任。

按有些人的理解，所谓无限责任或有限责任，是仅就各出资人而言的；对于企业，即使是无限责任公司或合伙，由于各个企业的财产总是特定的、有限量的,所以各种企业对债务只能是负有限责任。这种理解是不对的。因为无限公司或合伙企业的财产虽然有限,但既然它们对于债务的清偿不以企业财产为限,还须由其出资人负连带全部清偿责任,这便是无限责任,不能说企业只负有限责任。

2. 无限责任的含义。无限责任须由债务人对债务承担全部清偿责任,而不以特定的有限量的财产额为限,这本是无限责任固有的含义。但近几年来,我国法学界许多人却把“不以出资额为限”同“全部清偿”两个意思割裂开来,认为只要不以出资额为限而不必承担全部清偿责任,便都叫作无限责任。这种意见是值得商榷的。例如,一家有限责任公司以 10 万元出资参加合伙(或无限责任公司),该有限公司对于合伙债务的清偿责任不以 10 万元为限,还需以该有限公司的财产负责;但有限公司的财产本来就是有限量的(如 80 万元),其股东均以各自出资额为限对公司负责,如果它所参加的合伙的债务额巨大,除首先以合伙财产偿付外,债务余额大于作为合伙人的有限公司的财产总额,则该有限公司便可能不能履行全部清偿责任,而只能履行部分偿付责任。这时它们便不能履行无限责任,它们缺乏负无限责任的能力。当然,这种债务清偿责任也不同于一般有限责任,因为它毕竟不以出资额为限,除出资额外,出资人还需用其他财产对债务承担偿付责任。那么,这是一种什么性质的责任呢?

三、关于出资人“以各自财产承担责任”

我国 20 世纪 80 年代出现的不具法人资格的所谓“半紧密型联营”或“合伙型联营”,参加联营的企业对于联营体债务承担什么性质的责任呢?人们认为,这即为无限责任。他们并进一步争辩:无限责任并不要求负全部清偿责任,无论投资人是否本来具有全部清偿能力,只要不以其出资额为限即可。

我们姑且不说各国立法是否允许负有限责任的企业再成为公司无

限责任股东或合伙企业的合伙人,起码应当指出,在我国的上述联营中,各投资者所负的责任不是典型的、人们所通称的无限责任。我国《民法通则》第52条虽然确认了这种联营形式,但是:第一,该法没有把这种联营明确定名为“合伙”或“合伙型”;第二,并未把其中的债务清偿责任称为无限责任,而只是规定这种联营“由联营各方按照出资比例或者协议的约定,以各自所有或经营管理的财产承担民事责任。依照法律的规定或者协议的约定负连带责任的,承担连带责任”。这里所谓,“以各自所有或者经营管理的财产承担民事责任”,不同于无限责任,因为对于本来负有限责任的联营各方(如国有企业、有限公司)来说,它们“各自”的财产本是有限的,无法保证承担对联营体债务全部清偿责任。但这种责任确实也不同于一般的有限责任,因为它并不以联营各方出资额为限。如果一定要把这种责任用无限责任或有限责任来归类,那么也只能将其称为一种特殊的无限责任或特殊的有限责任。

四、各国立法对于企业可否参加合伙的通常规定

按照各国立法通例,合伙、无限公司、独资企业的出资人和成员,必须是自然人,因此,企业(法人企业或非法人企业)不能成为合伙人或无限责任股东或独资企业的投资开办人。

合伙人或无限公司股东或独资企业业主,对于企业债务须承担无限清偿责任。如果是负有限责任的企业(如有限责任公司)参加合伙或无限公司或独资企业,则发生本来负有限责任的企业再负无限责任的问题,这些企业不能保证履行无限清偿责任,它们缺乏负无限责任的能力。本文前面对此已作分析。如果作为投资者的企业本是负无限责任的,它再参加合伙或无限公司或开办独资企业,就必然再对新参加或开办的企业的债务承担无限清偿责任,这同样对债权人权益保护不周。因此按各国立法通常规定,企业——不管何种企业:法人企业或非法人

企业;负有限责任的企业或负无限责任的企业——不能参加合伙,或成为无限责任股东,或再开办独资企业。

五、立法中的例外情形

但现实立法确已出现例外情形。除前面说到的已为我国《民法通则》所确认的所谓“合伙型联营”以外,还有为我国《中外合作经营企业法》所规定的不具法人资格的“合伙型”的中外合作经营企业。中外合作企业的中方合作者被法律(该法第1条)明文规定为“企业或者其他经济组织”。这些企业或组织所参加的非法人的中外合作经营企业,它是一种什么性质的经济组织?是一种合伙吗?合作各方对于合作企业的债务应承担何种责任?企业参加合伙的例子在国外也有。法国1967年以来认可企业的一种特殊类型,叫作“经济合作组织”。1967年9月23日颁布的67－281号法令中规定的这种组织,是一种由个人、公司或者其他以服务于自己成员的经济活动为目的的企业组成的松散联合体。它主要适用于法国公司同外国公司的合作。这种组织通过在成员之间签订书面协议方式成立。各成员在宗旨范围内对经济合作组织债务共同承担“无限责任”。但法律规定这种“松散联合体”通过注册登记后成为法人。法国的这种经济合作组织同我国的非法人型的中外合作经营企业比较非常相似,但两国法律对其主体资格和投资人对债务清偿责任性质,却作了完全不同的规定。

现在需要探讨的是,法律对于这种企业联营或合作组织的确认是否合理?是否必要?

六、立法的疏漏

这里重点分析我国《民法通则》第52条的规定。首先应当承认,该条对于“不具法人条件的”企业联营,规定联营各方应当“以各自的财产”承担责任,而并未规定为“无限责任”,这是有所斟酌的,较为恰当的。但是,立法者并未进一步想到:对于这种联营体的债权人和可能与之发生经济往来的社会公众来说,他们有必要了解“以各自的财产”负责的联营各方的“各自的财产”状况;否则,便是对债权人和有关社会公众利益保护不周。因此,当法律确认企业合伙这种组织形式时,还应当规定:企业参加这种组织时应当将该企业的注册资本和实际财产状况告知其他合伙人,并向社会公众公布;合伙成立以后,还应当定期告知和公布。这当然是麻烦的,并为许多企业所不愿做的。但法律应当作如此规定,否则企业可以不参加合伙。此外,对于企业合伙,法律还应在各企业向合伙组织出资所占企业资本总额的最大比例和企业同其所参加的合伙竞业方面作出某些限制性规定。

鉴于法律对于企业合伙必须作如此诸般限制,有人要问:谁还愿意搞企业合伙呢?企业合伙这种组织形式还能出现吗?这是另一个问题。也许人们坐在书斋里设想这种组织形式会有怎样的作用,而现实经济生活却向我们表明,它并无多大存在价值。自《民法通则》颁行以来,全国各地有多少真正称得上为企业合伙,并且符合法律要求呢?

我们主张发展企业间多种形式的经济合作,不仅对国内企业,对国际间的企业合作也如此。但是,为了经济合作顺利进行,避免和减少一些可能发生的纠纷,立法应尽可能缜密,把可能出现的问题预先加以考虑。

除上述《民法通则》的规定外,还应当指出,我国的《中外合作经营企业法》在债务清偿责任上也存在疏漏之处。该法第22条规定:“中外合作者依照合作企业合同的约定,分配收益或者产品,承担风险和亏损。”这里的“依照合同约定承担责任”,主要是关于责任分担的一种内部约定,合作企业及其各方合作者对外应负何种责任——无限责任或有限责任——该法所有条款均未提及。这对于债权人利益显然是保护不周的。

企业间的合作,除共同投资组成法人企业外,可通过各种合同建立联系，其中包括联营合同。非法人型的联营合同，应约定各自独立经营，也可建立联合管理机构以协同从事经营。但对外宜分别以合作各方自己的名义签订合同，尽量避免以合作组织名义对外签合同。这样做便使各方合作者所发生的债务由各方负责，各方以“各自财产”承担责任。

七、企业转投资再承担有限责任问题

企业转投资参加他企业而成为他企业的有限责任成员，法律一般应当许可，但也需作具体分析。

首先，法人企业（包括负有限责任或负无限责任的法人企业，后者如无限公司）转投资再成为他企业的有限责任成员，法律在许可的同时，应规定对成员企业出资占其资本总额的最高比例的限制。例如，对于一般企业（专门从事投资活动的投资公司除外）应规定不得超过其资本总额的25%；还应规定有关竞业的限制，避免发生成员企业同其所参加的新企业在业务上发生竞争。

前文已述，企业不宜许可其参加合伙，因为合伙人须对债务负无限责任。但是，如果法律确认“有限合伙”的做法，即在合伙中一部分合伙人负无限责任，而另一部分合伙人可以其出资额为限负有限责任，那么，法人企业是可以作为有限合伙人参加合伙组织的。但他们在出资比例和竞业上同样应受到一定限制。

其次，非法人企业可否转投资再承担有限责任问题。非法人的独资企业转投资再承担有限责任，从法理上说并无不可，但实践中最好让其以独资企业的出资人个人名义再投资，不必以独资企业名义进行转投资。

非法人的合伙企业不宜从事转投资活动。因为合伙本身具有非长期性和不稳定性，当它们发生成员或组织变动时，因转投资所生债权债务关系不便处理。但合伙企业的各合伙人可以出资成为其他企业有限责任成员。

中国公司法立法与实施的经验、问题及完善途径*

一、中国公司法的改革精神和进步性

《中华人民共和国公司法》(以下简称《公司法》)自1993年12月29日颁布、1994年7月1日实施以来,事实证明这是一部较好的法律。它所设计的法律制度较为规范,同国际通行做法基本接轨,实施情况总的来说是良好的,对于推动国有企业改革和现代企业制度的建立以及经济的繁荣发挥了重要作用。

公司法从酝酿到正式出台,其背景特点主要是国家经济体制改革:先是国企改革,后来进而提出由计划经济体制向市场经济体制过渡和建立现代企业制度。

20世纪70年代末开始的经济体制改革,其中心环节是企业改革,主要是国企改革。80年代初期是让利放权,其后提出两条思路:一是搞股份制;二是搞承包制。当时人们对股份制疑虑重重,怕削弱

---

* 本文原发表于《中南工业大学学报》(社会科学版)2002年第1期;人大复印资料《经济法学、劳动法学》2002年第7期。

社会主义公有制,所以80年代中期开始普遍推行承包经营。承包制有许多固有的局限性,事实证明效果不佳。1992年以邓小平"南方谈话"为契机,国家决定进一步解放思想,加快改革步伐,明确指出要实行社会主义市场经济体制。国企改革力度加大,推行股份制终于成为人们的共识。正是在这种背景下,1992年5月由国务院有关部委发布了由15个文件组成的关于股份制企业组建和试点的全套政策法规。特别是其中两个"规范意见",对股份有限公司和有限责任公司作了非常详尽的规定,可以称得上是后来出台的我国《公司法》的雏形。许多人感到意外的是,在"规范意见"发布才1年多时间,《公司法》就被全国人大常委会通过了。这反映了国家和民众对于推行公司制和加快改革的急迫心情。

公司制(中国过去所谓的股份制)不仅为我国企业改革提供了最佳法律途径和组织形态,而且也是现代企业制度的主要企业形态。在计划经济体制下,我国的企业形态是按其财产所有制形式划分的,主要是国有企业(当时被称为全民所有制企业)和集体企业。要实行市场经济,一则国有企业比重不能太大,在经营方式上政府不能管得过宽、过死,要改革、改制,否则市场机制难以发挥基础性调节作用;二则各种企业要能在市场上公平竞争,政策对待及法律上的权利和地位要平等,要使之能在同一起跑线上竞赛,不能因所有制不同而异。国际上实行市场经济的国家,其企业的法律形态都主要是按照投资结构、组合方式和责任形式等划分的,基本形态为公司—合伙企业—独资企业,而公司是现代各国企业中最普遍和最重要的形态。1993年11月中共中央通过《关于建立社会主义市场经济体制若干问题的决定》,明确提出"建立现代企业制度",并指出"现代企业按照财产构成可以有多种组织形式。国有企业实行公司制,是建立现代企业制度的有益探索"。此决定发布后,全国掀起了"公司化"热潮。它推动了《公司法》的立法和实施。

正是在上述背景下,我国《公司法》所被赋予的基本任务和所体现的基本精神,可以说是改革,即为企业改革(主要是国企改革)设定法律途径和组织形态,促进现代企业制度的建立和市场经济的发育。这一点在《公司法》第1条中有明确的规定,在许多具体公司制度设计上也有所表现。

中国《公司法》的出台,经过了较长时间的思想酝酿和试点实践。它是国家改革开放进程不断深化,人们思想逐步解放,传统保守观念不断被克服的结果。

20世纪70年代末开始的对外开放,使中国(首先是沿海地区)出现了越来越多的外商投资、中外合资的企业,它们主要采取有限责任公司形式。这是中国自50年代社会主义改造完成以后,20多年来首批出现的较为规范的公司形式。此前中国也有许多称为"公司"的企业,但实际上都是国有(独资)企业或集体企业。在80年代中期,国家开始对部分国有企业实行股份制试点,把它们改组为有限责任公司或股份有限公司。许多人一方面以担心公司究竟"姓资"还是"姓社"、是否会削弱社会主义公有制为由,进行抵触;另一方面又接过"公司"名号,将国有独资企业,甚至将一些国家行政机关原封不动地改挂"公司"招牌,并理直气壮地声称这是"中国特色"的公司。由于"行政性公司"大量涌现,它们截留国家决定下放给企业的经营自主权,并造成其他许多不利后果,政府多次指示要"清理整顿"公司。由于当时未制定公司法,清理整顿无标准可循。1985年国务院的《关于进一步清理整顿公司的通知》和《公司登记管理暂行规定》中对公司概念的界定,也只是强调公司是"经济实体"。它划分了行政机关与企业的界限,但并不能区分国有企业与公司的差异。1992年5月国务院有关部委发布的两个"公司规范意见"(《有限责任公司规范意见》和《股份有限公司规范意见》)对公司的定义进行了规定,公司应有"2个以上股东"(有限责任公司)或"3个以上发起人"(股份有限公司)及其他一些必备特征。这终于把公司同其他企业作了区分。后来颁布的公司法在公司规范意见的基础上,从公司定义到各种具体制度进一步揭示了公司的特征及其同其他形态企业的区别。这些规定同世界各国公司法的规定也基本一致,是比较规范、合理的。它对于此后公司的设立和运作,以及对于此前存在的各种不规范或冒牌公司的清理整顿，确立了法律标准，起到了重要作用。

二、《公司法》的过渡性和时代局限性

中国《公司法》在立法上也存在一些缺陷和问题。这主要是由当时社会经济、政治等客观条件和时代背景决定的，也同当时我国法学研究现状和立法者素质相关。《公司法》制定时，国企改革还处于起步阶段，经济体制改革刚刚提出要从计划经济向市场经济转变。反映到公司立法上，难免具有较明显的过渡性和所谓的“中国特色”。例如，《公司法》中有许多关于国有企业改建公司的规定；在有限责任公司中特别规定了由国家授权投资的机构或者国家授权的部门作为“单一投资主体”设立或改建“国有独资公司”；赋予行政机关较大权力，保留较浓厚的行政管理色彩等。

《公司法》的一般任务和立法精神本在于塑造公司法律人格，调整公司内、外部社会关系。诚然，根据我国国情，有大量国有企业要改建为公司，或者反过来说，《公司法》颁行之初，我国新设立的公司实际上绝大多数由国企改组而成，公司立法不可能完全回避这一点。但是，这毕竟是有时间性的，经过一段时间后，民间（非国有）投资者设立公司将逐步增多；另外，国企改革（包括改建为公司）涉及的问题多而复杂，需要另行制定相关法律作出规定，在《公司法》中难以囊括。正因为如此，对于国有企业改建公司的许多问题，《公司法》也只能表示“由国务院另行规定”。

将“国有独资公司”放在《公司法》中加以规定，也不甚妥当。这种“公司”其实就是国有独资企业。它同原来国有企业所不同的，主要是在内部组织机构上仿照公司实行董事会制，其他事项适用《公司法》条款得极少。《公司法》之所以对这种公司作专节规定，实际上还是传统观念作用的结果，是前面提到的对国企改革（国企改建公司应否进行

实质性改组)争论意见的一种折中。就这一点而言,《公司法》相对一年多前公布的两个"规范意见",不能不说是一种退步。

《公司法》在其他一些公司具体制度设计上,同当时各国通行的做法比,也有较为保守的地方。例如,公司资本一律实行法定资本制;董事义务只规定了忠实义务,而在其注意义务等方面有所欠缺;职工参与公司管理及其他权益强调不够;对小股东权益保护欠周到;股东的诉权规定不具体、不完整;公司关联交易无规定等,都是我国《公司法》进步性上的一些瑕疵。

《公司法》的局限性还有另一个方面,即时代和社会的新发展引起许多新问题,公司立法必须适应新时代要求进行更新。

人类社会处在日新月异的变化中,中国顺应国际社会发展潮流,也在发生着各种变革。其中重要的有 4 个方面:国家经济体制由计划经济向市场经济转变;治国方略由人治向法治转变;在国际关系上由封闭到对外开放,再到加入世界贸易组织(简称世贸组织、WTO)和全球化;在科技和生产力水平上高科技的迅猛发展和网络时代的到来。这些已经并在继续引起社会生活各方面重大而深刻的变化,也必然影响到公司制度和公司立法。例如,较之《公司法》开始颁行时,我国市场经济已迅速发育,而《公司法》仍保留了许多计划经济色彩和许多不必要的行政管理措施。这不利于市场机制充分发挥调节作用。

《公司法》颁行之初,人们对社会主义法制的要求是四句话:有法可依,有法必依,执法必严,违法必究。后来国家决定实现由人治向法治转变,法治的要求更高了。例如,不仅要"有法",还应当区分"良法"和"恶法"。法不能仅被看作"统治工具"和"管理法",它应当首先和主要是"维权(利)法"和"控权(力)法"。《公司法》立法旨意也应在此。应当控制公共权力对公司设立和运行的不必要干预,应当充分尊重公司的经营自主权,维护投资者、管理者、职工和公司债权人的权益和社会公共利益。需要对大股东特别是对国有股权代表者权利行使方式加以必要限制,切实保护广大中小股东的合法权益,要加强董事义务的规定。

加入 WTO 和面对全球化,我国的《公司法》需要剔除许多同 WTO 规则和国际通例相冲突的规定。WTO 要求贯彻非歧视原则、国民待遇原则、市场准入原则和公开性原则。而我国法律原来规定了过多的对外资进入的行业和领域的限制,在外商投资公司的设立条件和程序、股票的发行和交易、外汇管理等方面的一些特别规定,许多已不符合时代要求。

随着高科技的发展及其在整个经济发展中占有越来越重要的地位,法律需要鼓励高科技、高风险投资。公司出资形式及无形资产出资比例需作调整。这类公司股份的发行和上市需作出新的规定。公司注册资本最低限额宜有所放宽,法律为投资者进入市场所设定的"门槛"宜适当降低。

三、对《公司法》修改的具体意见

《公司法》颁行以后,只在 1999 年 12 月作了一次小的修订。其内容仅涉及两条:一是《公司法》第 67 条关于国有独资公司设立监事会的规定;二是第 229 条关于支持高新技术产业发展的规定。这次修订是重要的:前条修订有利于确保国有资产不受侵犯和扩大职工参与公司民主管理的权力;后条修订的直接原因是国家决定大力支持高新技术产业发展,准备在条件成熟时在证券交易所增设高新技术创业板。[①] 至于本文前面提到的《公司法》的其他缺陷和问题均未涉及。因此,《公司法》还需要作出较大修订。

今后《公司法》的修订,主要应解决两个方面的问题:一是减少立法的过渡性,而应具有前瞻性,使其更加符合市场经济对公司和《公司法》的要求,更加同国际通行做法接轨;二是适应时代和社会的新发

---

① 详见 1999 年 8 月党中央、国务院发布的《关于加强技术创新,发展高科技,实现产业化的决定》。

展,使之更具时代精神。修订的具体内容主要如下。

(一)关于公司设立制度

法律对于公司设立制度的设计,应讲求效率、安全原则。既要方便投资者,又要防止公司设立中各种欺诈行为,为成立后的公司规范运作奠定基础。针对现行《公司法》,需要修订的主要包括:(1)适当降低设立条件中关于注册资本最低限额,不仅高新技术公司的注册资本额要降低,其他一般公司也应有所降低。(2)公司设立应实行准则制,改变现行法关于"股份有限公司的设立,必须经过国务院授权的部门或者省级人民政府批准"的规定(《公司法》第77条)。(3)在出资构成上,对属于高新技术的公司应明确规定放宽无形资产作价出资的金额在注册资本中的比例。

(二)关于公司资本制度和股份发行、上市

公司资本的发行与认缴,应改变现行法定资本制做法(《公司法》第23条、第25条、第78条、第82条),实行授权资本制或折中资本制,允许在公司设立时股东认购的资本额不必足额实缴,可以在以后公司业务需要时由董事会通知各股东补足未缴的资本额。甚至可以在公司设立时其登记的注册资本不必一次全部足额认购,而授权公司董事会采取分次发行方式,即在设立发行(第一次发行)完成、公司成立之后,董事会根据公司需要再作第二次及第二次以后的发行。按照我国外商投资企业法规定,该类公司实行授权资本制。《公司法》对资本制的修改,可使内、外资公司一致。在股份发行和上市的条件上,需要适当降低"门槛"。1999年《公司法》修订时在"附则"第229条,对高新技术股份有限公司的技术出资比例、发行新股及申请上市的条件,授权国务院另行规定。在今后《公司法》修订时,对此也宜放在前面的有关章节作出更为明确的规定。此外,在股份发行和上市程序上,需要减少行政权力因素的作用。

(三)关于公司治理结构

现行公司对小股东权益保护尚欠周到,有些规定过于原则性,不易操作。《公司法》规定股东会完全实行"资本决"原则,一股一票(《公司法》第41条、第106条),对于大股东的表决权无任何限制。这难以避免少数大股东操纵公司事务和侵犯广大中小股东权益。《公司法》修订需要借鉴国外流行的诸如对大股东表决权作某些限制、实行累积投票等做法。此外,《公司法》对股东诉权的规定也很不周全。

在董事义务方面,《公司法》所规定的限于忠实义务(《公司法》第59~63条),而注意义务欠规定。当前国外已经重视公司董事、经理的社会义务和社会责任,他们由于违法或违反公司章程给公司造成损失时,应承担赔偿责任,如果他们给社会公众造成损害,也应承担相应责任。我国公司立法应当跟上国际社会立法的发展趋势。

此外,当前我国许多公司正在实行独立董事制度,《公司法》修订时可考虑作相应规定。公司监察制度还应加强,公司职工对公司的监督和参与管理及其他权利应受到进一步重视。有限责任公司的内部治理结构宜进一步简化,它们是否设立股东会、董事会,可以由公司章程自定。1992年的《有限公司规范意见》规定该种公司可以不设股东会,而由董事会代行本属于股东会的职权,有可取之处。

(四)关于关联公司

《公司法》对于母子公司、关联公司或企业集团均无规定。鉴于现实经济生活中这类公司普遍存在,关联交易、母公司对子公司非法操纵而损害股东和债权人权益等情况时有发生,《公司法》修订时应增加相应条款予以规制。应借鉴国外关于"揭开公司面纱"或"法人人格否定"的做法,建立相应法律制度。

(五)关于《公司法》的可诉性

《公司法》可诉性不强,是现行立法的明显缺陷之一,也是实践亟待解决的问题。例如:《公司法》第63条规定董事、监事、经理给公司造成损害的,应当承担赔偿责任。但应由谁和怎样去追究责任,或者当他们拒不承担赔偿责任时,由谁、按怎样的方式提起诉讼,法无明确规定。《公司法》第54条和第126条规定,监事会或监事对于董事和经理损害公司利益的行为,可要求他们予以纠正。如他们不纠正,可否提出及如何提起诉讼,同样法无规定。

现行《公司法》关于股东诉权的唯一规定是第111条。该条规定："股东大会、董事会的决议违反法律、行政法规，侵犯股东合法权益的，股东有权向人民法院提起要求停止该违法行为和侵犯行为的诉讼。"该条有如下明显缺陷：(1)只限于"决议"违法，如果不是决议违法，如当时根本未通过什么决议，而某些大股东、董事违法，可否提起诉讼？(2)如果违反公司章程而实施侵害，可否起诉？(3)股东应如何提起诉讼？由哪些股东和多少比例的股权代表提起？是以股东个人、部分还是以全体的名义提起诉讼？(4)诉讼请求只限于停止违法和侵害行为？可否请求损害赔偿？这些内容如不解决，股东诉权会受到很大局限，股东不能充分保护自己的正当权益。

(六)关于《公司法》中国企改革的规定

我国《公司法》中有大量关于国企改革的条款，内容涉及国企改建公司的途径和程序。由国企改建而成的公司在设立、股份发行和转让、公司治理结构、公司债券发行、公司破产等方面，《公司法》都作了许多特别规定。还在有限责任公司中规定了"国有独资公司"这一特殊公司类型。

此乃中国《公司法》的一大特色。这是由于国企改革是《公司法》制定的直接起因。但国企改革是个十分复杂的问题，掺在一部《公司法》中难以说清。我国目前的公司许多均由国企改建而成，对这类公司的特殊规定太多，不仅妨害《公司法》作为商事法性质的纯正和体系的完整性，实践中还会影响公司的规范运作。如果说《公司法》出台之初上述情况难以回避，那么如今国企改建公司(起码在形式上)已基本完成，今后主要是这些类型的公司同其他公司一样进一步规范运作的问题了。《公司法》修订时应减少有关国企改革方面的规定，而把这些问题由有关国企改革的立法另加规定。

国有独资公司同《公司法》所规定的其他公司明显不同，属于另一类型的公司。例如，它并非典型的商事公司，而属于一种国有企业。它所从事的应主要是"生产特殊产品"或"特定行业"(《公司法》第64条)。国有独资公司监事会主要由国务院或国务院授权的机构、部门委派的人员组成(《公司法》第67条)。其董事会成员"由国家授权投资的机构或者国家授权的部门……委派或者更换"(《公司法》第68条)。这类公司的资产转让,由国家授权的机构或部门办理审批和财产权转移手续(《公司法》第71条)。有些大型国有独资公司可以由国务院授权行使资产所有者的权力(《公司法》第72条)。同一般有限责任公司不同,国有独资公司(还有"两个以上的国有企业或者其他两个以上的国有投资主体投资设立的有限责任公司")可以如同股份有限公司一样发行公司债券(《公司法》第159条)。除上述这些特别规定外,国有独资公司适用《公司法》其他条款甚少。将它放在《公司法》中甚为勉强,颇有不协调之感。

我国《公司法》是否应包含大量国企改革条款,今后修订时是删去还是保留,人们对此颇有争议。所谓《公司法》是"大改"还是"小改",症结主要在此。下一次修订不管结果如何,从理论上说和从长远来看,还是应当使之同《公司法》分离,另由国企改革立法予以规定,使《公司法》成为单一的商事《公司法》。

(七)关于《公司法》第4条

现行《公司法》第4条中规定:"公司中的国有资产所有权属于国家。"这一规定在理论上是站不住脚的,实践中会产生不良后果。各出资人在组成公司之前对其出资可以拥有所有权,但出资组成公司之后,出资人成为公司股东,只享有股权。股权是公司法人所有权的一个有机组成部分,而非独立的所有权。②

各股东的出资在组成公司后融为一体,成为统一的公司财产,是个有机整体。国有资产出资也如此。如果说"公司中的国有资产所有权属于国家",那么,其他股东的出资财产所有权也应当属于各股东。这样一来,公司的财产便不是一个有机整体了,公司便无统一(单一)法人财产所有权可言。如果任何一位股东都可以对公司中"属于自己的那份财产"主张行使占有、支配、使用、收益权,公司统一法人人格便不

② 漆多俊:《论股权》,载《现代法学》1993年第4期。

复存在。这无疑从根本上影响到公司决策和经营管理的统一性。同时该条的第1款对公司股东权的一般规定是:“公司股东作为出资者按投入公司的资本额享有所有者的资产受益、重大决策和选择管理者等权利。”本款如删去“所有者的”4字,其余尚无可非议。而该条第3款却声称“公司中的国有资产所有权属于国家”。显然两款中对国有股东同对一般股东有厚此薄彼的法律对待。实践中这难免导致鼓励国有股东优位、不平等对待其他非国有股东,忽视后者正当权益的不良后果。早在《公司法》颁布之初,笔者就曾在一篇文章中历数该条规定的不妥之处。[③] 其后,人们对这一条的批评意见也不绝于耳。希望《公司法》下一次修订再不要留下这样的立法败笔。

现行《公司法》还有其他一些地方需要修改,这里不一一赘述。

四、中国公司规范运作问题

中国《公司法》的实施情况如同立法一样,虽然成绩是主要的,但存在不少问题。这表现在《公司法》生效以后,有许多公司在其设立、治理结构及其他活动方面仍未能严格依照《公司法》规范运作。虽然有些问题同立法的不完善或可操作性不强相关,但即使法有明确规定,人们也不能很好遵行,甚至故意违反。分析其原因颇多,有体制方面原因,也有传统观念、习惯势力和法治意识等方面原因。

在经济体制转轨过程中,计划经济和集中统一的经济管理模式在许多方面仍发挥着重要作用和影响。政府对经济管理习惯于采用行政手段,不重视也不善于按市场规律办事。当国家提倡公司制时,一些地方和部门便像过去搞政治运动和群众运动那样,掀起公司化热潮。公司设立以后,政府热衷于行政干预。由于实际上公司的许多事务仅凭市场机制无法解决,他们也只好依赖政府。公司对于明知属于自己的

---

③ 参见漆多俊:《论企业法人财产权》,载《法学评论》1994年第6期。

经济自主权,在受到政府干预时也不敢抵制,因为许多公司负责人同时保留着"国家干部"身份。这种情况在由国有企业改组设立的国有控股公司中尤其严重。

国企改革是个较长的过程,虽然许多企业进行了一定的改组而改名为公司,但实质性变化不大。这些公司由国家或国有单位绝对控股,其他股东持股比重很小,在公司决策和经营管理事务上常受到忽视,而国有大股东则大权独揽。公司的董事长和总经理(此二职常由一人兼任,他们多为改组前国有企业的总经理)习惯于从前国有企业的管理模式和工作方法,常常自觉不自觉地违反《公司法》关于公司的治理原则。

由于我国过去长期实行人治,人们法的意识较为淡薄,法无应有权威,权大于法的观念还根深蒂固。有些党政机关领导人习惯于凭借党和政府文件、上级领导人指示办事,不重视法律。有些地方在推行公司制时甚至提出"先大办,再规范"的口号,限期完成公司化指标。大量的公司设立未严格依照《公司法》规定的条件和程序进行,公司设立时即很不规范。公司运作时更难规范,实际上人们也并未去严加规范。所谓"再规范"只是一句敷衍他人的空话。许多主管公司设立的登记机关和承担资产评估、验资、验证的机构,提供虚假报告和证明文件,对明知不符合《公司法》规定的公司设立条件的准予设立。这些机关工作人员除了本身法治观念不强外,一些强令性指示和非法干预,也是促使他们违法的一个因素。当然,从主体上来看,法治意识淡薄,不依法办事的,除了某些领导人和公司有关事务主管机关工作人员外,还包括许多公司设立发起人、股东、公司管理人员等;从环节上来看,不仅表现在公司设立过程,还包括公司成立后的各项活动中。这样就造成《公司法》不能得到有效执行,出现许多不规范的公司和公司行为。

我国《公司法》的立法和实施,需要有良好的社会环境。它同国家经济体制和政治体制改革、国有企业改革进程密切相关,同人们法治意识和国家法治进程密切相关。随着国家各项改革不断深入和法治进程不断推进,我国的公司法律制度必然不断完善和发展。

独立董事制度:公司社会化的一种制度回应*

一、社会化呼唤公司治理结构改革

独立董事制度是在社会化呼唤公司治理结构改革的背景下产生的,它是公司社会化的一种制度回应。公司本是股东投资兴办的营利性组织,是私法人。股东当然有权参与管理和收益。在公司制度兴起和发展的初期,在公司治理结构上一度实行"股东会中心主义",口号是"谁投资谁管理"。当时公司内部也分设了一些职能部门,如股东会、董事或董事会、监事或监事会等。但股东会职权十分广泛,是万能机关,可以随时就经营事务向董事会发号施令。而董事会只是公司执行机关,附属于股东会。

19 世纪末以后情况开始发生变化。西方国家的产业革命推动生产社会化,科技发展、企业规模扩大和市场竞争激烈,要求公司的经营管理者具有专门知识和管理经验,并能应对市场变化及时果断地作出决策。股东会难以适应这种要求,公司的经营

---

* 本文原系在中国证监会湖南证监局召开的上市公司独立董事研讨会上的发言稿,发表于《上海财经学院学报》2005 年第 5 期。

决策权力的重心逐渐向董事会转移。公司治理结构过渡到“董事会中心主义”。原来“谁投资谁管理”的口号变为“谁投资谁收益”。

董事会权力扩大带来另一个问题,是对董事会权力的监督和制约。董事和董事会(往往是在大股东操纵下)控制着公司经营事务,这些“内部人”的道德风险往往损害公司的利益。首先是众多中、小股东的利益,其次还有公司职工、债权人和广大消费者等,都同公司利益相关。现代公司越来越成为利益多元化的结合体,而不再被认为仅仅是股东的公司。因为它还涉及许多其他利益相关者以及社会公共利益。因此在公司治理结构上建立和健全公司各种监督、制约机制十分重要。这是现代公司治理的核心内容。独立董事制度正是在这种情况下产生的。

在公司治理结构上,原来存在大陆法系国家的“二元制”和英美法系国家的“一元制”做法。大陆国家的公司除设立董事会外还设有监事会,监事会行使对董事和董事会的监督职能。但由于监事和监事会实际上受到董事会(其背后则是大股东)的控制,很难发挥监督制约作用。人们想了很多办法以求改善,但效果不佳。这个问题一直困扰着人们。

在英美国家,采取的是“一元制”的治理模式。公司没有独立的监督机构,其监督职能开始是由董事会兼任的。后来进行改良,在董事会中设立外部董事。其意图是由内部董事负责公司决策,外部董事负责监督。由于当时相应的制度未能跟上,外部董事同公司执行部门关系密切,加之他们对公司事务不甚了解,实际上仍发挥不了监督作用。早在20世纪40年代,美国的《投资公司法》和证券交易委员会发布的文件中,就规定上市公司要设立独立董事,但制度不完善。70年代美国对公司治理结构进行了一次普遍性改革(被称为“独立董事革命”),形成了独立董事制度。当时美国发生一些大公司向政府官员行贿的丑闻,还因公司高管层与日俱增的高薪酬问题引起社会广泛关注。其中法院在对行贿案判决中,要求公司改变董事会结构,董事会必须由大部分外部董事组成。1977年纽约证券交易所经美国证监会批准发布规定,要求本国所有上市公司至迟在 1978 年 6 月 30 日以前设立并维持一个全部由独立董事组成的审计委员会。并要求独立董事不得与管理层有任何可能影响他们独立判断的关系。此后美国各州的公司立法也先后规定了独立董事制度。[①]

独立董事制度的产生,是人们在公司不断社会化的背景下如何建立公司监督制约机制的一种探索,是公司社会化在公司治理结构上的一种制度回应。在独立董事制度建立之初,人们就把独立董事作为在社会化背景下抑制公司力量过度膨胀,使公司更加关注劳方和其他公司组成因素诉求的一种社会性代表。

独立董事制度在美国出现后,迅速被世界各国(国际组织、地区)所仿效。欧共体委员会 1991 年提交欧共体理事会《有关股份公司组织结构及其机关的权力与义务的第 5 号公司法指令草案修改稿》中指出:"公司由管理机关中的执行成员负责经营管理,但执行成员要接受管理机关中的非执行成员的监督。管理机关中的非执行成员的人数为 3 的倍数,且多于执行成员的人数。"英国伦敦证券交易所 1992 年提出的上市公司《最佳行为准则》中建议:"董事会成员中应包括具有足够才能、足够数量、其观点对董事会决策起重大影响的非执行董事。"日本公司治理委员会于 1997 年 10 月发布《公司治理原则——从日本的角度》中规定,公司董事会必须有在公司中无直接利益关系的独立的非执行董事。经济合作与发展组织(OECD)在 1999 年通过的《OECD 公司治理结构原则》中指出:"董事会应考虑选任足够数量的非执行董事,他们有能力对可能发生利益冲突的事件作出独立判断。"我国香港联合交易所于 1993 年对上市公司提出了设立独立董事的要求。我国台湾地区在 2001 年的"上市(上柜)公司治理最佳实务准则(草案)"和 2002 年的"股份有限公司有价证券上市审查准则"中确立了独立董事制度。[②]

---

① 王天习:《公司治理与独立董事制度研究》,武汉大学 2003 年博士学位论文。

② 同上

中国证监会于1997年12月发布《上市公司章程指引》,其中规定:“公司根据需要,可以设立独立董事。”1999年3月国家经贸委和证监会发布的《关于进一步促进境外上市公司规范运作和深化改革的意见》中规定:“公司应增加外部董事的比重。董事会换届时,外部董事应占董事会人数的1/2以上,并应有2名以上的独立董事。”2000年11月上海证券交易所发布的《上市公司治理指引(草案)》中规定:“公司应至少拥有两名独立董事,且独立董事至少应占董事总人数的20%。”2001年8月,中国证监会发布《关于在上市公司建立独立董事制度的指导意见》,规定上市公司应当建立独立董事制度,并对独立董事的任职条件、提名、选举和更换程序、职能等,作了具体规定。这标志着我国正式引入独立董事制度。

二、独立董事的地位和价值取向

独立董事制度在实践中的首要问题,是他们的独立性。“独立”指相对于谁或什么而言,他们究竟应当代表谁或什么利益和要求——他们是谁的代表。鉴于在我国独立董事的提名和任免实际上主要是由公司大股东意思决定的,独立董事难以违背大股东意志而保持独立,因此人们一般认为独立董事应主要独立于大股东,应更多地代表中小股东的意志和利益。这种意见有道理,但如果因此认为独立董事并不代表和维护大股东利益就不对了。大股东的利益是整个公司利益的重要或主要部分,他们对于公司的决策起到重要的甚至是决定性的作用。支持和维护大股东的正确意志和正当利益,也就是支持和维护公司利益。独立董事所代表的显然应当包括大股东在内。只是鉴于实践中公司的中、小股东发言权(决定权)较小,而某些大股东往往忽视他们的利益,操纵公司事务,损害他们的正当权益,所以独立董事更应当注意代表和维护中小股东的意志和利益。可见独立董事并非只是代表某部分股东,他们所代表的应包括公司全体股东。但仅此还不够,由于现代公司已经是社会化的多元利益主体的有机结合体,它除了代表全体股东外还同公司的职工、债权人、广大消费者和其他有关社会公众的利益密切相关,公司的独立董事应当全面地代表和维护公司全体股东、其他利益相关者乃至社会的意志和利益,要正确、恰当地处理以上各方利益主体之间的关系。

公司社会化是时代潮流,是整个社会发展和进步的要求和表现。在这种背景下,公司全体股东和其他所有各种利益相关者的利益从根本上来说是一致的。他们应当认识到这一点,大家都应当从各自的根本和长远利益着眼,恰当地界定和争取各自正当利益,尊重其他利益相关者的利益和社会公共利益。从这一意义上说,独立董事同包括公司大股东在内的各方利益主体的意志在根本上是一致的,他们实际上也就是代表着当代社会化公司的正当利益和正确经营方向。由此看来,独立董事不仅独立于大股东,甚至也独立于包括中小股东在内的全体股东,独立于公司。当然,独立董事作为公司董事,也是公司的成员,他们立足于公司,也维护着公司正当权益;说他们独立于公司,只是在公司利益同社会利益发生冲突时,独立董事不能片面地为维护公司利益而损害社会公共利益。因为他们不仅是公司的代表,更是社会的代表,是当今社会化公司的代表。不过,鉴于实践中公司的一些弊端主要因大股东控制、操纵而发生,而中小股东往往因此而直接受到损害,所以通常也可以说:独立董事主要独立于大股东,在公司全体股东中他们主要侧重于注意维护中小股东合法权益。

独立董事的地位决定其价值取向。凡法律制度都具有诸如秩序、效率、公平等价值。独立董事制度也如此。在各种价值中,独立董事制度更为重视的是公平。因为这一制度从设计之初就主要针对公司社会化出现多元利益主体的情况,目的是平衡各方主体利益关系,求得各方公平。实践中主要是通过监督和抑制大股东的不当操纵行为,平抑在公司决策和实行中权力失衡,防止损害中小股东和其他利益相关者的利益和社会公共利益。公司本是由股东出资开办的,并且一般情况下是同股同权,因此,股东特别是大股东拥有决策权和利益分配权是正当的，但他们不能损害其他利益相关者和社会公共利益。可见，独立董事所要维护的公平乃是一种实质公平和社会公平，而不限于形式公平。

独立董事是公司的高管人员之一，应当注意公司对效率的追求。但他们毕竟是公司的外部董事，他们主要是通过参与决策和对执行董事、经理的监督，防止董事和经理为了大股东的利益或者他们自己的利益损害公司的利益，从而达到提高公司整体效率的目的。另外，独立董事所追求的效率还不仅限于公司效率，还要注意维护社会效率。公司虽然是私法人，但在社会化条件下，公司——尤其是以上市公司为代表的公众公司，在追求自身利益最大化的同时，必须承担相应的社会责任。当公司利益与社会公共利益发生冲突时，公司不得以损害社会公共利益为代价谋取公司利益。独立董事作为社会公共利益的代表，就担负起在公司中维护社会整体效率的责任。

三、独立董事的基本职能和实现职能的两大关键

独立董事有两大基本职能：参与决策职能和监督职能。通过两大职能的行使，实现独立董事制度防止少数人操纵公司，侵害中小股东、其他利益相关者合法权益和社会公共利益，维护公平、正义的理念。独立董事也是董事，享有一般董事的参与公司决策权。但与一般董事的决策权有所不同。这主要是由于前面所说他们的地位和身份决定了他们在决策中的立场、角度和侧重点与一般董事有所不同，他们要综合性地代表公司全体股东和其他利益相关者的意志和利益，代表社会公共利益，而侧重于代表和维护中小股东和其他利益相关者的意志和利益，代表和维护社会公共利益。此外，在决策权限上他们除享有一般董事的职权外，法律还赋予他们一些特别职权，如提议召开临时股东大会、董事会之权，独立聘请外部审计之权，股东投票权的征集权等。对于影响公司利益或影响社会公众利益的一些重大事项，如公司与大股东的重大关联交易等，独立董事还拥有否决权。独立董事一般由专家担任，

但这同作为公司顾问的专家是不同的，作为顾问，其意见仅供参考，公司可以采纳，也可以不采纳；采纳顾问的意见出了问题，顾问也不承担责任。而独立董事是有职有权的，其参与决策形成的决议，公司执行董事是不能任意否定的。独立董事参与的决策存在重大失误、给公司造成损失的，依法要承担责任。独立董事更为重要的职能是监督。正是对公司大股东和往往作为其代言人的执行董事及经理的监督需要催生了独立董事制度。独立董事的监督职能不同于公司监事和监事会的监督。在“二元制”的国家存在专门的监督机构——监事会。独立董事的监督与其不同的是独立董事的监督是董事会的内部监督，主要是事前监督，监督发生于决策过程中；监事会的监督是董事会的外部监督，主要是事后监督。在董事和经理的行为损害公司利益的情况下，代表公司追究其责任。两者可以互相配合。例如，当独立董事事先的内部监督未能发挥作用时，监事会事后的外部监督将起到补救作用；监事会事后监督反馈的信息将为独立董事此后类似问题的事先监督提供指引。

独立董事履行上述职能，实现其制度设计理念的关键问题，一是独立董事的独立性，二是效率性。独立性是整个独立董事制度的精髓和灵魂，是独立董事存在和具备价值的前提。失去独立性他们就失去了存在的意义，就会混同于公司的一般董事或一般的外部董事，或者混同于公司的一般监事；或者他们连一般董事或监事都不如，而只是“花瓶董事”“人情董事”而已。独立董事发挥作用的第二个关键是效率性。如果工作无效率，则即便独立也发挥不了作用，仍然会成为一个“花瓶”。影响独立董事工作效率的因素主要有两个方面：一是独立董事的素质，二是公司提供的必要工作条件。

独立性和效率性两者是相辅相成、缺一不可的。如果缺乏独立性，效率性再高那也不是独立董事所特有的效率；如果缺乏效率性，则即便声称独立也不能真正独立发挥作用。所以，独立性和效率性是独立董事制度的两个关键和核心问题。有关独立董事的各种具体制度设计应当主要围绕这两个方面进行。例如，独立董事的提名和任免制度、薪酬制度等，主要考虑有利于保持独立性，而关于公司应当提供的各种必要工作条件的规定、关于独立董事可以聘请外部审计的规定、公司在监事会下建立一些必要的工作机构和工作制度的规定等，则保障着独立董事工作的效率性。

四、我国独立董事制度实行中的主要问题和几点建议

独立董事制度被引入我国的时间不长，人们对它的意义和价值的认识还有待深化，对独立董事的地位、职责定位还需要进一步准确把握。这是完善独立董事制度的思想认识基础。在具体制度设计上，如前所述，为了实现独立董事制度的理念，使独立董事切实履行职责，应当紧紧围绕独立董事的独立性和工作的效率性两点进行，根据实践中的问题和经验作出大力改进。

当前实践中最突出的问题，是独立董事制度的作用实际发挥很不理想，许多独立董事仍只是“花瓶”而已，离该制度设计理念的实现距离甚远。

应当承认，我国目前在各公司任职的独立董事们的个人素质（包括品德和业务能力）一般都是不错的，他们也想保持独立性和提高工作效率性，但苦于无法实现。主要原因在于知情权无法兑现，独立意见实难发表。独立董事是外部董事，很少在公司工作，难以直接了解情况。目前一般做法只是出席董事会和股东会，对会议的决议草案进行审议并表决。而那些决议草案的酝酿和形成过程，独立董事一般并未介入，即使会前董事会秘书将材料发送给董事们审阅，独立董事仅看看材料也很难发现什么问题。到开会表决或者须由他们签署独立意见时，他们如何能够作出独立判断呢？独立董事即使作为专家，也只能是某个或某些方面的专家，不可能事事精通。公司决议的事项涉及方方面面，要求他个人对其真实性、准确性、完整性、合法性等都能作出判断，是不现实的。在这种情况下，独立董事们怎么办呢？不表示意见

吗?不行。公司、证交所、证监部门要你签署意见;签署反对意见吗?你能说清楚反对的理由吗?何况即使你有理由,反对次数多了,公司不高兴,你就准备被免职吧;那就同意吧?可是也得冒着遭到证监会公开谴责或承担其他责任的风险!独立董事们处于"三难"境地。权衡之下多数人可能选择签名同意了事。这样一来,独立董事可就成了"签名董事""表决机器""花瓶董事"了。当然还有一种选择:有些人不愿违背心愿盲目签名,不肯拿自己的社会声望或年薪三五万元下赌注,于是辞职不干了。问题怎么解决呢?让独立董事每天都去公司上班以便知情、从决议事项的酝酿到出台全过程都亲自参与吗?看来不行。但独立董事"边缘化"问题必须改善。为此,我们可否从以下几个方面做些探索:

1. 关于独立董事任职资格。在现行法规对其独立性资格和能力性资格规定的基础上,可以逐步使独立董事人选半职业化或职业化。国家证监部门通过选拔考核形成较稳定的独立董事队伍,其中一部分人是专职的;一部分人可以仍为兼职的。专职的可以同时担任几个(如5个以下)公司的独立董事;兼职的首先要他的本职工作不是十分繁忙,并且一般只能在一个公司任职。

2. 关于独立董事的提名与任免。要切实限制大股东及董事长、经理人这些公司高管层在这方面的影响力和决定权。公司应当建立提名委员会,坚持由该委员会提出独立董事人选。其任免权属于股东会,但在表决时应当实行累积投票制和对大股东表决权实行限制。公司任免后还应报送证监部门审核或备案。今后甚至可以试行各公司的独立董事由证监部门委派的做法。

3. 关于独立董事的工作制度。独立董事的工作方式除以独立个人为主外,也应当发挥独立董事集体智慧和集体力量,对于公司重要问题和重要决议,可以定期或不定期(如在审议签署重要决议之前)举行独立董事会议,虽不求意见统一,但可共同商议,互相启发。可以请求公司有关管理人员出席会议报告有关情况。

独立董事应当有工作班子。上市公司应当建立诸如提名委员会、薪酬委员会、审计委员会等专门委员会,独立董事在其中应占多数。这些是独立董事发挥作用的固定工作机构。此外,独立董事还可聘请一些会计、审计等专业人员,作为协助工作的临时性班子。

4.关于薪酬制度。独立董事的薪酬不宜同公司经营业绩挂钩,以免他们过于重视公司经济效益而忽视社会效益。可以实行固定年薪制,或者再加些如车马费之类的津贴。独立董事不应当从公司取得额外的、秘密的利益。全国各地区或同一地区的各上市公司独立董事薪酬水平宜大致接近。如果某些公司薪酬过高,则可能使一些人为谋求在该公司任职而妨碍独立性发挥。独立董事的薪酬标准不宜太低,应当同他们付出的劳动和所担负的责任一致,否则会影响积极性。如果要求独立董事们切实履行职务并承担责任,则薪酬标准可以再高一些。当然如果是“花瓶董事”,则按现有标准他们也受之有愧了。

5.关于独立董事的义务和责任。独立董事同公司内部董事一样需履行忠实义务和勤勉义务。不同的是,独立董事忠实的对象不仅限于股东会,而是对公司所有利益相关人的忠实,对社会的忠实。

独立董事如违反义务,要承担相应的责任。独立董事的责任分为独立责任与连带责任。独立责任是指独立董事没有履行专属于独立董事的职责、给公司造成损失时应当承担的责任;连带责任是指独立董事作为董事会成员,在董事会的错误决策给公司造成损失时,所应当与其他董事一同对公司承担的责任。独立董事承担责任的形式,包括由国家证监部门给予的诸如约见谈话、内部批评、通报交易所公开谴责、建议免职等行政性措施,以及可由国家司法部门追究的民事赔偿甚至刑事制裁措施。

鉴于独立董事在承担赔偿公司所遭受的损失时,可能由于损失特别巨大而难于承担,为了减少独立董事的风险,各国往往规定应采取以下措施减轻其责任:一是限额赔偿,即限定独立董事的最高赔偿责任;二是责任保险,公司为独立董事购买责任保险。责任保险应当是不足额的,以免责任机制对独立董事失去约束。我国目前也有类似的规定,[3]可以进一步完善这种做法。在独立董事责任承担方面还有一个问题值得研究,即公司事务涉及面广,一般包括科学技术、工程、管理、财务、法律等方面。独立董事个人的知识和经验有限,并且其工作方式又是以独立个人为主,任何个人都实难对所有问题和问题的所有方面作出深入审查和准确判断,并一律承担责任。这除了需要在工作制度上做出改进外,在责任承担方面,也可以考虑作些分工和区别对待。公司在选任独立董事时,就应当考虑各种专业人选搭配,例如在独立董事中一般应有技术和管理方面的专家、财务专家、法律专家等。这些独立董事虽然对公司事务各个方面都需进行审查并承担责任,但可以作些分工,各人侧重于某些方面。对自己所分工侧重的方面承担着较重责任;而对其他方面可以适当减轻责任,或作出某些免责规定。

---

③ 中国证券监督管理委员会:《关于在上市公司建立独立董事制度的指导意见》七之(六)。

附：第五编未收录的相关文章目录

[1]《关于中国公司法的几个问题》,载《国际经贸》1994 年第 2 期。

[2]《中国破产法研究》,载澳门－欧洲研究学会:www. I. E. E. MACAO. com,1997。

[3]《中国公司法研究》,载澳门－欧洲研究学会:www. I. E. E. MACAO. com,1999。

第六编　市场经济与现代企业制度

第六编提示:1992年在改革出现三年停滞情况下,经由邓小平"南方谈话"发动,中共十四大正式提出建立社会主义市场经济体制和国有企业建立现代企业制度的目标。1993年党的十四届三中全会通过《中共中央关于建立社会主义市场经济体制若干问题的决定》。本编收录的文章是在上述背景下撰写的。对"市场经济""现代企业制度"的论述,综合运用了多种学科理论,但主要是从法学,特别是经济法与民商法角度进行的。有关国有企业改革的文章,本书收录在第二编,所以本编无此内容。

把企业推向市场的法律保障*

把企业推向市场的法律保障系统主要由三个方面构成:(1)关于企业作为独立自主的商品生产经营者的法律资格和法律地位的确立和保障;(2)关于企业进入市场后生存、发展的法律保障;(3)关于企业在市场竞争中发生亏损和破产的预防和处理。

一、为把企业推向市场,必须确立和保障企业独立的主体资格和法律地位

《全民所有制工业企业法》第2条对企业的法律地位虽已作出明确的规定,但实际上并未落实。妨碍企业具有独立法律地位的最基本的原因有二:一是企业的财产权未得到保障;二是国家对企业管理方式不当,直接干预过多。

企业财产权是各项生产经营自主权的基础和核心,是确立和保障企业独立自主法律地位的首要问题。当前企业的许多自主权不能落实到位,归根结底是企业财产权尚不明确、尚未得到可靠保障的结

---

* 本文原发表于《法律科学》1992年9月增刊。

果。企业财产权既可以包括所有权,也可以包括经营权。如果企业享有所有权,则经营权自然也归该企业行使。不过,可以在同一企业内部实行所有权与经营权分离。例如,在实行公司制的情况下,公司的股东会行使所有权,董事、董事会行使经营权。如果企业仅享有经营权,所有权则属于企业外部的组织或个人。为了能使企业有效经营,其享有的经营权必须符合以下要求:(1)经营权权限要充分,企业能有效开展经营活动;(2)企业经营权与所有权的权限界限要分明,避免经营权人与所有权人互相牵扯、干扰或互相推诿;(3)两权要能互相配合、互相制约;(4)经营权要稳定,让经营权人能安心经营,做好生产经营的计划安排;(5)经营权人与所有权人利益分配要合理,要能建立利益激励机制。

当前我国国有企业普遍实行承包经营制。承包经营制是经营权制度的一次重大改革,是经营机制的一次转换。但是,几年来的实践表明,实行承包经营所引发的问题仍然不少,集中反映在企业的独立法律地位不能很好确立,经营效益仍不够理想。仔细分析承包实践中存在的问题,不难发现其中有两类不同性质的问题:一类是在实行承包经营时出现的具体做法上的问题或客观环境问题,这不是承包制本身固有的问题,可以通过完善承包制和深化改革逐步加以解决;另一类则是承包制本身的问题,是由承包制的固有特性和我国国有企业实际情况决定的。

前者如承包经营权与所有权两权界限不分明,经营权限不够充分,企业经营权人不能有效经营,作为所有权人和发包方的政府主管部门常常随意干预企业经营活动,而企业经营权人不能有效抵制;企业不能自负盈亏,经营亏损责任实际上全部落到国家头上;等等。这些问题只要通过完善承包制,采取一些措施,就可得到改善。例如:(1)进一步明确经营权的范围,并完善承包合同制,分清经营权与所有权的权限界限,避免含混以致留下使人们随意干预企业经营活动的漏洞。(2)改革企业干部制度,实行官商分离,使企业经营者不再计较自己在"官场"中的升迁,不再把自己的荣辱得失寄托在作为发包方的政府主管机关的好恶上。这有利于经营者一心根据企业实际情况和市场变化自主经营,不有意“讨好”发包方,减少抵制发包方不正当干预的顾虑。(3)实行企业全体职工承包,确立全体职工作为企业承包方的主体地位,并由全体职工同经营负责人一道承担企业经营亏损的责任。虽然这实际上也还只能是承担部分责任,但较由经营负责人一方承担要可靠得多。更重要的是,这样可以调动全体职工关心经营效果,减少经营亏损的可能性。(4)由作为承包方的企业全体职工推选负责人。经营负责人是企业全体职工的代表。他代表全体职工同发包方订立承包合同。他的经营活动首先对全体职工负责,并代表全体职工对发包方负责。这样不仅在实际上确立了全体职工的承包主体的地位,有利于发扬职工主人翁精神,使经营负责人处于其监督之下,而且有利于他大胆行使经营权、排除发包方的不正当干预,维护企业独立自主的法律地位。现行的《全民所有制工业企业承包经营责任制暂行条例》第14条,规定企业承包经营的承包方为实行承包经营的企业,而在第5条中却规定经营者由发包方决定,这在逻辑上是自相矛盾的,实践中也带来许多弊端,需要从立法和实践上加以改进。

实行公司制则不同。公司制的两权分离形态,是公司经营权同公司财产所有权的分离,而不是同原投资人的财产所有权的分离。投资人将其所有的财产投资组成公司后,即丧失了独立的所有权,而换取股权。股权是公司集体财产所有权的一个有机组成部分。各股东对于公司财产的支配意思须通过股东会以集体决议形式表达,他们不能以个人的方式直接支配公司财产(包括属于其投资的该部分财产)。公司经营权对于原投资人的财产所有权而言,不是直接分离,而是一种间接分离。国有企业改行公司制以后,国家(公司的政府主管部门)作为公司的一个股东,不能再直接干预公司经营权的行使。另外,公司制的两权分离关系是由公司法和公司章程规定的,强行性规范多。加之公司制度在国际上已实行了几百年,形成了比较合理而确定的制度,公司经营权的界限比较确定。因此,公司制更能保障经营权人拥有充分权利。此外,公司既然同时享有经营权和所有权,所以它完全能独自承担经营后果,成为真正自负盈亏的企业。所有这些,都说明实行公司制较承包制更能确立和保障企业独立自主的法律地位。当前,我国在采取措施继续完善承包制的同时,可以积极推行公司制。为此,应该抓紧制定公司法,规范公司的设立、组织与活动。这是确保企业法律地位,使之能够自立地被推向市场的主要措施。

国有企业不管实行承包制或公司制,都需要政府部门转变职能,减少对企业的直接干预,而主要运用价值规律和经济杠杆对企业进行引导和宏观调控。根据我国当前情况,特别紧要的是改革计划管理体制和价格管理体制。应该减少国家指令性计划指标,扩大企业经营的计划权。国家需要制定计划法。计划法应规定实行以指导性计划为主的计划体制,限制指令性计划的范围,并严格规定指令性计划制订、审批、下达和执行的程序及有关法律制度。要改革价格管理体制,减少国家定价,扩大企业对自己产品的定价权。国家需要制定价格法。价格法应规定实行以国家指导价和市场调节价为主体的价格体制,限制国家定价的范围,并严格规定国家定价的制定、审批和执行程序及有关法律制度。如果国家对企业在计划、价格及其他方面仍然管得过宽过死,势必妨碍企业的独立自主地位,不可能把企业真正推入市场。

二、必须运用法律确保企业的内部机制完善和健全市场体系

把企业推向市场的目的,是让绝大多数企业增加活力,更好地发展生产力。这要求企业在进入市场以后,能很好适应市场环境和要求,在市场中健康地生存、发展。要达到此目的,必须解决两个方面的问题:一是完善企业内部各种机制,增强自身的生机、活力;二是完善我国的市场体系,创造适应企业生存、发展和开展平等竞争的外部环境。

我国的国有企业由于长期依赖国家,致使自身内部各种机制发育不健全,缺乏自我发展、自我激励和自我约束能力。当前实行的企业承包制并未能很好地解决这方面的问题。如果国有企业改行公司制,则

有利于企业内部各种机制的健全。因为公司制的两权分离形态是在公司内部的分离,行使所有权的股东会与行使经营权的董事会、经理等,都是公司的内部机构,同承包制比较,它不但有利于经营机构对公司经营活动的集中、统一指挥和管理,还便于所有权人对经营权等活动的了解、配合与监督。公司还常设监察机构,代表所有权人(还可代表全体职工)对经营权人行使经常性监督。公司股东会由许多股东组成,他们都关心公司经营效益,盈亏后果由他们共同承担,这较承包制更能建立利益激励机制。此外,公司制的两权分离形态比承包制更为稳定。因此,国有企业改行公司制以后,企业内部的各种机制将更加健全。

为了增强企业自身发展能力,还必须进行企业的劳动人事、工资及社会保险等方面改革,打破"三铁一大"(铁工资、铁饭碗、铁交椅,大锅饭),甩掉压在企业身上的各种包袱,使企业轻装前进。在这些方面需要法律作出规定,为企业提供保障。企业自身机制的健全,对于企业在市场中生存、发展是十分重要的,这是内因,但这还只是问题的一个方面。为让企业能够适应市场,还必须有着发育健全的市场体系。我国过去长时期内,由于不重视商品经济发展,忽视市场作用,市场体系至今仍很不完善。以商品市场为例,条块分割现象仍较严重,妨碍国内市场的统一和完整。物资供应体制仍存在计划内与计划外双轨制,在价格上不但存在计划内与计划外两种价格的明显差别,而且各种商品比价、差价不甚合理,加之在税收与上缴利润上存在问题,使得各个企业不能在平等基础上展开竞争。在这种情况下,企业即使自身机制健全,也很难提高经营效益。此外,企业从事各种生产经营活动不仅需要有一个完善的商品市场,还需要有发育完善的资金市场、劳务市场、技术市场,这都需要通过加快改革促进其发育,并通过制定完善和实施各种相应的法律,保障各种市场机制的完善和健全。

三、必须依法确保企业亏损、破产的预防和处理

企业在市场竞争中发生亏损和破产，需要依靠法律手段预防和处理。我国早在1987年11月就通过了《中华人民共和国企业破产法（试行）》，但是没有很好实施。要真正下决心把企业推向市场，必须认真实行破产制度。破产制度的目的，不仅在于当债务人长期经营亏损，资不抵债时最终从债务纠葛中得到解脱，维护社会正常经济秩序，对国有企业来说，及时宣告其破产，还可减轻国家财政补贴负担，而且还能鞭策企业精心经营，增加压力和动力，避免破产原因发生。即使在破产原因出现后，还可运用和解整顿程序，对企业进行整顿，使之恢复生机，免于破产。把企业推向市场以后，破产制度对于企业的保障作用，同时表现在预防亏损和破产发生与破产发生时作出处理两个方面。国家与企业都应努力尽量减少企业破产的发生。

当前国家决定加快改革步伐，转换企业经营机制，并决心改革企业劳动人事制度、干部制度，发展社会保险，打破“三铁一大”，这为企业破产制度的实行，创造了有利条件。1991年11月最高人民法院印发了《关于贯彻执行〈中华人民共和国企业破产法（试行）〉若干问题的意见》对有关执行的各种具体问题作了较明确的规定，增强了法律的可操作性。虽然我国的企业破产法有些规定尚需完善，但现在主要的问题是消除不必要的顾虑，认真实施。

论社会主义市场经济体制下的政府职能*

邓小平同志重要的"南方谈话"发表以后,我国经济体制正在转轨变型。建立社会主义市场经济体制,已成为人们的共识,国家正在采取一系列得力措施促进社会主义市场经济发展。实行社会主义市场经济,对于政府职能将产生何种影响,特别是对政府的经济管理职能提出了何种要求?这是需要认真研究的问题。本文就此试作论述。

一、发展社会主义市场经济需要强化政府经济管理职能

人类社会自出现国家的时候起,国家便总要从事这样那样的一些经济管理活动。历史上的国家经济管理活动可分为两个时期、两种情形:过去,国家的各种职能活动以政治为其唯一目的。为了政治目而对内行使镇压敌对阶级反抗的职能;对外侵略或抵御侵略。其所从事的一些经济管理活动,是服从

---

* 本文原发表于《法学评论》1993 年第 1 期。

政治需要,并从属于上述两项职能的。经济管理不是国家经常性的活动。在自然经济占主导地位的国家和地区,未形成统一的、有机联系的国民经济体系,国家不需要,也不可能对全国的经济生活实行全面的统一调节和管理。经济调节管理不是一项独立的国家职能。

进入资本主义社会以后,商品经济日益发达,一国或一地区之内经济联系日益加强。特别是19世纪末20世纪初以后,随着各主要资本主义国家的工业革命的完成和发展,生产社会化程度日益提高,大规模垄断企业不断涌现,他们的垄断行为威胁着国民经济的正常运行,并对社会生活各方面产生严重影响。这时,产生了由国家出面介入经济生活的客观需要。开始主要是反垄断和不正当竞争,以后逐渐扩展到对国民经济进行全面的、整体性的干预、管理和组建。国家的经济管理显得越来越重要,它终于成为现代国家的一项独立的重要职能。

按照传统理论,是不承认社会主义国家以外的各种类型国家(包括当代资本主义国家)具有组织管理经济这一职能的;认为只有社会主义国家才有这种职能,即“第三职能”。包括当代资本主义国家在内的一切剥削阶级国家,只有对内镇压、对外侵略或抵御侵略二项职能。这种理论显然是片面的,不符合实际。当今的美国、英国、日本等,它们哪届政府不是把经济管理作为其头等大事贯穿于政府工作的始终?如果他们忽视经济管理或经济工作无成效,该政府工作便被认为是失败的,甚至导致倒台。

社会主义国家的组织管理经济的职能,是人们所公认的,特别是在这些国家实行高度集中的计划经济的时候尤其如此。现在人们已经明白:社会主义国家也可以,并且看来必须实行市场经济体制。当计划经济体制向市场经济体制转变时,社会主义国家的经济管理职能是否仍然重要?这是当前人们面临的一个新问题。其回答应该是肯定的。

首先,从国家经济管理职能产生的条件来看。如上所述,国家经济管理职能产生的社会经济根源是商品经济高度发达和生产高度社会化。当代社会主义国家建立之初,生产社会化程度不高,需要由国家组织和发展与社会主义政治制度相适应的经济基础,促进生产社会化;生产社会化程度提高以后,国家需要保障国民经济协调、稳定和不断发展。国家经济管理职能并不仅仅与计划经济有必然联系,当代各国的市场经济都建立在生产高度社会化的基础上,所以国家需要具有经济管理职能。社会主义国家在实行市场经济条件下,其国家经济管理职能仍然十分必要,不能削弱。

其次,从社会主义国家的性质来看。社会主义国家是人民当家作主,国家的一切活动都应当是为了人民群众的利益。国民经济的协调、稳定和发展,直接关系到人民群众的切身利益。在生产社会化的条件下,如果国家不进行有效的经济管理,国民经济的运行便会是无政府状态,首先受到损害的是人民群众。社会主义国家为人民服务的本质决定,必须加强其经济管理职能。

最后,从社会主义国家实行的公有制为主体的经济制度上来看。社会主义国家于革命成功之后,实行国有化和集体化,建立了社会主义公有制为主体的经济制度,国有经济更占国民经济的主导地位。社会主义国家必须加强对公有制经济的管理。特别是对于国有经济来说,国家不仅需要以政权体现者身份对其进行管理,而且还要以所有权人身份进行管理。后种管理比前种管理更具体、深入,在实行“国营”情况下,国家的管理往往深入国有企业内部生产经营领域。社会主义公有制,特别是国有经济在国民经济中的重要地位,以及国家对这些公有制经济的管理,是社会主义国家经济管理职能的显著特征;也是过去人们强调社会主义国家有“第三职能”,而其他类型国家不具有的主要依据。社会主义国家实行市场经济以后,仍将坚持社会主义公有制为主体的经济制度,国有经济仍将在国民经济中占有重要地位。因此,社会主义国家的经济管理职能不能削弱。

当前,我国经济体制正在由计划经济向市场经济转变过程中,在这个关键时刻国家(它的政府)的经济管理职能尤其需要强化。

由过去几十年实行的高度集中的计划经济体制向市场经济体制转变,是一个十分重大而深刻的转变,它需要触及人们的思想观念、政府的经济管理模式、政治体制以及社会生活等各个方面。政府的职能作

用十分关键,如果不强化政府职能,实现转变是不可能的。这具体表现在以下几个方面:

1. 在社会主义市场主体的组织管理方面。市场经济需要有与之相应的活动主体,即市场主体。

市场主体包括生产经营者、消费者和市场管理主体。这里主要说说生产经营主体。市场经济要求生产经营者具有独立法律地位,按照市场需要自主经营,自负盈亏,独立承担各种法律责任。在原来实行计划经济条件下,占国民经济主导地位的国有企业不具备或不完全具备这个条件,政府对企业事务包揽过多、管得太死。要发展市场经济,必须推动企业走向市场,成为独立自主的市场主体。这需要政府转变职能,转换对企业的管理模式,建立和逐步完善各种新的管理制度。要制定和完善各种企业管理法规,并保障实施。

市场经济要求生产经营主体的组织形式、经营方式、规模等必须适应市场要求,并受其检验,适者生存、发展,不适者淘汰。在高度集中的计划经济体制下,生产经营主体的种类和组织形式、经营方式、规模等,都受到国家限制,按照政府指令设立和进行组织调整。其中有些不符合市场经济要求,需要再作调整和变更。国家对于符合市场经济要求,有利于国民经济发展的企业组织形式(如各种公司、企业集团等),应及时总结经验,制定法规,统一规范其组织与活动。政府对于各种生产经营主体的设立、营业资格、组织变更、解散、清算与破产等的管理制度与方式,需要加强和改善。

2. 在市场行为的管理方面。国民经济是各种经济主体的活动。在实行市场经济条件下,各种主体的生产、交换和消费都要通过市场,表现为市场行为。各种主体的各种市场行为的互相关联、互相配合和制约,构成市场运行机制。市场运行机制是国民经济运行的枢纽。因此,在市场经济体制下,国家为实现对国民经济的管理,必须十分重视维护和促进市场运行机制的健全,抓好各主体,特别是企业等生产经营主体的各种市场行为的管理。

市场行为包括交易行为、经济合同行为、竞争行为等。政府需要加强对交易秩序、经济合同、反对垄断和不正当竞争、价格、商品质量、保护工业产权等方面的管理和监督。

由于在市场经济条件下,企业等生产经营者的行为基本上受价值规律和市场供求关系制约,政府的管理需要改变过去的方式,建立和完善新的适应市场经济要求的各种管理制度,制定和完善各种管理法规。

3. 在市场客体的管理方面。所谓市场客体,即市场关系的客体,是市场主体相互之间的权利义务所共同指向的对象,简言之,即主体的市场行为所追求的对象。政府的经济管理必然涉及对市场客体的管理。

市场客体即广义的商品。在市场经济充分发育的情况下,消费资料、生产资料、土地和房屋等不动产、资金、劳务、技术、信息和企业产权等,都可以成为市场客体。上述市场客体因种类和性质的不同而在市场关系中各具特点,国家对其转让流通的范围、方式需作出不同规定,政府需进行不同的管理。

在社会主义国家以往长时期内,由于传统的产品经济观念影响和计划经济体制,对商品的理解十分狭窄,能够作为市场客体的十分有限。通常当作商品允许自由流通的仅限于生活消费品和部分生产资料,许多种类的生产资料、甚至还包括部分生活消费品,其流通并不遵循价值规律,流通方式也受到严格限制,不是或不完全是本来意义上的商品。土地、房产不作为商品,完全禁止流通。资金除银行信贷业务外,也禁止流通。劳务可在一定范围内转让,但绝不认为是商品。技术、信息等更不是商品。实行社会主义市场经济以后,市场客体范围将逐渐扩大,国家将逐步完善和建立消费资料市场、生产资料市场、房地产市场、资金市场(包括证券市场)、劳务市场、技术市场、信息市场和企业产权转让市场等,制定上述各种市场客体的流通转让规定,加强这方面的管理。

4. 在市场调控的手段和方法上的管理。如前所述,在市场经济体制下,国家对国民经济的管理的关键环节是市场管理。市场管理的方式主要是按照客观经济规律,运用利率、税率、汇率等经济杠杆和价格政策,对市场进行调控。国家对于市场调控的各种手段及其运用,需要建立各种制度,加强管理。国家的金融法、税法、价格法等要保障有关的市场调控手段合理运用,充分发挥其经济调节作用。国家计划是调节国民经济的十分重要的手段,计划管理和计划法要体现市场经济要求。在原来的计划经济体制下,对于经济规律和经济杠杆的运用不够重视,缺乏经验,国家计划和价格政策也适应着当时计划经济的要求。经济体制转轨变型后,如何使之与市场经济相适应,有许多问题尚待进一步摸索,任务十分艰巨。

国家对市场的管理除主要是宏观调控外,还包括对各个市场主体的市场行为的直接的指令性管理,并需把这些直接的指令性管理与宏观调控结合起来,使之服从于国家宏观管理总目标。这较之过去的直接管理也更为复杂和艰巨。

5. 在市场监督和对于经济纠纷与违法犯罪的处理方面。实行市场经济以后,难免发生各种经济纠纷和一些违法犯罪现象,特别在两种体制转换过程中,旧秩序被废止,新制度尚不健全,腐朽落后的思想和社会某些丑恶现象会乘虚而入。国家需要强化这方面的管理职能,及时调处各种经济纠纷,查处和打击各种违法犯罪活动,保障社会主义市场经济健康发展。

二、社会主义市场经济体制下的政府经济管理模式

经济管理模式,即国家经济管理体制的基本框架。经济管理体制是国家对国民经济进行决策、组织、指挥、调节、监督的各种制度的总和。经济管理模式则是经济管理体制的基本结构和特点的概括。

国家经济管理模式的区分有不同标准,但最主要的应该反映国家经济管理行为在整个国民经济发展中的作用和地位以及国家经济管理的范围、程度、方式和手段等基本特征。现代社会国民经济运行和发展的驱动和调节,有两种机制:一是国民经济本身固有的内部机制,即市场调节机制;二是政府经济管理行为对国民经济施加的影响和作用。

由于现代国家的经济管理行为往往主要以国家计划集中体现,政府对国民经济的影响和作用,主要体现为计划调节功能,因而,这种机制又可概括地称为计划调节机制。现代国家经济管理模式的区分集中地反映在这两种调节机制对整个国民经济运行和发展的作用及其相互关系上;此亦即人们通常所谓“调节结构”标准。依此标准,当代各国的经济管理模式,大致可分为三种类型:(1)集中统一的计划管理型;(2)含有市场机制的计划管理型;(3)市场调节型。

国家经济管理模式是与国家实行的经济体制相适应的。计划经济体制决定其国家经济管理模式必须是高度集中统一的计划管理型,实行有计划的商品经济(或说是含有市场机制的计划经济),其国家经济管理模式则是含有市场机制的计划管理型;实行市场经济,则需要实行市场调节为主、政府引导调控型的经济管理模式。

我国原来实行集中统一的计划管理模式。改革开放以后,实行有计划的商品经济,计划经济与市场调节相结合。因此,经济管理模式便是含有市场机制的计划管理型的;当前,我国的经济体制正在向社会主义市场经济转变,发展社会主义市场经济,国家的经济管理模式也必须转变。

国家经济管理模式的转变,如同经济体制的转变一样,也是十分重大而深刻的转变,人们的思想观念必须适应这种变化。这里需要特别提到的是对于计划与市场关系的认识问题。

按照传统观念,计划与市场是区分社会主义与资本主义的重要标志。计划只与社会主义发生必然联系;搞市场经济,或者以市场调节为主,便必然是资本主义。针对这种传统观念,邓小平同志在“南方谈话”中强调指出:计划多一点还是市场多一点,不是社会主义与资本主义的本质区别。计划经济不等于社会主义,资本主义也有计划;市场经济不等于资本主义,社会主义也有市场。计划和市场都是经济手段。这一段话精辟地论述了计划与市场的关系。

当代社会,无论是资本主义国家或社会主义国家,都处于商品经济阶段。商品经济是受价值规律支配的。商品价值的实现必须通过市场。市场调节是价值规律作用的外部表现。商品经济即是市场经济。市场经济只是商品经济的一个别名，它主要是从国民经济运行的驱动和调节机制角度上说的。商品经济相对于自然经济、产品经济而言；而市场经济则相对于计划经济而言。在商品经济条件下，市场调节是国民经济的内部调节功能，因而是驱动和调节国民经济运行的主要机制。由于现代社会的生产高度社会化，所以产生了国家经济管理和国家计划的必要性。但是，国家管理和计划调节相对而言它是社会经济一种外在力量和外部调节。外部调节不能排斥或取代内部调节。

传统理论把国民经济有计划、按比例发展，当作社会主义社会特有的一条经济规律，这是值得商榷的。计划本是主观的东西，把它作为客观经济规律是不恰当的。何况计划并不是社会主义国家特有的，资本主义国家也有经济计划。计划产生的根源在于现代社会生产的高度社会化和国民经济体系的形成，这为计划产生提供了必要和可能。正是这个原因，现代国家无论社会主义或资本主义都制订经济计划，对国民经济实行不同程度的计划调节。有些资本主义国家的计划体制还颇为发达。例如日本，即以制订严密的经济计划而著称于世。“二战”以后，日本制订了十几次经济计划。自 1955 年计划以后，每届政府都分别制定了中长期经济计划和短期计划(《政府经济展望》)。

再说国民经济按比例发展的问题。自从商品经济发达，一国或一地区范围内经济联系密切、形成国民经济统一体系之后，国民经济内部的各种结构就总会按照一定比例发展。在国民经济运动中，这些比例不断被打破，又不断重新建立，是一个“平衡—不平衡—新的平衡”循环反复的过程。这其中就是价值规律和市场调节这只“无形的手”在发挥作用。在资本主义社会，特别在其以往阶段，由于全凭价值规律和市场调节的自发作用，国民经济处于无政府状态，其内部结构比例的“平衡—不平衡—新的平衡”过程，往往呈现大起大落、经济危机迭起的局面。这也正是 20 世纪以来各发达资本主义国家运用包括计划在内的各种手段和方式，对国民经济加强干预、管理的起因。当然，由于私有制和其他一些原因，资本主义国家的经济计划的作用受到局限，它不可能杜绝经济发展的盲目性和国民经济比例出现失调,甚至发生周期性的经济危机,但国家经济管理和经济计划毕竟在一定程度上发挥着对于经济的调节作用。

社会主义国家必须加强国民经济的计划性,并且这里的计划应该能够比资本主义国家发挥更为有效的作用。但计划仍然只是一种经济手段,并且只有恰当地加以运用才能产生好的效果。所谓恰当运用首先是需要处理好计划调节与市场调节的关系。计划不能过宽过死,不能包揽一切,不能排斥市场调节的作用。市场调节作为国民经济的内在调节机能,它仍然是最基本的。计划调节主要是一种外部调节机制,对于国民经济的运行和发展主要起引导、调控作用。过分夸大计划的作用,轻视或排斥市场调节机能,反而不能收到预期的效果。由于我国社会主义公有制是国民经济的主体,国有企业更是其中的主导力量,国家除了以国家政权身份对整个国民经济实行管理外,还需以所有权人身份对国有企业的生产经营活动进行管理。后种管理比前种管理更为具体、深入。不仅当国有企业实行国家直接经营时如此,即使实行承包、租赁经营或股份制时,也需要直接参与某些经营事务。这决定了我们的国家经济管理涉及的范围更广泛,内容更丰富,任务更艰巨。这是我国经济管理模式在范围和内容上的广泛性特征。

也由于国民经济以公有制为主体这一因素决定,国家的经济管理能够有效地发挥作用,不像在私有制的资本主义国家,资本家企业往往对政府的干预进行各种抵制,使国家管理作用不能充分和有效发挥。这是我国经济管理模式所具有的有效性特征。

由于社会主义国家的本质应是人民当家作主,国家的一切职能活动都是为了人民的利益。国民经济的协调、稳定和发展,是人民切身利益所在。所以,政府总是以对人民的高度责任感积极从事各项管理工作。管理活动的根本目的是为人民。这是我国经济管理模式的人民性特征。

也正由于在社会主义国家人民群众当家作主,政府是由人民选举产生并按民主集中制原则组成的,政府代表着绝大多数人民的意志,政府的经济管理体现着人民群众管理经济的意志,集中着群众的智慧。并且,在各级政府的经济管理活动中,广泛听取群众意见,以各种形式吸收群众代表参加管理决策。这使我国的经济管理模式具有群众性或者说民主性特征。

广泛性、有效性、人民性和民主性等,这些是我国实行市场经济体制后,国家经济管理模式的社会主义特色,是区别于资本主义国家经济管理模式的地方。

三、社会主义市场经济体制下的国有企业

实行社会主义市场经济,对国有企业有何影响?政府对国有企业的管理方式将发生何种变化?这是人们关心的问题。总体来说,实行市场经济以后,仍将保留大量的国有企业,特别在当前两种经济体制转轨变型过程中尤其如此。但国有企业的经营制度需要进一步改革;政府对企业的管理职能将发生重要转变。

社会主义国家于革命成功后建立了强大的国有经济,开办了大量国有企业。这些国有企业对于充实社会主义经济基础,巩固人民政权,发展国民经济,提高人民生活,发挥了重要作用。实行市场经济以后,国有企业的上述作用仍具有积极意义。在市场经济体制下,国家为了有效地对国民经济进行宏观调控,手中需要掌握一定的经济力,国有经济的存在,是政府调节国民经济、实现管理的物质基础。在国民经济发展中,有些关系国计民生的关键部门或者薄弱环节和某些新技术、新产品的研制开发等,出于国家经济政策和国防安全上的考虑或者由于该部门、行业或产品的生产经营盈利率低甚至暂时亏损,社会公众不愿投资,这就尤其需要国家直接投资,参与经营。

当代资本主义国家也存在一定数量的国有企业。在有些国家,国有企业在国民经济中占有较大比重。资本主义国家在现行市场经济条件下国有企业存在这一事实,表明市场经济并不排斥国有经济,市场经

济可以而且需要建立和发展一定数量的国有企业。发展社会主义市场经济,不等于全盘私有化。

当然,在西方国家,国有企业在国民经济中的比重不如社会主义国家今天这样占主导地位。其实,社会主义国家的国有企业是否必须成为国民经济的主体,社会主义公有制的实现方式是否主要是国有制,这在理论上是可以进一步探讨的。不过,在当前我国经济体制处于转轨变型的开始时刻,国家刚刚提出和采取措施发展社会主义市场经济,国有企业在国民经济中的主导地位是毋庸置疑的。

但是,为了适应发展社会主义市场经济的要求,国有企业必须进行改革。改革的目标,是使国有企业成为自主经营、自负盈亏的独立商品生产经营单位。政府应改变对企业包揽或过多干预的做法,让企业走向市场受价值规律和市场机制调节。改革的途径,包括两个方面:一是对现有的国家独资的企业,采取切实可行的措施,转换经营机制;二是新建或将国家独资企业改组为股份制企业。

现在,国家对于国有企业的改革,正是同时采取上述两个方面的措施。政府已于1992年7月发布《全民所有制工业企业转换经营机制条例》(以下简称《企业转换经营机制条例》),并正在大力组织贯彻实施;同年5月起,制定并陆续公布我国股份制企业全套政策法规,并正在积极组织试点。我国国有企业改革的基本格局已经清楚。

在国有企业改革的上述两条基本途径中,当前贯彻《企业转换经营机制条例》是主要的。因为当前国家独资企业不仅是国家投资经营的主要形式,而且在整个国民经济中占据举足轻重的地位。如何搞好这些企业的改革,提高其经济效益,并使之适应经济体制的变革,显得十分迫切。而股份制在我国的推行,尚有待具备各种条需要进行一些配套改革;加之过去人们对股份制存在许多偏见和疑虑,观念上的转变也需要一个过程。所以,目前只能有控制地进行试点,以后再逐步推广。由于股份制确实具有许多优点,同其他经营形式比,不仅国家直接经营,而且承包制、租赁制经营等所存在的各种弊端和局限性,它都能很好地加以避免,所以股份制企业将来应能得到普遍发展。国有企业除少数出于国家经济政策考虑及涉及国防安全的以外,可以逐步地普遍改行股份制。以后国家投资新建的项目,多数也可按股份制形式组建。股份制企业将成为我国企业的主要组织形式。它适应社会主义市场经济的要求,是市场经济的基础。

在国家投资组成的股份制企业中,按国家股所占比重,分为国家控股与国家一般参股两种情形。根据我国实际情况,起码在目前一段时间,国家控股企业会是主要的。以后,国家可以逐步减少控股,除某些关系国计民生的重点行业需要控股的以外,其余的可鼓励社会公众多投资。国家控股虽然有利于更好地把握企业的经营方向,但也容易产生国家操纵或过多干预企业经营的弊端,不利于企业根据市场需要自主经营。

政府对于国家投资组成的股份制企业的管理,除如同对于其他一般企业以政权身份进行的管理外,国家只是作为企业的股东,并且只是众多股东中的一员,参与企业经营的一些重大决策,企业的各项具体经营活动由董事、董事会、经理负责。国家股东对于企业重大决策的意见,必须通过全体股东或由全体股东组成的股东会,以集体决议形式统一表达,任何一个股东无权直接干预企业的业务执行机关的活动。在这里,国家对于企业的管理职能发生了重大转变。

对于仍然由国家独资组成的企业,政府也必须转变职能,实行以宏观引导调控为主的管理方式,减少和尽量避免直接干预企业内部经营事务。政府对独资形式的国有企业的管理,表现为以企业财产所有权人身份和以政权身份两个方面的管理。作为所有权人,政府首先需要确定特定的国有资产的投资方向、方式和经营形式。企业经营形式一般宜采取承包制,有些也可采取租赁制,或者实行国家主管机关委派代表负责企业经营管理("国家直接经营"或"代表经营制")不管实行何种经营制度,都要明确划分政府主管部门与企业经营负责人之间的权利义务界限,并以承包合同、租赁合同或委托责任书等形式,加以确定。

另外,政府(它的主管部门)应定期清查、考核企业的国有财产保值、增值情况;根据国家有关规定,并按照所实行的不同经营形式,决定国家与企业之间的收益分配方式、比例或定额；制定企业财务会计制度，并对企业财务进行审查和审计监督；决定或批准企业的设立、合并、分立、终止、拍卖，批准企业兼并和破产申请。此外，对于企业生产经营业务上的事务，政府不应多加干预，特别是在实行承包和租赁经营的情况下尤其如此。

政府作为国家政权机关，除要求和监督企业依法经营和照章纳税外，还应按照政企职责分开的原则，为企业健全经营机制，增强活力创造条件和提供服务。政府需要加强宏观调控和行业管理，建立既有利于增强企业活力，又有利于经济有序运行的宏观调控体系；培育和完善市场体系，发挥市场调节作用；建立和完善社会保障体系；发展和完善与企业有关的公共设施和公共事业，减轻企业的社会负担。

现在，国家已经确定了政府对企业管理的"规划、协调、监督、服务"的方针。新颁布的《企业转换经营机制条例》，从政府作为所有权人和作为政权机关两个方面，具体规定了其对于企业的管理职责，为政府转变职能提供了法律依据。当前，要认真贯彻执行该条例的有关规定，使政府职能切实加以转变。这是推动企业改革，让企业走向市场，适应发展社会主义市场经济要求的重要前提和保障。

企业走向市场与经济法的任务*

企业走向市场，意味着企业减少和逐渐摆脱对于政府的依赖，以独立商品生产经营者身份，根据市场的需要与可能，自主地安排生产和购销活动，参与市场竞争，并独立承担盈亏后果。企业走向市场以后，在其内部管理和对外业务活动上同政府直接发生关系减少了，同其他社会组织和公民的经济联系和交换关系更加密切和重要。企业广泛地参与各种民事活动，受到民商法调整。加强民商法立法显得更加重要。

企业走向市场对经济法的要求怎样？当前有人产生疑虑，觉得政府对企业的管理减少和放开了，经济法作用不怎么重要了。甚至，法学界原来就存在的“经济法取消论”又有所抬头。他们说：发展商品经济、企业走向市场，大量发生的是“横向”经济关系，由民商法调整；国家经济管理关系（“纵向”关系）则可由行政法调整：经济法没有存在的必要了！

这些意见是不正确的。企业作为国民经济活动的基本单位，它需要参加多种社会关系，受多种法律部门调整。一方面，企业为了进行生产经营活动，必

---

* 本文原收录于漆多俊：《企业走向市场法律保障》，中国政法大学出版社 1993 年版。

须同其他企业和社会组织及公民发生各种经济联系和交换关系，这是平等主体之间的经济关系，由民商法调整；另一方面，企业的经济活动必须接受国家必要的管理和调节，同国家发生国家经济管理关系。国家经济管理关系同各平等主体之间的经济关系性质不同：它必以国家（它的政府主管部门）为一方主体，国家同另一方主体之间是管理与被管理关系，双方地位不平等；国家经济管理关系不以有偿等价为原则，权利义务不对等；它也不以自愿协商为原则，具有一定强制性。这种经济管理关系不能由民商法调整，而只能由经济法调整。经济法与民商法的调整对象不同，其基本任务也不一样：民商法通过对社会组织和公民这些平等主体相互之间的经济关系的调整，保障当事人合法权益，维护正常商品交换秩序，其立法主旨重在个体权益；经济法通过对国家经济管理关系的调整，维护国家经济管理秩序，保障国民经济协调、稳定和发展，其立法主旨重在整个国家和社会的经济利益，即国民经济发展的总体效益。在国民经济活动中，上述两种社会关系都是客观存在且十分重要的，民商法和经济法这两个部门法都是必需而不可偏废、不可互相替代的。

经济法与行政法也是不同的。行政法调整国家行政管理关系。行政管理主要是行政组织与行政执行活动，其基本任务是维护政治、治安及其他社会秩序。它一般不需要深入研究客观经济规律，不重视运用各种经济杠杆对国民经济实行间接引导和宏观调控。不以是否有利于提高国民经济效益为其出发点。虽然国家经济管理机关同为国家行政机关，经济管理活动中也包括直接指令性管理，但是，它们即使在从事这种管理活动时，也必须遵循国家经济管理的基本原则，服从国家经济管理的总目标，也就是说，它们的管理活动受到经济法调整，它们在作为行政法主体的同时，也是经济法主体。从前社会，国家的经济管理职能不发达，国家不需要，也不可能对社会经济实行全面的管理，更不可能运用客观经济规律和经济杠杆对社会经济的运行进行有效的宏观调控。因此，那时的经济管理基本上是以行政管理方式出现的，经济法也未从法的体系中分立。现代社会，国家经济管理职能十分发达，国家必须,也可能对国民经济的运行实行较为全面的管理和调节。国民经济已成为一个有机整体,国家为了有效地实现对国民经济总体管理调节目标,需要把对国民经济的各个方面、部门、行业和环节的管理统一纳入国家经济管理体系之中。调整国家各种经济管理关系的法,需要组成一个完整的体系,成为一个独立的法律部门。这就是经济法。经济法独立以后,原来附属于行政法的一些经济法性质的主体,自然归并于经济法之中;即使原来单纯属于行政法的一些具有经济内容的管理关系,如税收管理、市场管理及其他工商行政管理等,因为它们如今被国家作为调节经济的重要杠杆,或者因为它们必须服从国家经济管理总目标,而必须纳入统一的国家经济管理轨道。它们在继续受行政法调整的同时,也受到经济法的调整,属于经济法范畴。现代国家经济管理职能的重要性和任务的复杂性与艰巨性,要求加强经济法,而不是削弱它,以至于把它等同于行政法,或降为行政法的一个分支。

当代西方国家实行市场经济,它们的企业从来就完全处于市场之中,在市场中活动并相互竞争。调整企业等各平等的市场主体之间经济关系的民商法十分发达。即使如此,西方国家仍进行着各种形式的经济管理,发生着各种国家经济管理关系,经济法发挥着十分重要的作用。19 世纪末 20 世纪初,当主要资本主义国家的生产不断社会化和形成各种垄断企业以后,产生了由国家出面对社会经济生活,特别是对垄断企业进行干预、管理的需要,国家经济管理关系大量发生,这正是经济法从法的体系中分离独立,形成部门法的社会经济根源。西方国家经济法的核心当初正是以反垄断、反对企业特别是垄断企业之间的限制竞争和不正当竞争的面貌出现的。20 世纪中期以后,随着生产进一步社会化,各主要西方国家更运用包括计划在内的各种手段,对国民经济及其基本活动单位的企业进行更为全面、严格的管理。经济法在国民经济中的作用和地位越来越突出,立法越来越发达和完备。在西方国家,政府对于国民经济活动单位的行政干预是被严格限制的,国家的经济管理主要不采取一般行政管理方式,因此,行政法自然取代不了经济法。

社会主义国家的企业在国民经济活动中,也既要参与同其他平等主体之间的经济关系,受民商法调整,又要参与国家经济管理关系,受经济法调整。只是在不同时期,因这些国家所实行的经济管理体制发生重大改革等原因,其经济法的调整范围、方式和内容会有所不同。我国原来实行高度集中的计划经济,我国的企业都是社会主义公有制企业,而尤以国营企业为主导。国家对企业采取大包大揽的管理方式。企业的内部管理被纳入国家经济管理范畴;企业的外部活动受到国家严格管束。企业同国家之间的经济管理关系十分重要,而同其他社会组织和公民这些平等主体之间的经济关系属于次要地位。这决定了我国民商法不甚发达。由于过去我国经济管理主要采取行政手段,经济法制不健全,所以,经济生活中虽然存在大量国家经济管理关系,而我国经济法却也并不发达。党的十一届三中全会以后,经济建设被提到首要地位,同时又重视法制。经济法于是在我国兴起和发达起来。由于我国的经济管理体制使国家对经济管得过宽、过死,所以经济法的调整对象的范围也就较宽。又由于我国经济法蓬勃兴起之际,我国民商法尚不甚发达,许多本应归民商法调整的经济关系而当时民商法未予调整,经济法起来之后,人们容易把这些经济关系也当作经济法的调整对象,因而发生所谓"经济法抢占民法地盘"的现象。这也就是我国80年代出现的"大经济法"观点的重要根源。所谓"大经济法",就是把经济法调整对象的范围看得过大,把应属于民商法调整对象的部分经济关系也视为经济法的调整范围。经济体制改革以后,国家逐步改变对经济生活管得过宽、过死的状况;与此同时,我国民商法也在逐步完备。"大经济法"观点的不合理性逐渐被人们觉察。当前,国家决心加快改革,把企业推向市场,让企业的活动更多地受民商法调整。这无疑对于"大经济法"观点是又一次大的冲击。有些同志由于过去对"大经济法"观点很有意见;而另一方面,对于经济法产生和存在的历史必然性、它应有的调整对象、它的本质和基本任务等,又缺乏正确了解,所以,在否定"大经济法"观点的不合理成分的同时,对经济法采取了一股脑儿地否定的态度。由于经济法所调整的国家经济管理关系与国家实行的经济管理体制直接相关，当国家实行集中统一的管理体制时，其经济法的调整范围自然较大，反映到学术观点上容易产生“大经济法”观点；当国家扩大市场调节范围或实行市场经济时，其经济法的调整范围相对缩小，反映到学术观点上，这时容易出现忽视甚至否定经济法的作用与地位的倾向。

国家实行把企业推向市场，决不意味着国家从此可以对企业撒手不管；转变政府职能，绝不意味着政府削弱对经济的管理职能，或者把国家经济管理职能降低为一般行政管理职能。这里发生的只是国家对国民经济（包括对企业）管理的范围、程度和方式的变化。从立法上说，这里不发生经济法的作用和地位降低的问题，只是由于国家经济管理体制的变革，使经济法的调整对象的范围更加集中到必须由其调整的方面来，以更好地实现经济法的基本任务。经济法就其本质和核心而言，它应是宏观性的，它主要通过调整国家宏观经济管理关系，实现国家宏观经济管理目标。当然，经济法也调整某些微观经济管理关系，但微观管理必须服从宏观管理总目标，为实现这一总目标服务。国家经济管理体制变革以后，经济法更能体现其本质特征，实现其基本任务。国家对国民经济的宏观管理和间接调控比微观的直接管理更为复杂和困难，所以，经济法的立法和实施比原来任务更加艰巨。为适应国家经济管理体制的变革，保障国家对国民经济进行有效的宏观调控，我国经济法的立法需要着重解决以下几个方面的问题：

1. 规范国家对国民经济的宏观管理决策行为，保障决策民主化、科学化。经济管理行为始于经济管理的决策，在国家宏观经济管理中，决策尤为重要，也更为困难。国民经济十分复杂，它包括许多方面、部门、行业和环节，这些又是互相联系、互相制约的，组成一个统一的有机整体。国家为了实现宏观管理，必须掌握国民经济的各种情况及其发展变化规律，恰当地规划和调整国民经济中的各种结构比例关系，控制总量平衡，引导国民经济健康发展。国家的经济管理决策需要制定经济和社会发展战略、方针、计划和产业政策，并组织实施。国家宏观经济决策关系到国民经济的全局，决策上的任何失误都将给国家、社会和人民群众招致巨大损失。国家必须加强对自身决策行为的管理,并使之法制化。调整决策管理关系,规范政府决策行为,是经济法的一项重要内容,是经济法保障国家宏观经济管理的一个十分重要的环节。经济法需要规定各级国家机关的决策权限,规定决策程序,并建立决策的法律责任制度。在这方面,我国经济法的立法尚属薄弱环节,国家经济管理体制变革以后亟须加强。这是我国经济法立法面临的一项重要任务。

2. 调整国家对国民经济各种主体的组织管理关系,规范国民经济的组织结构,建立和健全国民经济主体的内部组织机制。国民经济活动必须有各种主体参加。主体的组织结构是否合理,内部组织机制是否健全,决定着国民经济的运行。对国民经济主体的组织管理是国家经济管理的一个十分重要的方面。调整国民经济组织管理关系,是经济法的重要内容。经济法需要规定国家在一定时期的企业等国民经济主体的种类、所有制结构、组织形式,规定政府与企业的关系及各种管理制度,规定国有资产的投资与经营方式,规定国有企业的管理制度。国家需要制定和不断完善各种企业法、公司法。在当前加快国有企业改革、进一步转换企业经营机制中,经济法除对单一的全民所有制企业的组织和经营管理在已颁布的《中华人民共和国全民所有制工业企业法》基础上作出一系列进一步规定外,还要对国有企业实行股份制的有关问题作出新的规定,以促进对于企业结构的调整。

3. 规范国家运用国民经济宏观调控手段和方法,保障国民经济健康运行。国家对于国民经济主体组织的有效管理,是保障国民经济健康运行的前提。但国家除了抓住组织管理这一环节外,还需在国民经济运行环节进行管理,对其运行实行引导和调控。宏观调控所采用的手段及其运用方法十分重要。经济法对此应作出规定,以保障各种调控手段的有效运用。计划是一种重要的宏观调控手段,正确运用能够有效地引导企业的经济行为及整个国民经济的运行。计划对经济的调节作用,被现代国家(包括西方国家)普遍重视和加以运用。计划法是经济法的重要组成部分。在实行计划经济的国家,计划法更被视为经济法的"龙头法"。但是,在商品经济社会,计划的调节作用应与市场调节有机结合起来。市场调节是商品经济内在、固有的调节机能,只宜引导和利用,不能排斥和扼制。计划的范围不能太广,计划方式应重在引导,以指导性计划为主。指导性计划和指令性计划的制订,都应遵循客观经济规律。我国过去实行高度集中统一的计划管理体制,有不少经验和教训。企业走向市场以后,我国的计划管理体制必须加快改革步伐。我国的计划立法如何反映这种变革,如何制订体现以指导性计划为主体的计划管理体制的计划法,是我国计划法面临的新课题,税收、信贷、汇率等是重要的经济杠杆。企业走向市场以后,国家必须更加充分有效地发挥其调节作用。例如,在税收管理方面,如何围绕转换和完善企业经营机制这一中心,改革税制,规范分配方式,理顺分配关系,引导企业走向市场,公平竞争,是我国税法面临的任务。国家的价格政策,也是调节经济的重要手段。企业走向市场以后,需要进一步减少国家定价,扩大企业定价权。今后除日用工业消费品中的个别产品和生产资料中的少数产品由国家或者省级物价部门管理外,将均由企业自主定价,由市场调节。在这种情况下,国家如何通过对价格的监督管理,保障企业在市场正当竞争,维护消费者利益,如何通过国家定价权,贯彻国家产业政策,并引导市场,是我国价格法需要解决的问题。

4. 调整国家对市场的管理关系,保障国家培育和完善市场体系的各种措施的有效实施。企业走向市场以后,企业主要在市场活动,企业行为的价值最终需通过市场得到实现。同时,由于国家对企业减少了直接、指令性管理,主要采取间接调控,间接调控的主要环节和场合是市场,所以,国家主要通过市场对企业行为进行引导,实现对企业行为的管理和对整个国民经济运行的管理。市场体系的建立和完善,机能的健全,十分重要。当前,国家需要按照国民经济发展总体规划和布局,统筹规划、协调和建立我国的生产资料市场、劳务市场、金融市场、技术市场、信息市场和企业产权转让市场等,促进市场体系的发育和完善,并加强市场管理,制止违法经营和不正当竞争。调整在上述活动中发生的国家管理关系,是经济法的任务之一。

国家对国民经济的宏观管理,除了上述决策管理、组织管理和运行管理(它包括对经济运行调控手段和运用方法的管理及对市场的管理)之外,还包括其他一些基本环节的管理,如对国有资源和资产在保护、开发、利用和投资等方面的管理,通过管理,实现资源的合理利用和配置,保障国有资产保值和增值。由于国民经济包括许多部门和行业,上述各种宏观管理措施还需结合各个部门和行业的特点,制定各个部门和行业的管理制度和办法。总之,国家对国民经济的宏观管理是覆盖整个国民经济的系统工程,调整各种经济关系的经济法也形成一个庞大而完整的体系。由于国民经济在不断发展变化,国家对国民经济的管理在范围、程度和方式上也在不断变化,特别是在当前国家经济管理体制正在发生大的变革过程中,经济法的立法需要不断地进行“废、改、立”,经济法的立法体系也需要不断地调整和完善。经济法的任务不是减轻了,而是更加繁重和艰巨了。

论现代市场经济法律保障体系*

一、现代市场经济运行的两种调节机制及其法律保障

市场经济是以市场机制为调节其结构与运行的基本机制的一种社会经济。在这种社会经济体制下，市场调节是社会资源配置和社会经济结构与运行调节的基础性因素。

世界范围内的市场经济从其形成至今，经历了两个大的发展阶段。在整个自由资本主义时期，社会经济的结构与运行基本上全由市场调节，价值规律自发而充分地发挥作用。国家很少直接介入经济生活，进行参与或干预。产业革命以后，自 19 世纪末 20 世纪初以来，生产高度社会化并形成资本主义垄断。垄断和不正当竞争使价值规律作用被严重扭曲，市场缺陷显露，市场调节这只"无形之手"已不如从前灵验和万能。社会企盼出现另外的调节机制、另外的"手"，来加以协助和配合，以有效地调节经济正常运行。国家于是开始大量介入经济生活，对社会经济进行干预、参与和调控。这便是国家调

---

* 本文原发表于《中国法学》1994 年第 5 期。

节,即所谓“国家之手”。

自从国家大量介入经济生活,社会经济同时需要两种调节机制以来,市场经济进入一个新的发展阶段:代市场经济。

市场经济的调节需要法律保障。现代市场经济的两种调节机制,都需要有相应的法律保障其有效运作。两种调节机制的性质不同,保障其运作的法律规范的性质和种类也不相同。保障市场调节即“无形之手”有效运作的法律机制主要是民商法;保障国家调节即“国家之手”有效运作的法律机制主要是经济法。民商法与经济法是现代市场经济健康运行不可或缺的两种法律保障机制。

现代市场经济运行的法律保障不限于民商法和经济法,还涉及其他多个法律部门。例如,在国家的微观经济管理活动中所发生的有关国家机关同社会经济和公民之间的社会关系,往往是经济法与行政法调整对象的交叉点,需要行政法同经济法相配合予以调整;当有关经济主体在经济活动或经济管理过程中发生严重危害社会的行为时,需要由刑法调整,宣布为犯罪并处以刑罚;在经济活动中发生的劳动关系和劳动管理关系,需受劳动法调整;而其中发生与环境保护有关的社会关系时,环境法将发挥作用;如此等等。这说明现代市场经济的法律保障机制是包括多个部门法律规范在内的庞大系统工程。

二、现代市场经济法律体系的内容构成

现代市场经济法律体系从内容上分析,包括以下四个方面:

(一)关于经济主体和社会经济结构的法律规定

为保障社会经济活动正常进行,国家法律需要确立经济活动各种参加者的主体资格、法律地位、权利义务及其组织与活动原则等。经济主体包括国家经济管理主体与企业等社会组织和公民个人这些被管理主体。前者为担负各种经济管理职能的国家机关,主要由国家机关组织法和行政法加以规定;后者的立法主要是各种企业法和关于个体经

营者的规定,此外也有关于事业单位、社会团体和普通公民个人等非经常性的经济活动主体参与某些经济活动的规定。

关于经济主体的立法还包括对于一国范围内经济主体种类的总体构成及由其所体现的社会经济结构方面的规定。

在现代市场经济体制下,经济主体的种类主要是由生产力和经济发展的客观要求决定,并由市场竞争机制加以选择,国家一般只以法令予以确认。但现代国家在这方面也发挥着一定的能动调节作用。例如,(1)国家对于社会经济生活中出现的某些新的有生命力的企业形式或其雏形,予以总结、倡导、组织示范并推广,为此国家需要制定诸如示范章程、试点办法等规定;(2)国家对于某些经验证明不适宜发展的企业形态,以立法予以限制或取缔;(3)对于某些经济组织形态(如垄断组织),根据各个时期经济发展情况和国家经济政策,分别侧重于采取扶助或限制措施,如许多国家制定的反垄断法。

一个国家一定历史时期经济主体种类的总体构成,体现着该国该时期的社会经济结构,包括投资结构、资源配置结构、行业和产品结构、所有制结构、地区结构等。经济结构的形成主要受市场机制调节,但如今现代国家的调节作用越来越重要。国家调节社会经济结构的主要方式,一是国家直接投资开办国有企业或向其他企业投资参股,通过确定国家投资的方向、重点和规模等,直接影响社会经济结构。这方面的立法主要是计划法、国家投资法、国有企业法等。二是国家主要运用税率、利率、汇率等经济杠杆和经济计划、价格政策,也采取某些必要的直接干预管理和监督措施,对于民间社会投资予以调节,控制投资总体规模,引导投资方向,使民间企业的数量、规模和在行业、产品、地区等的分布上趋于合理。这方面的立法主要是民间投资管理法和有关的企业法、公司法;此外还涉及财政税收、金融、信贷、外汇、价格等方面的规定。

(二)关于各主体经济行为和整个社会经济运行的法律规定

社会经济活动及其总体运行是由社会经济主体的各种经济行为构成的。国家必须规范各主体的行为,制定各种经济行为规则。它包括国家经济管理主体的各种经济管理行为规则和关于企业等社会组织与公民这些基本被管理主体的经济行为规则。前者一般规定于国家机关组织法、行政法之中,此外还需制定一些特别规定。后者除各种企业法和公司法外,国家需制定合同法、市场交易法、反不正当竞争法、消费者权益保护法等。此外,还包括国家对各经济主体经济行为的宏观调控方面的规定,它一般包含在计划法、投资法、财税法、金融法、外汇法、外贸法等之中。

(三)关于市场及其他外部环境的法律规定

在市场经济条件下,市场是国民经济的中心环节,也是国家经济管理的中枢。市场体系的完备与发达,是各经济主体的经济行为和整个社会经济运行所必备的基本条件。市场的种类、分布与发育,主要是由经济发展客观要求决定的。但现代市场也离不开国家的干预和调节。在我国由计划经济向市场经济转变过程中,国家对于市场体系的建立和完善更肩负繁重的任务。在立法上需要制定各类市场建立、组织、活动与管理、监督和宏观调控等方面的规则。

企业等经济活动主体在市场上相互竞争,优胜劣汰。整个社会经济也难免发生某种波动和起落。国家需要制定各种社会保障法,建立和完善各种社会保障体系,以减轻企业负担,使之增强竞争力,解除某些后顾之忧,并缓解因经济起落而给社会和人民生活造成的影响。

加强基础设施和公共设施建设,完善各种社会服务体系,是保障经济活动顺利进行和国民经济持续、稳定发展的一个重要条件。国家关于这方面的立法内容,通常包含在计划法、投资法、财政法和有关社团法等之中。

(四)关于经济纠纷与违法犯罪处理的法律规定

这方面的内容包括反映在前三个方面的有关实体法规定及各种程序法规定。在程序法方面,包括刑事诉讼法、民事诉讼法、行政诉讼法等各种司法程序法及行政执法程序法和各种仲裁法。这些也是现代市场经济运行必不可少的法律保障机制。

现代市场经济法律体系中以上四个方面内容,每个方面都既包含关于社会经济宏观性的立法，也有关于各个经济活动主体微观性的立法；既有调整社会各平等主体之间各种社会关系的立法，也有调整以国家为一方主体参与的国家经济管理关系的法律规范；既有关于国有经济的立法，也有关于非国有经济的立法；既有关于国内经济的立法，也有关于对外经济的立法。从国民经济构成部门来看，既有关于计划、财政、税收、金融等国民经济各职能方面的立法，又有工业、农业、商业、交通运输业、建筑业等各行业部门的立法。从国民经济活动（包括国家经济管理活动）的环节来看，则包括经济决策、经济组织、经济运行和经济纠纷与违法犯罪的处理等方面的立法。从法律规范适用的普遍性程度来看，有些是国家对社会经济管理总的指导思想、基本方针政策、基本原则和基本法律制度的规定，它们是各种经济主体的各种经济行为普遍适用的原则性规定，有些则是关于某类主体的某种行为的具体规定。现代市场经济法律体系，就是由以上社会经济的各个方面、部门、环节、因素的法律规范，互相关联、互相衔接而组成的有机体。

三、完善我国社会主义市场经济法律体系的几点意见

我国自改革开放以后，加强了经济法制建设，陆续制定了大量经济方面的法律法规，但经济法律体系仍不够完善，特别是当前国家经济体制发生重大转变，原有许多立法需要修正或废除，许多新的法律需要制定。建立和完善与我国社会主义市场经济体制相适应的法律体系的任务繁重而紧迫。

（一）加强国家宏观调控立法

现代市场经济体制要求国家对社会经济的管理应重视宏观调控，而我国过去在这方面比较薄弱。加强宏观调控立法，从立法内容上说，包括以下几个主要方面：

1.关于国家对国民经济总体结构和运行管理（宏观调控）的基本

指导思想、目标、方针、政策、基本原则和基本法律制度的规定。过去，国家对国民经济的宏观管理适应着当时的经济体制和社会经济情况，如今情况变化，需要作出较大的调整。党的十四大和第八届人大召开以后，建立和发展社会主义市场经济的基本指导思想和原则已经明确，并在党和国家有关重要文件中加以确认，今后需要以法律形式加以规范化。

2. 关于宏观调控各种手段和方式的规定。过去，缺乏这方面的经验。不重视充分发挥税率、利率、汇率等经济杠杆对于调节经济的作用；不善于发挥国家计划和价格政策的指导性作用；不善于综合运用各种宏观调控手段，使之有机配合以实现国家宏观经济管理目标和意图。这方面的立法不完备，尤其是在内容上应作大力改进。

3. 关于各种宏观调控对象的规定。要完备和改进对于经济主体和社会经济结构、各主体的经济行为和社会经济运行、市场体系及其他外部环境等方面的国家宏观调控立法。应当强化对国家投资的规模、方向和结构法律上的控制机制，以有效地控制国家投资和国有企业在整个社会投产和企业结构中的恰当比重和分布。并从宏观上确定国家投资经营的基本原则和法律制度。通过完善民间社会投资法和外商投资法，健全国家对其投资规模、方向、结构及企业法律形态等方面的调控机制。通过立法规范和保障国家机关充分有效地运用各种经济杠杆和计划、价格政策等宏观调控手段，实现对各经济主体的经济行为和社会经济运行、对市场和其他外部环境等方面的调节和引导。

宏观调控的立法形式，大量表现为各种单行法规。为了加强宏观调控，统一宏观调控的指导思想和基本原则，综合运用和协调国家的各种宏观调控手段和措施，很有必要使各种宏观调控法律规范系统化。可以考虑制定一部综合性的国家宏观调控基本法。该法集中规定国家对国民经济管理调节总体性的指导思想、方针政策、基本原则和各种基本法律制度。在宏观调控基本法之外，还有许多关于宏观调控各个具体方面的单行法规，但它们遵循和贯彻宏观调控基本法的原则性规定。这样一部宏观调控基本法，实际上起着经济法典总则的作用。在目前人们对于制定经济法典尚存在不同意见的情况下,制定一部宏观调控法是一种可行的替代办法。

(二)改善和完备各种微观经济立法

所谓微观经济立法,这里是指对各个经济活动主体及其各种经济行为的法律规定。由于国家经济体制正在发生重大转变,经济活动主体的种类和法律形态出现变化,他们的经济活动领域和所发生的经济关系也在变化,国家对各经济主体及其经济行为的管理范围、程度和方式也在变化。因此,这方面的立法在内容和形式上也必须相应地变化,“废、改、立”的任务繁重。

仅以企业立法为例。原来,我国基本上是按照企业的所有制性质对企业进行法律分类,分别制定各种所有制企业法。法律规定各种所有制企业不同权利义务,不符合市场经济的平等竞争原则。随着改革的发展,出现了打破所有制界限的各种企业形态,如公司。今后,我国企业法律形态将进一步发生变化。企业立法应主要按照企业的组织形式和责任性质这一分类标准,对诸如独资企业、合伙企业、公司等分别立法。国家独资企业和国家控股公司因其特殊性,需要制定有关特别法。但特别法只着重规定与一般企业不同的问题,相同的地方可只规定对于其他相应的企业法(如独资企业法、公司法)的适用。外商投资企业、国内私营企业,它们都分别采取独资、合伙或公司的形式,因此也适用将来或已经制定的独资企业法、合伙企业法或公司法的一般性规定。国家制定修改外商投资企业法时,重点只需就其特殊性方面作出规定。而对于国内私营企业,今后在我国的独资企业法、合伙企业法和公司法都制定以后,不必再单独立法。

实行市场经济体制后,政府对企业的行为重在宏观调控和引导,对各个企业的直接干预管理减少,且被控制在十分有限的必要范围。要改变立法上规定国家管理过宽、过细、过死的状况,企业立法中民法规范应进一步加强。即使对于国家独资企业,对其内部的经营管理也可大量适用民法和劳动法的有关规定,政府直接干预管理的规定也需减少和改善。

（三）完善民事立法，加强行政法有关经济管理的规定

我国过去在长期实行公有制基础上的计划经济情况下，公民和法人这些平等主体之间的经济关系很不发达，因此造成民法也不发达。改革开放后，民事关系逐渐发达和重要。当前国家实行市场经济体制，市场调节成为社会经济运行的基本机制，民商法是其基本法律保障。现有的民事立法，特别是作为民法基本法，仅有156条的《民法通则》，已经严重不能适应当前正在扩展的民事活动领域和不断出现的新的民事关系的需要。应当大力完善各种民事立法，并抓紧制定新的民法典。

由于行政法在调整行政管理关系的同时，也涉及大量国家经济管理关系，加强和改善行政法关于经济管理方面的规定，也是完善社会经济的法律保障体系一个不可忽视的方面。应当使有关的行政管理尽可能地同国家宏观经济管理目标和意图相配合，在执行国家行政管理任务的同时，注重贯彻国家有关经济政策，注重维护和促进社会经济的健康运行和发展，妥善处理行政管理同发展和繁荣经济之间的关系。

（四）关于建立和完善我国法律体系的规划和步骤

为建立和完善我国市场经济法律体系，国家立法机关需要有总体规划，包括目标与实现目标的步骤和措施。当前最重要的是加深对我国市场经济法律体系的认识，透彻了解法律体系的各方面内容构成和各部门法结构，了解其中各种法律规范的相互关系，从总体上把握法律体系的基本框架即目标模式。既然国家已经确定要建立市场经济体制，而现实生活中与市场经济相关的各种社会经济关系大都已露端倪，我们已能基本看清其发展趋势，加之有国外市场经济立法大量经验可供借鉴。因此，现在就可以着手建造我国市场经济法律体系大厦，而不必将该目标模式蓝图搁置以待将来。换言之，现在就应着手按照我国市场经济基本要求制定各有关基本性法律。这些基本性法律既立足于当前现实，又不囿于现实，具有超前性。它们应当符合我国市场经济建立以后的各种基本要求，适用于当前和今后较长一段时期，具有较强的

稳定性。如前面提到的国家宏观调控基本法、民法典以及在企业立法方面的公司法、合伙法、独资企业法等，即可按照这样的要求制定。有了一批这样较为稳定的基本法律出台，即可构成与我国市场经济相适应的法律体系基本框架。

由于我国的改革还在逐步深入，市场经济体制毕竟还未完全建立，国家立法需要反映这种变革时期的现实，保障改革朝着市场经济方向发展，因此需要制定有关改革的过渡性立法。这一类立法同前面所说的稳定性的基本法律在方向和基本精神上是一致的，但其内容和功效有所不同。如果说那些基本性法律是直接构造市场经济法律体系框架的施工，那么，反映当前改革的过渡性立法则好比为最终建造大厦作准备的材料加工改制工作。一旦加工改制符合建筑要求，便直接用于建造大厦的施工。反映改革进程的过渡性，不要求它们具有较强稳定性，而往往需要多次的废、改、立。

将立法区分为稳定性基本立法与过渡立法，并让二者相配合，既加快了我国市场经济法律体系的建立进程，又避免了各种立法都时常变动的不稳定状态，减轻立法和实施中的工作负担和困难，同时又能充分发挥法律对于改革的保障和促进作用，并使当前立法为以后稳定立法创造可能性和积累经验。

现代企业制度的基本要求与立法体系*

现代企业制度是指与现代市场经济体制相适应的企业各种制度的总称。它要求充分体现市场调节机制的客观作用,同时发挥国家调节的能动性,主要体现在投资体制、企业的种类和法律形态、企业内部机制和企业外部环境等方面。现代企业制度的建立和运行需要法律保障,应完善现代企业制度立法体系。

一、建立现代企业制度的意义和基本要求

何为现代企业制度?它是指现代社会经济运行体制的基本模式,即与现代市场经济体制相适应的有关企业的各种制度的总称。

企业制度包括微观上的各种企业组织与活动方面的制度;宏观上的一国或一地区范围内所有各种企业形态的总体构成和总体运行方面的制度,以及其他同企业组织与活动相关的企业外部环境方面的制度。

---

* 本文原发表于《武汉大学学报》(哲学社会科学版)1994 年第 4 期。

企业是国民经济活动的基本单位,是现代社会经济的基础。企业制度与国家经济体制密切相关。经济体制是国家各种经济制度的总体框架。如果说现代社会经济是一个有机体,则有机体内的各基本细胞当然应与该有机体的总体构成框架相适应。

现代社会经济的运行有两种基本调节机制:一是市场调节,即价值规律的作用;二是国家调节,即国家运用其经济管理职能对社会经济结构和运行施加的作用和影响。在商品经济社会,市场调节是社会经济运行内在的基本调节机制。在资本主义垄断阶段以前,价值规律和市场调节能够充分发挥其作用,市场机制足以有效调节经济运行。19世纪末以后,由于生产高度社会化和资本主义垄断的形成,价值规律受到扭曲,市场机制这只“无形之手”不能充分有效地发挥其调节作用,产生了国家大量干预管理经济的需要,国家调节(“国家之手”)成为制约社会经济运行的一个重要因素。但是,国家调节应以市场调节机制为基础,并与之有机配合,相辅相成。这就是现代市场经济体制。在这种经济体制条件下,企业制度一方面应当充分体现市场调节和价值规律的客观作用,同时应当发挥国家调节的能动性下,体现国家对企业必要的管理意志。这就是现代企业制度最基本的特征和要求。具体地说,它包括以下四个主要方面内容:(1)关于企业投资体制;(2)关于企业的种类和法律形态;(3)关于企业内部机制;(4)关于企业外部环境。

当前,我国经济体制正在发生转换,如何深化企业改革、建立与新体制相适应并作为其基础的中国现代企业制度,便成为亟须解决的一个重大课题。对照现代企业制度的基本要求,我国企业改革特别是国有企业改革,任务十分艰巨。能否取得突破性进展,直接关系我国市场经济体制建立和发展的进程,关系国民经济在今后长期持续发展。

二、现代企业制度中的投资体制与国有企业的作用和地位

现代企业制度中的企业投资体制,应充分体现利益和竞争机制,发

挥市场在资源配置和宏观经济结构调整中的基础性作用。同时,应充分发挥国家对于社会投资必要的管理与调节。

国家对于社会投资的管理与调节包括三种方式:一是运用财政、税收、信贷、汇率等经济杠杆和国家计划、价格政策等,对民间社会的投资规模、资金流向和投资结构进行宏观调控;二是运用经济政策、法规和行政措施,对各个企业的投资行为进行直接的管理、指导和提供服务;三是国家直接投资开办国有企业,直接调节和影响社会投资结构和投资规模。

国家投资开办国有企业,是现代国家调节社会经济的一种重要措施和手段。这正是西方资本主义国家在21世纪以来实行国有化措施、兴办国有企业的初衷,也是这些国有企业于第二次世界大战后得到较大发展的原因所在。但是,国有企业毕竟是一种特殊企业,它担负着执行国家经济政策的特殊使命,营利并非为其唯一目的。对于某些行业和产品,即使暂时不能盈利,如果它关系国民经济的总体和长远发展及国计民生,国家也需要投资经营,并应是国家投资的重点。从全社会的企业投资总体构成来看,民间社会投资和民间企业是主要的,构成国民经济的主体。国家投资和国有企业虽然是现代社会经济所必需的,但不是国民经济的主体。

中国及20世纪出现的其他社会主义国家,其国有企业建立和发展的背景和原因同西方国家比较有所不同。按照这些国家所依据的理论,社会主义社会实行生产资料公有制,并最终实现全社会所有。由于脱离了实际的社会生产力发展水平的客观要求,未能严格区分社会发展的阶段性,急于把将来才能实现的美好理想转化为今天的现实,在革命成功建立政权以后,扩大了国有化的范围,加快所有制的升级、过渡,形成了比较单一的所有制结构,国有经济成为国民经济中占绝对优势的主体,国有企业成为最主要的企业形态。在这里,国有经济和国有企业主要不是当作国家调节社会经济的一种手段和力量,而被作为社会经济的本体和主体。在这里,国民经济的运行发展主要就是指国有经济的运行发展。国有企业经济效益的好坏决定着整个国民经济的总体效益,制约着国计民生。由于国有企业在其肩负的使命和经营管理制度等方面所固有的特性,其经济效益往往欠佳,这是包括当代各资本主义国家在内的一个普遍性的问题。在西方国家,尽管由于国有企业在整个国民经济中所占比重不大,问题尚不十分突出,但已引起重视,他们纷纷对国有企业进行改革。在社会主义国家,由于国有企业居于国民经济的主体地位,其经济效益不好便使问题显得十分严峻。我国国有企业改革的基本思路,不应局限于改革国有企业经营制度选取合适的经营方式并健全企业内部机制这一个方面,还应站在更高的高度,重新审视国家投资开办国有企业的意义和作用,正确认识国有企业的性质、基本任务及其在现代企业制度中的恰当地位,进而控制国家直接投资的规模和方向,逐步减少国有企业在国民经济中的所占比重。

减少国家投资和国有企业在社会总投资和国民经济中的比重,其基本方式有绝对减少和相对减少两种。所谓"绝对减少",途径有二:第一,严格控制新建、扩建项目的国家投资。国家投资重点一般只用于关系到国民经济的全局和长远发展及对国计民生关系重大的项目,这主要是指一些基础性投资和公益性投资项目,使国家投资真正发挥其调节国民经济结构和总体运行的作用。对于上述项目,除某些必须由国家独家投资开办国家独资企业外,可以吸收部分社会投资组成公司,国家对其控股或持股。对于其他盈利率较高、竞争性较强的项目,可放手由民间社会的组织和个人投资经营。第二,将既存的国有企业中国有资产的部分或全部转让给民间社会组织和个人。转让部分国有资产的,可以以股份形式转让,从而使原国家独资企业改组为国家控股或持股的公司。所谓"相对减少",是通过鼓励民间社会投资,使之在社会总投资和国民经济中所占比重逐步提高,最后上升为主要成分,而使国家投资和国有企业在国民经济中占的比重有所下降。

减少国家投资和国有企业在国民经济中的比重,对于人们传统观念是个挑战。人们担心这是否有悖于公有制和社会主义方向。其实,公有制有多种形式,国有经济只是其中的一种。各种形式的劳动群众集体所有,即是公有。公司法人所有,相对于各投资人原来对其投资财产的个体所有也是一种公有制形式。采取何种公有形式、该公有形式占何种比重,应当符合一定时期生产力发展的客观要求,并非只有国有经济才是公有制,只有国有经济占绝对优势,才坚持了社会主义。坚持国民经济发展和企业经营社会主义方向的根本保证,在于国家政权的人民性。人民政权通过制定和实施正确的政策、法律,规范人们(包括企业)的行为,把握和引导经济发展方向。同时,国家也进行一些必要的直接投资,兴办和支持国有企业,控制国民经济某些关键部门,调节经济结构和运行。国家投资和国有企业虽然在整个社会投资和国民经济总量中比重有所下降,但仍需占相当的比例,才能发挥对整个社会投资和国民经济的一定主导作用。主导作用或主导地位同主体地位是不同的概念。发挥主导作用不一定非成为主体不可。先锋队往往不等于主力军。人们应该懂得这个道理,消除不必要的疑虑。

三、现代企业制度中的企业种类和法律形态

在现代市场经济体制条件下,企业的种类和法律形态,应当主要适应生产力和商品经济发展的要求,接受市场竞争机制的选择。国家对于有生命力的各类型企业分别以法律加以确认。在一国或一地区范围的一定历史时期,存在、发展或淘汰哪些形态的企业,各种类型企业的相互关系和地位等,一般来说不应当是由国家自上而下地决定的。但国家在这方面也可以发挥一定的能动调节作用,主要表现在:国家对于社会经济生活中出现的某些新的有利于生产和经济发展的企业形式或其雏形,予以总结推广,发挥国家倡导和组织示范作用;对于某些经验证明不适合经济发展要求的企业形态,予以限制或取缔;对于某些经济组织形态(如垄断组织),根据各个时期经济发展情况和国家经济政策,分别侧重于采取扶助或限制措施等。现代西方国家的各种企业形态的形成和发展变化,以及国家在这方面的调节作用,都基本如此。

企业的法律形态,是指国家对于各种企业在法律上的分类。确定

企业法律形态的意义在于：法律确认某种类型企业，确立各类型企业的法律地位和基本权利义务，规定国家对各类型企业的基本政策和管理要求，并在立法上分别以各基本类型企业为规范对象制定综合或单行的企业法律、法规。

在现代西方国家，企业法律形态是在由市场机制形成的企业种类基础上，再由国家以法律加以确认的。其企业法律形态划分的基本标准是企业产权结构及与其相关的组织形式和责任性质。企业法律形态的基本模式是：公司—合伙—独资企业，外加国有企业（它作为一种特殊企业，国家需要另行制定特别法）。

在各公有制国家，企业法律形态是在由国家意志主导下形成的企业种类基础上，由国家法律确认的。企业法律形态划分标准是企业财产的所有制性质。其基本模式原来是：国有企业—集体企业；中国改革开放以后，有了外商投资企业、私营企业；20 世纪 80 年代中期以后，由于发展企业横向联合和试行股份制，又出现公司。目前，我国企业法律形态仍是以按所有制划分为主线，同时出现按其他标准分类的企业形态，处于一种变动状态。按照所有制标准划分企业法律形态，对不同所有制企业采取不同的法律对待，实行不同的政策，不利于各种企业在市场中公平竞争，往往掩盖了它们之间在经营管理和营利能力等方面的实际差别，有时甚至起到排斥先进、保护落后的作用。为建立现代企业制度，我国企业法律形态必须朝着打破所有制界限，主要按照企业的产权结构及组织形式和责任性质标准划分企业类型的方向变革。

四、现代企业的内部机制与我国国有企业经营制度改革

现代企业制度对于企业内部机制的要求，应当使企业富有动力和活力，灵活适应市场的要求和变化，具有较强的竞争力和营利能力，并能独立承担经营风险和责任；同时又能接受国家宏观调控和必要的直接管理和监督。为此，需要在企业的产权、经营方式、组织体制、财务分

配、责任形式、企业同政府关系等方面，建立和完善有关制度和做法；企业产权关系必须明晰；经营方式选取得当；投资者、经营者与职工，企业内部领导和经营机构之间，应当建立在权利、义务和利益、责任方面既互相配合、互相激励，又互相监督、互相制约的机制；企业应拥有充分的经营自主权，依法自主经营，自负盈亏；企业在市场竞争中优胜劣汰，因经营亏损出现破产原因时依法破产；政府对企业除少数必须实行国家直接经营外，一般不应直接干预其生产经营活动。在这些方面，我国国有企业改革任务最为艰巨。集体企业也需改革，目前各地正在将一些集体企业改组为股份合作制企业或股份制的公司，是一条可行途径。

我国国有企业过去长期实行国营，这是一种由国家有关主管机关委派其工作人员负责企业经营管理的代表式经营方式。企业经营权同所有权不分离，统一由担任企业负责人的国家主管机关所委派的代表行使。但企业负责人所行使的经营权与所有权权限都不充分，实际上两权都掌握在国家（它的主管机关）手中。政府包揽了企业的产、供、销、人、财、物。这种经营方式的企业，不仅是“特殊企业”，简直不能称作企业，被后来人们谑称为“国家机关附属物”。

20 世纪 80 年代中期以后，我国国有企业普遍改行承包经营责任制。相对原来的国营来说，这是经营制度上的一次重大改革，实际上也取得一些明显效果，但仍存在许多问题。这些问题包括两类性质：一是做法上的问题，这可以通过坚持和完善承包制逐步得到解决；二是承包制本身固有特性所决定的一些局限性，它是不能通过完善做法所能克服的，要避免就得改变承包制，采取另外的经营方式。正是在这种情况下，人们提出股份制设想。国家自 20 世纪 80 年代中期开始也进行了一些试点。

为什么股份制优于承包制呢？这可以从这两种经营方式的经营权与所有权关系上得到充分说明。股份制与承包制都发生经营权同所有权的某种分离，但两种经营方式的分离形态是不同的。股份制的公司经营权是通过两次分离实现的，即首先是各投资人同各自投资财产所有权分离，他们以换取公司股权为条件将各自的投资财产所有权让渡给公司,组成公司财产所有权,然后在公司内部再发生公司法人所有权(其行使机构为全体股东组成的集体,一般为股东会)同公司经营权(其行使机构为公司业务执行机关,如董事会、经理人等)的分离。公司经营权对于股东的原所有权来说,这是一种间接分离;而承包制(代理式经营、租赁经营亦同)的两权分离,是一种直接分离,即作为所有权人的发包方通过承包合同,直接将企业财产经营权委付给承包经营者行使。股份制的公司经营权是在公司内部同公司法人所有权的分离,是一种内部分离。而承包的企业经营权同所有权分离后,所有权人一般不进入企业内部,不深入企业生产经营领域,所以是一种外部分离。

间接分离,能够较好地避免原所有权人对于经营权行使的直接干预。各个股东的意志一般只能通过公司股东会以集体决议形式表达,再影响公司业务执行机构。这有利于保障经营权人独立自主地进行经营活动。而直接分离,则容易发生所有权人对经营权行使的干预。特别是国有企业的承包经营,发包方是代表国家的政府部门,它具有国家管理机关和承包合同发包方双重身份,即就合同关系而言,它与承包方在地位上实际上是不平等的。加之我国国企业是国民经济的主体,广大生产经营者必须向国家承包,承包者由国家主管机关挑选,发包方始终居于主导地位,是一种“卖方市场”。在这种情况下,要排除发包方对经营权人干预就更为困难。何况,我国迄今担任国有企业厂长、经理、书记的承包经营负责人,绝大多数是国家干部,其人事组织关系由国家主管机关掌握。从这个意义上来说,我国的承包制带有浓厚的原来国营(代表式经营)的色彩。即使企业法授予经营者经营自主权和可以抵制政府部门不当干预的权利,但实际上作为国家干部他们是不敢充分行使这种权利的。

经营权在公司内部分离,行使经营权的董事会和经理人同行使所有权的股东会,都是同一公司的内部机构,这便于所有权人对经营权人的活动作经常性的了解、配合和监督,能在公司内部建立互相配合和制约的机制。而承包制的两权是外部分离,不便于所有权人对经营权人作经常性的了解、配合和监督。

此外,公司制的两权关系是由公司法和公司章程加以规定的,公司法强行性规范较多,因而经营权权限范围比较确定。而承包制的两权关系由承包合同规定,合同主要受民法调整,任意性较强,因而经营权权限可变性大。公司存续期长,或无期限规定,经营权比较稳定,经营者可以安心经营,并便于制订长远经营规划。承包制的合同期限不长,承包经营者缺乏稳定感,容易发生短期行为。

公司既有财产所有权,又有经营权,公司以自己所有的财产对债务承担责任。因此,它完全做到自负盈亏。国家作为公司股东,同其他股东承担同样责任。这不比承包制,企业经营亏损最终几乎全部落到国家头上。

由于股份制具有这些优势,所以我国自 20 世纪 80 年代中期以来,它几经起落兴衰而终不至泯没。1992 年后,我国加快改革步伐,股份制试点再度升温。当年 5 月,国家发布了关于股份企业试点一整套政策法规。1993 年 12 月国家制定公司法。

国有企业实行股份制以后,国家在公司中所拥有的股份可分为国家控股或持股两种情况。在国家控股情况下,国家可以操纵公司重要经营事务,控股公司仍可执行国家经济政策,这一点使之同国家独资企业相差无几,但因此也带来一些弊端,使前面所说公司制的许多优势不能得到充分发挥。所以,国家控股不宜过多。除对于某些重要部门和行业必须由国家控股以外,应尽量鼓励民间社会投资认股,国家可居于一般持股地位,甚至不予参股。但根据长期实行公有制国家的实际情况,国有企业改行股份制,除非采取转让国有资产股份方式,否则,国家股总会居于控股地位。在这种情况下,应尽量采取措施限制控股股东对公司事务的操纵和不必要干预,保护中、小股东权益和调动他们关心公司经营的积极性。现代西方国家的公司立法也注意在这方面作出规定。当然,从发展方向来说,应该逐步减少国家控股,因为这样更有利于增强企业的生机活力。

在多数国有企业实现股份制改造,并在将来减少国家控股以后,那时，我国的企业便以民间社会投资经营为主，以民间公司为其主要组织形式。国家仍保持一定比重的投资。国家投资的经营方式，以采取国家控股或持股公司制为主，对于少数行业和产品，根据国家经济政策要求，可以仍采取租赁或承包经营方式，甚至可以采取代表式经营（国营）方式。不过，无论采用何种经营方式，都应完善有关制度，健全其经营机制。

五、关于现代企业的外部环境

现代企业的组织与活动必须有合适的外部环境。外部环境的配套措施和制度是现代企业制度一项不可缺少的内容。在这方面，主要包括：建立完善的市场体系和良好的市场秩序，保障市场机制充分发挥作用，并便于国家对市场的调控和管理；改善政府对企业的管理，政府的职责主要是制订和执行宏观调控政策，搞好基础设施和公共设施建设，为企业提供各种必要的服务，建立和健全各种社会保障制度，减轻企业的社会负担，并在企业缩减人员和破产时提供社会保险和救济，解除企业参与市场竞争的后顾之忧，等等。

我国由于过去长期实行计划经济体制，不重视价值规律和市场作用，市场体系至今仍不完善。仅以商品市场为例，条块分割现象仍较严重，妨害国内市场的统一和完整。物资供应体制上的“双轨制”仍未完全消除，计划内与计划外两种价格并存，各种商品的比价、差价仍不够合理。现代企业的活动不仅需要发达的商品市场，而且需要有发达的资金市场、劳务市场、技术市场、信息市场以致如房地产等不动产市场和企业转让市场等。这些市场我国过去完全没有或很不发达，当前有些市场正在建立，但亟须完善。现代经济需要加强国际联系，特别是将来我国恢复加入关贸总协定后，更迫切需要与国际市场接轨。改革开放和发展市场经济，必须加强市场管理，维护正常的市场秩序，建立必要制度。

现在,国家已经明确提出转变政府职能,改善政府对企业的关系,将企业推向市场。但是,过去长期实行的中央集中统一的经济管理体制的影响和习惯势力,仍常常导致政府部门对企业过多和不恰当的干预,需要继续深化包括企业干部人事制度等在内的各种改革。

我国的社会保障比较落后,需要建立包括社会保险、社会救济、社会福利、优抚安置和社会互助、个人储蓄保障等在内的多层次的社会保障体系;建立统一的社会保障机构;社会保障政策要统一,管理要法制化。

六、现代企业制度的立法体系

现代企业制度的建立和运行需要法律保障。相应的法律制度是现代企业制度的核心和最基本的内容。现代企业制度的立法由相关的各个方面内容和相应的立法形式构成一个有机的体系。从立法内容上来看,现代企业制度包括:

1. 关于企业制度宏观方面立法。这是关于国家对一定历史时期各种企业形态的总体构成和总体运行方面的法律规定,主要包括企业投资体制和企业法律形态的规定。

在企业投资体制方面,国家需要制定各种投资法,包括国家投资法、社会投资法和外商投资法。从总体上规定各种投资的基本原则和基本政策,特别是有关如何控制和确定各个时期的投资规模、投资的方向和重点的原则和政策,使各种投资符合国家的产业政策和经济发展的目标与计划;规定国家投资的基本经营方式和制度,以及从决策到组织实施的程序和各有关方面的权利、义务与法律责任;规定国家对民间社会和外商投资采取的各种宏观调控措施。

在企业法律形态方面,虽然在市场经济体制下应当基本上根据市场机制和市场选择来确定企业种类的构成,国家一般只以法律予以确认,但国家也需发挥一定的调节作用,诸如制定有关的示范章程、试点办法等规定。此外,还需要制定反垄断法,规定对于某些垄断组织形式和某些部门和行业的垄断进行必要的限制。

2. 关于企业制度微观方面的立法。这是关于各种企业组织与活动方面的法律规定。这方面的立法需要按照各个时期的各种企业法律形态分别加以规定。按照现代市场经济体制下企业法律形态模式的要求,国家应当制定公司法、合伙企业法、独资企业法;此外,还要制定国有企业法,包括国家独资企业法和关于国家控股公司的一些特别规定。我国当前企业法律形态正处于变动和过渡状态,需要根据现存企业基本类型的实际情况制定各有关企业法,包括国有企业法、集体企业法、合作社法、合伙企业法、私营企业法、外商投资企业法、公司法等。今后随着改革的深入发展,企业法律形态进一步变化,立法再相应作出改变。例如,现行的《私营企业暂行条例》,规定私营企业分别采取三种组织形式,将来可将其分别归入公司法、合伙企业法和独资企业法,而不必再有私营企业法。

3. 关于企业外部环境方面的立法。涉及企业外部环境的方面和因素很多,立法涉及面很广,如计划、财政、税收、金融乃至有关政治、社会等方面的立法,都与企业相关。这里主要提到的是关于市场立法和社会保障立法。在市场立法方面包括:关于各种市场的组织与活动规则的立法;国家对市场的调控与管理、监督规定;反垄断法与反不正当竞争法的立法。在社会保障方面,包括各种社会保险法、社会救济法及在社会福利、优抚安置和社会互助、个人储蓄保障等方面的立法。

现代企业制度的法律体系,从立法形式来看,包括各种综合性立法与单项立法;最高国家权力机关的法律与中央政府及其各部门、地方权力机关和地方政府制定的行政法规和地方性法规;基本的稳定性法律与过渡性立法等。

按照国家一定时期的企业法律形态模式,对其中各个基本类型企业一般应制定一部综合性法律,如公司法、合伙企业法、独资企业法等;对各类型企业的某些方面问题,可根据综合性法律的规定精神制定一些单项法,同综合性法律相补充和配套。各综合性法律和其他某些重要规定,由国家最高权力机关制定;其他的可分别制定单项的行政法规和地方性法规。按照企业各类基本形态制定的综合性法律,是各该企业的基本性法律,应注重适当保持其稳定性。立法要有一定的超前性,反映某些现实情况和调整改革过程中有关社会关系的立法,应从实际出发,随其发展变化而随时废、改、立。其中,后一类立法变动性较大,是过渡性立法。

当前我国的改革进程已较深入,国家明确地提出了要建立社会主义市场经济和现代企业制度,并为此全面加快改革步伐。我国企业改革目标已基本上明确,加之有国外现代企业制度立法经验可供借鉴,所以,现在我们就应当按照现代市场经济的要求,着手建立我国现代企业制度的基本立法体系。今后随着改革的继续发展,使现代企业制度立法体系不断完善。

集体企业产权制度改革初探*

集体企业是社会主义国家的重要经济形式，在很长时间内，它与国有企业是两种最主要的企业形态。它在发展城乡经济、安置就业等方面曾发挥过重要作用，但其局限性和种种弊端也一直明显存在。现在，我国实行市场经济，建立现代企业制度，集体企业亟待改革。目前许多地方已经逐渐重视起来，积极着手集体企业的改革。但由于缺乏理论指导，改革方向和途径不够明确，各地做法不一，迫切需要进行深入研究，以便国家制定有关法规和实施方案，引导我国集体企业改革健康发展。

一、集体企业与集体所有制企业

何为集体企业？人们对它的理解有广义、狭义之分。许多人用它泛指集体所有制企业。其实，应当从狭义上理解为仅指集体所有制企业中的某些特定类型的企业。

集体所有制是生产资料所有制的一种基本类

* 本文原发表于《经济体制改革》1996年第2期。

型,它主要相对于个体(私人)所有制和全民所有制而言。个体所有是个人或家庭所有。集体所有则是多数单个的个人或家庭按照一定组织规则结合为一个组织体,各个体投入的财产按照一定有机构成组合为该组织的统一财产,财产权归该集体所有。

集体所有制企业按其财产构成方式和特点,分为多种具体形式。以我国为例,先后出现过以下几种形式:(1)合作社——它是多数个体(社员)为改善自身生活条件和获取经济利益,在互助合作基础上联合组成从事一定范围内生产经营活动的组织。(2)高级合作社和农村人民公社——除与前面合作社有基本相同点外,不同处在于各社员以其全部原所有的生产资料入社;社员不再持有股本,不按股本分红而全部按劳分配;各社员原入社财产及此后历年盈余全归集体所有,除以工分、工资形式按劳分配部分盈余给社员个人外,本社社员还享有某些集体福利。(3)"大集体"企业——它们中一部分是解放初期对城乡个体工商业者实行社会主义改造而建立起来的集体所有制企业;另一部分是以后城镇的区、街、居委员和农村的乡、镇、村以及城乡其他集体经济组织,以其集体积累投资开办的集体所有制企业。(4)"小集体"企业——这是城乡劳动群众(如妇女、退休职工、待业闲散人员等)自愿集资创办的集体所有制企业。(5)劳动就业型企业——它是全民企业、事业单位、机关、部队、社会团体等,为安置本单位待业人员劳动就业而创办或扶持的集体所有制企业。其初始投资系创办或扶持单位的财产,通常为国有资产;企业公共积累归该企业劳动群众集体所有;初始出资的创办或扶持单位一般不按其出资参与企业盈余分配,甚至后来其出资财产权逐渐模糊;企业职工一律按劳分配。(6)股份合作制企业——它是在保留传统合作社基本原则基础上吸收股份制某些特点的一种集体所有制企业,属于集体所有制企业范畴或还有其他一些与其接近的形式,如公司财产应当也属于集体所有制性质。

集体所有制企业既然包括上述多种形式,而当前我们所谓集体企业显然与之不能等同,而只是指其中的部分企业。它主要是指上述的"大集体"企业,"小集体"企业和劳动就业型企业;而股份合作制企业是兼具合作社和公司特点的一种特殊形式。

二、集体企业财产权构成的特点及改革的迫切性

作为集体所有制企业中一部分的集体企业，其财产权的构成有如下特点：(1)企业开办时的财产来源是明确的，或由其成员集资，或由创办、扶植单位投入。但其后，初始投资或已经返还；或虽未返还，但原出资人实际上不再行使所有权人的权利，也不参与利润分配；或者该企业产权表面上看是明确的，属于投资创办的“大集体”所有，但该“大集体”本身的产权是模糊的。(2)企业财产归本企业职工群众集体所有（“小集体”或“劳动就业型企业”）或投资创办该企业的“大集体”组织范围内全体群众集体所有。所谓“群众集体所有”，是该集体组织内部全体成员无差别的集体所有。各成员个人既不能独立行使财产支配权，也不再拥有各自的财产份额，不按股本分配企业利润而一律按劳分配。企业职工或大集体组织内群众个人脱离企业或该大集体管辖时，不能带走企业的一钱一物，不再享有企业的集体福利。相反，企业新加入的成员虽然同样不占有企业财产份额，但可享受包括其加人前企业原来职工创造的利润在内的企业各种集体福利。这种企业的财产权性质，与其说是“劳动群众集体所有”，不如说是“集体企业所有”或“集体经济组织所有”。

上述集体所有制财产权状况最明显的弊端是集体组织全体成员对于企业财产的“无差别占有”性。它不像公司或合作社企业，股东或社员拥有与其出资财产份额相当的股权或社员权，他们不仅有一定的参与决策和管理的权利，还有按其出资份额分配企业利润的权利，并按其出资份额承担企业经营风险责任。集体组织的全体成员个人不存在出资份额，在参与企业决策管理、分配企业利润和承担亏损责任等方面，大家均无差别。企业职工一律按劳分配。所谓按劳分配，也只是当他们还是企业职工时才得领取工资和享受集体福利待遇，当他们脱离集

体或死亡时,工资和其他待遇便告终止,权利不能转让,也不能继承,这是非常典型的"大锅饭"和平均主义。这严重制约着这些集体组织成员和职工从事劳动生产和参与企业管理的积极性和创造性,影响企业的经营效益。由于这些集体企业在我国城乡经济中占有较大比重,其经济效益制约着整个国民经济的发展。在要求国民经济实现快速增长的今天,这些集体企业存在的问题愈加凸显。

三、集体企业产权制度改革的方向与途径

我国集体企业应当按照建立现代企业制度的要求进行改革。现代企业制度包括企业投资体制、企业的种类和法律形态、企业内部机制、企业外部环境等方面的内容。在这些方面都要充分体现市场调节的基础性作用,同时接受国家的必要管理,便于国家调节。这里主要就企业的组织形态论述我国集体企业改革的方向和途径。

在计划经济体制下,企业的种类和形态基本上按企业生产资料所有制性质划分。建立现代企业制度,企业形态应当主要接受市场竞争机制的选择,适应生产力和经营发展的客观要求。在西方国家,经过市场经济的长期考验和挑选,企业形态形成了"公司—合伙—独资企业"的基本模式。我国实行市场经济和现代企业制度,企业形态应当打破所有制性质划分的传统模式,发展公司、合伙企业、独资企业,特别是应当大力发展公司;此外还应保留必要比重的国有企业。

集体企业应当区别情况,逐步分别改组为上述各种企业形态:(1)劳动群众集资开办的集体企业("小集体"企业)——可在明确界定产权基础上,根据企业成员的自愿,将分属于各成员的资产份额作为股金,按照公司法规定改建为有限责任公司或股份有限公司;或者按照国家有关合伙或合作企业的法律规定,改组为合伙企业或合作企业。(2)城乡集体经济组织以集体积累投资开办的企业("大集体"企业)——可以以原投资开办单位为发起人为股东,再吸收一定的投资

者参加,改组为公司;也可以通过对这种集体企业进行清算,将原集体经济组织投资本金连同企业开办以来应分配的利润,归还投资者,使企业同该集体组织脱钩;将企业其余财产界定产权,以自然人为单位重新组建公司或合伙、合作企业。(3)全民单位开办或扶植的劳动就业型企业——如果企业初始投资全由某一家创办扶植单位以国有资产投入,并且以后无其他出资人,则可将该企业确为该创办扶植单位的附属企业或分支机构;如果经过重新界定产权,企业职工分摊到一定资产份额,可改组为公司;如果该企业资产由两家以上创办扶植单位投入,或者产权虽归某一家单位所有,而后来有了新的发起人和股东,则可改组为公司;如果原创办扶植单位投入的资金、设备、厂房,通过重新界定产权,已作返还、转为借贷、租赁等方式处理,则可改组为公司、合伙企业或合作企业,该创办扶植单位于企业改组后不再成为新企业的股东、合伙人或社员。

集体企业不管通过何种途径改组为何种形式的企业,都必须首先清产核资并界定产权。如何界定产权,是集体企业改革的关键环节,也是最复杂的一项工作。根据法律有关规定和当前我国各地试行的作法,集体企业产权有以下几种基本界定方式:

1. 对于企业创办时各投资主体投入的资本金及以后企业存续期间其他主体投入的资本金,未返还者,应按原投资额(加上物价上涨比率)划归各出资人,作为对改组后企业的出资,或作借贷、租赁、返还处理;如果原出资人自愿放弃其出资财产权,或者原出资人已不存在并无合法的继承人或权利义务承受者,则可将其并为企业历年积累的财产。

2. 对于企业存续期间创造的财富(它是由企业历年税后利润形成的企业公共积累,包括资本增值和劳动增值),可采取以下方案界定产权:

其一,原投资主体明确者,以企业公共积累的一部分作为资本金的利息,连同本金一道划分给各出资人;其余的大部分可按照历年中企业职工(包括在职的新、老职工和已退休的职工)的劳动贡献,量化到各职工名下,作为他们对新改建企业的出资,或者以现金或实物分配给职工；此外，还应以一定比例留作改建后新企业的公积金和公益金。

其二，企业历年积累全归原出资者所有（原出资者为全民单位的，则归其"持有"）。这种方案一般只适用于全部由全民单位或大集体组织投资开办的企业；并且，即使是这类企业也不宜普遍采用。企业历年积累还是以一分为二（部分作投资收益、部分量化给职工）或一分为三（还以一部分转为新建企业的公积金和公益金）更为妥当。

在选用上述两种方案时，最复杂的工作之一是如何比较合理地将企业积累量化到职工。因为企业自开办以来职工流动性大，实际贡献不一，很难精确计算。实行中应尽量做到公平合理，但也宜粗不宜细。应当将具体界定方案交企业全体职工反复讨论，并征求退休老职工意见，以职工群众认为较为公平合理而颇感满意为准。

将企业历年积累的一部分留下转作改建后新企业的公积金和公益金，是个好办法。如果改建后企业成员即为改建前该企业的成员，这不会发生问题；但如果改建后企业有新成员加入、原企业某些成员不再成为新企业成员，则发生新加入成员占了便宜，而不再加入新企业的原企业成员吃亏的问题。在企业改建前界定产权时对此必须加以考虑；留与不留、留多留少转作新企业的公积金和公益金，需经过原企业职工群众充分讨论，以大家并无大的意见分歧为准。

近年来，我国许多地方政府已逐渐重视集体企业的改革，制定了一些关于集体企业改革的意见、集体企业产权界定办法等。为了在全国范围内积极推进集体企业改革，国家应当在总结各地做法的基础上制定全国统一的集体企业改革规定和产权界定办法。为便于集体企业改制，当前在切实贯彻新颁布的《公司法》的同时，国家还需抓紧时间制定合伙企业法和独资企业法，以使集体企业改制后新建的企业真正符合现代企业制度的要求，避免出现新的不规范的做法。

个体、私营经济与中小企业发展和立法问题*

一、关于发展个体、私营经济问题

中国和其他社会主义国家过去长期否定个体、私营经济存在的必要。在1956年后，中国在城乡基本上取消了这种经济形式。改革开放后，它们在政策夹缝中悄悄地、艰难地自发萌生，以后逐渐得到政策和法律认可。1981年7月国务院发布了《关于城镇非农业个体经济若干政策性规定》，正式承认个体经济的存在，并要求对其加强管理和监督。1981年12月通过的《经济合同法》在"附则"中规定，"个体经营户""农村社员"之间签订的合同"参照本法执行"（1993年修正的该法则在第2条明确规定，该法也适用"个体工商户"和"农村承包经营者"）。1982年修改后的《宪法》第11条规定，"在法律规定范围内的城乡劳动者个体经济"是社会主义公有制经济的"补充"。1986年颁布的《民法通则》，确立了个体工商户、农村承包经营户、个体合伙的民事法

* 本文原发表于漆多俊主编：《经济法论丛》（第3卷），中国方正出版社2009年版。

律地位。1987 年国务院发布《城乡个体工商户管理暂行条例》。1988 年 4 月通过的宪法修正案,对原第 11 条补充规定了"私营经济",国家允许它在法律规定的范围内存在和发展,认为它也是社会主义公有制经济的"补充"。1988 年 6 月国务院发布了《私营企业暂行条例》。综观以上政策、法规,国家对个体、私营经济的基本态度:一是认可、允许它们在法律规定的范围内存在;二是给他们定性为社会主义公有制经济的补充;三是在保护他们合法权益同时,强调要加强管理和监督。

1999 年 3 月通过了新的宪法修正案,其中对于个体、私营经济的规定,同过去有明显不同。其第 16 条规定:"在法律规定范围的个体经济、私营经济等非公有制经济,是社会主义市场经济的重要组成部分。""国家保护个体经济、私营经济的合法权利和利益。国家对个体经济、私营经济实行引导、监督和管理。"

社会主义国家过去长期歧视和排斥个体、私营经济的主要原因,是按照传统理论观点,认为它们同革命理想中的建立生产资料社会主义公有制目标格格不入,它们还是"每日每时都在滋生着资本主义"的温床。它们姓"资",不姓"社"。后来中国之所以又认可它们存在和发展,是因为:一方面,它们对繁荣社会经济、利用闲散资源、安置人口就业等,确实有不可替代的作用;另一方面,人们认识到中国现阶段还处于社会主义初级阶段,不必急于搞过分单一的公有制结构。但人们仍在时刻警惕和提防着它们的资本主义倾向和消极作用,所以必须加强管理和监督。对于个体、私营经济的上述心态,在人们思想上至今尚不能说已完全改变。不进一步端正认识,还会制约这种经济成分的发展。

何为个体经济与私营经济?按中国现行立法,个体经济是指"个体工商户"和"农村承包经营户"。私营经济主要是指"私营企业"。而私营企业则是指"企业资产属于私人所有、雇工 8 人以上的营利性经济组织"(《私营企业暂行条例》第 2 条)。私营企业包括三种形式,即独资企业、合伙企业、有限责任公司。其中,独资企业同个体工商户的区别仅在于雇工人数是否达到 8 人。合伙企业是指个人合伙。作为私营企业的有限责任公司,按照现行立法的意思,大约只限于其股东均为

“私人”即自然人的公司。

现行立法的这种界定有些并无必要，其合理性是值得怀疑的。

首先，个体工商户作为私营企业的独资企业以雇工人数是否达到8人为界，就很难说有什么科学的理论依据。在国外也从未有作此种区分的。前几年在中国独资企业法制定过程中，国内外许多学者主张，凡有比较固定的经营场所、从业人员和业务范围，有自己商号的，不管有无雇工、雇工多少，均应属于独资企业，受独资企业法调整。在制定独资企业法以后，原有的个体工商户基本上都可纳入独资企业范畴；只是那些如沿街沿途叫卖或临时摆摊设点等个体从事非固定、非连续性商业、手工业或服务活动的，不作独资企业看待。

其次，把公司按照股东是否为私人（自然人）来区分是否属于私营企业，也是不必要和无意义的。公司的出资人和股东不管是个人或法人，公司财产性质都是基本相同的，即为公司法人所有，由公司全体股东集体（股东会）行使公司法人财产所有权。它再不是各出资人即股东各个体私有，而是他们全体的统一集体所有，亦即公司全体股东个体的公有。实际上公司制已不是“私营”，而是全体股东个体统一的“公营”。在国外也有私营公司或民营公司的提法，那一般是指该类公司中无国家出资股份或国家出资股份不占多数比例；如国家出资股份占多数，那种公司便称为公营公司。除这种公营公司外，其余即为民营公司或私营公司。这同中国所谓私营有所不同。因此，本作者认为，我国今后不应把公司（即使全由私人出资）再视为私营企业；或者只在是否为公营（国营）公司的意义上使用私营（民营）公司这一概念。

这样一来，所谓“个体经济”是从经济活动单位主体的个体性、单一性角度而言的，它包括独资企业和农村个体承包户及其他临时从事商业、手工业或服务活动的个体经济。而所谓“私营经济”，是从经济所有制成分角度而言的，它包括个体经济及其他各种不以国家（或其他社会公权力机构）出资为主的经济成分。个人合伙（含合伙企业）属于私营经济范畴。它同个体经济有许多共同点，可视为个体经济之列，也可同个体经济并列而单独作一种经济形式。

从立法上来说，国家应当分别有调整个体经济的独资企业法，调整合伙的合伙企业法和其他有关合伙的规定，调整公司的公司法，等等。中国现在已经颁布《公司法》《合伙企业法》，还将制定《独资企业法》。[①] 今后不需要再有私营企业法。原颁布的《私营企业暂行条例》届时可以废止。

所个体经济，既然是按经济活动单位主体单一性划分的，任何国家、任何时候都需要这种经济形式存在，都应允许有关个人特别是在市场经济条件下不可避免地处于下岗待业状况的个人，从事对个人、社会都有利无害的经济活动。不管科技、文明怎样进步发达，个体经济都会有它存在的空间和为社会发挥积极作用的价值。一百年甚至几百年后，个体经济会消失吗？我们看不出这种结局。

另外，由各个体出资组成公司后，财产所有权性质已不再为个体私有，而为公司集体所有，即为全体股东个体的公有，这就是一种公有制。只是这种“公”的范围仅为全体股东，股东少则是“小公”，股东则是“大公”。并且公司制的发展趋势是不断社会化，其社会化不仅表现在股东人数和成分上，更重要的是它的社会公共职能化。随着公司制的进一步社会化，正如一百多年前马克思就已看出的那样，它将是“对资本主义私人产业的扬弃”，将成为“资本再转化为生产者的财产所必需的过渡点”，成为“由资本主义生产方式转化为联合的生产方式的过度形式”。[②]

因此，人们不应当担心和害怕个体经济和私营经济。何况在社会主义国家，有强大的人民政权，有国家的调节和管理，有法律的规范和保障这些更可以确保个体、私营经济不至于偏离社会主义方向或妨害社会主义事业。

至于个体、私营经济会不会产生资本主义自发势力或导致严重的

---

① 《中华人民共和国个人独资企业法》已于1999年8月30日颁布，自2000年11月1日生效。

② 马克思：《资本论》，载《马克思恩格斯全集》（第25卷），人民出版社1974年版，第494、496、498页。

两极分化,那要看国家的整个政治、经济制度和法律状况。如果制度不好、不健全,不只个体、私营经济会走上邪路,即使本为社会主义公有、国有的经济成分,也会偏离轨道,滋长邪恶势力——我国许多国有经济不是常被一些私人利用,损公肥私,化公为利,国有资产严重流失,国有企业亏损,而少数个人却大发国家之财成为巨富吗？要说滋生资本主义,这就是资本主义,并且往往是通过权力关系而不劳而获、而生成的官僚资本主义！国家要反腐败,这些人正是需要大反特反的重点对象。反腐败根本在于制度改革和法制建设。制度和法律健全,才能确保社会主义,个体、私营经济又何所惧哉？

二、关于扶持中小企业发展问题

个体、私营经济中的企业多为中、小企业;反之,中、小企业也多为个体、私营企业。但此外,还有一些公营、国营企业也是中小企业。在中国,存在许多国有中、小型企业,而集体企业也多属于中、小企业。

所谓中、小企业,是就其规模而言不如大型企业,主要标准时看企业职工人数、固定资产或年产值等。例如,在德国,所谓中型企业是指职工人数不超过500人,年营业额不超过1亿马克的企业。小企业是指职工不超过50人的企业。欧盟的统一标准是以企业职工250人为界,超过者为大企业,其余为中、小企业。在美国,500人以下为中、小企业。在保加利亚,法律把中、小企业分为三类:职工在10人以下称为微型企业;50人以下,拥有约47万美元固定资产,年营业额达到60万美元的,为小型企业;职工50~100人,拥有140万美元固定资产,年营业额超过170万美元的企业,为中型企业。中国在1988年由国家经委等部门颁布过(大中小型工业企业划分标准),主要以企业的生产能力和股东资产原值为依据。目前主要是按企业的资产总值和销售总额划分,凡资产总值和年销售总额在5亿元人民币以下、5000万元以上的,为中型企业;资产总值和年销售总额均在5000万元以下的则为小型企业。

一般情况下,在一个国家的企业总构成中,中小企业要占绝大多数,其产值、上缴税金、就业人数等都在国民经济中占有较大比重,有十分重要的地位和作用。例如,德国中小企业目前共有278万多家,占全德企业总数99%以上,它们上交的营业额占全部企业上缴总额47%,在中小企业就业的人数占全国就业人口68%,它们提供的学徒位置占全国学徒位置80%。1996年中小企业创造总产值占全国企业总产值53%,占当年国内生产总值的45%,其投资总额占全国当年投资总额的45%。在农、林、渔等国民经济部门,根本就没有大型企业。因此,中小企业在德国堪称经济支柱。[③] 在整个欧盟则占总产值55%,就业人数占近70%。一位欧盟官员形象地把中小企业比作为托起欧盟经济大船的"汪洋大海",并认为只要中小企业保持活力,欧盟经济就不会有大问题。法国总统希拉克1999年3月11日说:"我认为,现在重要的是应该看到,在一个越来越全球化的世界上,中小企业正日益成为我国经济的柱石。"[④]在美国,1997年财政年度末,全国共有2200多万家中小企业,它们雇用了全国一半以上的劳动力,创造全国一半以上的国内生产总值。1996年中小企业出口额占全国出口总额的30%。在日本,约有650万家中小企业,约占企业总数的99%,就业人数占全国职工人数78%。如日本商工会议所中小企业振兴部部长近藤所说,没有中小企业的发展就没有日本的繁荣。

在中国,即使过去在长时期内取消了个体、私营经济,但当时的国有企业和集体企业绝大多数都是中小企业。1978年改革开放以后,中小企业有了新的发展。现在,在全国800多万家企业中,中小企业大约占99%,在工业总产值中约占69%,职工人数占75%。[⑤] 但在中国,长期以来人们对小企业远不如对大企业那样重视。这表现在政府对企业

---

③ 此处及以下索引数据,来源于《参考消息》1999年3月2日及其稍后的"中小企业发展方略系列报道"。

④ 据法新社报道,载《参考消息》1999年3月13日。

⑤ 参见全国人大财经委编:《合伙企业法、独资企业法热点问题研究》,人民法院出版社1996年版。

的产业政策、资金信贷、物资供应、人事安排、职工培训、技术开发和转让、进出口业务、职工工资及福利待遇乃至政治和社会地位等各个方面。

中国不重视小企业的原因,不仅仅因为它们之中有许多是个体、私营这些被认为是非社会主义公有制的经济成分,而且还在于它们规模小,以为无足轻重。这里原来一贯重视“一大二公”,认为那才是社会主义经济基础的支柱。1978 年以后的企业改革,认为那才是社会主义经济基础的支柱。1978 年以后的企业改革,关注的中心也是国有大中型企业。这些大中型国有企业的改革长期吸引和消磨着国家各级政府和工作人员的精力,而至今未见根本好转。在这种情况下,国家更加无暇顾及小企业。

早在 20 世纪 90 年代初,本作者曾向某地方政府献策,建议转而大力抓集体企业的改革和小企业的发展。其理由是:第一,鉴于国企效益长期上不去,而大力发展小企业可以繁荣经济,是提高经济总产值的根本途径。第二,国企改革一时难以取得突破,而集体企业改革容易得多。正面攻不上侧面攻,不如另选突破口。集体企业改革取得进展,反过来会推动国企改革。第三,国企改革由中央统一部署,各地方必须遵守,而集体企业改革地方政府可以有更大活动余地,可以大有作为。

此建议曾引起人们的兴趣,但未被采纳。此后作者又向另一些地方政府提出过类似建议,结果如前次一样,只被认为是读书人对国事、天下事的关心而已。

中共十五大及其前些时候,中央提出“抓大放小”方针,即抓好大型国企,放开放活小型国企。这是正确方针。但执行中仍有偏差:

首先,人们过分热衷于组建大型企业集团,一度出现合并风。组建“航空母舰”可以优化企业资源配置,并增强市场特别是在国际市场上的竞争力,但一定要符合经济规律,并应主要通过市场竞争形成。政府包办过分容易违背客观规律,产生“规模不经济”效应,甚至出现新的结构失衡问题。国民经济固然需要一批大型企业作为骨干和支柱,但其基础还是众多的中小企业。“船小好调头”，遇到风险时，某几家大企业如果出了问题，会立即引起社会性动荡，而中小企业适应变化的能力较强，即使部分中小企业亏损破产，“病树前头万木春”，也不会引起宏观经济问题。1997 年发生的亚洲金融危机，对某些国家（如韩国）冲击很大，而对另一些地区（如我国台湾地区）却影响不大，其中一点便是企业规模结构有所不同。

其次，中央的“抓大放小”是就全国总体而言，并非各地方、各部门也一律如此。可是有些地方和部门辖下原本都是些中小企业，并无大企业，本来无“大”可抓。抓中央精神应该积极“放小”，努力推进小企业改革、改组、改制，扶持小企业发展，但他们却该放不放，一味抓住一些小企业强行捏合，硬性拼凑企业集团。无异于要在小池塘中组建“航空母舰”，简直近乎荒唐！

此外，“抓大放小”也并非见大必抓，应当抓中有放。有些大企业按其产业结构、布局或市场情况，不必再由国家控制，通过法定程序，可以将该企业或企业部分资产转让，改为民营。不能因为“抓大”而不敢动大企业一根毫毛。

在贯彻“抓大放小”方针过程中，人们一方面对“抓大”有片面性，而另一方面对于“放小”却缺乏应有的热情和胆识。中央指示：“采取改组、联合、兼并、租赁、承包租赁和股份合作制、出售等形式，加快放开搞活国有小型企业的步伐。”在许多地方，人们对小企业的联合、兼并方式颇感兴趣，而对改组、出售却顾虑重重或畏首畏尾。有些地方，企业职工积极主张改组为股份合作制，或转为合伙、独资企业，而主管部门却硬要它们联合、兼并，还常常为此引起纠纷。有些企业反映，中央号召加快改革，企业也有改革积极性，只是有些政府部门仍不愿放手。有些职工甚至抱怨政府部门中一些人实际上成了改革的阻力。

政府行为常常凭主观意志而不按经济规律办事，官员们好大喜功，显示政绩，这本是各国都常有的事。只是在市场经济体制下，政府干预行为被法律严格限制着；而在中国，目前正处于经济体制转轨过程中，传统的政府中心主义仍根深蒂固,权力不免处处显示其存在。这说明企业改革绝不仅仅是经济领域内孤立的问题。

1999 年全国人大通过新宪法修正案后,人们期盼在转变对个体、私营经济看法的同时,国家各级政府能进一步重视我国中小企业的改革和发展。现在应当认真研究一下我国中小企业的发展情况,制定发展方略,制定和完善有关政策和立法。在这方面,我们可以借鉴国外许多成功的做法和经验。

按各国扶持中小企业发展的做法,首先,都在政府中设立了主管中小企业事务的专门机构,负责制定全国中小企业发展规划和政府各种扶持计划与政策,为中小企业提供指导、帮助和服务,特别是保障政府各种扶持政策和措施的落实。

美国早在 1953 年就成立了小企业管理局。为了加强对中小企业的扶持力度,小企业管理局于 1997 年专门制定了题为《为小企业创造机会》的 1998 ~2002 年度的"五年计划",提出了帮助中下企业发展的具体计划和目标。当前,小企业管理局扶持中小企业的措施主要包括三个方面:(1)为中小企业创造商业机会。首先是增加小企业和企业家获得贷款和担保的机会,为此制定了各种资金援助计划,包括"小企业投资公司计划""债券担保计划""担保开发公司计划""微型贷款计划""出口推动计划"等。其次是帮助中小企业增加在联邦政府采购合同的分包合同。最后是为小企业主和企业家提供培训和信息,按照小企业管理局的"教育和培训计划",全国成立了许多培训中心和信息中心。(2)为中小企业创造良好经营环境。它在政府和国会制定政策、法律时,维护小企业利益,争取税收优惠等;通过对经济形式的分析研究,向小企业提供发展信息,帮助小企业抓住商业机会;向小企业传授适用的先进技术,并帮助小企业扩大市场、降低成本和提高劳动生产率。(3)为受灾的小企业提供援助。小企业管理局扮演了联邦政府救灾银行的角色。根据其"救灾援助计划"向受灾的小企业和受灾的家庭与非营利组织,提供低息贷款,帮助恢复重建。除小企业管理局外,美国商务部以及地方政府和其他有关的非联邦机构,也积极采取各种措施促进中小企业的发展。

德国从联邦到地方政府主管部门都大力扶持中小企业的发展。联邦各州都有自己的促进中小企业发展的法律,规定政府首先帮助建立那些有助于改善地区经济结构的中小企业,扶持中小企业开辟就业岗位,培训徒工,帮助它们提高其产品竞争能力,进行技术革新,鼓励它们努力改善环境、平衡生态。

日本一贯重视扶持中小企业。20世纪60年代相继颁布了一系列关于中小企业基本法和现代化促进法,如《中小企业基本法》(1963年)、《中小企业指导法》(1963年)、《中小企业现代化资金促进法》(1966年)、《中小企业振兴事业团法》(1967年)等。日本的中小企业厅每10年都要拟定"中小企业设想"。按照《90年代中小企业设想》,自90年代以后,日本政府期望中小企业充分发挥其机动性、柔软性,大力开拓新事业,为日本经济结构改革和经济发展作出新贡献。通产省提供资金支援中小企业加快计算机网络建设,帮助中小企业发展区域合作和实现信息资源共享。根据《中小企业创造活动促进法》规定,增加对创造性中小企业技术开发费用的补助,并促进中小企业同科技研究机构及大学的技术交流与共同开发。根据《中小企业信用保险法》和"中小企业经营稳定对策借贷制度"与"中小企业倒闭对策借贷制度",为中小企业提供资金和其他金融服务。

欧盟从20世纪90年代初开始制定了中小企业四年发展计划,目前正在实施第三个中小企业发展计划(1997—2000)。保加利亚1998年批准了《中小企业法案》,政府还将出面组建"中小企业顾问委员会",挂靠在政府中小企业局,以帮助制订中小企业长期发展规划,为中小企业引进人才、技术和资金。在印度,政府优先为小企业提供贷款,小企业至少可以得到相当于其营业额20%的贷款。从总体来看,印度的小企业可以得到国营银行全部贷款的16%。此外,国家还为小企业保留821种商品独家生产权。在法国,有一种叫作"税务委托管理中心"的机构,遍布全国各地。它们是企业同国家税收机关之间的中介机构,是实行企业化管理和协会性机构。其任务即对企业实行税收和财务监督，又为企业提供业务指导和行业信息等方面的服务。它们很受中小企业欢迎，被称为中小企业的监护人。

各国上述许多做法和经验对我国都是有益的。例如，我国也应当建立和健全专门负责中小企业事务的主管机构，加强其职能，特别是为扶持中小企业发展而提供切实的指导、帮助和服务；应当制订我国中小企业长远发展规划和各种短期计划；应当以新宪法为契机，陆续出台一批扶持和促进中小企业发展的各有关政策，特别是在资金借贷、人才引进和职工培训、技术转让和信息交流、税收等方面，为中小企业提供方面和支持；应当加强扶持中小企业发展的立法。

关于中小企业的立法有两类性质的法律：一是关于中小企业的组织与活动法（简称组织法）；二是主要规定国家对中小企业扶持政策的法律（简称政策法）。

前一类立法主要是按企业的不同组织形式（法律形态）分别制定的，如独资企业法、合伙企业法、公司法等。这些法律我国现在多已颁布，只有独资企业法还在制定中；股份合作制企业已有一个部门规章，今后也可以再制定为法律或条例。

后类立法是专门为中小企业而制定。它不规定企业的组织及同组织相关的活动规则——这些内容适用前一类中有关的法律；而只是主要规定国家对中小企业的政策。有些国家并不在一个法律中集中、全面地规定各种基本政策，而分别颁布反映各方面政策的各单项立法。我国1997年曾颁布一部《乡镇企业法》，即为主要反映国家对乡镇企业政策的法律。除此以外，关于中小企业政策的立法很少。鉴于我国的中小企业立法比较薄弱而亟须加强，现在可以考虑以新修正的宪法为依据，制定一部比较全面反映国家各方面基本政策的综合性的中小企业扶持（促进）法；再配上一些具体规定各方面政策的单项法规或者采取先颁布某些最亟须，且较成熟的单项法规，以后再制定综合性法律。

第七编　国际调节与国际经济法

第七编提示：作者在研究经济法产生的社会根源和历史使命过程中，发现和总结出“市场、调节机制与法律同步演变”规律。如本论文集第一编中有关论文所论及，就世界范围而言，自从西方各国近代资产阶级革命成功，各国形成统一全国大市场以来，经济形态分别经历了自由市场经济、社会化（垄断）市场经济和国际化市场经济三个阶段。其调节机制相应经历一元化、二元化和三元化。当出现二元化，即国家调节机制出现时，规范国家调节的法律经济法产生。而三元化，即国际调节出现时，规范国际调节之法国际经济法便发达起来。本编收录的都是关于国际调节和国际调节之法即国际经济法方面的文章。内容涉及市场国际化和国际调节机制发生和发展演变过程，包括“二战”后联合国及国际货币基金组织、世界银行与关贸总协定等国际经济调节机制格局的形成，WTO的成立；国际调节法律的沿革；对于国内外传统国际经济法理论体系的批判和重构；在全球化背景下中国人观念的转变和法律的应对等。

全球化与中国经济法治之路*

中国正在建立社会主义市场经济体制。我们的市场经济既是社会主义性质的,具有中国特色,同时还必须具备时代特征。从世界范围来看,市场经济自其出现至今已经历两个阶段:(1)自由市场经济——其调节机制一元化,即市场调节;(2)社会市场经济——调节机制二元化,即在市场调节基础上出现了国家调节。如今当20世纪与21世纪之交,市场经济正在步入第三个发展阶段,即国际化市场经济——调节机制三元化。除前两种调节机制外,国际调节机制正在日益发达和重要。

自由市场经济的法律秩序主要是民商法秩序。在社会市场经济条件下,民商法虽仍为基础性法律,但它已不像过去那样强调个体绝对自由和经济的放任主义,民商法也在社会化了;另外,因适应国家调节的需要而出现了经济法。而国际化市场经济则要求法律国际化:(1)各国民商法仍为各国经济的基础性法律,但它日益同有关的国际立法接轨;与此同时,国际民商法日益发达;(2)各国经济法仍规范和保障着各自的国家调节,但国家调节日益需要考虑

* 本文原发表于《检察日报》1999年9月27日版。

国际因素,既要受国际民商法影响,又要接受国际调节,同国际经济法接轨。作为规范和保障国际调节的国际经济法日益发达和重要。

中国的经济法制走过了曲折之路。自20世纪70年代末改革开放后才真正开始重视和加强经济法制建设。1992年国家决定改革市场经济,经济立法步伐加快,逐步建立了市场经济法律体系框架,但立法仍不够完善。我们的立法既需要体现中国特色社会主义性质,同时必须同当代国际环境协调和接轨。我们要加强民商法立法,并且要同当代已经社会化和国际化的外国民商法协调和接轨。例如,我们正着手制定的中国民法典,便不能照搬西方国家自由市场经济时代的民法典,而必须具有新的时代精神。我国过去在计划经济体制下,国家对经济实行全面统制。改行市场经济后,国家调节应当同市场调节相配合。国家调节只是针对市场机制存在的自由竞争的障碍、市场调节的唯利性、被动性与滞后性等固有缺陷,而分别采取市场竞争规制、国家参与投资经营、国家引导促进和调控等方式。作为规范和保障国家调节的经济法,其体系主要包括市场规制法、国家投资经营法、宏观调控法三个基本方面法律。这些法律在我国都有待进一步完善,并且要同国际经济法和国际民商法等立法协调和接轨。例如,作为市场经济基础性法律的反垄断法,在我国仍未制定。我国的反垄断法既要适合中国国情,又要同国际反垄断规则接轨。在经济日益全球化的今天,国际市场的反垄断必须有国际反垄断法才能有效调整。

此外还要提到的是,中国的经济体制转轨还需要较长一段过程,当前虽说我国已建立了市场经济法律体系初步框架,但此框架尚待逐步完善。市场经济应是法治经济,而法治经济不能离开法治社会和法治国家而独步前行。中国还正在经历着由人治向法治的转变,这种转变需要伴随政治、经济制度、人们思想观念等各方面的变革和转换。所有这些,都说明中国经济法治之路任重而道远。但毋庸置疑的是,今天中国经济法制已大大好于过去,今后会逐步更加完善。也许不必等到下世纪中叶,中国的法治经济伴随整个法治社会发展便可实现。

市场国际化、国际调节及相关法律问题*

上篇　WTO 与国际调节

一、市场国际化与国际调节的产生和发展

市场是随着商品交换关系的产生、发展而产生、发展的。市场作为商品交换关系的总和,它涵盖着一定社会经济的各行业、部门及生产、流通、分配和消费等再生产各环节,它是由社会经济的各种结构及运行组成的一定的社会经济系统,犹如自然界各个生态系统一般。在同一市场中,各种要素有机联系和制约,形成完整的体系。

早在资本主义社会以前,社会经济形态尚处于自给自足的自然经济时代,各国和各地区就存在许多相对独立、彼此基本隔绝的市场。后来由于商品经济发达,加之资产阶级革命消除了封建割据,各国范围内的各个分散的小市场相互渗透、融会,形成了全国统一的市场体系,此亦即所谓的"国民经济体系"。

---

* 本文原发表于《经济法论丛》(第 9 卷),中国方正出版社 2004 年版。

很早以前,也出现一些跨越国境的商品交换活动。只是由于过去交通、通信等条件限制,特别是各国政权当局的严格管制,加之当时商品经济不发达,社会经济自身缺乏强烈要求,跨国境的商品交换长期未得到发展,更形成不了国际市场。近代以来,由于科技和生产力发展,推动着商品经济进一步发达,科技发展同时还使交通和其他联系工具和方式更加发达,跨国境的商品交换和其他经济交往逐渐发达起来。20 世纪终于出现规模空前的市场国际化和全球化趋势,国际市场逐渐形成,并在继续发展。

市场国际化作为一种趋势和过程,是逐渐形成和发展的,并呈现阶段性。如果说中世纪末航海技术和航海事业的发达及随后发生的一系列殖民战争,可视为市场国际化的前奏,那么 19 世纪与 20 世纪之交,轮船、火车、航空及电话、电报业的兴起,以及后来发生的两次世界大战,则正式拉开了市场国际化的序幕。至 20 世纪末,由于电子信息时代的到来,加之两大阵营对垒的冷战局面结束,各国政府的管制措施相应放松或取消,为国际经济联系创造了适宜的国际环境,市场国际化和全球化进入了一个迅速、全面和深刻的发展阶段。推动市场国际化进程加快的因素很多,但最根本的还是高科技的迅猛发展,只有它才为全球化提供坚实的物质条件和现实可能性。在互联网上,人们可以足不出户而通过点击鼠标即可同全球任何地方的人们发生各种联系,实现信息、商品、资本和技术的流通。其速度、规模和范围是过去包括在诸如铁路、航海、航空以及电话、电报等交通、信息条件下所不能比拟的——过去人们所谈论的市场国际化和全球化,当时主要还是一种理念化的东西,如今它已是任何人都不能否认的一种现实的状态和趋势。

市场作为社会经济的一个系统和体系,其中各种经济要素的结构比例关系大致均衡和协调,并且是在不断的"不协调—协调—不协调"的矛盾运动中求得协调。经济的总体运行大致平稳和逐步发展,并且是在不断的跌宕起伏中求得稳定和发展。这是什么原因?其中必然有某种机制和力量在发挥作用。而事实上,影响社会经济结构和运行的力量和作用机制不仅存在,而且多种多样:其中有些是起正面维护、促进作用的,有些则是起反面阻碍、破坏作用的。对于社会经济结构和运行能够或起码当初期望能够发挥维护、促进作用的力量和机制,被称为调节机制。这种调节机制可以分为社会经济内部(自身固有)的与外部的两类。内部调节机制主要指市场调节,即价值规律和供求关系的自发作用。外部调节机制是指诸如政治的、社会的等各种力量和因素对社会经济结构和运行自觉施加的影响。其中最重要的是20世纪以来发生和逐渐加强的国家调节(在各社会主义国家一度盛行“计划调节”)。

西方资本主义国家在资产阶级革命成功以后实行市场经济体制。在资本主义自由竞争阶段,国家基本上不介入社会经济生活,其调节机制基本上是“一元化”的市场调节。19世纪末出现生产社会化并形成垄断以后,市场机制由于自身固有缺陷已不能充分有效地调节经济,国家调节应运而生。它在市场调节基础上发挥配合、辅助有时甚至是主导性的调节作用即调节机制的“二元化”。

因市场国际化而形成的国际市场,也需要有相应的调节机制。国际市场的基本调节机制仍然是市场调节,只不过它是一种国际性的市场调节。但是,由于市场机制本身也存在诸如市场障碍、市场唯利性、市场盲目性与滞后性等固有缺陷,[①]单靠它难以实现充分和有效的调节;更为重要的是国际市场乃主要由各国的涉外市场共同构成,国际市场经济活动主体来自各国,他们分别受到各自国家的管理和调节。也就是说,国际市场仍然受到各国的国家调节。各国的国家调节措施和力度不同,妨碍国际市场上市场机制的统一调节作用,并直接阻碍着国际市场的形成和发展,如各国设置的关税和各种非关税壁垒即如此。因此,国际市场迫切需要有新的调节机制,以协调或统一规制各国的国家调节,并弥补市场调节固有的不足。这种调节机制即为国际性调节,

---

① 参见漆多俊:《经济法基础理论》(第3版),武汉大学出版社2000年版,第15~23页。

或称国际调节。这样一来，国际市场的调节机制便“三元化”了。[②]

国际调节的产生和发展是同市场国际化进程同步的。因为没有国际性市场，便没有国际性调节的必要；而没有相应的国际调节，国际市场便难以正常运行，甚至难以形成。同前面所述市场国际化的发展阶段相适应，国际调节的形成和发展也呈现阶段性。在国际市场萌芽阶段，市场的规模和运行主要由相关各国奉行的外贸政策的自由和开放性程度决定，各相关国家偶尔也会进行政府间的协商和协调。19世纪以后，由于资本主义商品经济和跨国境经济贸易活动逐渐发达，首先在欧洲，各国间进行的双边或多边协商增多。1815 年还出现“欧洲协作”这种多国协作形式，在其存续整整一个世纪中召开了一系列多边协商会议，形成了比较连续和稳定的协商制度。19 世纪中期，欧洲国家在亚当·斯密和李嘉图的经济学理论指导下，放弃长期奉行的重商主义，曾一度掀起贸易自由化高潮。1880 年，英、法两国率先签订具有历史意义的第一个自由贸易双边协定——《科布登一切维勒尔条约》，并首创无条件最惠国待遇模式。在英、法的带动下，当时欧洲各国之间签订了一系列关于自由通商、航海的双边条约，还签订了莱茵河自由航行公约。这些早期的国际性调节措施，使当时国际贸易额大幅度上升。[③]

随着国际贸易和其他国际经济联系的发展，在对国际性市场进行协调和调节的双边、多边条约继续增多的同时，一些带全球性的公约和国际性组织也逐渐出现。其中比较重要的有：1804 年欧洲成立的莱茵河管理委员会、1865 年成立的国际电报联盟、1874 年的邮政总联盟、1883 年的国际保护工业产权联盟（《巴黎公约》）、1886 年的国际保护文学艺术作品联盟（《伯尔尼公约》）。1893 年，其中两个联盟建立国

---

② 参见漆多俊：《市场调节机制与法律的同步演变》，载漆多俊主编：《经济法论丛》（第 1 卷），中国方正出版社 1999 年版，第 13 ~ 18 页。

③ 参见赵维田：《世界贸易组织（WTO）的法律制度》，吉林人民出版社 2000 年版，第 4 页。

际知识产权联合局,设联合秘书处。[④] 1899年成立海牙常设仲裁法院。以上这些国际组织虽然主要是政治性或行政性的(因而被人们称为"国际行政联盟"),[⑤]但同经济也不无关系。

20世纪以后,为适应市场国际化的发展,要求加强国际性经济调节,建立作为其载体的国际调节组织形式。第一次世界大战后建立了国际联盟。它虽然主要是政治性组具有广泛职能,但也包括处理和协调战后经济和社会问题。第二次世界大战后的1945年签订了《联合国宪章》,建立了联合国。它是迄今为止世界上最大、最有权威和影响的国际组织。联合国及其体系下有关金融、贸易等方面的专门机构,特别是国际货币基金组织(IMF)、国际复兴开发银行(IBRD,世界银行)和关税与贸易总协定(GATT)在国际经济生活中担负着十分重要的国际经济调节职能。上述后三个机构被誉为战后西方世界经济体系的三大支柱。"二战"以后还出现了各种区域性组织,如欧洲联盟(EU)、北美自由贸易区(NAFTA)、亚太经济合作组织(APEC)、非洲统一组织(OAU)等,它们也对所在区域和全球的经济发挥着重要的调节作用,都是现代国际市场国际调节的重要组成部分。1995年,在GATT基础上,诞生了一个新的全球性经济组织——世界贸易组织(WTO)。它成为当代国际调节机制的中心和主力,标志着市场国际化和国际调节机制发展步入一个新的发展阶段。

二、国际调节的性质和特征

国际调节或称国际性调节,是国际市场(国际社会经济)的一种调节机制和调节活动,它是由两个以上国家或区域性、全球性组织,通过

④ 1967年上述巴黎联盟与伯尔尼联盟成为世界知识产权组织的组成部分。1974年成为联合国的专门机构。

⑤ 参见梁西:《国际组织法总论》(第5版),武汉大学出版社2001年,第20~21页。

协商或签订国际条约,或以国际性组织的决定等形式,对国际市场的经济结构和运行实行调节,以维护和促进国际社会经济协调、稳定和发展。

国际调节同市场调节、各国的国家调节互相配合、制约、相辅相成,共同构成国际市场的经济调节机制体系。国际调节同市场调节不同,它不是社会经济自身固有的由价值规律自发作用的机制,而是从外部施加的作用和影响,并且是人们有意识、有目的的自觉活动(不同于其他并非以直接影响社会经济结构和运行为目的的社会事件,更不同于各种自然现象对经济产生的影响)。至于同各国的国家调节比,他们在调节主体、作用范围和方式等方面区别十分明显。国际调节虽然也需要各国国家调节的配合,但前者往往是对后者的某种限制和约束,特别是当国际市场尚处于形成阶段,尤其如此。本文后面在论及迄今为止国际调节现状时,将鲜明地体现:包括 WTO 在内的国际调节实际上主要是以各国的国家调节作为其调节对象(客体);或者说,迄今为止的国际调节主要是对各国国家调节的一种再调节。

国际调节在调节主体、调节客体和对象、调节领域、调节方式和手段等方面,都有鲜明特征:

(一)关于调节主体

调节机制作为一种力量和作用,必有其载体,此即调节主体。国际调节的主体是国际性的。从主体构成成分来说,迄今主要是由两个及其以上国家构成,包括双边、多边、区域性、全球性等形式。从成员组合方式来说,有些仅仅由各成员国协商或通过签订(加入)有关条约、公约,协调各国对所涉及的国际市场的管理活动,达到共同调节国际市场的目的——这类主体可姑且称为“纯契约型”调节主体;有些则除缔结共同协定外,还建立相应的组织机构,由这些机构负责实施协定,执行一定的国际调节任务——可称为“组织型”调节主体。以上组织机构中,有些只是临时性或松散型的,它们主要起一种联络、协调作用——可称为“契约型组织”;有些则是常设的较为稳定的甚至具有法律人格的组织,能够依照有关国际法律规范独立行使职权,执行国际调节任务——可称为“法人型组织”。同上述情况相适应，各种类型主体在其职权和权威性方面也是不相同的。

从市场国际化进程和国际调节机制形成演变史来看，国际调节主体的形态，基本上是由双边、多边发展为区域性和全球性，由“纯契约型”“契约型组织”发展为“法人型组织”。20 世纪以前，担负一定国际调节任务的主体多采取双边或多边协商、或签订条约的形式（“纯契约型”）。从 19 世纪中、后期开始陆续出现了许多国际性组织，但直至 20 世纪中期，这些国际组织多为较松散、职能有限的机构（“契约型组织”），如 GATT 直至乌拉圭回合结束都基本属于这种类型。20 世纪中期“二战”结束后以联合国及 IMF、世界银行等组织为代表，出现了许多结构严密、具有独立法律人格的国际组织。1994 年由 GATT 演化而诞生的 WTO，是这种“法人型”国际调节主体的典型代表。

20 世纪后半叶出现了许多区域性组织，它们也是一种重要的国际调节主体。它们不但对本区域的经济起着举足轻重的调节作用，也对该区域外乃至全球经济发挥着重要的影响作用。欧盟就是其中典型例子，因为其不但直接调节着该区域及其所属各成员国国内的经济，并且在全球经济生活中充当着重要角色。欧盟各成员国分别参加了 WTO，欧盟本身也是 WTO 的独立一员。

如前所述，迄今国际调节主体主要是由各独立国家为单位组成的各种形态的国家联合体，但也有些非政府（民间社会）的国际社会组织，在某种范围和程度上对国际经济起着重要的调节作用，如国际证券监管者委员会即为这种国际社会组织。

（二）关于调节客体和对象

国际调节的客体主要是国际社会经济的结构和运行关系。所谓经济结构，主要是指国际市场中的产业结构、行业结构、产品（服务品种）结构、地区结构等各方面的比例关系。所谓经济运行，主要是指国际社会经济的总体及构成总体的经济各方面、再生产各环节的变化发展状况。国际调节的基本任务就在于促进国际社会经济的各种宏观结构能保持动态平衡和协调，避免各种比例失调，维护经济总体运行稳定和持续发展，避免经济发生大的动荡起伏或停滞衰退，特别是力求避免和克服区域性或全球性的经济危机。本文前面所列举的各个时期出现的国际经济调节主体，其设立宗旨和后来的调节活动，都围绕着以上基本调节任务。我们不难发现，每当战争或各次国际性经济危机发生前后，国家间的经济协商与合作往往十分频繁，国际性条约和经济组织大量涌现，其原因正在于当其时也，作为战争或经济危机的对策或作为其教训与启示，迫切需要采取国际调节措施，以调节国际社会经济的各种结构和运行，如在20世纪20年代末发生的第一次世界性经济危机和第二次世界大战前后的情况便如此。1943年制定了《大西洋宪章》，把建立稳定的金融秩序和贸易自由体制列为基本内容。1944年在"布雷顿森林"召开国际金融会议，制定了以稳定汇率为主要宗旨的《国际货币基金协定》和建立世界银行等文件，并拟订了"国际贸易组织"宪章。⑥ 不久，IMF、IBRD、GATT相继建立。联合国也在这时宣告正式成立。

国际社会经济结构和运行关系作为国际调节的基本客体，在不同时候有不同侧重点和表现形式，自不待言。这里只着重指出，从历史演变来看，迄今为止，国际社会经济结构和运行关系主要表现为国家之间经济关系。⑦ 而欲调节国家之间的经济关系，首先遇到和必须处理的，是因各国政府对各自国家的经济管理和调节而发生的各国之间的关系，简称各国间的国家经济调节管理关系。各国对各自国家的经济（尤其是其涉外经济那部分）所实行的管理制度和措施，如不能恰当协调和处理，势必妨碍国际社会经济的结构和运行；并且，它直接阻碍着国际市场（国际社会经济体系）的形成和发育。所以，迄今国际调节的首要任务是约束和指导各国政府的经济调节管理行为，协调和处理各国之间的经济管理关系。即使对于WTO来说也仍然如此。这就是如人们所说，WTO主要是规制政府的。换句话说，"入世"主要是"政府

⑥ 参见赵维田：《世界贸易组织（WTO）的法律制度》，吉林人民出版社2000年版，第7页。

⑦ 这里包括区域性经济组织相互之间以及它们同其他国家之间的经济关系。因为区域性组织也由其相关国家组成，是某种形式的国家联合体。

入世”“规则入世”。也就是本文前面提到的:国际调节主要是对各国国家调节的再调节。

但即使当前,国际调节的对象也有非国家性的,如有时它直接调节跨国公司或其他非政府性国际社会组织的竞争行为和其他经济活动。这类调节对象今后将会逐渐有所增多。

(三)关于调节领域

国际调节的客体既然是国际社会宏观经济结构和运行,其调节领域必然涉及国际经济的总体和全局,必然要涵盖社会经济的各产业、各行业、各地区和再生产各环节。当然它不需要也不可能管得太细太死,而只是关注那些对国际社会经济总体结构和运行关系十分密切和关键的方面和部位。国际调节所涉及的经济领域一般分为:国际贸易,包括货物贸易、服务贸易、技术贸易等;国际投资;国际金融。对于这些经济领域的经济活动,国际调节只涉及其中同宏观经济结构和运行相关的部分和方面,而不干预各平等主体间正常的经济活动。

在需要国际调节介入的各个经济领域中,有一个方面的问题具有共性,这就是国际市场竞争问题,包括国际性的垄断、不公平竞争、倾销等。这些是国际市场经常发生的,它们直接扭曲国际市场价值规律(市场调节机制)的正常作用,妨害经济结构和运行的协调、稳定和发展,因而是国际调节必须加以规制的。这一点虽然早就引起一些专家学者们的注意,他们呼吁有关国际组织制定国际竞争规则,但实践中进展缓慢。迄今主要是在其他有关货物贸易、知识产权和反倾销、反补贴⑧等法律文件中作了一些规定。预计在今后不太长的时间内关于国际竞争规制的立法和制度将会逐步建立和完善起来。

(四)关于调节方式和手段

国际调节需要采取哪些基本方式(进行哪些基本类型的调节活

---

⑧ 现在国际上学者们越来越清楚地认识到,国际反倾销和反补贴的核心实际上是竞争规制问题,纷纷建议加强国际竞争规制,并把反倾销纳入竞争法轨道。对此,可参见赵维田:《世界贸易组织(WTO)的法律制度》,吉林人民出版社2000年版,第306~307页。

动)? 这除了由国际调节的基本任务所决定外,还主要同国际市场存在的其他两种调节机制——市场调节以及各国的国家调节的情况相关。市场调节本存在一些固有的缺陷(局限性)。而各国的国家调节,由于各国间的国情不同、利益不同和主权行使方式不同,因此对各国经济(包括其涉外领域)的管理政策、制度和措施便不同,各国对于市场国际化、全球化进程所持态度也不同。各国往往设置各种障碍(如关税和非关税壁垒)。这是直接关系国际市场的形成和能否正常运行的障碍。正是由于上述两种机制存在缺陷,才需要国际调节,因此国际调节的基本做法,首先便分为针对国家调节局限性而采取的对各国(政府)经济管理调节行为的规制,以及针对市场固有缺陷而采取的调节措施。

1. 对各国政府经济管理行为(国家调节)的规制

规制的领域主要限于同各国涉外经济关系——即同国际市场的形成和正常运行相关的各国政府的经济管理行为,包括相关的制度、立法、政策和措施。规制的目的是尽可能使各国上述那些管理行为基本接近或一致,尽可能克服、排除各国为市场国际化所设置的各种障碍(壁垒)。为此采用的基本手段通常包括:(1)协商—签约—组织,即当事国之间自动协商,或由国际组织出面安排或组织有关各国进行协商,达成一致或签订协议或条约,或进而建立国际性组织,以协调和统一行动,共同促进和维护国际市场的形成、发育和运行;(2)调解或调停,即各国之间或各国同国际组织之间发生争执时,由国际组织或其他第三方对当事各方进行居中调解和斡旋;(3)裁决与制裁,即当事方因发生违反国际义务而损害他方或国际社会经济利益情形,诉诸国际争端解决机构,通过司法或准司法程序,强令其履行国际义务或赔偿损失,以维护国际市场秩序。

2. 针对国际市场固有缺陷的调节

针对市场固有的三缺陷,国际调节需分别采取三种方式:(1)针对国际市场难免存在的限制竞争(垄断)和不正当竞争,国际调节需要对市场竞争进行强制干预,规制垄断和不正当竞争行为。(2)针对市场的盲目性和市场调节滞后、被动性，国际调节需要采取指导调控方式，如发布全球经济统计数据，提供信息资料，作出经济和社会发展预测，提出各种政策、发展建议，并制定有关政策，运用各种政策工具，引导各主体的经济行为，以维护和促进国际社会经济的结构和运行协调、稳定和持续发展。(3)针对市场的唯利性，在运用前面引导方式尚不能完全奏效时，有关国际经济组织还可以自己可支配的资本直接投入某个领域或地区，以期调节经济结构和运行，比如 IMF 和世界银行以往所做的那样。⑨

上述两种规制（调节）方式密切关联，并有所交叉。例如，对各国政府的规制，主要意义在于排除国际市场形成和正常运行的障碍，这同市场竞争规则密切相关。国家设置的各种壁垒也是一种限制性行为。对各国政府经济管理行为的规制，除主要在于排除国际市场形成障碍外，国际调节主体也还通过发布信息、提供建议等指导调控方式、影响各国政府决策，并由政府引导该国经济活动主体的经济行为。反过来说，针对市场缺陷的三种调节方式，也分别适用对各国政府的规制，只是这个时候各个国家被当作法人对待了。

国际调节最终目的是调节国际社会经济的结构和运行。经济结构和运行最终由全体经济活动主体的经济行为所构成。从其达及最终被调节主体所经过的环节来看，国际调节又可分为直接式与间接式。间接式是指国际调节首先调节各国政府管理行为，通过它最终影响各国的经济活动主体的经济行为。直接式则无须通过各国政府这一中间环节而直接达及最终被调节主体。对于各国的法人和自然人这些经济活动主体来说，当前国际调节的意图主要是通过各该国政府间接传递到

---

⑨ 国际货币基金组织的一项主要任务是在成员国国际收支发生不平衡时，向其政府提供短期贷款，以促进使其国际运收支平衡。世界银行的做法，是向成员国特别是发展中国家的政府、政府机构和政府所担保的私人企业，发放用于生产（或经济体制改革、国有企业改革等）目的的长期贷款；它并设立了多边投资保证机构（1988 年），向其他投资者提供政治风险担保，鼓励私人资本向发展中国家流动，以促进这些国家的经济发展。上述两组织的信贷相互配合并且各有所侧重。其基本宗旨都是为了调节国际社会经济的结构和运行。

他们。但在本国法律认可的前提下，国际调节也可以直接对他们发生作用。

三、WTO：国际调节发展的新阶段

20 世纪最后 20 余年时间内，以电子信息技术为代表的高科技突飞猛进，使市场国际化进程无论在领域、规模和速度各方面都飞速发展。互联网和电子商务使全球范围内商品和服务的提供者同消费者不需见面就能成交。货物贸易和国际资本市场迅速发达。知识型、高科技型的产业和服务部门如金融、电讯与计算机服务等，蓬勃兴起。服务业产值猛增，并从原来附属于生产的传统地位分离出来，形成新的巨大市场。市场国际化的这些新进展，提出了改善和加强国际调节的要求。GATT 自 1986 年开始发动、历时 8 年的乌拉圭回合多边贸易谈判，正是在上述背景下进行并最后取得突破性成果，建立了世界贸易组织（WTO），制定了以《WTO 协定》为统领、包含近 30 个重要文件的 WTO 法律群。WTO 把多边自由贸易体制推进到一个新阶段，“开创了全球经济合作的新纪元”（1994 年 4 月 15 日《马拉喀什宣言》），也标志着市场国际化和国际调节机制从此进入了一个新阶段。

作为 GATT 乌拉圭回合谈判最终成果的 WTO，同以往 GATT 相比所取得的各项重大进展，国内外已有大量论述作了详细分析。本文只是从国际调节机制这一角度论述其新发展，主要有以下方面：

（一）WTO 作为国际调节主体，其地位和职权显著增强

GATT 原本是政府间的一种行政协议，未规定建立国际组织，后来实践中履行着国际组织一些职能，并陆续设立了一些常设机构，但始终不具有法律人格；而 WTO 一开始就具有法律人格。《WTO 协定》第 1 条、第 2 条规定：“建立世界贸易组织”，“为处理其成员的贸易关系提供共同的组织机构”。第 8 条更进一步明确规定：“WTO 具有法律人格，每个成员方都要赋予 WTO 以行使它职能所必需的法律能力。”该

条还规定了 WTO 及其官员为履行职能所必需的特权和豁免。

GATT 仅是一种临时性协议,未得到各成员立法机关批准,一直处于临时适用状态,其约束机制从来不具有强制性;而 WTO 则为国际贸易制定了“更有为和更明确的法律体制”(《马拉喀什宣言》)。其多边贸易协定“法律文件”对所有成员具有约束力(《WTO 协定》第 2 条)。“每一成员都应保证其法律、法规和行政程序与所附各协定对其规定的义务相一致。”(《WTO 协定》第 16 条)。这奠定了 WTO 规则“优于各届国内法的宪法性原则”。⑩

GATT 没有正规的组织机构。原来只有一个“执行秘书”职位,后改称“总干事”,后来产生了一个类似“秘书处”的机构,处理日常事务,但其工作人员仍然使用联合国工作人员护照。WTO 则有正规的组织机构,建立了健全的决策和运行机制。它除设“部长会议”外,还有常设机构“总理事会”。下分设货物贸易理事会、服务贸易理事会和知识产权理事会。还设立了“争端解决机关”(DSB)——这是一个相对独立的司法部门;设立了“贸易政策审议机关”(TPRB)——这是监督机关。此外还有由总干事率领的秘书处,作为处理日常事务的工作班子。

WTO 同 IMF 和世界银行一样都是具有法律人格的国际法主体,但由于 WTO 的职权和所管理的经济领域远比后二者广泛,因此它是国际社会经济更为重要的、综合的国际调节主体。

(二)WTO 调节的经济领域和对象扩展

WTO 同包括 GATT 在内的以往国际调节主体比较,所管理和调节的经济领域有较大扩展,并有全面发展的趋势。WTO 不但在货物贸易方面,把过去游离于 GATT 之外的农产品贸易、纺织品贸易纳入管理轨道,通过了《农产品协议》《纺织品协议》(MFA),而且还扩展到了服务贸易、知识产权、投资等重要领域,分别制定了《服务贸易总协定》(GATS)、《与贸易相关的知识产权协定》(TRIPs)、《与贸易有关的投

---

⑩ 参见赵维田:《世界贸易组织(WTO)的法律制度》,吉林人民出版社 2000 年版,第 31 页。

资措施》(TRIMS),并设立了相应的理事会(委员会)负责实施。将服务贸易和投资纳入 WTO 管理和调节领域具有十分重要的意义。服务业涵盖门类十分广泛。20 世纪末由于高科技的发展和广泛应用,推动了服务业的蓬勃发展,出现许多新的服务种类,如金融服务、电讯与计算机服务等。在美国等一些发达国家和部分发展中国家,服务业在其国民生产总值和出口总额占的比重越来越大。⑪ 早在东京回合谈判中,美国就曾倡议把服务贸易列入多边贸易框架。至乌拉圭回合谈判的最后,终于通过了《服务贸易总协定》(GATS)这一涵盖服务贸易各个方面的框架协议。

GATT 原来根本没有涉及投资问题。虽然早在 1948 年的哈瓦那宪章中,就曾把鼓励生产性投资的资金国际流动列为目标之一,承认国际投资"在推动经济发展与重建及以后的社会进步具有重大价值",但"各成员方有权采取任何适当的保障措施以保证外国投资不用作干涉内部事务或国家政策的根据"。只要求各成员方采取行动"以保证在其所辖区域内不从事(限制性商业)措施……并协助(国际贸易)组织制止这类措施"。⑫ 1973 ~ 1979 年东京回合期间,美国等曾提出讨论东道国对外国投资的"当地含义"和"出口表现"两项经营要求问题,因发展中国家反对而没有结果。1982 年发生美国诉加拿大《外国投资审议法》一案("FIRA 案"),GATT 专家组在审理中涉及对外国投资的"当地含量""当地制造"和"出口表现要求"等规定是否违反 GATT 的问题,引起了人们对与贸易有关的投资问题的关注。乌拉圭回合经过反复协商,在综合各种方案之后,于 1994 年终于达成一致,通过了《与贸易有关的投资措施的协定》(TRIMS 协定)。

TRIMS 协定虽然有局限性,如它只适用于"与货物贸易有关"的投资措施,不适用服务与知识产权领域。但是,它毕竟是第一个世界性的

---

⑪ 参见赵维田:《世界贸易组织(WTO)的法律制度》,吉林人民出版社 2000 年版,第 346 页。

⑫ 参见《哈瓦那宪章》第三章第 12 条、第五章第 50 条。

有关投资问题的立法,其最后一条规定 WTO 成立 5 年后可以进一步修改,并届时"考虑是否在本协议中增加关于投资政策和竞争政策"。因此人们有理由认为,TRIMS 协定是"向将贸易规则扩大到投资政策方向迈出的第一步",[13]它将开启投资领域全面进入 WTO 国际调节范围的新阶段。

迄今为止,有关金融领域的国际调节和监管任务,主要仍由 IMF 和世界银行担任,但在 WTO 框架中的 GATS,也涉及大量金融服务贸易问题。GATT 还设立了一个"国际收支委员会"(BQP)。GATT 在其发展过程中,也一直同 IMF 关系密切。GATT 第 12 ~ 15 条规定,对于一国是否陷入国际收支失衡,要由 IMF 作出认定或证明。因此,GATT 的"国际收支委员会"离不开 IMF 的合作。[14]

WTO 除了所调节的社会经济领域有明显扩大之外,对各国政府的经济管理权的制约也比以往广泛和强有力。前面提到的服务贸易、投资政策以及知识产权等许多问题,过去被认为理当属于各国正常管辖权和国内法范围,亦即国家主权范围,但 WTO 如今却广泛介入。WTO 不仅加强了对各国政府的调节,还开始注意到对非政府的社会经济组织经济行为的干预和调节。已有许多规则包含着对跨国公司和其他社会组织的行为的约束。例如,TRIMS 协定最后一条规定:"在不迟于《WTO 协定》生效之日后 5 年,货物贸易理事会应考虑本协定是否补充有关投资政策和竞争政策的规定。"其中的"竞争政策"主要就是针对跨国公司的"限制性商业行为"的。虽然自那时以来多哈谈判进展十分艰难,2003 年 9 月的坎昆部长会议无果而终,但相信各国最终总会找到妥协的途径。可以预料,今后 WTO 的规制对象除各国政府外,将同时会越来越重视对跨国公司这些社会组织的规制。

(三)WTO 调节方式和手段的特点

如前所述,WTO 的调节迄今主要是对各国政府经济管理行为的规

---

⑬ 参见赵维田:《世界贸易组织(WTO)的法律制度》,吉林人民出版社 2000 年版,第 424 页。

⑭ 同上书,第 346 页。

制，其目的在于排除因各国管理政策、制度和措施而给国际统一市场的形成和正常运行造成的障碍，是对各国政府经济管理调节行为的规制。市场障碍有两类，除各国政府的关税和非关税壁垒等之外，还有如跨国公司等非政府的社会组织对国际市场造成的障碍，如与垄断相关的限制性商业行为和不正当竞争行为。对于后一类障碍，WTO 迄今尚未正式干预，但已开始注意到对非政府的社会经济组织经济行为的干预和调节。

WTO 调节始终重在对各国经济管理行为的规制，这是当前市场国际化进程所处阶段决定的。当前国际统一市场并未完全形成。各主权国家的存在，以及各国国情和主权行使方式等差异，必然会制约着国际市场化进程。国际调节是一种新的正处于形成初创阶段的调节机制，它必须和只能针对国际市场最迫切需要解决的问题采取措施，不能全面顾及所有方面。至于今后，国际调节的领域和方式肯定会不断发展，WTO 的调节领域和方式也会不断拓展。这种情形好比 20 世纪初国家调节刚出现时主要针对垄断采取规制，而以后再扩展到采取运用计划及财税、金融等经济政策对经济实行宏观调控，还采取“国有化”或者“私有化”那种国家直接参与投资的调节方式，从而使国家调节臻于完善和发达的地步。

不过，即就对各国政府的规制而言，WTO 的调节方式和手段也有新发展。主要表现在调节手段和效力的强化。例如，WTO 相对以往 GATT，它是具有法律人格的组织，不仅为各国之间协商谈判提供场所和条件，对其成员国来说，它制定的规则还具有法律效力，是必须执行的。若不履行规定的义务，将导致受到制裁的后果。以往 GATT 协定对各成员国的约束多是一种柔性即导向性的，成员国可以保留许多适用例外和“豁免”，即使是违反已承诺应当履行的条款，国际社会往往也缺乏可行的强制措施。WTO 相对以往 GATT，它减少了许多“适用例外”条款，废止了“灰色区”，从严规定了“豁免”（waive，又称“解除义务”)。[15] 这加强了调节措施的遍适用性。WTO 通过了《关于争端解决规则与程序的谅解》(DSU),设立了“争端解决机构”(DSB)这样的准司法机构,因而有力地保障协定的实施,保障 WTO 对各国的调节。

综上可见,WTO 作为一种国际调节主体和调节机制,同以往比在许多方面都有重大发展。但也应看到,它只是国际调节发展过程中的阶段性产物,有着明显的时代局限性和不完备之处。例如,在所调节的经济领域方面,WTO 迄今还是以货物贸易为主,投资领域也是刚刚有所涉及;TRIMS 只适用于“与货物贸易相关”的投资措施,不适用服务和知识产权领域;“与货物有关的投资措施”有多项内容,[16]乌拉圭回合只将其中“投资激励”和“经营要求”两项列入谈判范围。而后来通过了 TRIMS“国民待遇义务”和“取消数量限制义务”。WTO 成立以后,以跨国兼并为主要动力的国际投资剧增,跨国公司实施的“限制性商业行为”亟待规制。而各国实施的“投资激励”措施泛滥,扭曲了国际投资分布。这些情况表明 WTO 还需要制定更加全面的投资规则。此外,对于金融这一重要领域,WTO 并未全面介入,只涉及金融服务贸易问题。

在调节对象上,WTO 主要是规制各成员国政府的经济管理调节行为,对国际市场上非政府的社会主体的经济行为至今缺少直接规制。在调节基本方式上,迄今主要是重在排除各国政府为国际市场设置的障碍——关税和非关税壁垒,对跨国公司的限制竞争和不正当竞争行为(由此给市场调节机制造成的障碍),至今尚缺少规制。并且,在根据全球经济的结构和运行情况,及时向各国政府和社会经济活动主体发布经济信息,提供政策性建议,并通过制定和实行某些国际性政策性措施,引导各国政府和社会经济活动主体的经济管理活动和经济活动

---

⑮ 《WTO 协定》第 9 条把批准豁免权的表决票从原来 2/3 提高到 3/4,其附件 IA 中《关于 GATT 1994 义务的谅解》中的规定,除已依照程序延期者外,“在《WTO 协定》生效之日仍然有效的任何豁免均应终止”。

⑯ 联合国跨国公司中心所发布的“与贸易有关的投资措施”共有 4 项:投资激励、经营要求、限制性商业行为、母国限制。后两项主要同跨国公司有关,所以乌拉圭回合谈判没有涉及。

方面,WTO 至今尤显不够。在调节手段上仍比较单一,在许多方面缺乏强有力措施。各成员国仍在采用各种非关税壁垒(包括“绿色壁垒”和“技术壁垒”)以规避国际调节。WTO 也还保留着各种例外和豁免。

WTO 所存在的以上各种局限性,有些今后可以逐步解决,有些则需要国际社会作长时期的努力,但市场全球化进程的发展和国际调节机制的逐渐完善趋势,是确定无疑的。在这个过程中,WTO 的国际调节职能将不断发展完善。

中篇　国际调节之法:国际经济理论的反思与重构

四、国际调节的法律规范

国际经济调节需要制定相应的法律规范,以便依法进行调节。法律规制着国际调节,使权力不得滥用;法律又保障着国际调节,使调节活动能够顺利进行,调节措施得到实施。如果说各国的国家调节也离不开法律(经济法),应当依法调节,那么国际调节对法律的依赖性则更甚于国家调节。因为国际调节不像各主权国家有可能在法律之外还采取一些行政指令方式。因此,可以说国际调节就是法律调节。离开法律,国际调节寸步难行。事实上,迄今国际调节的产生和发展史,就是国际调节法律的制定和实施的历史。

作为规范和保障国际经济调节的国际调节法律(以下简称国际经济调节法),它是调整在国际经济调节过程中各种国际调节主体同被调节主体之间发生的有关社会关系的法律规范的总称。

国际经济调节法的调整对象是,在国际调节过程中各种国际调节主体同被调节主体之间发生的社会关系,简称国际经济调节关系。国际经济调节关系是一种国际经济关系,具有国际性、经济性。但它不是一般的国际经济关系,它还有其他一些明显特点,例如:(1)它发生在国际经济调节过程中，并因国际调节而引起；它不是发生在一般国际经济交往活动中，不是一般的国际经济交换关系和商品货币关系。(2)国际经济调节关系的主体包括调节主体与被调节主体。调节主体是两国以上政府间建立的意志共同体，包括基于双边、多边、区域性或全球性协定、公约而形成的临时或固定的组织体；而被调节主体则是相关的国家政府以及国际社会民间经济组织或个人。他们之间是一种经济调节与被调节、管制与被管制关系，而不是平等主体之间的关系。(3)这种关系具有一定强制性。虽然国际调节主体的产生及其职权范围，原来是经由各被调节主体自由协商，自愿达成一致的，但既已同意，就必须接受调节和管理，如果不履行承诺或有所违反，就可能受到国际社会的谴责和制裁。

国际经济调节法的任务是规范国际调节活动，一方面对于国际调节进行规制，使国际调节依法实施，防止权力滥用；另一方面又保障国际调节顺利进行，调节措施有效实施。借此最终达到调节国际社会经济结构和运行，促进国际社会经济协调、稳定和发展的目的。

国际经济调节关系经过国际调节法的调整，形成国际调节法律关系。国际调节中各有关主体——调节主体与被调节主体之间的权利义务得到法律的确认和保障。

国际经济调节法的内容和体系决定于国际调节法的调整对象和调整任务，并最终受到国际调节及其立法发展阶段和状况的制约。从理论上来说，国际经济调节关系涉及国际社会经济的各领域、各环节、各个国家和地区；但只是同国际社会经济结构和运行的协调、稳定和发展密切相关，并且属于经由各成员国政府、组织事先达成协议的范围和有法律依据的问题。国际调节不必管得过宽、过细、过死。

国际经济调节关系可以作多种分类，这些分类决定了国际经济调节法的内容和体系。例如，按照参加国际调节关系的主体数量划分，国际调节法包括双边协定、多边协定、区域性条约和全球性公约等；按照主体性质，国际调节法包括各成员国政府间达成的被调节主体为有关成员国政府的协定，以及调节和规制对象为跨国公司等民间经济活动主体的法律；按照主体间达成协定的效力，国际调节法还可以分为正式法律文件和临时性协议。

如按照国际调节关系的经济领域，国际调节法则包括国际贸易法、国际金融法、国际投资法、国际知识产权等。不过需要说明的是，这里是指其中有关国际调节的法律规范，不包括涉及上述经济领域的民商法规范。因为民商法所调整的是一般平等主体之间的商品货币关系，而不是经济调节关系，因而不属于国际调节法范畴。

如按照国际调节的基本方式，则国际经济调节法的内容和体系，首先可分为对各国政府的调节和规制的法律，以及对如跨国公司等民间经济主体的调节和规制的法律。其次，由于对上述两类被调节主体，国际调节都需要分别采取三种基本做法：(1)排除市场障碍，包括排除各国设置的关税及非关税壁垒，以及排除因限制竞争、不正当竞争而给市场机制运行造成的障碍；(2)通过发布经济信息和经济发展预测，提供建议，并运用金融、财政、税收等经济政策和其他调节工具，引导各国政府和民间经济主体的经济活动，使之朝着健康方向发展；(3)通过国际组织直接或间接投资，调节国际社会经济结构和运行，如国际货币基金组织和世界银行以往所做的那样。与上述调节方式相适应，国际经济调节法便包括下面三种法律：(1)市场障碍排除法，含排除各国政府的关税和非关税壁垒的法律，及国际反垄断与反不正当竞争法等；(2)国际经济指导调控法；(3)国际组织投资法。

此外，国际经济调节法还可以分为实体法与程序法，后者如国际经济争端解决机制的法律等。如按照法律渊源，则国际经济调节法除前面提到的那些双边、多边、区域性、全球性条约和公约之外，各国立法中同国际调节相关的法律规范也属于国际调节法渊源的重要部分。因为迄今各国对国际条约的适用多采取先将其制定为国内法的方式，因此国内法当中同国际经济调节相关的法律规范也是国际经济调节法渊源的组成部分。此外，有一些(今后会越来越多)非政府的国际社会组织也制定了许多直接影响国际经济结构和运行的规则，发挥着一定的国际经济调节的作用，这些也应视为国际调节法的渊源之一。

以上构成国际经济调节法的全部内容的基本框架。其中的各种法律规范互相关联、衔接，形成国际调节法的有机体系。

实际上，国际调节法的内容和体系是不断发展变化的。因为国际经济调节关系是逐步发达起来的，它们所涉及的国际经济领域逐步扩大，涉及的程度逐步深化，这决定了用以调整它们的法律规范也逐步增多和逐步完善。

如本文前节所述，国际调节及其法律的历史发展迄今经历了几个阶段。WTO 成立以后，以它为代表，标志着国际调节进入一个新阶段。一方面，WTO 有一组包括 30 个法律文件的庞大的法律群。其中以《WTO 协定》为统领，包括许多附件、部长决定与宣言以及关于金融服务承诺的谅解等；从文件内容上来说，既有作为国际调节组织的 WTO 的职能、机构、地位及它总的活动原则的规定，又有涉及贸易、金融、投资、知识产权、关税和非关税壁垒、争端解决规则与程序等各个方面的具体法律规则。这些文件构成了 WTO 特有的国际调节法律体系，也是当前整个国际社会国际调节法律体系的集中体现。当然，以 WTO 为代表的现有国际调节法律体系目前并非十分完备，它在所涉及的调节领域、调节方式和手段、法律效力等各方面，都有明显的局限性，需要不断发展完善。另一方面，在 WTO 以外还存在许多也执行这样或那样国际调节职能的国际机构，它们也在不断制定有关国际调节的法律文件，这些也充实着整个国际调节法的体系。当前 WTO 同其他担负国际经济调节职能的机构如 IMF、世界银行等，保持着密切联系（WTO 专门通过了关于它同国际货币基金组织关系的宣言），这有利于各种组织分别制定的国际调节规则的协调，而避免了互相冲突。可以预料，今后各种国际经济调节组织及其调节职能还会继续发展壮大，它们之间会保持联系和协调。至于有无可能在 WTO 不断发展壮大的基础上，形成以它为核心统一的国际经济调节机构，而那时它的名称也由现在的“世界贸易组织”而改为“世界经济（调节）组织”呢？这种可能性是存在的，但那需要一个较长的发展过程。不管怎样各种国际经济调节法律规范在逐渐增多、完善的基础也会逐渐增强它们内部的协调性和统一性,整个国际社会的国际调节法律的完备体系会逐渐建立起来。

五、全球化背景下国际经济法理论体系的批判与重构

国际经济调节法的产生、存在和在实际经济生活中的作用,是任何人都不可否认的客观事实。但按照传统法的部门划分,它应属于哪个部门法?在法的体系、特别是在国际法的体系中地位怎样?同其他部门法的关系怎样?这是本节要讨论的问题。

国际经济调节法属于国际法(国际性法、跨国法)范畴这是没有问题的。国际法律体系,学界一般将其分为国际公法、国际私法、国际经济法三个部门法。国际公法一般是指调整国家之间主要是政治性的、同各国主权相关的社会关系的法律。国际私法最初主要是指解决国际性私人领域社会关系法律适用的冲突问题的法律,即所谓冲突法;后来许多学者将其范围扩大到所有涉及国际性的私人法律关系的规范,即除冲突法外还包括调整国际性私人(含自然人与法人)间民商事关系的实体法。对于国际经济法,迄今国内外学者多认为是调整国际经济关系的法律,但在界定"国际经济关系"时有所不同。例如,他们按照参与国际经济关系的主体种类的不同,有的主张国际经济法的主体限于国际法主体,即国家和国际经济组织相互之间的经济关系,才由国际经济法调整(这被称为狭义说);有的则认为国际经济法主体还包括私人(自然人和私法人),即除国家和国际经济组织之外,国际经济法还调整国家与他国私人之间、国际组织与私人之间以及不同国籍的私人之间的经济关系(这被称为广义说)。无论狭义说或广义说,他们大多把国际民、商事性质的许多经济关系都归于国际经济法调整范围之中。这样一来,在他们那里国际经济法便几乎等同于"国际经济的法"概念。这种理论首先受到来自国际私法学界学者们的强烈反对,认为它把应属于国际私法的国际民商事(主要是商事)性质的法律也包括进

去了,是一种“大国际经济法”主张(反过来,国际经济法学者则指称对方是“大国际私法”)。

在国际法体系分类上的分歧,当前国内外意见更趋多样化,有两分法(国际公法与国际私法)、三分法(国际公法、国际私法、国际经济法)、四分法(除上述三法外,加上国际商法),[17]甚至还有五分法[18]等。各种学说和主张分歧的主要争议,在于调整国际商事关系法律的归属,即是归于国际私法,还是归于国际经济法,抑或独立为一个法律部门。

国际民商法作为调整私人之间关系的法,按公认的公法、私法划分标准,无疑应属于私法范畴。属于国际私法的冲突法同国际民商法都是调整私人关系的,只是冲突法主要解决法律适用问题,对于有关民商事实体关系来说是一种间接调整,不像国际民商法是直接调整。因此,把该二者都纳入国际私法体系是可以理解的。至于国际商法是否可以分立,回答应是肯定的。如今国际商事关系及其法律异常发达而重要,领域极广,内容十分丰富,并有着密切内在联系,形成了有机体系。当然,如果不拘泥于把国际私法仅限于冲突法的传统概念,则也可以把国际商法视为国际私法的一部分,而且还应是它的主体部分。

本文重点不是讨论国际私法问题,而在于论证把国际商法纳入国际经济法是否恰当。国际经济法学者多主张国际经济法调整国际经济关系,而国际商事关系显然也是经济关系,所以他们主张这些商事法律规范也属于国际经济法。殊不知“国际经济关系”乃是一个非常广泛的概念,它主要包括以下两类经济关系:一是在一般经济交换活动中各平等主体之间发生的商品货币关系,这属于商事关系;二是国际经济调节关系,它不是平等主体间的经济关系,而是调节与被调节、管理与被管理的关系。这两类经济关系性质不同,调整它们的法因而在性质上

---

[17] 例如,国内学者左海聪教授即持此意见。参见左海聪:《论国际法部门的划分》,载韩德培主编:《中国国际私法与比较法年刊》,法律出版社 1998 年版,第 281 页。

[18] 谢石松教授认为,国际法体系中包括:国际公法、国际私法、国际经济法、国际民事诉讼法和国际商事仲裁法。参见韩德培主编:《中国国际私法与比较法年刊》,法律出版社 1998 年版,第 249~250 页。

也有所区别:前者属于国际商事法(或广义的国际私法);而后者应属于何种法律部门呢?本文前节把调整国际经济调节关系的法称为国际经济调节法。实际上这种国际经济调节法就是国际经济法。也就是说,国际经济法即为调整国际经济调节关系之法。

把上述两类经济关系(两类法)不加区别统称"国际经济关系"(国际经济法)而形成的"大国际经济法"思想,其产生是有历史根源的。从学科发展史来看,国际私法概念的提出和理论研究早于国际经济法。在国际商事关系及其立法尚发达的时代,对于涉外民事交往中发生纠纷如何适用法律,如何处理各相关国家互相歧义的民法上的抵触,已成了迫切需要解决的问题。国际上出现了相应的法律,人们称为法律抵触法或法律冲突法。1834 年美国学者 J. 斯托里出版《法律抵触论》一书,首创"国际私法"一词作为法律抵触法的同义语。最早的国际私法就是指冲突法。19 世纪末和 20 世纪以后,国际经济联系加强,经济和市场日益呈现国际化趋势,国际商贸活动和商事关系发达起来。由于国际商贸活动和国际市场的形成和发展离不开相关国家间的协调,离不开一定形式的国际调节,并且后者往往是前者的前提和主导,因此国际经济调节和国际经济调节关系迅速发展,并促进国际商事关系的发展。调整国际经济调节关系的法律规范大量涌现,并推动着调整国际商事关系规则的完善和规范化。20 世纪中期"二战"结束前后,联合国及国际货币基金组织、世界银行、关税与贸易总协定等国际组织机构的建立以及相关国际法律文件的制定,标志着国际调节机制和国际调节法律的正式建立和形成。也正是在这时,法学界提出了国际经济法概念,并逐渐将其作为一门新学科开展研究。因为当时涌现的关于国际经济调节的法律,不同于此前已有的主要是调整政治性、同国家领土主权相关的国家之间关系的国际公法,也不同于此前已出现的当时主要是关于跨国私人民事领域法律适用的冲突法的国际私法,因此学者们认为它们应是一种新的法律部门。鉴于该类法律明显的经济性,即它们是调整国际经济关系的,于是名之曰"国际经济法"。应当说,在当初学者们心目中的所谓"国际经济关系"和"国际经济法",首先和主要是指国际经济调节及其立法——主要是这一类型的法才引起他们提出新法律部门的构想。因此,有关国际调节及其立法实为他们提出和创立的国际经济法概念和理论的核心(如果不是全部的话)。但是,一则由于国际调节同国际商事密切相关,二则也是当时的国际私法概念和理论尚未把国际商事关系纳入其中。因此,许多国际经济法学者未曾将国际商事关系同国际调节关系仔细区分,而统称国际经济关系,统一纳入国际经济法范畴,从而形成"大国际经济法"理论观点。

"大国际经济法"观点形成的上述情节,同中国的大经济法观点形成原因十分相似。中国(其他实行社会主义的国家亦然)实行社会主义公有制,由于过去商品经济不发达,导致民商事关系很不发达,民法、商法基本空缺,国民经济几乎全部处于国家管制中。改革开放以后,强调经济法制建设,关于国家经济管理的法律大量涌现,法学界掀起了"经济法热"。学者们鉴于当时社会经济关系几乎等于国家经济管理关系,很自然地接受来自苏联的大经济法理论观点,认为经济法调整包括平等主体间民商事性质的经济关系在内的几乎各种社会经济关系。虽然改革开放促使民间经济关系有所发展,但它们同国家经济管理关系相比仍微不足道。由于民商法不发达,因此仍不足以根本动摇大经济法观点。这种情况直至20世纪90年代国家明确宣布要改行市场经济体制以后才有所好转,人们纷纷放弃了大经济法主张。⑲

对于大国际经济法理论的合理性一直有人质疑。而随着市场国际化和国际商事活动与商事关系的发达,其不合理性逐渐被人们所认识。早在1980年法国学者卡罗(D. Carreau)等人在《国际经济法》一书中提出:国际经济法是对国际经济贸易活动进行国际性管理和调整的法律,包括对来自国外的生产要素在一国领土上的机构设置进行调整和管理的法律,以及对各种货物、服务和资本的国际交易进行调整和管理

---

⑲ 参见漆多俊:《经济法基础理论》1993年第1版、1996年第2版、2000年第3版中的"中国大经济法产生的根源"一节。

的法律。[20] 日本学者金泽良雄认为，国际经济法是从国际经济总体立场出发所形成的国际法秩序，即对国际社会中的经济活动通过国家间的双边、多边调整，加以一定制约的国际法规范——条约的总称。[21] 美国学者杰克逊（J. H. Jackson）在1989年出版的一部著作中指出，有些学者对国际经济法的定义过于宽泛，使几乎所有的国际法都可以包括进去，因为规范国际关系的各种规则都可以说同国际经济有或多或少的关系。他认为应对国际经济法进行较有节制的界定，而卡罗等人在《国际经济法》中的定义就比较恰当。[22] 近年来，中国国内也有学者对调整国际民商事关系的法律规范是否属于国际经济法提出了不同看法。左海聪教授认为，"广义国际经济法说"不尽符合部门法划分标准和原则。国际经济关系是"复合型"的，其中调整私人间国际商事活动的法属于国际商法，应当分立，它不宜同国际经济法合并。[23]

本作者于1998年在《市场、调节机制与法律的同步演变》一文中提出"国际调节"与"国际调节法"概念：国际市场需要"三元化"调节机制，即除了市场调节和各有关国家的国家调节外，还有国际调节。世界贸易组织及国际货币基金组织、世界银行等国际性组织及其法律文件，便是这种国际调节机构和国际调节立法。国际调节法就是国际经济法。"国际经济法调整在国际调节过程中发生的有关社会关系，简称国际经济调节关系。这是在国际调节主体同被调节主体之间发生的关系，是一种调节与被调节关系。国内外经济法学界普遍地认为国际经济法调整'国际经济关系'。所谓国际经济关系，是一个含义很广的概念，它除包括国际经济调节关系外，还包括大量的在国际经济交往中的一般商品货币关系，即国际市场中各平等主体之间的一般经济交换

---

[20] See D. Carreau, P. Jullizrd, F. Flory, La Droit Economique Intenationale, 1980, pp. 3 - 22.

[21] ［日］金泽良雄：《国际经济法序说》，有斐阁1979年版，第35～40页。

[22] J. H. Jackson, *The World Trading System: law and Policy of International Economic Relations*, MIT Press, 1989, p. 21.

[23] 左海聪：《论国际法部门的划分》，载韩德培主编：《中国国际私法与比较法年刊》，法律出版社1998年版，第275～276页。

关系。后者其实应当属于国际民商法调整的对象。”㉔

尽管有许多不同声音,但传统国际经济法理论体系的主流地位仍未改变,国内外广为流传的仍然是“国际经济法调整国际经济关系”说,只是在除了国家间经济关系外还是否包括跨国民间经济关系问题上,存在差异而已。不过,相信这种情况会逐步发生变化。随着以WTO为代表的国际调节及其立法不断发展完备,国际经济法理论体系会逐渐围绕国际调节这一中心作出修正和重构。

如果按照本文前节关于国际经济调节法的原理来思考,则国际经济法理论体系中的一些基本问题似乎可以作如下概括:

关于国际经济法的定义:国际经济法是调整在国际经济调节过程中发生的有关调节主体同被调节主体之间的社会关系,以维护和促进国际社会经济结构和运行协调、稳定和发展的法律规范的总称;或者简单地说,它是调整国际经济调节关系的法律规范的总称。或者更简单地说,它是规范国际经济调节之法。

国际经济法的调整对象,是国际经济调节关系。这是在国际经济调节过程中发生的社会关系,是国际调节主体同被调节主体之间的一种调节与被调节、管理与被管理关系,并具有一定强制性,不是平等主体之间的一般商品货币关系。

国际经济法的功能和任务,是规制和保障国际经济调节。一方面对国际调节主体的调节权力和调节行为进行法律规制,防止权力滥用;另一方面又对调节权力和措施进行保障,使合法的调节措施得到有效实施,最终维护和促进国际社会经济的结构和运行能够协调、稳定和不断发展。

国际经济法的价值,同法的一般价值一样,包括秩序、效率、公平与正义等。但它所侧重的(主要价值取向)却是国际社会经济的总体秩序、总体效率、总体和实质公平与正义。鉴于国际社会经济总体是

㉔ 漆多俊:《市场、调节机制与法律的同步演变》,载漆多俊主编:《经济法论丛》(第1卷),中国方正出版社1999年版,第13~24页。

由各国、各地区、各民族和社会经济的各行各业等所构成，所以国际经济法也非常关注各国等局部方面的经济秩序、效率、公平和正义。但它主要任务是进行协调和平衡，协调各局部方面的经济交往和经济发展中的关系，调处矛盾，求得局部和整体“双赢”，而避免各局部间不协调、不公平，或者局部利益妨害国际社会总体和长远利益。简单地说，它是国际社会经济总体效率和公平优先，兼顾各局部间的效率和公平。

国际经济法的理念，是通过法的制定和实施，充分释放法应有的价值，以求达到国际社会经济体系中各国、各地区、各民族以及经济的各领域、各环节等局部间经济关系和经济发展得以协调、稳定和不断发展，实现既能充分保障各局部方面正当利益，又维护和促进国际社会经济总体效率、公平和正义的国际经济新秩序。

国际经济法通过对国际经济调节关系的确认和调整，形成国际经济调节法律关系。这种法律关系的主体，包括调节主体与被调节主体。其调节主体是指有权实施国际调节的国际性组织机构或临时性的某种联合机制体。如按主体构成成员划分包括双边、多边、区域性、全球性的组合体；按组合方式包括“纯契约型”主体、“契约型组织”与“法人型组织”。其被调节主体是指参与国际经济活动并接受国际调节的各有关国家政府、各公司组织和个人。当前 WTO 的被调节主体主要是各成员国政府，但也涉及跨国公司等“私人”。国际经济调节法律关系的客体，主要是各国的有关经济调节管理行为以及参与国际经济活动的组织和个人的有关经济行为，此外还包括国际经济调节主体自身的经济调节管理行为。法律关系的内容，是指在国际经济调节中各调节主体与被调节主体的权利义务。其中调节主体的权利（国际经济调节权）主要包括对有关国家政府、国际组织等进行的组织协商、协调权；按照国际性协议或国际组织机构的章程的规定采取各种经济调节措施的决定权和实施权；对各有关国家政府和国际组织等履行国际义务情况（包括各国的经济调节管理方面的和经济活动方面的）所进行的调查权；对有关纠纷和争议的调解、仲裁或其他方式处理权；实施经济制裁权;等等。调节主体的义务主要是依法(有关国际协议和章程等)进行调节,权力不得滥用等。各被调节主体的权利主要是有权根据自己情况和国际协议规定的适用除外、豁免条款或过渡性安排;按照自己在参加国际协议时所申明的保留意见,对某些国际协议的规定不予或暂缓履行;对国际调节主体的调节进行监督等。被调节主体的义务是接受合法调节。

国际经济法的内容和法律体系,主要决定于其调整对象即国际经济调节关系的内容和体系。当然,现实的内容和体系还取决于现实的立法状况。前节所论国际经济调节法的内容和体系,即为国际经济法的内容和体系,兹不复述。这里只是补充说明国际经济法学科内容和体系同法的体系是不尽相同的。国际经济法学科以国际经济法为研究对象,因此,法的内容和体系(特别是法所应有的、理论上的内容和体系)构成学科内容体系的核心和基础。但是,法的学科除研究相关各种法律制度和规定外,还需研究学科本身的有关问题,如该学科自身发展规律、研究方法等。后者也构成国际经济法学科体系的内容。至于国际经济法学的课程设置体系、教材编写结构体系,那更要根据教学实际需要而定,但也应当以该学科体系并最终以该部门法的体系为基础,并力求尽可能准确、全面反映后者的体系。

下篇　国际化和国际调节背景下的中国国家调节和经济法

六、封闭—开放—入世：中国国家调节和经济立法传统观念的转变

市场国际化、全球化是当代国际生活中不争的事实，是人类社会发展的历史潮流，是当前时代显著特征之一。在我们所处的这个时代，世界范围内的万事万物无不受到全球化的影响，打上这个时代的烙印。全球化从长远和根本上说符合各国特别是各国广大民众的利益，但所获利益的大小、快慢是有差别的。虽然各种国际调节机制担负着使利益和各种资源分配尽量公平的职能，但一则公平本来就是相对的，二则是各国总希望自己所获利益最大化，也是最重要的。因此，各国在对待全球化和接受国际调节的态度上是不一样的，并都在研究和采取各自的应对策略和措施。各国的应对方式分为两种：一是积极推动或参与全球化进程，推进和接受国际调节，并调整、改革本国原有制度、政策、立法和措施，以适应全球化和国际调节的要求；二是在全球化进程和国际调节机制建立和作用过程中，从本国立场出发，想方设法以趋利避害。任何一个国家都是两种兼用，不过表现形式不同。一般来说，发达国家对待全球化和国际调节态度更为积极主动，因为他们的经济发展水平和实力使之从全球化中受益良多。但同时他们往往忽视其他国家、特别是发展中国家的承受能力，甚至以强凌弱搞霸权主义，有意损害他国利益，以图从全球化中谋求不正当利益。发展中国家对此保持经常性的警惕和进行某种抵制是十分必要的，但也不能因噎废食而对全球化持消极态度。应当顺应历史潮流，积极应对，在推进人类共同事业的过程中，最大限度地维护本国民众正当权益，推动本国经济和社会发展。

中国作为发展中的大国，不能置身于全球化和国际调节之外。在

加入WTO谈判过程中,我们表现出积极态度,同时也结合自己当前的国情,实事求是,量力而行,趋利避害。今后我们仍然要注意利用WTO体制中诸如“过渡期安排”“一般例外”与“安全例外”等例外条款、“保障条款”“豁免”和争端解决机制等制度,维护本国正当权益。对于这方面的问题,由于中国尚处于发展中国家这一地位,也许还由于中国人的一种“本能”,人们关注较多,近些年学者们也已有大量论著论及,本文不再赘述。这里有必要强调指出的,中国人当前对待“入世”和全球化仍然缺乏足够的心理和思想准备,有许多同当前时代精神格格不入的传统观念仍然根深蒂固。

中国社会从前几千年间基本上处于闭关锁国状态。清朝末年,西方列强用洋枪洋炮敲开了中国的国门,中国却因此沦为半封建半殖民地社会,这理所当然地激发了中国人强烈的仇外排外心理。1949年中华人民共和国成立后的20多年里,由于现在众所周知的原因也基本处于封闭状态。70年代末国家在开始经济体制改革同时,也实行“对外开放”,开启了现代中国发展同国际社会联系的第一阶段。21世纪伊始,中国正式加入WTO,标志着中国开始全面进入国际社会。当年“开放”,是中国人观念的一次大转变;如今“入世”,又是一次大转变,并且相对前一次而言,这应是更为彻底的一次转变。它要求人们许多思想观念必须发生根本性质的飞跃。

(一)关于“中体西用”

中国古代几千年中,人们一直认为中国即“天下”,“居天地之中者曰中国,居天地之偏者曰四夷”。[25]“中国中心”观念根深蒂固。当时的文明发达、国力强盛,支撑了中国人的“中央之国”思想。中世纪末以后,西欧国家科技和经济日渐发达。至19世纪许多中国人已经认识到西方国家的科技和工业远远超过了中国。这时中国占主导地位的思想却仍然是唯我独尊,傲慢自大。正如清乾隆皇帝在拒绝同英国通商时给英王三世的回书中所云:中国“德威远被,万国来王,种种贵重之物,

---

㉕ 葛光著:《中国思想史》(第2卷),复旦大学出版社2000年版,第478页。

梯航毕集,无所不有……并无更需尔国制办物件”。[26] 后来也有越来越多的人主张学习和吸收西方先进的东西,但这主要是学习“西技西艺”,“师夷之长技以制夷”。[27] 洋务运动初期一些洋务派代表人物提出“中本西末”,主张学习西方“机器艺事”(是为末),但不能动摇中国“文物制度”和理义之本。再稍后,特别是甲午中日之战后,洋务派后期代表张之洞以及改良维新派康、梁等人,又分别提出各自的“中体西用”即“中学为体,西学为用”思想,并被当时和此后中国人所普遍接受,奉为毋庸置疑的至理名言和国家对外关系的最高指导方针和原则。

中华人民共和国成立以后,仍不脱传统窠臼。所奉行的“洋为中用”,仍属于“中体西用”思想体系。即使至20世纪70年代末,国家实行“对外开放”政策,开辟经济特区和开放沿海城市,举办“三资”企业等,当初也主要是为了学习和引进国外资本、先进技术与管理经验,为中国社会主义经济建设服务。在承认西方发达国家生产力先进的同时,却认为其生产关系落后,上层建筑腐朽、反动。中国社会主义的各种制度这个“体”绝不能变。中国对外开放的各项政策和立法(从立法宗旨、原则到具体法律规定)都鲜明地体现着上述指导思想。

另外,对外开放实践也使中国人加深了对当代国际社会的认识,逐步端正自己在国际社会中地位的定位,并觉察到自己的一些传统观念和做法已不合时宜。但人们对于“中体西用”思想从未作深刻反思和清理。在绝大多数中国人心目中,那仍是亘古不变的真理。随着全球化进程迅速发展和中国加入WTO,中国人的这一传统观念现在到了非认真反思和清理不可的时候。因为它同当前时代精神格格不入,它不符合中国作为有几千年文明史,曾对人类社会作出杰出贡献的大国在当代对国际社会应履行的职责,对中国自身发展和人民根本福祉也是不利的。

电子信息等高科技发展和全球化,使地球这颗行星上的人类社会

---

[26] 公丕祥:《东方法律文化的历史逻辑》,法律出版社2002年版,第329页。

[27] 1842年魏源在《海国图志》序中提出此主张。

连同其环境结成一体，各国、各民族和地区都是“地球村”的有机组成部分。各国、各民族、地区固然有着各自不同的利益，但在经济、资源和环境等方面，都存在人类社会许多共同的普遍性的利益，即人类社会的总体利益。其中许多直接关系整个人类的生存发展，是人类社会的根本性利益。当代及今后可预见的年代中，在地球上（或者还包括将来被人类开发的其他宇宙空间），由全体人类组成的人类社会、人类社会共同和总体利益，才是本体和主体。作为其中一员的任何一个国家，包括最发达、最强盛的国家，都不能号称只有自己才是“地球村”和人类社会的主体，也不能在各种问题上宣称自己代表着人类社会的主体。它们只是本体和主体中一个组成部分而已。

既然人类社会存在共同和根本性的总体利益，整个人类或人类社会是最高的利益主体，则各国、各民族和地区的利益应当服从人类社会总体利益，尽量同它相一致而不应损害它。为了维护和发展人类社会总体利益，国际社会需要制定有关国际规则。这些规则各国、各民族和地区都应遵守。不能从本位主义和实用主义立场出发，认为对己“有用”者而采用之，“无用”者而拒绝之。村民应当遵守村规村约，而不能仅取其所好。个人应当主动适应周围社会，而不能叫社会迁就个人。国际社会亦应如此。

所谓有用无用这本身需要正确认识，根本问题是衡量标准。各国对待国际社会的规则，对待其他国家、民族和地区的长处和经验的态度，应当从有利于维护和发展本国（民族和地区）广大民众的根本利益和长远利益出发，而这同人类社会总体和根本利益是一致的；应当符合人类社会生产力发展方向，因而从总体和长远看有利于本国生产力的发展；应当符合人类社会文明进步方向，因而也有利于推进本国的文明进步。不能违背上述这些标准而把一些似是而非的东西强调为本国的“国情”和“特色”，借以拒绝国际社会而自行其是。

“用”与“体”不能截然分割。向国际社会学习，最重要的是学习其一些根本性的长处，而不能只重视皮毛。皮毛乃附于本体之上，属于本体。舍本求末，未见其成功者也。“西技西艺”靠其相应制度支撑，“中体”纹丝不动，即使学到一些技艺，也难富国强兵。按照马克思主义原理，生产力同生产关系、上层建筑是密切关联的。生产力高速发展而生产关系与上层建筑长时期腐朽、反动，或者后者长期先进、优越，而前者滞缓、落后，都是不可理解的，也不符合一百多年来的历史事实。是故我们不必设置禁区，按照“三个有利于标准”和“三个代表”重要思想执行，在同国际社会交往中，在向国外学习和“用”其所长过程中，也不断改善和强固我们之“体”。“中体西用”主张，可以休矣！

（二）关于国家经济主权

全球化和国际调节引起人们对于各国国家经济主权的担心。如前所述，国际调节主要是对各国国家调节之再调节，WTO 主要是对各成员国政府经济管理权的规制，也就是对各国经济主权的某种限制。按照过去几千年的传统，国家主权是至高无上和绝对的。国家主权包括国家经济主权。1974 年联合国通过《经济权利与义务宪章》，进步确认国家经济主权原则。但是也应当承认，国家主权是一个历史性范畴，其内涵与意义是变化的。资产阶级国家建立以前及其以后一段时期，特别是针对殖民主义和帝国主义侵略和掠夺，强调主权绝对化有其重要意义。而随着国际化和全球化的发展，国际社会和人类的共同利益越来越重要，各国的主权及其行使方式需要受到一定限制。这正如资产阶级革命时期以法国民法典为代表所确立的所有权绝对化原则，到 19 世纪与 20 世纪之交，由于社会化而需要作出修改一样。如果当代各国仍僵硬地坚持主权绝对化而拒绝同他国和国际社会在各自主权行使上作出丝毫妥协，则国际联系和交往便难以进行，国际市场也难以建立和发展。而这不仅对国际社会，而且对本国来说，都是不利的。自 19 世纪以来，就有学者对国家主权提出质疑和批判。[28] 20 世纪末特别是 WTO 成立后，国家主权之争更趋激烈。

一般说来，发展中国家更加关注对自己国家主权的维护。因为它

㉘ 参见[法]莱昂·狄骥:《公法的变迁、法律与国家》，郑葛、冷静译，辽海出版社、春风文艺出版社 1999 年版。

们的经济和技术相对落后,法律和其他一些制度正处于改革和逐步完善之中,在全球化进程和国际市场竞争中,同发达国家不在同一起跑线上,政府要仰仗国家主权以便自主地采取一些保障措施,实行必要管制。并且,历史和现实(包括 WTO 成立后的事实)反复告诉他们:其他国家,特别是发达国家并非如所标榜的那样代表和维护着国际社会的共同和根本利益,一心推进人类社会的发展;恰恰相反,他们往往从极端利己主义立场出发,在"全球化"和"主权相对论"旗号的掩护下,恣意掠夺他国的资源和财富,控制其经济,甚至进行政治颠覆或军事干涉。

发达国家由于他们从全球化中获益更多,在国际调节中往往居于主导地位,所以他们在国际关系上更多强调对国家主权的限制。但人们切勿忽视这些发达国家在要求他国"淡化""废弃"主权的同时,对本国的主权却"绝对"不含糊。1994 年在美国贸易谈判代表签署《WTO 协定》之后,美国国内立即爆发一场历时 6 年多的"国家主权大辩论",其争端焦点在于 WTO 协定特别是其中的"争端解决机制"是否损害美国国家主权。1998 年又发生欧共体诉美国"301 条款"争端案,此案的核心仍是在国家主权问题上的限制与反限制之争。这些主权问题的之争明白无误地告诉世界人民:霸权主义者在经济主权问题上一贯奉行着"双重标准"。他们手中拿着"一对矛盾":主权"废弃论"是针对弱小民族主权之"矛",而主权"保留论"则是遮掩本国霸权的护卫之"盾"。[29] 各发展中国家对此保持高度警惕是十分必要的。但是另一方面,各发展中国家也应看到,毕竟全球化和国际调节是不可抗拒的时代潮流,必须同国际社会合作,遵守国际规则,接受国际调节,并因此而对各自的主权行使作出必要的自我限制。

中国是发展中国家,理所当然地应当高度重视对本国主权的维护,要特别警惕和抵制国际霸权主义者的干涉和侵犯。全球化是个渐进的过程,国际调节机制只能逐步完善和加强。现在还远未到"废弃"国家

---

[29] 参见陈安:《国际经济法论丛》(第 4 卷),法律出版社 2001 年版,第 133～134 页。

主权的时候。相反,各国主权的存在,对各国主权的尊重和维护,正是当代全球化和国际调节的前提和基础。各国既独立又合作,既自主又适当妥协,对本国主权行使作必要的自我限制,这是当代国际社会的主流特征。我们不能松懈主权意识,不要以为我国"入世"即可以拆除一切藩篱,"融入"国际社会,完全"一体化"。要充分利用WTO的各种"过渡期安排"和其他允许的条款,在积极参加国际合作的同时,维护本国主权和利益。但同时我们也应正确和客观地认识到全球化和国际调节对各国经济主权的影响,克服主权绝对化观念。

(三)关于保护民族产业

在经济全球化以前,一国的国民经济体系主要由该国的民族产业构成,国家经济实力主要体现为民族产业的实力,国家经济安全的核心在于民族产业的安全。特别对于中国和其他发展中国家来说,由于历史上饱受帝国主义列强的经济侵略和控制之苦,即使当代经济仍不够发达,在全球化中竞争不过发达国家,所以他们对于发展民族产业和维护其安全十分重视。一方面,在全球化迅猛民族产业仍然存在并具有重要意义,民族产业今天并未并且长时期内也不会被"全球产业"完全取代。但另一方面,也应看到各国的民族产业确实在发生着变化。它们随着经济全球化进程而同国际经济因素不断互相影响和渗透,民族产业的意义、价值甚至它本身质的定性(概念的内涵与外延)都在改变着。对于某些民族产业,国家需要适当保护,但保护的方式和手段也应当变化,不能沿用过去传统做法。

在全球化背景下,资本、技术等生产力要素在全球范围自由流动,寻求优化配置。国际分工日益向广度和深度发展,参与国际分工的国家可以利用自身的比较优势从中获取直接经济利益,并通过吸收先进技术和资本改造本国传统民族产业,增强其生产力。如果为保护民族产业而将自身封闭起来,则这些民族产业必然落后于时代潮流,缺乏生命力和竞争力,最后难免被淘汰。单纯的、消极的保护是不可取的,不能达到对民族产业保护的目的。

在国际专业化生产条件下,许多产品的生产都是国际合作的产物。

同一种商品最终产品的生产往往分布在好几个甚至十几个国家和地区,是一种"国际性产品"。目前成为全球经济最重要主体的跨国公司,其子公司遍布世界各国,他们所建立的生产、销售体系是全球性的。这些产品连同跨国公司本身都已很难说是属于哪一个国家的"民族产业"了。

中国过去人们对民族产业的范围界定十分狭窄,多仅指由本国国民所有或控股的产业。而设在中国境内的外资企业和由中方参股的外国子公司,既然在法律上属于中国企业,他们也应当属于中国民族产业组成部分之一。对于某些关系国计民生的产业,在一定时间内保持本国"国民所有或控股"——这是比较典型的民族产业——是必要的,但也不必太多。

对于民族产业保护手段也必需改变过去的传统做法,不能再主要依靠关税、配额、许可证等为 WTO 所禁止和限制的措施,而只能在 WTO 和国际惯例所允许的范围内,利用 WTO 协定的各种例外、豁免、过渡期安排、发展中国家优惠待遇以及通过采用新的环境标准和技术标准等,实现对民族产业的适度保护。

综上所述,在市场全球化、国际调节和中国加入 WTO 的背景下,当前中国在国际经济关系乃至其他国际关系上,正面临思想观念的大转变,许多传统观念需要作较彻底的反思和清理。观念的转变和更新,对于国家方针、政策和立法的制定和实施十分重要。从法律角度来讲,观念问题直接涉及立法的指导思想、法律原则乃至一些具体法律制度的制定和实施。

七、中国经济法立法和实施制度的修订与完善

中国自 20 世纪 70 年代末开始实行改革开放和加强经济法制建设,陆续制定了一系列关于经济的立法,其中包括许多经济法性质的有关国家经济管理与调节的法律法规。90 年代初国家决定实行社会主

义市场经济体制，并逐步推行法治，为体现经济体制转轨和治国方略转型，对原有立法进行了修改，并制定了许多新的法律。至20世纪末，同我国当时社会主义市场经济基本适应的法律体系框架初步建立。就在20世纪末，我国加入WTO的谈判也正在紧锣密鼓地进行，并在2001年年底正式加入WTO。为适应WTO要求和落实中国政府的承诺，中国有关的经济法立法又需作出较大调整。

如前所述，以WTO为代表的国际调节当前主要是对各国国家调节的再调节，各国的经济法的立法和实施需要同国际经济调节法即国际经济法接轨。当今时代，一国的国内经济各领域和各环节无不同国际因素有着某种联系，有些经济部门则关系尤为密切。对于那些直接同国(境)外经济因素发生联系的经济领域和部门，我们将其称为该国的涉外经济，如涉外投资、涉外金融、对外贸易等。在当前存在众多主权国家的情况下，国际市场和国际经济关系主要就是由各国的涉外经济关系构成的。因此也可以说，国际调节及国际调节法(国际经济法)主要是规制各国政府对各自涉外经济的管理和调节。因此，本文下面主要讨论在加入WTO和国际调节背景下中国涉外经济法的修订与完善问题。

中国政府于2001年11月11日，即中国被正式接受为世贸组织成员的次日，签署了《中华人民共和国加入议定书》，作出了全面履行WTO的义务的明确承诺。中国的经济法特别是涉外经济法必须贯彻WTO的各项原则和规定，落实中国政府的各项承诺。同时也要在WTO框架范围内充分考虑本国国情，从实际出发，正确利用WTO所规定的各种例外(一般例外和发展中国家优惠原则)，维护本国正当权益。

为切实履行承诺，从加入世贸组织前一段时间开始，我国政府做了大量工作。人们认识到，入世首先和主要是法律规则的入世，因此抓紧了对有关法律法规的“立、改、废”工作。从1999年年底开始对有关法律法规进行了全面清理。在此基础上，对同WTO不一致的规定作了修订，并制定和颁布了许多新的法律法规。当前我国的经济法规的修订工作还在继续进行,并且这将是长期性任务。因为国际市场在不断变化发展,WTO和国际调节也在不断发展完善,各国的国家调节和经济法需要与之同步作出调整。

在外商投资方面,近几年我国修订了《中外合资经营企业法》(2001年3月)、《中外合作经营企业法》(2000年10月)、《外资企业法》(2000年11月)及合资企业法实施条例(2001年7月)和外资企业法实施细则(2001年4月);修订了《指导外商投资方向规定》(2002年2月),颁布了新的《外商投资产业指导目录》(2002年3月);还颁布了其他一系列有关外商投资在企业设立登记和审批、经营、税收、外汇、财务和劳动等方面的行政法规和部门规章。这些法律法规的修订和颁布,扩大了外商投资领域,取消了诸如当地成分、贸易与外汇平衡、出口义务、以产顶进或进口替代、向中国保险公司投保、生产经营计划报主管部门备案等履行要求,放宽了管制。

我国外商投资立法仍需继续完善。例如,应当将外商投资政策法同企业法加以区别:外商投资所采取的组织形式,不外乎公司、合伙、独资等,可以一般适用公司法、合伙法或独资企业法等商事法律,只对某些特殊问题另作一些特别规定。在外商投资方面更为重要的是规定对外商投资的各种政策,这也是WTO和其他国际调节机构所主要关注的。外商投资政策法规定国家对外商投资所采取的基本态度、方针和原则,对投资方向、产业领域和各种经营上的要求,所给予的各种鼓励或限制措施等。在这些方面要符合WTO和国际调节的要求,并在不违反本国政府承诺的前提下,根据本国实际情况加以制定。外商投资政策的内容涉及许多方面具体问题,需要按照国家立法权限分别由各级制定各种单行法规,但是有必要由国家最高立法机关制定一部综合性的外商投资政策基本法统领其他单项法规,而其他各单项法规是对基本法的补充和具体化。

在对外贸易法方面,近几年来国家各级机关修订和制定了许多单行行政法规和部门规章,涵盖了货物贸易、技术贸易和服务贸易。重要的有《反倾销条例》(2001年11月)、《反补贴条例》(2001年11月)、

《保障措施条例》(2001 年 11 月)、《货物进出口管理条例》(2001 年 12 月)、《技术进出口管理条例》(2001 年 12 月)、《出口许可证管理规定》(2001 年 12 月)、《货物进口许可证管理办法》(2001 年 12 月)等。2002 年 4 月全国人大常委会还颁布了《进出口商品检验法》。这些法律法规的修订和颁布,基本上适应了 WTO 的要求。但作为集中体现我国外贸政策的基本法——《对外贸易法》却是 1994 年颁布的,至今已经 9 年了,许多内容亟须修改。现在国家有关部门正在抓紧进行修订工作,学者们也提出了许多修改意见,预计不久即可出台。

在涉外金融法方面,近几年颁布了《外资金融机构管理条例》(2001 年 12 月)及其实施细则(2002 年)、《外资保险公司管理条例》(2001 年 12 月)、《外资金融机构驻华代表机构管理办法》(2002 年 6 月)等。2003 年 12 月 27 日全国人大通过了修订《中国人民银行法》的决定、修订《商业银行法》的决定和《银行业监督管理法》,于 2004 年 2 月 1 日起施行。银行业这三大法律的修订和颁布,是我国金融业和金融立法的一件大事,它标志着我国金融体制改革不断深化。这次修订后的《人民银行法》,强化了人民银行制定和执行货币政策、进行宏观调控、防范和化解金融风险的职能,而将日常监管职能交由专门的银行监管机构负责。修订后的《商业银行法》进一步突出了"以安全性、流动性、效益性为经营原则,实行自主经营,自担风险,自负盈亏,自我约束"(该法第 4 条)。该法在规定禁止商业银行从事信托投资、证券经营和向企业投资等业务的同时,规定了"但国家另有规定者除外"的但书,为以后银行业混业经营预留了空间。我国的《人民银行法》和《商业银行法》原是 1995 年颁布的,它们保留了许多计划经济色彩。例如,过于强调国家金融管理秩序、国有财产安全和国家管制,而未足够重视包括银行在内的广大市场主体的自由、自主和对效益的追求。这同 WTO 的自由贸易和市场经济要求不相符合。原来的银行立法将外资银行、外国银行同本国银行区别对待,在人民币、外币业务等方面设置了各种市场准入限制。按照中国政府的承诺,现正在逐步取消。我国还要制定或修订各种相关的条例和规定。此外,在保险、证券、信托方面,改革也将逐步深入,并需要通过立法加以确认。

在知识产权方面,修订颁布了《专利法》(2000 年 8 月)及其实施细则(2002 年 12 月)、《商标法》(2001 年 10 月)及其实施条例(2002 年 8 月)、《著作权法》(2001 年 10 月)及其实施条例(2002 年 8 月)、《计算机软件保护条例》(2001 年 1 月)、《集成电路布图设计保护条例》(2001 年 10 月)、《植物新品种保护条例》(1997 年 3 月)及其实施细则(林业部分)(1999 年 8 月)等。

在关税和国内税方面,自 2002 年 1 月 1 日起我国下调了 5000 多种商品的进口关税,关税总水平由 15.3% 降到 12%。工业品平均税率由 14.7% 降到 11.3%,农产品(不含水产品)由 18.8% 降到 15.8%。2003 年 11 月国务院颁布了《进出口关税条例》,自 2004 年 1 月 1 日起施行。2004 年 1 月 1 日起,我国第三次下调关税,使关税总水平由 12% 降到 10.6%。3000 多种商品不同程度地下调,其中信息技术产品等部分进口商品降至零关税。在国内税方面,自 1998 年起通过税制改革统一了内外资企业的流转税制,取消了对外商投资企业的高收费,废除了对外籍人员的某些双重收费标准。国家税务总局还发布了许多有关涉外税收征管、出口退税等具体方面的规定。

在竞争政策方面,我国在 1993 年颁布了《反不正当竞争法》。后来制定了《制止价格垄断行为暂行规定》(2003 年 6 月)、《外国投资者并购境内企业暂行规定》(2003 年 3 月)等。我国的反垄断法起草工作已进行多年,现正在抓紧进行,应争取早日出台。WTO 已在酝酿制定国际竞争政策,我国对此持何种态度也需要研究。

我国涉外经济法的立法,过去主要是为了应付各个时期对外开放的各种实际需要,缺乏总体规划,加之授权立法泛滥,所以数量繁多,内容庞杂,一些法规条文互相重复、冲突。立法级别普遍不高,绝大部分都是行政法规、部门规章和地方性法规,最高权力机关制定的法律甚少。同一领域的立法缺乏基本法统领,基本指导思想和原则不明确。这给实施也带来诸多不便。应当以为适应 WTO 要求而进行的修订为契机,对我国涉外经济法立法进行总体规划,理顺关系,完备体系。增加由全国人大及其常委会制定的法律，并且每一大的领域都应制定出一部综合性的基本法律，如对外贸易基本法、外商投资政策基本法等。

WTO要求各成员方的政策法律具有统一性和透明度。上述清理各部门和各地方颁布的法规，理顺各种法规之间的关系，建立完备的立法体系，也是统一性和透明度的一种要求。此外，透明度原则还要求及时公布所制定和实施的法律法规，不公布不得实施；并且要及时向世贸组织通报。为贯彻透明度原则，我国在国务院外经贸部设立了通报咨询局，在外经贸部政府网站公布了《中国政府世贸组织通报咨询局咨询办法(暂行)》，自2002年1月起开始向各界提供咨询服务。

WTO不仅要求各成员方保证其法律法规和行政程序与WTO的各种协定对其规定的义务相一致，而且要求各成员方必须以统一、公正、合理的方式加以实施。它还要求取消在国际贸易方面不适当的行政终局裁决制度，给有关当事人提供司法审查的机会。为此，我国加大了行政管理制度和司法体制的改革力度，大幅减少了行政审批许可事项，颁布了《行政许可法》(2003年8月)。在知识产权和其他一些方面取消了行政终审制，让更多案件当事人能够进入司法审查程序。在审判独立、司法公正方面也不断有新的进展。

WTO为中国特别规定了一种“过渡期审议机制”。2002年9月根据安排，由WTO知识产权理事会对中国实施知识产权情况进行了审查，认为在立法和实施方面有很大改进。

中国经济法、特别是涉外经济法的立法和实施制度的修订和完善，既是履行WTO和国际调节的义务的需要，也是中国为适应建立市场经济和逐步实现法治国家的要求，完善国家法制的需要。中国加入WTO和接受国际调节，不仅关系我国经济的发展，而且会在我国推进经济体制改革和民主法制进程等方面，产生全面而深刻的积极影响。

国际调节与国际经济法学科理论新视角*

一、市场国际化与国际调节的产生和发展

市场是随着商品交换关系的产生、发展而产生、发展的。市场作为商品交换关系的总和，它涵盖着一定社会经济的各行业、部门及生产、流通、分配和消费等再生产各环节，它是由社会经济的各种结构及运行组成的一定的社会经济系统，犹如自然界各个生态系统一般。在同一市场中，各种要素有机联系和制约，形成完整的体系。

早在资本主义社会以前，社会经济形态尚处于自给自足的自然经济时代，各国和各地区就存在许许多多相对独立、彼此基本隔绝的市场。后来由于商品经济发达，加之资产阶级革命消除了封建割据，各国范围内的各个分散的小市场相互渗透、融汇，形成了全国统一的市场体系，此亦即所谓"国民经济体系"。

很早以前，也出现一些跨越国境的商品交换活

---

* 本文原发表于《当代法学》2004 年第 18 卷第 2 期，发表作者署名为漆多俊、漆彤。

动。只是由于过去交通、通信等条件限制，特别是各国政权当局的严格管制，加之当时商品经济不发达，社会经济自身缺乏强烈要求，跨国境的商品交换长期未得到发展，更形成不了国际市场。近代以来，由于科技和生产力发展，推动着商品经济进一步发达，科技发展同时还使交通和人们间其他联系工具和方式更加发达，跨国境的商品交换和其他经济交往逐渐发达起来。20世纪终于出现规模空前的市场国际化和全球化趋势，国际市场逐渐形成，并在继续发展。

市场国际化作为一种趋势和过程，是逐渐形成和发展的，并呈阶段性。如果说中世纪末航海技术和航海事业的发达及随后发生的一系列殖民战争，可视为市场国际化的前奏，那么，19世纪与20世纪之交，轮船、火车、航空及电话、电报业的兴起，以及后来发生的两次世界大战，则正式拉开了市场国际化的序幕。至20世纪末叶，由于电子信息时代的到来，加之两大阵营对垒的冷战局面结束，各国政府的管制措施相应放松或取消，为国际经济联系创造了适宜的国际环境，市场国际化和全球化进入了一个迅速、全面和深刻的发展阶段。推动市场国际化进程加快的因素很多，但最根本的还是高科技的迅猛发展，只有它才能为全球化提供坚实的物质条件和现实可能性。在互联网上，人们可以足不出户而通过点击鼠标即可同全球任何地方的人们发生各种联系，实现信息、商品、资本和技术的流通。其速度、规模和范围是过去包括在诸如铁路、航海、航空以及电话、电报等交通、信息条件下所不能比拟的——过去人们所谈论的市场国际化和全球化，当时主要还是一种理念化的东西，如今它已是任何人都不能否认的一种现实的状态和趋势。

市场作为社会经济的一个系统和体系，其中的各种经济要素的结构比例关系大致均衡和协调，并且是在不断的“不协调—协调—不协调”的矛盾运动中求得协调；经济的总体运行大致平稳和逐步发展，并且是在不断的跌宕起伏中求得稳定和发展。这是什么原因？其中必然有某种机制和力量在发挥作用。而事实上，影响社会经济结构和运行的力量和作用机制不仅存在，而且多种多样。其中有些是正面起维护、促进作用的，有些则是反面起阻碍、破坏作用的。对于社会经济结构和运行能够或起码当初期望能够发挥维护、促进作用的力量和机制，被称为调节机制。这种调节机制可以分为社会经济内部（自身固有）的与外部的两类。内部调节机制主要指市场调节，即价值规律和供求关系的自发作用。外部调节机制是指诸如政治的、社会的等各种力量和因素对社会经济结构和运行自觉施加的影响。后者例如20世纪以来发生和逐渐加强的国家调节（在各社会主义国家称为“计划调节”）。

西方资本主义国家在资产阶级革命成功以后实行市场经济体制。在资本主义自由竞争阶段，国家基本上不介入社会经济生活，其调节机制基本上是一元化的市场调节。19世纪末出现生产社会化并形成垄断以后，市场机制由于自身固有缺陷已不能充分有效地调节经济，国家调节应运而生。它在市场调节基础上发挥配合、辅助有时甚至是主导性的调节作用。这就是调节机制的二元化。

因市场国际化而形成的国际市场，也需要有相应的调节机制。国际市场的基本调节机制仍然是市场调节，只不过它是一种国际性的市场调节。但是，一方面由于市场机制本身也存在诸如市场障碍、市场的唯利性、市场盲目性与滞后性等固有缺陷，[①]单靠它难以实现充分和有效的调节；更为重要的是国际市场乃主要由各国的涉外市场共同构成，国际市场经济活动主体来自各国，他们分别受到各自国家的管理和调节。也就是说，国际市场仍然受到各国的国家调节。各国的国家调节措施和力度不同，妨碍国际市场上市场机制的统一调节作用，并直接阻碍着国际市场的形成和发展。例如各国设置的关税和各种非关税壁垒即如此。因此，国际市场迫切需要有新的调节机制，借以协调或统一规制各国的国家调节，并弥补市场调节固有的不足。这种调节机制即为国际性调节，或称国际调节。这样一来，国际市场的调节机制便“三元

① 参见漆多俊：《经济法基础理论》，武汉大学出版社2000年版，第15～23页。

化”了。[②]

国际调节的产生和发展是同市场国际化进程同步的。因为没有国际性市场,便没有国际性调节的必要;而没有相应的国际调节,国际市场便难以正常运行,甚至难以形成。同前面所述市场国际化的发展阶段相适应,国际调节的形成和发展也呈现阶段性。在国际市场萌芽阶段,市场的规模和运行主要由相关各国奉行的外贸政策的自由和开放性程度决定,各相关国家偶尔也会进行政府间的协商和协调。19世纪以后,首先在欧洲,由于资本主义商品经济和跨国境经济贸易活动逐渐发达,各国间进行的双边或多边协商增多。1815年还出现“欧洲协作”这种多国协作形式,在其存续整整一个世纪中召开了一系列多边协商会议,形成了比较连续和稳定的协商制度。19世纪中期,欧洲国家在亚当·斯密和李嘉图的经济学理论指导下,放弃长期奉行的重商主义,一度掀起贸易自由化高潮。1880年英、法两国率先签订具有历史意义的第一个自由贸易双边协定——“科布登—切维勒尔条约”,并首创无条件最惠国待遇模式。在英、法的带动下,欧洲各国之间签订了一系列双边自由通商、航海条约,还签订了莱茵河自由航行公约。这些即为早期的国际性调节措施,这些措施使当时国际贸易额大幅度上升。[③]

随着国际贸易和其他国际经济联系的发展,在对国际性市场进行协调和调节的双边、多边条约继续增多的同时,一些带全球性的公约和国际性组织也逐渐出现。其中重要的包括:1804年欧洲成立了莱茵河管理委员会、1865年成立国际电报联盟、1874年成立邮政总联盟、1883年成立国际保护工业产权联盟、1886年成立国际保护文学艺术作品联盟、1899年成立海牙常设仲裁法院。以上这些国际组织虽然主要是政治性或行政性的(因而被人们称为“国际行政联盟”),[④]但同经济也不

---

② 参见漆多俊:《市场调节机制与法律的同步演变》,载《经济法论丛》(第1卷),中国方正出版社1999年版,第13~18页。

③ 参见赵维田:《世界贸易组织(WTO)的法律制度》,吉林人民出版社2000年版,第4页。

④ 参见梁西:《国际组织法总论》,武汉大学出版社2001年版,第20~21页。

无关系。

20世纪以后,为适应市场国际化的发展,要求加强国际性经济调节,建立作为其载体的国际调节组织形式。第一次世界大战后建立了国际联盟。它虽然主要是政治性组织,具有广泛职能,但也包括处理和协调战后经济和社会问题。第二次世界大战后的1945年签订了《联合国宪章》,建立了联合国。它是迄今为止世界上最大、最有权威和影响的国际组织。联合国及其体系下有关金融、贸易等方面的专门机构,特别是国际货币基金组织(IMF),国际复兴开发银行(IBRD即世界银行)和关税与贸易总协定(GATT),在国际经济生活中担负着十分重要的国际经济调节职能。上述后三个机构被誉为战后西方世界经济体系的三大支柱。"二战"以后还出现了各种区域性组织,如欧洲联盟(EU)、北美自由贸易区(NAFTA)、亚太经济合作组织(APEC)、非洲统一组织(OAU)等,它们也对所在区域和全球的经济发挥着重要的调节作用,都是现代国际市场国际调节的重要组成部分。1995年在GATT基础上,诞生了一个新的全球性经济(调节)组织——世界贸易组织(WTO)。它成为当代国际调节机制的中心和主力,标志着市场国际化和国际调节机制发展步入一个新的发展阶段。

二、国际调节的性质和特征

国际调节或称国际性调节,是国际市场(国际社会经济)的一种调节机制或调节活动,它是由两个以上国家或区域性、全球性组织,通过协商或签订国际条约,或以国际性组织的决定等形式,对国际市场的经济结构和运行实行调节,以维护和促进国际社会经济协调、稳定和发展。

国际调节同市场调节、各国的国家调节互相配合、制约、相辅相成,共同构成国际市场的经济调节机制体系。国际调节同市场调节不同,它不是社会经济自身固有的由价值规律自发作用的机制,而是从外部施加的作用和影响,并且是人们有意识有目的的自觉活动(不同于其他并非以直接影响社会经济结构和运行为目的的社会事件,更不同于各种自然现象对经济产生的影响)。至于同各国的国家调节比,他们在调节主体、作用范围和方式等方面区别十分明显。国际调节虽然也需要各国国家调节的配合,但前者往往是对后者的某种限制和约束;特别是当国际市场尚处于形成阶段,尤其如此。本文后面在论及迄今为止国际调节现状时,将鲜明地体现:包括 WTO 在内的国际调节实际上主要是以各国的国家调节作为其调节对象(客体);或者说,迄今为止的国际调节主要是对各国国家调节的一种再调节。

国际调节在调节主体、客体(对象)、领域、方式(手段)等方面,都有鲜明特征:

(一)国际调节主体

调节机制作为一种力量和作用,必有其载体,此即调节主体。国际调节主体是国际性的。从主体构成成分来说,迄今主要是由两个及以上国家构成,包括双边、多边、区域性、全球性等形式。从成员组合方式来说,有些仅仅由各成员国协商或通过签订(加入)有关条约、公约,协调各国对所涉及的国际市场的管理活动,达到共同调节国际市场的目的——这类主体可姑且称为"纯契约型"调节主体;有些则除缔结共同协定外,还建立相应的组织机构,由这些机构负责实施协定,执行一定的国际调节任务——此可称为"组织型"调节主体。以上组织机构中,有些只是临时性或松散型的,它们主要起一种联络、协调作用——此可称为"契约型组织";有些则是有常设机构较为稳定并具有法律人格的组织,能够依照有关国际法律规范独立行使职权,执行——此可称为"法人型组织"。同上述情况相适应,各种类型主体在其职权和权威性方面也是不同的。

从市场国际化进程和国际调节机制形成演变史来看,国际调节主体的形态,基本上是由双边、多边发展为区域性和全球性,由"纯契约型""契约型组织"发展为"法人型组织"。20 世纪以前,担负一定国际调节任务的主体多采取双边或多边协商、或签订条约的形式("纯契约型”)。从19世纪中、后期开始陆续出现了许多国际性组织,但直至20世纪中期,这些国际组织多为较松散、职能有限的机构(“契约型组织”),例如GATT直至乌拉圭回合结束都基本属于这种类型。20世纪中期“二战”结束后以联合国及IMF、世界银行等组织为代表,出现了许多结构严密、具有独立法律人格的国际组织。1994年由GATT演化而诞生的WTO,是这种“法人型”国际调节主体的典型代表。例如:

WTO一开始就具有法律人格。《WTO协定》第1条、第2条规定:“建立世界贸易组织”,“为处理其成员国的贸易关系提供共同的组织机构”。第8条规定:“WTO具有法律人格,每个成员方都要赋予WTO以行使它职能所必需的法律能力。”该条并规定了WTO及其官员为履行职能所必需的特权和豁免。

WTO不像GATT那样仅是一种临时性协议,它为国际贸易制定了“更有力和更明确的法律体制”(《马拉喀什宣言》)。其多边贸易协定“法律文件”对所有成员国具有约束力(《WTO协定》第2条)。“每一成员都应保证其法律、法规和行政程序与所附各协定对其规定的义务相一致”(前引第16条)。这奠定了WTO规则“优于各国国内法的宪法性原则”。⑤

WTO有正规的组织机构,建立了健全的决策和运行机制。它除设“部长会议”外,还有常设机构“总理事会”。下分设货物贸易理事会、服务贸易理事会和知识产权理事会。还设立了“争端解决机构”(DSB)——这是一个相对独立的司法部门;设立了“贸易政策审议机关”(TPRB)——这是监督机关。此外还有由总干事率领的秘书处,作为处理日常事务的工作班子。

WTO同IMF和世界银行一样都是具有法律人格的国际法主体,但由于WTO的职权和所管理的经济领域远比后二者广泛,因此它是国际社会经济中更为重要的、综合性的国际调节主体。

---

⑤ 参见赵维田:《世界贸易组织(WTO)的法律制度》,吉林人民出版社2000年版,第31页。

20世纪后半叶出现了许多区域性组织，它们也是一种重要的国际调节主体。它们不但对本区域的经济起着举足轻重的调节作用，也对该区域外乃至全球经济发挥着重要的影响作用。欧盟是其中的典型例子。它不但直接调节着该区域及其所属各成员国国内的经济，并且在全球经济生活中充当着重要角色。欧盟各成员国分别参加了WTO，欧盟本身也作为WTO的独立一员。

如前所述，迄今国际调节主体主要是由各独立国家为单位组成的各种形态的国家联合体，但也有些非政府（民间社会）的国际社会组织，在某种范围和程度上对国际经济起着重要的调节作用。例如国际证券监管者委员会即为这种国际社会组织。

（二）国际调节的客体（对象）

国际调节的客体主要是国际社会经济的结构和运行关系。所谓经济结构，主要是指国际市场中的产业结构、行业结构、产品（服务品种）结构、地区结构等，是以上各方面的各种比例关系。所谓经济运行，主要是指国际社会经济的总体及构成总体的经济各方面、再生产各环节的变化发展状况。国际调节的基本任务就在于促进国际社会经济的各种宏观结构能保持动态平衡和协调，避免各种比例失调，维护经济总体运行稳定和持续发展，避免经济发生大的动荡起伏或停滞衰退，特别是力求避免和克服区域性或全球性的经济危机。本文前揭所列举的各个时期出现的国际经济调节主体，其设立宗旨和后来的调节活动，都围绕着以上基本调节任务。我们不难发现，每当战争或各次国际性经济危机发生前后，国家间的经济协商与合作往往十分频繁，国际性条约和经济组织大量涌现，其原因正在于当其时也，作为战争或经济危机的对策或作为其教训与启示，迫切需要采取国际调节措施，以调节国际社会经济的各种结构和运行。例如发生在20世纪20年代末的第一次世界性经济危机和二次大战前后的情况便如此。1943年制定了《大西洋宪章》，把建立稳定的金融秩序和贸易自由体制列为基本内容。1944年在“布雷顿森林”召开国际金融会议，制定了以稳定汇率为主要宗旨的《国际货币基金协定》和建立世界银行等文件，并拟制了“国际贸易组织"宪章。[⑥] 不久,IMF、IBRD、GATT 相继建立。联合国也在这时宣告正式成立。

国际社会经济结构和运行关系作为国际调节的基本客体,在不同时候有不同侧重点和表现形式。从历史演变上来看,迄今为止,国际社会经济结构和运行关系主要表现为国家之间经济关系。[⑦] 而欲调节国家之间的经济关系,首先遇到和必须处理的,是因各国政府对各自国家的经济管理和调节而发生的各国之间的关系,简称各国间的国家经济调节管理关系。各国对各自国家的经济(尤其是其涉外经济那部分)所实行的管理制度和措施,如不能恰当协调和处理,势必妨碍国际社会经济的结构和运行;并且,它直接阻碍着国际市场(即国际社会经济体系)的形成和发育。所以,迄今国际调节的首要任务是约束和指导各国政府的经济调节管理行为,协调和处理各国之间的经济调节管理关系。即使对于 WTO 来说也仍然如此。这就是如人们所说,WTO 主要是规制政府的。或说,"入世"主要是"政府入世""规则入世"。也就是本文前面提到的:国际调节在当前主要是对各国国家调节的再调节。

WTO 对各国政府经济管理行为的规制,其目的在于排除因各国管理政策、制度和措施而给国际统一市场的形成和正常运行造成的障碍。市场障碍有两类,除各国政府的关税和非关税壁垒等之外,还有如跨国公司等非政府的社会组织对国际市场造成的障碍,如与垄断相关的限制性商业行为和不正当竞争行为。对于后一类障碍,WTO 迄今尚未正式干预,但已开始注意到对非政府的社会经济组织经济行为的干预和调节。已有许多规则包含着对跨国公司和其他社会组织的行为的约束。表明今后要制定"竞争政策"规则"限制性商业行为"。例如 TRIMS 第 9 条规定:"在不迟于《WTO 协定》生效之日后 5 年货物贸易理事会应考虑本协定是否补充有关投资政策和竞争政策的规定。"其

---

⑥ 参见赵维田:《世界贸易组织(WTO)的法律制度》,吉林人民出版社 2000 年版,第 7 页。

⑦ 这里包括区域性经济组织相互之间以及它们同其他国家之间的经济关系。因为区域性组织也由其相关国家组成,是某种形式的国家联合体。

中的"竞争政策"就主要是针对跨国公司的"限制性商业行为"的。虽然后来进行的多哈谈判进展十分艰难,2003 年 9 月的坎昆部长会议无果而终,但相信各国最终总会找到妥协的途径。今后 WTO 的规制对象除各国政府外,将会越来越重视对跨国公司这些社会组织的规制。

WTO 重在对各国经济管理行为的规制,这是当前市场国际化进程所处阶段决定的。当前国际统一市场并未完全形成。各主权国家的存在以及各国国情和主权行使方式等差异,必然会制约着国际市场化进程。国际调节是一种新的正处于形成初创阶段的调节机制,它必须和只能针对国际市场最迫切需要解决的问题采取措施,不能全面顾及所有方面。至于今后,国际调节的对象和领域肯定会不断发展,WTO 的调节对象和领域也会不断拓展。这种情形好比 20 世纪初国家调节刚出现时主要针对垄断采取规制,而以后再扩展到采取运用计划及财税,金融等经济政策对经济实行宏观调控,还采取"国有化"和"私有化"那种国家直接参与投资的调节方式,从而使国家调节臻于发达和完善。

(三)国际调节的领域

国际调节的客体既然是国际社会宏观经济结构和运行,其调节领域必然涉及国际社会经济的总体和全局,必然要涵盖社会经济的各产业、各行业、各地区和再生产各环节。当然它不需要也不可能管得太细、太死,而只是关注那些对国际社会经济总体结构和运行关系十分密切和关键的方面和部位。国际调节所涉及的经济领域一般分为:国际贸易,包括货物贸易、服务贸易、技术贸易等;国际投资;国际金融。对于这些经济领域中的经济活动,国际调节只涉及其中同宏观经济结构和运行相关的部分和方面,而不干预各平等经济主体间正常的经济活动。

在需要国际调节介入的经济领域的部分和方面中,有一个方面较为突出且具有特殊性,此即国际市场竞争的规制问题,包括反垄断、反不公平竞争、反倾销等。这些是国际市场经常发生的,它们直接扭曲国际市场价值规律(即市场调节机制)的正常作用,妨害经济结构和运行的协调、稳定和发展,因而是国际调节必须加以规制的。这一点虽然早就引起一些专家学者们的注意,他们呼吁有关国际组织制定国际竞争规则。但实践中进展缓慢。迄今主要是在其他有关货物贸易、知识产权和反倾销、反补贴[8]等法律文件中作了一些规定。今后关于国际竞争规制的立法和制度将会逐步建立和完善起来。

WTO同包括GATT在内的以往国际调节主体比较,所管理和调节的经济领域有较大扩展,并有向更全面发展的趋势。WTO不但在货物贸易方面,把过去游离于GATT之外的农产品贸易、纺织品贸易纳入管理轨道,通过了《农产品协议》、纺织品协议(MFA),而且还扩展到了服务贸易、知识产权、投资等重要领域,分别制定了《服务贸易总协定》《同贸易相关的知识产权问题》《同贸易有关的投资措施》,并设立了相应的理事会(委员会)负责实施。将服务贸易和投资纳入WTO管理和调节领域具有十分重要的意义。服务业涵盖门类十分广泛。20世纪末由于高科技的发展和广泛应用,推动了服务业的蓬勃发展,出现许多新的服务种类,如金融服务、电讯与计算机服务等。在美国等一些发达国家和部分发展中国家,服务业在其国民生产总值和出口总额占的比重越来越大。[9] 早在东京回合谈判中,美国就曾倡议把服务贸易列入多边贸易框架。至乌拉圭回合谈判的最后,终于通过了《服务贸易总协定》(GATS)这一涵盖服务贸易各个方面的框架协议。

GATT原来根本没有涉及投资问题。虽然早在1948年的哈瓦那宪章中,就曾把鼓励生产性投资的资金国际流动列为目标之一,承认国际投资"在推动经济发展与重建及以后的社会进步,具有重大价值",但"各成员方有权采取任何适当的保障措施以保证外国投资不用作干涉内部事务或国家政策的根据"。只要求各成员方采取"以保证在其所辖区域内不从事(限制性商业)措施……并协助(国际贸易)组织制

---

⑧ 现在国际上学者们越来越清楚地认识到,国际反倾销和反补贴的核心实际上是竞争规制问题,纷纷建议加强国际竞争规制,并把反倾销纳入竞争法轨道。对此,可参见赵维田:《世贸组织(WTO)的法律制度》,吉林人民出版社2000年版,第306~307页。

⑨ 参见赵维田:《世界贸易组织(WTO)的法律制度》,吉林人民出版社2000年版,第346页。

止这类措施”。[10] 1973～1979 年东京回合期间，美国等曾提出讨论东道国对外国投资的“当地含义”和“出口表现”两项经营要求问题，因发展中国家反对而没有结果。1982 年发生美国诉加拿大《外国投资审议法》一案（“FIRA”案），GATT 专家组在审理中涉及对外国投资的“当地含量”“当地制造”和“出口表现要求”等规定是否违反 GATT 的问题。这引起了人们对与贸易有关的投资问题的关注。乌拉圭回合经过反复协商，在综合各种方案之后，于 1994 年终于达成一致，通过了《与贸易有关的投资措施的协定》（TRIMS 协定）。TRIMS 协定是第一个世界性的有关投资问题的立法，是“向将贸易规则扩大到投资政策方向迈出的第一步”，[11]它将开启投资领域全面进入 WTO 国际调节范围的新阶段。

迄今为止，有关金融领域的国际调节和监管任务，主要仍由 IMF 和世界银行担任，但在 WTO 框架中的 GATS，也涉及大量金融服务贸易问题。GATT 还设立了一个“国际收支委员会”（BOP）。GATT 在其发展过程中，也一直同 IMF 关系密切。GATT 第 12～15 条规定，对于一国是否陷入国际收支失衡，要由 IMF 作出认定或证明。因此，GATT 的“国际收支委员会”离不开 IMF 的合作。[12]

WTO 除了所调节的社会经济领域有明显扩大之外，对各国政府的经济管理权的制约也比以往广泛。前面提到的服务贸易、投资政策以及知识产权等许多问题，过去被认为理当属于各国正常管辖权和国内法范围，亦即国家主权范围，但 WTO 如今却广泛介入。WTO 不仅加强了对各国政府的调节，还开始注意到对非政府的社会经济组织经济行为的干预和调节。

---

⑩ 参见《哈瓦那宪章》第三章第 12 条，第五章第 50 条。

⑪ 参见赵维田：《世界贸易组织（WTO）的法律制度》，吉林人民出版社 2000 年版，第 424 页。

⑫ 参见赵维田：《世界贸易组织（WTO）的法律制度》，吉林人民出版社 2000 年版，第 49 页。

（四）国际调节的方式（手段）

国际调节需要采取哪些基本方式（即进行哪些基本类型的调节活动）？这除了由国际调节的基本任务所决定外，还主要同国际市场存在的其他两种调节机制——市场调节以及各国的国家调节——的情况相关。市场调节本存在一些固有的缺陷（局限性）。而各国的国家调节，由于各国间的国情不同、利益不同和主权行使方式不同，因此对各国经济（包括其涉外领域）的管理政策、制度和措施便不同，各国对于市场国际化、全球化进程所持态度也不同。各国往往设置各种障碍（如关税和非关税壁垒）。这是直接关系到国际市场的形成和能否正常运行的障碍。正是由于上述两种机制存在缺陷，才需要国际调节，因此国际调节的基本作法，首先便分为针对国家调节局限性而采取的对各国（政府）经济管理调节行为的规制，以及针对市场固有缺陷而采取的调节措施。

1. 对各国政府经济管理行为（国家调节）的规制。规制的领域主要同各国的涉外经济相关——即同国际市场的形成和正常运行相关的各国政府的经济管理行为，包括相关的制度、立法、政策和措施。规制的目的是尽可能使各国上述那些管理行为基本接近或一致，尽可能克服、排除各国为市场国际化所设置的各种障碍（壁垒）。为此采用的基本手段通常包括：（1）协商——签约——组织。即当事国之间自动协商，或由国际组织出面安排或组织有关各国进行协商，达成一致或签订协议或条约，或进而建立国际性组织，以协调和统一行动，共同促进和维护国际市场的形成、发育和运行。（2）调解或调停。即各国之间或各国同国际组织之间发生争执时，由国际组织或其他第三方对当事各方进行居中调解和斡旋。（3）裁决与制裁。当事方因发生违反国际义务而损害他方或国际社会经济利益情形，诉诸国际争端解决机构，通过司法或准司法程序，强令其履行国际义务或赔偿损失，以维护国际市场秩序。

2. 针对国际市场固有缺陷的调节。针对市场固有的三缺陷，国际调节需分别采取三种方式：（1）针对国际市场难免存在的限制竞争（垄断）和不正当竞争，国际调节需要对市场竞争进行强制干预，规制垄断和不正当竞争行为。(2)针对市场的盲目性和市场调节滞后、被动性，国际调节需要采取指导调控方式，如发布全球经济统计数据，提供信息资料，作出经济和社会发展预测，提出各种政策、发展建议，并制定有关政策，运用各种政策工具，引导各主体的经济行为，以维护和促进国际社会经济的结构和运行协调、稳定和持续发展。(3)针对市场的唯利性，在运用前面引导方式尚不能完全奏效时，有关国际经济组织还可以将自己可支配的资本直接投入某个领域或地区，以期调节经济结构和运行，例如 IMF 和世界银行以往所做的那样。⑬

上述两种调节方式密切关联，并有所交叉。例如，对各国政府的规制，主要意义在于排除国际市场形成和正常运行的障碍，这同市场竞争规则密切相关。国家设置的各种壁垒也是一种限制性行为。对各国政府经济管理行为的规制，除主要在于排除国际市场形成障碍外，国际调节主体也还通过发布信息、提供建议等指导调控方式、影响各国政府决策，并由政府引导该国经济活动主体的经济行为。反过来说，针对市场缺陷的三种调节方式，也分别适用对各国政府的规制，只是这个时候各个国家被当作法人对待了。

国际调节最终目的是影响国际社会经济的结构和运行。经济结构和运行最终由全体经济活动主体的经济行为所构成。国际调节从其达及最终被调节主体所经过的环节来看，它又可分为直接式与间接式。间接式是指国际调节首先调节各国政府管理行为，通过它最终影响各国的经济活动主体的经济行为。直接式则无须通过各国政府这一中间环节而直接达及最终被调节主体。

WTO 迄今主要是对各国政府经济管理行为的规制和调节，但调节

---

⑬ 国际货币基金组织的一项主要任务是在成员国国际收支发生不平衡时，向其政府提供短期贷款，以促进其国际收支平衡。世界银行的做法，是向成员国特别是发展中国家的政府、政府机构和政府所担保的私人企业，发放用于生产(或经济体制改革、国有企业改革等)目的的长期贷款；它还设立了多边投资保证机构(1988 年)，为其他投资者提供政治风险担保，鼓励私人资本向发展中国家流动，以促进这些国家的经济发展。上述两组织的信贷相互配合并且各有所侧重。其基本宗旨都是为了调节国际社会经济的结构和运行。

方式和效力有所加强。相对以往 GATT,由于 WTO 是具有法律人格的组织,它不仅为各国之间协商谈判提供场所和条件,它制定的规则具有法律效力,其成员国必须执行。不履行规定的义务,将导致受到制裁的后果。以往 GATT 协定对各成员国的约束多是一种柔性即导向性的,成员国可以保留许多适用例外和“豁免”,即使是已承诺应当履行的条款,如违反,国际社会往往也缺乏可行的强制措施。WTO 相对以往 GATT,它减少了许多“适用例外”条款,废止了“灰色区”,从严规定了“豁免”(weive,又称“解除义务)”。⑭ 这加强了调节措施的普遍适用性。WTO 通过了《关于争端解决规则与程序的谅解》(DSU),设立了 DSB 这样的准司法机构,因而有力地保障协定的实施,保障 WTO 对各国的调节。

三、国际调节的法律规范

国际经济调节需要制定相应的法律规范,以便依法进行调节。法律规制着国际调节,使权力不得滥用;法律又保障着国际调节,使调节活动能够顺利进行,调节措施得到实施。如果说各国的国家调节也离不开法律(经济法),应当依法调节,那么,国际调节对法律的依赖性则更甚于国家调节。因为国际调节不像各主权国家有可能在法律之外还采取一些行政指令方式。因此可以说,国际调节就是法律调节。离开法律,国际调节寸步难行。事实上,迄今国际调节的产生和发展史,就是国际调节法律的制定和实施的历史。

作为规范和保障国际经济调节的国际调节法律(简称国际经济调节法),它是调整在国际经济调节过程中各种国际调节主体同被调节

⑭ 《WTO 协定》第 9 条把批准豁免权的表决票从原来 23 提高到 34,其附件 IA 中《关于 GATT1994 义务的谅解》中的规定,除已依照程序延期者外,“在《WTO 协定》生效之日仍然有效的任何豁免均应终止”。

主体之间发生的有关社会关系的法律规范的总称。

国际经济调节法的调整对象是,在国际调节过程中各种国际调节主体同被调节主体之间发生的社会关系,简称国际经济调节关系。国际经济调节关系是一种国际经济关系,具有国际性、经济性。但它不是一般的国际经济关系,它还有其他一些明显特点,例如:(1)它发生在国际经济调节过程中,并因国际调节而引起;它不是发生在一般国际经济交往活动中,不是一般的国际经济交换关系和商品货币关系。(2)国际经济调节关系的主体包括调节主体与被调节主体,调节主体是两国以上政府间建立的意志共同体,包括基于双边、多边、区域性或全球性协定、公约而形成的临时或固定的组织体;而被调节主体则是相关的国家政府以及国际社会民间经济组织或个人。他们之间是一种经济调节与被调节、管制与被管制关系,而不是平等主体之间的关系。(3)这种关系具有一定强制性。虽然国际调节主体的产生及其职权范围,原来是经由各被调节主体自由协商自愿达成一致的,但既已同意,就必须接受调节和管理,如果不履行承诺或有所违反,就可能受到国际社会的谴责和制裁。

国际经济调节法的任务是规范国际调节活动,一方面对于国际调节进行规制,使国际调节依法实施,防止权力滥用;另一方面又保障国际调节顺利进行,调节措施有效实施。借此最终达到调节国际社会经济结构和运行,促进国际社会经济协调、稳定和发展的目的。

国际经济调节关系经过国际调节法的调整,形成国际调节法律关系。国际调节中各有关主体——调节主体与被调节主体之间的权利义务得到法律的确认和保障。

国际经济调节法的内容和体系决定于国际调节法的调整对象和调整任务,并最终受到国际调节及其立法发展阶段和状况的制约。从理论上说,国际经济调节关系涉及国际社会经济的各领域、各环节、各个国家和地区;但只是同国际社会经济结构和运行的协调、稳定和发展密切相关,并且属于经由各成员国政府、组织事先达成协议的范围和有法律依据的问题。国际调节不必管得过宽、过细、过死。

国际经济调节关系可以作多种分类,这些分类决定了国际经济调节法的内容和体系。例如:按照参加国际调节关系的主体数量划分,国际调节法包括双边协定、多边协定、区域性条约和全球性公约等;按照被调节主体(规制对象)划分,国际调节法包括被调节主体为有关成员国政府的法律,以及调节和规制对象为跨国公司等民间经济活动主体的法律;按照主体间达成协定的效力,国际调节法包括正式法律文件和临时性协议。

如按照国际调节关系发生的经济领域,国际调节法则包括国际贸易法、国际金融法、国际投资法、国际知识产权法等。不过需要说明的是,这里是指有关国际调节的法律规范,不包括涉及上述经济领域的民商法规范。因为民商法所调整的是一般平等主体之间的商品货币关系,而不是经济调节关系,因而不属于国际调节法范畴。

如按照国际调节的基本方式,则国际经济调节法的内容和体系,首先可分为对各国政府的调节和规制的法律,及对如跨国公司等民间经济主体的调节和规制的法律。其次,由于对上述两类被调节主体,国际调节都需要分别采取三种基本做法,即:(1)排除市场障碍,包括排除各国设置的关税及非关税壁垒,以及排除因限制竞争、不正当竞争而给市场机制运行造成的障碍;(2)通过发布经济信息和经济发展预测,提供建议,并运用金融、财政等经济政策和其他调节工具,引导各国政府和民间经济主体的经济活动,使之朝着健康的方向发展;(3)通过国际组织直接或间接投资,调节国际社会经济结构和运行,如国际货币基金组织和世界银行以往所做的那样。与上述调节方式相适应,国际经济调节法便包括下面三种法律:(1)市场障碍排除法,含排除各国政府的关税和非关税壁垒的法律,及国际反垄断法与反不正当竞争法等;(2)国际经济指导调控法;(3)国际组织投资法。

此外,国际经济调节法还可以分为实体法与程序法,后者如国际经济争端解决机制的法律等。如按照法律渊源,则国际经济调节法除前面提到的那些双边、多边、区域性、全球性条约和公约之外,各国立法中同国际调节相关的法律规范也属于国际调节法渊源的重要部分。因为迄今各国对国际条约的适用多采取先将其制定为国内法的方式,因此国内法当中同国际经济调节相关的法律规范也是国际经济调节法的渊源组成部分。此外,有一些(今后会越来越多)非政府的国际社会组织也制定了许多直接影响国际经济结构和运行的规则,发挥着一定的国际经济调节的作用,这些也应被视为国际调节法渊源之一。

以上构成国际经济调节法的全部内容的基本框架。其中的各种法律规范互相关联、衔接,形成国际调节法的有机体系。

实际上,国际调节法的内容和体系是不断发展变化的。因为国际经济调节关系是逐步发达起来的,它们所涉及的国际经济领域逐步扩大,涉及的程度逐步深化。这决定了用以调整它们的法律规范也逐步增多和逐步完善。如本文前节所述,国际调节及其法律的历史发展迄今经历了几个阶段,WTO 成立以后,以它为代表,标志着国际调节进入一个新阶段。WTO 有一组包括 30 个法律文件的庞大的法律群。其中以《WTO 协定》为统领,包括许多附件、部长决定与宣言以及关于金融服务承诺的谅解等。从文件内容上说,既有作为国际调节组织的 WTO 的职能、机构、地位及它总的活动原则的规定,又有涉及贸易、金融、投资、知识产权、关税和非关税壁垒、争端解决规则与程序等各个方面的具体法律规则。这些文件形成了 WTO 特有的国际调节的法律体系,也是当前整个国际社会国际调节法律体系的集中体现。当然,以 WTO 为代表的现有国际调节法律体系目前并非十分完备,它在所涉及的调节领域、调节方式和手段、法律效力等各方面,都有着明显的局限性,需要不断发展完善。另外,在 WTO 以外还存在许多也执行这样或那样国际调节职能的国际机构,它们也在不断制定有关国际调节的法律文件,这些也是整个国际调节法的体系中的一部分。当前 WTO 同其他担负国际经济调节职能的机构如 IMF、世界银行等,保持着密切联系(WTO 专门通过了关于它同国际货币基金组织关系的宣言),这有利于各种组织分别制定的国际调节规则的协调,而避免互相冲突。可以预料,今后各种国际经济调节组织及其调节职能还会继续发展壮大,它们之间会保持联系和协调。至于有无可能在 WTO 不断发展壮大的基础上,形成以它为核心统一的国际经济调节机构,而那时它的名称也由现在的“世界贸易组织”而改为“世界经济(调节)组织”呢?这种可能性是存在的,但那需要一个较长的发展过程。不管怎样,各种国际经济调节法律规范在逐渐增多、完善的基础上也会增强它们内部的协调性和统一性,整个国际社会的国际调节法律的完备体系会逐渐建立起来。

四、全球化背景下国际经济法理论体系的批判与重构

国际经济调节法的产生、存在和在实际经济生活中的作用,是任何人都不可否认的客观事实。但按照传统法的部门划分,它应属于哪个部门法?在法的体系、特别是在国际法的体系中地位怎样?同其他部门法的关系怎样?这是本节要讨论的问题。

国际经济调节法属于国际法(国际性法、跨国法)范畴这是没有什么问题的。国际法律体系,学界一般将其分为国际公法、国际私法、国际经济法三个部门法。国际公法一般是指调整国家之间主要是政治性的、同各国主权相关的社会关系的法律。国际私法最初主要是指解决国际性私人领域社会关系法律适用的冲突问题的法律,即所谓冲突法;后来许多学者将其范围扩大到所有涉及国际性的私人法律关系的规范,即除冲突法外还包括调整国际性私人(含自然人与法人)间民商事权利义务关系的实体法。对于国际经济法,迄今国内外学者多认为是调整国际经济关系的法律。虽然在界定“国际经济关系”时有所不同,例如他们按照参与国际经济关系的主体种类的不同,有的主张国际经济法的主体限于国际法主体,即国家和国际经济组织相互之间的经济关系,才由国际经济法调整(这被称为狭义说);有的则认为国际经济法主体还包括私人(自然人和私法人),即除国家和国际经济组织之外,国际经济法还调整国家与他国私人之间、国际组织与私人之间以及不同国籍的私人之间的经济关系(这被称为广义说)。无论狭义说或

广义说,他们大凡把国际民、商事性质的许多经济关系都归于国际经济法调整范围之中。这样一来,在他们那里国际经济法便几乎等同于"国际经济的法"概念。这种理论首先受到来自国际私法学界学者们的强烈反对,认为它把应属于国际私法的国际民商事(主要是商事)性质的法律也包括进去了,是一种"大国际经济法"主张(反过来,国际经济法学者则指称对方是"大国际私法")。

在国际法体系分类上的分歧,当前国内外意见更趋多样化,有两分法(国际公法与国际私法),三分法(国际公法、国际私法、国际经济法),四分法(除上述三法外,加上国际商法),[15]甚至还有五分法[16]等。各种学说和主张分歧的主要症结,在于调整国际商事关系法律的归属,即是归于国际私法,还是归于国际经济法,抑或独立为一个法律部门。

国际民商法作为调整私人之间关系的法,按公认的公法、私法划分标准,无疑应属于私法范畴。属于国际私法的冲突法同国际民商法都是调整私人关系的,只是冲突法主要解决法律适用问题,对于有关民商事实体关系来说是一种间接调整,不像国际民商法是直接调整。因此,把该二者都纳入国际私法体系是可以理解的。至于国际商法是否可以分立,回答应是肯定的。如今国际商事关系及其法律异常发达而重要,领域极广,内容十分丰富,并有着密切的内在联系,形成了有机体系。如果不拘泥于把国际私法仅限于冲突法的传统概念,则也可以把国际商法视为国际私法的一部分,而且还是它的主体部分。

本文重点不是讨论国际私法问题,而在于论证把国际商法纳入国际经济法是否恰当。国际经济法学者多主张国际经济法调整国际经济关系,而国际商事关系显然也是经济关系,所以他们主张这些商事法律规范也属于国际经济法。殊不知"国际经济关系"乃是一个非常广泛

---

⑮ 例如国内学者左海聪教授即持此意见。参见《中国国际私法与比较法年刊》(1998),法律出版社 1998 年版,第 281 页。

⑯ 谢石松教授认为,国际法体系中包括:国际公法、国际私法、国际经济法、国际民事诉讼法和国际商事仲裁法。参见《中国国际私法与比较法年刊》(1998),法律出版社 1998 年版,第 249 ~ 250 页。

的概念,它主要包括以下两类经济关系:一是在一般经济交换活动中各平等主体之间发生的商品货币关系,这属于商事关系;二是国际经济调节关系,它不是平等主体间的经济关系,而是调节与被调节、管理与被管理关系。这两类经济关系性质不同,调整它们的法因而在性质上也有所区别:前者属于国际商事法(或广义的国际私法);而后者应属于何种法律部门呢?本文前节把调整国际经济调节关系的法称为国际经济调节法,实际上这种国际经济调节法就是国际经济法。也就是说,国际经济法即是调整国际经济调节关系的法。

把上述两类经济关系(两类法)不加区别统称国际经济关系(国际经济法)而形成的“大国际经济法”思想,其产生是有历史根源的。从学科发展史上来看,国际私法概念的提出和理论研究早于国际经济法。在国际商事关系及其立法尚不甚发达的时代,对于涉外民事交往中发生纠纷如何适用法律,如何处理各相关国家互相歧异的民法上的抵触,已成了迫切需要解决的问题。国际上出现了相应的法律,人们称之为法律抵触法或法律冲突法。1834 年美国学者 J. 斯托里出版了《法律抵触论》一书,首创国际私法一词作为法律抵触法的同义语。最早的国际私法就是指冲突法。19 世纪末和 20 世纪以后,国际经济联系加强,经济和市场日益呈现国际化趋势,国际商贸活动和商事关系发达起来。由于国际商贸活动和国际市场的形成和发展离不开相关国家间的协调,离不开一定形式的国际调节,并且后者往往是前者的前提和主导,因此国际经济调节和国际经济调节关系迅速发达,并促进国际商事关系的发达。调整国际经济调节关系的法律规范大量涌现,并推动着调整国际商事关系规则的完善和规范化。20 世纪中期“二战”结束前后,联合国及国际货币基金组织、世界银行、关税与贸易总协定等国际组织机构的建立以及相关国际法律文件的制定,标志着国际调节机制和国际调节法律的正式建立和形成。也正是在这时,法学界提出了国际经济法概念并逐渐将其作为一门新学科开展研究。因为当时涌现的关于国际经济调节的法律,不同于此前已有的主要是调整政治性、同国家领土主权相关的国家之间关系的国际公法;也不同于此前已出现的当时主要是关于跨国私人民事领域法律适用的冲突法的国际私法。学者们认为它们应是一种新的法律部门。鉴于该类法律明显的经济性,即它们是调整国际经济关系的,于是名之曰国际经济法。应当说,在当初学者们心目中的所谓“国际经济关系”和“国际经济法”,首先和主要是指国际调节及其立法——主要是这一类型的法才引起他们提出新法律部门的构想。因此,有关国际调节及其立法实为他们提出和创立的国际经济法概念和理论的核心(如果不是全部的话)。但是,一则由于国际调节同国际商事密切相关,二则也是当时的国际私法概念和理论尚未把国际商事关系纳入,因此,许多国际经济法学者未曾将它同国际调节关系仔细区分,而统称国际经济关系,统一纳入国际经济法范畴,从而形成大国际经济法理论观点。

大国际经济法观点形成的上述情节,同中国的大经济法观点形成原因十分相似。中国(其他实行社会主义的国家亦然)实行社会主义公有制,过去商品经济不发达,民商事关系很不发达。民法、商法基本空缺。国民经济几乎全部处于国家管制中。改革开放以后,强调经济法制建设,关于国家经济管理的法律大量涌现。法学界掀起了“经济法热”。学者们鉴于当时社会经济关系几乎等于国家经济管理关系,很自然地接受来自苏联的大经济法理论观点,认为经济法调整包括平等主体间民商事性质的经济关系在内的几乎各种社会经济关系。虽然改革开放促使民间经济关系有所发展,但一则它们同国家经济管理关系相比仍微不足道,二则民商法不发达,因此仍不足以根本动摇大经济法观点。这种情况直至20世纪90年代国家明确宣布要改行市场经济体制以后才有所好转,人们纷纷放弃了大经济法主张。[17]

对于大国际经济法理论的合理性一直有人质疑,而随着市场国际化和国际商事活动与商事关系的发达,其不合理性逐渐被人们所认识。早在1980年法国学者卡罗(D. Carreau)等人在《国际经济法》一书中

---

⑰ 参见漆多俊著:《经济法基础理论》1993年第1版、1996年第2版、2000年第3版中的“中国大经济法产生的根源”一节。

提出:国际经济法是对国际经济贸易活动进行国际性管理和调整的法律,包括对来自国外的生产要素在一国领土上的机构设置进行调整和管理的法律以及对各种货物、服务和资本的国际交易进行调整和管理的法律。[18] 日本金泽良雄认为;国际经济法是从国际经济总体立场出发所形成的国际法秩序,即对国际社会中的经济活动通过国家间的双边、多边调整,加以一定制约的国际法规范——条约的总称。[19] 美国学者杰克逊(J. H. Jackson)在1989年出版的一部著作中指出:有些学者对国际经济法的定义过于宽泛,认为几乎所有的国际法都可以包括进去,因为规范国际关系的各种规则都可以说同国际经济有着或多或少的关系。他认为应对国际经济法进行较有节制的界定,而卡罗等人在《国际经济法》中的定义就比较恰当。[20] 近些年来,中国国内也有学者对调整国际民商事关系的法律规范是否属于国际经济法提出了不同看法。左海聪教授认为:"广义国际经济法说"不尽符合部门法划分标准和原则。国际经济关系是"复合型"的,其中调整私人间国际商事活动的法属于国际商法,应当分立,它不宜同国际经济法合并。[21]

本作者1998年在《市场、调节机制与法律的同步演变》一文中提出"国际调节"与"国际调节法"的概念,认为:国际市场需要"三元化"调节机制,即除了市场调节和各有关国家的国家调节外,还有国际调节。世界贸易组织及国际货币基金组织、世界银行等国际性组织及其法律文件,便是这种国际调节机构和国际调节立法。国际调节法就是国际经济法。"国际经济法调整在国际调节过程中发生的有关社会关系,简称国际经济调节关系。这是在国际调节主体同被调节主体之间发生的关系,是一种调节与被调节关系。国内外经济法学界普遍地认

---

⑱ D. Carreau, P. Julliard, F. Flory, La Droit Economique Intenationale. 1980, pp. 3 ~ 22.

⑲ [日]金泽良雄:《国际经济法序说》,有斐阁1979年版,第35 ~ 40页。

⑳ J. H . Jackson, The World Trading System: law and Policy of International Economic Relations. 1989, p. 21.

㉑ 参见左海聪:《论国际法部门的划分》,载《中国国际私法与比较法年刊》,法律出版社1998年版,第275 ~ 276页。

为国际经济法调整‘国际经济关系’。所谓国际经济关系,是一个含义很广的概念,它除包括国际经济调节关系外,还包括大量的在国际经济交往中的一般商品货币关系,即国际市场中各平等主体之间的一般经济交换关系。后者其实应当属于国际民商法调整的对象。”[22]

尽管有许多不同声音,但传统国际经济法理论体系的主流地位仍未改变,国内外广为流传的仍然是“国际经济法调整国际经济关系”说,只是在除了国家间经济关系外还是否包括跨国民间经济关系问题上,存在差异而已。不过,相信这种情况会逐步发生变化。随着以WTO为代表的国际调节及其立法不断发展完备,国际经济法理论体系会逐渐围绕国际调节这一中心作出修正和重构。

如果按照本文前节关于国际经济调节法的原理来思考,则国际经济法理论体系中的一些基本问题似乎可以作如下概括:

关于国际经济法的定义:国际经济法是调整在国际经济调节过程中发生的有关调节主体同被调节主体之间的社会关系,以维护和促进国际社会经济结构和运行协调、稳定和发展的法律规范的总称。或者简单地说,它是调整国际经济调节关系的法律规范的总称。或者更简单地说,它是规范国际经济调节之法。

国际经济法的调整对象,是国际经济调节关系。这是在国际经济调节过程中发生的社会关系,是国际调节主体同被调节主体之间的一种调节与被调节、管理与被管理关系,不是平等主体之间的一般商品货币关系。它具有一定强制性。

国际经济法的功能和任务,是规制和保障国际经济调节。一方面对国际调节主体的调节权力和调节行为进行法律规制,防止权力滥用;另一方面又对调节权力和措施进行保障,使合法的调节措施得到有效实施。最终维护和促进国际社会经济的结构和运行能够协调、稳定和不断发展。

---

[22] 漆多俊:《市场调节机制与法律的同步演变》,载《经济法论丛》(第1卷),中国方正出版社1999年版,第13~14页。

国际经济法的价值，同法的一般价值一样，包括秩序、效率、公平与正义等。但它所侧重的（即主要价值取向）却是国际社会经济的总体秩序、总体效率、总体和实质公平与正义。鉴于国际社会经济总体是由各国、各地区、各民族和社会经济的各行各业等所构成，所以国际经济法也非常关注各国等局部方面的经济秩序、效率、公平和正义。但它主要任务是进行协调和平衡，协调各局部方面的经济交往和经济发展中的关系，调处矛盾，求得局部和整体双赢，而避免各局部间不协调、不公平，或者局部利益妨害国际社会总体和长远利益。简单地说，它使国际社会经济总体效率和公平优先，兼顾各局部间的效率和公平。

国际经济法的理念，是通过法的制定和实施，充分释放法应有的价值，以求达到国际社会经济体系中各国、各地区、各民族以及经济的各领域、各环节等局部间经济关系和经济发展得以协调、稳定和不断发展，实现既能充分保障各局部方面正当利益又维护和促进国际社会经济总体效率、公平和正义的国际经济新秩序。

国际经济法通过对国际经济调节关系的确认和调整，形成国际经济调节法律关系。这种法律关系的主体，包括调节主体与被调节主体。调节主体是指有权实施国际调节的国际性组织机构或临时性的某种联合机制体。如按主体构成成员划分包括双边、多边、区域性、全球性的组合体；按组合方式包括“纯契约型”主体、“契约型组织”与“法人型组织”。被调节主体是指参与国际经济活动并接受国际调节的各有关国家政府、各公司组织和个人。当前 WTO 的被调节主体主要是各成员国政府，也涉及跨国公司等“私人”。国际经济调节法律关系的客体，主要是各国的有关经济调节管理行为以及参与国际经济活动的组织和个人的有关经济行为；此外还包括国际经济调节主体自身的经济调节管理行为。法律关系的内容，是在国际经济调节中各调节主体与被调节主体的权利义务。其中调节主体的权利（国际经济调节权）主要包括：对有关国家政府、国际组织等进行的组织协商、协调权；按照国际性协议或国际组织机构的章程的规定采取各种经济调节措施的决定权和实施权；对各有关国家政府和国际组织等履行国际义务情况（包括各国的经济调节管理方面的和经济活动方面的)所进行的调查权;对有关纠纷和争议的调解、仲裁或其他方式处理权;实施经济制裁权等。调节主体的义务主要是依法(有关国际协议和章程等)进行调节,权力不得滥用等。各被调节主体的权利主要是有权根据自己情况和国际协议规定的适用除外、豁免条款或过渡性安排,或按照自己在参加国际协议时所申明的保留意见,对某些国际协议的规定不予或暂缓履行;对国际调节主体的调节进行监督等。被调节主体的义务是接受合法调节。

国际经济法的内容和法律体系,主要取决于其调整对象即国际经济调节关系的内容和体系。当然,现实的内容和体系还取决于现实的立法状况。前节所论国际经济调节法的内容和体系,即为国际经济法的内容和体系,兹不赘述。这里只是补充说明国际经济法学科内容和体系同法的体系是不尽相同的。国际经济法学科以国际经济法为研究对象,因此,法的内容和体系(特别是法所应有的、理论上的内容和体系)构成学科内容体系的核心和基础;但是,法的学科除研究相关各种法律制度和规定外,还需研究学科本身的有关问题,如该学科自身发展规律、研究方法等。后者也构成国际经济法学科体系的内容。至于国际经济法学的课程设置体系、教材编写结构体系,那更要根据教学实际需要而定,但也应当以该学科体系并最终以该部门法的体系为基础,并力求尽可能准确、全面反映后者的体系。

WTO与新的经济调节机制*

——国际调节

随着国际市场的逐步发展,在传统的市场自身调节和各国的国家调节之外出现了一种新的调节机制,即国际调节机制。

对于市场的调节机制分为社会经济内部(自身固有)的调节与外部调节两类,内部调节机制是指价值规律和供求关系的自发作用,即市场调节;外部调节机制是指诸如政治、社会等各种力量和因素对社会经济结构和运行自觉施加的影响。后者最重要的是20世纪以后发生和逐步发达的国家调节。在资本主义自由竞争阶段,国家基本上不介入社会经济生活,其调节机制基本上是一元化的市场调节。19世纪末出现生产社会化并形成垄断以后,市场机制由于自身固有的缺陷,已不能充分有效地调节经济,国家调节应运而生。这就是调节机制的二元化。近代以来,由于科技和生产力发展,跨国境的商品交换和其他经济交往逐渐发达起来。20世纪终于出现规模空前的市场国际化和全球化趋势,国际市场最终形成并在继续发展。这种发展趋势产生了对经

---

* 本文原发表于《华东政法学院学报》2004年第2期。

济调节方面新的需求。诚然,国际市场的基本调节机制仍然是市场调节。并且国际市场仍然受到各国的国家调节。但是,一方面,市场机制本身存在缺陷,如市场竞争障碍、市场投资的唯利性、市场调节的滞后性等,难以适应经济的发展;另一方面,各国的国家调节的措施和力度有很大差异,而且甚至相互冲突,极大地妨碍了国际市场上市场机制的统一调节作用,从而直接阻碍国际市场的形成和发展。所以,国际市场迫切需要还有新的调节机制,借以协调统一规制各国的国家调节,并弥补市场调节固有的不足。这种调节机制即为国际性调节,或称国际调节。这样一来,国际市场的调节机制便呈现“三元化”的趋势。

一、国际调节的主体和客体

所谓国际调节(或称国际性调节),是指国际市场(国际社会经济)的一种调节机制或调节活动,它是由两个以上国家或区域性、全球性组织,通过协商或签订国际条约、或以国际性组织的决定等形式,对国际市场的经济结构和运行实行调节,以维护和促进国际社会经济协调、稳定和发展。

国际调节的主体是国际性的。从主体构成成分说,主要是由两个及其以上国家构成,包括双边、多边、区域性、全球性等形式。从成员的组合方式来说,有些仅仅由各成员国协商或通过签订(加入)有关条约、公约,协调各国对所涉及的国际市场的管理活动,达到共同调节国际市场的目的——姑且可称为“纯契约型”调节主体;有些则除缔结共同协定之外,还建立相应的组织机构,由这些机构负责实施协定,执行一定的国际调节任务——可称为“组织型”调节主体。在以上的组织机构中,有些只是临时性或松散型的,他们主要起一种联络、协调作用——可称为“契约型组织”;有些则是常设的较为稳定的甚至具有法律人格的组织,能够依照有关国际法律规范独立行使职权,执行国际调节任务——可称为“法人型组织”。从市场国际化进程和国际调节机制形成演变史看,国际调节主体的形态,基本上是由双边、多边发展为区域性和全球性,由“纯契约型”“契约型组织”发展为“法人型组织”。但直至20世纪中期,这些国际组织多为较松散、职能有限的机构(“契约型组织”),如由GATT演化而诞生的WTO,就是这种“法人型”国际调节主体的典型代表。WTO作为国际调节主体,同以往调节主体比较,其地位和职权显著增强。20世纪后半叶也出现的许多区域性组织,也是一种重要的国际调节主体。它们不但对本区域的经济起着举足轻重的作用,对该区域外乃至全球经济发挥着重要影响,欧盟就是其中典型例子。目前国际调节主体主要是由各独立国家为单位组成的各种形态的国家联合体,但也有些非政府(民间社会)的国际社会组织,在某种范围和程度上对国际经济起着重要调节作用。

国际调节的客体主要是国际社会经济的结构和运行。国际调节的基本任务就在于促进国际社会经济的宏观结构能保持动态平衡和协调,避免各种比例失调,维护经济总体运行稳定和持续发展,避免经济发生大的动荡起伏或停滞衰退,特别是力求避免和克服区域性或全球性的经济危机。国际社会经济结构和运行关系作为国际调节的基本客体,在不同时候有不同的侧重点和表现形式。迄今为止,国际社会经济结构和运行关系主要表现为国家之间经济关系。迄今国际调节的首要任务就是约束和指导各国政府的经济调节管理行为,协调和处理各国之间的经济管理关系。WTO对各国政府经济管理行为的规制,其目的在于排除各国管理政策、制度和措施中已经或可能给国际统一市场的形成和正常运行造成的障碍。市场障碍有两类,除各国的关税和非关税壁垒等之外,还有如跨国公司等非政府的社会组织对国际造成的障碍,如与垄断相关的限制性商业行为和不正当行为。对于后一类障碍,WTO迄今未正式干预,但已开始注意到对非政府的社会经济组织经济行为的干预和调节。

二、国际调节的领域和手段

国际调节所涉及的经济领域一般分为：国际贸易，包括货物贸易、服务贸易、技术贸易等；国际投资；国际金融。但是还有一个“领域”需要单独予以强调，这就是国际市场竞争问题，包括国际性的垄断，不公平竞争、倾销等。WTO与包括GATT在内的以往国际调节主体比较，所调节的经济领域有较大发展，并有向更全面发展的趋势。国际调节的基本做法，可以分为针对国家调节局限性而采取的对各国(政府)经济管理调节行为的限制，以及针对市场固有缺陷而采取的调节措施。

(一)对各国政府经济管理行为(国家调节)的规制

基本手段主要包括以下三种：

1. 协商—签约—组织，即当事国之间自动协商；或有国际组织出面安排或组织有关各国进行协商，达成一致或签订协议或条约；或进而建立国际性组织，以协调和统一行动，共同促进和维护国际市场的形成、发育和运行。

2. 调解或调停，即各国之间或各国同国际组织之间发生争执时，有国际组织或其他第三方对当事各方进行居中调解和斡旋。

3. 裁决和仲裁，当事方因发生违反义务而损害他方或国际社会经济利益情形，诉诸国际争端解决机构，通过司法或准司法程序，强令其履行国际义务或赔偿损失，以维护国际市场秩序。

(二)针对国际市场固有缺陷进行的调节

针对市场固有的缺陷，国际调节分别采取以下三种方式：

1. 针对国际市场存在的限制竞争(垄断)和不正当竞争，国际调节需要对市场竞争进行强制干预，规制这些行为。

2. 针对市场的盲目性和市场调节滞后、被动性，国际调节采取指导调控的方式，如发布全球经济统计数据，提供信息，进行经济和社会发展预测，提出各种发展建议，制定有关政策，运用各种政策工具，引导各主体的经济行为。

3. 针对市场的唯利性，在运用前面引导方式不能完全奏效时，有关国际组织还可以自己可支配的资本直接投入某个领域或地区，以消除或减缓市场资源在配置上的片面性。

三、入世对中国国家调节和经济立法的影响

以 WTO 为代表的国际调节对我国的国家调节和经济立法的影响是全面和深刻的，许多传统思想观念必须发生重大转变，这对国家方针、政策和法律的制定和实施十分重要。

（一）关于“中体西用”观念的转变

中华人民共和国成立以后，所奉行的“洋为中用”仍属于“中体西用”的思想体系。即使至 20 世纪 70 年代末，国家实行“对外开放”政策，开辟经济特区和开放沿海城市，举办“三资”企业等，也主要是为了学习和引进国外资本、先进技术与管理经验，为中国社会主义经济建设服务。在承认西方发达国家生产力先进的同时，却认为其生产关系落后，上层建筑腐朽、反动。中国社会主义的各种制度这个“体”绝不能变。中国对外开放的各项政策和立法都鲜明体现着上述思想。但是，我们向国际社会学习，最重要的是学习其根本性的一些长处，而不能只重视皮毛。

（二）关于国家经济主权的观念

国际调节主要是对各国国家调节制度之再调节，WTO 就是对各成员国政府在经济管理权方面的规制，这实际上就是体现了对各国经济主权的某种限制。一方面，中国是发展中国家，理所当然的高度重视对本国主权的维护，要警惕和抵制国际霸权主义的干涉和侵犯。但是，另一方面，我们也应看到，全球化是个渐进的过程，各国必须同国际社会合作，遵守国际规则，接受国际调节，并对主权作出必要的限制。

（三）关于保护民族产业的观念

过去人们对民族产业的范围界定十分狭窄，仅指由本国国民所有和控制的产业。而设在中国境内的外资企业和由中方参股的外国子公司，既然在法律上属于中国企业，他们也应当属于中国民族产业的组成部分。对于某些关系国计民生的产业，在一定时间内保持本国“国民所有和控股”是必要的，但是不能太多。保护民族产业的传统手段必须改变，不能主要依靠关税、配额、许可证等为 WTO 所限制的措施，而应在 WTO 和国际惯例允许的范围内，利用 WTO 协定的各种例外、豁免、过渡期安排、发展中国家待遇，以及通过采用新的环境标准和技术标准等，实现对民族产业的适度保护。

观念问题直接涉及立法的指导思想、法律原则乃至一些具体法律制度的实施。中国加入 WTO 后，从立法原则上说，原来十分强调的立法原则如独立自主原则等，其内涵应作适当调整。而 WTO 所确立的市场准入、国民待遇、最惠国待遇、透明度等原则性规定，在立法时必须要加以贯彻，许多具体法律制度也需要调整和修订。

附：第七编未收录的相关文章目录

[1]《TRIPs 协议与我国对策》，载《国际经贸》1994 年第 4 期（署名作者为漆多俊、邓文剑）。

[2]《WTO 与国际调节》，（香港）《经济法制论坛》2003 年 8 月号。

[3]《全球化与“中体西用”》，载《文史博览》2005 年第 21 期。

[4]《WTO：市场国际化与国际调节发展新阶段——兼论入世对中国国家调节和经济法的影响》，载《中南大学学报》（社会科学版）2003 年第 9 卷第 4 期。

[5]《WTO 与国际调节下的中国涉外经济法》，载《日本独协大学国际交流年报》2005 年第 18 期。

第八编　权力、权力经济、法治

第八编提示：本编收录的文章所论述的核心问题是权力。作者由此出发论述我国经济体制改革、政治体制改革及法治建设的关键问题是控权，即控制国家权力。作者明确提出和论证“维权是良法和法治的基础，控权是关键”的论断。其中《论权力》一文从法哲学和政治哲学角度论述权力的本源、权力同权利的关系、权力对于权利的背离、异化和超越倾向、对于权力的制衡以及权力未来发展趋向等问题。这些应当都是我们思考和研究人类社会政治、经济、社会和法律制度，特别是我国当代改革和发展道路的基本原理性问题。它也构成本编其他文章所论问题的基础。

论权力*

权利与权力，乃构架人类社会制度之脊梁。其概念无论在法学、政治学还是社会学等学科中，都属于基石范畴，看似常识般简单却有着极丰富的内涵。古今中外学者论及权利、权力及二者关系者颇多，理解不一。近几年中国法学界也有不少人在重新探讨这些问题。本作者对此也有所思索，但前些年主要沉湎于部门法学研究，未曾专门涉足这些法理学问题。美国学者波斯纳说得对："法理学不应是一小部分专长于它的法律学者所独有的领地。"①主要从事各部门法研究的学者，当然可以也应当关注法理学问题。

一、利益与权利

权利与权力问题，主要涉及它们的本源，它们的形成机理与构架，权力对于权利的利用、背离和异化等问题。其中第一位的问题是权利与权力的本源。从历史上来看，自国家起源至今，国家权力一直高居

---

* 本文原发表于《法学研究》2001 年第 1 期。

① [美]波斯纳：《法理学问题》，苏力译，中国政法大学出版社 1994 年版，第 4 页。

社会各种力量之上，制约和主导着权利，成为神圣、威严、荣耀和万能等的象征，被披上厚厚的神秘面纱。权力拥有者往往有意混淆和颠倒权力与权利的关系，为它们侵犯和剥夺民众权利提供借口。把民众应有的一些权利说成是权力者的恩赐，民众应当感激涕零。许多学者也有不少模糊认识。拜读我国几位法理学界名家大作，觉得也有将权利同权力割裂和对立之嫌。

本文重点是揭示权力的本源，及权力为什么能够"超然"于权利之上，即权力对于权利的背离和异化问题。我认为，权力乃为权利而设，它本身也须以相应权利为基础；权力与权利最终是为了利益，本源于利益。因此，要认识权利、权力，需从利益说起。

人类生存、生活和发展必有所需，此即利或利益。首先是人的物质需要、物质利益，如衣食住行等之所需，这是人之基本利益；人是有感情、有思想的，所以还有精神之所需，是为精神利益。精神利益以一定物质形态为依托，并归根结底是由物质运动产生的；但它为人所提供的主要是其精神方面的内容。例如，书本所提供的知识，音乐、美术作品所提供的美感，财富、工作、事业所提供的荣耀或其他人生价值的满足等。无论物质利益或精神利益，都最终同一定社会的物质生产条件和生产力发展水平相关，受后者制约。这是物质利益和精神利益的共通点。

人首先表现为有血肉、有思想的自然个体，即个人、私人。供个人生存、生活和发展之所需，为个人利益，或私人利益。同时，人系群居，具有社会性。自人类起源开始，人们便结成了一个个群体，以后群体种类越来越多，范围也越来越大。同一群体的人们有着共同的利益，包括团体或集体共同利益，地区性共同利益，国家或一国范围的社会之共同利益，国际区域性利益乃至全人类共同利益等。

在同一群体内部，个人各取其利；同时，由于利益资源的特定性、相关性和有限性，加上各人获取利益能力存在差异，如存在老、幼、病、残者，各个人在为己取利时还需照顾而不妨害他人正当利益之取得。此即个人对于利益乃有所取受，亦有所让予。

人对于利益的欲望往往是无止境的,总想获取最大之利益。这正是人类社会不断进步和发展的原动力,不能笼统斥之为“自私”;但如果不顾他人正当利益之取得,一味扩大自己利益范围,利益取之无道,则当然受到社会指责。然而利益之取与予,其度如何界定,由谁界定?相互间发生争执和冲突时如何解决,由谁“定分止争”?社会需要对人与人之间的利益分配关系进行某种权衡、协调,对各人应有利益予以界定并保障其实现。原始人群氏族、部落的长者和首领,由于具有自然形成的权威,充当了这种权衡、协调和裁判者。其他种类的群体组织,特别是国家出现以后,各群体公共机关,特别是国家公共机关,充当了这种社会角色。从终极意义上可以说,各种群体的公共机关,特别是国家公共机关,乃主要是为了对所管属范围内的各个人、各群体相互间的利益分配关系,进行权衡、协调和裁判而设立、而存在的。其基本职能和活动任务乃在于此。这种活动可以简称为权(衡)利(益);而经过权衡被界定为各主体应得之利益,亦称为权利——经“权”后确认之“利”。后世之人所谓权利,乃采后种含义。

在对各人应得利益作出权衡和界定的同时,就意味着该些个人应当承诺不得超越界限以至妨害、侵犯他人之正当利益,而应当认许和尊重他人之利益,有所让予。此种对于他人被确定之利益(他人之权利)的认许和不以作为或不作为方式相妨害、侵犯之承诺,即为后世人所谓之义务。设各人均享有和行使权利,又承担和履行相应义务,人们便能友好相处,社会便形成和谐的秩序。

以上描述的不限于同一群体内部的情形,也适用于各个群体之间。各群体均生活于同一或相邻、相近的环境之中——直至今天,人类仍共同生活于同一地球之上——群体间也发生着利益(利益资源)的分配关系。它们不免常为各自群体的利益(资源)的获取而发生矛盾冲突,激烈时引发群体之间的斗殴和战争。为免两败俱伤,需要和平共处,或为了对付主要的敌对群体而联合某些友善群体,都需要在有关群体之间对彼此利益进行权衡、协调和处理争议。为此,这些群体的各自首领或其他被推举为代表的人员,进行谈判、协调,或建立某种较稳定联系形式，包括建立共同机构。经过权衡、协调而被彼此确认的各群体的利益，是为各群体权利。而此群体对于彼群体权利的承诺，则为该群体对他群体的义务。

随着生产力水平逐渐提高，人类需求之利益增长，而利益资源有限或日见稀缺，群体活动地域扩大。各群体间的利益冲突和为协调利益分配关系而建立的各群体间的联系或联合，逐步升级，形成由小到大、由简单到复杂的各种群体、群体之联合体之各种权利、义务体系。国家出现以后，在一国范围以内，存在各个人、各团体、各地区组织和国家（对内）的权利和义务；在国际上，存在各国的权利（对外主权）义务以及各种国际区域性或全球性组织的权利、义务。

国家产生以后，国家公共机关对于社会民众个人、各团体组织及国家机关自身的利益取予分配关系（权利义务关系）的权衡、协调和确认，往往通过法律加以规定。或者反过来说，国家所以颁布法律，主要就是为了确认各社会主体的权利、义务，使之更加规范化和具有公示性。而经过法律确认和调整的利益分配关系，形成法律上的权利义务关系，简称法权关系。当事人如因作为或不作为不恰当地行使权利和违反义务，法律还规定应当承担责任——法律责任；并规定给予一定制裁——法律制裁，以强令违法行为人履行其法律责任。

国家的法律一般只对社会各主体的基本和主要的利益分配关系进行权衡和界定。非政府社会团体的公共机关还继续担负着对其内部民众的其他某些利益分配关系进行权衡、协调和界定的任务。国家法律对于民间社会各种公共机关作出的权衡和认定，有些给予法律认可；有些则不作规定；有些还加以明文否定和禁止。例如，在封建社会较普通存在的夫权、家长权、族权、神权等，许多国家的法律是认可的，帮会权有些也被认可，有的则被禁止。资产阶级法律、特别是社会主义国家的法律，对上述权利多不予认可或加以禁止（其中，家长对于子女的教养权多为各国法律所承认）。一般来说，凡实行法治，法制较健全的社会，所谓权利义务，主要表现为法律上的权利义务；但总还会存在一些法外的权利义务，如某些习惯上的权利义务和道义上的权利义务等。

二、权利与权力

如上所述,权利乃是经过社会权衡、协调、界定而得到公认和一定保障应受分配之利益。从事权利的权衡、协调、界定和确认并保障其实现的主管机关是有关人类群体的首领、代表或由他们组成的群体公共机关(以下简称公共机关)这种权衡、协调、界定得到社会公认。所谓社会公认,不仅指该权衡、协调、界定者即公共机关的组成与职能是得到该群体公众个人之全体或绝大多数认可的,而且它们对权利界定之结果也得到公众之认可,公共机关进行职能活动的全过程及此过程中的正常职能活动,也得到社会公众的认可。

从事和参与权利的权衡、协调、界定、确认并保障实现,乃是一种活动,需要某种力的作用。自然界和人类社会存在各种各样的力。专为对社会民众或其他主体的权利进行权衡、协调、确认和保障之力,称为权力。权力者,乃权衡、确认和保障实现权利之力也,亦即权衡、确认和保障利益分配关系之力也;并且权力本身也是经由社会权衡、确认之力。

主管社会各主体权利的权衡、协调、确认和保障实现的各种群体公共机关,是权力的主要担当者、拥有者。但既然权力是确认和实现民众权利的需要,是根据民众意愿产生的,民众权利便是公共机关权力的本原,社会民众是公共机关权力的原始和最终拥有者。民众的权力有两种表现形式:第一,它们作为分散之力,联合、集中起来组成公共机关之权力,它们是公共机关权力之源泉、原动力;公共机关权力则是一种集合力、公力。第二,它们在公共机关权力形成之后和运行全过程,作为对公共机关公务活动的参与力和监督力。

凡具体之力均有特定的大小、方向和作用点三要素。权力既然为权衡权利而设置或发挥作用,因此权力之大小、方向和作用点也是确定的,是由社会(民众之全体或绝大多数,或民众组成的有关群体)公认的。权力不能违背它的宗旨和作用范围；不能过小——否则难以履行其职能，不能过大——否则造成权力资源之浪费，甚至导致其他严重后果。

权力既为权利而设、而作用，权利又是对利益分配关系的一种处置及处置结果。所以，利益乃权利之本，权利乃权力之本，利益则可谓权力之根也。简言之，权力本源于权利，并最终本源于利益。这是权力同权利、利益关系之第一层含义。

下面再分析权力同权利（及利益）关系的第二层含义。权力本源权利和利益之后仍一刻也离不开权利，这不仅是指前面已说明的权力应始终为权利而作用，而且是指权力需要相应的权利作依托，即作为权力存在和发挥作用的物质和精神基础。无权力的权利，固然难以确立和实现——若无权力作用，根本不能形成权利，因为利益未经权衡确认时，它只是利益而非权利。无权力保障，权利难以实现，形同虚设。而无权利作依托、作基础，权力也无由存在或发生，也是虚有之力，或者虽属于力，而并非权力。例如，它可能是其他某种不正当或正当之力。（如果系超越权利基础施行之力，则为权力之滥用，因而亦非真正的即受公认的权力。对此，本文另将论述）

凡力均是物质运动的一种特性和表现，需以一定物质为依托和基础，权力亦不例外。权力存在和发生的基础有二：一是人——人的智力和体力；二是物——人的智力、体力也需物的支撑（提供和补给人的智力、体力的各种消费资料），并且人力还需借助于物（如工具、武器、设施、活动经费等）而延伸和加强。社会公众既然授予和认许公共机关以“定分止争”的权力，必须同时确定和授予公共机关一定的人员和物资。对这些人员和物资的役使开支即为一种利益。公共机关所必需的利益是在权衡、界定社会民众应得利益（权利）的同时，由社会公众经权衡而加以界定和确认的，是社会全体民众对于利益的一种让渡。全体民众所让渡的利益集合起来构成公共机关可以拥有的利益。由于这种公共机关的利益是为了民众的权利而集中，而利益之大小和用途也是经由社会权衡而确定的，因此属于公共机关的权利。

凡权利必为对一定利益(利益资源)之占有、支配关系,民众个人权利如此,公共机关的权利(公权利)也如此。公共机关的权利有两类表现形式:一是公共机关从事公务活动所必需的设施、材料和经费,以及供维持和补给公共机关工作人员(公务员及雇员)智力和体力的"私人"生活所需(如他们的工薪)。这是支撑权力使之能进行权(衡)利(益)之成本费用。只要该公共机关为常设的,则上述成本费用必须预先拨付。国家形成以后,国家公共机关(简称国家机关)的上述利益资源表现为国家财政收入及其他国有资产。国家机关对这些利益资源拥有占有、支配权,即拥有权利。

二是公共机关从事公务活动即对社会各主体的利益分配关系进行权衡、协调、界定、确认和保障实现时,拥有对相关的民间社会利益资源的处置权。处置需要力的作用,因此是公共机关权力的表现。但处置又是对相关利益资源的一种支配。这种支配虽然通常是对民间主体的利益关系作出调整,是民间主体间的权利关系问题(一般不发生收归国有),但公共机关对相关利益资源如不享有调整、变更、转移——为一种支配方式,那么权利也就不能对它施行权力。公共机关对某些利益资源的处置权力,乃是以它对该利益资源拥有相应的权利为前提的。不过,同公共机关这类权利相对应的利益资源,不必预先转归该公共机关实际支配,只是事先由社会原则上确认赋予它享有这种处置支配权利,等到实际需要它作出调整、界定和确认时再实际行使。可见公共机关这类权利同前一类权利有所不同,但它也是对利益资源的一种支配,所以不能否认它也是一种权利。

综上所述,可见公共机关既拥有权力,也享有权利,既是权力主体,又是权利主体。社会公众在授予、认许公共机关权力的同时,也就授予和认许了它享有相应的权利,以便使它能够实际上产生和发挥权力的作用。并且,公共机关的权利应同权力相适应。社会确认需要公共机关有多大权力,便确认它有多大权利。若公共机关的权利过小,其权力实际产生和发挥便小,公共机关就不能充分履行其职能;若公共机关的权利过大,则其权力必然过大,就会导致权力资源浪费和其他许多不良后果。

下面我们再回头来说社会民众个人的权利与权力问题。民众个人的权利也有两类:一类是由个人独自享有的权利,即被公认应归个人取得和支配之利益;另一类是各个人对公共事务参与的权利。个人的参与权之所以也是一种权利,是因为它所参与的是对全社会有关利益资源的调整和处置,而调整、处置意味着有某种支配权,即权利。不过,对社会利益资源最终作出处置的不是各民众个人,而是由公共机关在集中全体或大多数民众个人意见的基础上作出的决定。所谓支配权,是社会民众集体(该集体的代表是公共机关)享有的权利,各民众个人的参与权只是构成集体权利的因子。个人参与权需要同其他许多个人参与权联合集中起来,共同形成一个有机整体的权利。以上两类民众个人权利,非常类似于公司的股东权,股东权利分为自益权与共益权。民众个人权利的前述第一类完全由个人独自享有和支配的权利,好比自益权;而第二类个人对公共事务参与权则好比共益权。前类个人权利不仅由个人独自享有,而且归个人受益,因此可称为私权利;后类个人权利也归个人享有,虽具有“私”的属性,但它所参与的是社会公共事务,目的为公,具有公权利性质。准确地说,它是公共机关公权利这一有机整体的构成因素。

民众个人权利的实现也需要力的作用,没有力的实际作用,权利只是一种可能性。为实现民众个人之私权利,需要的一般为民众个人之私力。该私力如遇到障碍,则可以公共机关公力予以救济。实现私权利之私力,也具有前面说过的权力的基本特征:它是为实现权利而作用之力,该力的大小、作用也应同权利相对应。但它同公共机关公权力又有所不同,公权力还担负着对社会各主体权利进行权衡、协调、界定和确认的任务,即它是权(衡)利(益)之力。不管怎样,反正古今中外人们不把民众个人实现私权利之力称为权力。法律(如民法)上有“行为能力”概念,行为能力是经法律确认的,是实现自然人或法人权利的一种能力。

为实现民众个人第二类权利即对公共事务参与权所需之力,乃系私人所具有,因此有"私力"属性;但它须同其他许多私人之力结合起来共同发挥作用,其目的在于公共事务,因此具有公权力性质,是公共机关公权力的构成因素。民众个人的这种权利实现之力,可以称作权力。即是说,民众对公共事务参与权,既是一种权利,也是民众个人拥有的一种权力。

人们都知道公共机关,特别是国家机关拥有权力,而常忽视它们还拥有权利:大多承认社会民众享有权利,而鲜有人知道他们也拥有权力。近些年常见我国有学者著文主张:人民享有权利,国家拥有权力;国家只是权力主体,不是权利主体。[②] 问题的症结还是在于对国家权力的本源和本质尚欠深刻和准确把握,实际上是把权力孤立于权利之外,超然于权利之上,因而使权力神圣化、神秘化了。按本文前面分析,权力不仅为(权衡、协调、界定、确认和保障实现)权利而设置、而存在、而作用,而且它还须以相应的权利为依托、为基础。如无相应的权利作依托和基础,则其"力"无由发生;或者虽然是"力",由于并非由相应的权利而发生,也并非受权利范围的约束,因而它不是真正的权力,只可能是其他什么力。

有的学者虽然极力否认国家(其公共机关为国家机关)享有权利,但当他们在对权利作"深化认识"时,也不得不承认"国家所有权"。众所周知,国家所有权就是国家的一种权利。但该论者却又说:"国家所有权具有权利和权力双重属性",当"国家机关代表国家行使国家所有权的部分权能时,从理论上看行使的是权力而不是权利"。[③] 这似乎说:没有权利的国家机关以行使权力方式来行使国家所有权的部分权能。显然这里存在某种逻辑混乱!

还有学者不满于历来国家权力常常滥用、扩张因而侵犯或剥夺民众权利,提出了"以人民权利制约国家权力"主张。[④] 其志也善,其意也

② 例如,童之伟教授即认为在国内法上国家是单纯的权力主体不是权利的兼有主体。参见童之伟:《再论法理学的更新》,载《法学研究》1999 年第 2 期。

③ 参见童之伟:《再论法理学的更新》,载《法学研究》1999 年第 2 期。

④ 郭道晖:《权利与权力的对立统一》,载《法学研究》1990 年第 4 期。

新,但我觉得这种意见仍需作进一步分析。我认为,对国家权力的制约本可以有多种方式,其中的一种也许是最重要的一种,是社会民众对国家机关的权利的限定。因为国家机关的权力所依存的基础是它们的权利(被公认可以享有和支配的各种利益资源),限定其权利则制约了其权力的发生和作用。而欲制约国家机关的权利,社会民众必须维护自己的权利。这可以说是以权利制约权利,即以民众的权利制约国家机关的权利。其次,由于民众还拥有对公共事务的参与权,如前所述,参与权既是权利,又是权力,加强民众参与力度和改善民众参与条件,可以更好地做到以民众参与式权力制约国家机关权力,防止对有关社会利益资源作不当处置和支配。这里是以权力制约权力,同时也是以权利制约权利。对国家权力制约还有别的途径,例如国家机关内部实行分权制衡,那也是以权力制约权力和以(国家机关的)权利制约(国家机关的)权利。关于权力制约问题,本文后面还将作进一步论述。此处只是说明弄清权力与权利关系,对于制约权力也很重要。

权利与权力可以而且事实上经常互相转化。一方面,权利转化为权力,权力乃为了权衡、协调、界定、确认和保障实现权利而设置、而存在、而作用;另一方面,权力在反作用于权利时,调整着利益分配关系,形成和改善权利关系,使各主体的权利得到界定和确认,使某些主体取得或让予某些权利,这就是权力转化为权利。以上说的都是指正常的即在社会公认的范围内的转化,此外还有非正常的转化。例如,滥用权利而形成膨胀的权力;滥用权力而形成不恰当的权利;侵犯、剥夺社会民众的权利而扩大公共机关或其某些官员手中的权力;扩张滥用手中的权力,扩大自己享有的权利。这些乃属于权力对权利的背离和异化问题,本文后面另将专门论述。

三、权力对权利的超越和异化

权力既为权利(特定利益)而设、而存、而忙碌奔波,而它本身也以权利(利益)为依托和基础,那么,它原也系凡尘俗气之物。但权力形成之后却立即自命不凡,摆出一副神秘和神圣的面孔,似乎超然权利之上,远离利益之争。权力本为经社会权衡、限定之力,却时常摆脱约束,为所欲为,如天马行空,独来独往,导致长期以来人们看不清它的真面目。当权者及其追随者更编造种种神话进行说教,愚弄和吓唬民众,以维护和巩固其既得权力;而一些造反者、夺权者,为动员民众推翻和取代现存政权,也总要提出另外一些权力主张。翻开中外历史,各种各样的权力观、权力理论争奇斗胜,令人眼花缭乱!本文不拟对此作全面和具体评述,只想略勾绘其概况。权力观和权力理论包括权力的本源及形成机理、权力的构架(纵向结构及横向结构)等多方面内容,此处侧重于权力的本源问题。

统观中外历史关于权力本源的各种观点和理论,可以大致概括为以下几个类型:

1. 强力说,或称暴力说、霸权说。该理论认为国家权力是某些个人(领袖人物)及以之为核心的集团凭仗强力开创、争夺而形成的。"胜者为王";或曰"中原逐鹿,捷足先登者得之";或曰"吾乃马上得天下"(刘邦语);或曰"打江山坐江山,谁打得江山谁坐江山"……他们这里说的不仅指各具体的国家政权权力的取得方式,推而广之认为是权力形成的普遍规律,认为权力的本源就是强力、暴力、霸权。

2. 天意说、神授说。该理论认为国家权力是"上天"或某最高神授予某些个人的,这些个人本不是人,是"天子"、下凡的"紫微星"或其他什么神的化身或代言人。他们受命于天、于神。天意不可违,神力不可抗,尔等民众只能俯首帖耳拜倒于国家权力脚下,若逆反不从,当得王法加身,还该天诛地灭。如此这般,当权者可以江山永固,高枕无忧;造反者也可借此说聚集民众,被拥立为王,夺取国家权力。

3. 祖传世袭说。该观点认为现政权之权力乃从历代祖宗、圣贤沿袭而来,"祖制不可改,祖宗之法不能变"。若问其祖宗十八代前的"始皇""高祖""太祖""太宗"的权力又为何来,则多半仍回到"强力创建"说,或"天意神授"说。

由于“强力说”过于露骨，可使人慑服而难以心服，其麻醉力、号召力远不如“天意神授说”。所以中外历来的统治者多采“天意神授”说，或将该二说或上述三说结合为用，即权力既是他们或他们的祖宗先辈凭强力开创的，至于为何恰恰是他们而不是别人最终夺得和堂而皇之掌握权力呢？又归根结底是天意、神授。

4. 民意（民授）说、社会契约说。它们主要是在反对封建专制权力和神权统治的斗争中提出和发展完善的。该学说萌芽于欧洲中世纪文艺复兴时期的人文主义，形成于稍后的格劳秀斯、斯宾诺莎等人的著作之中。而使之系统化和规范化的则是洛克、霍布斯、孟德斯鸠、卢梭、汉密尔顿、杰斐逊、潘恩、罗伯斯庇尔等近代资产阶级思想家、革命家。这些人的主张虽各有差异，但基本精神大致相同：人生而享有权利，权利乃自然形成，即所谓“天赋人权”；人们为了保护和实现自我的自然权利，也为了社会的安全与和谐，自愿（通过契约）放弃、转让部分权利而建立国家，形成国家权力。“国家一切权力来自人民，属于人民。”（美国《权利法案》）“政府正当权力来自被统治者的同意。”（美国《独立宣言》）“主权即全体人民的公意，政府是经主权者通过法律而形成的。”（卢梭）“政府是人民的创造物和所有物。”（罗伯斯庇尔）以上观点和理论成为迄今整个资本主义世界几百年来的基本指导思想，对其他国家也有着重要影响。

5. 社会实践说、阶级斗争说。此说并不一概反对“民意说”，而赞同国家权利应源于、反映和代表人民的意志，只是认为人是具有社会性（而不仅是自然属性）的；人在阶级社会都分属于不同的阶级，国家权力只是统治阶级意志的体现。在民意或阶级意志怎样成为国家权力问题上，则反对契约说，而主张是阶级斗争的需要和阶级斗争实践的结果。某个或某些阶级的先进分子、先行者及由他们组成的政治集团，通过阶级斗争实践而历史地、自然地成为本阶级最权威的代表者，他们夺取和掌握的国家权力，因而被认为是该本阶级全体或大多数人民意志的体现。他们大多也很看重强力在权力形成过程中的作用，主张暴力革命，“枪杆子里面出政权”，只是认为那是阶级的暴力。以上大致就是马克思主义权力观。

以上各种权力观在内容上也往往有某些相近和交叉。一方面从其产生和流行时代来看,虽有古代、近代、现代之分,但各种权力观中的某些思想主张在其他时代也总有所反映。因为这些权力观本身都是历史的产物,历史既区分为不同时期,又有其连续性。另一方面,正因为它们都分别是在特定历史条件下形成的,所以也不必笼统地对其优劣、功过予以褒贬。但从其理论的真伪和科学性程度上,当有客观标准可以判别。

今世人当容易看出"强力创建说""天意神授说"及"祖传世袭说"的不科学性。例如,"强力说"看到了现象,但没看出现象后面的本质,不失为人类社会几千年来国家政权走马灯式地兴亡更替史的经验之谈。"胜者为王败者寇"诚如是也。但"强力"绝不仅是某些个人之力,甚至不仅是某些集团(军队、帮派或政党)之力,而必须借助、集合社会大多数民众之力。领袖和集团必须制定、公布和宣传其政治主张和政策,以取得广大民众的支持和参与,方能形成最强力,达到夺取国家权力或维护国家权力的目的。违反民意之"强力"外强中干,难以形成(夺取)国家权力,或得而复失。"水可载舟,亦可覆舟"这个道理其实历来的统治者都懂,只是不肯爽快地承认其手中的权力——这是他们一切既得和将得最大利益之命脉正来自那些平头百姓!

至于"天意神授说",今世人多知为谎言,真正的弥天大谎!权力维护者或造反者深知自己也是普普通通之人,为自己垄断或夺取权力感到底气不足或腰杆不硬。在社会文明发展的历史局限性条件下,民众觉悟不高,易受欺骗、恐吓,借助于上天和鬼神,可以有效地纠集民众,聚合民力,以达到自己的目的。是故,历史上此种花招屡见不鲜。但即使如此,当权者或造反者也需将"天意""神意"乔装打扮,使之尽量接近民意,使天、神之意转化为民意,并使民意顺从天、神之意。

近代资产阶级革命以来出现和流行的"民意、民授说"及与之相关的各种权力理论,否定过去各种权力观,揭开了国家权力神秘的面纱,还原其世俗的真面目。这是历史上权力理论的大突破,是向真理靠近迈出的大步。但是,这些理论毕竟也是一定历史条件下的产物,也难免受到历史条件的局限。由于理论本身就存在许多不切实际的假想成分和其他缺陷,实行中更暴露出一系列矛盾和困惑。问题仍然集中反映在权力的本源即权力同权利和利益的关系上。权力仍时常超越和背离权利而独立和异化。创造理论的先哲们当初也曾预见到这一点,提出过许多制衡权力的设想,但结果照样不能避免。本节拟首先分析国家权力独立和发生异化的基本原因,在下节关于权力制衡中再进一步解答先哲们理念为何落空的问题。

权力为什么能够超然于权利之上而独立(人们为何能宣称或相信它独立)?为什么它能对权利发生背离和异化?这里我们需要着重研究权力与权利的内部矛盾运动规律即事物的内因。权力虽本源于权利,但毕竟不等同于权利。“云出其山,复雨其山。”但毕竟云不是山,甚至还以为是它凌驾于山之上,以雨露赐山以恩泽。同样,权利是利,权力是力,毕竟是不同的事物。力的生成和作用规律有其特殊性。

权力作为一种力,它产生和受制于两种因素,即人与物,是人借助于物得以发力。人是指公共机关的人员——官吏和雇员;物是公共机关可予支配的各种物质利益资源,如必要设施、官吏和雇员的工薪、各种公务活动经费及其他归其所有或可予支配的资源。由于权力是经“权”(衡)之“力”即经过社会权衡、界定而被确认之力,其上述两方面因素的数量和范围、作用等,也都是经社会确定的。如果这种确定十分明确、具体,则权力之大小当会适度,权力之作用点和作用方向当会正确,而不发生权力不敷需要或权力资源过剩和权力扩张、滥用问题,不会发生对社会民众权利的挤占、侵犯和剥夺问题。然而遗憾的是,实际上由于社会对公共机关权力和权利的界定是不可能十分具体、明确的,便给权力扩张和滥用留下了空间和可能性。

我们已知道,公共机关权力的设置、存在和作用是为了对社会各种利益分配关系进行权衡、协调和处置(这是公共机关的职能和任务)。社会实际需要公共机关参与的这些职能活动的量只能大致估算而实难预先作精确核定。当然,权力资源可以预先拨付,再根据实际情况定期予以核算和调整。如近代以来创设的国家财政预、决算,国家机构设置和人员编制的确定和调整规则等,即为此种对策。按此方法,发现权力资源不堪胜任其担负之职能时,予以扩充;权力资源过剩则返还民众社会。然而,即使这种核算和调整也只能是原则性的。何况有备无患,公共机关总要"积草囤粮",以备不时之需。

尤其值得注意的是,如果说作为权力基础的"物"尚不难确定,而作为其另一个决定因素的"人"就更难界定了。进入公共机关的人员的任职资格、编制及其行为的规则,固然是可以大致规定的,但人的思想、品格、欲望及其变化则只能作出要求而难以完全控制。人的自然属性使其本能地皆有企求最大利益之心;但其社会属性又要求他们对于利益应有所取予,取利应有其度。"君子好利,取之有道。"有道之利,是谓权利。但社会上见利忘义之人、之时总会有之。对于手中握有权力之人来说,由于权力本有相应权利(利益)支撑,并且权力还可转化(取得)权利,他们如欲超越权限谋取利益则如近水楼台,十分便利。官员们要获取的利益有两种:一为物质利益,二为精神利益。社会民众的确认、赋予公共机关以权力的同时所确认和赋予的相应权利当中,有些是供职能(公务)活动经费所需,有些为官吏和雇员个人的工薪报酬及其他应有所得。不恰当扩大后者,化公为私,这些个人得到了非分的物质利益。公共权力的行使应服务于社会,一切为了社会之所必需。在这样的服务中,公共机关及其官员取得相应的社会地位和荣誉是其正当的精神利益。但如果假借社会和国家利益之名,而只为一己之"威风"、"政绩"、官场升迁或"青史垂名",如历史上许多当权者不顾社会实际需要和可能,好大喜功,或穷兵黩武,或滥兴土木,劳民伤财,哗众取宠,则属于权力扩张和滥用,而所赚取的乃系不正当之精神利益。上述那种公共机关官员利用手中权力化公为私、假公济私,扩大谋取物质利益供自己和其他相关的私人消费享用的现象,则谓腐败。腐败不免发生权力扩张和滥用。

以上就是权力对于权利之所以能够独立、超越和背离、异化的内在原因。此外,权力背离权利还有另一种情形,即公共机关权力的不充分行使，表现为公共机关及其官员对于职务消极、懈怠。这也应加以反对和防止。但历史上更常见、更有危害的还是权力扩张和滥用，特别是权力对于权利的超越、背离和异化。

四、权力的制衡

鉴于权力对于权利的超越、背离和异化，提出了对权力制衡问题。权力制衡可分为社会民众对公共机关权力的制衡与当权者自动要求和实行的制衡；来自权力机关外部的制衡与权力机关内部的相互制衡等。当权者为什么也有制衡权力的要求？其一，这是人民制衡意志的反映。人民要求公共机关权力为民众权利服务而不得超越、背离和异化，否则人民不满意，严重时人民可能起来反对政府，罢免或整体更换当权者。当权者明白自己和整个公共机关的权力扩张、滥用、腐败和懈怠必须有度，不能激怒人民。为此，需要约束权力。这种约束，主要是内部自我约束，有时也在一定范围和程度上安排它认为合适的方式，主动吸引社会民众对权力机关进行监督。其二，这也是权力本身结构和运行规律的要求。公共机关的权力总不能全部集中于一人或某一机构，需要分工。国家机关是十分庞大的机器系统，尤其需要分工协作。权力系统分为横向结构与纵向结构：横向结构是按照权力所担负的任务的各职能方面所作的分工，如有的负责重大决策，有的负责业务执行，有的负责监察和争议处理等，各自还包括许多具体职能方面，如负责行政的政府需要设立许多部门机构；纵向结构主要是指权力分为若干上下隶属的级层，如国家的中央政府与各级地方国家机关。以上权力的横向、纵向结构的各机关及其成员在权力行使上既分工又配合，集中形成一个整体力量，共同完成权力的职能和任务。历史上各国的政体按照权力分散与集中的程度有分权制、集权制之别，但从来不存在绝对的分权与集权，权力总是要作一定分工并要求有一定集中度的。处在权力横向和纵向结构系统中的各机构及其成员，需要互相制衡，特别是中央对各职能机构和各地方机构的监督和制衡。一方面是为了使各机构能协调一致以更好地完成各自的职能活动，从而完成国家权力总任务的需要；另一方面也是为了防止它们对中央权力的不忠或反叛。

对权力的制衡更为重要的是人民的制衡。这是由权力的本源及其所应担负的根本职能和任务决定的。而前述当权者自动要求和实行的制衡，也主要起因于人民制衡的要求。人民对于公共机关特别是国家权力的制衡，可以分为在权力形成过程中的制衡与权力形成后存续运行中的制衡、平常时期和一般方式的制衡与非常时期和特别手段的制衡等。所谓国家权力的形成，可分为两种情形：一是指国家政权的创建，此可谓国家权力的原始形成；二是指同一种性质国家政权的各届政府、各当权官吏对于权力的取得，此可谓权力的继受。在这两种情况下，人民对于国家权力的影响和制约作用有所不同。

近代以来，许多先进的、革命的思想家真心实意地希望国家权力能够始终代表民意，设计了许多政治、法律制度和措施方案，以对权力进行制衡，并相信通过它们的实施，一定能够达到目的。许多革命家、政治家和主权者也曾真心想切实推行先哲和导师们的学说，为此而身体力行。考察客观效果，当然是重视权力制衡总比不制衡好。从历史观点来看，近代以来各种国家权力总的情况同过去（如封建等级特权制）相比大有改善：它们比较重视反映民意，承认或强调国家权力对民众权利的服从和保护，人民在国家政治生活中的地位不管在实质上或形式上确有所改观。但是，情况是否如先哲们所憧憬的那么理想？是否如政治家和当权者们所反复宣传、标榜的那么真实？却并不尽然。包括先哲们在内，人们对此是过于理想化了。实际上，近代以来乃至今日国家权力仍然难得有效制约而时常发生对于人民权利的偏离，有时甚至完全站到人民的反面。其中原因颇多，主要有三个方面：一是由权力固有特性所决定。如前节所述，权力对于权利的背离、超越和异化（“离心力”）总是难以杜绝的。制约是必要的，也会有一定效果，但它是有限的、相对的。二是在权力制衡上当权者通常居于主导地位，他们对于权力制衡的态度、决心和所采取的措施制约着权力制衡的实际效果。

三是权力制衡的许多措施的实行及其效果,受到社会历史条件局限。例如,在民众物质生活条件、权利意识、文化素质及社会交通、信息等客观条件不具备的情况下,有许多好的制约权力的措施不能实行和有效发挥作用。下面分别就权力形成过程中和权力存续运行中的制衡情况作出分析。

首先,从一种新的国家政权创建即国家权力的“原始取得”的过程来分析。一种新政权的创立应当符合多数民众的意志和利益要求,否则得不到民众拥护和支持,政权难以创立。所谓国家权力本源于人民,就是从这种实质意义上来说的。政权创立者们深知这一点,所以往往声称他们,也只有他们,真正反映和代表着民意,是民众的全权代表。但谁都明白实际上任何革命集团或其领袖在发起和进行革命过程中,没有也不可能事先征得社会全体或多数民众的同意和授权,不是由全国民众推荐、选举的,也从未订立过什么“社会契约”,也不是因为某些革命者本系“特殊材料”制成,天生就代表着民意。革命集团是否代表民意,是从客观上来说的,它集中体现在其革命纲领和政策主张的人民性程度上。历史上任何革命集团对于人民意志和利益的反映和代表都是相对的。即使它们创建的宗旨和所确定的纲领本意是完全彻底为人民,“立党为公”,但在实际上也总会有时和在某些方面、某种程度上发生与民意的偏离情形。这一方面是因为革命集团成员主观认识上难免错误,使其确定的路线方针、政策和战略、策略及它们的实施发生偏离真正民意;另一方面是因为任何革命集团总会有一些特殊的利益要求,它可以要求自己尽量同民众根本和长远利益保持一致,但毕竟难以等同。在同民众意志和利益的关系上,革命集团从开始就居于主动和主导地位。如果把这种关系看作为代表或委托关系,那最多也只是一种“标准合同”。由于合同基本条款符合民意,所以人民愿意给予支持;但人民要么同意而支持,要么不同意而拒绝,难以有通过谈判协商提出修订合同条款的充分自由。只是“代表者”或“受托方”为了取得民众支持,可能会注意调查民情,了解民意,而在自己的政策口号中尽量加以反映。历史上任何集团当其尚处政权创建阶段时,总要尽量迎合或反映民意,把自己标榜为民意的真正和唯一代表,而其他势力则统统都是匪帮或魔鬼。

正是由于上述情况,所以在国家权力"原始"形成过程中,社会民众对它——孕育中的国家权力或称"准国家权力"的制约就是很有限的,就难以保障对于民意不发生偏离,更难说政权正式建立以后的情形了。中外历史上的各次农民起义,其领袖和首义者大都出身于农民,着实在很大程度上代表了广大农民群众的利益和要求,起义时往往真心诚意喊出了"为民请命""替天行道"的口号。但一旦夺得政权,他们很快便走上民众的对立面。近代资产阶级革命和其他人民革命也不同程度地存在类似情形。

近代资产阶级革命按照革命思想家们的设想应当是人民民主革命,起码在这些思想家眼中,其人民概念本无局限于资产阶级一个阶级之意,而包括了工人、农民等广大民众在内;反对封建专制和特权统治本也符合工农民众的意愿。但从当时历史条件和社会实际情况来看,思想家们的主张对于资产阶级更具有现实意义;并且当时资产阶级无论在财富、知识、社会活动能力等方面条件都较工人、农民更为优越,容易形成较强的政治力量。因此,资产阶级成了革命主导力量,担负起革命领导责任。但面对强大的封建势力,仅靠资产阶级一个阶级力量还不够,需要联合工、农大众,因此当时的革命提出了许多能博取工农民众支持的口号和政策。如果说资产阶级革命代表了民意,那首先和主要是反映和代表资产阶级"民意"。在革命成功建立资产阶级国家政权以后,由于资产阶级同工人阶级的固有矛盾,发展大工业同小农经济的矛盾等,国家权力立即更明显地向资产阶级一方倾斜,当权者便将过去的同盟者"一脚踢开"了。这本来也是由当时历史条件决定的,总的看也符合当时社会发展客观需要,是历史规律使然,人们不能简单地用抽象的道德标准加以斥责。但这里却表明了资产阶级思想家"民意说"的局限性:一方面,当时的"人民"在实际上并非一体而划分为不同阶级,有着既共同又差异悬殊的各自阶级利益;另一方面,"人民",特别是广大工、农民众在对于国家权力从其孕育形成时起就并未处于控制地位,难保以后对国家权力的充分有效制约。

其次,我们再来分析政权形成以后各届政府和各主要官吏权力的取得情形,及权力取得后人民对权力行使的监督和制约情形。

近代以来,许多国家按其信奉的革命思想家和导师们的设计,纷纷实行民主政治,通过有关各种政治制度和措施安排和保障人民对国家进行民主管理和民主监督。民主政治最核心的是选举制和代议制。人们认为,由于政府及其主要官吏由人民选举产生,他们对人民负责并报告工作,接受人民监督,人民对于国家大事有参与权,重大事务还有最终决定权,人民对于那些不称职的官吏还有弹劾权、罢免权。此外,人民还保留着对整个国家权力予以否定的起义权、革命权。这样一来,应当能够切实保障国家权力按照民意行使而不发生偏离。

选举制和代议制无疑是重要的民主形式,但它们并不必然能够保障真正民主,不能保证人民对国家权力的决定和制约。这里尚不说各种政治力量和利益集团在选举中的明争暗斗,强力集团对选举机器的操纵,会使选举徒具民主外壳,成为形式主义的一个过场,即使设想能排除各种干扰,选举十分公正,选民们能安全按照自己真实意愿投票,那也不可能保证选出能真正代表民意的候选人。因为散布于全国各地的选民不可能都对候选人有真正了解,在交通信息不发达的条件下尤其如此。选民们所能依据的一些有限的信息资料常常失真许多信息更是故意误导选民。参加竞选的政客们往往使出浑身解数,玩弄花招,哗众取宠,开空头支票,以博取选民好感,使选民们真假难辨。何况对于国家的当权官吏不可能都实行由人民直接选举,按较普遍实行的代议制,人民只是选举国家立法机关即国会的议员,行政机关和司法机关的官吏多不由民选,人民对执掌行政权和司法权的官吏多无直接任免权(有些国家的政府主要首脑也实行民选)。而对国会议员的选举,有些国家实行分级间接选举,到了中央一级国会议员的产生,基层选民的意愿已转换了几次“代表”或“代理”关系,失真度更大。而欲实行直接选举,在地域广阔、交通信息不便的条件下困难重重,并且同样不能保证选举结果的真正民主。

当然,国会议员和政府官吏在其当权后行使权力的全过程中,仍受到人民的监督和制约,人民有参与民主管理之权,有些国家对于某些重大事项还实行全民公决,人们还有了解权、罢免权,甚至起义权等。一方面,这些权利对于影响和制约国家权力是十分重要的,但问题是在实际政治生活中人民的这些权利是否能得到充分有效实现。这些权利的充分实现需要具备各种主、客观条件,如广大民众的权利意识、文化素质、政治热情、社会信息与交通状况等。如这些条件不具备,则民众的民主参与和监督权利形同虚设。另一方面,如前所述,在国家权力同民众权利的实际关系上,国家权力在其形成中即居于主导地位,当其形成后它更能充分利用各种权力资源使之稳处于主导和控制地位。当权者需要民众对权力进行某种制约;认为这样对其统治有利时,他们可以允许或组织发动民众进行某种制约,而当他们讨厌或害怕民众真正起来捍卫自己权利、制约权力,认为这样对其统治构成威胁时,他们可以设置种种障碍,甚至予以取缔和镇压。古今中外这样的事例屡见不鲜。在这些主权者看来,民主只是他们手中的工具和权术,如何玩弄,往往随心所欲而已。这样的民主对于人民来说非但无益,反而会成为使自己上当受骗的诱饵。还要指出的是,对于国家权力应如何行使,它是否符合或偏离民意,在其评判标准上民众就难同当权者达成共识。当民众指出当权者违背民意时,当权者可以指责这是民众看问题的立场、角度和方法的片面性所致,堂而皇之地声称是他们代表着多数民众的根本和长远利益,教训民众应当有全局和长远观点,反对个人主义和狭隘思想,个人、局部和眼前利益应当服从集体、全局和长远利益。民众对此往往无可奈何!

归纳本文上述旨趣,不是主张权力制约的悲观主义或取消主义,也不是完全否定先哲们关于国家权力制约的理论和那些英明的主权者及杰出政治家的伟大实践。本文只是说明国家权力对于民意的体现和人民对国家权力的制约是相对的和有条件的,应当具体地和历史地作出分析和评价。过于理想化、不切实际的美化,难免陷入空想主义窠臼,或不免有欺骗、愚弄民众之嫌。认识和承认这点非常重要,它让人们明白：无论过去或今天，各国的民主政治并非尽善尽美和发展到了尽头，思想家、政治家和广大民众应当继续努力探索和实践其不断发展和完善的途径。

发展民主政治，保障民众对国家权力的有效制衡，应选取合适的民主形式（民主的载体）建立和健全各种民主政治制度。这无疑是十分重要的。但民主政治的发展还受多种因素制约，其中最根本的是生产力发展水平和经济基础状况，因为这是民主政治的社会物质基础和物质条件。例如，如果民众温饱问题得不到解决，终日挣扎于饥饿、死亡线上，便无心过问国家政治；前面提到的交通、信息条件不发达，也使民众的了解权、参与权和监督权难以切实行使。

发展民主政治还有一个方面的基础工作，就是要注重不断提高广大民众的文化素质和政治素质——主要是民主意识和权利意识。民众的民主意识和权利意识是发展民主政治和保障国家权力正确行使的群众基础。要让全体民众充分意识到自己本来就应当拥有各种正当权利，权利不是他人恩赐的，要勇于捍卫自己的权利不受他人侵犯；国家权力乃基于民众权利而产生，本应为民众权利服务和受后者制约；对权力的制约既是全体民众的权利，也是应尽义务。如果广大民众的民主意识、权利意识和主人翁意识普遍增强，则在此基础上形成和运作的国家权力便能较好地保持同民众利益和意志的一致，不易发生重大偏离。提高民众的文化素质也至关重要，历史上反人民的统治者往往推行愚民政策，其原因正在于“愚民”更便于欺骗、恐吓和指使。

五、权力的未来

权利与权力永远同人类社会相伴相生。人类社会今后不管如何发展，总会存在公共权力，因为任何时候人类都离不开利益，并需要对利益关系进行权衡、确认和保障实现。但权力与权利始终在历史性地演变着。本文前面对于权力的发源及历史演进轨迹的勾绘，其实已经隐现其未来之基本走势:公共权力向民众权利的回归、权力的社会化、国际化等。

迄今权力演变史表明,公共权力虽然时常同民众权利相背离、超越和异化,但它毕竟本源于民众权利,并始终环绕民众权利而波动起伏:它有时同权利基本保持一致,有时明显偏离;当长期严重背离而得不到修正时,政治改良或革命运动迟早会爆发,又使权力向权利回复。随着人类社会文明日益进步,就总趋势来看,权力背离、超越和异化曲线的波动幅度越来越小。例如,资产阶级民主政治同封建等级特权制比较,民众的权利状况无论在形式上或实质上都有显著改善。资产阶级民主制度又经历了不同阶段,总的情况是不断向好的方向发展。当然在总趋势向好的方向发展的历史潮流中,不排除某些时候、某些国家和地区出现逆流和反动。

权力与权利作为一种社会现象,其发展演变受制于整个社会发展状况。权力和权利都是具体的、历史性的,不存在抽象的、超历史的权力或权利。社会历史发展状况制约着权力与权利的矛盾运动,决定着其内容和运动规律的特征。本文前面曾提到社会生产力和科技发展水平、交通与信息传播状况等物质条件,民众的政治、文化素质、权利意识等对于权力与权利的制约等社会条件的发展,对于权力与权利的改善是至关重要的。当前我们已进入电子信息时代,互联网在促使人类社会发生全面而深刻变化的同时,也在改变着政治和民主,改变着权力、权利及其相互关系。如果说以往公共权力的形成与行使实际上难以准确代表和反映民意,那么随着网络时代的到来,这一切将变得简便易行了。在网络时代,民众只要点击鼠标,便可浏览各种信息资料,参与政治事务。以后公民们甚至可以不必再到投票站投票,在家里通过电脑就可以投票。2000 年 4 月美国亚利桑那州民主党进行总统预选时,公民们便是在互联网上投票。之后,德国北莱因 - 威斯特法伦州选举中竞选者也通过互联网争取选票。有些国家的公民在网上对国家预算草案发表评论;有些国家为公民建立了投诉网页。正如国外一些学者所指出的那样:“继经济之后,数字革命正在向国家和政治进军……互联网将彻底改变公民同国家之间的关系，政治家必须习惯公民更多、更直接地参与政治。”德国政治学家、畅销刊物《民主与因特网》发行人维南德·格尔纳认为，“国家扩张的势头将得到遏制”，政府自由的程度因政治“硅谷化”而大大减弱。[⑤] “网络民主”的发展，将极大地改善权力与权利状况，使公共权力同民众权利保持一致，将公共权力置于民众的广泛参与和监督之中。此外，随着社会进步，民众的文化素质、权利意识不断提高，公共权力的本质和应有职能被广大民众所认识，不再披上神秘面纱。在这种情况下，便能真正做到权力自民众中来，服务民众，同民众权利始终保持一致。这就是权力对于民众权利的回归，或曰归顺。

权力向权利回归，亦即权力的社会化，因为权力回归于民众权利即回归于民众社会。权力回归于民众权利，一切服从民众权利并为它服务，这也说明国家权力的社会公共职能化。并且，在这个过程中，国家权力的某些职能还逐步让渡给社会自律性团体。网络化促使新型社会利益集团涌现。过去，地理位置邻近是人们结盟的基础，互联网的出现使地理位置远近失去意义，人民更看重的是共同的利益和观点的接近。打破地域界限，在一国甚至全球范围内组合各种社团，它们往往可以摆脱各国政府的约束，并主动地执行某些重要的社会公共职能。这对迄今为止按地理位置划界的各种机构，包括对传统的国家，无疑是一种威胁。人们相互间广泛建立联系，国家活动的空间就减少了。如今有许多全球性问题是在不代表国家的政治家们参与的情况下，由社会组织自行解决的。据悉，近来欧洲的企业家和美国的企业家同欧洲政治家们一起组成了欧洲网络协会，以便为互联网共同制定全球性规则。互联网分配域名和地址国际公司将对全球域名分配和电子信箱的编码管理问题作出规定。全世界的上网民众将都可以通过电子邮件参与上述互联网管理机构的理事会的选举。这将是在没有国家参与的情况下而

---

⑤ 参见德国《经济周刊》2000 年 5 月 4 日，转引自《参考消息》2000 年 5 月 24 日。

由一个社会组织为全球互联网“立法的会议”。[⑥] 最近马来西亚副总理巴达维也指出:“全球化在销蚀每个国家的权力。国家权力受到全球和地区机构及其规则的限制。跨国经济网络突破了国界,强大的跨国公司以及代表各种信仰和利益的国际和地区非政府组织都在入侵本来属于一个国家的领地。”[⑦]

一方面是国家权力机关行使的职能在性质上的公共职能化,另一方面是社会组织所担负的社会职能的发达和越来越多地代行国家的部分职能,两相结合,推进着国家权力的社会化,并促使国家权力向一般社会公共权力转化。也就是说,国家权力在向社会化演化过程中,其自身性质也将不断发生变化。这大约相当于马克思曾预言的那种“国家消亡”过程。当然这会是一个相当长的逐渐演进过程,不是说眼下国家就会消亡。但传统的国家概念正在悄悄发生变化,这一点确应引起人们的注意。

国家权力的社会化是同其国际化密切相关的。经济和市场的全球化,终究影响到政治,引起各国政治权力作出各种调整。一方面,全球化在扩大各国民众联系交往的同时,也使其利益更加息息相关,各国的权利的界定和行使,同以往相比需要更加照顾其他国家的权利及整个人类社会的总体和长远利益。因此各国的国家权力的行使必须更多地考虑其他国家的国家权力及国际性机构权力的行使,相互间应多加协调,避免或减少冲突。另一方面,一国的国家权力的行使即使仅涉及国内,也需要顾及国际影响和反应,尽量符合国际潮流和时代精神。在如今电子信息时代,任何一国当权者如果以权力严重侵犯本国民众权利,而企图对内、对外封锁消息,不让国外了解内幕或不让本国民众了解世界民主进程,是越来越困难了。这客观上有利于推动各国民主政治的发展,推进世界范围内的民主进程。此外,前面提到的跨国社团组织的

⑥ 参见德国《经济周刊》2000年5月4日,转引自《参考消息》2000年5月24日。

⑦ [马]阿卜杜拉·艾哈迈德·巴达维:《全球化:风险与前景——在吉隆坡第14届亚太圆桌会上的演说》,转引自《参考消息》2000年6月20日。

涌现及其对各国政府部分职能的取代,这既是国家权力的社会化,也是其国际化的一种表现。

如同前面在论及权力回归和社会化趋势时所指出的那样,国家权力的国际化也是一个长期渐进的过程。世界各国、各地区、各民族的经济、文化、科技、教育等方面发展状况不一,文明传统各异,政治和社会制度不同,他们的民主和权力、权利的未来发展进程和模式不可能雷同,但总会朝着民主化和国际趋同化方向发展,这当是可以预期的。

权力经济向法治经济的转变

——兼论转型时期法律的控权使命*

一、法治的关键问题在于控制权力

本人曾经在《论权力》一文①中论述了公共权力的本原、价值和运行规律，指出公共权力乃是为了界定和维护广大民众权利的需要而产生和存在的，权力的大小、范围和行使方式应始终紧紧围绕和服务于民众权利。但实际上权力产生以后却常常同权利发生背离、超越和异化，权力膨胀、滥用，出现腐败，侵犯民众权利。该文还批评了我国法理学界颇为流行的观点，即"国家公共权力机关只有权力而无权利，民众有权利而无权力"，论证了凡力都是物质运动的一种特性和表现，必须以一定物质为基础。权力部门如果不支配一定的物质利益，则权力无从发生，不能存在和运行。而它们所"支配一定的物质利益"，即为他们的权利，是它们正当的、经过界定的利益。所以国家公共机关是既有权力也有权利。我们说权力部门侵犯民众权利，这意味着民众权利

---

* 本文原发表于《经济法论丛》2005年第11卷。

① 漆多俊：《论权力》，载《法学研究》2001年第1期。

总量减少,可是减少的部分到哪里去了呢?原来是加到公共权力部门所支配的权利中去了,使它们的“权利”不正当地扩大了份额。如果不承认权力部门也拥有权利,则无法解释民众被侵害的权利的去向。

由于国家公共权力产生、存在和运行的价值仅仅在于为广大民众权利服务,所以一定时期公共权力的大小、种类和运行方式需要确定和控制,也就是控制权力部门的职能活动。由于权力需要相应的利益资源即权利作基础,权力部门应当拥有的权利便根据其权力(职能活动)恰当地予以界定和确认。其权利大小和范围以满足权力的正当职能活动需要为限。若太少则不足以支撑正当职能活动,影响办事效率;若过多则造成浪费,滋生腐败,侵犯了民众的应有权利。可见,对公共权力的控制的途径包括两种:一是通过对权力机关职能活动的界定和确认而对权力直接予以控制;二是通过界定和确认公共机关拥有的权利而对权力(它赖以存在和作用的基础)予以控制。控制了权力也就控制了权力部门拥有的权利;而控制了其权利也就控制了权力。控制公共部门的权力和控制其权利是一致的。

国家权力部门扩大和滥用权力并因此而扩充自己所支配的权利,其结果必然是侵犯和损害民众的权利。一个国家在一定时期内的利益资源总量是特定的。国家公共权力机关拥有的权利多了,民众享有的权利份额就减少了。这犹如一个蛋糕,首先一分为二,左边的多了,右边的就少了。右边的再给众人分,他们之间分配得不管怎样公平,其总份额都减少了。

权力部门的权力及其权利(以及它同民众之间的权利关系)是由谁和怎样界定的?在实行人治的专制国家,取决于当权者的意志。也就是说,权力部门自己决定自己的权力和权利,因而也就由他们决定民众的权利范围。当权者送种意志的表现形式,可以是他们的讲话、指示、命令、决议等非法律规范文件,也可能颁布一些法律——但法律也只是他们意志的表现,他们和民众之间权利关系的界定是由他们一方说了算。而在民主法治国家,权利关系的界定和确认是由全体民众意志决定,其形式是通过立法程序制定为法律。法律集中体现广大民众意志，恰当地界定国家公共权力部门同民众之间的权利义务关系（当然法律也要界定民众相互之间、公共权力部门内部之间等的权利义务关系），有效控制国家部门的权力和权利，充分维护社会广大民众的权利。

国家公共部门同民众之间的权利关系在（通过法律或不通过法律）作了预先界定和确认之后，在执行（包括法律的实施）中可能需要作出某些调整。其中有些是正当和必要的调整，有些则可能是由于权力具有异化、超越和背离的特性而发生的权力滥用和扩张，若不好好执行预先的界定则可能侵犯民众的权利。因此还必须全过程地加强对权力的控制。

权力部门在执行中滥用权力扩充自己权利并侵犯民众权利的做法有两种：一种是采取合法或形式上合法的方式，即在调整、修改法律时“强奸”民意，塞进对自己有利的条款；或者发布一些同原来法律相违背的行政法规、部门规章或地方性法规，扩大自己的权利和侵害民众的权利。另一种是完全非法的做法，即在执行中不依法行政，滥用职权，假公济私，贪污受贿。对于权力者的这两种做法都必须加强控制。

控制的方式有权力部门自己内部控制和广大民众的外部控制两种，但主要和最根本的是民众的控制，即由广大民众参与法律的制定和修改，并由民众切实监督其执行。即使对于权力部门内部的自我控制，也需要依法进行，而不能任凭当权者的意愿。因为那并不是十分可靠和稳定的。权力总有异化、扩张而不受控制的欲望，当他们不愿意或懈于自我控制时，如无法律预先规定，就会失控。

如果国家权力（连同权力部门所应当支配的权利）能够始终得到法律的有效控制（而不是由权力者个人或一群人随心所欲），并且法律又是通过法定程序比较准确地反映和体现了广大民众意志和利益要求（而不是任由当权者意志决定立法），再加上这样的法律能够得到切实实施（而不是由权力支配和干预法律的实施），那么，这便是法治、法治国、法治社会。

法治是相对于人治而言的。它们的区别不仅在于一个国家或社会是否制定有法律和法律的形式和体系是否完备,更主要的在于那里的法律是体现着哪些人的意志和利益要求:若是按照少数当权者意志治理,是人治;若是按照广大民众意志治理,则是法治。能够体现广大民众意志和利益要求的法律,是良法,因此法治亦即良法之治。法必良法,是治国的最高准绳和依据(有最高权威),并能得到有效实施,这才是法治。

由于良法、法治最根本的标志和最核心的问题,是它们能够体现广大民众的意志和利益要求,即最大限度地维护着民众的权利。由于要想维护民众权利,必须控制国家公共权力,所以良法和法治的关键问题乃在于控制权力。简言之,法治最关键的问题在于法律有效控制权力。

中国20世纪70年代末提出建立社会主义法制,其要求是四句话:"有法可依,有法必依,执法必严,违法必究。"相对于过去法制废置而言,这无疑是个进步。但是,人们也过于看重这四句话的价值,当后来国家提出治国方略转型时,人们以为只要做到那四句话便符合"法治"要求了。笔者过去曾反复指出:那四句话其实只不过说了两层意思:一是说要立法;二是要实施。但这离法治要求甚远。例如,德国的法西斯希特勒时期也制定了许多法律,也有法可依,并且也可谓执法必严,违法必究,但显然那不是法治,甚至与法治相差十万八千里。这里的问题在于所制定的是什么样的法,是良法还是恶法。恶法越多、越完备就越坏,越是严加实施就越是伤害民众,越是同法治背道而驰。中国是社会主义国家,法律基本上能够反映民众利益和意志。但在国家权力过于集中,并且"法律工具论"盛行的年代,有些法律规定未能充分注意保护民众权利,而强调的只是民众的义务,因此有人把这种法律谑称为"老百姓的义务书"。此外,由于每一部法律都要规定一个或几个国家机关负责主管实施,这些机关往往使之变为特权,增加了滥用权力和腐败的机会。用当时某些企业界人士也许有点刻薄的说法是,每新颁一部法律(指具有"恶法"性的条款),我们企业身上就多了一根"绳索"。这也在一定程度上说明:良法受民众欢迎;恶法有不如无,越多越坏。

而对于什么是良法,中外法学家大都认为其中最重要的是充分反映最广大民众的意志和利益要求,维护民众的权利,而不是体现和维护少数人的利益。但问题是怎样才能维护好民众的权利呢?根据本文上述论述,要想维护民众权利,必须控制公共权力。这一点非常重要,所以本文将控制权力视为良法和法治的关键。

上述结论对于转型国家尤其适用。凡实行人治的国家,其本质特征并不在于是否制定多少法律,而在于那里的法律是怎样界定公共权力机关同民众之间的权利关系的,是否恰当和有效地控制了权力;不在于法律是否实施,而在于那里的法律是怎样实施的,是排除权力干扰,司法真正独立,严格依照法定程序准确实施,还是相反。事实证明,人治国家公共权力十分强大,操纵着国家立法及其实施,甚至根本不重视法律,权力不受法律约束。当这些国家治国方略转型而欲实行法治时,自然其关键问题便在于大力控制权力。

当然,所谓恰当界定和维护权力机关同广大民众的权利关系,有效控制权力,或者所谓最充分地反映和体现广大民众的利益和意志,都是相对地受到各种主客观条件的限制。其中最重要的是受到社会发展一定阶段所能提供的各种客观条件(如生产力发展水平、交通、信息、民众受教育程度乃至文化传统和习俗等)的限制。良法和法治既是一种客观的社会存在,又是人类先进分子的一种善良和美好的理念。即使对于已经基本实现了良法和法治的国家来说,也并不是说那里已是完美无缺,人们仍需要不断改进和完善他们的立法和法治,使其实然法不断趋近于理性中的良法,使其现实中的法治不断趋近于理性中的法治。而对于尚未实现法治的国家而言,关于良法和法治的理念则鼓舞着人们去为之奋斗,以逐步实现法治目标。

二、经济体制转轨是法治经济对于权力经济之否定

法治无论作为一种治国方略或一种社会状态,都是一个综合性概念,它涵盖社会生活各个方面,包括政治、经济、文化等,在所有方面都

应当符合法治要求。其中在经济方面的法治就叫作经济法治,或叫作法治经济。

按照前面所说法治的一般要求,则法治经济的基本特征是:国家在经济方面所制定的“法为良法”,并且完备;各种重要经济活动都“有法可依”;而这些法律都能得到切实实施,“执法必严”“违法必究”。其中,制定经济方面的良法为经济法治的前提和核心。

而所谓经济方面的良法,最本质的是在于这种法反映和体现着最广大民众的利益要求和意志,维护民众的权利。而如前文所述,为了维护民众权利必须首先控制公共权力,所以经济良法必须首先能够恰当和有效地控制权力对于经济的干预。按照逻辑推理,法治经济的前提和核心也便在于对国家公共权力介入经济的恰当和有效的控制。

人类社会迄今存在过的经济形态,可以按照不同标准分类。例如,按照社会生产目的主要是自给或用于交换,可分为自然经济和商品经济等基本类型;按照影响社会经济结构和运行的调节机制,可分为市场经济或计划经济;而如果按照一个国家治理经济的基本方略(基本模式),则可以分为权力经济或法治经济等。后面这种分类中,有关法治经济前面已有论述。至于权力经济的提法,是指与法治经济对应的一种经济型态——国家权力广泛地直接介入社会经济生活的各领域和环节,对经济实行统制。国家管理(统制)经济的方式主要依靠行政指令而不是法律;即使颁行一些法律,也只是把法律当作统制经济的一种工具,法律的内容、形式及其实施程序都充斥着权力者的随意性。以上说的各类社会经济形态指的都是一些最基本和最典型的形态,是一种理论上的概括,现实社会存在的并不是十分单一和纯粹的,而是各类形态特征互相交织着的。例如,实行权力经济的国家也可能颁行了某些好的法律;而实行法治经济的国家不排除存在某些滥用权力的现象。上述按照各类标准所作的分类也是相对的,可以交叉分析。例如,商品经济形态在客观上要求实行市场经济和法治经济,但实际上某些国家某个时期却可能发生国家权力统制经济而排斥价值规律和市场调节机制作用(实行权力经济)的现象。但是按照各类标准划分的各种经济形态之间毕竟有一定对应性。例如,实行市场经济(特别是它的完善和成熟形态)的国家,基本上同时又是一种法治经济;而实行计划经济的国家往往同时又是权力经济。后者的典型代表是苏联、东欧国家和改革开放以前的中国等国家。

西方国家的市场经济先后经历了自由市场经济和社会市场经济两个阶段。资产阶级革命后建立的自由市场经济阶段,国家权力基本上不干预社会经济,资产阶级宪法严格控制国家权力。19 世纪生产社会化和垄断出现以后,经济调节机制“二元化”,国家调节应运而生,国家权力开始介入经济。这是一种客观需要,但同时,国家权力干预经济的范围和程度受到严格控制。开始时主要是由国家出面反垄断,颁布反垄断法。以后国家又采取其他方式进行国家调节,颁布其他一些经济法。这些经济法一方面保障着国家调节;另一方面也规制着国家调节,控制着权力的滥用。正是由于能够控制权力,所以一定的国家调节并不妨碍市场调节的基础性作用,能保持法治经济的基本属性(而未演变为权力经济)。

中国在 20 世纪 80 年代以前的三四十年内,实行全国高度集中统一的计划经济体制和经济管理体制。计划经济是典型的权力经济。当时国家全面而几无遗漏地统制着社会经济,国家权力的触角深入社会经济的各个领域、环节和层次。当时管理经济的方式和手段是执政党和政府的政策文件、党报(特别是“两报一刊”②)的社论、领导人的讲话和指示等,总之,是权力者的各种指令。法律基本废置,即使作为“统治工具”也不肯采用。那时的说法是,“法律这个东西没有也不行,但我们有我们的一套……我们基本上不靠这些,主要靠决议、开会,一年搞四次”。③ 这种“法律虚无主义”在经济领域表现为十分典型的权力经济模式。这种权力经济的弊端随着时间推移愈加暴露无遗:民主

② “两报一刊”是指《人民日报》《解放日报》《红旗》杂志。

③ 1958 年 8 月毛泽东在北戴河中央政治局扩大会上的讲话,转引自项淳一:《党的领导与法制建设》,载《中国法学》1991 年第 4 期。

法制遭到粗暴践踏,国家经济濒于崩溃边沿。

20 世纪 70 年代末中国开始实行经济体制改革,逐步改变国家全面统制经济,管得过宽、过细、过死的局面,改革大一统并且是指令性指标的计划经济模式,逐步地让价值规律和市场机制发挥调节作用。改革的中心环节是企业、特别是国有企业的改革。对于国有企业,先是"让利放权",接着是改革企业经营方式,实行"两权分离",搞承包制经营,后来又推行股份制。20 世纪 90 年代中期以后逐渐加大改革力度,在普遍推行股份制的过程中,逐步减少国有经济成分比重,发展民营经济。对于有"二全民"之称的集体经济也按照市场化要求进行了改革。改变过于单一的所有制结构,实行多种所有制经济成分并存。与此同时,国家逐步转变政府职能行使方式,减少直接和强制指令,实行宏观调控,以求实现"政府调控市场,市场引导企业"的管理模式。在上述改革过程中,十分重视"运用法律手段",颁布了大量立法,以保障改革顺利进行。

中国经济体制改革过程的本质特征,就是逐步放宽和改善国家权力对于经济的管制,而让社会经济本身固有的机制即市场机制能够发挥其调节作用。这就是一个控制权力的过程。20 世纪 80 年代中央领导人常说,要放出一块来让市场起作用。这也就是控制权力的意思。当然,这句话如仅从字面上看还有片面性:它只是说权力控制的范围、领域、数量应适当减少,未提到权力(国家经济职能)行使方式转变,未触及经济体制和国家经济管理观念的根本性转变。1992 年国家决定实行社会主义市场经济体制以后,开始明确最终要让市场机制成为调节经济的主导作用因素。为此,国家加大了改革力度,对国家权力介入经济的范围、程度和方式加强了控制。其中,国企股份制改组和民营经济的发展就是国家权力在一定程度上的退出;宏观调控的加强就是改变政府权力对于企业的直接和指令性的管理方式,通过各项经济政策和各种政策性工具引导企业的经济行为,达到促进社会经济结构和运行协调、稳定和发展的目的。

2001 年中国加入 WTO,以此为契机,国家加快了改革的步伐。其基本点就是进一步放宽和改善政府对经济的管制。WTO 本是负责国际调节的国际组织,国际调节当前主要是对于各国国家调节的一种再调节。[④] 它要求各国政府对于本国经济(首先是涉外经济部分)的管理政策和措施符合有关国际规定。正如人们后来认识到的那样:中国“入世”,主要是“政府入世”和“规则入世”。为了遵守国际规定和履行本国政府承诺,全面清理和修订了法律法规,颁布了新的立法,并加强了法律的统一性和透明性。取消了许多行政许可和行政管制,加强了依法行政。在控制行政权力的同时提高了法律的权威。应当看到,加入 WTO 不仅使中国经济同国际市场接轨,也推动着中国的法治建设,推动着中国由权力经济向法治经济转轨的进程。

由于经济体制改革和转轨过程的实质是控制权力,其中必然充满控制与反控制的斗争。阻力产生的原因,一方面固然源于传统意识形态和思想观念的陈旧性,另一方面则是权力同经济的结合使权力部门及其中某些个人能够得到“寻租”利益,他们的权力受到控制和减少,就意味着他们获得的不当利益的减少或丧失。他们反对改革和反对控制权力的手法有明的和暗的、积极的和消极的。有些人看到改革形势不可逆转,“权力不用,过期作废”,于是乘改革转轨时期的混乱之机,浑水摸鱼,化公为私,侵吞国有资产,贪污受贿,索拿卡要,中饱私囊。这是他们抵制改革的一种表现。有的时候常听到企业界一些人士抱怨说:改革最大阻力来自政府。乍听起来人们也许不解:正是政府发动和领导的改革,缘何政府反倒成了阻力呢?遗憾的是这一观点显然成立。回顾 20 多年改革历程,多少触目惊心的反面事例告诉人们改革道路之艰难。正是由于中央审时度势,坚持改革方向,才使改革终于一步一步地前进。这些情况也从反面说明了改革过程实质就是逐步控制权力的过程。

中国经过 20 多年的改革,在经济领域控制权力、推进由权力经济

---

④ 漆多俊:《WTO 市场国际化与国际调节发展新阶段》,载《中南大学学报》(社会科学版)2003 年第 4 期。

向法治经济转变方面取得了显著成效。这一过程尚未完成，还将继续一段相当长时间。中国的改革采取的是自上而下渐进式做法，它避免了剧烈的阵痛和社会动荡，但时间要相对长一些。何况，包括法治经济在内的法治社会的建成不仅取决于制度建设，还要求全国民众法治意识乃至文化素质等都相应提高，没有一个相当长的时期是不可能的。只是我们应当努力争取这一过程的早日实现。

三、经济体制转轨与治国方略转型的同步性

经济体制改革是一个逐步控制权力的过程。一方面，要实现由计划经济向市场经济转轨，建立市场经济体制，意味着要能让市场机制发挥对于经济的基础性调节作用，国家权力更必须严格控制在恰当的限度之内。国家只是在充分发挥市场调节作用的基础上，对涉及社会经济结构和运行的某些重要部位和方面进行适当的国家调节，并且是依法调节，避免权力干预的随意性。另一方面，为了能让市场机制发挥基础性作用，必须充分保障企业和民众的经济权利和自由，使之能够按照价值规律和供求关系公平参与市场竞争。国家为此制定符合市场法则的法律让民众遵行，国家权力一般直接介入。这就是人们所说的“市场经济是法治经济”的基本道理。相反，如果国家权力得不到控制，过多地干预经济，民众经济权利和自由得不到充分保障，则市场机制就不能充分发挥其基础性作用，市场经济体制就不可能真正确立和运行。

也由此可见，中国经济体制改革的完成和市场经济体制的建立，与国家的法治建设应当是基本同步的。此二者的基本契合点说到底同是一个控制权力的问题；二者的不同点仅在于经济体制改革主要涉及经济领域的权力控制。而法治建设包括但不限于经济领域，它还包括政治、法律、文化等领域的权力控制。由于国家权力结构体制乃是统一的有机整体，经济领域的权力控制必然牵扯到国家权力结构总体，影响国家权力总体结构的变化；反之，也只有国家权力总体体制的改善，才能

保障经济领域权力体制改革顺利进行。

中国的改革是从经济体制改革开始的。在经济体制改革过程中已经不断地触及政治体制的某些问题,并在实际上国家已经进行了某些政治体制方面的改革。随着经济体制改革继续深入,所触及的政治体制问题会愈加广泛、深刻和尖锐。如果后种改革不及时跟上(姑且不说领先、带动),经济体制改革必然难以深化,难以取得最终成效,甚至存在功亏一篑的危险。1997年党的十五大明确提出“依法治国,建设社会主义法治国家”,作为中国共产党领导人民治理国家的基本方略和建设有中国特色社会主义的一个基本目标,表明党中央已经高度重视全面推进包括政治体制在内的改革,使治国方略转型跟上经济体制转轨的步伐。但是,治国方略转型即实现由人治向法治的转变同样或更加需要一个相当长的过程,不是一说转变就能实现的。

无论经济体制转轨或治国方略转型,其最后完成都有两个层面的问题(或两个发展阶段):一是制度上的建立和完善;二是这些制度的实际运行(实施)的情况。制度建立和完善本不容易,而即使制度完善之后,由于旧制度和旧习惯传统的影响和惯性作用,好的制度的顺畅实施还得有一个过程。社会转型的方式哪怕采取急进剧烈的模式,也只能在较短时间内实现制度的变革;而新制度的顺畅运行,国家宪治秩序和法治社会的最终实现则还需要一段适时期,因而也不可能是立竿见影的。而采取渐进式改革模式的国家所需时间则会更长一些。

虽然经济体制转轨与治国方略转型两者的关键问题均在于控制权力,但经济体制改革开始一段时间还可以不直接触动国家权力体系的核心部位,而由人治向法治转型则一开始就会指向整个权力体系。因此法治建设过程尤其充满权力控制与反控制的斗争。由于政治权力是经济等其他权力的中枢,权力的拥有者更不肯轻易减少或放弃手中权力。在改革主要由国家执政党和中央政府发动和组织实施的情况下,对国家各级权力的控制模式主要采取自上而下的内部控制方式。对于领导集团来说,在某些问题上控制权力的认识可能一致,而在另一些问题上却不见得会人人拥护。当改革初期在一些明显问题上也许大家的意见会接近一些，而当改革不断深入，触及某些当权者利益关系时抵触情绪往往会抬头。那些反对者们会采取各种方式公开、变相或暗地里阻挠、破坏改革，维护既有权力和既有利益。这是决定改革过程的艰巨性和长期性的一个主要原因。在这种情况下，完全适应市场经济和法治要求的各种制度的建立就很不容易。再加上中国过去政治、法律、文化等方面的传统和习惯势力的影响，即使建立了好的制度，也还需要一个较长时间适应。

在我国，人们普遍存在一种过急、也过于简单的心态：似乎 1992 年邓小平同志和中央一提出要建设市场经济，没几年市场经济就建成了；20 世纪 90 年代末中央又提出要建设法治国家，便认为我国现在也差不多算得上法治了。我们还是需要冷静和理智，应当客观和实事求是地来评价我们改革的成绩和进程，盲目乐观和夸大事实是无济于事的。

就经济体制改革和转轨而言，20 多年来，特别是 1992 年明确改革目标是建立市场经济体制以后，我国取得了巨大的成绩和进步，如今已经建立了符合或基本符合市场经济发展方向和要求的各种制度。但是，仅就制度层面而言目前也并非十分完善，其中许多制度只是反映改革过程阶段性、具有过渡性的规定和做法，离完全市场经济要求还有一定差距。例如，当前国有经济成分比重仍然过大，民营经济的力量和运行环境还有待加强和改善；国有企业改革有待继续深入，虽然大多数企业实行了股份制改组，但国家控股仍然过多，公司运作仍不够规范；金融体制改革任务仍然艰巨；政府权力管制和干预经济的范围、程度和方式仍然缺乏恰当控制，宏观调控体系和方式仍有待完善；自由、公平的市场竞争秩序及相关法律制度尚未建立或完善等。当前全国的市场经济发育情况不够平衡：民营领域和民营经济发达地区的市场化程度高一些，而国有经济成分较大的领域和地区差一些，农村和农业的市场化程度仍然较低。全国统一市场虽然基本形成，但由于地方保护主义等原因，仍不同程度地存在地区分割现象。以上这些方面制度的建立和完善，最终都涉及对于执政党和政府各级权力的正确定位和控制问题，而不仅是经济领域的问题，也不仅仅是一般的认识论和方法论问题。

经济体制改革目标的最后实现尚需时日,需要政治体制改革和法治建设方面的配套。

中国加入 WTO 几年来,有些国家承认我国完全市场经济地位,但包括美国和欧盟国家在内的许多国家都拒绝承认。美国列出的市场经济国家的标准有 6 条:(1)货币的可兑换程度;(2)劳资双方进行工资谈判的自由程度;(3)设立合资企业或外资企业的自由程度;(4)政府对生产方式的控制程度;(5)政府对资源分配、企业的产出和价格决定的控制程度;(6)商业部认为恰当的其他规定。欧盟的标准是:(1)市场决定价格、成本、投入等的程度有多深;(2)企业是否符合国际会计标准;(3)企业向国外转移利润或资本的自由以开展商业活动的自由;(4)确保破产法可适用于企业;(5)汇率变化由市场供求决定。⑤ 其中美国在讨论是否给予中国市场经济地位的听证会上,有人声称这个日子的到来还得十几年时间。这些国家也可能出于政治或意识形态原因而对我国改革进程有所低估,但也不是完全没有道理。他们提到的市场经济一些标准,有些也确实需要我们继续深化改革,建立和完善有关制度。而这些制度最终涉及对于国家权力的控制问题,亦即涉及政治体制等多方面的改革和国家的法治建设进程,因而不是一朝一夕的事。当然,如果在今后的日子里我们能够加快各项改革,我国的完全市场经济体制有可能提前确立。

我国许多人抱着这样一种看法:认为市场经济体制可以先于法治国家建成。其理由:一是我国改革是首先从经济体制改革起步的,先发先至;二是认为经济领域的事容易办一些,也许可以不那么深入地触及政治体制问题。看来这种想法是太简单了些。按照本文观点,经济体制改革可以先行,但其继续深化却有赖政治体制改革和法治建设进程迅速跟上。我们说经济体制转轨与治国方略转型基本同步,并不排除

⑤ 至2004 年年底已经承认中国市场经济地位的国家有:新加坡、新西兰、马来西亚、菲律宾、泰国、南非、格鲁吉亚、俄罗斯等国。美国和欧盟于 2002 给予俄罗斯“市场经济地位”。参见《中国经济周刊》2004 年 6 月 7 日。

前者略居领先地位并推动后者的发展。对于当代各转型国家而言,当初是人们、特别是中央当权者首先认识到经济问题的严重性和经济制度改革的迫切性之后才下决心发起改革的,并且经济体制改革(特别是在改革初期)对于国家权力中心的触动相对较小,难度较小,因此它成为改革的先导领域。它的改革又必然促进和带动政治等方面的改革和法治建设。但由于经济领域的权力毕竟是整个国家权力结构体系中的一个有机组成部分,不是独立于后者之外的,政治体制改革和法治建设进程长期滞缓,就必然妨碍经济体制改革的彻底深化,妨碍其最终目标——市场经济体制的完全建立。即使建立了市场经济的有关制度,也很难得到健康和顺畅运行,甚至有出现倒退的可能。

四、转型时期法律的控权使命

人类社会公共权力是为了界定、确认和维护民众的利益关系(权利义务关系)而产生、存在和运行的。国家出现以后,其界定、确认和维护权利的形式和方式主要通过法律,由其定纷止争。从这一角度来分析,法律也可以说是一种权利义务分配书,亦即各种利益资源的分配书。⑥

权力者和法律需要界定和处理的利益关系(权利义务关系)主要有以下四种:一是普通民众相互之间的关系,这是最基本的利益关系;二是公共权力机关同普通民众之间的关系,因为既然社会需要有公共权力,公共权力本身也需要拥有相应的利益资源(权利),这就需要界定该二者之间的权利义务关系;三是公共权力机构内部之间的关系;四是一国同其他国家或地区之间的关系,这涉及维护本国利益资源的总额、总体问题。

---

⑥ 这里所指的"利益",包括物质利益和精神利益。后者如荣誉、地位、影响及其他能满足精神和心理需要的各种因素。参见漆多俊:《论权力》,载《法学研究》2001年第1期。

随着社会的发展,上述各种权利义务关系日益发达,需要用以确认权利义务关系的法律也日益发达,近代以来逐渐分立出多种法律部门。宪法可以说是一个国家界定、确认该国所有各种权利义务关系的基本法、总法,或者说是一国范围内利益资源总分配书。各部门法则是各有关领域或方面的利益资源分配书,是总合同下面的分合同。例如,民商法主要是在民众总体权利义务确定的前提下对于民众之间的权利义务的分配书,界定和维护民众相互之间的利益关系;⑦行政法主要界定、确认国家行政权力机关内部之间和他们在行政管理过程中同民众之间的权利义务关系;经济法主要界定、确认国家在调节(管理)社会经济过程中权力机关同民众之间的权利义务关系;国际法主要界定、确认本国同他国或其他国际社会之间的各有关权利义务关系;等等。

在一国范围内,最重要的是保障和维护广大民众的最大权益。民众内部权利分配要公平,这是重要的。但是,首要的是可供他们分配的总额应能最大限度地得到保障。为此需要合理恰当地界定公共权力部门的权利义务,使公共权力部门能够支配的利益资源既能满足其职能需要,又不至于过多、过大,否则就减损了民众可受分配的份额,侵害了民众权益,甚至还可能滋生腐败。由此可见,法律的使命不仅在于处理好民众之间的权利义务关系,更在于控制好国家公共权力部门的权利,恰当界定和分配好他们同民众之间的利益资源分配关系。只有这样才能维护广大民众的权利。这样的法才是良法,才符合法治要求。

在人治国家,社会利益资源分配关系主要不是通过法律加以确认,而是由当权者随意决定。即使有法也只是把它当作一种统治工具,是当权者意志的记录。民众的权利被认为是当权者赐予的,其大小多少由当权者的意志决定。法律的使命主要是在当权者划出的一块蛋糕的前提下,界定和分配民众相互间各自应得的份额;它并不以控制权力、控制权力者所支配的利益资源的应有份额为重要使命。在当权者看

---

⑦ 请读者注意这里的“主要”二字。民商法依据宪法确认民众在财产和人身方面的总体性权利义务,这也就界定了民众同国家权力部门之间的权利义务关系。

来,法是“我”制定的,不能用自己制定的法律捆住自己的手脚。封建帝王常说:“朕即天下”,现代的说法则是:“我”即代表人民的意志——完全颠倒了公共权力与民众权利两者的关系,歪曲了权力的本原和实质,使现实生活中权力高踞民众权利之上,不受制衡,肆意扩张,而民众正当权利得不到保障。随着社会的进步和人类文明的发展,人治的模式越来越遭到人们的唾弃,而逐步向法治道路转变。

对于转型国家来说,按照本文前面的论述,无论是经济体制转轨或是治国方略转型,其关键和首要问题均在于有效控制权力。这也是转型时期法律最为重要的使命。法律应特别注重逐步限制和减少国家权力部门对于民众的直接干预,要对民众“放权让利”,扩大民众在经济、政治和社会生活各领域的自由和民主权利。

中国自改革以来的20多年里,法律和法制建设所走过的路实际上也就是逐步控制国家权力的过程。改革初期,鉴于当时法律几近乎空白的状况,国家制定了一大批基本法律和行政法规,并颁布了新宪法。这些法律法规确定了民众一些最基本的权利,初步改变了民众权利得不到法律保障,可能随时受到某些权力侵犯(也可以说民众在法律上处于无权地位)的状况,尤其表现在经济生活方面。例如,当时颁布的对企业“放权让利”、扩大企业经营自主权等规定,就是对当时国家经济管理权力的控制。1992年提出解放思想、加快改革,并明确经济体制改革的目标是建立社会主义市场经济以后,法律对国家经济管理权力的控制有新的进展。这时加大了国企改革步伐,提出了“抓大放小”,即使对于大中型企业也积极推行股份制改组;提出并实行“转变政府经济职能方式”;减少指令性直接管制,加强宏观调控等。为适应这些改革而颁布的法律法规,都体现着对于政府权力的控制。20世纪90年代后期,中央提出“依法治国,建立社会主义法治国家”,加之我国加入世贸组织这一事件的有力推动,我国的法律在日趋完善。同时,对于国家权力的控制也进入了新的阶段。正如人们所认识到的那样:“入世”乃主要是政府的“入世”、规则的“入世”。这两句话连起来的意思就是:“入世”主要是对于政府管理行为的法律规制,这也就是对政府权力的制约和法律控制。可见加入世贸组织不仅使我国经济同国际市场接轨,同时也推动着我国权力体制的改革。

近来,中央又提出和实行“以人为本”和建立“和谐社会”,在尊重和扩大民众权利、控制国家权力方面又迈出了重要的一步。2004 年 3 月通过的宪法修正案鲜明地体现了这一点。例如,在序言中增加了“推动物质文明、政治文明和精神文明协调发展”;在条文中明确提出“国家保护个体经济、私营经济等非公有制经济的合法权利和利益”;“公民的合法的私有财产不受侵犯”,“国家依照法律规定保护公民的私有财产权和继承权”;国家在实行征收或者征用时对公民“给予补偿”;“建立健全同经济发展水平相适应的社会保障制度”;“国家尊重和保障人权”。2003 年 8 月通过、2004 年 7 月 1 日实施了《行政许可法》。2004 年 3 月国务院发布了《全面推进依法行政纲要》。国务院分别于 2002 年 10 月、2003 年 2 月和 2004 年 5 月分三批取消和调整行政审批项目共 1795 项,使国务院部门的审批项目减少了近一半。温家宝总理在一次全国依法行政工作会议上指出:要“推进依法行政、建设法治政府”,“使行政权力授予有据、行使有规、监督有效,做到依法治‘官’、依法治权,防止行政权力的缺失和滥用,带动全社会尊重法律、遵守法律、维护法律”。⑧ 这些都清楚地表明,中央为推进改革(包括经济体制改革和法治建设)而加强对于权力控制重要性的认识和决心。虽然为建成完善的市场经济和法治社会,在控制权力方面任务还十分艰巨,有许多深层次问题需要解决,还会有许多“阵痛”,但是,目标和方向是确定无疑的,路径也越来越清晰了。

也许有人对于法律控制权力的至关重要性还心存疑虑。因为按照通常说法,法律是规定权利义务的,实现市场经济和法治社会最根本的是充分保障广大民众的权利,因此认为法律最应关注的是民众权利而不是国家机关的权力。民众权利与国家权力是统一的,在我国由于共

---

⑧ 参见《全面推进依法行政,努力建设法治政府——温家宝总理在全国依法行政工作电视电话会议上的讲话》,载《国务院公报》2004 年第 23 号。

产党领导和社会主义制度决定,国家公共权力与民众权利是一致的。我们最终目的是充分保障民众权利,但为实现此目的,关键在于有效控制权力。不重视解决这个关键问题,通向目的之门难以敞开。权力与权利是矛盾统一体,但在一定时期和条件下,人们应当更加关注主要矛盾和矛盾的主要方面,要明确事物的症结。法律是规定权利义务的,但法律从来就是一把"双刃剑":既维权,又控权。为了维护广大民众权利,必须有效控制国家权力。在我国,国家权力同民众权利在根本上是一致的,但权力并不等于权利,权力总难免同权利发生异化和背离,如不加控制就会侵害民众权利,这在我国也不例外。不同点只在于执政党的先进性可以认识到并在一定程度上自觉控制权力。我国的改革是自上而下发动和进行的,正是这种自觉性的表现。但如果一旦在自我控制上有所松懈,就会妨害改革继续发展。

当权者能够自觉地进行内部自我控制是可贵的和重要的,但是仅靠当权者自我进行内部控制是不够的,还必须有广大民众的外部控制。后者是更为根本的:即使采取内部控制为主(以内部控制为经常性控制方式),也需要接受或主动争取民众的监督和制约,让外部监督制约促进内部控制。广大民众怎样实现对公共权力的控制呢?怎样使民众意志集中体现出来呢?这就需要法律,即通过法定程序将民众意志制定为法律,并切实加以实施,达到控制权力的目的。民众意志对于权力的控制包括外部控制和责令权力部门自己实行内部控制两种。因为真正符合要求的内部控制也体现着民众意志,也需由法律作出规定,因而也是一种法律控制。如果内部控制不由法律规定,则即使内部控制是当权者自觉自愿的,也具有不确定性,不能始终保持有效控制。因为权力对于权利总会有着某种异化、超越和背离的倾向。这在中国也不例外。

在中国,执政党和国家一直都在强调自觉进行内部自我控制,但效果并非始终理想。中央甚至也强调要依靠和发动广大民众帮助权力部门进行内部控制。毛泽东就曾经几次试图通过发动群众帮助解决执政党和国家的内部存在的问题,如1956年党的整风运动等。虽然后来他改变了主意,整风变成了反右,但在开始时还是颇有诚意的。教训警示人们:在非法治社会,在权力大大超越民众权利的条件下,民众对于权力的外部控制是很有限度和有严格条件限制的。而内部控制不经由法律规定,不是依法控制,则更增添了不确定性,当权者可能随意取舍。

法律控制权力的功能及其重要性,对于宪法和各部门法都是适用的,具有普遍性,只是不同法律部门在程度和方式上有所差别。如本文前面所述,宪法作为国家根本大法(一国的"利益资源总分配书"),在对公民基本权利、国家机关等重大问题作出规定的同时,也就在对国家权力作出控制。民商法从其条文上看似乎主要在于界定民众之间的权利义务关系,但既然民众享有诸如财产权、人身权、从事经济活动的经营权等,国家也就不能随便剥夺和侵犯,这也就是对国家权力的一种控制。当然,在控制权力方面更为直接和突出的还是行政法、经济法等部门法。对于行政法的控权性,在西方国家人们一般是比较明确的,资产阶级革命以后的行政法从其立法到实施都鲜明地体现着这一点。但在中国过去很长时期内,人们却把行政法当作管理工具、"管理法",是控制老百姓的,而不是控制权力的。近年来这种"工具论"在法治的呼声下才有所消退。经济法的控权性应当说是十分突出的,但在我国人们对此往往缺乏认识。在许多人心目中经济法是"管理法",是维护国家经济管理权力的法,而忽视它控制权力的一面。

经济法是规范国家调节之法。现代社会经济除需要市场调节之外,还需要国家调节。国家调节是国家权力介入社会经济和市场而进行的干预、参与或调控,其介入领域、范围、程度、方式和时机要恰当,否则不但难以达到调节(社会经济结构和运行)的目的,还会侵害民众应有的权利。因此,国家调节必须依法(主要是经济法)进行。经济法的宗旨和任务一方面在于保障国家调节,另一方面也在于规制、控制国家调节,防止国家调节权力的滥用。在美国和欧洲等一些经济自由化国家,19 世纪末 20 世纪初由于出现社会化和垄断,需要国家出面进行调节,但同时又担心国家权力滥加干预,所以他们在制定经济法(如美国的反垄断法和"一战"时期德国颁布的经济法)之初,就在赋予法律保障国家调节的同时,也十分重视通过法律控制国家调节权力的滥用。对于转型国家来说,尽管保障国家调节顺利进行也是经济法的宗旨和任务之一,由于原来国家权力全面统治着经济,现在要逐步做到国家只是在市场调节基础上进行某些必要衡节,还要由人治逐步向法治转变,所以作为国家调节之法的经济法,自然更加特别重视对国家调节权力的规制。

在我国,人们对于法律的使命(或者说它的功能、任务或价值)的认识,正在经历着不断转变的过程:过去很长时期内普遍流行的观点是"法律工具论",认为法律是或主要是维护国家统治者的权力的。近十几年来,由于改革开放,也由于学者们大量介绍和推崇西方民主法治思想,人们逐渐认识到法律应当主要在于维护民众权利。但是,法律怎样才能充分维护民众权利,要维护民众权利其关键和核心在哪里呢?对此人们并未作进一步思索。按照本文观点,要充分有效地维护民众权利,必须控制好国家公共权力。否则,民众权利就不能保障,或者可能得而复失。法律(包括宪法和各部门法)它们的从立法到实施全过程,关注的重点应当放在对国家权力(它的大小、范围和行使方式等)的恰当和有效控制上。对于转型国家来说尤其如此。转型国家的法律尤其应当注重控制权力的一面,借此以实现其推进改革和社会进步的历史使命。

控权：通向法治之路的关键*

一、法制与法治：观念的飞跃

中国在过去较长一段时期内曾奉行“法律虚无主义”。法律基本被废弃，经济乃至整个社会生活基本无法可依。人们头脑中的法律观念或法治观念几成空白。改革开放后国家逐步恢复法制，包括经济法制。人们有了一定的法律意识和法律观念。随着国家民主法制建设的发展，法律观念不断更新和转变。迄今主要有两个转变：一是从法律观念空白到“社会主义法制”观念的树立；二是区分了法制与法治，法治观念初步形成。法治观念形成后又在不断更新发展着，又显现不同的阶段性。

中国在改革开放以前的二三十年，是十分典型的“法律虚无主义”年代。中华人民共和国成立初期颁布的一些法律事实上处于废置状态。没有法律社会秩序怎么维持？当时也确实是靠领袖“最高指示”，各级党委和政府的“红头文件”，还有“两报一刊”（指《人民日报》、《解放军报》、《红旗》杂志）社论

---

* 本文原发表于《经济与社会体系的比较研究》（双月刊）2006 年第 3 期。

等,以为这样一来秩序就不会出问题了。经济领域的生产、流通等各环节,企业的产、供、销、人、财、物各方面,都由计划安排,连合同法都可以不需要。公有制国家老百姓本来就没有多少私有财产可言,民事关系不发达,也没有民法。没有刑法,“文化大革命”期间只有“公安六条”。

后来,中央领导人终于意识到国家需要改革。老搞“阶级斗争”和政治运动不行,要以经济建设为中心;要搞法制建设却没有法律,光凭个人说了算也不行。搞经济也不能靠领导人“拍脑袋决策”,强制性行政命令会常常违背经济规律,因此要加强经济法制。于是自 20 世纪 70 年代末开始国家制定了一系列法律法规。中国自此进入了“社会主义法制建设”年代。对于这一转变,国家领导人满意;法学和法学教育恢复了,学者们也满意。老百姓最怕“无法无天”,现在要搞法制当然很高兴。中国人的法律意识和法制观念重新萌发了。

什么是法制和社会主义法制?当时人们提出,社会主义法制的基本要求是四句话:“有法可依,有法必依,执法必严,违法必究。”这四句话其实归纳起来不过说了两点意思——前一句说的是要立法,从无法到有法可依;后三句说的基本上是一个意思,即法要严格实施。可是,这就够了吗?就是社会主义法制了吗?直到 20 世纪 90 年代后期国家提出要由人治向法治转变时,人们甚至还把这四句话说成是社会主义法治的要求,就更荒唐了。

当时中国也确实陆续颁布了大量法律法规,总的说是具有时代进步性的,保障和推进了改革。但有些立法实施效果很不理想,例如,关于国有企业改革的立法数量最多,内容也不断翻新,从“让利放权”到承包制、转换经营机制、股份制等,但企业的经济效益就是上不去。许多立法强调的是企业和民众对国家的义务和责任,他们的权利并未得到应有重视。有些企业家拿报纸上刊登的法规纳闷:这上面规定的都是我们这样、那样的义务,可我们的权利呢?这是个很好的问题:法律不能只是老百姓的义务书,不能只是管理工具。这样的法是好法、良法吗?老百姓能欢迎、拥护和自觉遵守吗?那时我们还常听企业界人士抱怨说,每多颁布一部法规,企业就多了一个“婆婆”,身上多了一根

“绳索”,还多给了主管机关滥用特权和腐败的机会和法律依据。如果真是这样,说明那法就不是良法。于是人们又开始思考:原来并非有了法就万事大吉,法还有好坏、良恶之分。20 世纪 90 年代后期,国家在要实现经济体制的转轨的同时,还提出要逐步实现治国方略要转型,即实现由“人治”向“法治”转变。这进一步引起了首先是法学界对于法制与法治的区别以及什么是良法、什么是法治的思考。人们重温历代法学家们的经典论述,考察和引进西方国家实行法治的经验,探寻法治的真正内涵和在中国实现法治的途径。在这种背景下,人们的法律和法治观念发生了一个飞跃。

二、维权与控权:法治的核心与关键

古今中外的学者对于什么是良法、什么是法治,有很多思考和论述,分别给出了不同的一些标准。但有一点几乎是共同的,即认为:法治应是指良法之治;良法应当充分反应和体现最广大民众的意志和利益,维护民众的权利。体现和维护民众权利乃是良法和法治的核心和基础。法治与人治最根本的区别不在于是否制定有法律和法律的多少,而在于是谁、按照什么人的意志和利益要求在对国家实行治理。人治是当权者个人或某集团依照他们少数人意志和利益要求对国家实行治理。当权者实行人治虽然可以不必通过法律,他们的各种指令和决议文件等,都可以作为治国的依据。但他们也往往颁布一些法律,只是这些法律基本上是他们当权者的意志和利益的体现,从立法到实施,广大民众都处于被动和无权地位。法治则是依照广大民众意志和利益要求通过法律对国家的治理。在法治情况下,由于广大民众的意志和利益要求一般都需要通过法律集中体现,因此法律体系完备,法律地位崇高,是治国的最高准则。这样的法律能够得到民众拥护,当权者的权力受到了控制,也很难超越法律,所以法律能够得到切实实施。

充分体现民众的意志和维护民众的权利,是法治最本质的特征,构成法治的基础和核心——这一点如今在中国也被越来越多的人所接受。所以本文前面说这是中国人法律和法治观念的一次飞跃。这确实具有重大的认识上和理论上的意义。不过,从认识和理论上承认这一点是很不够的,也是比较容易的。大凡国家当权者都会一再声称他们和他们的政策、法律就是符合民众意志和利益的,是在维护着民众权利的,是除了民众利益外再无个人或集团利益可言的。确实也有一些国家的法律对民众权利作了较为充分的确认;另一些国家也可能在向这方面改进,立法正在逐步扩大民众权利。但是实行中,即使是法律已有明确规定的民众权利也往往得不到实现,若受到侵犯却得不到保障,使民众好不容易争得到的法律上标榜着的权利落空。权利变为"橱窗里的蛋糕"——看得见,吃不着。这是什么原因呢?人们也许能分析出多种原因,但这里最主要、最重要的还是应当从权利与权力的关系来思考,认识控制国家权力对于维护民众权利的至关重要性。

人类社会很早以前就产生一直存在国家公共权力和其他一些社会公共权力。考察人类社会公共权力的本原、价值和运行规律,会发现除国家公共权力之外还有其他一些公共权力,而那些公共权力原本乃是为了界定和维护广大民众权利的需要而产生和存在的。社会没有这些公共权力不行。但是,公共权力产生以后它们又对于民众权利发生异化、超越和背离:权力可以为民众权利服务,发挥积极作用;也可能因其滥用、膨胀而侵犯和损害普通民众的权利。

权力应当经过界定和控制,它们的大小、范围和行使方式应以服务于民众权利所需的正当职能活动的需要为限:权力若过小过窄,则不能完成职能任务;权力若过大过宽,则会造成权力滥用,反过来侵犯和损害普通民众的正当权利。

权力同权利有所不同:权利是利,是经过了界定确认的利益;权力是力,是经过了界定确认之力。但二者密切相关,权力更是一刻也离不开权利:首先,权力的产生、存在和运行紧紧围绕着民众权利——这在前面已经说了;其次,权力必须以一定的利益包括物质利益和精神利益(前者如经费、设施等)为基础。权力既然是一种力、一种实在而非虚幻之力,它如果不支配相应的利益资源,是无法发生和运作的。权力部门对于一定利益资源的支配,就是一种权利(权力部门拥有的权利)。可见权力部门是既有权力也有权利的。我们说,公共权力因其滥用而侵犯普通民众的权利,那民众被侵犯的那部分权利去向何方了呢?原来是被加到公共权力部门所支配的“权利”中去了。

公共权力部门所能支配的权利也是应当界定和确认的。它以满足国家权力履行其正当职能需要为限。不能过小、过少,否则不能支撑权力正常运行;但也不能过大、过多,否则助长权力膨胀和滥用,更重要的是将侵占普通民众应得的权利。也就是说,在权力滥用而侵犯民众权利的情况下,在民众权利减损的同时就扩大了权力部门的权利。由此可见,为了充分维护和保障民众权利而控制公共权力时,一方面需要从直接界定和控制权力入手,即界定和控制权力部门的职能活动;另一方面则是界定和控制权力部门所能支配的权利。控制了其职能活动,就能按照职能活动需要来界定和确认其所需利益资源的份额;反过来,控制权力部门所能支配的权利,便可制约权力膨胀和滥用的利益基础,也就可以控制权力。

国家权力部门扩大和滥用权力并因此而扩充自己所支配的权利,其结果必然是侵犯和损害民众的权利。一个国家在一定时期内的利益资源总量是特定的。国家公共权力机关拥有的权利多了,民众享有的权利份额就减少了。这犹如一个蛋糕,首先一分为二,左边的多了,右边的就少了。右边的再给众人分,他们之间分配得不管怎样公平,其总份额都减少了。所以,在社会不能不需要公共权力,而公共权力又总会存在着对于民众权利背离、超越和异化的特性,并因此而侵犯民众权利的情况下,为了切实维护保障普通民众权利,必须严格控制公共部门的权力。否则,即使承认和通过法律加以确认民众的权利,也是难以落实的。

正是有鉴于此,所以我们不能不指出:明确了充分体现和维护民众权利是良法和法治的基础和核心固然十分重要,而认识控制权力对于维护民众权利的重要性则更具有关键性意义。完全可以说,维权(利)

是法治的基础和核心,控权(力)则更是法治的关键。或简言之,法治最关键的问题在于法律有效控制权力。

上述结论对于如中国这样的社会转型国家尤其适用。如前所述,凡实行人治的国家,其本质特征在于是依照少数人(领袖及其核心集团)意志(不通过法律或通过法律)对国家的治理。这里的公共权力十分强大,操纵着国家立法和政策制定以及它们的实施,权力缺乏有效控制。后来当这些国家治国方略转型而欲改行法治时,自然其关键问题便在于通过法律大力控制权力。否则,改革便寸步难行,所谓改革便只能是一句空话。当前中国正在进行多种重大社会改革,包括经济体制由计划经济向市场经济转轨、治国方略由人治向法治转型。这些改革过程十分鲜明地体现着对于国家公共权力的逐步控制这一本质性特点。

三、我国社会改革和转型过程的实质

当代我国的社会改革是从经济体制改革开始的。经济体制改革主要是要改变过去几十年所实行的高度集中的计划经济管理模式,逐步引入价值规律和市场调节机制,最终过渡到市场经济体制。现代社会经济的结构和运行需要市场调节和国家调节两种调节机制(这是仅从国内市场而言),并应当以市场调节(它是社会经济自身固有的一种调节机制)为基础。可是在计划经济模式下,国家权力全面而深入地统管("统制")着经济,几乎完全排斥市场的作用。这是一种十分典型的"权力经济"。20 世纪 70 年代末中国开始的改革,当时提出改革的中心环节是企业,特别是国有企业,就是要逐步改变国家权力对经济的全面统制,管得过宽、过细、过死的局面,改革大一统并且是指令性的计划经济模式。对于国有企业,先是"让利放权",接着是改革企业经营方式,实行"两权分离",搞承包制经营,后来又推行股份制。20 世纪 90 年代中期以后逐渐加大改革力度。要改变过于单一的所有制结构,实行多种所有制并存，在普遍推行股份制的过程中，逐步减少国有经济成分比重，发展民营经济。与此同时，国家逐步转变政府职能行使方式，减少直接和强制指令，实行宏观调控，以求实现“政府调控市场，市场引导企业”的管理模式。在上述改革过程中，逐步重视运用法律手段，颁布了大量立法，以保障改革顺利进行。所有这些都是在逐步放宽和改善国家权力对于经济的管制，而让社会经济本身固有的机制即市场机制能够发挥其调节作用。这就是控制权力的过程。20 世纪 80 年代中央领导人常提要“放开”出一块来让市场起作用。放开什么？就是指国家权力因素，就是控制权力的意思。

1992 年国家决定实行社会主义市场经济体制，开始明确最终要让市场机制成为调节经济的基础性作用因素。为此，加大了改革力度，对国家权力介入经济的范围、程度和方式加强了控制。其中，国企股份制改组和民营经济的发展就是国家权力因素的逐步退出，宏观调控的加强就是改变政府权力对于企业的直接和指令性的管理方式。通过各项经济政策和各种政策性工具引导企业的经济行为，达到促进社会经济结构和运行协调、稳定和发展的目的。

2001 年中国加入 WTO，以此为契机，国家加快了改革的步伐。其基本点就是进一步放宽和改善政府权力对经济的管制。WTO 本是负责国际调节的国际组织，而国际调节当前主要是对于各国国家调节的一种再调节，要求各国政府对本国经济的管理政策和措施符合有关国际规定。正如人们后来认识到的那样：中国“入世”，主要是“政府入世”和“规则入世”。为了遵守国际规定和履行本国政府承诺，全面清理和修订了法律法规，颁布了新的立法，并加强了法律的统一性和透明性；取消了许多行政许可和行政管制，加强了依法行政，在控制行政权力的同时提高了法律的权威。应当看到，加入 WTO 不仅使中国经济同国际市场接轨，也推动着中国的法治建设，推动着中国由权力经济向法治经济转轨的进程。

我国的改革虽然是首先从经济领域开始的，但一方面经济只是整个社会生活的一个有机组成部分，不能不对其他领域产生影响和受其牵制。另一方面,经济体制改革主要涉及国家权力对经济的介入程度、方式和范围问题,由于它必然触动整个国家权力体系,所以经济体制改革不能离开包括政治、法律等在内的社会多方面的改革。

20 世纪 90 年代后期,执政党和国家正式提出治国方略转型,即要由人治向法治转变。按照本文前面的论述,这种转变更加明显和直接地体现着对于国家权力的控制。事实上,从改革开始、特别是中央提出建设社会主义法治国家任务以来,国家已经和正在采取各种措施,来逐步扩大民众权利,并逐步控制和改善国家权力的行使方式和范围。2004 年 3 月通过的宪法修正案,进一步确认了包括"公民的合法的私有财产不受侵犯"等在内的一些公民权利,控制国家权力对民众权利的非法干预。2003 年 8 月通过,2004 年 7 月 1 日开始实施了《行政许可法》;2004 年 3 月国务院发布了《全面推进依法行政纲要》。国务院分别于 2002 年 10 月、2003 年 2 月和 2004 年 5 月取消和调整行政审批项目共 1795 项,使国务院部门的审批项目减少了近一半。温家宝总理在一次全国依法行政工作会议上指出:"要推进依法行政、建设法治政府","使行政权力授予有据、行使有规、监督有效,做到依法治'官'、依法治权,防止行政权力的缺失和滥用,带动全社会尊重法律、遵守法律、维护法律"。2005 年 12 月全国人大常委会修改并通过了《法规备案审查工作程序》。这不仅有利于维护国家法制统一,还推进了我国违宪审查制度的建立,推动国家宪政和法治向前发展。这些都表明中央为推进改革、建设民主法治国家而尊重民众权利、控制国家权力的认识和决心。

由于改革和转型过程的实质是控制权力,其中必然充满着阻力和控制与反控制的斗争。阻力产生的原因,一方面固然源于传统意识形态和思想观念的陈旧性,另一方面则是权力往往同利益相关,因为对某些权力者来说,他们的权力受到控制和减少,就意味着他们获得的不当利益的减少或丧失。由于改革是由中央发动和领导的,他们也不敢明目张胆地反对,多采取消极和隐蔽手法。例如,乘改革转轨时期的混乱之机,浑水摸鱼,化公为私,侵吞国有资产,贪污受贿。有时候常听到企业界一些人士抱怨说改革最大阻力来自政府。乍听起来人们也许不解:正是政府发动和领导的改革,缘何政府反倒成了阻力呢?遗憾的是这一观点显然成立。回顾20多年改革历程,多少触目惊心的反面事例告诉人们改革道路之艰难。只是由于中央审时度势,坚持改革方向,才使改革终于一步一步地前进。这些情况也从反面说明了改革过程实质就是逐步控制权力的过程。

中国的改革是由执政党和国家发动、自上而下进行的。这避免了引起剧烈的社会动荡,但也因此而使过程呈现渐进性和长期性。例如,经济体制改革和转轨,目前虽然可以说已经基本建立起市场经济体制,但仍很不完善,离完全市场经济还有距离。其中主要就在于国家权力因素对经济介入仍然过甚,权力控制问题仍未很好解决。许多人原来以为经济体制转轨较为容易,可以先于治国方略转型完成,法治经济可以先于法治国家和法治社会实现。但这是不现实的。应当看到,中国经济体制改革和转型与国家的政治体制改革和民主法治建设应是基本同步的。

"法治经济"乃是"法治国家"和"法治社会"的组成部分,不可能超越后者而实现。经济体制转轨同治国方略转型二者的基本契合点说到底同是一个控制权力的问题。二者的不同点仅在于经济体制改革主要涉及经济领域的权力控制,而法治建设包括但不限于经济领域,还包括政治、法律、文化等领域的权力控制。由于国家权力结构体制乃是统一的有机整体,经济领域的权力控制必然牵扯到国家权力结构总体,影响国家权力总体结构的变化。反之,也只有国家权力总体体制的改善,才能保障经济领域权力体制改革顺利进行。

无论经济体制转轨或治国方略转型,其最后完成都有两个层面的问题(或发展阶段):一是制度上的建立和完善;二是这些制度的实际运行(实施)的情况。制度建立和完善本不容易,而即使制度完善之后,由于旧制度和旧习惯传统的影响和惯性作用,好的制度的顺畅实施还得有一个过程。社会转型的方式即使采取急进、剧烈的模式,也只能在较短时间内实现制度的变革;而新制度的顺畅运行,国家宪治秩序和法治社会的最终实现则还需要一段适应时期,因而也不可能是立竿见影的。而采取渐进式改革模式的国家所需时间则会更长一些。

四、转型时期法律的控权使命

法律本是“双刃剑”,既维权(利),又控权(力)。由于前面所说为了维权而必须控权,控权是实现法治的关键,所以控权更是法律的关键性使命。转型国家的法律尤其如此。

一个国家所颁布的法律的有无或多少,虽然不是区分人治与法治的实质性标志,但凡是法治国家都必然高度重视法律,立法甚为完备,并能切实实施。因为法治是按照全体民众意志要求之治,民众要求充分维护自己的权利,并切实控制公共部门的权力,而这些意志只有通过法律加以集中确认和予以保障。实行社会改革和转型的国家,为了要扩大和保障民众权利,控制公共权力,也必须依靠法律,即通过法定程序将民众意志制定为法律,而不能仅由领导人以口头或非法律文件作出承诺。后者效力不如前者,有着不确定性。

控制权力的基本方式有权力部门自己内部控制和广大民众的外部控制两种。但主要和最根本的是全体民众的控制,即由广大民众参与法律的制定和修改,并由民众切实监督其执行。即使对于权力部门内部的自我控制,也需要依法进行。

在我国迄今控制权力的基本方式是以权力部门进行内部自我控制为主的。当权者能够自觉地进行内部自我控制是可贵的和重要的,但是仍然需要高度重视并进一步采取措施加强广大民众的外部控制;同时对于权力的内部控制需要进一步法制化。我国历史上大凡发生权力严重失控,无不同民众控制乏力和法律控制欠缺这两个方面因素相关。

其实,所谓外部控制与内部控制是统一的,都是广大民众意志的体现,因而都需通过法律。民众意志对于权力的控制本来就包括外部控制和责令权力部门自己实行内部控制两种。真正符合要求的内部控制也体现着民众意志,也需由法律作出规定,因而也是一种法律控制。

公共权力侵犯民众权利可能发生在两个基本环节:一是在权力及其应分配的权利初始确立和界定环节,不恰当地扩大权力部门的权力和权利;二是在其后执行中滥用权力导致权力和权利的扩张。由于公共权力的产生、存在和全部活动都应当是为了维护民众权利,权力及其权利的大小、多少、范围和方式等都应当由全体民众的意志(通过法律)决定。这包括国家机关及其人员的设置和构成、他们的职能活动、他们所需支配的各种利益资源(此即他们的权利)等,都需要按照民众意志集中起来,制定为有关法律。其中,有些法律例如国家机关组织法等,主要规定其职能活动(这可以说是直接控制权力的)有些法律例如预算法,则是对权力部门所应支配的物质利益资源(物质性、财产性权利)所作出的界定和确认(这可以说是直接控制国家权力部门的权利的,并通过控制权利以控制其权力)。近代资本主义国家开始建立的财政预算、决算制度,初衷就是为了实行这种对国家机关的权利控制。预算法在控制权力部门的权利和权力方面是一部十分重要的法律。

国家公共部门的权力和权利(它们同民众权利之间的关系在通过法律作了预先界定和确认之后,在执行包括法律的实施)中可能需要作出某些调整。由于其中有些是正当和必要的调整,有些则可能是由于权力具有异化、超越和背离的特性而发生的权力滥用和扩张,不好好执行预先的界定而侵犯民众的权利,所以还须全过程地加强对权力的控制。

权力部门滥用权力、扩充自己权利并侵犯民众权利的做法,从形式上看有合法与非法两种:有时他们采取合法或貌似合法的形式,即在制定、调整、修改法律时强奸民意,塞进对自己有利的条款;或者发布一些同法律相违背的行政法规、部门规章或地方性法规,扩大自己的权利和侵害民众的权利。在这种情况下,需要国家建立违法、违宪审查制度。经法定程序审查后属于违法、违宪的法律法规或规章,宣布其无效。有时权力者采取的是完全非法的做法,即在执行中不依法行政,滥用职权,假公济私,贪污受贿。在这种情况下,其实施主体是行政机关的,则属于对"具体行政行为"的控制。

对于权力的控制如从控制主体来说,则分别有:国家和各地方民意机关的控制;政府行政部门内部自我控制;社会公众的控制(如公民、社会团体、媒体舆论等的监督);国家司法部门的控制等。在法治国家,司法机关具有甚为崇高的地位和权威,在控制国家权力方面发挥着其他部门不可替代的重要作用。转型国家通过司法改革也应当充分发挥司法机关在这方面的作用。

以上各种主体实施的各个方面的权力控制都应当法制化,即对于控制事项、内容和程序要制定为法律,依法实施控制。

当前中国正在进行的改革是一场全面而深刻的社会改革,我们的目标是要建立符合时代发展要求的包括法治经济在内的法治社会和法治国家,包括经济、政治和社会生活其他方面在内的许多法律制度。它们从立法到实施各环节,都需要按照民主法治要求,充分体现广大民众的意志,维护和保障民众权利,切实控制公共权力。按照这个要求建立和逐步完善,制度层面的任务还很艰巨。如前所述,法治社会和法治国家的实现、宪治秩序的运行,除了制度建立外还需要法治文化、全体民众法治意识等诸多因素的支撑,所以必须让全社会都认识维权(利)和控权(力)的关系及其在实现国家法治中的基础和关键性地位。全体民众维权、控权意识增强了,大家都起来以国家真正主人翁姿态维护自己的正当权利,监督和控制公共权力,维护符合良法和法治要求的法律的尊严,那么,人们长期崇尚、追求的理想境界——法治社会,便会真正到来,时代所赋予法律的崇高使命才最终得到实现。

附：第八编未收录的相关文章目录

《论转型时期法律的控权使命》，载《河北法学》2006年第11期。

第九编 法理学、宪法、行政法问题

第九编提示：本编所收录的文章主要属于法理学与宪法、行政法范畴的问题。法理学是各种法律现象内在普遍和基本规律的理论概括。它同各部门法学的关系是一般同个别的关系。它的各种原理来自对各部门法规律的总结和提升；它又指导着各部门法的研究及其立法和实施。各部门法研究要遵循法理学一般原理，同时它又丰富法理学的内容，是法理学内容和生机活力的源泉。法是发展变化的，法理学也必然要发展、更新。特别是当法的体系分立出新的部门法时，法理学往往得到较大发展。经济法是当代各国正在迅速形成的一个十分重要的法律部门，它的出现引起原有法体系的重大变化。认真研究正发生在我们面前的这个新部门法的产生、发展过程，通过"解剖一只麻雀"，探求法学普遍性规律，是当代法理学的一个重要任务和难得的机遇。对于经济法学研究来说，由于这门新学科的理论体系正在创立和形成之中，必然要遇到各种法理学问题，深入研究这些问题，是创建经济法理论科学体系的需要，同时也是对法理学的发展所应当作出的贡献。作者的许多文章都有对法理学问题的涉及，本编收录的两篇文章则集中论述了法理学几个问题。应当说是具有首创性的，其中有些论述已经得到包括法理学界在内的学者们的赞同和采纳。

本编有两篇基本属于行政法的文章，是作者在全国行为法学会主办的几次学术会议（南岳论坛）的参会论文。

近些年作者写了一些关于民主宪政的论文。本编只收录其中两篇。其余的论文读者如有兴趣可另见我的有关专著（《中国民主之路》，台湾新学林出版公司 2013 年版）。也可查阅发表在"共识网""爱思想网"我的"学者专栏"中的有关文章，或者我的博客和微博中的有关文章。

论奖励*

（一）

现代国家制定的法律规范中，有大量关于奖励的规定。试翻开我国一些法律文件汇编，就会发现，关于奖励的规定，不仅在国家行政机关制定的条例、规章中大量存在，而且在权力机关颁布的法律中也不少见。有些是在法律文件中作原则性规定，有些是针对某种法律行为作出具体规定，有些设"奖励与惩罚"专章，有些则更以"奖励"作为法律文件的标题。这种情况，在其他国家立法中也同样存在。例如日本，以"奖励"作法律标题的，就有《造船奖励法》《生丝直接出口奖励法》《远洋渔业奖励法》《染料医药制品奖励法》《炼钢行业奖励法》《关于奖励染料制造的法律》等。此外，日本在其许多有关保护、促进经济和科技等事业发展的法律中，规定了许多奖励条款。

法律有强行性规范和任意性规范之分。违反强行性规范的法律后果是否定式的，否定式后果的表

---

* 本文原发表于《法律与社会》1991 年第 5 期。

现形式通常是法律规定相应的制裁;但法律也规定了不予或免予制裁的情形。当人们遵守强行性规范时,法律后果是肯定式的,但通常只是法律予以一般性肯定,不需另外采取具体肯定形式,如给予奖励;当人们违反或遵守任意性规范时,法律后果分别是否定式或肯定式的,但都不需要采取具体的否定或肯定形式,不需要制裁或奖励。

法律有时还规定,在什么条件下,鼓励、提倡人们为或不为某种行为。这与普通任意性规范也不同,不属于强行性规范,我们可以称为提倡性规范。这类提倡性规范的法律和后果同强制性规范和任意性规范不同。当人们违反提倡性规范时,法律后果是一般性否定,不需要制裁;当人们遵守,特别是规范地、成绩显著地遵守提倡性规范时,则往往导致奖励这种肯定式法律后果。

奖励这种肯定式法律后果,只包含在提倡性规范之中。从前的国家立法,提倡性规范不多,因而关于奖励的规定较少。我国战国时代商鞅变法,实行"信赏必罚",规定"查赏",奖励有功于农战和告奸的人。这可为早期奖励纳入法律规范的例证。法律中提倡性规范增多从而奖励规范增多,是与国家对社会生活管理职能的扩大相关的。过去,国家主要注重对现有秩序的消极维护,反映在立法中,禁止、命令等强制性规范是最主要的。每当社会变革时期,国家统治者为了推行某种新制度,确立某种新秩序,往往于立法中规定一些提倡性规范,因而出现一些奖励的规定。现代国家越来越注重积极推行、促进和组建新的秩序,因而立法中便有大量提倡性规范和奖励规定出现。

提倡性规范和奖励的规定,在不同部门法中出现的情况不同,这是由不同部门法所调整的社会关系的性质、种类及法的任务不同决定的。刑法调整犯罪关系,主要为强制性规范,因此基本上无奖励规定;民法调整自然人和法人平等主体之间的财产关系和人身关系,任意性规范多,而提倡性规范不多,因此奖励规定不多。由于提倡性规范与国家对于社会生活的直接管理和组织职能相关,因此,现代以来逐渐独立和发展起来的行政法、经济法、劳动法和环境保护法等部门法中,提倡性规范较多,奖励的规定因而成为较为普遍的法律现象。以我国经济立法为例，在《森林法》（第 10 条）、《土地管理法》（第 4 条）、《渔业法》（第 5 条）、《矿产资源法》（第 8 条）等能源法中，在《商标法》《专利法》《发明奖励条例》《合理化建议和技术改进奖励条例》《自然科学奖励条例》《科技进步奖励条例》等工业产权和科技法规中，在《税收征收管理暂行条例》（第 4 条）、《价格管理条例》（第 25 条）、《全民所有制企业厂长工作条例》（第 6 章）、《海关奖励查私办法》等法规中，对于奖励都有许多规定。因此，奖励被公认为经济立法（含经济法）重要调整方法之一。

（二）

奖励在法律规范中大量存在的事实，要求在关于法律规范结构理论中确认其应有的地位。

尽管当前对于法律规范逻辑结构的认识，存在“三要素说”与“二要素说”，但有一点应该说是肯定的，即不能否认其中包含“后果”这一要素。传统理论把“制裁”作为法律规范结构中的独立要素，排除“后果”的其他表现形式，是片面的、不恰当的。法律规范的逻辑结构，包含假定、处理（此二要素或者表述为一定条件下的“行为模式”）与后果，而后果包括否定式和肯定式两种。否定式后果又包括法律予以一般性否定（不需要采取具体的否定措施）与法律规定制裁措施。肯定式后果也包括法律予以一般性肯定（不需要采取具体的肯定措施）与法律规定奖励措施。可见，制裁与奖励都是法律后果中两种具体的形式，不能以制裁取代后果而使之成为法律规范结构中的一个独立要素，也不能将奖励排斥在法律结构之外，而应该认识到奖励是法律规范结构中“后果”这一要素的肯定式的具体形式。

如果我们按照上述理解，将奖励纳入法律规范结构之中，使现实立法中大量存在的奖励规定在法律规范结构体系理论中得到反映，纠正了奖励长期游离于法律结构体系之外的状态，同时使法律规范结构理论更为精确、缜密和完整。此外,赋予奖励在法律规范结构中的要素之一的地位,有利于人们重视对于立法中的奖励的研究,进一步明确法律规范中奖励的性质、作用、种类、适用范围、试用机关和适用程序等,使立法中的奖励规定,更加规范化。在这方面,迄今未见人们对其作过认真的、系统的研究。在立法中,关于奖励的规定也不甚规范。

(三)

法律规范中的奖励,与其他社会规范(如机关、团体、企事业单位制定的纪律、规则等)中的奖励比较,既有相同之处,也有许多不同特征:

1. 奖励适用依据。法律规范中的奖励,其适用依据是国家制定或认可的法律、法规;其他社会规范中的奖励的适用,则依据各机关、团体、企业事业单位制定的纪律、规则等。

2. 奖励适用对象。法律规范中的奖励,适用一国之内大量同类的人和事;其他社会规范中的奖励,则仅适用于同一单位或同一行业的某种人和事。前者适用范围较后者广泛。并且前者规定较为稳定,不是适用一次就完结,而是多次适用的一般规则;后者有些仅针对个别的、特定的人和事,适用一次就完结,有些虽然也在一定时间内多次适用于某同类的人和事,但纪律、规则的稳定性毕竟不如法律文件。两者相同之处在于,凡奖励都是针对规范制定者想要鼓励、提倡的行为。如前所述,法律规范中的奖励一般只存在于提倡性规范之中。提倡性规范的范围决定于国家对社会生活管理的深度、广度和具体的管理目标。一般来说,在下列几种情况下,国家需要在法律规范中规定奖励措施:(1)保护、鼓励和促进科技和经济发展,如我国许多科技法、自然资源法、能源法、企业法及外贸出口等其他经济法规中的规定;(2)保障、促进国家行政管理目标实现,如一些行政法的规定;(3)保障、促进国家其他管理目标实现,如环境保护法、劳动法、文物保护法、义务教育法等;(4)鼓励公民"告奸",检举揭发坏人坏事,如税收管理法规、价格管理法规、海关管理法规等。

3. 奖励的种类。法律规范中奖励种类与其他社会规范中奖励种类有许多相同之处。例如,两者都包括精神奖励和物质奖励两类,在这两类下面的具体奖励形式也有许多相同的。但法律规范中奖励的种类较后者在形式上更具有稳定性,奖励内容一般更为重大。依照我国立法,关于奖励种类的规定有两种情况:一是法律不规定具体奖励方式,其方式由奖励的适用机关决定;二是法律规定具体奖励方式。后种情况例如:1957 年国务院发布的《关于国家行政机关工作人员的奖惩暂行规定》中,规定奖励种类有记功、记大功、授予奖品或奖金、升级、升职、通令嘉奖六种,可以并用;1982 年国务院发布的《企业职工奖惩条例》第 6 条规定:"对职工的奖励分为:记功、记大功、晋级、通令嘉奖、授予先进生产(工作)者、劳动模范等荣誉称号。在给予上述奖励时,可以发给一次性奖金。"1984 年国务院发布的《发明奖励条例》《自然科学奖励条例》《科技进步奖励条例》等,规定了物质奖励的具体等级。其中《发明奖励条例》规定将奖励分为四等:一等奖 2 万元人民币,二等奖 1 万元,三等奖 5000 元,四等奖 2000 元;此外,特别重大的发明列为特等奖,由国家科委报国务院批准,另行奖励。一般地说,立法中关于奖励种类的规定,可采取下列方法:(1)国家权力机关制定的法律中,除可规定精神奖励和物质奖励两类外,具体奖励办法可不作规定,而授权有关主管部门制定实施细则。(2)行政主管机关制定的条例、细则中,关于精神奖励方式一般可以有记功、记大功、通令嘉奖、授予荣誉称号等种类;关于物质奖励方式一般可以规定奖励金额等级,也可以按由其贡献所取得的收益规定一定比例提取奖金;此外,还可以规定晋级——主要是指提升工资级别,但也包括其他一些待遇,所以它是一种物质兼精神奖励方式。对于单位,奖励措施还可包括减免税利、信贷优惠、价格优惠、物资供应优惠、财政补贴、授予单位或其产品荣誉等。

4. 奖励适用主体与适用程序。一般社会规范中的奖励,其适用主体通常为该规范的制定单位;法律规范中奖励适用主体一般为有关国家行政主管机关,由法律授权它们依法适用奖励。

法律可以规定奖励适用程序,它一般包括提名、决定或批准、实行等几个步骤。

5. 奖励的效力。各种社会规范中的奖励规定都具有一定效力,应当遵照执行。法律规范中的奖励,更具有法律强制力,必须依法实行。否则不能取信于民,有失法律规范的严肃性。此亦古人所谓“信赏必罚”“民信其赏,则事功成”之意。

此外,奖励作为法律规范结构的一个要素,奖励当也具备法律规范所具有的其他各种特性。

经济法理论研究中几个法理学问题*

经济法学是20世纪兴起的法学一个重要分支学科。经济法理论研究需要以法理学基本原理作指导,同时它又丰富、发展和检验着法理学的理论。法理学是各种法律现象内在普遍和基本规律的理论概括。法是发展变化的,法理学也必然要发展、更新。特别是当法的体系分立出新的部门法时,法理学往往得到较大发展。经济法是当代各国正在迅速形成的一个十分重要的法律部门,它的分立引起了原有法体系的重大变化。认真研究正发生在我们面前的这个新部门法的产生、发展和完善的过程,通过"解剖一只麻雀",探求法学普遍性规律,是当代法理学的一个重要任务和难得的机遇。对于经济法学研究来说,由于这门新学科的理论体系正在创立和形成之中,必然会遇到各种法理学问题。深入研究这些问题,是创建经济法理论科学体系的需要,同时也是对法理学的发展所应当作出的贡献。本文试就经济法学研究中所涉及的法理学几个问题,谈谈粗浅看法,以求教于法学界,特别是法理学界的师友。

---

* 本文原发表于《政法论坛》1993年第3期。

一、关于法律规范问题

在经济法学研究中，对于法理学关于法律规范理论，提出了下列值得思考的问题：

（一）关于提倡性规范

法理学关于法律规范的种类有强行性规范与任意性规范之分。强行性规范规定人们在什么条件下必须为什么行为（此又称命令性规范），或禁止为什么行为（此又称禁止性规范）；任意性规范规定允许人们在什么条件下可以为或不为什么行为。经济法中除了上述强行性规范与任意性规范之外，还存在大量这样一种规范：它规定在什么条件下奖励、提倡人们为或不为什么行为。如鼓励、提倡人们保护、合理开发和利用土地、森林、矿产资源等自然资源，节约能源；鼓励科技开发、应用；鼓励提高产品和服务质量提高经济效益；鼓励出口创汇，鼓励外商投资；等等。这种规范不具有命令或禁止之类的强行性，也不同于任意性规范的那种随意性，具有明显的国家意志倾向性。对于这种法律规范，我们可以称之为提倡性规范。

提倡性规范不仅经济法中屡见不鲜，在其他部门法中也大量存在，如行政法、劳动法、环境保护法等。不仅中国如此，外国立法也不例外，例如日本许多有关科技、产业和经济的促进法、振兴法之中，也有大量这类规范。提倡性规范是当代各国立法普遍存在的一种法律现象。

提倡性规范在立法中大量出现，是近代特别是 21 世纪以来的现象，也是法律规范历史演变的一种趋势。这种变化与国家对于社会生活管理职能的扩大相关。过去的国家，主要注重于对现存秩序的消极维护，反映在立法中，最主要的是命令、禁止之类强行性规范，提倡性规范相对少见。每当社会变革时期，国家统治者为了推行某种新制度和新秩序，往往于立法中作出一些鼓励、提倡的规定。现代国家越来越注重积极组建、促进新制度和新秩序，因此提倡性规范增多。

（二）关于奖励规定

与提倡性规范相联系的是奖励规定。经济法中有着大量关于奖励的规定：有些是在法律文件中对于奖励作出原则性规定；有些是针对某种法律行为作出具体的奖励办法规定；有些设“奖励与惩罚”专章；有些更以“奖励”作为法律文件的标题。中国立法和许多外国立法都有这种情况。例如，日本，以“奖励”作法律文件标题的，就有《造船奖励法》《生丝直接出口奖励法》《远洋渔业奖励法》《染料医药制品奖励法》《炼钢行业奖励法》《关手奖励染料制造时法律》等，在其他许多有关保护、促进科技和经济业发展的法律中，也规定了各种奖励条款。

奖励规定只与提倡性规范相联系，是提倡性规范中一种法律后果形式：当人们遵守，特别是模范地、显著地遵守提倡性规范时，可以导致奖励这种后果。奖励与强行性规范及任意性规范无关，无论人们违反或遵守强行性规范或任意性规范，都不导致奖励后果。

提倡性规范和奖励规定，在不同部门法中出现的情形是不同的。这是由不同部门法所调整的社会关系的性质、种类及法的任务等不同而决定的。刑法调整犯罪关系，主要是强行性规范，因此基本上无奖励规定；民法调整自然人和法人各平等主体之间的财产关系和人身关系，任意性规范较多，提倡性规范不多，因此奖励规定不多。由于提倡性规范与国家对于社会生活的管理和组织职能相关，因此 21 世纪以来逐渐独立和发展起来的经济法、行政法、劳动法、环境保护法等部门法中，提倡性规范较多，奖励规定因此成为较为普遍的法律现象。

法律规范中的奖励同其他社会规范（如机关、团体、企事业单位制定的纪律等）中的奖励比较，虽有相同之处，但在适用依据、适用对象、适用主体、适用程序、奖励内容与奖励的效力等方面，都有一些不同的特征。①

无论是提倡性规范或奖励规定，在迄今的法理学上都未曾很好加以研究，未从法律规范理论上加以总结和概括，导致一方面在现实立法

① 参见漆多俊：《论奖励》，载《法律与社会》1991 年第 5 期。

中大量存在并具有重要意义,而另一方面却被法学理论所无视或遗忘,使之长期游离于法律规范理论之外的不正常状况。这应该引起我们的重视。

(三)关于法律规范结构

由上述提倡性规范和奖励规定,引起对于法理学上法律规范结构理论的再思考。

过去的法理学教科书认为,法律规范通常由假定、处理、制裁三要素构成。这种理论的缺陷,主要是它把"制裁"当作法律规范结构中的一个独立要素,取代了"后果"的地位,但法律规范结构应该存在"后果"这一要素。一般地说,任何一个法律规范都包含既规定行为模式(在什么条件下为或不为什么行为),又规定遵守或违反这种行为模式所应导致的法律后果两个部分。② 法律后果不仅指违反行为模式的后果,还应包括遵守行为模式的后果;不仅指违反或遵守强行性规范中的行为模式的后果,还应包括违反或遵守任意性规范和提倡性规范中的行为模式的后果。既然是一般法律规范结构理论,就应该是各种法律规范结构的科学概括,符合各种法律规范的实际情况。

统观各种法律规范结构情况,应该认识到,法律规范结构中的后果包括否定式后果与肯定式后果两大类。否定式后果又包括一般性否定(不采取具体否定措施,不规定制裁)和采取具体否定措施,规定制裁。肯定式后果也包括一般性肯定(不采取具体肯定形式)和规定具体肯定形式,即规定奖励。当人们遵守强行性规范中的行为模式时,法律是给予肯定的,但属于一般性肯定;当人们违反强行性规范中的行为模式时,法律给予否定,并且规定具体否定措施,即规定制裁(但也有规定不予或免予制裁的情形);当人们遵守或违反任意性规范中的行为模式时,法律分别给予肯定或否定,但均属一般性的,不需规定具体的肯

② 在法律规范结构问题上存在"二要素说"与"三要素说"。其实,"二要素说"中的"行为模式"("在什么条件下为或不为什么行为")这一要素,包括了"假定"和"处理"两层意思。因此,关键不在于"二"或"三"要素,而在于不宜将"制裁"作为一个独立要素取代"后果"的地位。

定或否定形式;当人们遵守提倡性规范中的行为模式时,法律予以肯定,对于其中模范地、显著地遵守了提倡性规范中的行为模式的,法律更规定具体肯定形式,这就是奖励;当人们违反提倡性规范中的行为模式时,法律予以否定,但为一般性否定,即不需制裁。可见,制裁只是法律规范结构中属于"后果"这一要素中的一种具体否定形式,不能将它作为法律规范结构中的一个独立要素而取代"后果"这一要素的地位。

二、关于法的调整方法

过去,法理学以至整个法学界没有专门研究法的调整方法的。近些年来,经济法学界经常谈论法的调整方法问题。法应该有它的调整方法,各部门法应该有各自特有的调整方法,或者说它们的调整方法应该各有其特性。各部门法学需要研究各部门法的调整方法,而研究一般的法的调整方法则应主要是法理学的任务。法调整一定的社会关系,若没有适当的调整方法,法就不能完成其确定的调整一定社会关系的任务。

什么是法的调整方法?法的调整方法是指法在调整社会关系时所采取的方式和手段。

法作为一种行为规范,同其他规范(道德规范、纪律规范)一样,所采取的基本方法是规定人们行为模式和违反或遵守该行为模式所导致的后果。法的调整方法区别于其他规范的特点在于:这种行为模式与后果是由国家制定或认可的,是由国家强制力保证实施的。

法对于行为模式的规定,或者分别采取命令、禁止之类强行性方式和手段;或者采取允许人们在什么条件下为或不为某种行为的任意性方式和手段;或者采取鼓励、提倡人们在什么条件下为或不为某种行为的提倡性方式和手段。法对于后果的规定,分别采取否定式(包括一般性否定和制裁)或肯定式(包括一般性肯定和奖励)的方式和手段。

法就是采取这种基本方法来调整社会关系,实现其使命的。

人们难免要问:上述所谓法的调整方法与法律规范结构不是一回事吗?两者有无区别呢?回答是:该二者是统一的,但不同一。它们说的是同一事物的两个侧面、两种属性。法的调整方法讲的是法在调整社会关系时所采取的基本方式和手段;法律规范结构则讲的是这种方式和手段在法律规范中的逻辑结构形式。研究法的调整方法的目的和意义在于确立各部门法恰当的调整方法,建立合理的调整方法体系,以有效地完成法调整一定社会关系的任务;研究法律规范结构的目的和意义在于指导制定各种法律规范时做到要素齐备、结构严密,以利于实施。

我国经济法学界的许多同志在论述经济法调整方法时,对法的调整方法作了片面理解,把法的调整方法等同于法所规定的制裁方法。他们认为一提起法的调整方法,便仅指诸如民事制裁方法、行政制裁方法、刑事制裁方法等,而忽视了法的调整方法首先是规定人们行为模式,其次才是规定法律后果。制裁只是法律后果中属于否定式后果的一种具体形式。由于对什么是法的调整方法理解不准确,因此他们关于经济法的调整方法的论点也是站不住脚的。③

各种基本部门法在调整方法上既有基本共同点,又各有其自身特点。其基本共同点即构成一般的法的调整方法;该基本共同点连同各部门法在调整方法上的特殊性,构成各部门法特有的调整方法。

法的调整方法是由法的调整对象的种类和性质以及法的基本任务决定的。经济法调整的是国家经济调节管理关系。经济法的基本任务是通过对国家经济调节管理关系的调整,保障国家经济调节管理职能实现,维护经济管理秩序,促进国民经济稳定、协调和发展。经济法的上述调整对象与基本任务,决定其所采取的调整方法必须是,既采取必要的命令、禁止之类强行性方式,以保证国家经济调节管理的实现,又采取大量提倡性方式,以引导、鼓励和促进国民经济健康发展;既规定

③ 参见漆多俊:《论经济法调整方法》,载《法律科学》1991年第5期。

经济制裁等否定式法律后果,又规定包括奖励在内的肯定式法律后果。总之,经济法调整方法的特征在于:强行性方式与提倡性方式相结合,经济制裁与奖励相结合。

经济法的调整方法与其他部门法是不同的。刑法由于所调整的是犯罪关系,其基本任务是惩罚犯罪,维护一定的国家统治关系和统治秩序,这决定刑法的调整方法基本上采取强行性方式,尤以禁止性规定为主。对于违反所规定的行为模式的,采取刑事制裁这种否定式方式。刑事制裁是最严厉的,包括财产刑、自由刑、身体刑乃至生命刑等刑罚手段。民法调整公民和法人平等主体之间的财产关系和人身关系,其任务是保障公民和法人的合法民事权益,维护各民事主体之间正常交往秩序,这决定其调整方法的特征在于:除采取一些必需的强行性方式外,采取了大量任意性方式;对于违反强行性规定的行为模式,采取民事制裁方式。民事制裁的核心是等价补偿。行政法调整行政管理关系,其任务是保障国家行政机关的行政组织和行政执行活动顺利进行,维护行政、治安、社会秩序,这决定其调整方法以采取强行性方式为主,结合采用一些提倡性方式;其法律后果采用行政制裁与行政奖励相结合。行政制裁主要是一种人身惩罚,但比刑事制裁轻,与民事制裁也不尽相同。行政奖励以授予荣誉等精神奖励为主。

法理学不仅研究一般的法的调整方法,而且应该研究各部门法的调整方法,帮助、指导各部门法建立既具有各自特点,又互相衔接、协调的调整方法体系。这里需要特别提出的是调整方法体系中的制裁与奖励措施的体系。国内外刑法、民法等部门法的制裁方法已经形成较科学的体系。例如,我国《刑法》规定的刑罚,分为主刑和附加刑:主刑种类分为管制、拘役、有期徒刑、无期徒刑和死刑 5 种,附加刑包括罚金、剥夺政治权利、没收财产 3 种;我国《民法通则》规定了返还财产、赔偿损失、支付违约金、赔礼道歉等 10 种制裁方式;我国经济法在多年实践中事实上也初步形成了它的制裁和奖励体系,但尚不完备、成熟,制裁和奖励形式不够规范,种类杂乱,在性质和轻重程度上的互相关联、衔接性较差。此外,经济法的制裁和奖励体系同其他部门法的这类体系如何区别与衔接,也尚待进一步研究。[④]

三、关于法的调整原则

经济法理论研究中的一个重要问题是如何确定经济法的调整原则。几乎各种经济法学教材都要罗列七八上十条原则专门论述这个问题。应当说其中许多纯属信口开河,无科学性可言。这也反映出人们对于什么是法的调整原则,法的原则与其他一般工作原则、与一般客观规律有什么区别,什么是各部门法原则,各部门法原则之间及其与宪法原则有何联系和区别,法的原则是怎样确定的,等等,缺乏认真思考。

法的调整原则,或称法的原则,是指法所确立的在其调整社会关系时所必须遵循的基本准则。其基本特征是:(1)它不是具体行为规范,而是体现在各个具体行为规范之中的普遍性指导思想和准则;(2)它贯彻于特定范围全部法律规范之中,并贯彻于所有这些规范的立法和实施全过程各环节之中,而不是只在某个别或局部场合起作用;(3)它由法律所确立,具有国家强制性。

法的调整原则的上述特征,表明它与并未由法律确认的一般工作原则是不同的,与国家实行的政治、经济等制度也不同,如人民代表大会制、生产资料社会主义公有制,便不能被认为是法的调整原则。客观规律本身不是法的原则,但法律可以把按客观规律办事确立为自己的原则,只是法律笼统地作这样规定需要结合各种法律自身特点使之具体化,具有可操作性。

法的调整原则主要是由法的调整对象及法的基本任务决定的。各种部门法的调整对象及基本任务不同,其调整原则也不同:刑法所调整的犯罪关系的性质和特点以及刑法的基本任务,决定其最基本的调整原则是罪、刑适应,即犯罪判刑,罪大刑重,罪小刑轻;民法所调整的公

④ 参见漆多俊:《论经济法调整方法》,载《法律科学》1991年第5期。

民和法人之间的财产关系和人身关系的性质和特点以及民法的基本任务,决定其最基本的调整原则是平等互利、等价交换,协商一致;行政法所调整的国家行政管理关系的性质和特点以及行政法的基本任务,决定其最基本的调整原则是命令与服从。那么,经济法的调整原则是什么呢?经济法所调整的国家经济调节管理关系的性质和特点以及经济法的基本任务,决定其最基本的调整原则是维护和规制国家经济调节管理权的实施,促进社会经济结构和运行协调、稳定和发展,维护社会经济总体效率和社会公平。

一个部门法基本调整原则的确定,除了必须符合法的调整原则的各项基本特征外,它还必须是该部门法所特有的。不能将别的部门法适用的原则,或者所有各个部门法共有的一般法的调整原则,当作某个部门法的原则。例如,法律面前人人平等是法的一般原则,平等、协商、等价是民法原则,却便不能拉来作为经济法原则。

人类社会在不同历史时期、不同的民族和国家,社会关系有一些基本的共性,法的分类和体系也有一些基本相同的地方。所以,法的基本调整原则有大致相同点。但社会关系是具体的,各国情况有所不同。法是由各个具体的国家制定的,法的原则也会有所不同。即使同—种类部门法,在各种不同国家,所确定的调整原则存在明显差异,有着不同的要求。例如,资本主义社会以前刑法的罪刑适应原则,民法的平等互利、等价交换、协商一致原则,都是以维护社会等级特权制度为前提的:在上层统治阶级与劳动人民之间,罪与刑极不适应;在民法方而也绝不平等互利。又如行政法的命令与服从,在资本主义社会以前,命令基本上是少数人决断,广大民众基本处于无权和被动的地位。近代以来,命令的形成和发布,在不同程度和范围上实行民主决策,实行民主集中制,使行政法的命令与服从原则有了新的内容。我们说经济法的基本原则是维护和促进社会经济总体效率和社会公平,但这一原则在当代各资本主义国家与我国等社会主义国家,也有不同的具体内容和要求,因为他们对经济总体效率和社会公平的理解就有着明显不同。一个国家的某个部门法的原则,是该部门法的普遍原则与该国政治、经济、社会、法律等方面特点相结合的具体化，不能完全撇开该部门法的普遍原则来另外寻找和罗列一套原则，并且各国对原则的理解和具体贯彻中也会有所差异。

下面说说宪法原则。这里要区分两个概念：一是由宪法所确立的该国法律的一般原则。由于宪法是国家根本大法，它所确立的法的一般原则，该国的所有部门法都应加以贯彻，不得违背，如我国《宪法》第33条规定的“中华人民共和国公民在法律面前一律平等”。所谓宪法原则，主要是指这一类原则。二是宪法对于国家和社会生活的某个方面作出的原则性规定。它不是各部门法都必须贯彻的法的一般原则，但往往成为相应的部门法的基本原则，或构成相应部门法基本原则的基础和依据。如我国《宪法》第3条规定：“中华人民共和国的国家机构实行民主集中制的原则。”这是我国国家机关组织法、行政法所必须贯彻的原则。我国《宪法》第2条关于人民管理经济，第3条关于国家机构职权划分，第14条关于实行各种形式的责任制，不断提高经济效益，兼顾国家、集体和个人利益等的原则规定，构成我国经济法调整原则的基础和确立依据。各部门法原则应符合且具体化宪法所规定的法的一般原则及有关的原则性规定的要求，这便是各部门法原则同宪法原则的关系。

四、关于法律关系及主体资格

许多经济法著作中关于法律关系的论述，基本上是照搬民法学中关于民事法律关系的公式，甚觉肤浅。其实，由于经济法的调整而形成的法律关系，在性质与特征、主体、内容、客体以及引起这种法律关系发生、变更和终止的原因与程序等方面，都有丰富、生动的内容，需要深入研究。[5] 本文这里只谈谈法律关系的具体性及有关的公民和社会组织

⑤ 参见漆多俊：《论经济管理法律关系》，载《江西法学》1991年第5期。

所参加的法律关系的多样性、主体资格的多重性问题。

法律关系是一定的社会关系经由相应的法律调整而形成的权利义务关系。社会关系是具体的,具有生动、丰富的内容,区分为不同的性质和种类。调整社会关系的法也区分为不同的部门和类别。不同部门和类别的法律调整各自相应的社会关系而形成的法律关系,也各不相同。首先,由于各基本部门法的调整,而形成诸如民事法律关系、刑事法律关系、行政法律关系、经济法法律关系⑥等各种基本类型法律关系;其次,在各基本类型法律关系中,因各基本部门法所包含的不同类别的法(亚部门法)的调整,而形成不同类别的法律关系,如经济法法律关系中包含反垄断法律关系、国家投资经营法律关系和宏观调控法律关系,而宏观调控法之中又包括计划法律关系、财政法律关系、金融法律关系、价格法律关系等。

人和社会组织在社会生活中需要进行多种社会活动,参加多种法律关系,成为多种法律关系主体。这里主要是指人们在不同的时间和场合下发生的情形。但有时同一个体在同一时候和场合,以同一行为,可以引起两种或两种以上法律关系,因而同时成为多件法律关系主体。后面这种情形如甲企业根据国家指令性计划同乙单位签订供货合同。若甲把应供应乙的货物以高于国家规定的价格卖给了丙企,则甲向丙出售货物的这一行为将同时引起两种法律关系后果:对同乙的关系来说,它违反合同,应承担违约责任,这时它所参加的是民事法律关系(合同法律关系),其身份是民事法律关系主体;而对同国家的关系来说,它违反指令性计划,应承担计划法律责任,这时它所参加的是经济法法律关系(计划法律关系),身份是经济法法律关系主体。

在经济法研究中,许多同志看到一些法律条文中对某同一行为往

⑥ 我国经济法学界把由经济法确认和调整而形成的法律关系,称为经济法律关系。鉴于经济法所调整的是国家经济管理关系,因其调整而形成的应是经济管理法律关系。“经济法律关系”的提法,易被人误解为经济法调整一切经济关系,所以,我主张用“经济管理法律关系”,取代现有提法。关于这一点,可参见我的《论经济管理法律关系》(载《江西法学》1991年第5期)一文。

往同时规定分属于民法的、经济法的、行政法的或刑法的几种制裁后果，便认为经济法无自己特有的调整方法（制裁方法），而是综合运用了民法、行政法和刑法的调整方法。其实，那是因为该行为人的行为同时触犯了分属于几个部门法的法律规范，同时引起几种法律关系后果，而该行为在承受不同的制裁后果时，其法律主体资格是不同的。

法律划分为不同部门，但现实立法中一个法律文件往往包含分属于多个部门法的法律规范。对于由一个法律文件的规定而引起的法律关系的种类和性质，需要作具体分析。例如，我国《全民所有制工业企业法》第2条规定："全民所有制工业企业是依法自主经营、自负盈亏、独立核算的社会主义商品生产和经营单位。"我国民法学界和经济法学界的同志对于该法条所规定的我国全民所有制企业的法律地位，看法往往不一：民法学界的同志认为这里所规定的是企业作为独立的民事法律关系主体的资格；经济法学界的同志则认为它规定的是企业的经济法律关系主体资格。其实，由于企业在社会生活中需要参加多种法律关系，成为多种法律主体，因此企业法的上述法条规定并不限于企业的一种法律关系主体资格。它既肯定了它在同其他平等主体之间的经济活动中是"自主""独立"的商品生产经营者；又确立了它在同国家的关系中也是"自主""独立"从事生产经营的单位。它一方面要接受国家管理，但同时又是国家经济管理关系中的独立主体，在国家经济管理中独立享有权利，并能独立承担责任。前者是指企业的民事法律关系主体资格，后者是指它的经济法法律关系主体资格。至于在具体的一定时间和一定场合下，它究竟以何种主体资格出现，需要根据它所为的具体行为的性质及按照现行法律规定应受何种法律规范调整，作出具体分析。

现实生活中的法律关系生动、丰富的内容，不仅要求各部门法学对由该部门法调整而形成的法律关系作深入研究，而且要求在对各种法律关系作了深入研究的基础上，进行概括与抽象，找出它们的共同点与区别。后者主要是法理学的任务。

论服务型政府定位的几个转变*

服务型政府建设是法治政府和法治国家建设一个十分重要方面的内容,有重要意义。在我国建设服务型政府是一个改革过程,其中需要实现多种转变。这些转变最终涉及许多方面的制度建设,但首先是人们观念的转变。这里主要涉及如下几种关系需要认识和处理。

一、政府角色定位:主与仆;真与伪

政府同人民群众的关系如何定位?古今中外的先哲、学者对此早有定论,这已经主要不是理论问题了,也不会有人公开唱反调说政府是主人,人民是仆人。但实际情况则颇为复杂,并经常被颠倒了过来:真主人往往变成了假主人、真仆人;而真公仆却变成了假公仆、真主人。因为权力虽然本源于人民,却容易异化而走向人民的反面。"云出其山,复雨其山",天经地义,但云却往往自以为

* 本文原发表于《人民论坛》2010 年 10 月总第 305 期,发表时有删节,此处收录的系原稿。

高高在上。[①]

权力者有种种理由和借口搪塞人民。例如,我们是全国人民总体的公仆,并不是你们一二几个人或一些人的公仆;我们是代表人民的总体、长远和根本利益的,个人、少数和局部利益和意志应当服从。

不错,政府作为人民的“仆人”是从总体上说的,但也不能“抽象肯定,具体否定”。首先,要确实是在代表着人民中的绝大多数人的意志和利益,要真正是人民的“总体、长远和根本利益”,而不能打着幌子。它应当有客观标准,不能任凭人们巧辩。否则,权力者就可以理直气壮地违反民众的意志,侵犯民众的利益,使“公仆”同主人在实际上被调换了位置。其次,即便政府真正是代表广大人民群众的意志和利益的,对于人民中的少数人的利益和意见也应当给予足够尊重。毕竟他们也是“主人”们当中的部分成员。先哲们在推崇民主政治时也早就注意到“多数人暴政”问题,指出“既要保护社会不受统治者的压迫,又要保护社会上一部分人不受另一部分人的不公正对待”,并提出了一些对策。[②] 不能因其为人民中的少数而否认其主人地位,政府仍然应当为他们作应有服务。

服务型政府的定位要求政府人士在具体工作时必须摆正自己同服务对象的关系,端正工作态度。办事要尽量方便群众,为群众着想。要虚心听取和接受服务对象的监督和批评意见,不能高高在上,摆架子,打官腔,“门难进,脸难看”。举两个例子:一是某地遭受天灾,一位政府高官去查看慰问灾情稍迟到了几天,有位农民当场指着高官鼻子吼道:“怎么现在才来?你应当辞职!”这位高官连连承认错误,回去后就提出了辞呈。[③] 二是某位地方官员对媒体记者的提问吼叫:“你是哪个单位的?”其下属并动手抢记者的录音笔。后来记者们在网上集体签

---

① 参见漆多俊:《论权力》,载《法学研究》2001 年第 1 期。

② 参见[法]托克维尔:《论美国的民主》,张晓明编译,北京出版社 2007 年版,第 77 ~ 81 页。引号中的话是托克维尔转引美国杰斐逊总统的话。

③ 2009 年台南“八八水灾”期间,台湾“行政院长”刘兆玄前往察看慰问,遭当地农民指责。其后主动请辞。

名要求罢免他，而他公开表示“不道歉”，照样心安理得地当他的高官。④ 在这两个事例中，看来前位官员是明白自己与人民的角色定位的；而后面那位则是糊涂的，颠倒了角色定位。

明确人民是主人，政府是人民公仆，这就是民主政治要求。我们建设服务型政府要切实树立这一观念，并努力通过有关制度的设计和完善，防止实行中反仆为主的情形发生。

这种观念转变说来容易做起来难。但人们应当逐步树立这种意识，因为这是方向。只要主政者坚定信念，政府人员身体力行，人民大众主人翁意识和觉悟日益提高，总会促成政府角色向正确定位转变。这也是当前服务型政府建设的深远意义之所在。

二、政府职权定位：主动型与被动型；扩张型与收缩型；大政府与小政府

服务型政府要求政府的职权、工作服务于作为主人的人民大众。服务就得按照主人意志去做，因此服务行为具有一定被动性。但当然也不能理解为“叫一声动一下”那样消极，其中也需要有能动性。

犹如一位首长的秘书，对其工作的基本要求有两条：一是服务要忠诚，要能准确理解和忠实执行首长的意图；二是要负责任把事情办好，善始善终，要“你办事我放心”，办事过程中尽量少让首长操心。秘书一般不能超越和违背首长意志擅自作为。遇有特殊和紧急情况来不及事先请示时，也可以做某些临时处置，但要能理解和尽量符合首长一贯的处事原则和作风，事后并必须及时汇报。我想，政府的职权和工作也

④ 2010 年北京召开的“两会”期间，3 月 7 日早上，一位《人民日报》女记者问去年引发全国关注的某省邓玉娇案的相关情况。该省一位主要官员忽然勃然大怒，对女记者怒喝，“你哪个媒体的?”女记者回答说：“《人民日报》。”领导更怒，吼道：“你真是《人民日报》的？你还问这问题？你还是党的喉舌？你怎么引导舆论？你叫什么名字？我要找你们领导去。”该省政府的工作人员也许是担心上述官员的失态之语被发布，还抢走了这位女记者的录音笔。

大致可作如此类比吧。人民的意志成为宪法和法律，也表现为其他形式的民意。按照法治的要求，政府的职能从根本上说就是忠实执行法律。[⑤] 但由于法律毕竟难以穷尽生活和规定得十分具体（在立法不够完备情况下尤其如此），政府在实施法律时显然是需要发挥主观能动性的。但不能违背宪法和法律的基本原则，否则即超越了界限。如今我们政府的“主观能动性”有时是否太强了一些，以致他们的主人们感到不知所措呢？

就职权范围来说，按照当前我国服务型政府建设要求，应当是扩展型还是收缩型的呢？

从历史上看，政府（国家）的职能在不同时期、不同国家是不同的，总趋势是呈现逐渐扩展的。特别是现代以来，由于生产和生活不断社会化，国家职能发展到一个新的阶段，如国家调节管理社会经济的职能出现和日益发达，甚至有人把这称为国家的“第三职能”。不仅是经济，现代化和科技飞速发展，人们社会生活也变得越来越高级、复杂了，需要的管理工作也越来越庞大和复杂。因此各国的政府职能都大大扩展了。即使在西方，如今的国家政府也不能再简单地当“夜警”了。但是许多西方国家也有对应办法，这就是同时大力发展壮大民间社会的公共管理和服务职能，让各种社会组织（NGO）担任更多公共管理任务，所以他们的政府并未感到太大压力，能够做到“小政府大社会”。有人看到西方某些福利国家，对其公民的一生“从摇篮到坟墓”什么事情都管起来了，便以为人家那里肯定是“大政府”，而忽视了原来那里发展了“大社会”，而政府还基本上是个“小政府”。[⑥]

社会主义的中国则不同。按照传统理论，革命不但必须摧毁旧社

---

⑤ 西塞罗说：“一个执政官的职责就是依照法律对人民进行统治，并给予正当的和有益的指导。因为法律统治执政官，所以执政官统治人民，并且我们真正可以说，执政官乃是会说话的法律，而法律是不会说话的执政官。”参见［罗马］西塞罗：《法律篇》，载法学教材编辑部：《西方法律思想史资料选编》，北京大学出版社1982年版，第79页。

⑥ 例如经济学家郎咸平先生最近接受采访时说，他一直坚持主张“精英大政府”。参见张弘：《郎咸平：我们需要精英的大政府》，载《南方日报》2010年7月11日。

会的各种上层建筑，还需要摧毁其经济基础，认为新的经济基础不可能在旧社会母体内生成，必须由新政权重新组建，并将其置于国家集中统一的管制之下。所以包括经济职能在内的国家各种职能十分庞大，简直扩展到了极限。改革开放以后在经济方面由于逐步引进市场的作用，政府职能活动范围有某些缩小，但仍然十分庞大。建设服务型政府，要求政府职能范围应当逐步有所收缩，而不能继续扩展。政府应当抓好一些重要的、现阶段还必须亲自负责的事，而把其他许多事情交由民间社会（如 NGO）去承办。

当然这就涉及政府需要信任民间社会，并积极培育和引导社会健康发展的问题。如今有不少人士（尤其是学者）认识到，我国的民间社会职能由于种种限制是太不发达了，大力呼吁发展壮大我国的 NGO。当前在服务型政府建设中，是否可以此为契机推动这一情况的改善呢？

三、政府职能行使方式的定位：指令与引导；强制与自觉

服务型政府的办事方式和作风同专制的压迫型或管制型政府也是有所不同的。既然是为人民服务的，服务者同被服务者的利益和意志总体上是基本一致的，无根本利害冲突。这就决定了政府可以也应当主要采用协商、启发、鼓励、引导的方式行使其职能。而如果是专制的压迫型或管制型政府，他们有着极大的并往往不可明言的私利和目的（他们个人、集团和阶级的利益），同人民大众是对立的（尽管口头上会作相反的说教），所以只能对人民实行暴力专制统治，以命令和强制为主，并且需要态度强硬，手段残酷，让人民害怕，服从而不敢反抗他们，他们权力就能稳固。正如孟德斯鸠说的，恐怖是专制政体的显著特征。⑦

服务型政府当然不能废弃指令和强制手段。因为人民群众是个成

⑦ 参见［法］孟德斯鸠：《论法的精神》，张雁深译，商务印书馆1995年版，第26页。

分十分复杂的集合体，对事物的认识和觉悟程度不一，素质和品格有高低之分，总难避免有损害他人、危害社会和国家的违反社会公德、纪律和国家法律的行为发生。政府的强制是为了维护其他公民、社会和国家正当利益。人民需要并应当授权政府实行指令和强制。

政府的强制措施应当符合人民认可的有关社会规范和国家法律，应当严格控制强制措施的适用。政府在行使职能时要尊重人民的基本人权、自由和其他各种正当权利，尊重人格和尊严，不得随意侵犯。要相信和依靠人民，尽量让人民自己教育自己，管理自己的事务。即使在运用强制措施过程中也宜充分利用社会有关资源，发挥人民自己的教育感化和规制作用，包括采取由民间社会出面进行训导、协商、仲裁和监管等。

政府官员不要总自以为是，盛气凌人。常听到有些人挂在口头上的一句话："教育人民。"其实，就教育来说人民也是主人，主要还是人民自己教育自己，包括教育人民自己的政府官员。当然这里主要是指人民中的先知先觉分子、先进思想观念的教育和影响作用。政府官员也要虚心向人民学习，当然这首先要善于鉴别好与坏、真理与谬误。其实由政府来规定人民必须或者只能学习和信仰什么思想，接受什么样的教育，这并非总是妥当的。政府可以倡导，但最终还是应当让人民自己鉴别和选择。

四、政府财政收支规模和作风的定位：国富与民富；大气与节俭

政府职能的行使必须有相应能支配的财力作基础，这就是国家财政。国家财政收支的规模和范围需同国家职能活动相当，过多会导致浪费和腐败，并挤占了人民大众的应得利益，侵犯了人民的权利；过少则不足以支撑公权力的运行。

本文前面已经论及政府的职能和组织规模的大小问题，认为在我国建设服务型政府，其职权不应当是扩展型而应当是收缩型的，政府的

目标应当是逐步形成"小政府大社会"。因此,政府掌握的财政规模也不宜过分扩展。改革开放以来我国的财政规模增长太快,GDP 增长所创造的财富过多地流入了财政。⑧ 其合理性已经引起人们的关注。

常见人们办事总是大口大气,大手大脚,讲排场,比阔气,对来自纳税人的血汗钱挥金如土,不计成本效益,毫无愧疚之心,反而自鸣得意地声称"社会主义的优越性就在于能集中力量办大事"。而我国至今尚未建立硬性的预算约束机制和责任追究机制,助长了政府败家子作风。

近许多年来人们一直在谈论我国收入分配不均和制度改革问题:每年 GDP 增长成果的大头一是流入了政府财政;二是肥了垄断企业腰包;普通人民群众收入和生活仍然颇为拮据。⑨ 这不但引起社会不公平,成为妨害和谐稳定的重要因素,而且也严重制约国民经济的持续发展。多年来我国经济的增长的"三驾马车"中,我们一直主要依靠外贸出口和投资拉动,世界性金融危机之后的 2009 年,出口不行了,靠的是"4 万亿投资",国内消费仍然贡献无几。今后还能继续那样专靠投资拉动吗?何况去年的大量国家投资在实际效益和经济结构上已经引起了一些严重问题,如今政府正在为此烦恼呢。

多少年来政府和一些社会人士不厌其烦地高唱要提高居民消费水平,甚至埋怨人民群众不肯消费。这一两年还搞什么购物补贴、发消费券之类所谓刺激消费措施,但这不是解决问题的办法,倒有点像小孩玩游戏。如果政府真正要刺激消费,为什么不抓根本:提高人民工资和其他收入,减少同普通人民相关的税收,增加公共福利,改革医疗制度、教

---

⑧ 据统计,最近 5 年中,也即 2003 ~ 2007 年,剔除物价因素,GDP 增长年度速度保持在 12% ~ 13%;而国家财政收入 5 年增长速度分别为 14.97%、17.47%、18.28%、22.90%、25.50%,呈现明显的增速不断上升的态势。显示国民财富不仅在向政府集中,而且在加速集中。参见《历年中国 GDP 及国家财政收入数据》,载乘风博客,最后访问日期:2010 年 4 月 1 日。

⑨ 1997 年至 2007 年,在 GDP 比重中政府财政收入从 10.95% 升至 20.57%,企业盈余从 21.23% 升至 31.29%,劳动者报酬却从 53.4% 降至 39.74%。2002 年至 2009 年,我国 GDP 年递增幅度 10.13%,职工工资扣除物价因素年均增长 8.18%。23.4% 的职工 5 年间未增加工资。近年物价房价上涨,造成部分职工实际生活水平下降。参见张世平:《普通劳动者收入过低是当前最大的不公平》,载搜狐网,最后访问日期:2010 年 3 月 9 日。

育体制和社会保障制度，帮助百姓解决看病难、上学难和养老等问题。百姓手里钱多了，基本生活无后顾之忧了，谁不愿意消费过好日子呢？世界上一些发达国家人均消费自然资源量远远超过我们，⑩中国老百姓难道天生总是小家子气，不想“赶、超”西方洋小姐、洋太太们那样的好生活吗？

长期以来有一种奇怪的思维，主张只求“国富”，反对“民富”，反对“寓富于民”，似乎那样一来人民就会不听话了。这样的政府绝不是人民的服务型政府，他们甚至连封建王朝时候的政府官员都不如，至少明、清朝廷还知道国库亏虚时可以向地方民间富商借款呢。⑪ 虽说“大河涨水小河流”，但反过来，小河水多了更必然会往大河、大湖、大海里流啊，不是说“涓涓细水汇成河”“大海终须纳细流”吗？“民富国强”不是更好吗？

据我了解，近些年来也有某些沿海发达地区的地方政府人士比较开明，不要求辖区内企业每年把税基上报得高高的，而是留有余地。这似乎有点“地方保护主义”色彩，但其实也是想寓富于民。他们总比另外一些地方领导人为了向上级炫耀自己政绩，而恨不得在他的辖区内涸泽而渔，焚林而猎，生怕老百姓家里余钱剩米多了那样的官员强十分吧。

五、政府政绩评价标准的定位：外延与内涵，“GDP崇拜”与科学发展观

本文已经说了服务型政府建设中的好几个关系的定位了，最后说

---

⑩ 从人均能源消费看，1994年世界平均为1433千克油当量，发达国家为5066千克油当量，中国大约为670千克油当量。1997年中国人均拥有电力装机容量0.21千瓦、人均用电量900kWh，仅相当于世界平均水平的1/3。（2009年6月10日，天涯问答）。又据环球能源网统计，2006年各国人均消费石油排名，中国为0.27吨，排名53位；而美国人均消费3.12吨，排第8位，排名第一位的新加坡人均9.8吨。（2006年全球人均石油消耗比较排行）

⑪ 如我国明、清朝廷同晋商、徽商的关系，就包括富商们对朝廷费用的支持。

说政府及其官员们的政绩评价标准问题。政绩评价标准是全体政府人士工作的指针，努力的方向。建设服务型政府对这个评价标准的定位也十分重要。

在政府里工作，人们的眼睛总是时常要往两个方向看：一是向上看领导；二是向下看群众。两全其美的事便是上级领导满意，人民群众也满意。如果要在其中分个轻重，实话说来，对于多数人来讲那当然还是上级领导更重要，因为他们同自己的荣辱升迁更直接相关。怎样才能让上级领导赏识呢？办法据说也很多，但主要的还是把工作做好，出色地完成上级所布置和重视的各项指标。指标本来有属于外延性的，也有属于内涵性的；有量的，有质的；并且理论上说应当更加重视内涵和质。可是现实中却恰恰相反，如今许多政府领导往往更加重视外延的扩张性和形象性。这就引发许多问题，其中包括这是否符合为人民服务的服务型政府的要求。这些是需要在服务型政府建设中加以解决的。

政府职能活动涵盖面十分广泛，其中经济工作——促进社会经济繁荣和发展——尤其是当今政府的一项中心工作。在中国，如今有一个十分突出的倾向，就是对于经济发展指标过分崇拜 GDP 的增长，特别是它的数值变化，而忽视了其质量，包括经济结构、产品质量、资源利用效率和环境污染程度等。这会导致许多严重不良后果，也包括能否保持经济持续发展问题。当然这也不符合党和国家早就提出的“科学发展观”要求。然而从中央到地方，人们对此似乎仍未从痴迷中清醒而对其产生足够注意。

此外，如今人们特别重视市政建设，特别是一些地方政府。人们在痴迷 GDP 的同时，十分专注城市规划和建设，似乎楼房盖得越多、越高大，街面和马路修得越宽阔，市区面积向周边扩展得越大、越快，城市房屋拆迁越多，街道路面改造越频繁，就越能显示政府工作的勤和绩，也似乎国民创造的 GDP 财富就主要体现在市政建设上面。GDP——市政建设——形象工程，这简直成了人们努力追求的一条主线。

但这显然不是政府职能活动的全部和主线。政府还有远比这更为重要和紧迫的任务。例如，当前是否要更加重视继续推进经济体制和政治体制的改革,促进市场经济进一步完善,促进民主政治和社会进步与和谐;努力促进科技发展和创新,提高经济发展的科技含量;科学地规划、利用土地和其他自然资源,避免浪费和环境破坏;积极推进收入分配制度、医疗制度、教育制度和社会保障制度等的改革,切实提高普通民众收入、消费水平和生活质量;大力推进农村改革,解决“三农”问题,缩小城乡、工农差别,促进农村和农业现代化;等等。

当然城镇化也是我国今后的一个发展方向,适当的市政建设和盖楼房、改街道是需要的,但不能超规模发展。要科学规划,不能经常改来改去,不能每换一届政府就重来一套,不能搞“形象工程”“面子工程”。盖楼房也要注重质量,我们虽然不能像欧洲如巴黎市政那样,几乎每栋房子都是艺术品,能使用上百年或几百年,可是,据说如今我们新盖的房子其设计寿命就只有30年!所以我们的房子老是拆了盖,盖了拆,这是个极大浪费,劳民伤财。

中央说要“以人为本”,注重提高人民群众的教育程度、文化科技水平和伦理道德修养是非常必要的。几十年来,特别是经过十年“文革”动乱,中国几千年来的传统美德和观念荡涤殆尽,如同过去的树木森林在“大办”年代砍伐殆尽一样,恢复起来很不容易,需要安排百年大计。我们的政府是否现在就应当计划和抓紧这方面的工作呢?这些事情虽然不能立即见到成效,不易被上级领导和人民群众及时发现,但却是何等重要的工程啊!对于真正为人民服务的政府,我们正要建设的服务型政府来说,这是千年功德,人们又何必计较眼前得失呢?当然,对于政府政绩的评价标准的定位如能作出相应改变,使之对于这些“非形象工程”“非面子工程”也能作出某种反应那就更好了。

以上说到了服务型政府建设中几个定位的转变和人们思想观念的几个转变,应当说这些是改革的方向,在服务型政府建设中可供参考。改革和转变乃是一个过程,不能一蹴而就。政府应当认准方向,积极主动地推进改革。人民群众对此要有信心,也要有耐心,要积极督促和配合政府的努力。这样便可促成真正服务型政府逐步建立和完善,并最终迎接我国法治政府、法治国家和法治社会时代的到来。

政府行为法治化：目标与路径*

自20世纪末党和国家开始提出要实现治国方略转型，“依法治国，建设社会主义法治国家”以后，依法行政、政府行为法治化和法治政府建设问题，逐渐引起从中央到地方各级政府重视，纷纷出台了许多相关规定。社会各界包括学界人士也颇为关注。本文主要说说它的意义和实行中需要注意的一些问题。

一、政府行为法治化同法治政府和法治国家建设的关系

国家法治建设的目标是最终实现法治国家和法治社会。法治政府是法治国家的一个核心组成部分。政府行为法治化则是法治政府的必然要求和题中之义。法治政府包括该政府（这种公权力）的组织和运行。政府行为法治化主要侧重于政府的运行问题。

---

* 本文原收录于江必新主编：《行政规制论丛》（第3卷），法律出版社2011年版。

所谓"法治化"含义有二解:一是指结果已经完全实现法治的各种要求了;二是指过程,它在不断趋向法治的各种要求。当前我国法治国家和法治政府目标尚未实现,而是正在建设之中,其最终实现还需要一个较长的转变过程。在这种情况下,所谓政府行为法治化,自然是指上述第二种含义,即在法治国家和法治政府建设过程中政府积极主动地不断使自己行为尽量符合法治要求。

当法治国家和法治政府目标尚未最终实现而只是处于建设过程中的时候,政府是采取被动消极等待态度,还是积极主动地对自己行为实行改革;是做法治建设的反对派、观望派还是做促进派——是摆在各级政府面前的选择。

政府行为法治化的努力对于推进法治国家和法治政府建设具有重要的积极意义。特别是考虑到我国法治建设的社会政治背景和我们所最希望采取的实现法治的途径和方式,其意义尤其重要。

国家民主法治目标的实现可以有渐进式与激进式两种路径(模式)。如果能够采取渐进式达到目标,当然这是首选。渐进式变革需要各方面积极自觉地不断实行改革。"千里之行,始于足下","不积跬步无以至千里"。政府行为法治化的不断努力,并连同其他各方面相配套的改革努力,量的积累到了一定的度,便有可能最终引起质的飞跃。到时也许只需要作出比较容易的努力和花费不太大的成本,便可实现政府法治和国家法治的目标。而如果各方不努力改革,坐等目标到来,显然是不现实的,也是危险的,因为那样会有可能在时代潮流冲击下处于被动不利的地位。

民主法治建设和改革从其发动机制来看也有两种模式:可以是基本上的自下而上,也可以是基本上的自上而下的。就我国情况而言,纵观自20世纪70年代末改革开放以来至今,不但经济体制改革主要是自上而下发动和进行的,政治体制改革包括民主法治建设也基本上是自上而下发动和进行的。不过,经过了30多年,如今社会各阶层民众的改革热情、觉悟和积极性越来越高,大有反"逼"国家上层继续和加大加快包括政治体制改革在内的各项改革的力度和进程之势。"开弓没有回头箭”，改革既然已经走到这一步了，要人为地阻止和扭转时代车轮是不可能的。这时只有顺应潮流，国家上层有关各方对于民众的改革呼声和要求，给予必要回应和正确引导。能如是，则上下同心，共同加快推进国家各项改革进程，做到经济继续发展繁荣，民主法治建设之路顺畅，社会和谐安定，国家富强发达；反之，则会丧失良机，不但延缓改革，还可能导致矛盾加剧，社会难得和谐稳定。由此亦可见积极主动地推进政府行为法治化的重要性和紧迫性。

二、当前积极推进政府行为法治化的现实意义

当前我国的政治、经济和社会形势总的说来是好的，但居安思危，我们也应看到仍存在许多社会矛盾，有时激化导致冲突，引起一些突发事件和群体性事件，影响社会和谐和安定团结。我国经济在今后金融危机时期存在颇为复杂多变的因素，这密切关系到广大民众的经济生活和社会福祉问题。社会收入分配不公平问题颇为突出，影响城乡、工农、贫富和行业等之间人群的和谐团结。干群、警民之间关系也需要进一步融洽。这些问题引发原因和解决办法是多方面的，其中许多都涉及国家全局和整个民主法治建设进程问题，不是仅仅由政府行为法治化所能完全解决的。但是，政府毕竟是国家权力的主体构成部分，上述各种矛盾和问题无一不同政府、同政府行为密切相关，其中的许多问题同政府行为更是直接相关。如果政府在决策和实行过程中努力做到符合法治化要求，许多问题就可能预防和杜绝其发生，或者能够及时和恰当处理，缓解其负面影响。现实生活中确实有许多问题是由某些政府部门及其工作人员的行为违背法治化要求引起的，应当从中吸取教训。

当然，政府行为法治化毕竟是有局限性的。如前所述，当前它还是一个过程、一种趋向和努力，同真正完全“法治化”还是有一定差距的，实行中还难以完全达到法治要求。而有些社会问题最终还有待全社会实现民主法治才能解决。但是，政府行为法治化毕竟可以使许多社会

问题和矛盾得到缓解，特别是减少和化解那些明显地由政府行为不当所引起的问题和矛盾。

政府行为法治化不等于政府法治化，更不等于国家和社会法治化。许多社会问题的引发和解决超越了政府、政府行为的范围，如属于国家立法机关、司法机关的问题，或者属于执政党的问题。在这种情况下，政府行为法治化的努力和良好效果，可以替其他权力部门的工作创造良好的环境和条件，减少、减轻其他部门工作的压力，并为其他部门的法治化提供某些可借鉴的经验，有利于促进整个国家和社会全面法治建设。

这里提及一下政府的经济调节管理职能活动。在当今时代，社会经济同时需要市场调节和国家调节两种机制。在市场经济体制下，市场调节是基础，国家调节要配合市场调节，弥补市场调节缺陷。国家调节也存在诸种缺陷，有时会出现"政府失灵"。政府行为法治化能使政府在经济决策和实施过程尽量做到民主化、科学化，避免出现某些主观武断和简单化的经济决策或举措。常见的是有些负责人员错误地理解"社会主义优越性"，把他们的错误做法反而声称这是"社会主义高效率""能够集中力量办大事"，而导致即使发生严重后果也无法追究责任。世界金融危机发生以来，我国的救市措施很有成效，也很有一些教训需要吸取。

三、政府行为法治化需要注意的问题

政府行为法治化的各种基本要求，党中央和国务院的有关文件有明确具体规定，这里认为有必要强调几个问题。

1. 实质内容重于形式。政府行为法治化需要各级政府制定各种有关规范性文件，要大力宣传提倡，但首先应当高度重视的是如何准确理解和切实体现"法治"的内涵和基本精神，真正使政府各种行为法治化，从而防止形式主义，喊口号，避免单纯"跟风""赶潮流"。

法治相对于人治,讲的是治国方略的模式问题。法治的治国主体是人民(人民的大多数),这就是民主——人民当家作主治理国家。民主是法治的内涵和本质;而法治则是民主的必然实现途径和形式。政府必须真正代表广大人民的意志和利益,为人民服务,做人民的仆人(所谓“公仆”)。政府各种行为是否法治化其最后检验标准在于它是否充分体现广大人民群众的意志和利益。在政府行为法治化过程中,应当处处想到如何切实地使人民大众真正受益,而不流于形式。

2. 恰当处理政府行为法治化同法治政府、法治国家建设的关系,局部同全局整体之间的关系。前面已经说过政府行为法治化同整个国家和社会法治建设进程之间的关系。前者要受到后者的制约,实践中不能超越和摆脱其影响。但是前者并不总是被动消极的,应当积极主动,有所作为,并借此促进后者。我国现有的宪法和法律对于法治建设已有明确的原则规定,只要符合宪法和法律原则规定,符合民主法治建设方向,符合改革要求,政府便可以积极实行,不必消极等待。

对于各地方政府而言,在部署自己行为法治化时,需要考虑全国情况、中央政府的安排以及国内其他地方政府的情况,需要尽量保持基本一致。但是也不必被动等待,强求一律,可以和应当提倡先行和有所突破,要有敢为天下先的精神,在国家法治建设进程中发挥促进、带头作用。

3. 要十分重视实行中的监督检查,保障措施落实。政府行为法治化相对过去传统的许多做法是一种改革,难免有阻力。特别是按照以往经验,有些部门和人员习惯于“上有政策下有对策”,阳奉阴违,抽象肯定,具体否定,有人去检查和检查完了可以立即完全两样。不知底细的还以为做得很好,而民众却大不满意。他们不仅仅责怪办事部门,还把牢骚发在政府头上,妨害政府在人民心中形象,影响政府威信。政府行为法治化的努力必须对此高度警惕。

应当完善监督检查机制,除加强政府内部监督外,还应加强外部监督,特别是民众监督和舆论监督。要建立相应的包括当事人在内的便捷有效的社会举报网络。

4. 建立完善责任追究机制,对于违反政府行为法治化规定造成不良后果的应当予以惩处,包括纪律处分、行政处罚、民事赔偿或者刑事制裁;而对于模范执行规定,成绩显著的也可给予适当奖励。无严格的责任追究机制,难以保障政府行为法治化措施的落实。

附：第九编未收录的相关文章目录

[1]《台湾民主的启示》,原系作者于 2012 年 6 月在武汉大学法学院的学术演讲稿,初次发表于共识网。2012 年 7 月,又载于涤多俊:《中国民主之路》,台湾新学林出版股份有限公司 2013 年版。

[2]《评中国当前宪政大论战》,于 2013 年 6 月 19 日发表于共识网及爱思想网。

第十编　学术讲演

第十编提示：本编所收录的是作者在国内外各次重要学术会议和各高校学术讲座的讲演稿。其中有些是事先写有论文全文，而多数讲座都往往是先准备一个演讲提纲或提要，演讲完之后再将提纲或根据现场录音整理成文。本论文集其他各编收集的文章有许多也本属于讲演稿，本编不再收录。还有不少讲演稿（全文或提要）只在本编附录其中部分讲演的题目。这类讲演稿数量太多，电脑文档中可查找的近20年约有百篇次。因此附录中也只能列举其中内容稍具代表性的一些题目或提要。

关于“法学方法生态化”的辩论
——在福州大学2004年“东南法学论坛”上的讲话*

老师们,同学们!

昨天听了一天的辩论,觉得大家对问题的思考很有深度。讨论的问题不仅限于环境法,也涉及哲学问题。人与自然的关系,是世界观问题,典型的哲学问题。辩论的正方和反方都有许多真知灼见,有闪光的金子。对我也很有启发,把我带入了一个哲学思辨的王国,引发了我思想的火花。

人类本来自自然界,是自然界的一类物种。进化以后才慢慢地同自然界分离,并逐渐异化和超越,高踞于自然之上。在人类社会出现初期,例如原始社会,人类同环境、同自然的关系还是比较融洽的。后来由于生产力逐渐发达,即人类“征服”自然的能力和强度提高,人类同自然的关系才逐渐紧张起来。特别是19世纪工业化革命以后,这种矛盾冲突日益加剧。20世纪中期以后,人类被迫重新思考人同自然的关系,逐渐认识到,人类不管出于何种考虑都必须同自然界建立一种比较和谐融洽的关系。这是一

---

* 本文原收录于《法学纪元》(第2期),北京大学出版社2005年版。

个“否定之否定”的过程。经历着从融洽到异化冲突、再到融洽三个阶段。目前正开始着第三阶段。当然,这是一个漫长的过程。

其实,人类从其出现开始就一直在不断思考着人同自然的关系问题。记得我在中学时候有一篇语文课文说:春秋时期一位国君宴请群臣,桌上摆满了鱼肉禽蛋、山珍海味。有一位士大夫大发感慨地说:“天之于民厚矣,植五谷,生鱼鸟,以为之用。”他认为这些动植物都是为人类所需而存在的。用你们的说法叫作人是目的,鱼鸟是工具。它们生来就是为人所用的。宴席上还有一位鲍氏之子,年十二,预于次。他不同意那位士大夫的观点,认为人和动植物并非天生贵贱,谁为谁而生存,谁为谁所用,只是因为人强大,乃取其可食者而食之,可衣者而衣之,只是弱肉强食、物竞天择而已。在这里他否认了所谓目的、工具说。当然这个小孩也没有涉及人和动植物是否都是法律关系主体问题。(笑声)至于那位士大夫,他肯定不会认为动植物是法律关系主体。不过他同时认为在人与动植物之上还有天。天是具有最高目的性的,而相对于天来说人又是工具性的了。因为是“天之于民厚矣”,如果一旦天于民不厚就是另一回事了。例如,6500万年以前,天于恐龙厚矣;后来天加怒于恐龙,恐龙突然灭绝消失。可见人类也没有什么了不起,上面还有天管着的呢。

工业化革命之后,特别是到20世纪中期高科技发达以后,人同自然的关系更加紧张。资源日益稀缺,大量物种灭绝,环境严重污染,灾害疾病流行,不但制约着经济发展,而且严重威胁着人类的健康和生存。正是在这个背景下产生了环境科学和环境法。应当承认,环境法对于人们认识人同自然的关系是有贡献的。贡献表现在很多方面,起码它让人们进一步思索人与自然的关系,这就是贡献。你们昨天的讨论,其意义之一也在于此。至于辩论各方各自的那些结论,相对来说我觉得反而是次要的。国际共产主义运动史上有个“修正主义者”叫作伯恩斯坦,他有句名言:“运动就是一切,最终目的是微不足道的。”对于你们的辩论,也可以说过程是重要的,可以启迪思维,引发进一步的研究。至于结论正方反方哪个对、那个错,这是次要的。那是不是漆老师和稀泥？漆老师从不和稀泥，从来观点鲜明。那么你们讲的这些问题，我有没有一些看法呢？我很惭愧，不是专门研究环境法的，在蔡老师、陈老师面前我是外行；我也不是专门研究法理学的，在胡老师面前自愧不如，虽然我经常思考一些法理学、法哲学问题。但是我还是想谈谈看法，即席谈点感想。

我觉得你们有些观点、有些提法我是同意的。甚至你们所谓“法学方法生态化”这个提法我也同意。昨天有一位老师问生态化的含义是什么？概念的内涵和外延需要界定。我同意生态化，法学方法是应当生态化。“化”是一个过程，一种趋势，化到什么程度呢？我有我的度，我还没有化到像你们所讲的那样“主、客一体”（那样一个程度）。（笑声）我是怎么想的，有一个基本思路，作为年长者，想提出来供你们年轻学者参考，看能不能有所帮助。

我们讨论法律关系主体、客体问题，首先要明确我们所谈论的法是什么法？是人法还是天法（神法）？我们首先可以分为这样两类：一类是人定法，人制定的法。人制定的法又可分为两种：一种是凭少数人意志制定只体现少数人利益要求的法，这是恶法。另一种是能比较正确地反映社会和自然客观规律，因而相对地最能体现广大民众意志和要求，是良法。良法合乎自然法的公平、正义要求。这种法我把它叫作“法自然之法”。老子的“法自然”中的那个“法”不是个名词，不是讲的法律，而是动词，是仿效、效法的意思。人定法要法自然，要按照自然的规律来制定我们的人定法。另一类法就是神法、天法。历史上的自然法主张有很多不同的观点，我们可以把它们为两种：一种所主张的自然法具有或基本具有客观性和唯物论性质，认为客观上存在公平正义的一些法则，人们可以并且应当使人定法尽量符合这种自然法的要求，也就是说人定法应当是“法自然”之法。另一种自然法主张具有或基本具有主观性和唯心论性质。如中世纪神学家阿奎那认为理性是自然法的来源，而理性就是指神的理性，自然法是上帝对宇宙秩序合理安排在人类社会的体现，是上帝指导人类社会的法。因此在他们看来，人类社会的法本质上不是人定法，而是神定、天定的法，只是人记录了天、神的意志。即使是黑格尔的绝对理念之法,那其实也不是人定法。"绝对理念"有点神化(他没有说是神),那是类似于神的一种绝对理念之法。

如果是基于神法这一角度,你们的那个观点也可能说得过去:人呀,动物、植物呀,都是主体,因为这(法)是天制定的,是上天安排的,人应该怎么样?动植物应该怎么样?各自的权利义务应当怎么划分?但可惜的是,我们唯物主义都不承认有神有天。印度的《摩奴法典》一开始就说,本法是根据我们印度最高神的意志制定的。如果真是那样的话,(说人和动植物都各自有权利义务)可以理解。但是,我们现在讲的是人类社会之法,是人定的法。那么这个法律关系就是处理人与人之间的关系。如果是"法自然"的人定法,也只是要求在处理人与人之间的关系时要符合自然规律,人类有些利益、欲望要自我控制。法所规定的还是人的权利义务。如果说人定法还要规定动物的权利义务,那就不好理解。如果说动物有权利的话,还可以勉强理解,比如说我家里养的宠物狗,它有生存权,不能虐待它,不能虐杀它。但是,权利和义务是对应的,那么动物又有什么义务呢?就说家里养的那个宠物,它的义务是什么呢?义务是逗主人开心吗?(笑声)所以这些问题还要进一步思考。

再从正面说,我既然同意生态化、法学方法生态化,那么我是在什么意义上同意的呢?我觉得可以在两个层面上使用这个概念。第一个层面,就是人类为了自身的目的,为了人类总体和长远利益必须与周围的生物和谐共处,如果不和谐共处,将危及人类自身的利益。这是从人类本位(人的目的性意义)的角度上来讲的。这层意思目前大家都能接受,以人为本嘛。环境法起来之后,基本上也是本着这样一个理念。

另外,我觉得还可以有更高一个层面的考量,就是即使不是为了人类本身的利益,而是考虑到人类只是地球村的一个物种、一个民族、一种村民,而不是唯一的村民,因为地球上还有别的居民,野兽、鱼鸟,还有狗、猫等。不论从伦理学或者还从法学上来说,都应当和谐共处,所以虐杀生物是不应该的。例如,现在吃狗肉的越来越少了,中国很多人吃狗肉,韩国人吃狗肉,日本人不吃狗肉了。捕杀珍稀动物,破坏濒危物种,现在很多国家立法予以禁止,有些甚至构成犯罪。立法旨趣恐怕不能仅仅简单地解释为是为了人类后代能够观赏这些物种而已(这仍然未超越目的工具说),而是将生态伦理观上升为法律。即使对于人类喂养的某些动物,如宠物,恐怕也不能仅仅适用民法的财产法、所有权法:它是我的,我就可以随意对待它;不是我的,我侵犯了它,可以赔偿了事。因此,应当用更高一层的伦理观和法律观来看待。今后人类可以继续吃某些动物食品,但人类应当懂得节制欲望。法律应当设定适当的度,也就是规定人的权利义务。

由此可见,即使把生态观引入法律,或者叫作法律生态化,法律所调整的仍然是人与人之间的关系,规定的是人与人之间的权利义务关系,既不是人与动植物之间的关系,也不是动植物的权利义务。法律关系主体仍然是人,动植物不是法律关系主体。

时间限制,我只能讲些基本观点。还有很多想法,很想跟同学们再讨论讨论。最好我不坐在这上面(指主席台),坐到下面来跟你们充分地讨论讨论。我有点建议;你们同学的发言稿和文章发不发?希望能发一份给我,带回去好好研究研究。总之,这个会开得很好。对我(从我的目的性角度)来说也大有收获。谢谢大家!(笑声、掌声)

法学的困惑与创新

——2005 年 10 月 17 日在安徽大学法学院的讲座*

老师们，同学们：

大家好！很高兴来到安徽大学法学院同大家作学术交流。安大法学院是一所很有实力的法学院。正如前几天我国成功发射和回收了“神舟六号”飞船，当前安大法学院、法学学科建设也正面临一个发展、上升的重要机遇。我向大家表示祝贺！

法学院的领导和老师让我给大家讲一讲，讲些什么？有两个选择：一是讲讲具体的制度或理论问题，但我想因为是第一次跟大家见面，某个具体问题即使很重要，也讲得很透，还是面窄了些。那么，今天就跟大家讲讲法学研究方面的问题吧——总体性地回顾一下我国法学研究一些情况，提出一些问题，讲讲自己一些体会，以期能对同学们和青年学者深化法学研究有所启迪和帮助。

---

* 本文原发表于《安大法律评论》2005 年第 5 卷第 2 期。

一、混沌初开的中国法学

主要讲我国法学如何从“混沌”状态走出来。中国有句古话叫“混沌初开,乾坤始奠”。据说过去天地不分,像一锅粥。以后分开了,上浮者为天,下沉者为地。我用“混沌初开”既表征中国法学于20世纪70年代末由法律虚无的混沌状态向法制建设的转变,也可以说自那时以来至今我们的法学仍基本处于这种状态。在混沌状态下有没有困惑?既可以说有,也可以说没有,因为是混沌的嘛,有什么困惑呢?日子就这样过呗。无论是法律或法学都如此,因为法学离不开法律状况。

中国的法律和法学从毛泽东时代到现在经历了三个阶段和两个转变时期:第一个阶段是毛泽东时代。有人研究毛泽东法律思想,我认为那可以一言以蔽之曰:“法律虚无主义。”改革开放了,邓小平同志提出要建设社会主义法制。于是又有人研究小平同志法律思想。这值得研究。但这个阶段的特点,我认为主要属于一种“法律工具主义”。法律是统治阶级统治民众的工具。时代在前进,人们察觉“法律工具主义”有问题,同真正的民主法治要求相差甚远,于是又生困惑。

综观此三个阶段,人们的思想经历着困惑——不困惑——困惑的发展历程。在毛泽东时代,在当权者来看,毛泽东当时不困惑,他很自信。据说1958年在北戴河开会时刘少奇有困惑,他问毛泽东:中国是搞“人治”还是搞“法治”?毛主席不困惑,明确回答说搞“人治”。他还说,法律那个东西也重要,但我们主要不靠它,我们靠一年开几次会、发几个决议,所以当时基本上没有法律。“文化大革命”时期就只有一个《公安六条》。没有法律社会秩序怎么弄?嘿,日子也能过。当时靠领袖“最高指示”,还有各级领导的指示、讲话、决议、电话,“两报一刊”社论等。工业无法律,工业学大庆;农业无法律,农业学大寨;全国人民学解放军。军人的天职是服从命令,一切行动听指挥。那时没有合同法,那生产、流通怎么搞?原材料采购和产品销售也不能都是现货交易呀，不签合同能行吗？靠计划呀，当时每年都要开几次计划供货会，各种物资及数量、价格等都是计划安排好了的。在农业领域，农民种什么、怎样种，甚至插秧、收麦的时间，农作物的行距和株距都被规定好了，一个电话下来，一切必须照办，若违反了则将受到政治批判和行政处分。“文化大革命”期间没有刑法，只有“公安六条”，还有批斗会、学习班，大家都不敢含糊。没有法律，也就没有法学，更没有法学家。所以，连法学和法学家都没有，当然谈不上法学家的什么困惑了。

到了后来，当权者有困惑了，刘少奇和邓小平都有困惑（举刘少奇同志被批斗的例子）。粉碎“四人帮”之后，国家领导人意识到没有法不行，光凭个人说了算，领导人自己都要吃苦头。专搞政治运动也不行，经济发展不起来。搞经济建设就不能靠强制、行政命令，要法制。于是自20世纪70年代末开始制定一系列法律法规，建设社会主义法制。同时恢复停办了十几年的法学教育，恢复了法学。法学从无到有，发展很快，大家很高兴，又没困惑了。

法学恢复初期，当时法学界的人基本上是按照五六十年代自己所学习和理解的那种法学理论观点来构建法学各学科体系的，基本上是前苏联维辛斯基为代表的那一套。对于西方国家的法学情况和新发展，可以说一无所知。虽然表面上也“结合”中国改革开放的国情，但本质上仍是陈旧的。例如，当时提出社会主义法制的基本要求是四句话：“有法可依，有法必依，执法必严，违法必究。”对此我本人当时就有困惑：这四句话归纳起来不过说了两点意思——前一句说的是要立法，从无法到有法可依；后三句说的基本上是一个意思，即法要严格实施。可是，这就够了吗？就是社会主义法制了吗？直到90年代后期国家提出要由人治向法治转变时，人们甚至还把这四句话说成是社会主义法治的要求，就更荒唐了。德国希特勒纳粹时期也有法可依，执法也可谓严格，能说那是社会主义法制，或者是法治社会吗？

当时中国也确实陆续颁布了大量法律法规，总的说是具有时代进步性的，保障和推进了改革。但有些立法实施效果很不理想，如关于国有企业改革的立法数量最多，内容也不断翻新，但企业的经济效益就是上不去(举了从让利放权到承包制、股份制试点的例子)。人们又困惑了:原来并非只要"有法可依"就万事大吉,法还有好坏、良恶之分。我记得有一次给厂长经理们讲课,课后有一个企业家拿着一份报纸上刊登的法规(可能是《私营企业暂行条例》)问我说:漆教授你看,这上面规定了我们这样和那样的许多义务,可我们的权利呢?问得多好啊!法律不能只是老百姓的义务书,不能只是管理工具。这样的法是好法、良法吗?老百姓能欢迎、拥护和自觉遵守吗?那时我们还常听企业界人士抱怨说:每多颁布一部法规,我们就多了一个婆婆,身上多了一条绳索。如果真是这样,说明那法就不是良法。当时在我国法学界人们也很少注意良法、恶法问题,因为在过去的法律思想观念的惯性支配下,当然认为法律是国家统治的工具,是管理法,而不知道或不敢承认法首先必须是维护民众权利的维权法,并是切实控制国家权力部门权力的控权法。

到了20世纪90年代后期,国家在要实现经济体制的转轨的同时,还提出要逐步实现治国方略要转型,即实现由"人治"向"法治"转变。当时引起了法学界对于什么是法治的思考。人们重温历代法学家们的经典论述,考察和引进西方国家实行法治的经验,探寻在中国实现法治的途径。新的困惑引起人们新的更深刻的思考,从而又推动了法律和法学的前进。

从部门法来说也无不经历了由困惑到无困惑再到有困惑的过程。我本人主要是搞经济法的,经济法的困惑最为典型。这留到后面我们再说。民法呢,中华人民共和国成立后的30多年中没有民法,当时似乎人们没困惑:都是公有制,民众除了吃的穿的,没有什么私有财产,民事关系不发达,没有民法不碍事。苏联20世纪20年代也曾颁布过一部苏俄民法典,颁布了也没用,因为公有制国家没有民法照样能过日子。中国法院有民事审判庭,民庭办案无民法可依,当时的说法是"有法依法,无法依政策,无法无政策依习惯"。那时民庭受理的都是离婚案件。我见过一个民庭的法官,他向我介绍办理离婚案件的经验,就是一个字:拖。二三十岁的拖到五六十岁了,看你们还离吗!1986年我国才颁布了一个只有156条的《民法通则》。后来商品经济发达起来，后来又要改行市场经济了，民法不完备不行了，于是抓紧制定民法典。作为法典的一个重要组成部分物权法草案如今正在审议中。刑法方面也是几经困惑与无困惑的轮回。1979年颁布了《刑法》，似乎无困惑了，但后来人们仍然有困惑，例如"反革命罪"的规定，将政治概念纳入刑法中，这样的规定是否合理？再比如"投机倒把罪"，长途贩运有什么不好？把安徽的茶叶运到外地，既让自己赚了钱，又满足了外省人民的需求，是搞活流通，但当时法律上就不允许。困惑促使人们、法学家和当权者去思考，中国的法学就是在困惑与不困惑的过程中发展的。当前我们的法学依然有许多大困惑，我们要在困惑中探索出中国法学发展的方向和中国法治发展的道路。这些是我给大家讲的第一部分。

二、上下求索，天上人间——以经济法为例

古今中外，从理性王国到现实生活，人们有了困惑就上下求索。这阵子人们思想倒还解放，突破了以往的许多思想禁区，开始思考中国法治之路。我这里所谓"天上人间"还有一层意思，是说有些法学家提出的学科理论观点一时被吹捧到了天上，一时又掉落到地上人间，甚至沦落到阴曹地府。我国经济法学科就如此。

20世纪80年代，特别是初期，经济法学科体系内容大而全，"大经济法"观点不仅在经济法学界占据了绝对统治地位，甚至还排斥民商法等学科，成为整个法学中的显学，受到国家当权者的青睐，连社会上民众也几乎都知道有个"经济法"。经济法的地位简直升到了天上。虚假的繁荣不能持久，浮肿虚胖乃是病症。后来"大经济法"终于跌落，不得不回到现实的土地上。这时甚至还有人在批判"大经济法"观点的同时，从根本上否定经济法的存在，主张把经济法打入地府。下面着重以经济法学科为例，来说说我国法学界上下求索的情况。

我国过去没有"经济法"一词，因此谈不上困惑。我读书时老师也

不知道有经济法。后来改革开放,国家要搞经济建设,同时又要搞法制建设,“消息灵通人士”(学者们)告诉国家领导人说国外有经济法。领导人一听很高兴:我们如今不是要搞经济建设和法制建设吗?经济法——经济再加上个法,两样都有了。于是,国家就派人到国外——苏联东欧、德国、日本等去考察。德国和日本的学者说经济法就是或主要是反垄断法,但我国的人认为我们社会主义国家没有垄断,因此这不适合我们。苏联有位学者叫拉普捷夫,说经济法调整纵向经济关系、横向经济关系和企业内部经济关系,总之几乎包括一切经济关系,也即“大经济法”观点。因为当时的社会现实就是国家统管经济生活几乎一切领域,反映到法学家的脑海中就是“大经济法”。拉普捷夫的思想很对中国人的胃口,因为大家一听认为很适合中国情况,就搬来为我所用。当然总要做一点加工制作和包装,把汤端来后再添加点佐料。这样就变成了“我们的”即中国特色的经济法理论。学者们之间也多少有些差别,包括不同意“大经济法”的一些观点,于是形成了“中国经济法诸论”。但总体而言,还是拉普捷夫的“一纵一横外加内部”的“大经济法”观点占据绝对主导地位。其创立者及其拥护者对此深信不疑,理直气壮,没有困惑。

但是,经济法是调整一切经济关系吗?马克思说财产关系是经济关系的法律用语,那么比它早几百年(从法国民法典算起)甚至几千年(如从古罗马市民法算起)就产生了的民法不是也调整经济关系的吗?民法早就在调整平等主体之间的财产关系即经济关系了,而且调整得好好的,为什么小弟弟一出世就把大姐姐的地盘夺走了呢?合理吗?当时经济法学界的一些人却听不进反对意见。其中一个原因是当时经济法学得到了国家权力部门的人支持——国务院成立了一个经济法规研究中心,并以为“经济法规”就是“经济法”。原来权力本是个神奇的东西,它无论同什么结合都可以产生神奇的力量,同学术结合也一样。这样,经济法学的地位一下子升到天上去了。当时简直没有民法学界说话的机会。到了1986年《民法通则》颁布,其第2条规定,中华人民共和国民法调整平等主体的公民之间、法人之间、公民和法人之间的财产关系和人身关系。这一规定似乎天经地义,很难说“不”。那经济法的所谓“横向经济关系”呢,不就是“平等主体”之间的关系吗?就不能放到经济法里面去了。这下子傻了眼,困惑了。当时具代表性的经济法教材是群众出版社出版的《经济法学》,在《民法通则》颁布之前几乎是一年一版,《民法通则》颁布之后三年没有再版。在沉寂了三年之后,1989年才出了第4版。观点发生了变化,经济法调整范围收缩了——“纵横说”变成了“密切联系说”和“管理协作说”,认为横向经济关系不完全由经济法调整,经济法只调整与纵向关系“密切联系”的那些横向关系,也就是与计划相关的那部分横向关系。我当时写文章说,与纵向关系密切联系的横向关系(或协作关系)仍然是横向关系(或协作关系),仍是平等主体之间的关系,还是应由民法调整。

“大经济法”观点遭遇到的更致命的一次挑战,是1992年国家决定要搞市场经济。所谓“市场经济”就是要以市场机制为基础性的调节因素,要让价值规律充分发挥作用。这决定了民商法在调整市场经济的过程中应当是基础性的法律,这样经济法又遇到一次致命性的困惑。这时人们忽然想起我国经济法学界也曾一直有一种不同声音——只是声音细小,几乎被巨浪咆哮声所淹没。

我从一开始就不同意“大经济法”观点。因为经济法作为一个独立部门法,其产生和存在必然有自己独特的调整对象和其他特点,否则,如果它的宗旨、价值和功能、调整对象等没有特殊性,而只是把民商法、行政法等部门法原来调整的东西拿过来,抢占其他部门法的“地盘”,那么就毫无价值了,其出现和存在就没有必要了。而考察近一个世纪以来各国经济法出现和发展的史实,经济法的产生是有其特定的经济、政治、法律和思想根源的,它解决在社会化背景下民法所不能解决的一些问题,弥补民法的不足,并与之配合共同调整社会经济关系。

20世纪80年代初我写了一本书叫《国民经济的法律调整》,认为经济法只调整同国家经济调节、管理相关的经济关系。当时国家刚开始搞经济体制改革,改革的方向是什么?小平同志说“摸着石头过河”。可是,河的彼岸是哪里呢?没说,也许是当时不好说吧。但我认为,计划经济、国家统管经济的体制不好,既然要改,显然就是要发展市场因素,使之逐渐成为社会经济基础性的调节机制,也就是说肯定要向市场经济方向发展。以市场为基础性的调节机制,就意味着民商法必然大发展而成为调整社会经济关系的基础性法律;经济法则是规制和保障国家经济调节管理的法,并且国家对经济要由统管(统制)转变为"调节"。后来写了一些文章,1993 年出版了《经济法基础理论》,把理论观点系统化了。这本书的影响很大,许多高校立即用作教材。学者们、特别是广大年轻学者非常重视。人们把我的那些意见称作"国家调节说"或"三三理论"。它很快成为我国法学界主导的经济法学学说之一。

我想今天在座的可能大多已经知道我的"三三理论"讲的是哪"三"个"三"了。它是指:市场有三个缺陷——一是存在市场障碍,即由于垄断和不正当竞争扭曲价值规律,致使市场机制不能正常发挥作用;二是市场的唯利性,有些领域的投资暂时无利可图或投资周期长、风险大,民间资本不愿介入,而国计民生或未来发展不可缺少,靠市场机制不能作为;三是市场机制作用的被动性和滞后性,往往要等到比例严重失调或产品积压过剩人们才发现,因此造成经济动荡和资源浪费。市场的这三个缺陷是市场所固有的,但到了 19 世纪末 20 世纪初生产社会化以后,它们才更加显露出来并造成十分严重后果,例如接连发生经济危机。人们开始认识到"市场失灵",市场机制已不足以有效调节社会经济结构和运行,企盼有新的力量和机制出来配合,国家调节于是应运而生。国家调节如何调节?它必然要针对市场的三个缺陷,相应地采取三种调节方式——一是针对市场障碍,国家通过反垄断和反不正当竞争予以排除,让市场机制能够充分恢复其作用,此为国家强制干预式;二是针对市场机制的唯利性和作用领域的局限性,国家通过安排和调整国家直接投资经营活动,以调节社会经济的结构和运行,此即国家参与式;三是针对市场机制作用的被动性和滞后性,国家运用自己所掌握的情报和信息,并根据对客观经济规律的认识,运用各种经济政策和政策工具,对社会经济实行总体规划、指导、提供各种帮助和服务,引导社会经济结构和运行健康发展,此即引导促进式(宏观调控式)。国家调节必须依法调节,需要受法律约束,也需要法律保障。规制和保障以上三种国家调节基本方式(活动)的法律,不同于以往民商法或行政法,而是经济法。经济法体系的构成因此就有三种基本法律——一是市场障碍排除法即市场规制法,包括反垄断法、反不正当竞争法等;二是国家投资经营法,包括国家投资法、国有企业法、国有化和私有化(民营化)法令等;三是国家对经济的引导促进法,大致相当于我国人们所谓的宏观调控法。市场三缺陷,国家调节三方式,经济法体系三构成——这就是“三三理论”。

为什么恰恰是这么三个“三”?绝不是随意的,我是通过实证考察与逻辑分析两者反复考量才定下来的。它符合一个世纪以来各国经济和市场、国家职能、法律的实际演变史实,且在逻辑上也具有周延性。当然,这里讲的是人类社会的一般规律,中国和苏联、东欧国家有特殊性,我作了详细分析和论证。即使同是西方国家,美、英同德、日的情况也有明显的一些不同。例如,美国仅仅是从反垄断开始的,到1929年至1933年经济危机时期国家调节职能范围才有所扩展;德国和日本一开始就重视国家对经济较全面的管制。

对于我的“三三理论”和《经济法基础理论》一书,感谢广大学者给予了很高的评价,认为“创立了经济法学科理论体系”,“彻底动摇了曾在我国经济法学界盛行十余年的大经济法观点的主导地位”,有的还认为即在国际上也具有先进性等。这其中也有年长资深的教授、博导,但主要是广大中青年学者。当然也有不肯认同的,我能够理解。有些学者对我的观点提出了一些异议,例如:

对于经济法体系中的国家投资经营法,有些人说国外正在搞私有化,中国也正在搞国企改革,因此这一块不应再属于经济法调整范围。国家直接投资经营作为国家调节的一种方式,搞得太多不行,没有也不行。如“二战”前后的西方一次一次搞国有化浪潮,中国搞得更多。国家投资和国有企业主要按国家机制运行,太多了就妨碍市场机制对整个社会经济发挥基础调节作用,市场经济就建立不起来。加之国有企业经营效益通常不好,多了就妨碍整个国民经济效益。中国加入WTO前后,美国和欧盟等之所以不承认中国是完全市场经济国家,其理由主要就是中国经济中的国家因素太多。因此,中国的国企改革还应当加快进行。但是,国家投资和国企总还是需要的。许多西方国家如英国、美国、韩国、日本等至今仍保留着一些国家直接投资和国有企业,今后也不会完全放弃这种国家调节方式和手段。我国的改革也不会废弃这种国家调节的手段,如我国现在的西部大开发和振兴东北老工业基地等都必须和正在运用一定的国家直接投资。如果国家投资太多就要退出;如果在某一领域投资不足,私人又不愿意搞,而国民经济发展又需要的,就需要由国家投资进入,如航天事业等。国家投资经营的这种调节方式是通过国家投资的进入和退出两个相辅相成的方面构成的。因此国家投资经营法包括的国企改革法、私有化法令等,无论现在或可预见的将来都仍然会是经济法体系中的一个构成部分。

有人问,国家投资经营不是可以放到"国家宏观调控"里吗?把它作为宏观调控的一种方式就是了。我说这三种方式并列是针对市场存在的三种缺陷分别提出的,该三者是有所不同的。形象地说吧,在该三种方式中国家所处的方位是不同的:当市场规制时,国家是居于社会各经济主体的"上方",进行强制性干预,如反垄断、反不正当竞争等;国家投资经营则是国家以一种特殊民商事主体身份,参与其他经济主体一道从事投资经营活动,这时国家的方位是参与其中;宏观调控则是国家在各社会经济主体的前头指引、后面推动、旁边左右帮助。因此,不宜把国家投资经营并入宏观调控中去。

90年代很多人反对我把公司法、企业法从经济法体系中拉出来,其中有些人只是认为太可惜了,因为如此一来,经济法就太小了,甚至说漆老师的经济法是个小小经济法。我也遗憾,但又无奈。事物的本质属性决定着事物的体系,该多大就多大,这才是科学的态度。当年搞14门主干课统编教材的时候曾有一番激烈争论。我说了几个理由,还说14门课就好比建造14栋楼房,各栋楼房之间虽然可以"钩心斗角",并有走道相连,但这一栋不能把那一栋的主要部分包容进去。公司法是商法主要内容,怎能拿到经济法里去呢?公司法早在经济法产生的几百年前就出现了的。虽然后来大家都觉得不妥,但以后的那本教材还是变了一种方式:搞了一个“经济主体法”,说企业、公司是经济法主体这该没有问题吧。但是企业、公司也可以成为刑事法律关系的主体,如单位犯罪,那是否就需要在刑法教材中写一章“企业、公司法”呢?法律关系是具体的,当你实际参加到什么法律关系中,就成为那种法律关系的主体。不能笼统地说企业、公司只是什么法律关系主体,或者说它们只是经济法的主体。难怪法学界有人说我们经济法学有幼稚病的。

现在大家都在谈宏观调控,经济法学界都同意宏观调控法是经济法的一个重要组成部分。但对于什么是宏观调控缺乏界定,似乎“宏观调控是个筐,什么都往里面装”,这很危险。小心有人用“宏观调控”“新瓶装旧酒”,恢复或保持对经济的不当干预管制。经济法学界也不要把政府各种经济管制法令都美其名曰宏观调控法。我在书中对宏观调控是有严格界定的。原先我的书不打算用“宏观调控法”这种提法,《经济法基础理论》第二版用的是“促导”,即促进引导,就是指国家运用计划、各种经济政策和政策工具手段,对社会经济主体和经济活动进行引导和促进,达到调节经济结构和运行的目的。这种调节方式对于各经济主体来说是间接的和非强制的。它不同于市场规制的强制干预,也不同于国家投资经营的参与式,不能把其他的国家调节方式也说成是宏观调控,也不能把宏观调控等同于国家调节。

也有人见说经济法的宏观调控包括计划、财政、税收、金融等,便认为后面这些法律都是经济法,也不准确。财政税收有经济调节功能,也有传统的为国家机关提供经费的功能。鉴于前者,它具有经济法性质;而鉴于后者,它又仍具行政法属性,因此要作具体分析。又如银行法、证券法等金融法中,有经济法性质的规范,也有属于民商法性质的,那些调整平等主体之间的信贷、证券交易等经济关系的便属于民商法性质。可见我们搞学问研究要对对象作具体分析,要有辩证法思想。

我国法学界在“法律工具论”思想影响下,长期认为法律主要是一种管理法。经济法既是国家调节经济的法,更是一种管理法(国家调节也是一种管理方式)。据此有人进一步认为经济法主要是维护和保障国家经济调节管理权力的,民商法则是维护民众权利的。还说按照漆老师的学说也可以作出这样的推断。其实这是误解。我一直认为法律应当主要是维护民众权利的,并且为了维权(利),必须控权(力)。最近我专门写文章论述维权和控权的关系,明确指出维护民众权利是良法和法治的基础,而控制公权力则更是其中的关键。特别是转型时期国家法律的主要使命更在于控权即控制国家机关的公共权力。经济法既维护保障国家调节权力,但首先和更为重要的是规制国家调节,防止国家调节权力的滥用。我的经济法定义就包含这个意思。有人说在我的"国家调节法律关系"中,把被调节主体的义务说多了,没有充分肯定他们的权利。这更是误解。企业和民众在"国家调节法律关系"中自然应当自觉遵守和听从国家依法调节;但由于国家调节是被经济法严格规制着的,所以在国家有限的调节之外,企业和民众拥有广泛和充分的经济自由、自主权利。在不同的法律关系中,主体的权利义务是有所不同的,这是常识。

我国目前关于经济法本质和体系问题还存在很多混乱的情况。我的《经济法基础理论》出来后,人们都说我最大的一个贡献是把"大经济法"的观点批倒了。但现在看来,并非如此。"大经济法"的流毒仍然在泛滥着,有些学校编写的经济法教材甚至还停留在20世纪80年代初的水平,把合同法、公司法、知识产权法、劳动法等许多明显属于民商法或其他部门法的内容仍然放在里面。这些情况需要引起我们经济法学界的重视。因为这不仅关系到经济法的发展,还关系到我们经济法学科在法学界的名声和地位,不要让人瞧不起我们,认为我们还保持着过去那副幼稚和肤浅的面孔。"革命尚未成功,同志仍须努力。"我希望我们的年轻学子们,不光是学经济法的,包括所有学法学的学子们,关心经济法理论问题,写文章发表自己的看法,大胆开展学术批评。学术批评是学术的生命机制。我觉得我们经济法学界争论太少了,不能搞"捂盖子"和一团和气。学者间友谊是要提倡的,但友谊同学术观点争鸣是不冲突的。这些是我今天要讲的第二部分。

三、青年学子之烦恼——法学研究如何从肤浅走向深入

从20世纪90年代末开始，我经常听到有青年学子向我表达他们的烦恼，就是他们在写文章特别是写硕士、博士论文时经常感到难以深入下去，往往陷入“三段论”套路，即开始写概念特征，然后写西方国家的做法，最后一部分是中国的借鉴。总难以深入，连自己也不满意。中国的法学研究走向深入需要一个过程，因为中国的法学受“法律工具主义”和“注释法学”影响太深。同“法律工具主义”相适应，法学研究就必然是“注释法学”。我曾经讲如果说法律是政治的奴仆的话，法学家就往往成为法律的奴仆。这两句话连起来，就是法学家成了“奴仆的奴仆”。在这样的情况下法学研究是难以深入的。西方的法学要考虑法律的价值、理念，考虑“良法”与“恶法”之分。中国原来不重视这些。似乎我们的法律都是好的，国家每出台一部法律，法学家的任务只是对它进行注释、宣传就行了。法学院校甚至国家每出台一部法律就开设一门课程。老师如此教，学生如此学，怎么能出高徒呢？

对于任何一部法律或一个法律规定，都应当分析它的立法动机、宗旨、价值取向和立法者的理念，并研究这种价值取向同该法固有的价值、立法者的理念同应有的理念等的关系，研究立法动机、目的定位是否准确和能否实现，要思考实然法同应然法的关系。例如，目前正在讨论个人所得税的免征额高低问题，就应当主要考虑个税对个人收入和贫富差距调节功能如何有效发挥这一因素；正在征求意见的物权法中关于征地拆迁及其补偿问题，就应当按照民主法治要求提升对民众私有财产权的尊重和保护的意识。

每个法学学者都应当重视基本理论和法哲学的学习研究。法学是人类社会一门古老的学科，从来它就充满着哲理的思辨。古时候许多法学家同时也是哲学家。如果法学只是注释法条，有个中学文化程度

就行了,还办什么大学、硕士、博士研究生班呢?基础理论也许并不告诉你如何去写一篇文章,但是它可以把你引到一个视野宽远的高处,让你居高临下去观察、去思考。思想境界和视角可是十分重要的呀。

这里我想结合自己的情况跟同学们谈谈体会。也许有同学会问:漆老师在完成经济法学科理论体系构建之后还在干些什么?向大家汇报一下,近几年我主要在思考两个方面问题:一是法律(含经济法)的全球化问题;二是法律的民主法治化问题。

1998年我发表了一篇《市场、调节机制与法律同步演变》的文章,认为市场从资产阶级革命成功后形成全国统一大市场算起,经历了自由竞争市场和19世纪末开始的社会化市场阶段,如今正在步入国际化市场阶段。社会经济的调节机制则经历了市场调节一元化、国家调节出现同市场调节一道的调节机制二元化,到当前国际化市场又出现国际调节新机制,同市场调节、各国的国家调节一道形成调节机制三元化。相应地在法律方面,规范市场的开始主要是民商法,后来经济法出现,再后来国际经济法出现。我提出的经济法理论主要涉及上述第二个阶段。第三个阶段就涉及内国法(尤其是经济法)同国际市场和国际法的关系了。我提出了"国际调节"和"国际调节法"的概念,并论证国际调节法就是国际经济法。指出WTO就是当前最重要的国际调节组织,WTO法就是当前最主要的国际调节法即国际经济法。国际调节在当代主要是对各成员国国家调节的再调节,因此各国经济法需要同国际经济法(WTO法)接轨。我们学习研究经济法的人必须研究国际经济法(WTO法)。除上面那篇文章外,后来还写了好几篇关于WTO的文章,如《国际化、国际调节及相关法律问题》《国际调节与国际经济法理论的反思与重构》等。后面那篇文章我集中地批评了当前在国内外占主导地位的国际经济法理论,并勾绘了国际经济法学科应有的理论体系。我的国际经济法理论思想目前尚未得到国际经济法学界认同,但我深信是站得住脚的,经得起推敲的。国外有些学者如美国的"WTO之父"杰克逊和法国的卡罗也有和我较接近的论述。

近年来我研究的另一个方面是有关法律的民主法治化方向问题。

2001年我在《法学研究》上发表《论权力》一文,那篇文章中论述了权力(power)与权利(right)的关系问题。法理学界曾有学者说政府有权力而无权利,人民则有权利。我不同意,认为二者是密切相关的,相互依存。物理学上的"力",是物质运动的一种特性和形式。凡物质之力(而非虚幻之力)需以物质为基础。权力也如此,没有一定的利益资源、特别是物质利益作支撑,权力便无由发生,不能存在和运行。力有大小、方向、作用点三要素,权力也如此。权力部门需要支配一定的经费等利益资源,而对于诸如经费、设备等财产的支配权就是一种权利,这是民法上的起码知识。权力本来源于权利,为界定、维护广大民众权利服务,但权力形成之后往往异化、超越和背离于权利。"云出其山,复雨其山",云却颠倒了关系,对山说是自己赐给山以恩泽,用它的雨露滋润了山上的草木。同学们如果有兴趣可以去看看我的那篇文章。

最近我又写了几篇文章,如《权力经济向法治经济的转变》《论转型时期法律的控权使命》等,主要观点是:良法和法治最主要的特征是充分体现和维护广大民众的权利,但为了维权,必须控制国家机关的权力。维权是法治的基础,控权则是关键。法律是"双刃剑",既维权又控权,特别是控权。处于转型时期的法律尤其如此。我国经济体制改革的过程就是控制权力的过程。要实现由人治向法治的转变,更是控权问题。各种法律从宪法到部门法都如此。有人说法律都主要是一种管理法,管老百姓的法,经济法更是如此,是保障和维护国家管理权的。这种观点是不对的。经济法固然要保障国家调节权力,但它首先是规制、控制国家权力,要依法调节,不能滥用。我们在研究经济法时要分析法律规定是否有效维权和控权的问题,能有效控制公共机关权力和维护民众权利的规定才是良法。我的有些学生较敏感,发现了我当前深化法律研究的方向主要是法律的国际化和法治化。

法学家除了要有宽广的知识外,还要有高远的视角和境界,深邃的洞察力。站得高才能看得远,钻得深才能看得透。法学家看法应当比一般人包括政治家站得更高,看得更透。因为政治家思考问题的方式同法学家是有所不同的。当然,这得有个修炼提高的过程。我在《经济法基础理论》导言中说到学习方法时有两句话，叫作“钻进去，跳出来”。我自己觉得还“钻”得不够，也“跳”得不够。上面的那些话，只是想同大家共勉而已。不知对大家是否有点启迪作用。建议同学们可以思考，并在你们老师的指导之下，将法学研究逐步推向深入。

我是希望上述意见能对大家有些帮助。不知效果如何？今天的报告就讲到这里。欢迎大家提问，会后也还可以通过其他方式继续交流。谢谢大家！

（提问部分删节）

附：王先林教授点评

今天下午，我们在座的安大的老师和研究生还有来自安徽医科大学的部分同学一起有幸聆听了漆老师的精彩报告。对漆老师的报告我不敢去评价它，因为我的水平还不够，但我试图用四句话去概括：内容丰富，思想深刻，见解独到，逻辑严谨。（掌声）看来大家英雄所见略同吧。（笑声）

漆老师是我在武汉大学读博士后期间的合作导师，也是我国著名的经济法学家。实际上对漆老师而言，前面的“经济”两字是不必要的，因为他的研究领域和学术成果的影响已远远超出了经济法的范围。我记得几年前北京大学法学院的朱苏力教授作了一项有关法学研究的分析统计，挑选了几十位学者最有影响的学术成果，对其被引用以及被关注程度进行了分析统计，其中，全国经济法学界共有三位，武汉大学共有三位，漆老师名字皆在其中，且名列前茅。漆老师的研究领域还涉及民商法、法理学等诸多法学领域，在整个法学界都享有崇高声誉。我为有这样一位非常有成就的合作导师而感到荣幸。不过我个人非常遗憾的是由于悟性不高，思考不够深入，所以远没有得到漆老师的真传。

刚才漆老师对我们大家寄予了厚望，提出中国出大法学家的希望就在我们二十几岁的年轻学子身上。大家好好努力，不要辜负漆老师对大家的期望。另外漆老师也表达了对我们安大法学院的美好祝愿，希望借“神舟六号”成功发射和回收的机会,安大法学院也能有一个腾飞,如果有那么一天,我们将会有更多机会能够请到漆老师为大家作更精彩的报告！让我们再次以热烈的掌声感谢漆老师！

混沌初开，乾坤始奠

——新中国法学60年回顾与启示*

我讲的这个题目比较大,时间跨度60年。我想简要地勾勒一下轮廓和发展趋势,目的是希望能让我们年轻同学们,对60年来我国法学发展有个概括性了解。当然,其中所谈的有些是我的一些个人看法,不一定准确。法学60年中许多事情是我亲身经历的,确实也有很多感想。

我主要是搞经济法的,但我所关注的不限于经济法,常常思考整个法学问题,甚至更为宏观的一些问题。我有本书叫作《经济法基础理论》,在绪论中有"钻进去,跳出来"的说法——我也经常这样要求我的学生们这么做:研究经济法首先要钻进去,深入地把它的原理和制度弄清楚;但这还不够,还要跳出来,要跳出经济法看经济法,甚至还要跳出法学看法学。无论你学习研究法学的哪个二级学科,它们首先都是法学。大陆法学家不管是哪个二级学科的,当前关心的一个中心问题就是国家的法治问题,也

---

* 2009年8月3日在台湾政治大学作《中国大陆法学六十年回顾与启示》学术报告,根据录音整理。10月22日在西北政法大学作了与之内容大致相同讲座,文字稍作调整。本文依据后稿刊发。此外本文英文翻译稿发表在Frontiers of Law in China高教出版社2011年版,第180~191页。

就是怎样推进国家的民主法治建设的问题。我分三个问题来讲:

一、新中国法学60年的发展阶段

新中国法学60年大致分为两个大的阶段和几个小阶段:1949年至1978年,是从草创到废置;1978年到现在,是从恢复、引进到创新。

(一)从草创到废置

1949年新政权成立,国家要建立法制,颁布了一些法律。1957年我高中毕业,怀着为新中国法制建设作贡献的理想报考了法律系。学了4年毕业时,国家却不重视法律了。反右、大跃进、反右倾,政治运动一个接着一个。司法部门改革,精简。后来就是"文化大革命",十年动乱,法制完全被废置。也还有法院,内设刑事和民事两个审判庭。刑事审判的任务主要是作为无产阶级专政的工具,打击阶级敌人,主要依据执政党和国家的政策或行政命令。民事审判没有民法可依据,当时的说法是"有法依法,无法依政策,无法、无政策依习惯"。实际上那时的民庭办的案件就只一种,即离婚案件。1950年颁布了《婚姻法》。但是,没有合同法,企业之间的产、供、销都是国家计划安排好的,每年开几次计划订货会议,不需要签合同。即使企业间有纠纷也是通过行政机关解决,不需要去法院。

1949年以后,不少高校恢复或建立了法律系,成立了5所政法学院开始有了法学教育和法学学科建设。法律系招生人数在1956年、1957年是个顶点。我是1957级的,那一年法律系招生人数最多。可是到毕业时候,公、检、法本身在搞精简下放,同学们许多都改行,被分配到其他各行各业。所以,后来到了国家改革开放,需要恢复法制和法学教育的时候,没有法学人才,才又让许多我们这些过去学过法律的人"归队"。

那时候法学学科刚刚草创。大学里主要是讲马克思主义国家与法律学说,更主要是讲苏联(以维辛斯基为代表)的法学理论。认为法是阶级统治的工具,社会主义国家的法是无产阶级专政的工具。重刑轻民,因为刑法被认为是重要的专政工具,主要用于打击反革命及阶级敌人,保卫党和国家各项“中心运动”;而民法则被认为同公有制不适应。有些学校只开设民法专题讲座。那时候法学理论比较浅薄和政治化,近似于革命和政治宣讲。法学学科门类不全,连法学研究也是完全的注释法学。

(二)从恢复、引进到创新

1978年“文化大革命”结束,邓小平主政,搞改革开放。国家决定要以经济建设为中心,要加强法制建设。各级政府成立司法局,各地设立许多律师事务所,高校恢复招生,法学教育受到重视。原来五家政法学院(北京政法学院、中南政法学院、华东政法学院、西南政法学院、西北政法学院)和原来开设过法学专业的一些综合性院校,恢复了法律专业招生,其他高校也纷纷新增设法律专业(特别是经济法专业)。法学教育和法学研究从无到有,并得到发展。

这时候法学教学科研人员和从事法律实务的人员,其骨干多是“文革”以前从事过法学学习、教学或法律工作,如今“归队”的;也有从其他行业转行的(转业军人最多);再往后就是法学教育恢复之后逐年毕业的法学专业学生。

从当时法学的内容来看,开始主要是恢复“文化大革命”以前的,主要是苏联的法学那一套。但毕竟时代不同了,原有那一套东西缺乏合理性和说服力。人们逐渐困惑:法是专政的工具,比如锤子斧头,那么它作用于谁呢?如今不怎么强调阶级斗争了,阶级敌人也没有那么多,难道作用于老百姓吗?那么如果这种法老百姓就不喜欢了,它还是好法(良法)吗?

另外,原来是计划经济,现在改革开放了,要发展经济,发展市场因素,许多东西原来是没有的,如公司、股份制、票据、证券、期货等。民法商法上的许多概念和制度,中国人都不熟悉。因此也就需要从国外、境外引进。学者们于是纷纷介绍欧美、日本等国家的有关法律和法学思想,也介绍我国台湾地区一些法学家的思想和著作。法学界一时活跃起来，打破了沉寂局面。

当时国家当政者对于法律和法学的引进，可以说分别有三种态度：一是允许和鼓励的——这主要是那些同改革开放和发展经济相关的一些法律制度和法学理论的引进；二是限制的——当政者暂时还没想通，有顾虑的一些东西，如20世纪80年代末一度怀疑股份制是不是“资产阶级自由化”的东西，对于承认和保护私有财产也顾虑重重；三是禁止的——特别是对于同国家核心权力体制相关的一些问题，如三权分立、政党制度等，被认为是敏感性问题，是严加控制的。

当时学者们对待法律和法学的引进，在态度和方法上也存在三种做法：照搬、歪改造、正改造。

一些人认为，中国历史进程中最缺少的，是如西方国家那样有着几百年对于个体权利和自由尊重的传统，因而主张大力引进西方国家法制模式。其中有些人甚至并未区分资本主义的自由竞争阶段与社会化（垄断）阶段法律的不同变化，对资产阶级革命初期的一些法律原则（如法国民法典的三大原则）有着极大兴趣。

有些人强调引进必须结合社会主义中国的国情，强调突出中国特色。可是当他们一结合时，却丢掉了被引进的那种事物最重要的特征和本质属性，使得原该事物变成非驴非马，实践中不能发挥其应有功能和作用，如20世纪80年代大陆公司化和股份制试点。

任何从外面引进的东西都应该结合引进国的实际。中国大陆的政治、经济、文化、历史等确实有着各种显著特点，问题是怎样正确地认识本国特点。既不能把那些正是需要改造的东西当作“传家宝”抓住不放，也不能将被引进事物的最本质、最有用的因素加以抛弃，而只“引进”它们的一些皮毛。要让被引进的事物适应中国的土壤和环境，能很好地成长，为中国经济发展和社会进步起积极作用，才是正确的态度，属于“正引进”。当然，实践中做好也很不容易。其实，引进中就包含着创新。

中国法学在恢复和引进中所引起的困惑，促使学者们思考和研究中国法学的创新之路，探寻适合中国国情和需要的中国法治之路。在这个过程中，法学各二级学科，包括法理学、刑法学、民法学、商法学、经济法学、环境法学、宪法学、行政法学、诉讼法学、国际法学等，在理论创新和学科建设上，都取得了可喜的成绩和较大的进展。（讲演中，分别扼要地介绍法学各二级学科从恢复、引进到创新过程中的主要问题和进展。这次整理稿作了删节）

中国法学经过了60年，特别是改革开放30年来的演变发展，如今总的状况可以用得上中国旧书《幼学》上的一句老话来概括，那就是“混沌初开，乾坤始奠”。也就是说，如今中国大陆法学（包括各二级学科），已经初步建立比较完备和比较合理的学科体系。它们一方面在很大程度上吸收了世界法学许多先进研究成果，基本上反映了世界法学的发展潮流和趋向；另一方面又结合了中国实际情况，体现着正处于经济和社会转轨、转型进程中法律和法学的特点。这对于中国经济、社会发展和进步，对于民主法治建设能够发挥重要的积极作用。但是这些年来，法学各二级学科的创新和发展程度也并不完全均衡，有的学科发展快一些、好一些，有的慢一些、差一些。一般地说，那些同国家所实行的改革开放更为直接相关，对发展经济和改善管理更为直接相关的学科，发展得更好一些；其他有些涉及国家权力体系的核心和敏感问题的学科，发展的困难则多一些，创新速度稍慢一些。

二、经济法学的创新之路

下面以经济法学科为例来说说大陆法学的创新发展之路。

与法学的其他学科不同，经济法学在中国是20世纪70年代末80年代初开始兴起的，至今只有30年历程，不存在“恢复”问题，因为只有引进和创新两个环节。

（一）“大经济法观点”的引进、流行及其演变

中国经济法学的兴起曾受到国家管理层的高度重视和大力支持，引起了社会的普遍关注，甚至一度成为显学。不仅各政法院校都专门

设立经济法学系或经济法学专业，其他包括文科、理工科等几乎绝大多数高等院校，也纷纷设立经济法学专业。各种全国性和地方性的经济法研究机构和学术组织雨后春笋般出现；各种经济法学术研讨会接二连三；各种经济法教材（80 年代多为各高校自编自印的内部教材）、大小会议的论文资料，汗牛充栋；各种关于经济法的观点主张自由泛滥。一时间，“经济法”在大陆几乎成了家喻户晓的一个词儿。一个学科的兴起和传播如此轰轰烈烈，古今中外料难找到第二个例子。

其原因主要是经过了“文化大革命”之后，国家工作重点（由老搞政治运动到）转移到以经济建设为中心，同时要（由法律虚无和废置到）加强法制建设，所以许多人以为经济法适应了“经济”和“法”两种需要。

中国原来没有“经济法”这个概念，当时学者们从国外引进了经济法思想。由于人们对于中国传统经济、政治和社会体制，和当时刚刚开始的经济体制改革的意义和方向认识上的差异，也由于对待引进所持的态度和方法上的不同，使经济法学理论研究和学科建设，从开始就发生了严重分歧，出现各种不同的经济法思想观点。其中影响较大，并贯穿始终的是“大经济法观点”与“国家调节说”。

在考察国外的经济法学说时，许多人认为西方国家学者以反垄断法为核心的经济法理论不适合中国，因为在中国并不不存在垄断（实际上国有企业垄断、行政性垄断和国家垄断十分严重）；而对当时苏联、东欧实行公有制和计划经济体制国家的经济法思想却很感兴趣，一拍即合。苏联学者拉普捷夫认为，公有制国家管理着几乎所有经济领域，经济法作为国家管理经济之法，调整社会各种经济关系，包括经济管理（纵向）关系，各企业间的（横向）经济关系，此外还有企业内部的经济关系——又叫作“纵横说”。于是，许多学者便把它囫囵地接收过来。这种经济法理论也受到国家领导人的赞许，并被社会上许多人所接受。当时国务院成立了一个“经济法规研究中心”，人们便以为经济法规就等于经济法，因此经济法制建设就是经济法的建设，经济法制热潮就是经济法热潮。经济法就这样“热”起来了，“大经济法观点”就这样流传开了。

当然也有许多人对此感到困惑和反对,特别是民法学界认为这种大经济法观点"抢占"了民法地盘,因为企业、公民之间的经济(交往、交换)关系,历来(从法国民法典以来几百年,从古罗马市民法以来上千年)属于民法调整,怎么如今经济法一出现就全归它了呢?只是从另一方面看,由于当时中国没有民法而公有制使自然人、法人之间民事关系很不发达,各种经济领域事实上也确实是由国家管理着,当时刚刚起步的经济体制改革尚不能使人们看清未来发展方向。所以"大经济法观点"流行也情有可原。只是随着改革继续深入,市场因素不断发育,民事关系开始逐渐发达,民事立法越来越成为亟须。而与此同时,国家经济管理的范围和方式在逐步发生变化,使"大经济法观点"的不合理性越来越显现。特别是经过 1986 年《民法通则》的颁布,1992 年(邓小平南方谈话后)国家明确了经济体制改革的最终方向是要由计划经济向市场经济体制转轨以后,"大经济法观点"感到站不住脚了,人们便纷纷开始做自我"观念更新",修改自己的观点,缩小了自己所主张的经济法调整对象的范围,使自己的理论逐渐趋于合理。

(二)"国家调节说"("三三理论")的创立及其基本观点

中国经济法思想理论研究还有另外一条线,即以"国家调节说"(又被称作"三三理论")的形成和发展为代表。20 世纪 80 年代初期,我写了一本《国民经济的法律调整》的书,在考察分析近代以来世界各国市场、经济以及法律体系的发展演变阶段性特征和趋势,并分析中国经济体制改革的深层次根源及其必然发展方向的基础上,明确提出:在生产社会化背景下,社会经济同时需要市场调节和国家调节两种调节机制,民法作为市场调节的法律保障在中国也必将逐步发达;经济法只是适应国家经济调节职能的产生而出现的一种法律规范,是国家调节的法律依据、法律保障和对国家调节权力的一种法律规制。它只调整同国家调节相关的社会(经济)关系,不调整公民、法人之间的商品交换关系,后者历来就是归民商法调整的。反对"大经济法观点",并对它的错误和根源作了恰如其分的分析。

1993 年出版了我的另一部经济法专著《经济法基础理论》,对经济法理论作了更加深入和系统的论述，构建了以“国家调节说”（“三三理论”）为核心完整的经济法学科理论体系。

这一理论的基本思路和观点是围绕“市场、调节机制与法律同步演变”这样一条逻辑主线展开的：从国际社会大视野来看，自从资产阶级革命成功后在一些国家建立了全国统一市场以来，迄今市场（社会经济）先后经历了三个阶段，即自由竞争市场、社会化（垄断）市场、国际化市场。三阶段的市场其经济调节机制分别是：市场调节（一元化）；国家调节出现并与市场调节相辅相成（二元化）；国际调节产生并同市场调节、各主权国家（对于各自涉外经济领域）的国家调节共同构成国际市场的经济调节机制（三元化）。同上述市场、调节机制演变相适应，法律体系也发生着相应变化：在调节机制一元化阶段，市场调节的基本法律规范主要是民（商）法；当国家调节机制（它同时又是一种新的国家经济职能）出现，作为国家调节的法律依据、法律保障和（对这种新的权力的）法律规制，于是产生经济法；当市场国际化阶段国际调节机制出现后，作为规范国际调节的法律——国际经济法便逐渐产生和发达起来。①

关于国际调节和国际经济法问题，我有专门论著提及，②下面只是接着说说经济法问题。为什么市场后来从自由竞争阶段又进入社会化市场阶段了？为什么社会化市场的经济调节机制会出现国家调节，而不能再由市场机制一元化调节了呢？新出现的国家调节应当怎样调节呢？为什么国家调节一定需要有相应的法律即经济法呢？经济法的任务、调整对象和范围体系等究竟是什么呢？

市场机制在过去自由竞争市场阶段虽然足以有效地发挥着经济调节作用，但它从来就不是“万能”的，而是有缺陷的。我归纳其有三个方面固有的缺陷：一是它本身不能解决垄断和不正当竞争问题，市场机

① 漆多俊：《市场、调节机制与法律的同步演变》，载漆多俊主编：《经济法论丛》（第1卷），中国方正出版社1999年版，第1～24页。

② 漆多俊：《市场国际化、国际调节及相关法律问题》，载漆多俊主编：《经济法论丛》（第9卷），第1～43页。

制在上述情况下遇到障碍,不能发挥正常调节作用;二是市场具有唯利性,有些经济领域(如许多公益性行业、新兴的高科技行业)虽然重要,但投资周期长、盈利率低或眼前不能盈利,民间投资不愿进入,靠市场机制无法解决;三是市场调节具有盲目性和滞后性,光靠它的调节会给经济和社会造成巨大损害。到了生产社会化时代,市场的上述三个方面缺陷严重显现,经济危机频发,社会矛盾激化,社会动荡加剧,表明“市场失灵”,需要有新的经济调节机制出现,来配合市场机制,对社会经济进行共同调节。于是产生国家调节。

国家调节产生后,它如何进行调节呢?有的放矢,针对市场三缺陷,分别采取三方式:一是国家出面反垄断、反不正当竞争,规制市场竞争,以排除市场障碍;二是国家直接投资到某些必需的行业,开办必要的国有企业;三是运用国家计划和金融、财政税收等各项经济政策,对社会经济进行引导调控。

国家调节的三种方式都需要有相应的法律依据、法律保障和法律规制,因此要颁布和实施相应法律。这三种法律——市场规制法、国家投资经营法、宏观引导调控法——都是经济法,因此经济法体系便正是由这三种法律构成。

以上讲到了市场三缺陷、国家调节三方式、经济法体系三构成,所以这种经济法理论被称作“三三理论”。鉴于这种理论的中心环节是国家调节,因此也被称为“国家调节说”。

在世界历史上,当资本主义国家完成产业革命和生产社会化,引起经济和社会矛盾激化之后,曾有三种人分别提出三种拯救方案:空想社会主义的,马克思主义的,“资产阶级改良派”的(以美国罗斯福新政为典型)。这三种方案有一个基本共同点:自由放任仅凭市场机制一元化调节解决不了问题,必须有新的机制和力量出来调节。其中马克思主义的解决方案是,整个资本主义制度不好,必须进行无产阶级革命和建立无产阶级专政的新政权,彻底摧毁旧的经济基础,并由新政权重新组建经济,并实行计划经济体制。苏联、东欧国家以及 1949 年成立的中华人民共和国就基本上走上了这样一条道路。可是实行几十年后发觉有许多弊端，后来纷纷进行改革。中国的经济体制改革的实质就是逐步由计划经济体制向市场经济体制转变，由国家对经济的全面管理（统制）逐步过渡到国家调节。国家调节也只是在承认和发挥市场机制的基础性作用前提下的一种调节，主要也是前面讲的那"三方式"。由于也强调要加强法制，并且后来明确还要逐步向法治转变，所以国家调节（它的三方式）都应当有相应法律。所以，这里的经济法便产生和逐渐发达。

当然，由于中国法治进程的现状，往往出现虽然国家调节职能活动十分发达，但经济法却并不必然同步的情形。如在这次世界金融危机中，美国总统救市拨款要通过众议院和参议院讨论通过，然后由总统签署法案，再付诸实行。但在中国却不是这样，用于救市的四万亿并未经人大讨论。从法治角度来说，国家调节必须依法调节，国家调节权力要受到经济法规制，因为国家调节职能与经济法应当是同步的。以上就是我的经济法理论体系的大致轮廓。③

国家调节说经济法理论自20世纪90年代初期以后，逐渐被多数人所接受，上升为大陆经济法学界主导学说之一。人们认为，这一理论不仅具有比较严密的逻辑自洽性，更重要的是它符合近一百年以来世界各国的国家经济职能活动和法律体系演变的实践。在有些国家的经济法学理论著作认为经济法就是指反垄断法（一构成），而实际上他们的国家政府的经济调节职能活动远不只反垄断一种方式，而基本上也是三种方式；并且这三种方式实际上也都颁布了相应法律。因此，那里的经济法体系实际上还是三构成。这说明"三三理论"具有普适性。

中国经济法学30年来上述两条发展主线如今在逐渐接近，已经有了许多基本共同点：学界内部基本上都认为经济法并不是调整各种经济关系之法（关于经济的法），而只是同国家对经济的调节（或者说管理、干预等）相关的法律规范。一般地都能够将它同民商法相区别，而不再将诸如公司法、合同法、知识产权法等法律规范也当作经济法看待

③　参见漆多俊：《经济法基础理论》（第4版），法律出版社2009年版。

了。但也仍然存在一些理论混乱,其中包括原来的“大经济法观点”的影响。而在社会上,包括国家机关管理层,对于经济法为何物,它同某些民商法规范有什么区别,经济法的特殊价值、功能究竟在哪里,对于现实经济社会问题的解决究竟有怎样的重要作用,等等,仍然是比较模糊的。其重要原因之一就在于过去的“大经济法观点”所造成的思想混乱还尚未能得到厘清,许多人以为所谓经济法大概还是 20 世纪 80 年代一些学者所津津乐道的那些东西,而那些东西如今看来显然是幼稚肤浅,站不住脚的。这种情况影响到人们自觉运用科学的经济法理论来解决现实中迫切需要经济法发挥作用的各种问题。例如,当前中国大陆面临收入分配不均,贫富差别、城乡差别和工农差别悬殊,正需要很好发挥经济法的利益再分配功能加以调节。当前世界性金融危机也正需要自觉运用经济法(它的三构成法律规范)加以化解,因此正是经济法大有作为的时候。先进的经济法理论来自实践,能经受实践检验,尤为重要的是它同实践相结合,为实践服务。

三、几点启示

回顾中国法学 60 年历程,感慨良多。这里简单说几点体会和启示。

(一)法学与政治

学科的建设和发展总是要受到国家一定时期生产力和科技水平以及社会文明进步阶段的制约,尤其像法学这样的社会科学尤其受到国家当权者的密切关注,当权者总是希望让法学(研究和教学)为其政治统治服务。例如,在古罗马,无论是在共和国时代还是在罗马帝国时代,法律也一直是作为社会统治与管理的常规方法。为了保证统治更加有序,立法者需不断提高立法技术。为正确适用法律,司法者需在较为复杂的法律中进行必要解释,因此法学便产生了。法学从一开始便与国家权力相结合,因为国家的立法及法律不容许他人随意解释,必须由国家垄断该项权力更能掌握话语霸权，因此在统治者的支持下法律教育随之兴起。法律教育的兴起培养了一大批职业法学家。他们研究解答法律问题，担任政府法律顾问，为罗马法完善起到了重要作用。

在有政治权力绝对中心和人治的传统和现实制度的中国大陆，法学更几乎完全听命于政治。中国法学60年的经历充分表明了这一点。在改革开放之前，特别是“文化大革命”十年，国家进行着频繁的政治运动，奉行法律虚无主义，法学学科长年被废置。后来由于改革开放和发展经济的需要，法学才得以恢复。如前所述，我们对法学60年的阶段性划分，正是依据国家经济、政治体制的演变和改革所呈现的阶段性标准。经济体制由计划经济向市场经济转轨，治国方略由人治向法治转型，这些转变进程决定着中国法学的发展演变路径。

当然，法学作为一种理论和学科，它应当对于社会实践（包括经济、政治体制改革）有所指导和促进，因此它应当是有所超前的，不能只做实践的尾巴。但政治的强力往往制约着法学学科的独立性和超前性，对于当权者认为属于敏感的区域和问题，是不提倡或者不允许普通学者去研究的。即使研究了，其成果也不可能得到发表（而一旦当权者突然想转了，认为该问题可以或者必须研究时，学者们再仓促地开始研究，就被动和落后了）。如果法学老是按照当权者当时的认识和好恶行事，就难免束缚创新的活力，使法学总是带着几分呆滞的面容。

（二）法学家与法律

改革开放以前的中国大陆，法律和法学被废置，那时几乎没有法学家（有几个老一辈法学学者，但早已长年不操旧业了）。而现在，号称法学家的可就多了。由于长期盛行法律虚无主义和法律工具主义，法学方法是注释法学，法学家的任务主要是解释、宣讲现行法律，要民众遵守法律。过去长时间内没有良法、恶法概念的区分，国家每颁布一部法，都会被当然地认为是好的。20世纪90年代中后期，国家提出治国方略要由人治向法治转变后，人们在思考和争论什么是法治，法治同“法制”有什么区别时，良法、恶法概念才被人们关注。法学家们才逐渐自觉地摆脱注释法学的束缚。

本来,如果任务仅仅是读懂、解释和宣讲法律,是大可不必需要法学家的,甚至连法学研究生、本科生教育也无多大必要,有个中学语文程度就可以了。然而在人类历史上,法学却是一门十分古老和绵延不断的学科,充满哲理的思辨,历史上许多法学家同时就是哲学家。这表明法学和法学家的使命绝非那么简单。

法学家的任务是什么呢?我说有三句话:法学家要研究制定法(实然法);还要研究应然法(自然法、理性法);要研究怎样使实然法趋近(虽然很难实际达到)应然法。也就是说,法学家的主要任务是研究如何使制定法良法化,并使其得到很好的实施。这就需要研究,需要作深入的哲理思考。

法学家不能做法律(指现行法)的奴仆。在法律成为政治的奴仆情况下,如果法学家又成为法律的奴仆,那么,法学家岂不就成了奴仆的奴仆?那地位就十分可悲了!

一般来说,在民主法治国家,法学家更受重视。古希腊、罗马时代的法学家担负着以其法学理论指导国家立法、司法和法学教育的任务,有些还直接参与国家统治事务。近现代许多资本主义国家的革命领头人和国家领导人中许多就是法学家。在发展中国家,特别是经济发展初期,则更多技术官僚和经济学家。现在中国也开始发生变化。但总的来说,如今国家对法学家是既重视又提防:既缺少不得;但由于他们思想活跃超前,又很难驾驭。

改革开放以来,我国的许多法学家自觉担负起时代赋予的使命,以自己的研究成果推进着国家的经济和社会的发展和进步。不过,其中充满着艰辛。在许多情况下,法学家们是这样在推进社会进步的:法学家根据自己的研究成果提出某种改革意见和建议——领导层批评(批判)他们是错误的(或者说是“资产阶级自由化”什么的)——过一段时间领导层又认为可行,便接纳吸收变为国家政策法律。法学家再提出某种成果,又先被领导层批评否定,以后却又被采纳。如此循环反复,法学家们就在客观上推进了社会的发展和进步。这方面的例子太多了。

真正的法学家应当只求客观上为社会、为人民多作贡献，不计名利，不求索取。毛泽东主席有一首咏梅的词："俏也不争春，只把春来报；待到山花烂漫时，她在丛中笑。"其实，那时的梅花也许早已如陆游所说，"零落成泥碾作尘，只有香如故"了！这也是法学家们应有的品质。

（三）中国法治路在何方

20世纪末国家领导层提出治国方略要逐步实现由人治向法治转变，开启了大陆学者对什么是法治和中国怎样实现法治等问题的讨论。当时首先碰到的一个问题就是法治同法制（所谓"刀制"与"水治"）的区别。早在20世纪70年代末改革开放初期，中央就提出建设社会主义法制的四句话要求，即"有法可依，有法必依，执法必严，违法必究。"有人认为做到这四句话就是"社会主义法制"甚至是"法治"了。当时我就质疑：如果是这样，那岂不可以认为当年的希特勒法西斯德国就已经实现"社会主义法制"或"法治"了吗？所以，真正法治要求绝非那么简单。

许多学者在这方面作了深入的研究，有很好的成果。我也有所思考。古今中外许多法学家都说，法治应是良法之治，良法应是最广大民众利益和意志的集中体现，要能充分反映和维护民众权利。我并根据中国大陆的历史和现实情况，提出："维（护民众）权（利）是良法和法治的基础和核心，而控（制国家公共机关）权（力）则是良法和法治的关键"；"控权是转型时期法律的基本使命"；"经济体制改革就是从自觉主动控权开始的，不控权改革寸步难行"；"经济体制改革必须同政治体制改革基本同步"；"民主、法治密切相关。民主是法治的内涵和本质；法治是民主的必然表现形式和实现途径"；等等④。

中国的民主法治建设，需要借鉴各国有益经验，但不能照搬，必须结合中国实际，适合中国的历史文化传统和现实体制特点。近年来，美

④ 参见漆多俊：《转变中的法律》（中文简体字版），法律出版社2007年版，第117～173页、第150～173页。

国进行了非常热闹的总统竞选活动,我国台湾地区的选举也颇为激烈。中国民众对此颇为关注。应当说这些选举的过程对于中国大陆有着正面积极的影响。电子网络时代,世界各地发生的事情都会互相影响的。境外的经验对于中国今后社会的发展无疑是应当受到足够重视的,但也不能照搬。因为现在我们是要在中国这样一个特定的国度来实现民主法治,要从现实的各种实际出发,使之逐渐转变符合民主法治的要求。路如何走?眼下如何迈步?哪些需要改革和如何改革?这里有着许许多多重大问题需要深入研究和统一认识,如政党制度、议会(人民代表大会)制度、选举制度等。对于这些问题的认识,眼前在中国还远未臻于一致,并还存在研究的障碍和禁区。但作为对国家、民族和历史负责的法学家,却又不能不思考这些问题。

中国实现民主法治之路还长着。有些人很天真,国家领导人一说要治国方略转型,便以为中国就是法治国家了。现在只能说还正在开始转变着,它是需要一个相当长过程的。

孙中山先生曾经设想中国的民主宪政之路要经过军政、训政、宪政三阶段。但他把宪政看得过于简单了些,以为有条件实行全民选举,组成国民大会,制定宪法,并由国民大会产生政府,便是宪政了。这主要是从形式上看的。如果从实质上分析,那就还要看这里的选举是否真正体现民意,宪法和法律是否真正反映民意,政府首脑及主要组成人员是否真正对广大民众负责并受民众监督,宪法和法律能否对其权力行使产生实际的制约等。宪政的最后实现不仅是对议员和政府机关组成人员有很高要求,而且对广大社会民众也有很高要求:民众的觉悟及当家作主和宪政意识、行使国家主权的能力和方法等,往往是国家宪政的社会基础。

尽管路漫漫其超远兮,也总得迈步从头越。千里之行始于足下。同学们担负着艰巨而光荣的历史责任!

附：第十编未收录的其他讲演题目

[1]《法律：利益资源分配书》(2006)。

[2]《法学的任务——同法学青年谈怎样学习法学》(2010年6月15日，西北政法大学)。

[3]《台湾民主的启示》(2012年6月，武汉大学)。

[4]《中国宪政之路》(2013年5月4日，江西师范大学；2013年5月5日，江西科大)。

[5]《论我国经济法的五大反差》(2013年4月18日，安徽大学；5月6日，江西财经大学)。

[6]《经济法与国家法治》(2013年10月，湖南理工；2013年11月，湖南涉外经济学院)。

[7]《法哲学入门：国家权力—法律—法学》(2013年，中南大学)。

[8]《国家经济调节职能与经济法：中国改革与经济法的前景》(2014年11月，福州大学)。

[9]《中共十八大后的改革与经济法发展前景》(第17届经济法博士论坛，2014年11月，福州)。

[10]《反腐败与经济法——兼论中国法治之路》(2014年11月，厦门大学；2015年1月19日，中南大学)。

[11]《法治与法治建设》(2015年1月20日，

中南大学)。

[12]《世界潮流与中国梦》(2015 年 5 月 7 日,广东财经大学;2015 年 6 月 6 日,福州大学)。

[13]《大变革与当代中国法学青年的时代使命》(2015 年 5 月 8 日,广东外语外贸大学)。

[14]《应然法向实然法的转化——以经济法为例》(2015 年 11 月,第 18 届经济法博士论坛;暨大;华南师范大学)。

[15]《假若今天是历史》(2016 年 3 月 5 日,武汉大学)。

[16]《钻进去,跳出来:一个方法论问题》(2016 年 3 月 17 日,华中农业大学)。

第十一编　书序、书评

第十一编提示：本编收录的主要是作者为经济法专业青年学者的学术专著所撰写的书序。这些专著的原稿多为作者指导的博士生的博士学位论文。其内容涉及经济法基础理论、反垄断法、产业政策、财政税收、经济法实施机制以及公司法等方面的问题。

序

——独立董事制度的理念*

公司治理是公司法领域的一个前沿问题,也是目前各国共同面临的一大难题。虽然这一问题自亚当·斯密提出后,前人早已有所涉足,但真正受到人们广泛关注和高度重视则始于20世纪70年代。时至今日,随着各国股份公司的迅猛发展,公司治理问题比以往任何时候都要显得尖锐和突出。目前,各国在相互借鉴的基础上,均在探索和完善适合本国国情的公司治理模式。独立董事制度的兴起,是这种探索的尝试之一。

独立董事制度起源于美国,后来其他国家纷纷仿效。2001年中国证监会发布《关于在上市公司建立独立董事制度的指导意见》,开始在我国推行独立董事制度。对证监会采取的这一公司治理举措,人们褒贬不一。既有赞成的,也有反对的。对于独立董事的地位、功能和价值的定位,及其中各种具体制度的设计,分歧颇多,各有各的方案。

我认为,对于独立董事制度,应当把它放在公司社会化进程和由其决定的公司治理结构演进的视野

---

* 本文原载王天习:《公司治理与独立董事研究》,中国法制出版社2005年版。

中加以思考，探寻这种制度产生和发展的基本原由和理念。应当指出，独立董事制度乃是公司社会化对于公司治理结构改革的一种呼唤，或者说，是公司社会化的一种制度回应。

在公司制度兴起初期，开办公司是投资者的私事。在公司治理上是“谁出钱，谁管理”，实行“股东会中心主义”。后来主要由于社会化的原因，加强了董事会的职权，实行“董事会中心主义”。20世纪后半叶，公司社会化进程加速。公司除了大股东之外还有许多中小股东，要防止大股东控制公司而损害中小股东权益。不仅如此，公司还应当注意维护广大职工、债权人和广大社会消费者的正当权益，注意维护社会公共利益。主要由股东，特别是控制股东推选的董事所组成的董事会，往往不能很好代表中小股东、公司其他利益相关者和社会公共利益。人们想通过独立董事制度来达到目的。独立董事既然是公司的董事，当然要代表股东、包括大股东的正当利益。并且应不仅仅如此，他们思考问题和处事的立场和方式还应是全面兼顾，以注重维护中小股东、其他利益相关者和社会公共利益为重心。独立董事有参与决策和监督两大职能。这两类职能行使方式与公司内部董事或监事都有所不同。独立董事发挥作用的关键在于其独立性和工作效率性。所有具体制度设计都应紧紧围绕和体现上述精神。否则，独立董事制度的理念就难免落空。

现在王天习博士的著作《公司治理与独立董事研究》要出版了。本书作者在系统研究两大法系公司治理模式、全面考察他国经验之后，对我国公司独立董事制度作了较深入的研究。他既没有全盘否定，也没有全盘肯定，而是通过论证提出了自己独特的见解。他的结论是否正确，可以由读者各自作出判断，但起码应当肯定作者这种独立思考、不盲从跟风的治学态度。

独立董事制度是公司治理的一个组成部分。研究独立董事制度，不能脱离公司治理。《公司治理与独立董事研究》的题目和其中的内容都紧扣了两者之间的内在联系，并注意到把它们都放在公司社会化大背景下来思考。早在2002年本书作者撰写这篇博士学位论文时，我就向他提出了这一观点,并指出独立董事制度乃是公司社会化在公司治理结构上的一种制度回应。后来他虽然并未完全按照我的思路贯彻下去,但在本书各篇的有关论述中仍然体现了这种思想。

我希望王天习博士这部书的出版发行,能够引起学界、企业界和管理层对于独立董事制度研究的兴趣,并能使我国公司治理结构逐步走向完善。

(2005 年元旦于长沙岳麓山)

经济法诉讼制度研究的标志性成果

——王新红著《经济法纠纷司法解决机制研究》序言*

19 世纪末以来，主要由于生产社会化的推动，国家调节机制和国家经济调节职能逐渐发达，作为规制和保障国家调节的法律——经济法便出现和逐渐发达起来，成长为法律体系中一个新的独立部门法，如今已是一个不争的事实。法是规定权利义务关系的，定分止争。经济法规定着在国家经济调节中有关当事人之间的权利义务关系，实践中难免发生权利之争，即发生经济法纠纷。因此必须建立相应的经济法实施机制，特别是经济法争端解决机制。

一个世纪以来的实践，已经为经济法实施机制积累了大量经验，需要认真总结。经济法学者在研究经济法实体法的同时，也应当注重其程序法的研究。我在所著《经济法基础理论》（1993 年版、1996 年版、2000 年版）中有专门章节讨论了经济法实施问题，论述了我的基本观点。此后，天津学者韩志红、阮大强对“经济公益诉讼”作了较深入研究，认为应当建立一种“新型诉讼”。福建师范大学王新

---

* 本文原载王新红：《经济法纠纷司法解决机制研究》，中国法制出版社 2005 年版。

红、湘潭大学颜运秋等青年学者近些年来对有关经济法诉讼问题也作了许多研究。他们研究的特点,都力求从准确把握经济法的本质属性入手,探寻其程序法特点。该思路是正确的,应当说基本上代表着我国学者在这一方面研究的方向。

王新红的博士论文《经济法纠纷司法解决机制研究》现在要出版了。本书最显著的特点,也在于作者是在比较准确地把握了经济法本质属性的基础上来研究经济法的实施问题。经济法的实施是整个经济法体系中的一个部分,如果不从经济法本质属性出发,就很难中肯地论述经济法实施问题。例如,按照过去曾长时间盛行、至今仍在以这种或那种形式发散着影响的"大经济法"观点,认为经济法调整各种经济关系,把本应属于民商法调整的许多经济关系也纳入其中;反映在经济法实施问题上,便必然看不清经济法实施的特殊性,看不清经济法纠纷同民事纠纷、商事纠纷,经济法同一般民事诉讼、行政诉讼的联系和区别。他们使用的概念是"经济纠纷""经济案件""经济司法""经济诉讼"等,把这些当作经济法特有的概念,好像民法、商法并不涉及经济似的。中国20世纪80年代初在各级法院设置经济审判庭,一些经济法学者便一厢情愿地认为经济审判庭就是经济法的司法机构。而实际上在经济审判庭存在的20年中所受理的基本上是经济合同案件——这是民商事案件,基本上没有经济法案件。可是前几年经济庭要撤销,一些学者便接受不了,惊呼这是对经济法的严重打击,原因是这些学者把经济合同当作经济法专有的领地,是"大经济法"思想在作怪。

王新红博士不同意"大经济法"观点,认为经济法只同国家经济调节相关,不调整应属于民商法的横向经济关系。所以他研究经济法司法问题的思路和他所设计的诉讼制度比较合理,恰当地处理了经济法同民商法、行政法等部门法在诉讼问题上的联系和区别。在用语上,他拒绝使用那些意义含糊宽泛、属于原来"大经济法"思想体系的词语,而采用了诸如"经济法纠纷""经济法案件""经济法司法""经济法诉讼"等概念。

各个部门法虽然具有同其他部门法不同的特征,决定了在诉讼程序上必然也会有些特殊性,但是这并不意味着每一个部门法都有要建立一整套单独的诉讼程序制度。原有诉讼制度——如民事诉讼、行政诉讼——凡是能够适用,或基本能够适用时,其他部门法案件诉讼便应当尽量适用;对于某些特殊问题可以只作一些特别规定就行。若各自单搞一套,既无必要,又浪费资源,何况实践中有些案件也很难说它只属于哪一个部门法。诉讼程序制度和审判机构的设置虽同一定的部门法密切相关,但毕竟同部门法的划分不是一回事。王新红博士的著作可贵之处在于:他虽然十分重视维护经济法理论体系的完整性和逻辑的完美性,但不拘泥于体系的束缚。而是在具体分析研究经济法的各类案件特点之后,实事求是地论述和设计各类经济法案件的诉讼制度,提出了改进方案。

王新红博士的这部专著不停留于对经济法诉讼制度体系的理论构建,还按照经济法纠纷的分类具体地论述了适应各类案件特点所分别适用的各种诉讼制度。对现有的“普通民事诉讼”(第四章)和“普通行政诉讼”(第六章),在基本适用前提下作了一些“制度创新”,并重点论述和设计了“公益民事诉讼制度”(第五章)和“特点行政诉讼制度”(第七章)。这样一来,不仅建立了理论体系,厘清了理论上的混乱,而且具有现实可操作性。

王新红应属于法学“科班出身”,其本科、硕士、博士阶段都是学习法学的。本科毕业后还在基层法院工作了一段时间。攻读硕士(武汉大学)和博士(中南大学)期间,学习研究甚为勤奋,成果颇丰。这些为他完成博士学位论文奠定了基础。

当然,这篇论文也还存在一些不足和尚需进一步斟酌的地方。例如,在适用于经济法诉讼的一些具体制度设计上需要在总结实践经验的基础上作进一步思考和完善;对于最具经济法实施特色的反垄断法案件司法程序的论述力度略嫌不够。尽管如此,但它毕竟是在比较准确把握经济法本质属性基础上全面论述经济法诉讼问题,试图构建经济法诉讼制度完整体系的力作,起码也是探路之作,是一种有益的尝试工作。所以,应当说这种尝试和探路是基本成功的,为后续研究提供了经验和借鉴。

我希望本书的出版发行能够推进我国经济法实施制度。

实施机制是反垄断法的生命

——李国海著《反垄断法实施机制研究》序言*

目前,世界上已经有超过80个国家或地区出台了反垄断法。有些国家法律的实施情况较好,对于规范市场竞争秩序,维护社会公平正义和促进经济健康发展发挥了重要作用;而有的国家实施情况则不很理想,没有发挥法律应有的功能。法律的实施机制是法律的生命。如果一部反垄断法不能在现实社会经济当中起到规范市场竞争秩序的作用,无论它在书面上看起来如何完美,也是毫无意义的。

法律的实施,既依赖于社会大众的积极参与,也依赖于有关国家机关的正确适用。社会大众的积极参与包括遵守法律和积极协助公共机关适用法律两个方面,而适用法律又包括执法和司法两种。由于反垄断违法行为具有判断标准相对模糊和隐蔽性较强的特征,加之反垄断法是一种专业性很强的法律,对于违法信息的掌控、违法事实的调查以及对于是否构成违法的判断,都需要以专门知识为基础,因此,在实施反垄断法的过程中,公共机关适用法律显

---

* 本文原载李国海:《反垄断法实施机制研究》,中国方正出版社2006年版。

得尤为重要。

无论是为了促使社会大众自觉地遵守反垄断法,鼓励社会大众积极协助公共机关实施法律,还是为了保证公共机关切实地执法和司法,都要求法律本身蕴含良好的实施机制,其中重要的包括:(1)权威高效的执行机构,尤其是要有符合权威性、专业性及独立性要求的主管机构,以及主管机构与法院等其他执行机构之间的协调运作;(2)威慑适度的制裁手段体系,包括民事、行政、刑事等多种制裁手段;(3)体现程序正义和效率要求的实施程序。

在立法过程中,关于实施机制的设计是各国反垄断立法的关键问题之一。反垄断法是一种技术性很强的立法,在技术层面上,各国之间可以相互借鉴或移植,但这主要是指实体法方面。而在程序层面上,移植的空间则十分有限。正如日本反垄断法专家栗田诚教授所言,从实体法角度来看,反垄断法是法律移植和融合的最好范例之一。但是,从程序法的角度看,反垄断法的具体规定则是深深扎根于各国自己的法律文化的土壤中,每个国家都必须结合本国的社会和历史的具体情况设计出最适合自己、最有效的程序。其实,从严格意义上来讲,并非仅仅是程序在决定反垄断法的国别特征,而是包含反垄断法执行机构、制裁手段和程序等内容在内的实施机制的整体在决定反垄断立法的国别性格。相对于确定反垄断实体法的移植目标并实施移植而言,使反垄断法实施机制切合本国的性格要困难得多,因为这不仅意味着要符合本国的法律制度环境,同时也意味着贴近本国的历史文化传统、现实社会经济目标。

对于我国正在进行的反垄断立法而言,如何设计出好的实施机制一直是立法的重点和难点之一。我国1993年出台的《反不正当竞争法》实施效果不佳,其中一个主要原因就是实施机制的设计不完善,包括制裁手段、实施程序以及主管机关与法院的协调部分都存在较多的漏洞。在制定《反垄断法》过程中,我们要吸取这个教训。而从该部法律起草情况来看,这个问题迄今并未得到很好解决,因此仍需要大家特别是学者们继续深入研究。

李国海博士的学位论文以“反垄断法实施机制研究”为题，作了很好的探索，现在它要出版发行了。本书通过对各国（地区）反垄断法的执行机构、制裁手段和实施程序的比较研究，总结出一些具有经验性质的结论，并在此基础上提出设计我国反垄断法实施机制的构想和建议，对于我国当前正在进行的反垄断立法无疑具有十分重要的参考价值。由于本书资料翔实，对美国、日本、德国、英国、法国、欧共体以及我国台湾地区的反垄断法的实施机制进行了比较全面的介绍和评论，对于国内工商和法律界人士了解和学习这些国家或地区的反垄断法，参与这些国家或地区反垄断法的实施也具有十分现实的意义。

在理论方面，由于此前国内还无人对反垄断法实施机制进行系统研究，因此本书实际上填补了国内反垄断法研究的一项空白。本书提出并研究了反垄断法领域的一系列新的理论命题，例如，反垄断法实体法与程序法的关系；反垄断法实施的维度；反垄断法实施中私人主体与公共主体的关系；各国反垄断法执行机构体系模式的划分；反垄断法中的准司法权问题；反垄断法中的拆分大企业制裁和罚款处罚；反垄断法中的损害赔偿；反垄断法中的刑事制裁以及慎刑原则；反垄断法实施程序的价值追求；等等。这些研究拓展了国内反垄断法研究的广度和深度。

本书对国内反垄断法研究的路径选择也具有启示作用。国内学术界自 20 世纪 90 年代初期开始反垄断法研究以来，一直以诸如“反垄断法的规制对象”这样的宏观命题为主，给外界的观感是反垄断法研究不够深入。进入 21 世纪以来，随着如《欧共体竞争法》这样的国别反垄断法研究成果的面世，局面已经有所改观。但是，与国外反垄断法研究状况相比较，应当说，现有的改变还不够，国内的反垄断法研究还须进一步深化。深化的方向之一是对反垄断法领域的具体问题给予更多的研究；方向之二是结合社会情境的变迁来研究反垄断法的时代精神，探寻反垄断法如何应对日益明显的全球化、高科技化等趋势。本书不仅对反垄断法实施机制这样的具体问题展开研究，而且尝试采用了统计等微观的研究方法，在国内反垄断法研究上展示出了较明显的新意。

本书作者李国海是我的学生,在攻读硕士学位和博士学位阶段跟从我研习经济法学,非常用功。从 1996 年到 2002 年,脱产在珞珈山(武汉大学法学院)苦读了 6 年,具有较坚实的法学,特别是经济法学理论功底。本书的基础是作者的同名博士论文,该博士论文答辩通过后,又对其进行了补充和完善。这当中体现了作者严谨的治学态度。本书观点明确,论证严密,作者利用多种渠道收集了不少外文资料,使本书的论证素材较为丰富。应当说,本书是近年来国内出现的具有较高学术水平的反垄断法专著之一,是推动国内反垄断法研究逐步走向深入的一种代表性成果。相信它的出版会引起良好的社会反响。

经济全球化视角下公司治理的变迁路径与演进趋势

——孙光焰著《公司治理模式趋同化研究》评介*

一

孙光焰博士的《公司治理模式趋同化研究》一书2007年6月由中国社会科学出版社出版，这是公司治理研究领域所取得的重大成果之一，也是该书作者所主持的国家社会科学基金项目“公司治理法律制度研究”（06BFX030）的重要阶段性成果。公司在现代经济社会中是如此重要，以至于在任何个人力量和个人资本所不能企及的地方，我们都能发现它所完成的“占有”和“创造”。

公司不仅创造了当今世界绝大部分的财富，而且也成为人们最经常用以经营商务的工具。[①] 这种地位其实在很早以前即已开始呈现。在英国，人们通常都把英国开拓殖民地、扩展海外贸易的业绩归

---

* 本文原载《河北法学》2008年第26卷第7期。

① Janet Dine, *Company Law*, 4th edition. Palgrave Macmillan Publishers Ltd. 2001, p. 1.

结为近代公司的作用。美国历史学家切尼(E. P. Cheney)甚至认为:"16世纪和17世纪早期,英国在发现、商务、殖民等方面取得的全部进展,应当归功于公司组织,而不是个人的作用。"[②]在市场经济条件下,公司是生产资料和劳动力(含经营者)得以聚集、结合的最佳也是最大的场所,是对全社会经济资源予以配置的最为重要的市场主体,绝非合伙、自然人独资企业所能比拟。由于现代公司控制着庞大的社会财富,同时对各个国家的经济状况、政治生活,甚至科学技术、教育文化艺术等领域发挥着举足轻重的作用,因此现代公司已经成了看不见的帝国,现代市场经济也被称为"公司经济"。[③]

自公司产生以来,公司的各项制度研究就成为学术研究的热点。20世纪80年代以来,国际上兴起了一股公司治理研究的热潮。其中有关公司竞争力的研究成为各国公司治理问题研究的焦点,这是因为国家间的竞争越来越体现为公司之间的竞争。公司的治理问题已经远远超越了公司内部问题的范畴,而成为一个受到各国政府和社会各界包括法律、经济、会计、管理、政治等众多学科领域普遍关注的社会热点问题。从20世纪90年代起已有30多个国家和国际性组织,如经合组织(OECD)、国际货币基金组织(IMF)、国际证监会组织(IOSCO)等,制定了公司治理准则并不断修订。[④] 可见,经济学家、管理学家、法学家乃至政治学家和社会学家都对公司的治理问题倾注了极大的研究热情。

我国公司治理研究主要围绕国企改制展开,具有很强的功利主义和政治色彩。1999年9月党的十五届四中全会通过的《中共中央关于国有企业改革和发展若干重大问题的决定》,首次提出把健全法人治理结构作为建立现代企业制度的核心。2003年10月十六届三中全会

---

② Edwad. PCheney, " Some English Condition Surrounding the Settlement in Hrginia", *inAmer. Hist. Rev. Vol. Xii*, 1907, p. 512.

③ Janet Dine, *Company Law*, 4th Edition . Palgrave Macmillan Publishers Ltd. 2001, p. 1.

④ 孙光焰:《公司治理模式趋同化研究》,中国社会科学出版社2007年版,第56~57、113~145页。

通过的《中共中央关于完善社会主义市场经济体制若干问题的决定》及2005年10月十六届五中全会通过的《中共中央关于制定国民经济和社会发展第十一个五年规划的建议》,进一步提出完善公司治理结构问题。2007年10月15日胡锦涛总书记在党的十七大报告中明确要求,“深化国有企业公司制股份制改革,健全现代企业制度”,“加快培育我国的跨国公司”。实践证明,完善公司治理有利于公司股东及其他利益相关者、证券市场、政府机构等评价公司业绩,进行投资决策,加强市场监管,充分发挥市场的资源配置功能和培育公司的核心竞争力。

迄今为止,学者们已就公司治理的许多基本问题达成了广泛的一致,并集中反映在一些国际组织和众多国家政府发布的公司治理原则之中。⑤ 但关于公司治理模式趋同或存续(也称多元化)的争论却并没有随其他公司治理问题达成一致而逐步趋同,分歧反而在不断地扩大。就近几年国际上的争论来看,存续论的研究成果似乎占了上风。而国内关于公司治理模式趋同或存续的研究仍较为薄弱,更不用说形成系统了,并且已有的研究成果还主要集中在经济学和管理学领域。随着全球经济一体化进程的加速,公司治理模式趋同化的统一就具有重要的理论意义和实践价值。在这种背景下,本书作者从法学的角度所进行的研究无疑具有重要意义。

本书作者是我国最早关注和研究公司治理理论问题和司法实务的学者之一。多年来,作者一直围绕公司治理的理论热点和学术前沿问题进行了较深的研究,取得了比较丰富的研究成果,有较大影响,有关论点为多篇文章和著作所引用。

---

⑤ 孙光焰:《公司治理模式趋同化研究》,中国社会科学出版社2007年版,第56~57、113~145页。

二

对公司治理模式趋同抑或存续演进趋势的准确把握,有赖于对具有典型代表意义的公司治理模式的特征的全方位整体透视,及其对不同公司治理模式形成原因的多角度立体洞察。这是进一步研究公司治理模式趋同抑或存续演进趋势的逻辑起点。该书作者正是从这一起点出发,运用辩证唯物主义和历史唯物主义的观点和方法,对公司治理趋同抑或存续问题作了深入系统的研究,得出了具有说服力的结论。该书通过运用比较分析、历史分析、规范分析、经验数据分析以及从结构上入手、从类型上提炼、从模式上比较即从微观、中观、宏观三个层面上进行贯通研究的方法,对公司治理的两大典型模式即美英市场导向模式和德日网络导向模式的特征、优缺点及形成原因、公司治理模式趋同化的经济根源、趋同化的表现、趋同化对我国公司治理模式构建的启示等进行了全面、系统和较深的研究。

作者系统地评析了国内外有关文献资料和经验数据,从股权结构、股东类型、内部治理结构、外部治理手段、激励机制、职工参与以及公司治理目标设计七个方面条分缕析地剖析了公司治理的两大模式,分别分析了其优点与不足,特别研究了两种模式形成的各自的经济、法制、历史、人文原因。作者指出,由于经济全球化是不可阻挡的历史潮流,认为由于经济全球化导致了公司股权融资的国际化、公司股权结构的分散化和股东类型的机构化,这直接推动了公司治理原则和公司治理模式的趋同化。⑥

综观全书,它给读者留下的深刻印象是:第一,在研究不同法系公司治理模式的基础上,论证了公司治理模式趋同化的命题;第二,通过

---

⑥ 孙光焰:《公司治理模式趋同化研究》,中国社会科学出版社2007年版,第56~57、113~145页。

不同法系公司治理模式的比较研究和实证研究，论证了股权结构、融资结构是形成不同治理模式的经济基础的观点；第三，提出了在经济全球化背景下，公司股权融资国际化、股权结构分散化、股东类型机构化的观点；第四，提出根据公司治理模式趋同化理论构建我国的公司治理模式；第五，提出了公司治理的诉讼机制的观点，即通过强化法律责任落实责任追究来加强公司治理，特别是提出要强化大股东的责任，并通过股东和债权人诉讼来进行责任追究。这在我国尤其具有重大的理论意义和现实意义。这些独到的见解，具有原创性，体现出该书具有较高的学术价值。

值得注意的是，作者对当前公司治理理论和实践中的一些模糊认识进行了澄清。一是纠正了公司治理的对象主要是治理公司的经营者即主要解决代理问题的观点，认为大股东不仅是公司治理的最主要的主体，同时也是最重要的客体之一。特别是在我国，公司治理应更多关注大股东的滥权行为，而不仅仅是内部人控制问题。二是纠正了公司治理中股东同质论观点，认为公司股东具有异质性。不同类型股东的治理意愿、能力与作用是大不相同的。纠正了公司大小股东类型的简单二分法，细分了股东类型，深入剖析了其所扮演的不同角色。三是作者突破了传统公司治理只局限于公司内部结构制衡的束缚。通过对世界范围内的公司治理进行全方位和多角度的比较分析，通过公司治理结构、机制和模式的差别，提出了从公司内部组织结构、公司外部市场竞争、公司股东和债权人内外结合进行诉讼对公司进行综合治理的观点，形成了完整的体系。

在上述研究的基础上，作者认为应当根据中国国情，借鉴全球公司治理趋同化的经验来改革和构造我国的公司治理模式，并在该书的最后部分对我国公司治理模式的构建提出了具体建议，即构造相对集中的股权结构、确立法人机构股东的主导地位、加强董事会的独立性、提高监事会监督的有效性、明确职工参与的途径、培育公司控制权市场和推行股东和债权人诉讼。

三

作者在本书中的研究紧扣时代脉搏和紧贴中国实际,把公司治理模式放在世界和中国社会政治经济文化发展的特定历史条件下进行了全面系统的考察。公司治理模式的研究涉及很多经济学和管理学的知识,该书作者试图将之放在一个非常广阔的背景下来思考。据此,作者得出了比较令人信服的研究结论。作者认为,尽管目前两类典型公司治理模式在股权结构、股东类型、内部治理结构、外部治理手段、激励机制、职工参与以及公司治理目标设计方面存在显著差别,但是由于经济全球化是不可阻挡的历史潮流,经济全球化促进了公司治理基础的一体化。经验证据及各国已经和正在进行的经济制度和法律制度的变革表明,两大典型公司治理模式在上述七个方面存在的显著差别正在逐步消除。作者从多角度阐释了公司治理趋同的路径:一是在治理理念方面,英美国家正在由“股东至上”向“共同治理”转变;而德日国家却正好相反,正在由“共同治理”向“股东至上”转变。二是在内控结构方面,英美国家董事会正在逐步摆脱经营者“内部控制”而走向更加独立自主;德日国家正在逐步摆脱“外部控制”也走向更加独立自主。三是在约束机制方面,英美国家正在由“用脚投票”向注重“用手投票”转变;而德日国家却正好相反,正在由“用手投票”向“用脚投票”转变。本书作者最后认为,全球公司治理模式趋同的结果不是英美模式,也不是日德模式,而是股东至上模式和利益相关者模式的一种调和与折中,即是趋同于一种更有效率的混合模式。并认为,由于各国政治经济体制、历史文化传统以及法律制度等的惯性的阻力,这种趋同将是一个长期的过程。总之,作者在该书中的研究成果对该领域的发展具有重要的积极意义。

还有值得一提的是,作者特别注重新兴交叉学科和跨学科综合研究,力图做到实证分析与调查分析相统一、比较分析与历史分析相结合。作者将管理学的研究方法和分析工具广泛用于公司治理法律制度的研究。这得益于作者在中南大学商学院所受到的管理科学与工程专业博士点的各位导师的教诲。2000 年作者报考我在武汉大学法学院招收的博士研究生,后因我的工作变动而转到中南大学学习。作者选修了许多管理学课程,学会了管理学的思维方式,并将之应用到法学的学习和研究之中。

当然,对公司治理趋同抑或存续的问题还有一些值得更进一步研究的地方,如对公司治理模式形成的历史要素的变迁问题还可作进一步分析;对全球经济一体化对各国公司治理演进趋势的论证还可以进一步地进行定性和定量的分析;关于不同国家具体国情对趋同化的影响、不同国家的特定文化传统与趋同化的关系问题,还可以进一步加以展开论证;除了从经济全球化的角度进行研究外,还可以进一步系统地对影响公司治理模式趋同化的其他因素和演进机理进行全面研究。

序

——张德峰著《宏观调控法律责任研究》*

张德峰博士在其博士学位论文基础上写成的《宏观调控法律责任研究》一书现在出版了。借作序机会,想针对社会上人们对宏观调控及其法律责任存在的一些混乱,发表几点意见。

“宏观调控”,如今在中国是使用频率最高的词语之一,可谓妇孺皆知有这么一个词。但社会各界所理解的含义颇不一致。经济法学界也普遍使用它,认为经济法立法体系中有一个重要组成部分便是“宏观调控法”。但即使在经济法学界内部,对于“宏观调控”和“宏观调控法”的内涵和外延的理解也并不十分明确和一致。

在我的被人们称为“国家调节说”(或“三三理论”)的经济法理论体系中,有时也使用“宏观调控”和“宏观调控法”这些提法,但我有明确的界定:

从现代国家经济职能行使方式来说,基本的有“三方式”,其中包括对社会经济总体结构和运行予以引导、促进和约束,我把这种调节方式也称为“宏

---

* 本文原载张德峰:《宏观调控法律责任研究》,中国方正出版社 2009 年版。

观引导调控”,或直接按照社会上流行说法称为“宏观调控”。“宏观调控”的内涵是:它以“计划——经济政策——调节工具”为轴线,主要运用诸如财政、税收、金融、产业等各种经济政策及各种政策工具,对社会经济活动予以引导和约束,达到国家预期的影响社会经济结构和运行的调节目标。

宏观调控不等于国家调节,它只是国家调节三种基本方式中的一种,同国家调节其他两种方式——国家对市场的规制、国家直接投资经营——是并列关系。

宏观调控这种国家调节方式对于企业等基本经济活动主体来说,主要是一种指导性的和间接的;但对于担负一定国家调节任务的“中层调节管理主体”(下一级国家机关和商业银行等)来说,国家的调节管理政策和措施往往必须执行,具有强制性和直接性,如各商业银行必须执行中央银行的货币信贷政策。宏观调控既包括对被调控主体的引导、促进,又包括约束、控制。不能把宏观调控片面地理解为控制和紧缩,也不能仅仅理解为直接和强制性的措施。

宏观调控乃至整个国家调节,必须尊重市场自身规律,以市场调节为基础。应当恰当掌握调控的范围、程度和方法,做到有预见性、针对性、适度性和有效性,不能忽视和违背市场机制运行规律,随意夸大国家的“主观能动性”,也不能借口“宏观调控”,恢复过去过多行政干预的传统做法,即不能“新瓶装旧酒”。总之,不能如人们所说那样:“宏观调控是个筐,什么都往里面装。”

国家调节是国家的一种职能,一种权力,其中的宏观调控也如此。宏观调控权必须有法律授权,受法律规制。规范国家宏观调控权力行使的法律便是宏观调控法。它是经济法体系中三个基本构成之一。

同对宏观调控概念理解存在混乱和分歧一样,人们对于宏观调控法的研究和理解也有许多问题需要澄清和深化,其中特别是有关宏观调控法律责任问题。如果说经济法法律责任问题颇为复杂,那么,经济法中的宏观调控法责任问题又是其中最棘手的。例如,宏观调控法律责任的责任形式、归责原则、责任追究程序等同其他部门法法律责任有什么联系和区别,在我国现有体制下对宏观调控法律责任的追究有哪些难度、如何解决等,都是值得深入研究的。如果不能很好地解决这些问题,则宏观调控权力便得不到法律有效控制,便会导致权力滥用。如此一来,不但不能实现预期的经济调控目标,还会搅乱经济正常运行秩序,给经济和社会造成巨大损害。

德峰博士的博士论文和本书的这个选题,应当说是个具有重要理论价值和实践意义且难度颇大的研究课题。迄今少见有人专门以此为题作全面、系统研究。综观全书,观点鲜明,论述较详尽,提出了许多新的有价值的见解。尽管其中有些论述尚有再斟酌之处,但毕竟可以启迪人们进行思索和进一步研究。希望本书的出版有助于推进我国宏观调控法和经济法法律责任问题的研究,有益于推进我国的宏观调控法治实践。

2008 年 7 月 15 日

法学界一个共同的中心课题

——为黎江虹《中国纳税人权利研究》而作*

法学包含许多分支学科，法学界的学者们对于自己所主要从事研究的分支学科，当然要潜心仔细研究，要“钻进去”，但也要能时常“跳出来”，跳出各分支学科，站在整个法学和甚至更为恢宏高远的角度，来看待自己所研究的分支学科问题。在整体中把握局部，在树林中认识某棵树木，就会更加全面、准确地弄清楚自己的研究对象。而另外，法学各分支学科都只是分别从不同方面在研究法律问题，探究法律创制的良法化及其如何得到有效实施，以图推进国家的法治。国家的法治不是某个部门法和法学某个分支学科所能单独推进的，而是互相关联的有机整体。虽然主要从事各分支学科研究的法学家，却不能不关注法律和法学的整体。就中国法学界而言，当前大家共同面临的一个最基本的中心研究课题，就是探索中国法治之路。世界各国的法治和宪政有许多基本共同点和普遍规律，中国理应借鉴。但不能照搬，要从实际出发。首先要深刻认识

---

* 本文原载黎江虹：《中国纳税人权利研究》，中国检察出版社 2009 年版。

"实际",然后要勇于迈步"出发",这就是改革。例如,如何改革我国现有的政治、经济和社会体制,使之朝着民主法治和宪政方向不断前进。法学各分支学科的学者要通过各自领域的研究,共同探究这一问题,而不能离开此中心课题。反过来说,如果我们在各自研究中能够自觉地做到这一点,也必能使我们各所在领域的研究视野开阔,以小见大,高屋建瓴,融会贯通。

财政法和税法同国家法治和宪政关系十分密切。它们是规范国家公权力所参与的社会产品分配和再分配关系的法律。国家公权力的存在和运行是需要占有和支配相应的利益资源的,此即我在《论权力》一文中所谓权力以相应的"权利"为基础。但公权力部门所支配的利益资源(权利)只能是从全社会广大民众"分配"("让渡")而来。这个分配要有"度":若分得太多,必减少普通民众之应得,这就侵害了民众权利;若分得太少,也会妨害公权力作用的正常发挥。另外,公权力机关在取得从民众那里"分配"来的利益资源(财政收入)后,还要按照公权力的职能活动安排使用,即作出"再分配"(财政支出)。"再分配"必须得当,必须符合民众当初同意"让渡"的初衷,而不能违背民众意志。而由谁来确定这其中"分配和再分配"之"度"和标准,以及由谁来确定国家公权力的职能活动的大小、种类和范围,发生公权力机关对民众正当权利的侵犯,或者财政支出不恰当时如何处理的情况时,这些就直接关系国家的法治和宪政问题,而不能单纯地局限于财税法或财税法学部门法或部门法学领域。所以,财税法学者需要时常"跳出来",站在国家法治和宪政维度来思考自己的研究领域,并通过财税法问题的研究,推进国家民主法治和宪政。

改革开放以来,我国财税法学领域的研究是很有成就的。从对财税和财税法的本质属性揭示方面来说,其研究大致经历了三个阶段:改革开放初期,中国整个法学都处于恢复阶段,学者们对于财税和财税法本质的认识基本上沿用过去的传统理论观点,认为财政税收是"国家以政权身份强行参与社会产品分配和再分配",强调了其公权力主导性和国家强制性,而忽视了其民主性和维权、控权(力)性。而那时的社会民众也根本没有“纳税人权利”意识。后来,学者们引进西方社会契约论观点,强调财政税收乃是社会民众对公权力部门的一种权利“让渡”,其条件是公权力必须按照民意为民众服务,否则即为“违约”,而民众有权追究“违约责任”。这也就是有些学者所谓“税法私法化”研究路径。这时社会民众也开始对“纳税人权利”有了个朦胧概念。再然后,学者们就干脆直接将财税法同国家法治和宪政相联系,从国家的法治和宪政建设目标出发论述财税制度的改革方向和途径,试图通过财税制度改革和完善推进国家的民主法治和宪政建设。在学者们的启蒙下,社会民众也开始有了纳税人权利主体意识,有时还会产生某些“维权冲动”。我以为这是我国财税法研究的正确方向和思路,是财税法治观念的一个大进步。

前不久我在一次全国性经济法研讨会上有个发言,①我说:预算法是“软法”,“软约束”,因为预算法主要是约束政府的;税法则是“硬法”,“硬约束”,因为税法主要是约束民众、纳税人的。国家预算从制定到实施,都是政府部门主导,而纳税人参与决策权和监督权十分有限,因此政府部门违反预算法,实际上很难追究法律责任。而税法的法律责任规定得严厉而具体,纳税人违反税法,除行政法外还有刑法予以追究,可能构成偷税罪、抗税罪。

我曾说过,我国的国家经济调节职能十分发达,但我国的经济法并不发达。这是由于我国法治建设还处于起步阶段,离真正实现法治目标还相差甚远。这种情况也体现在我国现行的财政法、税法的实践中。我们虽然制定了预算法和税法,税法立法多而详尽,但仍不能说我国的财税法已经法治化了。按照法治要求,不仅要“有法可依”,最重要的还在于“法为良法”,并能得到很好的实施。而良法必须是充分反映广大民众意志,维护民众权利的法。也就是我曾经说的:“维权是良法和法治的基础,控权(力)是关键。”用此标准衡量,我国的财税法法治化道路还长着,需要包括财税法学者在内的法学界继续努力。

---

① 这里是指作者于2009年11月28日下午在全国经济法学年会分组讨论会上的发言。

现在展现在读者面前的黎江虹博士这本新书《中国纳税人权利研究》,原来是作者的博士学位论文,后经过了修改加工。我指导的博士生中研究财税法的很有几人,学位论文选题范围有大有小,但我都要求他们要有大的视野,要同国家民主法治和宪政建设相联系。黎江虹博士的论文选题和研究基本符合我的初衷。我曾对她这篇学位论文评价为:这是在为把我国财税法研究推向一个新高度——将其同民主法治和宪政相联系——作出有益尝试。就是说这是个很好的开端,但也仅仅是个开端。这不仅是指作者本书尚存在许多不足,有待深化研究之处,更为重要的还在于财税与民主宪政问题的研究还确实存在许多难点需要突破,而我国民主法治建设发展阶段的现状也往往给研究带来许多局限。

本书出版了,但愿它能够对于促进我国财税法研究和进而推进国家民主法治和宪政建设发挥积极作用。

序

——孙晋《产融结合的金融监管与反垄断规制研究》*

从1890年美国的《谢尔曼法》诞生至今，反垄断法问世已有一个世纪了，全球也有近90个国家和地区颁布实施了反垄断法。作为从计划经济向市场经济过渡和转型的我国，也于2007年颁布了《反垄断法》。该法于2008年得以实施，标志着我国初步构建了反垄断法体系。但是毋庸置疑，我国的反垄断制度尚有诸多不足和缺漏，需要逐步完善，特别是需要切实实施。进一步加强和深化对反垄断法相关理论，特别是各经济行业和领域的具体问题的研究，对相关制度的完善大有裨益。孙晋博士在其博士学位论文基础上完成的《产融结合的反垄断法规制研究》，是一部具有较强学术理论价值和现实意义的著作。

19世纪末，由于托拉斯、康采恩、辛迪加等垄断组织在主要工业国家的兴起及其对市场竞争机制的破坏，直接催生了反垄断法。产融结合作为一种垄断组织早在20世纪初就已存在。以19世纪末20

---

* 本文原载孙晋：《产融结合的金融监管与反垄断规制研究》，人民出版社2010年版。

世纪初的美国为例,当时产融结合(主要表现为金融托拉斯)横行,经过1890年《谢尔曼法》等反垄断法对垄断的规制和1933年《格拉斯-斯蒂格尔法》“产融分离”的规定,产融结合发展的制度空间非常狭小。然而自20世纪80年代以来,面对日趋激烈的国际竞争,主要市场经济国家纷纷放松管制,再加上反垄断执法的松弛,产融结合无论在市场经济国家还是转型国家都不约而同走上了发展的“快车道”。2008年发生的国际金融危机说明产融结合的风险防范依旧任重而道远。产融结合不仅对如何完善一国乃至全球金融监管提出世纪难题,也对反垄断法如何适应新情况提出了挑战。本书作者是跨越金融监管法和反垄断法界限,多视角交叉分析产融结合这一特定经济现象和法律现象的。

作者在书中指出,产融结合是市场经济发展到一定阶段的必然产物,追求规模经济和协同效应即为追逐资本增值,是产业资本和金融资本结合的根本原因。在结合2008年以来爆发的国际金融危机这一特定时代背景下,作者立足我国产融跨业联营结合快速发展和现行金融分业监管体制的现实国情,论述我国产融结合在实现规模经济和产生协同效应的同时,还提出要注意两个相互关联的问题:一是它带来金融风险累积和容易导致风险传播从而冲击金融监管体制;二是因产融结合易于形成市场势力放大风险并妨碍竞争或破坏竞争机制。对应地,作者开出了“药方”:对产融结合既要完善金融监管,构建纵横一体化监管体制,又要导入反垄断法对产融结合加以有针对性的法律规制。作者还进一步主张在产融结合领域构建反垄断规制和金融监管互动互补机制,以形成制度合力,从根本上保证产融结合有效性的实现。

在我国经济法学界,对理论研究存在某些肤浅和混乱的现象,学界对于理论的应用研究也十分不够,尤其是理论与实践“两张皮”现象严重。我们在加强经济法理论研究的同时,需要更多地重视联系实际,特别是要针对我国当前经济和社会重大现实问题开展有针对性的应用研究。只有这样,经济法学才能更好地为国家和社会发展服务。孙晋博士的研究紧密结合我国产融结合的实际,有针对性地论述风险防范与化解,理论联系实际。博士论文创作期间,他于2008年至2009年在美国公立伯克利大学法学院访学，近距离观察了金融危机并获得了第一手国外资料，在书中广泛开展了比较研究。

作为本书作者的硕士导师和博士导师，我为该书的面世而感到高兴，希望本书的出版能获得社会的重视和广大读者的好评。

2010 年 10 月

经济法再分配功能及其运用问题

——薛江武《收入分配之经济法再调节》序言*

一

法律是社会利益资源(或说权利)的分配书、分配合同。它首先在国家公权力部门同全体民众之间作出利益或权利的分配,其次也在普通民众之间作出分配。宪法是个总分配合同,各部门法则是各有关方面利益资源或权利分配的分合同。经济法也是分配合同,但它主要是个"再分配"合同。

经济法是关于国家经济调节之法,通过规范国家调节实现其再分配功能。在市场经济条件下,国家调节须以市场调节为基础。规范市场调节之法主要是民商法,民商法规范市场调节以实现在民众之间的利益和权利的分配——初次分配。民商法所规范的初次分配保障着个体公平和形式公平,但难免产生总体和社会性不公平和实质性不公平,所以还需要经济法,因为需要经济法通过对国家调节的规

* 本文原载薛江武:《收入分配之经济法再调节》,江西人民出版社 2011 年版。

范来达到后种目的。因此,国家调节和经济法的分配,是对市场调节和民商法的(初次)分配的一种再分配(或说是一种再调节、再调整或修正)。经济法是一种再分配法。

说经济法是再分配法,还有一层意思:如果此前的国家调节发生失误,造成或可能造成危害后果,而单靠市场机制难以纠正,那么就需要以后的国家调节对此前的国家调节加以纠正,即再调节。这时,后面的国家调节及其相关的经济法(如果它是受到经济法规范的话)所实现的分配功能,就是对此前的国家调节及其相关的经济法所作的分配的一种再分配。

以上两者,是"经济法再分配功能"的完整含义。需要提出的是,如果不是在市场经济体制条件下,而是在完全或几乎完全排斥市场机制的计划经济体制下,如果有经济法,那么经济法就丧失了对于市场调节再调节和再分配功能——它只有对于此前国家调节的再调节和再分配功能。因为在那种经济体制下,经济调节机制和分配功能只有一元化的一种,即国家调节。此时的经济法(如果它存在的话)就只能叫作"分配法",而不能叫"再分配法"。

18 世纪空想社会主义者摩莱里在《自然法典》中,就把经济法称为"分配法"。因为按其设想,在他想象中的"理想国"中,一切都是按照事先确定好的计划安排和分配的。他所谓的"经济法"当然就是"分配法"了。同样,在后来出现的一度几乎完全实行计划经济体制的社会主义国家,包括毛泽东时代的中国,情况也基本如此。那时经济调节机制是一元化的国家调节(严格说根本不能称为"调节",因为那是统管、统制),并且主要不依靠法律。如果制定有能算得上经济法的相关法,那里的"经济法"也不是"再分配法",而只是"分配法";其功能不是"再分配",而是直接的、计划的"分配"。

二

经济法的再分配功能，对于维护社会公平和实质公平十分重要，不可或缺。当前中国社会在利益和权利分配，特别是收入分配上，存在许多严重不公平。这包括：历年经济（GDP）增长成果在政府、企业与公民之间的分配的不合理；各行业间（特别是垄断行业与一般行业之间）收入分配的不公平；城乡、工农之间的不合理；贫富差异的悬殊等。

分配不公平、不合理引发各种社会矛盾、对立和冲突，影响社会和政治稳定。引起这些收入分配不公平的原因（机制），有些是因为市场调节机制固有的缺陷，更多的则是国家政策和政府行为（我们也可统称为"国家调节"）。这些表明迫切需要运用经济法的再分配功能，即通过加强经济法对于国家调节的规范，对于市场缺陷，特别是对于既往的实践表明为不当的国家调节，予以再调节。只有这样，才能缩小和消除收入分配的各种不公平，化解矛盾，维护经济和社会的稳定与繁荣。当前，经济法在中国乃正是大有用武之地、可以大有作为的时候！

然而令人遗憾的是，经济法在我国并未引起人们包括主政者们的应有重视。多数人不认识经济法有如此重要的再分配功能（有些人甚至连经济法究竟为何物也并不真正了解）；更不知道自觉运用经济法再分配功能来化解各种社会不公，维护经济和社会稳定和发展。

人们特别是有关当政者对经济法，对经济法的再分配功能缺乏认识，尚容易解决——花点时间，加强学习就行了。须知我国经济法学界通过30多年来的研究，如今的研究成果已经相当成熟，创立了经济法学科的理论体系，即使在国际上也是先进的、领先的（而有些人至今仍然抱着20世纪80年代当学生时候有些老师讲义上的诸如"大经济法"之类观点，认为我国经济法理论观点还停留在该学科刚起步阶段的水平）。

说到应用，问题就大了。可以这样说，当前最大的问题是在于有关方面的人士，特别是有关当政者，愿意不愿意、敢不敢真正大力运用经济法再分配功能来解决社会实际问题。当前人们也都知道、都在不厌其烦地谈论社会存在的各种收入分配不公平现象，政府也确实在出台这样或那样一些措施，但往往浅尝辄止，扬汤止沸，治标不治本，或虚晃一枪，仅仅吸引民众眼球而已。

为什么不愿意或不敢动真格的呢？因为真的要运用经济法再分配功能来解决收入分配不公问题，不可避免地需要触及众多既得利益者的利益。例如，要对经济（GDP）增长成果的分配作出调节，这容易吗？降低政府分配份额，会不会使当政者手头感到不宽裕，会不会妨害“集中力量办大事”这一“社会主义优越性”呢？要改革预算制度，增强预算编制和执行的透明性、民主性，要增强预算法的“硬约束”，会不会影响政府行政效率，并引起纳税人的种种质疑呢？税法可以是“硬约束”的，因为那主要是对付纳税人的法；预算法是对政府的，“硬约束”得起来吗？再者，若要降低、限制那些垄断企业的超额垄断利润，可行的方式包括：或者严格实施反垄断法规制其垄断，或者更是通过深化国企改革从国家政策上减少垄断。但这不是会引起那些垄断企业大佬们及其后面强大的保护伞的抵制吗（须知所谓“权贵资本家”其手中不仅有钱，而且有权）？如今大家都在吆喝，要关心民生，要让“国富民穷”变为“民富国强”。可是，无论是减少、降低普通民众过重的税负，还是提高全体人民公共福利，真正缓解民众就医、上学困难等，都不是轻而易举的事啊。至于缩小城乡、贫富差别，那就更需要下大决心花大力气了。例如，从根本上解决农业和农村的现代化问题（其中尤其需要解决农村土地权属改革问题），那可是国家经济和社会改革的一个大的战略性问题，需要作出大调整，涉及现有方方面面利益和权利的调整。

诸如此类的问题归结到一点，就是需要大力继续推进改革，不仅是经济体制改革，而且更为重要的还是政治体制改革。正如温家宝说过的,不推进改革,已经取得的改革成果也会丧失。不改革,只有死路一条。同样,不推进改革,经济法再分配功能也就不可能会被人们自觉运用来解决分配不公平问题,解决当前中国经济社会存在的各种现实问题。希望也相信上述存在的问题总会得到解决,经济法的再分配功能总会得到社会的重视和自觉运用的。

三

今天收到了薛江武博士发来她撰写的《收入分配之经济法再调节》书稿,嘱我作序。这原是她的一篇博士论文。答辩通过后,又花了一年时间修改,现在准备付梓。

这部专著,系统地阐述了我国收入分配指导思想和法律制度的演变和基本特点,运用大量资料和数据分析了我国当前收入分配的现状与存在的突出问题,论述了经济法再分配功能的法理基础,及经济法再分配价值取向、目标和原则,探讨完善反垄断法、财税法、国家投资法对国民收入进行再次分配的具体途径。书稿中观点明确,论证较充分,对于人们正确认识经济法再分配功能,并自觉运用它解决当前中国存在的收入分配不公平问题,具有重要理论价值和现实意义。

薛江武博士原是我的学生,对于我的经济法学科思想理论作了认真研究,对其中许多基本理论观点掌握得较好。但她肯独立思考,即使对于我的一些论点也不是一概接受,常常提出一些不同的看法来,有些见解还颇为深刻。我一贯要求学生:第一,既然是我的学生,接受我的指导,就要深入、准确学习了解我的经济法思想理论;第二,不要轻易相信和一概接受我的理论观点,要独立思考;还要多读别的学者的论著,进行比较鉴别,形成自己的观点。在这方面,薛江武同学的表现让我满意。

薛江武是一边工作,一边攻读博士学位并完成学业的。作为在职博士生,她学习态度认真、刻苦。博士论文和今天发来的这部书稿,虽然也存在一些不足,如有些论述不够深刻,有些表述不够准确,但毕竟这是她几年来研究思考的心得和成果,相信公开出版后能够给读者许多有益的启迪,产生积极的社会影响。

（2011 年 4 月 26 日于长沙岳麓山居）

我国公用企业垄断法律规制之困境
——读郑艳馨《我国公用企业垄断力滥用行为之法律规制》一点感想*

在各国的反垄断法律制度中，公用企业的垄断都是一个需要特殊对待和处理的问题。而在当前中国大陆，它更具有“中国特色”，并且是国家整个反垄断法能否切实实施的重点。

公用企业垄断法律规制的特殊性，主要在于企业的特殊性及其自然垄断性两个方面。在企业特殊性方面，各国的主要考量是它除了具有一般企业的营利性之外，还有公益性或产品（服务）的公共性，关系广大民众生活之所需，因此在反垄断法上往往作出适用除外之类的规定。

在中国，对于公用企业在其性质和功能上的特殊性，则更赋予它们额外的含义。这里的传统是实行“社会主义公有制”，认为公用企业关系国计民生，必须由国家控制，基本实行国有。国有是所有社会经济成分中的龙头老大，是国家的重点保护对象。因此，一贯来都赋予它们许多特权，让其维持垄断地位，这即为国家垄断（国家政策允许的垄断）。即使

---

* 本文原载郑艳馨：《我国公用企业垄断力滥用行为之法律规制》，法律出版社2012年版。

后来国家制定反垄断法，也是多方呵护，生怕伤着了它们。

更有甚者，由于经济体制改革过程中出现诸如以权谋私等许多严重问题，加之政治体制改革长期滞后，包括公用企业在内的有关国民经济命脉的各重要经济部门、行业和大型国有企业的实际控制权，大量的都落入一些当权者本人和家属或其代理人之手。他们打着“国有”和“社会主义公共利益”旗号，假公济私，掏空国家，贪婪而疯狂地聚集财富于其家族，形成“权贵资本家”——过去人们所谓“官僚垄断资产阶级”。各个部门、行业和企业的“权贵资本家”们由于休戚与共而互相勾结，并依仗在位权力者坚强靠山的支持和保护，盘根错节地形成一个强大的社会集团，盘踞于中国社会上层。他们不仅垄断着中国的经济，也深深介入和影响着国家的政治生活，阻挠政治民主化改革。只要中国大陆政治体制维持现状，不发生重大变革，这些权贵资本家们就可以高枕无忧。他们何曾把什么反垄断法放在眼里？人们可以反思一下：为什么中国反垄断法从列入全国人大立法规划到出台竟用了 13 年的漫长时间呢？出台后的立法为什么同包括法学家在内的学者专家们的预期相差那么远？法学家们几乎一个声音地主张要设立一个强有力的专门实施机构，为什么就是不设立呢？立法颁布实施几年来为什么中国大陆的垄断及由其造成的社会财富分配不公平状况依然故旧呢？让你们法学界书呆子们去无休止地论证，去扯着喉咙呐喊吧！在权贵们看来，那最多只不过是“耳边风”而已。

也就是说，对于公用企业的特殊性，咱们中国大陆同其他国家比较，不仅赋予它们意识形态（社会主义公有制）意义，而且还被人们视为权贵们营私和掠夺财富的当然领地。其中，所谓意识形态，还只是一种说教和幌子，营私、掠夺才是实质。

正因为如此，所以对于某些人来说，不仅要过分地强调公用企业的特殊性，还希望尽量扩大“公用企业”的范围。事实上人们发现在中国大陆，“公用企业”除了各国通常认定的那些行业和部门之外，往往还把医疗卫生、教育、市政建设、金融等“社会公共事业”搅入其中，都赋予其特殊地位和特殊政策对待，让它们维持国家垄断地位，长期排斥民间投资进入。各国在公用企业反垄断法上的特殊对待,还同这类企业的“自然垄断性”相关。

所谓自然垄断,主要是从投资的成本和效率方面来考虑,相对于此前已经先行投资进入某些特定领域,已经花费较大成本作了基础铺垫,并已取得经营规模效益的企业而言,其他企业一般都不愿意再进入其中。这样一来那些前期进入的企业所形成的垄断经营,便是“自然垄断”。可见自然垄断的要义乃在于“自然”二字,它并非人为——既非该企业“自封”,亦非政府强力所为。较为典型的自然垄断性行业主要集中在公共基础设施领域,如供水、供电、煤气、热力供应、电信、铁路、航空等行业。但在早期,人们对于“自然垄断”往往作了扩大理解:他们把各种公用企业和甚至本来不属于公用企业,只是政府认为重要需要将其纳入政府控制范围的行业,都作为自然垄断对待。后来人们发现不妥,重新界定自然垄断概念,总的说是更加严格控制其适用范围。

人们还发现,某些经济部门、行业和产品是否属于自然垄断,是发展变化的。随着科技和社会生活的发展变化,原来具有的自然垄断性可能有所减弱或丧失,这时在反垄断法上的对待也应当随之改变。

此外,对同一企业内部各种单项营业是否具有自然垄断性,要作具体分析和区别对待。对于其中一些并不具有自然垄断属性的经营活动,应当允许竞争,不能笼统地给予反垄断法上的优待。

在中国大陆,一则可能由于人们的研究欠深入,对自然垄断问题在认识上存在偏差;二则由于这里的权贵资本们特别希望他们手中掌控的各重要经济部门能够“特殊化”,利用了人们对于自然垄断的认识偏差,而将“自然垄断”当作有力的借口,当作尚方宝剑,高高悬挂在被他们分封而称为“公用企业”的大门之上,使反垄断法无法进入其领地。

这样一来,中国大陆的“公用企业”连同其他被赋予“公共”性、“社会”性的部门、行业和产品,便能堂而皇之地逍遥于反垄断法之外。而所有这些部门、行业和产品,关系国民经济各重要命脉,占据整个社会经济相当大的比重。它们逍遥于反垄断法之外,我国的反垄断法还能反些什么垄断呢？当然还可能有民营企业的垄断和外资企业的垄断，后者如果发生垄断行为那也是要反的。可是现实情况表明这些都不是主要为害的。如果只捡芝麻而丢了西瓜，那我国反垄断法的意义和价值也就太低微了，该项立法的成本效益就太不对称了。

归纳一下我以上所说的意思，有三层：一是需要正确恰当地认识公用企业的特性及其自然垄断性，不能笼统(概括)地让它们游离于反垄断法之外；二是必须高度重视和加强对当前我国现实生活中主要为害的大型国有企业，特别是同民生密切相关的"公用企业"垄断的法律规制，这才是我国反垄断法所应关注的重点，是该法主要价值和功效之所在；三是要做到上述要求，虽然完善法律制度是重要的，但更深层次的问题是必须下决心进行政治体制改革，斩断权力同资本的"脐带"。

上述意思以往我也曾多次强调过，呐喊过。还在我国反垄断法立法起草论证阶段，在许多学术会议上，我甚至曾多次"危言耸听"地告诫人们：国家当权者是否正视我国垄断的现实和是否真下大决心反垄断，是检验国家政权性质的重要标志。可惜没有人能听得进去，徒使空气震动而已！

郑艳馨女士当年在攻读博士学位期间确定以"我国公用企业垄断力滥用行为之法律规制"为学位论文选题，我很支持。毕业后她又作了修改加工，如今要交付出版了，嘱我作序。我再次通读了书稿全文，认为写得很好。它系统、全面地论述了公用企业垄断力滥用行为法律规制的各主要问题，对我国公用企业垄断力滥用行为及其法律规制的现状、原因作了深入而中肯的剖析，提出了颇有见地的对策和建议。除了详细论述法律制度上的对策以外，也论及推进公用企业市场化改革和国家政治体制改革问题。这些都直接触及我国公用企业垄断行为的根源，意在破解目前我国公用企业垄断法律规制的深层次困境。这是一部学术性强并且具有重要现实意义的研究成果。我很高兴为本书作序，并向广大读者推荐。

(2012年8月12日于长沙岳麓山居)

序　言

——宾雪花著《产业政策法与反垄断法之协调制度研究》*

产业政策与竞争政策是现代国家调节经济的两种方式。产业政策法与反垄断法分属于经济法体系的两个基本构成，前者属于宏观引导调控法，后者属于竞争法(市场规制法)。

在市场经济和法治国家，其产业政策遵循市场规律，只是在某些市场机制难以发挥作用的领域(社会资本不愿进入而投资不足，或投资过于膨胀的行业)，才由国家出面运用财税、金融等手段予以促进或制约其发展。并且，国家的这些调控措施是受到预先制定的法律(产业政策法)的严格规制的。但即便如此，这些国家的产业政策和产业政策法有时也会背离市场规律，产生妨碍市场机制运行和扭曲经济结构的不良后果。这是因为存在"政府失灵"问题。

产业政策"政府失灵"诸多表现之一是其限制自由竞争，妨害市场机制自发的调节作用，同国家竞争政策，特别是反垄断政策发生冲突，产业政策法同

---

* 本文原载宾雪花:《产业政策法与反垄断法之协调制度研究》，中国社会科学出版社 2013 年版。

反垄断法发生冲突。在市场经济和法治国家，尽管该两种政策都尊重市场规律，并都受到法律规制，但该两种政策和两种政策法的价值取向毕竟各有所侧重：反垄断法更注重自由和公平；产业政策法则往往侧重于效率。由此难免造成为追求“规模效率”等目标而忽视和放纵垄断。因此，这些国家不仅在立法时注意处理两法之间的关系，让其能够衔接和协调，实践中也需要建立两法的冲突协调机制。

在市场经济和法治尚不够完善，并且有行政权力为中心传统的中国，该两种政策和法律之间的问题就更为复杂。在这里，人们为了追求经济快速发展而将“效率”放在优先地位，十分青睐经济力集中和“打造航空母舰”，纵容和培育垄断，忽视垄断所带来的限制竞争和不公平等弊端。由于几乎所有大型垄断行业和公司都具有公权力色彩，甚至就是由权贵们实际控制着，权贵资本家们在贪婪地汲取财富的同时也影响着国家的公共决策和法律，因此形成竞争政策和反垄断法在这里不能受到应有重视和难以切实实行，而产业政策却备受推崇的局面。加之这里产业政策的法治化程度不高，政府法规和部门规章居多，权力行使排斥法律规制，当政者可以借口市场变化随意作出调整，使本来稳定性较差的产业政策容易偏离其应有轨迹，违背公平竞争原则，同反垄断法发生冲突。

由此可见，在当前我国要妥善处理产业政策、产业政策法同竞争政策、反垄断法之间的关系，存在两个层面的问题：一个是法律问题；另一个则是法外的问题，即国家经济、政治体制改革的问题。法律问题既包括对产业政策法治化程度的提升、对立法目标、价值的正确定位和其他立法与实施制度的完善，也包括对反垄断法地位的提升和对立法与实施的完善。而要切实做到这些，更深层次的问题在于大力推进国家经济、政治体制改革。否则，法律问题是无法得到根本性解决的。

宾雪花博士的专著《产业政策法与反垄断法之协调制度研究》其选题具有重要的理论价值和现实意义。对此进行全面、系统、深入和比较到位的专题研究的，在国内并不多见。作者运用“国家调节说”经济法基础理论，把产业政策、产业政策法同竞争政策、反垄断法之间在概念、宗旨、价值、原则、地位以及立法和实施上的各种特点等方面的联系和区别，作了准确而清晰的表述。总结分析了长期以来各国实践中形成的对于两种政策和两法各种具体协调制度。在此基础上，提出和论证了如何构建中国两法之协调制度的设想和立法建议，包括以反垄断法为重心设置中国制度的构想，完善产业政策立法，使之向“创新驱动型产业政策法”转型等。这些论述观点明确，有理有据，具有可操作性。反映作者有较坚实法学功底和较强独立科研能力，研究中倾注了大量心血。

本研究成果也涉及如何正确处理两种政策和两法协调配合关系的更深层次问题，即有关推进国家经济和政治体制改革问题。但由于本课题主要是谈法律层面问题，体制改革并非本课题重点，虽然可能使读者会有余意未尽的感觉，但也不能苛求。总的说这是一部较成功和很值得一读的学术著作，特向读者推荐。

（2012 年 10 月 30 日）

序　言

——宾雪花著《产业激励的反垄断边界研究》

宾雪花《产业激励的反垄断边界研究》一书，其中心论题是关于产业政策（法）同竞争政策（法）关系问题。而这个问题的背后则是政府（国家调节）与市场（市场调节）关系问题。国家的产业政策主要反映国家调节意志（虽然它也应当尽量符合市场规律）；而竞争政策则主要基于市场机制要求（由于这种政策毕竟也是由人制定的，难免糅进主观因素）。

政府与市场，亦即国家调节与市场调节关系的争论，亚当·斯密那个年头就开始了，溯其历史源头已有两三百年。但主要是在19世纪后半叶生产社会化引起经济和社会生活诸多重大变革之后，上述两者关系的争论变得十分现实和重要起来。我在《经济法基础理论》一书论述“经济法产生的社会根源”时，提到“三种人”（空想社会主义者、马克思和资产阶级改良派）分别提出的理论观点和改革方案，反映了这种争论。这“三种人”的理论和主张虽然各不相同，但有基本共同点，就是国家调节应当发挥作用,需要政府干预市场①。后来,该争论及该"三种人"的理论和主张,通过一个多世纪的社会实践检验,其是是非非已经基本明了,各国(无论东、西方国家)的有关体制和做法也事实上在不断趋近。但无论理论上或实践中存在的分歧和争论并未停止。所以,正如经济学界学者们所言,政府与市场关系问题是整个20世纪经济学争论的主题。

这个问题对于正处于经济和政治体制转型的中国大陆而言,意见分歧尤其难免。这里有"权力中心主义"传统,权力高于一切、统制一切,并且往往不受制约。虽然后来在进行体制改革,但其惯性作用仍难以戛然终止。特别是一些身居权位者及其他既得利益集团阻挠改革,希望政府权力继续较多地干预经济,以让他们从中能够保持和进一步获取各种利益。他们对于国家关于市场经济体制建设,充分发挥市场主导作用,调整和改善政府职能的改革,缺乏积极性,甚至阳奉阴违。其中一个方面的做法就是夸大和随意运用所谓产业政策,忽视和贬低竞争政策和竞争法对于市场机制的保障作用。

当然,这里也有认识问题和学术问题之争,如去年年底媒体热炒的北大林毅夫与张维迎关于产业政策存废之争。他们的争论其实背后还是政府与市场,即国家调节与市场调节之间关系问题。

国家调节与市场调节,亦即所谓政府与市场,不是笼统的谁好谁坏、谁优先问题,更不是存废问题。这种争论其实是个伪命题。现代社会经济的调节机制(从一国之内来说)是"二元化"的,即同时需要市场调节和国家调节(如从国际市场来看,则是"三元化",即除了上述两种调节机制,还有国际调节机制——上述三种调节机制的结合)。国家调节与市场调节,政府与市场两者都不可或缺,问题只在于如何使该二者密切配合和协调。并且在实行市场经济体制条件下,必须以市场调节为基础,国家调节不能排斥、取代市场调节。说得更通俗一点就是要以市场调节为主,国家调节为辅。当然在某些紧急和特殊条件下,国家调节可能需要加强一些措施和力度。但紧急、特殊情况过去了,国家调

① 参见漆多俊:《经济法基础理论》,第5版及以前各版次,第一章。

节便应当及时回复原来正常状态。关于这方面的论述，我的《经济法基础理论》和其他许多论文已经说得很多了。大凡我的学生及其他广大读者，都是基本掌握了的。

本书作者宾雪花女士，曾在我们门下攻读博士学位，非常用功刻苦，对我的学术思想掌握得较好。她很早就在思考，如何运用作为我的经济法理论基础和支柱的“国家调节说”，即关于国家调节与市场调节、政府与市场关系原理，分析和处理国家产业政策同竞争政策的关系。当时确定了以“产业政策法与反垄断法协调制度研究”为题的博士论文选题。毕业以后，对这方面问题继续深入研究，又写成了今天这部专著。

本书运用多学科知识，特别是关于“国家调节说”经济法学科理论，论述“产业激励的反垄断边界”问题，提出了国家产业激励的政府权力边界概念，指出政府对于产业激励、振兴产业的权力行使应当受到必要约束，不能无限制、无边界地使用。提出在产业激励的立法边界上，应当大力推广负面清单制度，利用负面清单制度制约产业激励的政府经济权力的运用。提出产业激励的程序边界，需要设立事前协商制度和公平竞争审查制度。政府的产业兼并重组政策应当纳入竞争政策框架中，受到反垄断法的经营者集中控制制度的制约。

通观这部专著的特色，一是其相关基础理论坚实，研究方向和基本观点是正确的；二是具有前瞻性，本书作者对该课题研究起步较早，在国内前一段时间兴起的关于产业政策与竞争政策关系之争之前好些年，她就已经关注并实际上已经解答了其中许多疑点问题；三是本著作不仅比较透彻地论述了有关理论问题，而且联系我国相关立法和实践中存在的问题，作了中肯分析，提出了法律上的解决方案和建议。尽管在某些论证上也还存在一些不够成熟的地方，但总的来说这是一部很有现实意义和学术价值的好书，值得向读者推荐阅读。

2017 年 3 月于珞珈山居

美国：现代国家经济调节职能与经济法产生和发展一般规律之典型代表*

本书原型是李胜利的博士论文。我指导的经济法专业博士生大都比较重视对美国的研究，除李胜利博士外，还有以美国罗斯福新政等为研究对象的博士论文选题的学生。

我和我的博士生们为什么十分重视研究美国？因为我们在经济法研究中，特别是在我二三十年探索和创立"国家调节说"经济法理论体系过程中，深切地认识到，在世界各国国家经济调节职能和经济法的产生和发展（他们在存在基本共性基础上分别呈现不同特性，分属于不同的"经济法模块"）中，美国是最为典型的代表，是美利坚那块土地上的社会经济、政治和法律基本上按照其自身规律（而较少受诸如战争和意识形态等异常因素影响）演变的结果。它让我们最容易看清现代国家经济职能和法律演变的一般规律。反过来，它也最明显和强有力地检验和证明着我们所创立和信奉的"国家调节说"经济法学科理论。

另一个原因，就是国内外这方面研究颇为薄弱。

---

* 本文原载李胜利：《美国联邦反托拉斯法百年：历史经验与世界性影响》，法律出版社 2015 年版。

虽然美国自其建国以来在社会生活各方面颇多创新,特色纷呈,两百多年来一直吸引着世人的眼球,引起各学科学者浓厚的研究兴趣,但经济法角度的研究则很薄弱,特别是在涉及经济法和经济法学科理论方面,更几为空白。这一方面同美国本身所属法系和学科研究的传统相关。在美国,自19世纪末以来国家经济调节职能与经济法的出现和发展虽然是不争的事实,但按照那里的传统人们并不严格按部门法划分法律和法学学科,甚至很少有人使用“经济法”这一概念。而在欧洲大陆如德国,则在20世纪初年,“一战”前后,国家调节经济职能发达,并于1919年《魏玛宪法》中确认了国家干预经济的基本原则,颁布了大量国家干预经济之法,且直接以“经济法”命名。同时法学界开展热烈研究。这些情况得到传播,并在世界其他国家形成较大影响。这也使得人们只知德国经济法,而忽视美国的经济法。此外,就中国法学界而言,由于国家体制原因,20世纪80年代经济法研究起步时期,一般人只关注前苏联、东欧经济法,也影响学者对西方国家,特别是美国的关注。

我在经济法研究中有许多关于美国的论述。较为集中的是2006年在多个高校法学院的讲座和依据讲座稿整理的《时代潮流与模块互动——“国家调节说”对经济法理论问题的破译》一文①。我的专著《经济法基础理论》也有不少这方面的论述。这些论述对于人们深入了解现代国家经济职能和经济法的产生发展根源和本质特征是会有帮助的。

美国的国家经济调节职能和经济法最初和最重要的表现是其反托拉斯法(反垄断法)的立法和实施。它体现着现代国家经济职能和经济法的开端。按照“国家调节说”理论,国家调节经济有“三方式”,经济法体系有“三构成”,但它们都不是一开始就完备的,而是逐渐发达起来的。在美国,首先出现的是“三方式”和“三构成”中的一种,即反托拉斯和反托拉斯法。因为按照市场发育自身规律,生产社会化伴生

① 首发于漆多俊主编:《经济法论丛》(第13卷),中国方正出版社2007年版,第1~55页。

垄断,而垄断限制自由竞争、不公平等弊端最为有着自由放任传统的美国人民所深恶痛绝。同时,传统市场调节机制和法律体系对它又显得无能为力,所以才迫切要求国家调节出面干预垄断,才出现规范这种国家调节(反垄断)的法律——反垄断法。

也正是因为美国有自由放任传统,当初即使国家开始介入社会经济,对垄断进行干预,颁布了反托拉斯法,也并未得到切实实施。长期的“夜警”角色使国家仍然不敢大胆介入经济领域。后来只有到了1929~1933年严重经济危机年代,美国的国家经济调节职能和经济法才迅速发达和完备起来。在国家调节“三方式”和经济法体系“三构成”基本齐备的同时,反托拉斯法也才得到大力实施。如果说19世纪末20世纪初的《谢尔曼法》等一批反托拉斯法的颁布只是美国国家调节职能和经济法的开端,那么,后来罗斯福新政才标志着美国国家经济调节职能和经济法走向发达和完备阶段。

当后来国家经济调节职能和经济法逐渐发达和完备了,反垄断和反垄断法仍然是美国等市场经济国家的国家经济调节职能活动和经济法体系中的核心部分。因为这种法律乃是市场经济的“宪章”。也正因为如此,人们要研究、认识美国的国家经济职能和经济法也必须抓住其反托拉斯法,将它弄清楚。此外,美国反托拉斯法立法和实施经验对于世界其他许多国家影响甚大,如德、日等国“二战”后的反垄断立法,更是移植和复制了美国的许多经验。如此等等因素,决定了研究美国反托拉斯法的重要意义。也说明了李胜利博士的这个选题和现在要出版的这部专著的重要价值所在。

美国反托拉斯法是一个十分庞大的体系。正如李胜利博士所言,以短短篇幅是不可能面面俱到的,而只能选取其中几个重要方面问题作出研究,并且也难免有欠深刻和甚至不当之处。这些都需要包括李胜利博士在内的学界特别是经济法学界同人继续努力,关注这方面的课题,作出更多、更优秀的研究成果来。

(2014年11月于长沙)

第十二编　访谈录

第十二编提示：本作者接受报刊和电台、电视台的采访，内容多数涉及具体法律问题或案件，也有些涉及较重大和综合性的法律问题和理论观点，有些则涉及个人学术经历乃至生活方面的问题。有些是文字的，有些仅是音像的。多数已无存稿。本编收录其中文字较为完整的几篇访谈录，内容主要同经济法学术研究问题相关。

国有企业改革的基本思路

——经济法学家漆多俊教授访谈录*

最近,本刊记者采访了我国经济法学家漆多俊教授。

本刊记者:漆教授,我们注意到近几年您在一些论文和著作中关于国有企业的论述,有许多独到的观点。请您谈谈这方面的问题好吗?

漆多俊:国有企业问题一直是我国经济体制改革的中心环节,也是当前我国实行市场经济体制、建立现代企业制度的主要掣肘因素。长时间以来,人们为之殚心竭虑,提出各种改革方案,国家也先后实行多种措施。但是,许多方案和措施能治标而不能治本。因为人们对于国有企业一些基本问题的认识,仍然受到经长期实践检验证明具有严重不合理性的许多传统观念的束缚。在旧的思想观念体系中寻求解决各局部性问题的对策,这难免如水里按葫芦,问题此起彼伏,扬汤止沸,是不能解决根本问题的。人们有必要对于迄今国有企业改革的历程进行深层次的反思,对于国有企业的一些基本问题进行

* 本文发表于《经济与法》1995 年 12 月。

再认识。这些基本问题包括：国有企业出现的原因及其本来的历史使命；国有企业的性质与特征；国有企业经营制度的特点；国有企业的投资体制等。如果在这些基本问题上端正了认识，则关于国有企业改革的方向和途径，乃至具体措施和步骤，便一目了然了。

本刊记者：您认为国有企业开办的目的是什么？

漆多俊：现代意义上的国有企业的大量涌现和发展，主要是20世纪的事。19世纪末，西方各主要国家先后完成产业革命并进入资本主义垄断时期。生产高度社会化和垄断的发展，提出了由国家出面干预、调节社会经济的要求。国家直接投资创办国有企业，是国家干预、调节经济的重要措施和手段之一。第一次世界大战前后，特别是1929年爆发资本主义世界经济危机以后，迫切需要国家加强对国民经济结构和运行的总体性调节，任何局部性干预措施都显得无能为力。正是在这种情况下，国有企业作为国家对国民经济总体性调节的一个重要方面受到重视，并迅速发展起来。第二次世界大战以后由于各国经济重建的需要，国际范围内民主主义思想的抬头，以及后来科技飞速发展引起的生产高度社会化，国家干预和组织管理经济职能进一步强化，许多国家一度掀起"国有化"高潮。国有企业普及国民经济各主要行业部门，其在国民经济中占了相当的比重和重要地位。

统观历来各国开办国有企业或其他国有经济形式的目的和用意，不外以下三个方面：(1)财政性目的，即扩大财源以满足国家机关活动经费和供统治者挥霍的需要；(2)政治性目的，即为了维护和巩固政权，抵御外敌入侵竭对外侵略，而由国家控制某些经济要害部门；(3)经济性(经济调节性)目的，即通过国家直接投资经营，调节社会经济结构和运行，促进社会经济协调、稳定和发展。

人类社会不同历史时期，国有企业和其他国有经济形式的开办目的和历史使命有所不同。20世纪以来出现的国有企业(现代国有企业)，其大量开办主要在于经济性目的，即通过国家直接投资于某些行业和产品的生产经营，直接调节国民经济的结构和运行，同时通过对国有资产的控制和运营，增强国家调节社会经济的物质力量。执行国家经济政策，保障国家调节经济，是现代国有企业所担负的主要使命。开办国有企业仍然还有财政性目的和政治性目的，它们也仍然是重要的因素。但相对来说，它们已不如前者重要，并且往往受到前者制约。

本刊记者：在我国和其他社会主义国家，国有企业开办目的也是如此吗？

漆多俊：20 世纪先后出现一批社会主义国家。这里的国有企业的开办目的和所赋予的历史使命，同资本主义国家有显著不同。这些国家在实行计划经济体制的较长时间内，其国有企业的大量开办和发展，虽然也有财政性、政治性和经济性目的，但更为重要和起决定性作用的，是作为其基本指导思想的共产主义世界观和思想理论体系（我们可以称其为意识形态的或说革命性目的）。按照这种理论，社会主义革命的最终目标是实现共产主义，即实现生产资料全社会公有。实践中，又由于未能正确区分理想与现实、最终目标与实现目标的阶段性，凭着良好的愿望和革命热情，于革命成功后，在“组建自己的经济基础”过程中通过没收、改造和新建等方式，建立了强大的国有经济。以后又通过不断扩大投资，并使集体经济急不可待地“升级”“过渡”，向国有企业靠近，使得国有经济成为整个国民经济中占绝对优势的主体，国有企业成为最主要的企业形式。

这些社会主义国家后来都发生重大变革。中国于 20 世纪 70 年代末进行经济体制改革，1992 年正式宣布改行社会主义市场经济体制。共产主义虽然仍为我们的奋斗目标，我们仍然坚持社会主义公有制，但公有制有多种形式和不同发展阶段，现阶段不能急于实现生产资料全社会占有，不能认为国有企业办得越多越好。我们仍然必须保持一定实力的国有企业，但其目的应主要在于经济调节性，还包含有财政性和政治性目的。我们应以此为基准来规划国家直接投资的方向、重点和规模。

本刊记者：您提出的“国有企业作为法人，是一种特殊法人”，这观点很新颖。请您展开谈谈好吗？

漆多俊：国有企业是一种特殊企业。例如，它不以营利为唯一目的,要执行国家计划和经济政策,担负国家经济管理(调节社会经济)的职能。国有企业作为法人同一般企业法人比较,也有其特殊性。凡法人都应拥有独立财产。一般企业法人对其财产拥有所有权;但国有企业(这里指国有独资企业)对财产只享有经营管理权,而无所有权,所有权归国家。除法人条件上的这一区别外,在所属法人类型上,国有企业法人也有其特殊性。法人通常可分为私法人与公法人、社团法人与财团法人、营利法人与公益法人等。一般的企业法人属于私法人、社团法人和营利法人。国有企业却兼具不同类型法人的特点。

国有企业兼具私法人与公法人特点:国有企业全部或主要由国家投资设立,国家有关主管机关或其授权部门进行管理。在国有并国营情况下,它们还委派国家工作人员进驻企业,担负企业负责人主持生产经营活动。但它的设立和组织体制毕竟不同于国家机关,虽分担一定的国家管理职能,但不同于国家机关以专司某种国家管理为本职,而是主要从事生产经营活动。国家及其有关政府部门对它进行较为严格的管理,但毕竟不同于对一般国家机关或其科室的管理而赋予了相当的自主权。它的组织与活动所适用的法律具有公法性,但又有许多私法性质的条款,并适用其他一般企业法的许多基本规定。

国有企业兼具社团法人与财团法人的特点:国有企业是一个组织体,具有“人的团体”的特征,但它并不必备“两个以上出资人”,而全部或主要由国家出资,体现出以国家拨付(投资)的“特定财产为中心”这一财团法人因素。它具有社团法人为“对于人的团体赋予权利能力”的特征,又有财团法人系“对于供一定目的(用于生产经营)的特定财产赋予权利能力”的性质。国有企业有一定的人为其成员,设立人于企业成立后,它或由它委派的代表即为其成员,但其作为成员并非即为股东,而只是国家股东的代表。社团法人的设立须有两人以上的合同行为,但国有企业不具备这一要求。国有企业有最高意思机关,但非为社员(股东)大会。企业的机关有一定决策权,但非为全权。企业许多重大事项须经国家主管机关决定,它并非完全自律性法人。此外,财团法人限于公益法人,不具营利性,但国有企业兼具二者特点。

国有企业兼具营利法人与公益法人的特点：国有企业一般有营利的目的，但往往不以营利为其唯一目的。有些国有企业从其开办就不是或主要不是为了营利而是为了实现国家调节经济或其他国家政策，为了国民经济的总体和长远发展或其他方面的国家和社会利益，此即为了公益。营利法人不仅应有营利目的，而且以其利润分配于其成员。国有企业在实行国营时，其利润上缴国家；若实行其他经营形式，则也在国家与经营者之间进行某种分配。

本刊记者：我们注意到，您对于国有企业的经营方式曾作过很精辟的论述。如曾将承包制同公司制作了比较，提出了“直接分离”与“间接分离”、“外部分离”与“内部分离”、“约定分离”与“法定分离”等概念。这些已被我国法学界许多学者赞同和采用，对于正确认识承包制很有意义。

漆多俊：承包经营是个内容不很确定的概念。从承包主体上看，如果是作为发包方内部成员的承包，则它实际上同于代表式；如果是发包方以外的第三人承包，则可能是代理式或租赁式。从承包的内容和范围上看，如果经营权限较大，承包者包盈亏后果，则近于租赁式；否则却为代表式或代理式。我国实行的承包经营责任制，承包人并不能完全承担经营亏损责任，并且承包人大都仍然保留着国家干部的身份，在人事组织关系上属有关政府主管部门的管辖。因此，这种承包制虽不完全同于原来的国营，但仍然保留浓厚的代表式经营即国营色彩。实践证明承包制存在许多弊端和局限性。其中，虽然有些是工作方法问题，可以完善，但有些则是由承包制本身固有的特点所决定的，不能通过完善作法以求克服。这就是后来国家决定推行股份制的原因所在。

本刊记者：您如何看待我国国有企业经营效益问题？

漆多俊：国有企业的经济效益往往欠佳，这是个带普遍性的问题，不是中国的特有现象，其他各国也概莫如此。这是当代各国一直致力于努力改善其国有企业经营状况，并不断调整国有企业的数量和投资比重的重要原因。20 世纪 80 年代以来，许多西方国家出现私有化浪潮，他们纷纷将国有企业或国有企业中的国有资产以股份形式，转让给私人和私人企业，以缓解财政负担，提高资产经营效益，改善国民经济状况。当然，私有化只是对国有企业的数量和投资比重进行调整，绝不是、也不会全部取消国有企业。现代国家经济管理职能日益增强，为保障国家对经济的有效调节，总是需要保留一定力量的国有企业。

中国国有企业的经营效益问题更为突出。一方面是由于体制（包括经营制度）上存在问题，使国有企业的效益较差；另一方面我国国有企业的数量和投资比重大，远超过各西方国家。这就严重制约了整个国民经济的效益，妨碍了国民经济的发展，影响到综合国力的迅速增强和人民生活的不断提高。当前我国要建立市场经济体制，国有企业在国民经济中比重过大，不利于市场机制充分发挥作用，导致市场经济难以正常运行。我国当前的国有企业改革不仅是个经济问题，而且具有重要的社会和政治意义。国有企业的经营制度及其他有关体制上的问题，有两种不同类型：一是可以通过深化改革和完善经营制度，转换经营机制，予以克服；二是由国有企业本身固有的性质和经营制度上的特点决定的，要改变除非改变国有企业本身。因此，当前我国国有企业改革措施应当包括两个方面：一是改革其经营制度，选取合适的经营方式，转换企业内部经营机制，并深化其他配套改革，尽可能地增强企业的活力，提高经营效益；二是控制国家投资的总体规模、方向和重点，适当减少国家投资和国有企业在整个国民经济中的比重。

本刊记者：您认为国家投资开办国有企业的规模、方向和重点，应根据什么原则来确定？

漆多俊：国家投资开办国有企业的规模、方向和重点，主要是由国有企业的开办目的和它担当的使命决定的。如前面所述，现代国有企业开办的目的包括经济性、财政性和政治性，尤以经济调节性为主。国家直接投资的总体规模应以满足国家有关政策性要求，保障国家借以调节经济的足够需要为原则。国家投资应优先考虑国民经济发展中的薄弱环节和对国民经济总体与长远发展起制约作用的关键环节。国家应在全面衡量一定时期国民经济运行中的各种结构比例关系（包括行业结构、产品结构、地区结构等）的基础上，根据经济和社会发展的总体战略和规划,确定在一定时期内国家投资的方向和重点。从产业结构上说,国家投资的重点一般应放在基础产业、高科技产业和一些公共事业上。但不同时期,其侧重点应有所不同。

本刊记者:近年您提出国有企业和国有经济应在整个国民经济中发挥主导作用,但不必成为其主体。请您谈谈"主导"与"主体"的关系。

漆多俊:有些同志对于减少国家投资和国有企业比重想不通,认为这会降低国有经济的地位,担心削弱社会主义公有制的经济基础。其实,我们只是主张根据国有企业本来的开办目的和使命,以及国有企业的性质和经营制度的特点,合理调整其总体投资规模、投资方向和重点。认为国家投资和国有经济不必也不宜在国民经济中占过大比重,不必成为国民经济的主体。同时认为必须保持拥有相当实力的国有经济,以保障国家有关政策的执行和国家对社会经济的有效调节。应当发挥国有经济在国民经济发展中的主导作用,保持其主导地位。主导与主体是不同概念,发挥主导作用不必成为国民经济主体,这犹如先锋队不等于主力军。我国宪法规定,"国有经济……是国民经济中的主导力量",也并未规定它一定要成为其主体。因此,这里不发生降低国有经济地位的问题,倒是更加恰如其分地维护了国有经济的应有地位。

鼓励民间社会投资和发展各种非国有企业,在我国政治、经济条件下,主要的仍然是在发展社会主义公有制经济。我国的非国有企业主要是由我国劳动群众联合投资经营,是劳动群众组成的集体。例如,合作社、公司,其财产权属于由全体社员或公司全体股东组成的集体所有,这即为集体所有制的一种形式。我国的公司是社会主义性质的集体经济组织,公司所有即为社会主义集体所有。不能认为单纯强调发展国有经济才是维护社会主义公有制。公司制等这种集体所有形式既然更适合经济发展,因此,鼓励民间社会投资和民间企业发展,并适当减少国有企业比重,并不违背社会主义公有制为主体的原则。

我国法学界一位执着的苦行僧

——记经济法学家漆多俊教授*

“中国古人有云：不是穷愁肯著书？极言著述之苦。但也人各有志，不少人纵非穷愁也著书。苦中有乐，虽苦犹乐。撇开苦与乐，有时强烈的使命感也会使人在苦之长途无止息地跋涉和攀沿。”

——摘自漆多俊著《经济法基础理论》三版序

一、笼天地于形内，挫万物于笔端

漆多俊教授书房挂着先生亲笔书写陆机《文赋》中的上述一联。先生将自己书房命名为“笼挫斋”。20多年来，先生身居陋室，胸怀天下，思接千载，视通万里。写出了许多名篇大作，创立了以“三三理论”为核心的经济法学科理论体系。据不久前北大法律信息网一篇统计报告，按学术观点被国内期刊引用率排名前50名法学家中，全国经济法学界有三位进入，漆先生为其中之一（年最长）；武汉大学法学院有三位，漆先生年最轻。

---

* 本文原发表于经济法网2003年11月，作者蒋言斌等。

漆多俊先生1938年9月生于湖南省祁阳县。现任中国法学会经济法研究会副会长，湖北省经济法学会会长，武汉大学法学院博士生导师，中南大学法学院院长、终身教授、博士生导师、《中南大学学报》（社科版）主编。

漆先生长年从事经济法学理论研究和教学工作。迄今出版个人学术专著4部；主编学术著作20余部；发表论文近百篇；主持国家、省部级科研课题和国际合作课题10项。成果内容主要涉及：经济法基础理论，中国经济法治道路，权利与权力，中国法律时代特征，市场、调节机制与法律的同步演变，市场国际化、国际调节及相关法律问题，国际经济法理论问题，国企改革法律问题，股份制与生产关系变革途径，WTO对中国国家调节和经济法的影响等。以独著《经济法基础理论》等为代表，创立了以"市场三缺陷——国家调节三方式——经济法体系三构成"（"三三理论"）为核心的经济法学科理论体系。自20世纪90年代初以后成为中国经济法学界主导学说和流派之一，在国外也有较大影响。《经济法基础理论》被国内学者誉为"经济法学科建设的里程碑""经济法理论研究奠基之作""具有开拓性的推进经济法学科建设的力作"。该书被全国许多高校采用作经济法专业本科、研究生、博士生教材或教学指定用书。

二、生产队长首先是农民

2000年漆先生被中南大学聘为终身教授，并负责组建中南大学法学院。在一次述职会上，当有人问漆先生作为学者在担任院长后如何处理教学科研同行政管理两者关系时，漆先生风趣地说："生产队长首先是农民，既要搞管理，又要种好田。种田是本职。"受命几年来，作为院长的漆先生工作尽心尽职。中南大学法学院迅速崛起，学科建设蒸蒸日上。学院组建之初事务十分繁忙，漆先生只能靠"钉子精神"挤时间，利用深夜和节假日从事科研写作，每年仍发表四五篇论文，此外还出版多部著作。他主编了三套学术丛书。其中《经济法论丛》每年2卷,现在第8卷已经问世。

漆先生的弟子和同事们十分关心他的健康。常有人对他说:现在已功成名就,该好好休息了,何必还这么苦于搞学问?而漆先生总是淡然一笑,回答说:“注定的苦命。脑子和手总停不下来,否则就感到空虚。”

三、老骥其志不改,赤子之心犹存

这是漆先生在所著《经济法基础理论》三版序言中的两句自白。先生如今已60多岁了,仍笔耕不辍,并且雄心勃勃。据说他已为自己制订了下一个10年研究计划。作为弟子未经先生同意,我们不敢作更多透露,但有心的学子们当可发现:漆先生在1998年曾发表一篇题为《市场、调节机制与法律的同步演变》的文章。20世纪末叶,先生正是按照该文章揭示的思路创立了自己的经济法学科理论体系。如果沿着该思路推演下去,则经济法理论体系的创立还不是终点,而只是途中的驿站。接下来便是市场国际化、国际调节及相关法律问题了。君不见,漆先生继该篇文章之后在其他有关论著中对后面问题又有所论述。最近接连又发表了几篇这方面的文章。

记得漆先生在一次欢送毕业生的会上曾说过这样的一段话:“学生们毕业犹如种子撒向大地,有些落在肥沃土地上,有些可能飘落于贫瘠土地中。如果万一是后种情形,绝不要自暴自弃,要自强不息,拼命扎根发芽,冲出地面。君不见那长在岩石上的松树,它破土裂石而出,挺立于风雨霜雪之中,至今身上还留着斑斑伤痕!”这段话同时也正是先生人生经历和态度的写照。作为先生的弟子们,我们最大的心愿,是祝福我们敬爱的导师健康长寿,同时也期盼着先生更多新的科研成果问世!

一体两翼：当前中国经济法学人的任务

——漆多俊教授访谈录*

记者：漆教授，您好！我们读过您许多论著，知道您的学术兴趣和成果涉及面很广，甚至不仅限于法学领域。但流传最广的还是您在经济法理论方面的贡献，您创立了“国家调节说”或称“三三理论”。请您给我们刊物读者说说什么是“三三理论”吧！

漆多俊：经济法产生的社会根源在于生产社会化引起市场及其调节机制、国家职能以及法律的演变。原来，特别是资本主义自由竞争时期，社会经济的调节机制基本上是“一元化”的市场调节。但市场调节也有缺陷。到19世纪末由于市场缺陷严重显露，发生了“市场失灵”，引发一系列严重的经济社会问题。这表明需要新的调节机制来辅助配合市场机制来实现对社会经济的有效调节，于是出现国家调节。这就是经济调节机制的“二元化”。国家调节首先是一种经济调节机制，但同时也是一种国家职能。国家对于经济生活从原来的不介入（自由放任）到介入，需要有宪法和法律授权；国家调节权

* 本文原发表于《社会科学家》2008年第7期。

力需要法律规制，也需要保障。因此，就产生了规范国家经济调节的法律，此即经济法。

市场调节有哪些缺陷？国家调节应当如何调节？经济法需要对哪些国家调节活动作出规范呢？通过理论分析，特别是总结100多年各国的实践经验发现：市场存在三个方面缺陷，即市场障碍、市场唯利性、市场调节的被动性和滞后性。为了克服市场缺陷，国家需要分别采用三种调节方式，即通过反垄断等来排除市场障碍，国家参与直接投资经营，国家进行宏观引导调控。国家的这些调节活动都需要法律规范，三种调节方式也都必须制定法律，因此经济法体系相应由市场规制法、国家投资经营法和宏观引导调控法三部分构成。以上"市场三缺陷——国家调节三方式——经济法体系三构成"，就是法学界所谓"三三理论"或"国家调节说"。

中西方国家的经济法产生最基本的社会根源是一致的，都是源于生产社会化。社会化引发了一系列经济社会矛盾和问题，引起人们的关注和不满。大家都认识到再也不能听任市场机制一元化调节，需要有一种新的力量和机制介入。但是就在这个问题上人们意见发生了分歧。当时主要有三种人分别提出了三种方案：空想社会主义者们（包括摩莱里、德萨米）提出了大家都知道的"空想社会主义"方案；马克思主义者们提出无产阶级革命方案，主张推倒重来，完全由新的国家政权来"重新组建"经济，实行一元化的国家调节（又称为"计划调节"，实为国家统制、统管）；此外被人们称为"资产阶级改良派"的人则认为问题虽然严重，但不必推倒重来，只是需要在原来市场调节基础上引入国家调节，实行调节机制二元化。上述三种人既然都主张引入国家机制，国家调节需要有相应法律，因此他们事实上都在一定程度上承认经济法产生的必要。只是在空想社会主义者那里，他们（如摩莱里）的"经济法"是停留在空想状态；后来的社会主义国家由于一度不很重视法制，经济法在很长一段时间不发达；在资本主义国家如美国、德国、日本等国，经济法则较为发达。

各国的经济法有基本的共性，又有特性，区分为不同的经济法模块。我的“国家调节说”或“三三理论”完全符合100多年来各国国家调节职能活动和经济法的历史经验和当前现实，经得起实践检验。

记者：为什么说经济法是“国家调节”之法，而不说是“国家经济管理”“国家干预”或“国家协调”之法？这些概念有什么实质性区别，或仅仅是提法上的不同呢？

漆多俊：在我的经济法理论体系中的所谓“国家调节”，首先是指一种经济调节机制（它同市场调节相对应），也是一种国家经济职能。国家调节职能活动需要法律授权、保障和规制，因此有了经济法。这是按照“市场、调节机制与法律的同步演变规律”的逻辑关系而产生的研究进路。这种思路在形式逻辑和辩证逻辑上都是清晰易见。更为重要的是，这符合一个多世纪以来各国的市场演变以及国家职能与经济法的实际：经济的调节机制二元化——国家调节机制和国家调节职能的产生——规范国家调节的经济法出现。“国家调节”是经济法产生和发展的中心环节，也是我的经济法理论体系的“核心范畴”。正因为这样，人们把我的经济法理论体系称为“国家调节说”。

“国家调节”本来是经济学上的概念，不是我创造的名词。经济法理论中使用这一概念而不用别的概念，不是随意所为，也不是故意不用诸如“国家管理”或“国家干预”或“协调”等词，更不是纯概念之争。实际上我国当前存在的所谓这样那样理论，不仅是提法不同，在内容观点上也有明显差异。

“国家管理”是个含义较广泛的概念，经济统制、管制，以及中国过去的计划管理体制等，都叫管理。从字面上难以把市场经济条件下的国家调节同过去的经济统制相区别。至于“国家协调”的提法，它很难涵盖现代国家经济职能的全部。因为国家对于经济显然不是仅仅“协调”而已，如反垄断、反不正当竞争就不能称为“协调”。

“国家干预”是国内外经济学界、经济法学界较为普遍的用语。考察法学界当初使用该用语的背景，是西方国家由原来自由放任刚刚向国家介入社会经济转变。国家刚开始介入时的调节手段较为单一，如美国开始主要是反垄断。反垄断从方式来看主要是强行性的，称为"干预"颇为合适。"干预"的强制性和外在性较明显。在我的理论体系中，我是把反垄断等列入"国家强制干预"方式，而作为国家调节"三方式"中的一种方式。国家干预同国家调节两个概念在逻辑上是从属关系。

中国的语言文字十分发达，同义词、近义词颇多。只要其内涵外延明确，大家又约定俗成，不生歧义就行。这里最重要的是不能仅看招牌，而要仔细研究其内容体系，识别其优劣。

记者：社会上不少人认为经济法是关于"经济的法"，为什么这样理解是错误的？这种理解对我国经济法学的发展有什么不良影响？

漆多俊：目前，社会上还有不少人认为经济法是关于"经济的法"，是不对的，属于"大经济法"观点。法律是利益分配书，所有法律最终都涉及经济（利益）关系，而经济法只涉及其中的国家经济调节关系。

大经济法观点在我国流行是有其特定背景和时代根源的。20 世纪 70 年代末 80 年代初，由于政府工作中心转移，中国出现了经济建设和经济法制建设热潮。加上当时民法也不发达，为"大经济法"产生提供了"温床"。当时有些学者对经济法认识不清，盲目拷贝苏联经济法理论，把经济法等同于"经济的法"，客观上扩大了不良影响。

我很早就对"大经济法"观点提出了批判。1984 年，我在《国民经济的法律调整》中就提出了"经济法是国家调节经济之法"的观点，并预言民法在调整国民经济关系中的广阔前景。随着 1986 年《民法通则》颁布、1992 年社会主义市场经济体制确立，"大经济法"不断修改自己观点，收缩自己阵地。

从近年经济法学教材和论文看来，不少学者还在不同程度上受着"大经济法"观点影响，可见"大经济法"流毒还没有完全肃清。这不利于人们了解、学习、宣传经济法，也不利于经济法和法学学科的完善和发展。

记者：在我国，人们普遍地认为法律都是"管理法"，经济法更是一种"管理法"；而您则反复强调法律的"维权（利）"和"控权（力）"。请您解释一下。

漆多俊:我国过去长期奉行“法律虚无主义”和“法律工具主义”。人们在不重视法律的同时,认为法律是统治的工具,是“管理法”。经济法更当然地被认为是国家管理经济的工具。

20 世纪末,国家在实现经济体制转轨的同时,提出要实现治国方略转型,即实现由“人治”向“法治”转变。“法治”应是指良法之治。良法应当充分反应和体现最广大民众的意志和利益,维护民众的权利。体现和维护民众权利乃是良法和法治的核心和基础。充分体现民众的意志和维护民众的权利,是法治最本质的特征,构成了法治的基础和核心。因此,法律首先是维权(利)法。

维权(利)必须控权(力)。国家公共权力(还有其他一些公共权力)原本是为了界定和维护广大民众权利的需要而产生和存在的。社会没有这些公共权力不行。但是另外,公共权力产生以后它们又对于民众权利发生异化、超越和背离。权力可以为民众权利服务,发挥积极作用,也可能因其滥用、膨胀而侵犯和损害普通民众的权利。因此,为了切实维护保障普通民众权利,必须严格控制公共部门的权力。维权是良法和法治的核心,而控权则是实现法治的关键。或简言之,法治最关键的问题在于法律有效控制权力。转型国家的法律尤其如此。

记者:我们注意到近些年以来,您特别强调经济法的再分配功能,并把经济法界定为一种“再分配法”。请问,如何理解经济法是“再分配法”?这种论断的理论和意义理论和现实意义何在?

漆多俊:法律是调整社会关系的,而社会关系的本质是人们的利益关系。从这个意义上来说,法律实际上就是一种利益资源分配书。宪法是一国范围内的总分配书,涉及对各种主体、各种社会资源、各领域利益分配关系。各部门法则是某个范围和领域的利益资源较具体的分配书,是总合同下面的分合同。民商法和经济法也是分配书:民商法是市场调节的法律保障,它调整社会利益资源的初次分配关系;经济法则调整国家调节所作的再分配关系,是经济领域利益资源的再分配法。初次分配是指各具体生产过程确定各生产力要素和产品的占有、使用关系,乃属于经济领域内的分配。在自由市场经济条件下,它受市场的调节。市场调节能够让初次分配基本上实现效率和公平。但是，由于市场机制也存在自身固有缺陷，在生产社会化时代，它往往不能保障社会效率和社会公平，在形式公平口号下往往掩盖着实质不公平。国家调节和经济法所进行的调节和调整，即是在市场调节和民商法所作的初次分配基础上，为了克服后者的局限性，协调个体同社会之间利益关系，考虑到社会总体效率与公平的需要，而对原来利益资源权利分配所作的再分配。

认识到经济法的再分配功能，有利于在实践中应用其解决现实经济社会问题。我国正在进行包括经济体制改革在内的社会变革。党的十七大指出，社会和谐是中国特色社会主义的本质属性，而构建和谐社会必须处理好利益资源分配关系。若利益分配不公平，和谐则无从谈起。当前我国的收入分配制度尚存在许多严重不合理的地方。诸多问题目前虽然已经引起党和国家以及社会的高度重视，但改革任务仍十分艰巨，有些改革可以说还尚未"破题"。解决这些问题需要多方面努力，但从法律角度说，离不开经济法再分配功能的发挥。

记者：经济法学是一门相对年轻的学科。与其他学科、特别是与成熟的民法相比，经济法还很不完善。因此，经济法学的发展可谓任重道远。请问，当前我国经济法学界最主要任务是什么？

漆多俊：当前，就我国经济法学界而言，面临着的十分重要的任务：继续深入理论研究，不断完善经济法科学理论体系；正视学界和社会上存在的对于经济法的各种模糊观念，逐步予以澄清；密切联系实际，特别是我国当前在构建和谐社会、收入分配制度改革中的经济社会问题实际，使经济法充分发挥积极作用。我在2006年第八届经济法博士论坛暨学术研讨会上的主题报告，以及同年11月在厦门大学法学院的学术讲座等演讲中，把以上三句话合称为"一体两翼"，概括指出我国经济法学界当前的任务。此外，还要加强宣传推广工作，让社会各界，特别是从事经济和经济管理工作的人士，国家各级有关领导人，了解经济法，掌握其真谛，并自觉加以应用。

记者：我们注意到，您在创立经济法学科理论体系的同时，还对国内外流行的传统国际经济法理论提出了批评。您首先提出了“国际调节”这一概念,认为国际经济法实际上就是“国际经济调节之法”。请您谈谈什么是国际调节,它与国家调节有什么内在关系?

漆多俊:市场经济从其形成至今,已经历自由市场经济、现代市场经济和国际化市场经济三个阶段。自由市场经济阶段,其调节机制的特点是市场调节“一元化”。社会市场经济阶段,出现国家调节,它与市场调节并存,是调节机制的“二元化”。市场国际化以后,仅凭市场调节和国家调节两种机制不足以确保有效调节,还需要一种新的调节机制,即国际调节。所谓国际调节,是指两个以上国家、区域性或全球性的组织机构,通过协商或以国际条约形式或借助国际惯例,对国际市场经济的结构和运行实行调节,以维护和促进国际经济总体上的协调、稳定和发展。国际调节是同市场调节和国家调节不同的第三种调节机制。国际市场经济同时需要上述三种调节机制互相配合,形成调节机制体系,综合发挥调节功能。

市场经济的发展引发经济调节机制的变化并导致法律同步演变。民商法是市场调节的基本法律保障,是自由市场经济的基础性法律;经济法适应国家调节机制和国家经济职能的需要而产生和发展,是国家调节的基本法律保障。国际调节的基本法律是国际经济法,其同国际民商法、各内国经济法等法律部门相协调,维护国际化市场经济秩序。

记者:据了解,您的代表性著作《经济法基础理论》已发行10万余册。作为一本部门法领域的学术理论性专著,这个数字是十分惊人的。人们说您是一位十分勤奋的“生产者”,至今仍笔耕不止。能够告诉我们的读者,最近您有哪些新作问世?

漆多俊:感谢读者们对《经济法基础理论》的厚爱。这本书第三版是在2000年出版的,距今已有7年多时间。如今正在修订,第4版有望在2008年上半年出来。今年已经出版的书有两部:一是法律出版社出版的《转变中的法律:以经济法为中心视角》,是独著。本书将中国的社会与法律放在整个世界发展潮流中加以宏观考察,将当代社会与法律放在历史长河中作动态考察,并以经济法为主要视角,深刻分析了法律与经济、社会的关系,揭示了正处于伟大社会变革之中的当代中国法律演变的各种社会根源、主要特征和基本趋向,指出了立法及其实施以及法学研究的方向和任务。二是由我主编的"十一五"国家级规划教材和高校法学专业14门核心课教材《经济法学》,高等教育出版社出版。

近几年的论文,从内容上说主要涉及下列一些方面的问题:关于利益、权利与权力的关系,权力经济向法治经济的转变;维权与控权的关系;经济法再分配功能与我国收入分配制度改革;WTO背景下各国国家调节与国际调节的关系等。去年我有一篇讲座稿,题目叫作《时代潮流和模块互动》(是在中国人民大学和中南大学讲的)涉及经济法及其相关的许多方面的问题,大家有兴趣可以读读。

风尚学人漆多俊教授
——“你好,公民”癸巳·潇湘风尚大典候选人访谈录*

由潇湘晨报、红网、大湘网主办的“你好,公民”癸巳·潇湘风尚大典正在火热进行中。经过首轮投票,30 位候选人名单已于 1 月 31 日火热出炉。本届潇湘风尚大典设立了风尚生活家、风尚创意人、风尚网民、风尚文艺人、风尚学人、风尚企业家、风尚创业人、风尚公务员、风尚职员及风尚慈善公益人 10 项评选,全程接受社会大众投票,可谓是真正选出人民心中的风尚公民。为了更多地了解候选人,红网将邀请其中几位代表做客《嘉宾访谈》,与网友聊聊他们的故事,以及对风尚的理解。3 月 13 日下午 3 点,走进访谈室的嘉宾是“风尚学人”候选人,武汉大学法学院教授、博士生导师,中南大学法学院首任院长、教授、博士生导师漆多俊。诚邀您准时收看,并参与在线互动。

嘉宾介绍:

漆多俊,1938 年出生,湖南祁阳人。武汉大学法学院教授、博士生导师,中南大学法学院主要创始

* 访谈时间:2013 年 3 月 13 日。

人和首任院长、教授、博士生导师。兼任中国经济法学会副会长。为首批中国当代法学名家,国务院特殊津贴突出贡献专家。主要研究领域为经济法学、宪政理论、政治学、哲学等。以专著《经济法基础理论》为代表创立"国家调节说"("三三理论")经济法学科理论体系。代表性著作除《经济法基础理论》外,还有《转变中的法律》《国民经济的法律调整》《中国公司法》《国有企业股份公司改组法律问题》《宏观调控法律研究》《中国民主之路》等专著;主编《经济法学》等国家级教材,主编连续出版物法学集刊《经济法论丛》等。

主持人范子文:红网的网友们,大家好! 欢迎大家准时在线收看嘉宾访谈,我是主持人子文。由《潇湘晨报》《红网》《大湘网》主办的"你好,公民"癸巳·潇湘风尚的投票已于1月31日截止,随之出炉的30位候选人也跟大家见面了。本届潇湘风尚大典设立了风尚生活家、风尚创意人、风尚网民、风尚文艺人、风尚学人、风尚企业家、风尚创业人、风尚公务员、风尚职员及风尚慈善公益人10项候选,全程接受社会大众投票,可谓是真正选出人民心中的风尚公民。非常荣幸地我们邀请了其中几位候选人作客到红网嘉宾访谈。

今天来到我们访谈室的"风尚学人"候选人就是著名的法学家、中南大学终身教授,武汉大学、中南大学、厦门大学博士生导师漆多俊教授。欢迎您,漆教授。请您先跟我们红网的网友们打声招呼。

漆多俊:红网的网友们,大家好!

范子文:漆教授您好,我们这一次特别感谢您来到我们的访谈室,和我们这么多网友一起来进行在线交流和分享。网友有任何想要和漆教授来交流的问题,欢迎大家在我们页面的右下角来进行互动提出。我们也将会在节目的后半段请漆教授来对网友提出的问题进行回答,和我们的网友交流。首先还是请我们的漆教授谈一谈,在得知自己被潇湘风尚大典提名为"风尚学人"的时候,当时的心情怎么样?

漆多俊:当时感到很突然、意外,是一个网友通过QQ聊天告诉我这个信息。

范子文:也是在线及时得到网友的反馈您才知道自己被提名了。

漆多俊:我当时想着怎么把我选上了候选人,我又不是官员,又不是需要树立的典型,自己也觉得没有什么新闻性、趣味性,是一个普通公民、普通学者。但是后来一想现在我们的媒体也在转变,贴近生活,贴近群众。感到如今的媒体也经常吹来一些清新的风。

范子文:您刚才也谈到了我们是潇湘风尚大典,“风尚”二字您从法学研究这一角度怎么来理解的呢?

漆多俊:“风尚”讲的就是风气、习惯、潮流,所谓“风尚人物”应当就是在社会生活的某一个领域或几个领域当中,能够引领潮流、走在前头的或者是开创风气之先的一些人。

范子文:我相信漆教授在法学这一块算得上是我们的风尚人物,也是我们的典型代表人物。据我了解漆教授在经济法的研究方面建树颇丰。漆教授,您是怎么跟经济法结缘的?在您看来,这种风气什么时候开始和您沾上边的?

漆多俊:我们国家在“文化大革命”期间把法律都废止了,也不搞经济。20世纪70年代末中共第十一届三中全会之后要搞经济建设、搞法制建设,也恢复了法学教育。法学有很多二级学科,经济法是一个新学科。我当学生那时候我们中国没有经济法概念,后来从国外引进经济法。恢复法学教育之后,学校也开始设这个课。当时我也被“归队”到法学教育。我想经济法既然是一个新学科,国外也还没有建立一个完整的科学体系,越是不太成熟的里面更可以有作为一些。同时我当时感觉到国外一些经济法理论有明显的缺陷和不合理的地方,就开始想另辟一条蹊径,能不能够创立新的学科体系。这样就搞经济法,一搞就搞30年。

范子文:挺不容易的,刚刚漆教授也说到了,觉得当时国内甚至到国外这都是一个缺口,需要有人去填补,我不知道在改革开放前是不是我们国内研究经济法的人特别少,几乎说是没有?

漆多俊:我刚才讲的,在十一届三中全会以前我们中国连经济法这个概念都没有。原来国民党统治大陆期间出了一本辞典里面有这个词条,但讲的是国外的。在国内来说完全是一门新的学科,当时国家很需要，就从别的学科转了一批人搞经济法，主要是从民法、商法这个领域转过来的。当时搞起来也受到了国家的重视。当时国务院有一个经济法规研究中心，国务院秘书长兼任这个法规中心主任。受到国家重视，当时经济法如火如荼搞起来了，一下子队伍就拉起来了，发展得很快。

范子文：漆教授，当时在大家没有做这件事情的时候，您为什么想要在这一块好好挑起这一份重要的责任呢？

漆多俊：第一个，我觉得这个部门法非常重要；从另外一个方面来讲，这个部门法的研究很不透彻，在国外来讲理论也不成熟，在国内刚传进来的时候更加显得幼稚、肤浅。所以我想在这里面探讨它科学体系到底是怎样，并且当时我也发现了一些问题。因此，我觉得我能够创立一个新的体系。

范子文：随之您也有了自己一本《国民经济的法律调整》的书出炉，这完全不同于当时盛行的大经济法这样一个观点。在大经济法盛行并且多数压倒的情况下，对于您和对于您从事的研究没有人持异样的眼光吗？

漆多俊：因为大经济法观点主要从苏联那边传过来的，苏联的体制跟我们当时中国的很接近，国家对经济各行各业都要管，管得很宽。反映到经济法理论研究上面来，大经济法就是各种经济关系都要归经济法调整。但是我觉得这是不合理的。并且当时我们国家已经发动经济体制改革了。既然改革就要变，我觉得大经济法是不合理的。经济法应当有它自己特有的使命，有它存在的特殊价值，不能把其他的一些部门法比如民法、商法调整的一些领域也都纳入经济法领域去。1986 年我们已经有了一个简单的《民法通则》。在此前的 80 年代初我就断定我们既然要发展市场经济，则我们的民法肯定要发达，所以我们经济法不能够抢占和挤压民法的地盘。

范子文：20 世纪 80 年代初您的讲义，还有《国民经济的法律调整》，建立了您后来创立的国家调节说（“三三理论”）经济法理论体系雏形。后来这一理论建立的标志是什么？

漆多俊：我从事经济法的理论研究在我们国内来说是最早的之一。

当时没有书就一边教学一边自己编写讲义，因此当我的讲义编完了的时候，我这个课也就讲完了。当我的讲义编写完以后，当时司法部教育司发现我的教材比较好，就准备用作全国司法院校、干校的教材。后来我在讲义的基础上整理成了《国民经济的法律调整》这本书。这本书后来包含了我的经济法理论体系的一些雏形、萌芽。后来写了一些文章。到 1993 年我在这些文章的基础上又整合起来，出版了《经济法基础理论》这本书。《经济法基础理论》这本书是个人的独著，这本书的出版标志国家调节说（“三三理论”）经济法学科理论体系的建立。后来的几个修订版可以说是这个理论体系的进一步完善和发展。

范子文：您的代表作《经济法基础理论》，我相信高校学生应该都特别的熟悉。自 20 世纪 90 年代初至今，一直都被全国绝大多数的高校作为本科、硕士、博士生经济法课程的教材或指定教学用书。据说一版再版，到 2001 年的时候还被评为全国的畅销图书。作为一本纯理论的书能如此畅销，我觉得特别不容易，真是特别了不起！现在还在出版发行吗？

漆多俊：到 2001 年的时候就已经发行了 10 万册，所以后来就被评为畅销图书。当时也有人开玩笑地说，一本纯理论的书，又不是金庸的武侠小说，这样畅销，不容易。现在它已经出来了四版，目前正在准备翻译成外文书。

范子文：在我们全国来讲能够称为畅销书的而且是纯理论的，我想漆教授，这真的是非常稀有的。您对这本书这么畅销有一些自己什么样的看法吗？

漆多俊：20 世纪 70 年代末 80 年代初，国家要搞经济建设，又要搞法制建设，所以当时经济法受到政府和社会重视。事实上它确实也是一个非常重要的部门法，在法学教育中也是一个重要的学科，同现实生活是密切相关的。当时理论多数都是照搬苏联的，但是改革一深入，“大经济法”它的不合理性就显现出来了。当时许多高校开这个课，许多老师反映，如果按照大经济法的观点讲不下去，因为讲得不理直气壮，学生也听得似是而非，所以有些学校就停开了。1993 年我的这本书出来之后，本来是个人专著，后来他们说漆老师这本书出来了，这门课可以讲了，就又恢复了。当时全国各个高校，除了法律院校之外，经济类、工科类，甚至艺术类的都开经济法这门课。大家都采用我这本书，一下子发行量就上去了。因此，发行量跟这个也有关系。

范子文：这个也确实是令人为之振奋的。漆教授，刚才我们谈到了"三三理论"，其实对于很多网友来说不太了解，所以想请漆教授跟网友们讲一讲这个"三三理论"，这个"三三"指的是什么呢？

漆多俊：有些报考研究生、博士生的考生，考前来找我指导，有些甚至是家长带着过来。我跟他们简单的交谈几分钟之后，他们家长说我听懂了，其实很简单：我创立的经济法理论叫作国家调节说，也被称为"三三理论"。"三三"就是有三个"三"，说的是什么东西呢？在人类社会历史上，法律体系是由简单到逐渐分离出很多部门法出来，为什么后来需要经济法呢？原来经济领域当中的法主要就是民商法，民商法历史很久了，从古希腊罗马算来有两千多年了。从资本主义社会全国统一市场形成开始，那时候社会经济的调节机制是一元化的，即市场调节。民商法是市场调节的法律保障，所以民商法发达。到了19世纪末西方国家产业革命完成，出现生产社会化，出现了垄断，这个时候市场就显现出它的一些固有缺陷，市场调节表现出"失灵"。

市场失灵就不能够充分有效地调节经济了，就需要另外一只手来协助调节，调节机制二元化了，即需要国家出面来调节了。这就像经济学家凯恩斯讲的，需要国家出面来进行干预。调节机制既有市场调节又有国家调节。国家调节是一种机制，也是国家一种新的职能。国家调节与国家权力相关，如果没有法律加以规制就会滥用。对于国家调节就必须要法律加以规范、制约，而规范国家调节的法就是经济法。我归纳市场有三个缺陷自身不能解决，所以国家调节需要三个方式，有的放矢。国家的三种调节方式、调节活动都需要法律加以规范，所以经济法体系就有三个基本构成。这就是三个"三"：市场三缺陷，国家调节三方式，经济法体系三构成。这话说起来好像很自然的。

范子文：就顺理成章地出来了。

漆多俊：有些读我的《经济法基础理论》的年轻人说，他是一口气把这本书看完的，觉得全书思路自然贯通。确实，我这本书起码不是东拼西凑的，是按照自己特有思路（逻辑进路）来写的，水到渠成，是一个有机体。

范子文：我相信通过刚才漆教授简单明了的解释和阐述，相信广大网友有了一个大概的了解。现在很多的网友在说，国家调节说经济法理论对于我国当前有什么样的现实意义呢？

漆多俊：经济法是现代国家一个非常重要的法律，特别是在市场经济条件下尤其是不可缺少。我刚才讲了经济法是什么，经济法是规范国家经济调节的法。国家要调节经济，而国家调节经济必须要法律加以规范，不然的话国家的权力就会滥用。因此，经济法是对国家经济调节权力的一种制约。特别是在我们国家，我们国家往往是权力难以得到制约。有人说经济法是不是专门偏袒、鼓励和保障国家调节权的？不是，它首先是制约国家调节，制约国家权力的。这个非常重要，只有有效地制约、控制国家公权力，才能保障经济自由，保障民众的民主权利。

我们国家收入分配制度存在很多问题，不公平，贫富差距很大，而经济法就是一个分配法，是一个再分配法。民商法保障一次分配，经济法保障国家在一次分配基础上再进行二次分配，以实现社会公平，实质公平。经济法目前是大有可为的时候。

另外经济法体系当中一个核心部分，我们前面不是说经济法体系三构成吗？其中一个是反垄断法。反垄断法在西方国家有市场经济宪章之称，我们国家也有反垄断法了。我们国家的垄断现在仍然是非常严重的，也必须要通过经济法、反垄断法对垄断加以规制。特别是我们国家的垄断往往是资本与权力相结合，被称为权贵资本，实则就是官僚垄断资本。在这种情况下，如果不加强反垄断法规制的话，不仅仅社会不公平，而且还会影响我们国家政权的性质问题，所以经济法特别是对于目前它是大有可为的。

范子文：您的经济法理论实际上被应用起来，采纳的情况到底是怎样？

漆多俊：不理想，我觉得在经济法上存在两个反差：一个是我们的理论是先进的，但是先进的理论在我们国家并未得到很好应用，人们自觉加以应用很不够。我们的理论之先进甚至得到国外学者的肯定。我到日本去，日本的经济法学者他们说，漆老师讲的三个“三”适合日本的情况，日本国家的调节方式不是一种而是三种，因此日本的经济法体系不是一种构成而是三种构成，适合日本的情况。另一个是我们国家的经济职能发达，但是我们国家的经济法立法还是非常薄弱的，这又是一个反差。是什么原因呢？就是与我们国家整个法治的进程，与我们的政治体制改革进程相关。有些问题法律本身是解决不了的。例如，反垄断，如果我们的体制上的问题不解决，权力同经济相结合、相勾结的问题不解决，反垄断一定是不可能认真、坚决和彻底的。特别是有些打着国计民生旗号的那些国有或国家控股的行业和企业，反垄断法很难触动他们。经济法的立法和实施中有些问题可以通过自身的完善加以解决，而有一些则是在法律之内无法解决，其症结乃在法律之外。正是考虑到这一点，我在研究经济法时，往往钻进去，跳出来。钻进经济法研究经济法，又跳出来看。跳出经济法看经济法，还跳出法律看法律。所以我也非常关注我们国家整个民主法治的进程，关注我们国家政治体制的改革。

范子文：您看到这些问题存在的同时，接下来您下一步的研究的工作会有一些什么样的打算？

漆多俊：下一步一方面我们经济法要继续加强研究，加强宣传。有些先进的理论不宣传，有些人不知道，得不到采纳，它也是没法用的。另外一个方面，法律问题跟政治问题密切相关，我也非常关注着我们国家整体改革，经济体制改革、政治体制改革。在这方面也作了一些研究，也写了不少的文章，但有些文章暂时还不能发表。我七十岁生日的时候曾经写了四句话：“人生七十如赤子，赤子之心如白纸，白纸从头著新词，新词残照夕阳里。”人老了但是我还在研究，在写，在思索着国家和社会今后的路怎么走。

范子文:在我们看来漆教授一直在专注着他研究领域的工作,一直不断地坚持着。我觉得这需要更多人理解和参与,需要宣传和推广。漆教授虽然年过七旬,但是非常愿意并且非常积极地去接受新事物的挑战。据了解,您在十几年前就和你的学生们一起创办了“漆多俊经济法网站”,当时怎么会想到开办这样一个网站?运行效果怎么样?

漆多俊:现在是网络时代,哪怕是先进的理论如果群众不知道,得不到应用,也是发挥不了作用的。我的学术团队,十几年来我招收指导的博士生加上博士后研究人员,几个学校加起来有一百人之多,是一个庞大的队伍。21世纪之初,在博士生们的努力之下创立这个网。这个网对本学术团队内部也起着便于学术交流讨论作用,对社会可以传播我们的学术思想。希望人们能多采纳这些理论,来推进我们国家的经济体制改革和法制建设。

范子文:我们今天的访谈也是和我们的网络相结合。您作客红网访谈也是第一次,也让我们网友近距离了解了经济法,同时也对漆教授的研究有所了解。随着近几年的飞速发展,网络取代了传统媒体成为第一媒体。漆教授您是怎么看待网络的,您对网络有一些什么新的认识?我代表网友问一下,您平时上网的时间多吗?

漆多俊:网络改变世界、改变社会。网络影响人类生活的各个方面,不仅仅影响经济、社会的交往,还影响政治。记得在20世纪90年代意大利就有一本杂志叫作英特网与民主,反映出网络与民主的关系非常密切。我也一直在思考想写写关于网络与民主问题,包括网络与言论自由、与民主选举、与民主参与、与民主监督、与现代政党制度、与社会自治、与司法公正等问题。我非常重视网络时代引起的社会生活全面而深刻的变化。网络时代我们不能落后。现在我一天上网的时间很多,现在离开电脑好像没法生活,如写字、写书查资料都是在电脑上进行的。我也有QQ聊天、MSN。最近一年还有了我的微博、博客。

范子文:听上去我们的漆教授不仅是一个学者,同样是一个网络潮人,所有的网络知识您都可以运用自如。这里有一些网友想和漆教授交流互动,请您对他们作些一些回答。

网友3473：作为年过七旬的老人家，有没有想过什么时候完完全全退下来开始颐养天年？

漆多俊：我是退不下来的，现在所在的学校本来说只要身体条件允许可以一直招生。这个还是次要的，主要是我自己闲不下来。我觉得还有很多事情要做。我经常跟我的学生说，我有读不完的书，想不完的问题，写不完的文章。看来我这辈子是没有完全退下来这样一个机会了。

范子文：您说得这么清淡，靠什么样的毅力才能在这个领域奋斗一生，家庭也是这么一直支持您吗？

漆多俊：这可能是一个人生观、价值观的问题，觉得人这样活着有意义。如果有一天我不读书不想问题就觉得那一天不舒服、不自在。我也有孙子，有时候我带孙子的时候很高兴，如果不带孙子就觉得那一天没做什么事，感觉不舒服、空虚。

范子文：刚才漆教授提到了，可能这就是您颐养天年的一种方式，可能这是您想要的生活方式。可能在外人看来您特别辛苦，但是您乐在其中。我们也特别欣赏老人家这样的生活。我们年轻人需要学习这种特别专注地去做一件事情的精神。接下来看看另外一位网友有什么问题，在线网友提出了问题，他是问业余生活的问题：漆教授您好，我从网上了解到您的爱好非常的广泛，多才多艺，现在业余时间多吗，主要靠什么打发？

漆多俊：业余时间不多，但是爱好还是比较多，我的爱好倒并不是想在哪方面很精，主要是为了调剂生活，为自己所确定的主业服务。原来也搞一些乐器，也唱唱歌，年轻时候画画，后来就搞一些书法。曾经也作曲，作过简单的歌曲。喜欢读点书，偶尔也写点诗歌。这些东西都没有下功夫，就是把它作为调剂生活的一种方式。

范子文：这也是非常快乐的一件事情，您都特别的喜欢，对于文学、音乐这些东西都是发自内心的热爱。

漆多俊：我也曾经研究过文字学，有时候也写一些古诗。能够记下来的古诗词不少，甚至有人说我在这方面似乎有点特异功能。

范子文:特异功能,记忆超群。

漆多俊:《红楼梦》里面很多诗词都能够背。

范子文:别看是一个经济法学家,其实他对于生活的方方面面都有自己的一些见解,网友通过这样一场访谈对您也有了一个近距离的了解。我们这次也是通过潇湘风尚大典的提名对您进行采访,在我们访谈尾声,相信很多认识和不认识您的朋友,还有您的学生对于您都是非常支持的。最后也想请漆教授简单地对于"风尚学人"的称号,谈谈您有一些什么样的看法,做一些交流,说白了也就是给自己拉拉票,将来您也可能是我们"风尚学人"的带头人了。

漆多俊:非常感谢网络上的一些朋友,我认识的不认识的,感谢他们的支持,后来我看了一下票还有好几万,有时候不停地在刷新,非常感谢他们。评上不评上"风尚学人"这个称号是次要的,我本人上了年龄对这个事情看得很淡,我本来一贯也不注重虚名。但是这个也反映一些问题,是大家对于我们国家的民主法制,对于这个社会的公平正义的一种向往,对我工作的一种认同。能不能评上那是次要的,都非常感谢。给我投票当中的有不少是我的学生,后来我的学生告诉我,甚至学生的学生也在替我拉票。我感到有点好玩。当然在此我要对他们表示感谢。还有要感谢更多不认识的,全国各地的网友,感谢他们的支持。

范子文:我相信支持您的也是对于国家的法制建设和民主政治体制改革方向的一种认同感,这个我觉得也是重要的。

漆多俊:如果是这样的话,我感觉意义更重要了。

范子文:谢谢,谢谢漆教授今天能够抽空来到红网嘉宾访谈,和大家一起分享这么多关于您的一些看法和故事。当然也感谢网友对于我们这期节目的支持。谢谢漆教授!也欢迎大家继续的关注我们潇湘风尚大典候选人的节目。今天的节目就到这里结束了,感谢大家收看。

漆多俊:谢谢主持人,谢谢大家!

范子文:再见!

附：第十二编未收录的访谈目录

《漆多俊：一位经济法大师的家国情怀》，载红网－潇湘晨报：http://hn. rednet. cn/2013/03/12/2936765. htm，最后访问日期：2013 年 3 月 12 日。

图书在版编目(CIP)数据

中国法治之路:漆多俊法学论文集 / 漆多俊著. --北京:法律出版社, 2017
ISBN 978-7-5197-1436-9

Ⅰ.①中… Ⅱ.①漆… Ⅲ.①社会主义法制-中国-文集 Ⅳ.①D920.0-53

中国版本图书馆 CIP 数据核字(2017)第 230727 号

中国法治之路
——漆多俊法学论文集
ZHONGGUO FAZHI ZHILU
—QIDUOJUN FAXUE LUNWENJI

漆多俊 著

策划编辑 高　山
责任编辑 汤子君
装帧设计 李　瞻

出版 法律出版社
总发行 中国法律图书有限公司
经销 新华书店
印刷 固安华明印业有限公司
责任校对 晁明慧
责任印制 陶　松

编辑统筹 学术·对外出版分社
开本 720 毫米×960 毫米　1/16
印张 59.75
字数 796 千
版本 2017 年 12 月第 1 版
印次 2017 年 12 月第 1 次印刷

法律出版社/北京市丰台区莲花池西里 7 号(100073)
网址/www.lawpress.com.cn
投稿邮箱/info@lawpress.com.cn
举报维权邮箱/jbwq@lawpress.com.cn
销售热线/010-63939792
咨询电话/010-63939796

中国法律图书有限公司/北京市丰台区莲花池西里 7 号(100073)
全国各地中法图分、子公司销售电话:
统一销售客服/400-660-6393
第一法律书店/010-63939781/9782　西安分公司/029-85330678　重庆分公司/023-67453036
上海分公司/021-62071639/1636　深圳分公司/0755-83072995

书号:ISBN 978-7-5197-1436-9　　**定价**:158.00 元
(如有缺页或倒装,中国法律图书有限公司负责退换)